Serbien

Unterwegs zu verborgenen Klöstern und Kulturschätzen

Birgitta Gabriela Hannover Moser

Trescher Verlag

2., aktualisierte und erweiterte Auflage 2009

Trescher Verlag Berlin
Reinhardtstr. 9
10117 Berlin
www.trescherverlag.de

ISBN 978-3-89794-144-1

Herausgegeben von Detlev von Oppeln und
Bernd Schwenkros

Reihenentwurf und Gesamtgestaltung:
Bernd Chill
Umschlaggestaltung: Bernd Chill
Satz und Bildbearbeitung: Martina Sailer
Lektorat: Corinna Grulich
Stadtpläne und Karten: Bernd Schwenkros,
Johann Maria Just, Martin Kapp

Alle Angaben in diesem Buch wurden sorgfältig recherchiert und überprüft, trotzdem kann für die Richtigkeit keine Gewähr übernommen werden. Hinweise und Informationen unserer Leserinnen und Leser nimmt der Verlag gerne entgegen. Bitte schreiben oder mailen Sie unter obiger Adresse.

Gedruckt auf chlorfrei gebleichtem Papier

Printed in Germany

Das Innere Serbien 252

РИБА

Essays

Vorwort

Serbien war einige Jahre durch eine extrem nationalistische Politik ins Abseits geraten, deren Folgen die Auseinandersetzungen in Bosnien-Herzegowina und der ehemaligen Provinz Kosovo waren. Auch wenn die Verarbeitung der jüngsten Vergangenheit noch immer Zeit braucht, bekennt sich das Land wieder verstärkt zu seiner Zugehörigkeit zu Europa.

Vom ehemaligen Jugoslawien kannte man im Westen vor allem die Küstenregionen und die Plitvicer Seen in Kroatien. Serbien diente mit dem Autoput vor allem als Durchgangsland für Gastarbeiter und Touristen auf dem Weg in die Türkei oder nach Griechenland. Glücklicherweise gerät Serbien mittlerweile auch als Kultur- und Urlaubsland in den Blickwinkel Westeuropas.

Die Hauptstadt Belgrad, lebhaft und pulsierend, erfreut sich insbesondere bei jungen Leuten größter Beliebtheit. Spektakuläre Festivals wie ›Exit‹ in Novi Sad oder das Guča-Trompetenfestival ziehen ein internationales Publikum an. Serbien ist ein abwechslungsreiches Urlaubsland, das Naturerlebnisse von außerordentlicher Schönheit bereithält: naturbelassene Flussläufe von Drina, Save, Theiß und Ibar, den Mittellauf der Donau mit dem einzigartigen Eisernen Tor, außerdem ursprüngliche dichte Wälder, Moor- und Sumpflandschaften, eine unglaublich vielfältige Vogelwelt und seltene Populationen fast ausgestorbener Tiere. Getrübt werden die Eindrücke allerdings durch unansehnliche Müllhalden.

Denkmäler aus 7000 Jahren sind zu bewundern. Ein unschätzbares Erbe stellen die vielen einsam gelegenen Klöster dar, deren Inneres mit Malereien überrascht, die farbig, seelenvoll und ergreifend sind. Daneben stehen archäologische Ausgrabungen, mittelalterliche Burgen und barocke Festungen.

Das 20. Jahrhundert hat in Serbien viele Spuren hinterlassen, viele aber auch verwischt. Viele Monumente existieren unbeschadet seit hunderten von Jahren, andere werden vollständig neu aus dem Boden gestampft, wieder andere sind in der Zwischenzeit zerstört worden und manche leider auch verwahrlost.

Die Menschen in Serbien sind zurückhaltend, stolz und angesichts der jüngeren Vergangenheit auch misstrauisch. Gastfreundschaft und Hilfsbereitschaft werden jedoch großgeschrieben. Mit Englisch kann man sich sehr gut im Land bewegen, und dank vieler Gastarbeiter ist auch Deutsch verbreitet.

Von Süddeutschland in die Vojvodina sind es 900 Kilometer, nicht mehr als von München nach Hamburg. Ein gut ausgebautes Netz von Fremdenverkehrsbüros mit kompetenten Mitarbeitern ist bestens auf Besucher vorbereitet. Stadtpläne und Broschüren werden kostenlos verteilt, und die Internetpräsenz wurde ausgebaut. Die Ausschilderung wurde wesentlich verbessert, an einer Vereinheitlichung der Schriftzeichen wird weiter gefeilt. In den Städten wurden viele Maßnahmen zur Verschönerung umgesetzt.

Für diese zweite Auflage wurden viele konstruktive Anregungen der Leser aufgenommen, für die ich mich an dieser Stelle bedanken möchte.

Das Eiserne Tor

Hinweise zur Benutzung

Das Buch ist in drei große Abschnitte gegliedert. Vorab werden wichtige Informationen zur Einreise und zum Reisen im Land im Kapitel **Das Wichtigste in Kürze** gegeben.
Im ersten Abschnitt **Land und Leute** werden das Land, seine Bewohner, Kultur und Geschichte vorgestellt.
Der zweite Abschnitt, der **Reiseteil**, ist der Hauptstadt Belgrad und den einzelnen Regionen gewidmet. Ein Abstecher führt ins Kosovo. Praktische Informationen zu Hotels, Restaurants, Kultur und Sport finden sich in den Infokästen am Ende der einzelnen Kapitel.
Im dritten Abschnitt sind ein **Sprachführer** und die **Reisetipps von A bis Z** und ein **Glossar** angefügt.
Übersichtskarten und **Stadtpläne** sollen die Orientierung erleichtern. Die Karten sind kyrillisch und lateinisch beschriftet. Da die Umbenennungen der Straßen noch nicht abgeschlossen wurden, kann es zu abweichenden Namen kommen.
Die Bezeichnung von Ortsnamen erfolgt in lateinischer Umschrift, das Kyrillische wurde in Klammern gesetzt. Bei den Klöstern und Kirchen wurde meist auf den Zusatz ›Manastir/Манастир‹ (Kloster) oder ›Crkva/Црква‹ (Kirche) verzichtet. In der Vojvodina findet der Leser auch die ungarischen und deutschen Bezeichnungen. Überall dort, wo es zum besseren Verständnis beiträgt, wurde auch der albanische, slowakische oder rumänische Name eingefügt.
Websites sind, soweit nicht anders angegeben, auf serbisch und englisch (teilweise oder ganz) verfügbar. Da die ehemalige Internetkennung ›yu‹ ab Ende September 2009 nicht mehr verwendet wird, sind viele Seiten bereits ›umgezogen‹ und haben die neue Kennung ›rs‹.

Zeichenlegende

- Vorwahl, Touristeninformation
- Internetcafés
- Parkplätze, Autovermietung
- Busbahnhof, Busverbindungen
- Zugauskunft, Bahnhof
- Schifffahrten, Fähren
- Flugplätze, Flugverbindungen
- Taxiruf
- Unterkünfte
- Campingplätze
- Restaurants
- Cafés
- Nachtleben, Bars
- Weinkeller, Weinverkostungen
- Einkaufsmöglichkeiten
- Museen
- Veranstaltungen, Festivals
- Schwimmbad, türkisches Bad
- Fahrradverleih, Radtouren
- Ausflüge, Aktivitäten

Das Wichtigste in Kürze

Formalitäten

Für einen Aufenthalt bis zu drei Monaten benötigen EU-Bürger und Schweizer kein Visum. Für die Einreise ist der **Reisepass** erforderlich, der für die Dauer der Reise gültig sein muss. Ein Personalausweis genügt nicht.

Bei längerem Verbleib oder Aufnahme einer Tätigkeit im Land muss vor Reiseantritt ein **Einreisevisum** bei einer serbischen Vertretung eingeholt werden, dieses kann nicht im Inland verlängert werden.

Die alten **Kinderausweise** (ohne Lichtbild) werden in Serbien nach wie vor anerkannt.

Wer im Land reist oder es durchquert, muss einen regulären **Einreisestempel** in seinem Pass aufweisen. An den Grenzen zum Kosovo erteilen die serbischen Behörden keine Einreisestempel.

Wer also über den Landweg vom **Kosovo** nach Serbien einreisen will, muss sich vor der Fahrt einen gültigen Stempel besorgen (zum Beispiel auf einer Fahrt über die serbisch-makedonische Grenze). Kosovarische Stempel werden von den serbischen Behörden nicht anerkannt.

Gefahren

Serbien konnte bisher unbedenklich bereist werden. Das Auswärtige Amt warnt mit Hinblick auf die Ausschreitungen nach der Unabhängigkeitserklärung des Kosovo vor **Menschenansammlungen**. Auch in Teilen Südserbiens sollte besondere Vorsicht gewahrt werden.

Es empfiehlt sich aus Sicherheitsgründen (schlechte Beleuchtung, Straßenmängel), von **Nachtfahrten** abzusehen.

Über aktuelle Ereignisse informieren www.b92.net (serbischer Sender) und www.blic.co.yu (serbische Tageszeitung), aktuelle Sicherheitshinweise unter www.auswaertiges-amt.de.

Geld

Die Landeswährung ist der **serbische Dinar** (RSD), 1 Euro entspricht 88 Dinar (Juli 2009).

Euro und Kreditkarten werden vor allem in größeren Hotels und Restaurants, vor allem in Belgrad und Novi Sad akzeptiert.

Bargeld kann in Wechselstuben problemlos getauscht werden, in Banken gegen Vorlage des Reisepasses.

In allen Städten stehen ausreichend **Geldautomaten** zur Verfügung, die auch internationale Kreditkarten akzeptieren.

Es empfiehlt sich, für **Überlandfahrten** immer ausreichend Bargeld in der Landeswährung bei sich zu führen. Reiseschecks sind nicht empfehlenswert.

Reisezeit

Serbien ist das ganze Jahr zu bereisen. Jede Jahreszeit hat ihren Reiz, wobei es in den Sommermonaten Juli und August sehr heiß werden kann.

Von Dezember bis Februar bieten sich die verschiedenen Wintersportgebiete zum Skilaufen an.

Café in der Fußgängerzone von Valjevo

Reisen im Land

Es gibt ein gutes und relativ günstiges Netz an regelmäßigen **Überlandbussen**. **Züge** fahren weit seltener, sind langsam und befahren nicht alle Strecken.

In größeren Städten und an den Flughäfen sind **Mietwagen** erhältlich. Beim Autofahren muss man den Führerschein und die grüne Versicherungskarte unbedingt mit sich führen.

Bei Reisen in und durch Serbien sind **Mautgebühren** zu zahlen, deren Höhe über dem europäischen Vergleich liegt. Ausländer zahlen doppelt soviel wie Inländer. Es wird empfohlen, in Dinar zu zahlen, da bei Zahlungen in Euro ein Aufschlag anfällt.

Im örtlichen Buchhandel sind mittlerweile gute **Straßenkarten** erhältlich.

Reiseinformationen zu Serbien sind über die Vertretung des ADAC in Belgrad erhältlich, Tel. 00381/011/80 17 07.

Telefon

Internationale Vorwahl: 00381.
Vorwahl Belgrad: 011.
Notruf: 094.
Polizei: 092.
Zentrale Notrufnummer zum Sperren von EC-/Kredit-/Handykarten: 0049/ 11 61 16.

Unterkunft

Das Hotel-, Pensions- und Jugendherbergsangebot wurde enorm ausgeweitet, ist aber noch nicht flächendeckend gewährleistet.

Die Privatisierung der Hotels ist fast abgeschlossen. In **Belgrad** findet man alle Kategorien vom Luxushotel bis zum kleinen Zwei-Sterne-Hotel, wobei die Preise häufig westliches Niveau überschreiten.

Vor allem **auf dem Land** müssen bei den Unterkünften noch Abstriche am Komfort gemacht werden. Die durchschnittlichen Preise für Übernachtungen mit Frühstück liegen in ländlichen Gebieten zwischen 1400 und 1800 Dinar, in Wintersportgebieten und in den Städten um einiges höher.

Auch das Angebot an **Campingplätzen** wurde vergrößert, ein Verzeichnis liegt bei der Tourismusorganisation in Belgrad vor.

Verständigung

Die Verständigung ist regional sehr unterschiedlich. Die jüngere Generation spricht oft gut Englisch, speziell im urbanen Raum und in der Vojvodina, während viele ehemalige Gastarbeiter über gute Deutschkenntnisse verfügen.

Ausführliche Informationen in den Reisetipps von A bis Z ab Seite 443.

Das Beste von Serbien

Städte

Belgrad: Knez-Mihajlova-Straße (S. 114), Festung Kalemegdan (S. 107), Radfahren am Donau- und Saveufer (S. 140),

Auf der Belgrader Festung, dem Kalemegdan

Künstlerviertel Skadarlija (S. 122), Palast der Fürstin Ljubica (S. 113), Kaffeetrinken im Wirtshaus zum Fragezeichen (S. 114), Vračarviertel mit Savakirche (S. 133), Kalenić–Markt (S. 133), Altstadt von Zemun (S. 143), Fischessen in Zemun an der Donau (S. 142), Fahrt nach Stari Slankamen (S. 191); **Novi Sad**: Altstadt (S. 172), Festung Petrovaradin (S. 179); **Sremski Karlovci**: barokke Altstadt (S. 188), Weinprobe (S. 191); **Subotica**: Altstadt (S. 213), Jugendstilbauten (S. 213), Synagoge (S. 216); **Niš**: Festung (S. 388), Promenade (S. 388), authentische Gasthäuser mit serbischer Live-Musik (S. 393), Dreifaltigkeitskirche in Gornji Matejevac (S. 395); **Novi Pazar**: orientalische Altstadt mit Moschee (S. 363), Stari Ras (S. 367), Peterskirche (S. 365); **Kruševac**: Lazarica (S. 379); **Sokobanja**: osmanische Bäder (S. 308); **Novi Bečej**: Theißufer (S. 240); **Aranđelovac**: Höhle Pećina Risovača (S. 289), Marmorberg Venčac (S. 289).

Naturschönheiten

Eisernes Tor an der Donau (S. 271), Erdpyramiden von Đavolja Varoš (S. 398), Ibartal (S. 350), Fahrt von Perućac entlang der Drina (S. 334), Fahrradfahren entlang der Donau durch Serbien (S. 258), Obedska Bara (S. 207), Vlasinsko-See (S. 415), Ludaš-See (S. 223), Fahrt mit der Schmalspurbahn Šarganska Osmica durchs Tara-Gebirge (S. 332), Babin Zub (S. 406), Tal der Westlichen Morava (S. 377), Fruška Gora (S. 192), Gradac-Schlucht (S. 325), Gornjačka Klisura (S. 317).

Kirchen, Klöster, Burgen, Ausgrabungen

Ravanica (S. 311), Manasija (S. 314), Kalenić (S. 283), Ljubostinja (S. 284), Pustinja (S. 326), Arilje (S. 344), Žiča (S. 350), Studenica (UNESCO-Welterbe, S. 354), Gradac (S. 360), Peterskirche (UNESCO-Welterbe, S. 365), Sopoćani (UNESCO-Welterbe, S. 368), Mileševa (S. 372), Kloster der Georgstürme (S. 365), Poganovo (Johanneskloster, S. 402), Novo Hopovo (S. 200), Ruine Arača (S. 240), Jašunja-Klöster (S. 414), Ovčar-Kablar-Klöster (S. 338), Festung von Golubac (S. 267), Ausgrabung Gamzigrad (Felix Romuliana, UNESCO-Welterbe, S. 299), Ausgrabung Caričin grad (S. 415), Lepenski Vir (S. 269).

Die schönsten Dörfer

Borač (S. 282), Zlakusa (S. 336), Brankovina (S. 323).

Die besten Wandergebiete und Skigebiete

Tara-Nationalpark (S. 332), Zlatibor (S. 337), Kopaonik-Nationalpark ›Suve Rudište‹ (S. 398), Region Maljen (S. 320), Gledićke Planina (S. 349), Kukavica und Goljak (S. 412), Radan-Region (S. 398), Đerdap-Nationalpark (S. 268), Fruška Gora (S. 192), Beljanica Gebiet (S. 314), Homoljske Planina (S. 452), Rtanj (S. 309), Ozren (S. 309), Ovčar und Kablar (S. 338), Jadovnik (S. 21), Veliki Jastrebac (S. 380).

Die besten Festivals

Guča-Trompetenfestival (S. 346), Exit (Musikfestival Rock und Pop) Novi Sad (S. 179), Roštiljijada-Festival Leskovac (S. 414), ›Nišomnia‹-Sommerfestival und ›Nišville‹-Jazzfestival Niš (S. 385, 393), Filmfest ›FEST‹ Belgrad (S. 152), Dokumentar- und Kurzspielfilmfest Belgrad (S. 152), Theaterfestival ›BITEF‹ Belgrad (S. 152), Tanzfestival ›BELEF‹ Belgrad (S. 152)

Serbien sucht den Weg zurück nach Europa und ist bereit zum Dialog. Seine ursprünglichen Landschaften, dichten Wälder und weiten Flusssysteme sowie die große Vielzahl seiner Klöster mit einzigartigen Kunstschätzen warten darauf, entdeckt zu werden.

Land und Leute

Serbien im Überblick

Ländername: Republik Serbien/Republika Srbija (SRB/RS)
Gründung: 5.6.2006, ehemals Staatengemeinschaft Serbien und Montenegro (bis zum Austritt von Montenegro am 3.6.2006). Ehemalige autonome Region Kosovo seit Februar 2007 einseitig unabhängig.

Amtssprachen: Serbisch. In der Vojvodina werden auch Ungarisch, Kroatisch, Russinisch, Slowakisch und Rumänisch als Amtssprache anerkannt.
Alphabet: kyrillisch, lateinisch.
Fläche: 77474 km^2 ohne das Kosovo, 88361 km^2 mit dem Kosovo.
Hauptstadt: Belgrad/Beograd.
Weitere große Städte: Novi Sad, Niš, Kragujevac, Zrenjanin, Novi Pazar, Subotica, Čačak, Kraljevo, Užice, Leskovac.
Staatsgrenzen: Ungarn, Rumänien, Bosnien und Herzegowina, Kroatien, Montenegro, Kosovo, Bulgarien, Makedonien.
Höchster Berg: Midžor, 2169 Meter.
Längste Flüsse: Donau 588 km, Drina 346 km, Westliche Morava 308 km, Ibar 276 km, Save 206 km, Theiß 168 km.
Größte Seen: Ludać-See (natürlich), Đjerdap, Vlasinsko (Stauseen).
Nationalparks: Tara, Đerdap, Suve Rudište, Fruška-Gora.
Klima: Norden kontinental, Süden gemäßigt kontinental. Kurze, kalte, schneereiche Winter, warme bis heiße Sommer, durchschnittlich 896 mm Niederschläge.
Ethnische Zusammensetzung: 82,8% Serben, 3,9% Ungarn, 2,1% Bosniaken, 1,4% Roma, 9,8% andere (Kroaten, Albaner, Rumänen, Ukrainer, Montenegriner, Makedonier, Bulgaren, Bunjewatzen, Deutsche). Letzte Zählung: 2002.
Religion: 85% serbisch-orthodox, 6% römisch-katholisch, 3% muslimisch, 6% andere.
Arbeitslosigkeit: 18,8% (Stand 2007).
Staatsform: Parlamentarische Republik mit Einkammerparlament.
Parlament: Narodna Skupština, 250 Abgeordnete, letzte Wahl 11.5.2008.
Präsident: Boris Tadić (DS), Amtsantritt 11.7.2004, wiedergewählt am 3.2.2008.
Premierminister: Mirko Cvetković (parteilos), Amtsantritt 7.7.2008.
Mitgliedschaft in internationalen Organisationen: Stabilitätspakt für Südosteuropa (jetzt Regionaler Kooperationsrat , 2000), Vereinte Nationen (2000), OSZE (2000), UNIDO (Organisation für Industrielle Entwicklung der UN, 2000), IWF (2001), Weltbank (2001), Europarat (2003), Programm ›Partnership for Peace‹ (PfP) der NATO (2006). Angestrebt werden EU- und NATO-Beitritt.
Tageszeitungen: Večernje Novosti (hohe Auflage, breite Leserschicht), Blic (unabhängig, hohe Auflage), Politika (Qualitätszeitung, älteste Zeitung des Balkans), Dnevnik (wichtige Zeitung der Vojvodina), Magyar Szo (ungarisch).
Landeswährung: Dinar (RSD); 1 Euro=94 Dinar (Stand 2009).
Zeit: MEZ mit Sommer- und Winterzeit.
Nationalfeiertag: 15. Februar.
Autokennzeichen: RSB.
Vorwahl: 00351.
Internetkennung: rs.

Balkanische Landschaft

Serben und Verwandte, von Norden nach Osten wandernd, verweilen in Macedonien und kehren bald nach der Mitte zurück, nach dem eigentlichen sogenannten Serbien. Das ältere serbisch Lokale wäre nun vor allen Dingen zu betrachten, allein es ist schwer, sich davon in der Kürze einen Begriff zu machen. Es blieb sich wenige Zeiten gleich, wir finden es bald ausgedehnt, bald zusammengedrängt, zersplittert oder gesammelt, wie innere Spannung oder äußerer Druck der Nation bedingte. Auf alle Fälle denke man sich die Landschaft weiter und breiter als in unseren Zeiten, und will man sich einigermaßen an Ort und Stelle versetzen, so halte man vorerst an dem Zusammenfluss der Save mit der Donau, wo wir gegenwärtig Belgrad gelegen finden. Bewegt sich die Einbildungskraft an dem rechten Ufer des erstern Flusses hinauf, des andern hinunter, hat sie diese nördliche Grenze gewonnen, so erlaube sie sich dann, südwärts ins Gebirg' und darüber weg bis zum Adriatischen Meer, ostwärts, bis gegen Montenegro hin zu schweifen.

Johann Wolfgang von Goethe

Serbien ist flächenmäßig der größte Teilstaat Ex-Jugoslawiens. Das Land liegt im Zentrum der Balkanhalbinsel. Es grenzt im Norden an Ungarn, im Nordosten an Rumänien, im Osten an Bulgarien und im Süden an Makedonien und über die ehemalige Provinz Kosovo an Albanien. Im Westen Serbiens teilen sich im nördlichen Abschnitt Kroatien, im südlichen Bosnien und Herzegowina die Staatsgrenze zu Serbien.

Im Norden hat Serbien mit der Vojvodina Anteil am großen ungarischen Tiefland. Dieses und das Belgrader Becken am Zusammenfluss von Save und Donau sind die einzigen Ebenen im Land.

Der zentrale Teil Serbiens wird als Inneres oder Altserbien bezeichnet. Er beginnt südlich der Donau und besteht fast nur aus Hügeln und bewaldetem Bergland mit Mittelgebirgscharakter.

Von der Pannonischen Tiefebene im Norden steigt das Land allmählich nach Osten, Süden und Westen an; im Osten, in Richtung Donau, zu den Ausläufern des Karpatenbogens, dem Serbischen Erzgebirge mit den Gebirgsstöcken Homoljske Planine, Deli Jovan und Veliki Maljenik. Südlich vom Eisernen Tor, östlich des Timokflusses, reicht das Balkangebirge, das Stara Planina, ins Land. Der Westbalkan bildet sozusagen die natürliche Grenze zu Bulgarien.

Im Südosten wird der Gebirgskranz mit dem serbisch-makedonischen Gebirgsmassiv weitergeführt, höchster Berg ist hier der Besna Kobila mit 1923 Metern. Südlich von Belgrad liegt das fruchtbare Hügelland der Šumadija. Sie reicht im Westen und Südwesten zum Rand des Gebirgsblocks der inneren Dinariden mit den Gebieten um Tara, Zlatibor, Zlatar, Jadovnik, Kopaonik. Den höchsten Gipfel stellt der Pančićev Vrh mit 2017 Metern. Das Kopaonikgebirge grenzt das Innere Serbien von der ehemaligen autonomen Provinz Kosovo ab.

Die höchste Erhebung Zentralserbiens ist der Midžor im Stara Planina mit 2169 Metern und im Kosovo der Đeravica im Prokletijegebirge mit 2656 Metern.

Gewässer

Die wichtigsten Flüsse des Landes sind die Donau, über die alle Flüsse des Inneren entwässern, und deren Nebenflüsse Theiß, Save und Morava. Die Nebenflüsse von Morava und ihren Quellflüssen sind Ibar, Nišava, Jablanica, Veternica und Timok. In ihren Tälern liegen einige der schönsten Klöster.

Die größeren Seen sind vorwiegend Stauseen wie der Drina-See an der Grenze zu Bosnien und Herzegowina, der Đerdap-See (die im Eisernen Tor gestaute Donau), der Vlasinsko-See im Südosten, der Zlatarsko-See im Zlatibor, der Bovansko-See bei Sokobanja sowie der Sjeničko-See im Sandžak Novi Pazar. Daneben gibt es viele kleinere Seen: im Norden den Palićko- und Ludaško-See, den Srebrno- und den Borsko-See im Osten. Serbien verfügt über insgesamt 53 Thermalbäder, darunter Vrnjačka Banja, Sokobanja, Niška Banja, Mataruška Banja, Ribarska Banja.

Nationalparks

Das waldreiche Serbien ist ungeheuer vielfältig an Pflanzen, Vögeln, Säugetieren und Fischen. Um all dies zu schützen, wurden vier große Nationalparks eingerichtet, weitere sollen folgen: das Taragebirge in der bergigen Region im Westen des Landes, das sich über die Tara- und Zvezdaberge entlang der Drina ausbreitet; der Đerdap-Nationalpark an der Donau, der bei Golubac beginnt und dessen Hauptattraktion das Eiserne Tor ist, eine über 100 Kilometer lange Schlucht, die das Eingangstor zu den südlichen Ausläufern der Karpaten bildet; ein Teil des Kopaonik, Suve Rudište, im Süden des Landes sowie die Fruška Gora, eine der beiden Erhöhungen in der flachen Vojvodina.

Kleinere geschützte Gebiete sind der Golija-Naturpark im Stari-Ras-Gebiet, der Beljanica-Nationalpark beim Kloster Manasija und die Ovčar-Kablar-Schlucht. Daneben gibt es kleinere Naturreservate wie das Gebiet Ludaško- und Palićko-See, das Jagdgebiet Deliblatska Peščara, Obedska Bara, Carska Bara und Gornje Podunavlje in der Vojvodina. Außerdem steht das Gebiet der Erdpyramiden in Südserbien, Đavolja Varoš, unter Naturschutz. Fast alle Schutzgebiete sind Anwärter für die Aufnahme in das Weltnaturerbe.

Klima

Serbien ist als Binnenland von kontinentalem Klima geprägt. Niederschlagsreiche und relativ kalte Winter im Gebirge werden von warmen bis heißen, trockenen Sommern abgelöst. Die Jahresniederschläge betragen zwischen 700 und 800 Millimeter im Westen und 500 bis 600 Millimeter im Osten. Das Temperaturmittel in Belgrad liegt bei 22 Grad im Sommer und 0 Grad im Winter. Manchmal weht ein eisiger Ostwind, die sogenannte Košava. Ganz im Süden ist das Klima schon mediterran beeinflusst.

Schlucht im Erzgebirge

Staat und Wirtschaft

Die Republik Serbien (Republika Srbija/Република Србија) – das Socijalistička wurde 1990 gestrichen – war flächenmäßig die größte Teilrepublik, die aus dem ehemaligen Jugoslawien hervorgegangen ist. Zusammen mit der unabhängigen Republik Montenegro trat es aus der Konkursmasse Jugoslawiens als Bundesrepublik unter dem Namen Rest-Jugoslawien auf. Seit dem 4. Februar 2003 lautete der offizielle Staatsname dieser Verbindung ›Staatengemeinschaft Serbien und Montenegro‹. Ihr Autokennzeichen war SCG (Srbija i Crna Gora). Am 21. Mai 2006 fand in Montenegro eine Volksabstimmung über den Austritt aus der Staatengemeinschaft statt. Beteiligt hatten sich 86,39 Montenegriner, von denen sich 55,49 Prozent für einen selbständigen Staat entschieden.

Zur Republik Serbien gehörten die Provinzen Vojvodina und das seit 1999 unter UN-Verwaltung stehende Kosovo und Metohija, abgekürzt Kosovo. Am 17. Februar 2008 erklärte das Kosovo einseitig seine Unabhängigkeit von Serbien. Diese wurde bisher von 54 der 192 UN-Mitgliedsstaaten anerkannt. Serbien betrachtet das Kosovo jedoch weiterhin als autonome Region innerhalb Serbiens.

Gliederung

Die Republik Serbien umfasst einschließlich seiner Provinz Vojvodina eine Fläche von knapp 78 000 Quadratkilometern, in der 7,5 Millionen Menschen leben. Zusammen mit dem Kosovo umfasst es eine Fläche von fast 90 000 Quadratkilometern, in der fast 11 Millionen Menschen leben.

Serbien ist untergliedert in 29 Kreise (okrug/okruzi) und in 173 sogenannte opštine (Einzahl opština), örtliche Selbstverwaltungseinheiten, die mit größeren Gemeinden oder Landkreisen vergleichbar sind. Die Vojvodina wählt seit dem Jahr 2000 ihr regionales Parlament wieder direkt und demokratisch.

Die Volksvertretung Serbiens ist die Volksversammlung (Narodna Skupština Srbije), deren 250 Abgeordnete für vier Jahre im Amt sind. Seit der Verfassungsänderung im Jahr 2000 werden sie und der Präsident direkt vom Volk gewählt.

Nationalismus und Neubeginn

Nach dem Zusammenbruch Jugoslawiens zeigte sich in Serbien ein verstärkter, von radikalen Zügen geprägter Nationalismus. Dieser wurde populistisch gefördert durch den damaligen Machthaber Slobodan Milošević und seine Sozialistische Partei Serbiens, allerdings mit nicht unerheblicher Unterstützung seiner Politik durch die serbisch-orthodoxe Kirche.

Der Wechsel kam im Dezember 2000, als aus vorgezogenen Wahlen mit geringer Wahlbeteiligung das Bündnis der Demokratischen Opposition Serbiens (DOS) als Sieger hervorging. Ein Neubeginn und große Hoffnungen waren mit der Wahl des charismatischen Premierministers Zoran Đinđić (DS) am 25. Januar 2001 verbunden. Er suchte den Anschluss an Europa und veranlasste die Auslieferung von Milošević an das Den Haager Kriegsverbrechertribunal. Tragischerweise fiel Đinđić am 12. März 2003 einem Attentat zum Opfer. Milošević verstarb nach vierjähriger Haft ohne Urteilsverkündung am 11. März 2006 in Den Haag.

Parteien

Seit dem Sturz von Milošević im Jahr 2000 haben die Serben turbulente politische Zeiten hinter sich, und ein Ende ist noch nicht absehbar. Nach dem Zusammenbruch der Regierungskoalition der Demokratischen Opposition Serbiens (DOS) erfolgten im Dezember 2003 vorgezogene Neuwahlen. Aus diesen ging die Serbische Radikale Partei (SRS) mit 28 Prozent als stärkste Kraft hervor. Geführt wird die SRS, die sich extrem nationalistisch und großserbisch zeigt, von Vojislav Šešelj, gegen den gerade ein Verfahren in Den Haag läuft. Nach zähen, langandauernden Verhandlungen kam es zu einer Minderheitenregierung des demokratischen Blocks, wobei die Demokratska Stranka (DS) ausgeschlossen wurde. An der Spitze der Regierung stand Premierminister Vojislav Koštunica, der der Demokratischen Partei Serbiens (DSS) angehört.

Nach mehreren mangels Wahlbeteiligung gescheiterten Versuchen konnte endlich im Juni 2004 auch ein neuer Präsident gewählt werden. Die Stichwahl gewann der liberale und Europa zugewandte Reformer Boris Tadić von der Demokratischen Partei (DS). Gegenkandidat war der radikale Nationalist Tomislav Nikolić von der SRS.

Die Parteienlandschaft in Serbien ist aber noch vielgestaltiger; nicht ganz einflusslos sind auch die liberale G17-Plus, die Sozialistische Partei Serbiens (SPS), die pro-monarchistische Erneuerungsbewegung (SPO), die am liebsten den König zurückhätte, sowie die Partei der Serbischen Einheit (SSJ).

Das Parlamentsgebäude in Belgrad

Zu den Parlamentswahlen im Jahr 2007 traten mehr als 20 Parteien an. Die Serbisch Radikale Partei (Srpska Radikalna Stranka, SRS) errang mit 28,59 Prozent 81 Sitze. Zweitstärkste Kraft wurde die Demokratische Partei (Demokratska Stranka, DS) gefolgt von der Demokratischen Partei Serbiens/Neues Serbien (Demokratska Stranka Srbije Nova Srbija, DDS). Erst im Mai konnte eine Koalition aus DS unter Führung von Präsident Tadić, DDS und G17-Plus gebildet werden. Vojislav Koštunica von der DDS blieb Regierungschef.

Nach der Unabhängigkeitserklärung des Kosovo zerbrach die Koalition der demokratischen Kräfte. Die Wahlen im Mai 2008 brachten keiner Partei eine eindeutige Mehrheit. Eine Koalition von zwei Bündnissen war die Folge, wovon das eine von der Demokratischen Partei des Präsidenten Tadić und das andere von der einstigen Milošević-Partei, den Sozialisten, angeführt werden. Dem ›Bündnis für ein europäisches Serbien‹, angeführt von Tadić, haben sich folgende Parteien angeschlossen: DS, G17-Plus, Serbische Erneuerungsbewegung, Liga der Sozialdemokraten der Vojvodina, Demokratischer Bund der Kroaten der Vojvodina, Demokratische Partei des Sandžak. Der Wahlallianz der Sozialisten sind folgende Parteien beigetreten: Partei der Pensionäre Serbiens, Partei für ein einheitliches Serbien, Bosniakische Liste für einen europäischen Sandžak und die Magyarische Koalition.

Staatssymbole

Das neue Parlament beschloss ohne eine einzige Gegenstimme die Einführung der Hymne ›Bože Pravde‹ (Gott der Gerechtigkeit) und des früheren königlichen Wappens, beides Symbole des 19. Jahrhunderts.

Die rot-blau-weiß gestreifte Flagge trägt einen doppelköpfigen Adler auf rotem Schild mit einem weißen Kreuz auf der Brust. In den Winkeln des Kreuzes ist viermal der Buchstabe ›C‹ zu sehen. Das Kreuz mit den vier Buchstaben ist sehr alt, seine Auflösung sehr spannend. Die vier Buchstaben wurden schon als stilisierte Unterschrift des heiligen Sava ›Sava, Sava, Sava, Sava‹ gewertet. Die serbischen Mönche hatten in den Winkeln eines Kreuzes ihre Unterschriften ausgeführt und tun das heute noch. Die byzantinische Kaiserfamilie der Palaiologen hatte dieses Symbol mit dem Kreuz und vier Beta im 13. Jahrhundert in die Flagge des Kaiserreiches aufgenommen. Die Bedeutung der vier Buchstaben war dort: ›Basileus Basileon Basileion Basileusin‹ (der König der Könige regiert über die Könige). Häufig stilisiert, ähnelte ihre Form immer mehr den vier ›C‹.

Das serbische Staatswappen

In dieser Form erschienen sie zum erstenmal in Serbien auf den Ketten eines Leuchters im Kloster Dečani von 1397. Die Deutung ›Samo sloga Srbina spasava‹ oder ›Nur die Eintracht rettet den Serben‹ ist neueren Datums und stammt aus dem 18. Jahrhundert. Seit 1819 war es das Symbol des serbischen Volkes, das 1835 in die Verfassung Serbiens integriert wurde.

Erst nach der Proklamation zum Königreich wurde das Wappen um den zweiköpfigen Adler mit der Krone auf dem roten Schild erweitert: unter jedem Fuß des Adlers eine Lilienblüte und auf der Brust das serbische Wappen mit dem roten Feld und den vier ›C‹.

Zum Nationalfeiertag wurde der 15. Februar erklärt. Mit ihm wird an den ersten serbischen Aufstand gegen die Osmanen im Jahr 1804 und der Konstitution des ersten serbischen Staates, der Verabschiedung der sogenannten ›Sretenje‹-Verfassung im Jahr 1835, gedacht.

Wirtschaft

Noch zu Titos Lebzeiten hatte es im ehemaligen Jugoslawien eine Scheinblüte der Wirtschaft gegeben. Dank Titos Integrität war es zu nahezu grenzenlosen Auslandskrediten gekommen. Im Westen beschäftigte Jugoslawen, Tourismus und Auslandsschulden brachten einen gewissen Wohlstand selbst in entlegene Gebiete. Unrentable Industrieprojekte und Bürokratie verhinderten jedoch eine eigene stabile Wirtschaft, die fähig gewesen wäre, die Kredite selbständig zurückzuzahlen. Die Begrenzung der landwirtschaftlichen Güter auf zehn Hektar verhinderte eine Modernisierung derselben. Nach Titos Tod in Ljubljana 1980 wurden die Mängel der Wirtschaft mehr als deutlich.

Die serbische Wirtschaft ist immer noch stark in Mitleidenschaft gezogen, ihre langsame Erholung wird nun wiederum durch die Weltwirtschaftskrise belastet. Das Bombardement der NATO von 1999 hat unzweifelhaft einen großen

Kraftwerk bei Kostolac an der Donau

Teil der Infrastruktur wie Brücken, Kraftwerke, Straßen, Krankenhäuser und die gesamte Schwerindustrie zerstört. Andererseits lagen viele Fabriken bereits nach dem Zerfall Jugoslawiens überaltert, unmodern, verwahrlost und konkurrenzunfähig am Boden.

Internationale Hilfe

Nach der Auslieferung von Slobodan Milošević an den Internationalen Gerichtshof in Den Haag wurden die Embargos seitens der EU und der USA aufgehoben, der Weg war frei für internationale Finanzhilfen.

Im Jahr 2000 wurde die damalige Bundesrepublik Jugoslawien in den Stabilitätspakt aufgenommen. Die Europäische Ratstagung hatte einer Soforthilfe von 200 Millionen Euro zugestimmt, deren Umsetzung bereits im darauffolgenden November in Form von Energielieferungen begonnen wurde. Das ›World Food Programme‹ veranlasste Lieferungen von Zucker und Öl, und die Unabhängigkeit der Medien wurde finanziell unterstützt.

Im Jahr 2001 folgten weitere 240 Millionen Euro Finanzhilfe, außerdem wurden 22 Millionen Euro zur Schiffbarmachung der Donau bereitgestellt. Die Donauschiffahrt ist in der Zwischenzeit wieder angelaufen, auch die Kreuzfahrten mit Gästen aus dem Ausland.

Unterstützung kam bis heute aus aller Welt: aus der EU, aus Russland in Form von Gas – dessen Lieferung allerdings im Winter 2008/2009 unterbrochen wurde – und als Beitrag zum Aufbau von Wärmekraftwerken sowie aus den USA; gefolgt von bilateraler Hilfe aus Japan, England, Norwegen, Italien, der Tschechischen Republik, Kanada, Dänemark und der Schweiz in Form eines zinsfreien Überbrükkungskredites in Höhe von 240 Millionen Schweizer Franken, um den Beitritt zum Internationalen Währungsfonds IWF zu ermöglichen. Seit 2001 wurden große Fortschritte in der angestrebten Privatisierung gemacht. Deutschland, das für

Kohlernte in Westserbien

Südosteuropa einige Millionen Euro zur Verfügung stellte, genießt trotz negativer geschichtlicher Erfahrungen einen guten Ruf in Serbien und ist mit Russland einer der wichtigsten Handelspartner des Landes. Ein Großteil der Anlagen und Technologien in Serbien stammt aus Deutschland. Laut Informationen der serbischen Nationalbank hat Deutschland das Land bisher mit 700 Millionen Euro und damit mehr als alle anderen EU-Länder zusammen unterstützt.

Land- und Forstwirtschaft

Eine wichtige Stütze der Wirtschaft ist noch immer die Landwirtschaft, in der etwa 17 Prozent der Bevölkerung tätig sind. Die Landwirtschaft trug trotz der bergigen Landschaft im Jahr 2001 immerhin 26 Prozent zum Bruttoinlandprodukt bei. Es wird viel Getreide, Mais, Sonnenblumen, Tabak, aber auch Obst angebaut, an Gemüse vor allem Kartoffeln, Paprika und Kohl. Die Weinproduktion hat sich in den letzten Jahren enorm erhöht, außerdem wird Schnaps gebrannt. Daneben gibt es Vieh- und Fischzucht. Für den Eigenbedarf wird sehr viel Honig produziert. Die Preise, die auf den Märkten erzielt werden, reichen für die Bauern gerade zum Überleben.

30 Prozent des Landes sind bewaldet. Von der Forstwirtschaft profitiert eine starke papier- und holzverarbeitende Industrie.

Bodenschätze

Auch an mineralischen Bodenschätzen ist Serbien nicht arm: Der Erzbergbau liefert vor allem Blei, Zink und Kupfer, das in riesigen Bergwerken von Majdanpek und Bor gefördert wird. In Krupanj wird auch Nickel gewonnen, Braun- und Steinkohle nahe der Donau. Die Bergwerksregion Trepča im Kosovo steht unter UN-Kontrolle.

Bergbau bei Sokobanja

Industrie

Schon früh hat in Serbien die Industrialisierung Fuß gefasst: Die Zentren waren Leskovac für Textilien, Kragujevac für den Maschinenbau, in Niš saß die Elektronik. In und um Belgrad waren pharmazeutische Betriebe ansässig, in Kruševac wurden Flugzeuge gebaut. Außerdem wurde Stahl erzeugt; Maschinen, Lastwagen und Autos wurden gebaut.
Die Produktion von Rüstungsgütern war ein wichtiger Industriezweig. Mit seinen Lieferungen an Länder wie den Irak hat sich das Land jedoch vielfach starker Kritik ausgesetzt.

Aktuelle Situation

Seit der Ermordung von Đinđić im März 2003 stagnierten sowohl Reformen als auch die Zusammenarbeit mit Europa. Vor allem der Beschluss, keinen serbischen Kriegsverbrecher mehr an Den Haag auszuliefern, sondern sie in Serbien unter Kostenerstattung ihrer Spesen zu verurteilen, mutet angesichts der Armut im Land grotesk an. Die USA hatten im Januar 2005 bereits Konsequenzen gezogen und ihre zugesagte finanzielle Unterstützung zurückgezogen.

Derzeit ist die Regierung in Belgrad jedoch um Wohlverhalten und Zusammenarbeit mit dem UNO-Tribunal in Den Haag bemüht. So wurde am 21. Juli 2008 der lange gesuchte Kriegsverbrecher Radovan Karadžić, ehemaliger Präsident der Republik Srpska, in Serbien verhaftet und kurz darauf nach Den Haag überstellt. Er hatte unter falscher Identität in Belgrad als Dragan Davide Dabić gelebt und in einer Praxis als Alternativarzt gearbeitet.

Im Juli 2004 gingen die Bergarbeiter der Kupferwerke von Bor auf die Straße und blockierten tagelang den Autoput, um höhere Gehälter zu erzielen. Die langsame Privatisierung blockiert das Land. In den Staatsbetrieben, auch in den Hotels, ist das Engagement eher gering, die Gehälter sind einfach zu niedrig oder werden nicht ausbezahlt.

Andererseits hat die Übernahme bestehender Betriebe durch ausländische Kapitalträger viele Menschen in die Arbeitslosigkeit getrieben. So wurden die ›Duvanka Industrija Niš‹ (DIN) und ›Duvanka Industrija Vranje‹ (DIV) im Jahr 2003 von ›Philipp Morris‹ beziehungsweise ›British American Tobacco‹ (BAT) gekauft. Eine Entlassungswelle war die Folge. Die komplette Zerstörung der Rüstungsindustrie in Valjevo hat eine halbe Stadt zur Arbeitslosigkeit verurteilt. Internationale Gelder versickern teilweise in dunklen Kanälen.

In den letzten Jahren hat die Wirtschaft vor allem in der Vojvodina, hier in Novi Sad, Vršac und Zrenjanin, sowie in Belgrad einen Aufschwung verzeichnen können. Die Währung konnte längst stabilisiert werden.

Schlusslicht in der wirtschaftlichen Entwicklung ist Leskovac, wo die Privatisierung der Textilindustrie verschlafen wurde, die zwischenzeitlich von Ländern wie Bulgarien und Makedonien überholt wurde. Der weltweite allgemeine Abwärtstrend, ausgelöst durch die Immobilien- und Bankenkrise in den USA, hat leider auch Serbien erfasst.

Umwelt

Serbien hat aus der jugoslawischen Ära eine gehörige Portion Altlasten übernommen. Die Flüsse Save, Donau und Morava wurden über Jahrzehnte durch die großen Industrieansiedlungen stark verschmutzt. Umgeben von kommunistischen Anrainern, die vom Umweltschutz ebensowenig hielten, wurden die Flüsse dauerhaft mit hohen chemischen Konzentrationen belastet. Im Januar 2000 gelangte hochgiftiges Zyanid der Goldmine ›Aurul‹ aus dem rumänischen Baia Mare über die Theiß in die Donau. Der Palićko-See im Norden war völlig umgekippt und musste mit großem Aufwand regeneriert werden.

Die wirtschaftliche Stagnation während der Bürgerkriege hatte einen hohen Produktionsrückgang zur Folge, so dass sich die Flüsse geringfügig erholen konnten. Während des NATO-Luftkrieges 1999 wurde uranhaltige Munition im Kosovo und bei den Luftangriffen auf Belgrad eingesetzt. Bei der Zerstörung ganzer Chemiekombinate drangen Unmengen an hochgiftigen Chemikalien, darunter Dioxin, in das Grund- und Donauwasser. Teilweise war und ist die Trinkwasserversorgung in den Städten wie Novi Sad und Belgrad gefährdet. Die Donau bei Belgrad lädt nicht unbedingt zum Baden ein, schon optisch wird man den Eindruck großer Verschmutzung nicht los. Nach der Zerstörung der Düngemittel- und Petrochemiefabriken in Pančevo hingen tagelang Vinylchlorid-Wolken über der Region. Die Krebsrate in Serbien ist rapide angestiegen. Das in Belgrad eingerichtete Donau-Kompetenz-Center arbeitet mit den Donauanrainerstaaten zusammen und hat sich den Umweltschutz zur Aufgabe gemacht.

Andererseits ist das Land sehr dünn besiedelt. Auf einen Quadratkilometer kommen etwa 100 Menschen. Man kann kilometerweit durch Waldgebiete fahren, ohne auf ein einziges Haus zu stoßen – ein Paradies für die Tierwelt. Man

Die Donau bei Golubac

Wegweiser am Donauradweg

sieht sogar wildlebende Schildkröten gemütlich die Hauptverbindungsstraße überqueren, Schlangen sich zuhauf durchs Dickicht winden und Rehe durch den Mais spazieren.

Tourismus

Serbien hat begonnen, sein Land für den Tourismus attraktiv zu gestalten und konnte den Tourismussektor um 6,8 Prozent Wachstum im Jahr 2008 steigern. Die gut organisierte Tourismusorganisation mit Sitz in Belgrad hat innerhalb der letzten Jahre auch mit Unterstützung der GTZ (Gesellschaft für technische Zusammenarbeit) ein ganzes Netz an kompetenten Führern, Informationszentren und Internetseiten installiert, die dem Gast hilfreich zur Verfügung stehen. In dieser Zusammenarbeit wurde auch das Projekt des Donauradweges durch Serbien initiiert. In Zusammenarbeit mit ›Europarat‹, ›ZIP‹ und ›United Aid‹ wurden länderübergreifend die ›Romanische Route‹ sowie die Routen ›Burgen und Festungen‹ und ›Auf den Spuren römischer Kaiser‹ angelegt.

Nach Serbien fährt man einerseits, um die unzähligen Klöster mit Spitzenwerken der europäischen Kunst des Mittelalters anzuschauen. Viele fühlen sich auch von den musikalischen Events angezogen. Ein breites Spektrum an sportlichen Aktivitäten bieten Wälder und Flüsse: am Ibarfluss Rafting, am Fluss Pek Goldschürfen, in den Gebirgsstöcken von Kopaonik, Zlatibor, Tara und Brezovica Wintersport. Mit seinen unergründlichen Wäldern ist Serbien ein einzigartiges Gefilde für Jäger, mit seinen Flusslandschaften eines für Angler.

Einer der Hauptanziehungspunkte ist bisher eine Donaufahrt durch das Eiserne Tor. Tagesausflüge nach Belgrad oder Novi Sad gehören zum Standardprogramm. Im Jahr 2008 legten in den Häfen von Belgrad immerhin 400 Passagierschiffe internationaler Reedereien an. Kinder sind immer willkommen. Die Hotels suchen mancherorts noch den Anschluss an westliche Standards, aber auch darin hat sich schon vieles verbessert, wie beispielsweise in Niš.

Geschichte Serbiens

Serbien war bereits in prähistorischer Zeit besiedelt. Vor allem die Funde entlang der Donau und in der Vojvodina bezeugen dies deutlich. Während Rom mitten in den Punischen Kriegen steckte, war der Westen des Balkans und das Kosovo zunächst von illyrischen Stämmen, der Osten hingegen von Thrakern besiedelt. Westlich der Donau saßen Pannonier und weiter im Osten die Daker. Noch heute erinnern vor allem die Flussnamen an die frühen Siedler: Donau, Save, Ibar, Morava. Die Griechen bevorzugten die Küste und gründeten dort ihre Kolonien. Auf das Binnenland verzichteten sie. Griechische Einflüsse und Sitten verbreiteten sich aber auf dem Wege des Handels.

Die Römer

Im 1. Jahrhundert vor Christus setzte die Romanisierung der Balkanhalbinsel ein. Auf serbischem Gebiet begann sie im Donauraum. Ein Großteil der von den Römern gegründeten Provinz Moesia liegt hier, aber auch ein Teil der Provinz Pannonia. Unter Marcus Licinius Crassus war es dem römischen Heer gelungen, den Widerstand der moesischen Stämme zu brechen. Es folgte ein planvoll betriebener Ausbau eines Straßennetzes mit der Anlage befestigter Plätze und einer geordneten Provinzverwaltung. Wichtige Straßen durchquerten Serbien, sie sind teilweise auf der Tabula Peutingeriana, die das Straßennetz des spätrömischen Reichs aufzeigt, eingezeichnet.

Kaiser Augustus (27 vor Christus–14 nach Christus) ließ den römischen Balkan an der Donau und der Save enden. Seine Nachfolger überschritten die Flüsse. Aurelian gab die Gebiete nördlich der Donau dann wieder auf. Die Sol-

Der Dakerkönig Decebalos wurde auf rumänischer Seite an der Donau verewigt

Serbien zu römischen Zeiten

datenkaiser kamen regelmäßig aus dem Balkangebiet: Claudius und Diokletian stammten aus Dalmatien, Konstantin der Große, geboren in Naissus, Marcus Aurelius Probus und Marcus Aurelius Valerius Maximianus, beide bei Sirmium geboren, aus dem heutigen Serbien.

Mitrovica wurde während der diokletianischen Tetrarchie (Viererherrschaft, 293–324) Hauptstadt des dritten Teiles des römischen Reiches. Auf Diokletian geht das von der Kirche übernommene System der Diözesen und Vikare zurück. Die lange Grenze Moesiens, die besonders im Norden an unruhige Nachbarn stieß, war unentwegt Angriffen ausgesetzt. Dies erforderte die ständige Anwesenheit zahlreicher römischer Truppen. So entstanden große Bauten wie Aquädukte, Straßen, Kastelle und eine Brücke über die Donau. Bis in die späte Kaiserzeit waren hier mindestens zwei, wenn nicht gar drei Legionen stationiert. Dazu kam die Classis Moesica, die moesische Flotte auf der Donau.

In der Schlacht von Adrianopel im Jahr 378 wurde der oströmische Kaiser Valens getötet, die Römer konnten zunächst vom Balkan zurückgedrängt werden. Der weströmische Kaiser Gratianus erhob daraufhin Flavius Theodosius aus Nordspanien, besser bekannt als Theodosius der Große, in Sirmium zum Mitkaiser (379–395). Mit dem Dreiskaiseredikt ›Cunctos populos‹, erlassen von Theodosius I., Gratian und Valentinian II. in Thessaloniki, wurde der Grundstein für das Christentum als Staatsreligion des römischen Reiches gelegt. Mit dem Verbot heidnischer Kulte im Jahr 391 wurde das Edikt zur Entscheidung von unumkehrbarer Tragweite. Theodosius bemühte sich um einen Neuaufbau der Armee des Ostens und um die Befriedung der Balkangebiete. Er machte sich die

Kampfkraft der Goten zunutze, schloss mit den Siegern von Adrianopel 382 einen Vertrag, der ihnen die Herrschaft über den größten Teil von Moesia und Pannonia sicherte. In beiden Provinzen durften die Goten eigenständige Staaten errichten, unter der Bedingung, Konstantinopel militärischen Beistand zu leisten.

Die Teilung Roms

Eine Zäsur für die Region war die Teilung des Römischen Reiches im Jahr 395 in einen östlichen und einen westlichen Teil unter den Erben des Theodosius, Arcadius und Honorius. Die Teilung sollte bis auf eine kurze Unterbrechung unter Justinian endgültig bleiben. Dabei fiel das Gebiet des heutigen Serbien unter die östliche, die byzantinische Oberhoheit. Die Grenze verlief von der heutigen Küste Montenegros zur Drina und entlang dieser bis zur Save und deren Mündung in die Donau.

Die Einfälle fremder Völker in das Balkangebiet ließen nicht nach. Zunächst erschienen an der Donau die von den Hunnen nach Westen abgedrängten iranischstämmigen Alanen. Dann folgten die Hunnen selbst, vertrieben die Germanen und drangen mit der Unterstützung des germanischen Stamms der Gepiden sogar bis an den Rhein vor. Nach Attilas Tod im Jahr 453 zerfiel ihr Reich. Gepiden, die einst aus dem Karpatenraum gekommen waren, und Ostgoten nahmen ihre Stellung ein.

Seit dem 6. Jahrhundert drangen Slawen über die Donaugrenze. Vor ihnen zogen sich Teile der römischen und romanisierten Einwohnerschaft, die Walachen oder Welschen, in die Gebirgsregionen des Balkans zurück. Dort behielten sie ihre romanische Sprache und wanderten in den folgenden Jahrhunderten über

In der Ausgrabungsstätte Viminacium, Legionslager und Stadt vom 1. bis zum 4. Jahrhundert

Die Ausgrabungsstätte Gamzigrad, das antike Romuliana

die Donau allmählich in den Karpatenraum ein: Sie gelten als Vorfahren der Rumänen. Einige blieben jedoch an der Donau und teilten sich die Gebiete mit den Slawen. Noch heute werden sie Vlachen genannt.

Kurz nach dem Tod Justinians I. (527–565) drangen die Awaren auf den Balkan vor. Sie stammten wie die Hunnen aus Kleinasien. Im Jahr 567 unterwarfen sie sowohl Slawen als auch Germanen; das bedeutendste Bollwerk im Norden, Sirmium, fiel 582 in ihre Hände. Die Langobarden zogen daraufhin nach Italien. Das entleerte Gebiet besiedelten die Slawen im 6. und 7. Jahrhundert. Wenige Quellen berichten aus jener Zeit. Eine Chronik des Kaisers Konstantin VII. Porphyrogennetos (913–959) erzählt, dass serbische und kroatische Stämme nach 627 auf den Balkan gerufen wurden, um Byzanz unter Kaiser Herakleios im Kampf gegen die Awaren zu unterstützen. Das erstarkte Awarenreich konnte bald schon in mehreren Feldzügen 791 bis 805 von Karl dem Großen besiegt werden, der daraufhin die pannonisch-awarische Mark gründete, die fast bis nach Belgrad reichte. Der Name des Frankenwaldes (Fruška Gora) stammt noch aus jener Zeit. Die Voraussetzung für die Ausbreitung des lateinischen Christentums war geschaffen.

Die in der Mark siedelnden Slawen gerieten nun in den Machtbereich des fränkischen Reiches und unter den Einfluss der Christianisierung. Daneben waren sie der byzantinischen Interessensphäre ausgesetzt und hatten sich ständig gegen die Bulgaren, die einen ersten slawischen Staat begründet und im Jahr 864 das Christentum angenommen hatten, zu behaupten. Bajuwarische Siedlungsströme drangen ein. Ins Pannonische Becken strömten die Magyaren auf der Flucht vor den Petschenegen. Seit dem 9. Jahrhundert hatten die Magyaren die Oberhoheit über dieses Gebiet inne. Die fehlende einheitliche Ordnung bot ihnen eine gute Gelegenheit, sich im Donauraum festzusetzen.

Die slawischen Stämme gruppierten sich im Laufe der Zeit in drei ethnische und politische Gemeinschaften: Serben, Kroaten und Bulgaren. Die Serben formierten sich in Gau- oder Sippenverbänden, sogenannten Župen, an deren Spitze Župane standen.

Das erste serbische Reich

Erste Versuche einer Staatsgründung gingen von zwei Zentren aus: Zunächst von Raszien (serbisch Raška), einem Gebirgsland zwischen den Flüssen Ibar, Lim und Piva, dem oberen Tal der Tara und den Zuflüssen der Drina, deren Stämme unter den serbischen Herrschern Višelav um 780, Vlastimir um 850 und Mutimir (863–891) kurzfristig geeint wurden. Vlastimir setzte sich noch erfolgreich gegen die Bulgaren zur Wehr. Unter Mutimir war das Land von Byzanz aus christianisiert worden. Nach dessen Tod geriet es bis 927 wieder unter bulgarische Herrschaft. Fürst Časlav (927–960) einte für einige Jahrzehnte mit Hilfe von Ostrom das Gebiet zwischen Save, Adria und Morava gegen die Interessen kleinerer Župane. Daneben bestanden damals die unabhängigen Fürstentümer von Bosnien und Zachumien.

Ein zweites Zentrum entstand von 1035 bis zum Beginn des 12. Jahrhundert als küstenländisches Diokletia (Dioklitija, Doclea), dem serbischen Duklja, in der Provinz Illyrien. Es wurde seit dem 11. Jahrhundert Zeta (von Zenta oder Genta) genannt.

Zeta umfasste ein Gebiet, das in etwa dem heutigen Montenegro entspricht. Unter Stefan Vojislav, einem Serbenfürsten, übernahm Zeta die Führungsrolle vor Raszien und konnte das Herrschaftsgebiet über die Berge hinaus bis an die fruchtbare Küstenregion ausdehnen. Im Jahr 1042 erreichte Stefan Vojislav die

Ausgrabungen bei Stari Ras, der Hauptstadt Rasziens

Unabhängigkeit gegenüber Byzanz. Im Jahr 1077 erhielt sein Sohn Mihajlo (1050–1082) aus der Hand von Papst Gregor VII. die Königskrone. Seinem Sohn, Konstantin Bodin, der bereits im Jahr 1072 gegen Byzanz einen Aufstand in Makedonien angeführt hatte, gelang die Vereinigung ganz Bosniens und Rasziens. Sein größter Erfolg war jedoch die Unabhängigkeit der Kirche des Staates Zeta. Papst Clemens III. gewährte ihm die Einrichtung eines Erzbistums in Bar (Antivri), dem alle Bistümer seines Reiches unterstellt waren. In Prizren ließ sich Bodin zum Zaren ausrufen. Das lateinisch orientierte Zeta zerfiel nach dem Tod Bodins und wurde 1183 dem Nemanjidenstaat einverleibt.

Die Nemanjiden

Raszien gewann an Stärke, bedrohte beständig die byzantinischen Grenzen und verbündete sich dynastisch mit Ungarn: Bela II. ehelichte eine Tochter des Großžupans und wuchs zu einem gefährlichen Gegner von Byzanz heran. Der byzantinische Kaiser Manuel I. Komnenos versuchte Einfluss auf die dynastischen Auseinandersetzungen zu nehmen, indem er den ihm gewogenen Tihomir 1168 als Großžupan unterstützte. Dessen jüngerer Bruder, Stefan Nemanja, initiierte daraufhin eine Unabhängigkeitsbewegung und stürzte Tihomir.

Im Laufe des 12. Jahrhunderts entstand durch den Anschluss des lateinisch geprägten Zeta an das orthodoxe und politisch erstarkte Raška und die Eroberung weiterer Gebiete westlich der Morava, von Belgrad, Niš, Kosovo und Shkodra, ein Reich, das sich von Byzanz emanzipieren konnte.

Stefan Nemanja

Der eigentliche Begründer dieses mittelalterlichen serbischen Staates, der bis zur Mitte des 14. Jahrhunderts praktisch über den gesamten Balkan herrschte, war Stefan Nemanja (1166–1196). Er folgte auf die Županen Vukan, Uroš, Deza und Tihomir und wurde zum Großžupan, vergleichbar einem Großfürsten, ausgerufen. Stefan war eigentlich durch einen Putsch an die Macht gekommen und sollte zum Stammvater der 200 Jahre lang herrschenden Nemanjiden werden. Die Zeit des großserbischen Reiches von 1169 bis 1371 stellt im Selbstverständnis der Serben eine wichtige historische Epoche dar: eine Ära, die ausschließlich von der Dynastie der Nemanjiden (Nemanjići) bestimmt wurde. Ihr Name ist die serbische Form für den biblischen Namen Naeman, der im adriatischen Mittelalter sehr häufig auftrat.

Stefan Nemanja gelang es, die Oberhoheit über Raszien und alle serbischen Stämme zu wahren und sein Gebiet sogar noch zu erweitern. Zunächst musste er jedoch in der Schlacht an der Morava im Jahr 1172 gegen den byzantinischen Kaiser Manuel I. eine Niederlage einstecken. Aber der Friedensvertrag brachte die ausdrückliche Anerkennung des Serbenstaates. Byzanz brauchte Verbündete. Sein zweiter Sohn Stefan erhielt sogar die Tochter Kaiser Alexios III. Komnenos zur Frau, während dem Vater der Titel ›Sebastokrator‹ (Ehrwürdiger Regent) verliehen wurde.

Kloster Studenica, eine Stiftung Stefan Nemanjas

Stefan Nemanja hatte das Reich nicht nur konsolidiert, sondern unter Ausnutzung der Schwäche des byzantinischen Reiches sogar nach Süden und Osten erweitert. Er sicherte die Unabhängigkeit Serbiens und gründete viele Klöster. Sein Kampf gegen die als Ketzer verurteilten Bogumilen wurde ihm sowohl von Rom als auch von Konstantinopel löblich ausgelegt. Die Bogumilen, benannt nach ihrem Gründer Bogumil (Gottlieb), waren eine wichtige religiöse Bewegung des Mittelalters, in deren Mittelpunkt Askese und die reine Liebe zu Gott standen. Wegen der Verfolgung auch durch die Nemanjiden zogen sie sich in die bosnischen Berge zurück, wo sie bis zur Eroberung durch die Türken im Jahr 1463 großen Einfluss auf die Staatsführung hatten; danach traten sie geschlossen zum Islam über.

Die Küstengebiete des Balkans waren zu diesem Zeitpunkt noch lateinisch orientiert, das bergige Hinterland dagegen byzantinisch. Stefan war zweimal getauft worden, einmal nach lateinischem Ritus und dann nach byzantinischem. Mit seinem Sohn lebte er als Mönch Simeon über ein Jahr auf dem Athos, bevor er im Kloster Hilandar verstarb. Simeons Gebeine waren auch nach acht Jahren unversehrt. Er wird in Serbien als sogenannter Ölheiliger verehrt, galt doch damals das Hervorquellen wohlriechenden und wundertätigen Öls als sicherster Beweis der Heiligkeit. Simeons Leben wurde uns von seinen Söhnen Rastko und Stefan II., dem Erstgekrönten, in den berühmten Herrscherbiographien überliefert, die nicht nur Aufschlüsse über den ersten großen Nemanijden geben, sondern auch Einblicke in die an byzantinischen Vorbildern orientierten Machtansprüche und Denkweisen gewähren.

Vom Fürstentum zum Königreich

Der erstgeborene Sohn Stefans, Vukan, hatte zwar die Zeta bekommen, war jedoch seinem jüngeren Bruder unterstellt. So versuchte er mit päpstlicher und ungarischer Hilfe vom Gebiet Zeta aus seinen Bruder zu stürzen, um das ganze Reich zu erhalten. Stefan II. floh zunächst, konnte sich aber letztendlich mit der Unterstützung der Bulgaren gegen seinen älteren Bruder durchsetzen. Serbien war in dieser Zeit von Ungarn und dem starken Bulgarien umgeben.

Byzanz war im Jahr 1204 von lateinischen Kreuzfahrern erobert worden. Es entstanden das lateinische Kaisertum in Konstantinopel, das byzantinische Reich von Nikaia, das Kaiserreich von Saloniki und das Despotat Epirus.

Während seiner Herrschaft wurde Stefan II. zunächst vom Bündnis des bulgarischen Zaren mit dem lateinischen Kaiser von Konstantinopel, Heinrich von Flandern, bedrängt. Auch die Ungarn setzten ihm immer wieder zu. In all diesen Wirrnissen zeichnete sich Stefan als geschickter Diplomat und herausragender Feldherr aus. Seine romfreundliche Politik und die Freundschaft mit dem Despoten von Epirus wurde von Rom mit Wohlwollen betrachtet, so dass er durch einen Legaten des Papstes Honorius III. im Jahr 1217 mit einer Corona regis, einer Königskrone, und dem Beinamen ›der Erstgekrönte‹ (Prvovenčani) ausgezeichnet wurde. Er verstieß seine byzantinische Frau, um mit der Heirat von Anna Dandolo aus dem Haus des venezianischen Dogen sein Prestige zu erhöhen. Stefan II. trat wie sein Vater an seinem Lebensabend mit Mönchsnamen Simeon ins Kloster ein, wo er um 1228 starb. Auch er wird als Heiliger verehrt.

Sein Sohn Stefan Radoslav war mit einer byzantinischen Kaisertochter verheiratet und wurde von seinem Bruder Stefan Vladislav im Jahr 1233 gestürzt.

Kloster Mileševa wurde von Stefan Vladislav gegründet

Radoslav wurde als Mönch Jovan im Kloster Studenica bestattet. Vladislav, der zweite Sohn Stefans II., war durch seine Frau mit dem bulgarischen Königshaus verwandt, was als Zeichen einer bulgarienfreundlichen Politik gewertet werden darf. Er begründete das bedeutende Kloster Mileševa, das sogenannte Sava-Mausoleum. Bis zum Sturz durch seinen jüngsten Bruder Stefan Uroš I. vergingen nur neun Jahre.

Stefan Uroš I.

Stefan Uroš regierte seit dem Jahr 1242 für 34 Jahre. Er war verheiratet mit Jelena von Anjou, einer hochgebildeten Frau, die westliche Künstler und Wissenschaftler ins Land holte sowie Kirchen, Schulen und Bildungsstätten errichten ließ. Im 13. und 14. Jahrhundert wurde die serbische Macht sowohl politisch als auch wirtschaftlich ausgebaut. König Stefan Uroš I. (Lebenszeit um 1220–1277) schuf die wirtschaftlichen Grundlagen, indem er unter anderem sogenannte Sachsen – tatsächlich waren es eher Moseldeutsche, Elsässer und Schwaben und nur wenige Sachsen – als Fachleute für das Silberbergwerk Brskovo (Novo Brdo, deutsch Nyenberghe, im Kosovo) ins Land rief.
Die serbische Kultur erlebte unter seiner Ägide eine einzigartige Blüte. Der König stiftete viele Klöster, für deren Gestaltung er byzantinische Künstler ins Land holte. Mit seinem Tod endete der sogenannte Raškastil: Klosterbauten mit Kuppelbasiliken und Monumentalmalereien (siehe auch Seite 355). Stefan Uroš I. wurde als Mönch (1276–77) im Kloster Sopoćani, ebenfalls eine seiner Stiftungen, bestattet.

Uroš II. Milutin

Stefan Dragutin folgte im Jahr 1272 dem Vater, übergab aber schon 1282 den Thron mehr oder weniger freiwillig seinem Bruder Stefan Milutin (1282–1321). Eigentlich war Stefan Dragutin (1276–1282) als Thronfolger vorgesehen, aber ein Unfall beim Pferderennen zwang ihn zum Thronverzicht. Er wurde schlichtweg entmachtet und stattdessen mit der Verwaltung einiger Banate Bosniens und Nordserbiens (Mačva, Syrmien, Belgrad) betraut. Seine Abdankung erfolgte in Deževo (Stari Ras) im Jahr 1282, den Titel eines Königs durfte er weiter führen. Seine Tochter heiratete Stjepan Kotromanić, einen Bosnier aus führender Familie.

Stefan Milutin, der als Uroš II. bis zum Jahr 1321 herrschte, knüpfte an die Erfolge seines Vaters an. Zunächst eroberte er das nördliche Makedonien. Unter seinem Sohn wurde Bulgarien nach der für die Serben siegreichen Schlacht bei Velbužd (heute Kjustendil) eingegliedert. Strategische Ehen unterstützen seine Ziele. Uroš II. Milutin machte während seiner 42 Regierungsjahre viele Stiftungen und förderte Kirchen und Klöster auch außerhalb des serbischen Staatsgebietes wie Hilandar auf dem Athos und das Erzengelkloster in Jerusalem, das heute nicht mehr existiert. Auf Uroš II. Milutin folgte sein Sohn Stefan Uroš III., der nach seiner Klosterstiftung Dečani bei Peć (Kosovo) mit dem Beinamen

Stefan Uroš II. im Kloster Studenica

Dečanski ausgezeichnet wurde. In dritter Ehe war er mit einer Griechin verheiratet, deren Anhänger den gemeinsamen Sohn zum Nachfolger ausriefen.

Prinz Stefan Dušan, der aus der vorangegangenen Ehe stammte, setzte daraufhin, gestützt vom serbischen Hochadel, den Vater ab, der bei seiner Flucht ums Leben kam.

Kaiser der Serben und Griechen

Stefan Dušan, abgeleitet vom serbischen Wort für Seele, regierte als Uroš IV. von 1331 bis 1355. Unter seiner Regentschaft erreichte Serbien die größte Ausdehnung. Man eroberte byzantinische Provinzen bis zum Golf von Korinth (Thessalien und Epirus), Südmakedonien, Albanien und zuletzt Nordgriechenland. Am 9. April 1346 wurde der Erzbischof von Skopje von Dušan zum Patriarchen der Serben und Griechen erhoben. Sieben Tage später ließ sich Dušan von diesem zum Kaiser (Zaren) der Serben und Griechen krönen: ›Stefan v Hrista Boga blagovernyi Srbljem i Grkom‹. Das Zentrum wurde aus dem altserbischen Siedlungsraum in den griechisch beeinflussten Süden um Prilep und Ohrid verlegt und Skopje Hauptstadt der Serben.

Alles war mit einer weitgehenden Gräzisierung verbunden. Bedeutend wurden die innenpolitischen Maßnahmen zur Festigung des Reiches: Hofzeremoniell, Kanzleiwesen und Verwaltungsorganisation folgten byzantinischem Vorbild. Der Rechtsvereinheitlichung diente das berühmte Gesetzbuch des Zaren ›Dušanov Zakonik‹, das im Mai 1349 von einer Adelsversammlung in Skopje gebilligt und 1354 in Seres (Serrhai) erweitert und ergänzt wurde. Es war eines der modernsten seiner Zeit und enthielt 201 Artikel. Das Original ging leider verloren. Abschriften befanden sich unter anderem in Hilandar, Studenica und Hodoš, die alle auf die Jahre von 1426–1454 zurückgehen.

Der für das Jahr 1355 geplante Schlag gegen Ostrom und die mit den Byzantinern zunächst verbündeten, seit 1354 auf den Balkan vordringenden Osmanen wurde durch den Tod Stefan Dušans verhindert. Bald darauf nahmen die Ungarn Belgrad ein. Schon 1371 kam Makedonien unter türkische Herrschaft.

Dušans Sohn Stefan Uroš V. (1355–1371) war nur noch nominell Herrscher und letzter Vertreter der Familie der Nemanjiden, die mit seinem Tod 1372 erlosch. Er teilte die Macht mit seinem Halbbruder Simeon, der in Epirus und Thessalien regierte und sich in Trikkala zum Kaiser der Serben und Griechen krönen ließ.

Stammtafel der Nemanjiden

Stefan Nemanja
Großfürst (1166–1196) ⚭ Anna (Anastasia)

Vukan
Großfürst
(1202–1203)

Stefan II.
Großfürst
(1196–1202)
⚭ 1. Eudokia Angela
2. unbekannt
3. Anna Dandolo

Rastko (Sava)
Erzbischof
(1219–1233)

Stefan Radoslav
König
(1228–1234)

Stefan Vladislav
König
(1234–1243)

Stefan Uroš I.
König
(1243–1276)
⚭ Jelena von Anjou

Predislav
Erzbischof
(1263–1270)

Stefan Dragutin
König
(1276–1282)

Stefan Uroš II. Milutin
König
(1321–1331)
⚭ 1. Helena von Thessalien
2. Elisabeth von Ungarn
3. Anna von Bulgarien
4. Simonida Palaiologina

Vladislav II.
Fürst von Srem
(1316–1325)

Konstantin

Stefan Uroš III.
König (1321–1331)
⚭ 1. unbekannt
2. Theodora von Bulgarien
3. Maria Palaiologina

Simeon
Despot von Epirus
bis 1369

Stefan Uroš IV.
König (1331–1355)
ab 1346 Kaiser der
Serben und Griechen
⚭ Jelena von Bulgarien

Uroš V.
Zar
(1355–1371)

Zerfall des Großreichs

Das serbische Großreich zerfiel zunächst in Altserbien und den griechischen Süden. Einzelne Landesteile gingen wieder ihre eigenen Wege und etablierten sich in von verschiedenen Herrscherfamilien geführte Kleinstaaten, die zur Schwächung des serbischen Reiches beitrugen. Nach dem Tod König Stefan Uroš V. ging die Königskrone an die Familie der Hrebeljanovići, an deren Spitze Lazar in Morava-Serbien stand.

Kurzfristig wurde Tvrtko I. von Bosnien auch König von Serbien. Aus diplomatischen Gründen war er zum katholischen Glauben übergetreten, erhob aber nach dem Aussterben der Nemanjiden aufgrund seiner verwandtschaftlichen Beziehungen zu den Nemanjiden Anspruch auf den serbischen Thron. Er war ein Sohn des Stjepan Kotromanić, sozusagen ein Enkel Dragutins. 1377 wurde er vom serbisch-orthodoxen Metropoliten im Kloster Mileševa zum König Serbiens, Bosniens und der dalmatinischen Küste gesalbt. Sein Reich hielt sich bis 1391.

Die Schlacht auf dem Amselfeld

Mit der Besetzung des bulgarischen Plovdiv 1363 setzte die systematische Errichtung der Osmanenherrschaft auf dem Balkan ein. Im Jahr 1371 erlitten die Serben in Makedonien die erste Niederlage gegen die neue Großmacht. Alle serbischen Gebiete südlich der Šar-Planina wurden Vasallenstaaten: Ihre Führer und Truppen mussten sich an den weiteren Feldzügen von Murad I., dem dritten osmanischen Sultan, beteiligen, in denen viele ihr Leben ließen, auch der in der serbischen Literatur vielbesungene Kraljević (Königssohn) Marko Mrnjavčević. Als führende Persönlichkeit unter den Serben kristallisierte sich Fürst Lazar heraus. Er kam aus Morava-Serbien und Raszien. Mit seinem bosnischen Nachbarn Tvrtko stand er in gutem Einvernehmen. Durch kluge Heiratspolitik sicherte er sich Bundesgenossen: Vuk Branković um Priština, Georg II. Balšić von Zeta. Noch verbuchten die Serben kleine Erfolge, zum Beispiel bei Pločnik an der Toplica.

Fürst Lazar auf einem Holzschnitt aus dem 17. Jahrhundert

Die von Fürst Lazar Hrebeljanović geschaffene Allianz serbischer Fürsten, darunter der bosnische König Tvrtko, trat gegen die Türken auf dem Amselfeld an.

Am Abend vor der Schlacht hatte Lazar gedroht: »Wer Serbe ist, von serbischer Geburt und nicht zum Amselfelde zieht, um Krieg zu führen gegen Türken, soll weder einen Sohn noch eine Tochter je erzeugen und ohne jede Ernte sein«.
Am 15. (julianischer Kalender) beziehungsweise am 28. Juni (gregorianischer Kalender) 1389, dem Veitstag (Vidovdan), wurden die Serben in der Schlacht auf dem Amselfeld (Kosovo Polje) von den Türken geschlagen. Obwohl es sich um eine Niederlage handelte, wird dieser Tag bis heute als Feiertag begangen.
Fürst Lazar kam ums Leben, während der serbische Edelmann Miloš Obilić, der Schwiegersohn Lazars, Sultan Murad I. (1359–1389) tötete und heute noch als Held gefeiert wird.
Um Priština herrschte zu der Zeit Lazars Fürst Vuk Branković. Er musste 1392 Skopje an die Osmanen abtreten und verlor 1396 durch die Schlacht bei Nikopolis (Bulgarien) auch sein übriges Herrschaftsgebiet. In den serbischen Volksliedern erscheint er entgegen der geschichtlichen Wahrheit als Verräter. Tatsächlich hatte Branković gegen die Türken gekämpft und dabei Skopje verloren, das dann türkisch Usküb hieß. Schließlich unterwarf er sich dem Sultan. Seine Söhne Đurđe I. (Georg) und Grgur (Gregor) kämpften gegen die Mongolen auf osmanischer Seite und wurden dafür mit dem Despotentitel ausgezeichnet.

Lazar war von den Türken geköpft worden, so überliefern es auch die Heldenlieder. Sein Leichnam wurde ins Kloster Ravanica überführt, von dort ins Kloster Vrdnik in den Frankenbergen vor den Türken gerettet. Zum 600jährigen Jahrestag der Schlacht stellte man seinen Sarg im ganzen Land zur Schau, um ihn dann wieder ins Kloster Ravanica zurückzuführen.

Das Datum der Schlacht auf dem Kosovo Polje sollte für Serbien auch zukünftig schicksalsträchtig werden: Am 28. Juni 1914 wurde das Attentat auf den habsburgischen Thronfolger in Sarajevo verübt, sieben Jahre später, am gleichen Tag die Verfassung des Königreichs der Serben, Kroaten und Slowenen angenommen. Marschall Tito verließ an diesem Tag niemals seine Residenz, und am 28. Juni 1989 ließ der neue Serbenführer Milošević eine großartige 600-Jahr-Feier auf dem Amselfeld veranstalten, auf der nationalistische Reden geschwungen wurden.

Die Schlacht auf dem Amselfeld verfolgt die Serben bis heute und war in der Vergangenheit immer wieder Thema in der Literatur. Berühmt ist ihre Verarbeitung im ›Bergkranz‹ von Petar II. Petrović Njegoš.

Kampf gegen die Osmanen

Nach der Schlacht auf dem Amselfeld blieben nach wie vor Teilfürstentümer bestehen, die noch 70 Jahre der endgültigen osmanischen Eroberung widerstanden. Innerhalb ihrer Despotate (Teilstaaten) konnten sich die Herrscher eine gewisse Selbständigkeit bewahren. Lazars Sohn, Stefan (Stjepan) Lazarević, regierte als Despot von 1389 bis 1427 und unterstellte sich freiwillig als Vasall dem ungarischen König Sigismund. Dafür erhielt er das südliche Donauland zwischen Save und Morava. Unter ihm entwickelte sich Belgrad zum religiösen und kulturellen Mittelpunkt des serbischen Restreiches.

Das benachbarte Bosnien wurde im Jahr 1428 tributpflichtig und erlag 1461 dem Ansturm der Osmanen völlig.

Den Serben war es im Jahr 1443, im Bündnis mit dem ungarischen Feldherrn Johannes Hunyádi und dem polnischen König Wladyslaw III., sogar noch einmal gelungen, die Osmanen unter Murad II. (1421–1451) bis hinter Sofia zurückzudrängen. Bei Niš errangen sie einen Sieg gegen die Türken. Der türkische Sultan Mehmed II., der Eroberer (1451–1481), schloss mit Georg Branković (1427–1456), einem Sohn des Vuk Branković und einem Enkel Lazars, zunächst einen Waffenstillstand, aber nur, bis Konstantinopel erobert war. Danach fiel er über Serbien her.

1456 wurde Belgrad belagert, konnte aber von den Ungarn gehalten werden. Die Festungen Golubac und Smederevo widerstanden auch, Hunyádi und Branković starben. Ein ehemaliger Gefolgsmann Brankovićs wurde in Smederevo als Großwesir eingesetzt, und 1459 wurde die Stadt endgültig vom Feind erobert. Belgrad blieb noch 50 Jahre in christlicher Hand und wurde erst unter Süleyman dem Prächtigen (1520–1566) erobert. Im großen und ganzen war die Eroberung Serbiens im Jahr 1459 abgeschlossen. Damit war die osmanische Expansion zunächst gestoppt. Gerne sehen sich deshalb die Serben als Opfer des Westens an die Türken. Die Zusammenhänge sind vielfältiger: Die stark geschwächten Byzantiner waren von Dušan bedroht worden. In der Hoffnung, die Serben ebenfalls zu schwächen, stoppte man das Vordringen der Türken nicht, dabei wurde das byzantinische Reich mit dem Fall von Konstantinopel im Jahr 1453 selbst ein Opfer.

Die osmanische Besetzung

Serbien war nun zwar von der übrigen europäischen Entwicklung abgeschnitten, es kam aber keineswegs zum absoluten Bruch und Niedergang mit allem. Die Bewahrung der Kultur lag in den Händen der von den neuen Machthabern tolerierten Kirche. Das im Jahr 1459 aufgelöste Patriarchat wurde später wieder ins Leben gerufen. Das osmanische Millet-System garantierte allen nichtislamischen Bevölkerungsgruppen eine innere Selbstverwaltung. So wurden über die Kirchenorganisationen Autonomiebezirke aufgebaut, die rechtliche, wirtschaftliche und administrative Anforderungen weitgehend in eigener Regie erledigten. Über sie wurde auch die Kopfsteuer eingetrieben und an den Sultan abgeführt.

Es kam nicht zu einer Zwangsislamisierung. Wer jedoch zum Islam übertrat, war von der Kopfsteuer befreit. Diese kirchlichen Abgrenzungen sollten zur Voraussetzung der Entstehung eines politischen und nationalen Eigenbewusstseins werden. Serbien und Bulgarien wurden in osmanische Militärprovinzen, sogenannte Sandžaks und übergeordnete Paschaliks, umgewandelt. Beys und Agas verwalteten dann fernab vom Hof des Sultans diese Provinzen. Sie herrschten praktisch unabhängig und unkontrolliert. Darunter litten häufig die Rajahs,

Die Festung von Golubac konnte dem ersten Ansturm der Osmanen standhalten

Moschee in Prijepolje

die Schutzbefohlenen, worunter man alle Andersgläubigen verstand. Die Verteidigungseinheit waren die sogenannten Janitscharen, abgeleitet von Yeni Tscheri (neue Truppe), berühmt-berüchtigte Truppen, die vom Sultan Orkhan ausgehoben wurden. Nach der Eroberung des Balkans wurden die Janitscharen durch die Knabenlese aus christlichen Kindern rekrutiert.

Viele Byzantiner verschwägerten sich mit Serben, viele Serben wiederum stellten sich in den Dienst der Osmanen. Diese sollten von nun an alle klugen Köpfe der eroberten Gebiete in ihren Dienst stellen: Bosnien, Serbien, Montenegro, Makedonien. Die serbische Sprache kam bei Hofe gleich nach der Türkischen. Als Sultan Selim II. 1566 den Diwan bestieg, hatte der Großwesir Mehmed Pascha Sokolović aus Bosnien das Sagen, er war ein Serbe, der drei Sultanen diente. Ivo Andrić hat diesem serbischen Großwesir in seiner ›Brücke über die Drina‹ ein würdiges Denkmal gesetzt. Die letzte Blüte der osmanischen Herrschaft war angebrochen: Zypern konnte noch erobert werden, doch im gleichen Jahr erlitt der Mythos von der Unbesiegbarkeit der Osmanen in der Schlacht von Lepanto 1571 einen schweren Schlag.

Hatten die Römer den wegelosen Balkan mit Wegen, Heer- und Handelsstraßen bestückt, so brachten ihm die Türken den Kaffee aus Türkisch-Arabien, das Milchgetränk der Nomaden, genannt Joghurt, viele Hirtengerichte auf der Basis von Kebab und den Mais. In den Speisen sind die Türken präsent bis auf den heutigen Tag. Auch den Tabak haben sie über Ägypten ins Land gebracht, und was wäre der Balkan ohne seine Minarette, die spitzen Lederschuhe, die weichen Schaftstiefel und die schirm- und randlosen Kopfbedeckungen der Männer. In Zentralserbien sind die baulichen Reste – kunstvolle Brunnen und Bleikuppeln der Moscheen, Konaks (Amtsgebäude, Fürstenresidenzen) und Karawansereien – nur spärlich erhalten geblieben.

Der Weg in die Unabhängigkeit

Die Wende leiteten die Türkenkriege gegen Österreich ein. Schon im 16. Jahrhundert hatten die Österreicher mit der Einrichtung einer sogenannten Militärgrenze entlang der Donau begonnen. Trotzdem standen die Türken im Jahr 1683 vor

Wien, wo sie dank eines Entsatzheeres aus Polen geschlagen werden konnten. Die Habsburger und ihre Verbündeten drangen weiter nach Süden bis in die Balkanländer vor. Im Jahr 1688 hatte Max Emanuel aus Bayern den Oberbefehl der kaiserlichen Armee für den erkrankten Karl V. von Lothringen übernommen: Er gewann Ilok, Peterwardein und 1688 kurzfristig die Festung von Belgrad, und 1689 errang man einen Sieg bei Niš.

Die Serben waren zum Widerstand gegen die Türken aufgerufen und unter kaiserlichen Schutz gestellt worden. Mit ihrer Unterstützung drang Österreich unter General Graf Johann Norbert Piccolomini, aus Siena stammend, zweimal sogar bis Skopje vor. Doch die Unterstützung der Habsburger ließ nach, Piccolomini starb in Prizren an der Pest. Die Habsburger Truppen wurden im Krieg gegen Ludwig XIV. gebraucht, der in die Pfalz einmarschiert war. Ludwig Markgraf von Baden (1655–1707), genannt der Türkenlouis, blieb mit einem verkleinerten Heer zurück.

Ein Bündnis von Türken und Franzosen rüstete zum Gegenangriff und schlug die Aufstände in Zentralserbien nieder. Nun waren die Serben der Rache der Osmanen ausgeliefert. Viele tausend serbische Familien flüchteten unter Führung des Patriarchen von Peć, Arsenije Crnojević (1633–1706), nach Norden, während die katholischen Albaner zum Islam übertraten. Doch bei Slankamen konnte der Türkenlouis im Jahr 1691 die überlegene türkische Armee schlagen.

Nach kurzer Kriegspause betrat Prinz Eugen das Parkett. In der Schlacht bei Senta am 11. September 1697 wurde ein Teil der Vojvodina, das Batscherland, endgültig befreit. Dieser Erfolg begründete den Ruhm Prinz Eugens als großer Feldherr. 30 000 Türken ließen ihr Leben in der Theiß und auf dem Schlachtfeld.

Es folgte der Frieden von Karlowitz am 26. Januar 1699: Das Batscherland und Ungarn kamen an den österreichischen Kaiser, ein Teil des Banat und Belgrad blieben in Türkenhand. Weitere Schlachten fanden auf serbischem Boden statt: bei Peterwardein und Belgrad.

Im Frieden von Passarowitz 1718 gingen Teile von Bosnien und Serbien an Österreich. Im Frieden von Belgrad 1739 musste Österreich Südserbien und Belgrad wieder an die Türken abtreten. Der beginnende Zerfall des Osmanenreiches führte auf dem Balkan zu Unterdrückungsmaßnahmen, die große serbische Aufstände zur Folge hatten.

Büste des Aleksandar Nenadović, Führer im ersten serbischen Aufstand

Die Dynastien der Karađorđevići und Obrenovići

Kara Đorđe Petrović, besser bekannt als Karađorđe, und Miloš Obrenović wurden die Begründer der beiden serbischen Dynastien, die für 100 Jahre das Schicksal Serbiens und teilweise auch ihrer Nachbarn bestimmen sollten. Zwischen 1804 bis 1941 fanden vier aus ihren Reihen einen gewaltsamen Tod und vier wurden vom Thron verstoßen.

Kara Đorđe Petrović (geb. vermutlich 1762 in Viševac, 1817 in Radovanje bei Smederevo ermordet, beerdigt in Topola). Genannt Karađorđe, der schwarze Georg, 1804 Führer im ersten serbischen Aufstand.

Aleksandar Karađorđević (1806-1885). Sohn von Đorđe Petrović, 1842-1859 vierter serbischer Fürst.

Petar I. Karađorđević (1844-1921). Ältester Sohn Aleksandars, König Serbiens von 1903-1918, König der Serben, Kroaten und Slowenen von 1918-1921.

Aleksandar I. Karađorđević (1888-1934). Zweiter Sohn von Petar I., von 1921-1934 König der Kroaten, Serben und Slowenen, seit 1929 Jugoslawien, verheiratet mit der Rumänin Maria, ermordet in Marseille.

Petar II., Karađorđević (1923-1970). Sohn von Aleksandar I., ab 1934 König von Jugoslawien, für ihn regierte der Onkel Pavle I., ging 1941 ins Exil, starb in Los Angeles.

Pavle I. Karađorđević (1893 in Petersburg-1976 in Neuilly sur Seine). Onkel von Petar II., Vetter von Aleksandar I., 1934-1941 Prinzregent, in Lausanne begraben.

Tomislav Karađorđević (1928-2000). Bruder des letzten Königs, emigrierte nach England. Starb in England und wurde in Oplenac in Serbien bestattet.

Aleksandar II. Karađorđević (1945 in London). Sohn von Petar II., Kronprinz von Serbien, lebt mit seiner zweiten Frau Katherine in London und seit 2001 auch zeitweise in Serbien. Prinz Alexander, Erbprinz Peter und Prinz Philip sind seine Nachkommen aus erster Ehe.

Elizaveta Karađorđević (1936 in Belgrad). Tochter des Prinzregenten Pavle I., Fürstin von Serbien, lebt heute wieder in Serbien und nimmt am politischen Leben teil.

Die Familie der Obrenović regierte Serbien in zwei Zeitabschnitten:

Miloš I. Obrenović (1783 in Dobrinja, Kreis Užice-1860). Erster serbischer Fürst 1817-1839, zum zweitenmal 1858-1860, zwei Söhne.

Milan II. Obrenović (1819-1839). Sohn von Miloš I., zweiter serbischer Fürst, aber nur für wenige Tage, litt und starb an einer unheilbaren Krankheit.

Mihajlo III. Obrenović (1822 in Kragujevac-1868). Sohn von Miloš I., dritter Fürst der Serben 1839-1842 und 1860-1868, ermordet, bestattet in Belgrad.

Milan IV. Obrenović (1854-1901). Sein Vater war Miloš Obrenović, der wiederum ein Neffe des gleichnamigen Miloš Obrenović, als Milan IV. in den Jahren 1868/1872 Fürst und als Milan I. von 1882-1889 König der Serben.

Aleksandar V. Obrenović (1876-1903). Sohn Milans, König der Serben 1889-1903, mit seiner Ermordung erlosch die Dynastie.

Der erste serbische Aufstand

Kara Đorđe Petrović

Fast 70 Jahre waren vergangen, bis es in den Jahren 1804 bis 1813 zum ersten serbischen Bauernaufstand gegen die Türken kam. Ihr Anführer, Kara Đorđe Petrović (1762–1817), der Schwarze Georg, war bei Kragujevac (Viševac) als Sohn eines zu Wohlstand gekommenen Viehhändlers geboren worden. Sein Vater war als Führer und Dorfältester (Knez) politisch sehr einflussreich. Im österreichischen Freikorps geschult, kehrte Petrović nach Serbien zurück.

Nach dem Mord an 70 Knezen durch die Janitscharen rief er am 14. Februar 1804 zum Aufstand im Paschalik Belgrad auf. Dem Aufstand schlossen sich die Christen und Hajduken an. Im Jahr 1806 gelang die Vertreibung der Türken aus Belgrad und der Vorstoß nach Süden. Die Serben erkämpften sich ein neues Kernland. Sultan Selim III., selbst sehr geschwächt, gestand den Serben das Recht auf eine gewisse Selbstverwaltung zu, unter der Voraussetzung, dass seine Oberhoheit anerkannt würde. Ein Senat wurde ins Leben gerufen, dazu eine zweite Volksvertretung, die Skupština.

Der Aufstand, zunächst gegen die Terrorherrschaft der Janitscharen gerichtet, wendete sich in seinem Verlauf gegen die Osmanenherrschaft überhaupt. Europa war unterdessen von Napoleon umklammert, Moskau infolgedessen bedroht. Dies wiederum veranlasste die Russen zum Frieden mit dem Sultan, der nun den Rücken freihatte, um den Aufstand in Serbien 1813 niederzuschlagen. Karađorđe, der erste serbische Fürst, floh ins Ausland, zunächst nach Österreich, wo er in Petrovaradin interniert und auf Druck Russlands nach Bessarabien entlassen wurde. Von dort kehrte er 1817 nach Serbien zurück, um in Radovanje bei Smederevo ein Opfer seines Erzfeindes, des serbischen Fürsten Miloš Obrenović, zu werden. Zum Zeichen seiner angeblichen Treue zur Pforte schickte Miloš den abgeschlagenen Kopf des besiegten Feindes nach Konstantinopel. Der Grundstein zur Blutrache und damit zum Dauerkonflikt beider Familien war dadurch gelegt.

Nahe bei Topola, seinem ehemaligen Hauptquartier, entstand 1910 ein weißes Marmormausoleum, in dem der Schwarze Georg feierlich beigesetzt wurde. Seine Idealisierung zur mythischen Gestalt war nicht mehr aufzuhalten.

Miloš Obrenović

Die Macht übernahm Miloš Obrenović als Oberknez. Er war in einfachsten Verhältnissen als Miloš Teodorović geboren und hatte den Namen seines Förderers Milan Obrenović angenommen, der sich im ersten serbischen Aufstand ausgezeichnet hatte.

Miloš Obrenović

Bis zu seinem Lebensende blieb Miloš Analphabet, besaß aber großes politisches Geschick und diplomatisches Gespür für seine Führungsrolle nach der Niederschlagung des ersten Aufstandes. Er stellte sich gut mit dem Sultan, den er zunächst bei der Befriedung des Landes unterstützte. Als Geisel festgesetzt, wurde er zur Flucht getrieben und verkündete aufgrund steter türkischer Übergriffe im Jahr 1815 eine neuerliche Erhebung, die bis 1817 andauerte. Der Sultan war wiederum durch außenpolitische Zwänge genötigt, den Serben Zugeständnisse zu machen. Unter Miloš erhielten die Serben das Recht auf eine eigene Fürstenwahl und gegen jährliche Tribute eine erweiterte Autonomie. Miloš ließ sich von der Skupština in Belgrad zum Fürsten wählen.

Vertrag von Adrianopel

In kleinen Schritten erkämpften sich die Serben ihre Unabhängigkeit. Die Zugeständnisse an die Serben gipfelten im Ausbau des Paschaliks Belgrad zu höchster Autonomie, die im Vertrag von Adrianopel 1829 festgeschrieben wurde. Im Jahr 1830 wurde die Fürstenwürde erblich, am 15. Februar 1835 eine Verfassung verabschiedet. Miloš wehrte sich jedoch gegen den ihm zur Seite gestellten Staatsrat und dankte 1839 zugunsten seines Sohnes Milan II. ab, der nur ein Jahr später starb. Sein jüngerer Bruder Mihajlo III. folgte ihm für drei Jahre. Mihajlo III. wurde von Aleksandar Karađorđe, Sohn des Schwarzen Georg, dem vierten Fürst Serbiens, vertrieben, aber auch dessen Zeit war kurz. Miloš wurde zurückgeholt und mit ihm sein Sohn Mihajlo. Seinerzeit nicht sehr beliebt, schuf er die erste nationale Armee, erreichte den Abzug der türkischen Garnisonen und schuf Bündnisverträge mit den Balkanländern. 1862 verließen die Türken den Kalemegdan, die Belgrader Festung, endgültig, Smederevo, Golubac, Kladovo-Fetislam und Šabac folgten.

Die bekannte serbische Mineralwassermarke ›Knjaz Miloš‹ wurde nach dem Fürsten benannt.

Frieden von Akkerman

Der Sieg der Russen gegen die Türken im Jahr 1877 brachte auch den Serben Vorteile. Der Reformsultan Mahmud hatte die zum Staat im Staat gewordenen Janitscharen aufgelöst und war sehr geschwächt. Im Frieden von Akkerman wurde diktiert: Die Bürger des jungen Königreiches Serbien genießen Religionsfreiheit. Sie sind unabhängig von der osmanischen Justiz und Verwaltung. Sie haben das Recht, die ihnen auferlegten Steuern selbst einzutreiben. Sie können jederzeit reisen, wohin sie wollen. Sie dürfen in ihren Schulen lehren, in ihren Verlagen veröffentlichen lassen, was sie für richtig und passend halten. Außerdem dürfen auf serbischem Boden keine weiteren Muslime mehr angesiedelt werden. Damit begann die endgültige Vertreibung der Türken aus Serbien und Bosnien. Auf dem Berliner Kongress unter der Leitung Bismarcks wurde die serbische Unabhängigkeit im Jahr 1878 endlich anerkannt.

Serbien im 19. Jahrhundert

Das 19. Jahrhundert in Serbien mutet wie ein einziges Wechselspiel der Machtverhältnisse an. Dennoch wurden in dieser Zeit die Grundlagen für einen modernen Staat gelegt.

Die türkischen Poststraßen des 19. Jahrhunderts verliefen zum großen Teil auf alten Römerstraßen und wurden vom Militär, den Handeltreibenden und den Nachrichtenüberlieferern genutzt. Der kürzeste Weg nach Konstantinopel verlief über Serbien, in Kriegszeiten wählte man rumänisches Gebiet. Unter den Türken war der Beruf eines Tataren, eines Briefboten, sehr angesehen und anspruchsvoll. Man musste unter anderem viele Sprachen beherrschen. Als Raststationen hatten die Türken sogenannte Menzulanen errichtet, von denen einige erhalten geblieben sind. Als 1837 die Pest in Teilen des Osmanischen Reiches ausgebrochen war, wurden an den Poststraßen Quarantänestationen errichtet, da Österreich große Furcht vor einem Übergreifen der Seuche hatte.

Hamam in der Festung von Niš

Bis ins 19. Jahrhundert galten in Serbien türkische Maße (Oka und Dramm). Per Gesetz vom 1. Dezember 1873 wurden in Angleichung an Westeuropa die metrischen Maße eingeführt. Das erste serbische Geld der Neuzeit führte Mihajlo III. Obrenović 1868 ein. Im Jahr 1875 trat Serbien unter Fürst Milan IV. Obrenović der lateinischen Währungsunion bei. Als Einheit wurde der serbische Dinar bestimmt, den man in 100 Para teilte. Nach dem Zerfall Jugoslawiens wurde auf diese Währung zurückgegriffen und der neue Dinar ins Leben gerufen.

Man wollte sich von den Türken befreien, was sich auch in der Umbenennung einiger Städte ausdrückte: Aus Šupeljak wurde erst Jovanovac und nach 1886 Varvarin, aus Gurgusovac wurde Knjaževac, und das türkische Fetislam wurde durch Kladovo ersetzt. Despotovica an der Donau wurde in Gornji Milanovac umbenannt.

Das Königreich Serbien

Das unabhängige Serbien war von Beginn an von innenpolitischen Machtkämpfen stark erschüttert. Die Dynastien der Obrenovići und Karađorđevići kämpften ständig um die Vorherrschaft. Die erfolglosen Kämpfe gegen die Türken um Bosnien 1876 und gegen Bulgarien 1885 hatten den jungen Staat sehr geschwächt.

Milan Obrenović proklamierte 1882 das serbische Königreich. Anlässlich dessen wurde die Stadt Karanovac in Kraljevo (Königsstadt) umbenannt. Zunächst vertrat Milan eine österreichfreundliche Politik, die ihm jedoch nicht den gewünschten Zugang zum Meer verschaffte. Er trat zugunsten seines Sohnes Aleksandar schon 1889 zurück. Dieser erklärte sich mit 17 Jahren für volljährig, löste 1900 die Verfassung auf und heiratete die um vieles ältere Hofdame Draga Mašin. Beide wurden Opfer einer Verschwörung und fanden 1903 einen gewaltsamen Tod in Belgrad, womit das Geschlecht der Obrenović ausgelöscht war.

Petar I. Karađorđe, einer der wenigen, der eines natürlichen Todes starb, wurde daraufhin von der Nationalversammlung gewählt. Seine Außenpolitik wurde von Nikola Pašić gelenkt und von der großserbischen Idee bestimmt. Unter ihm engagierte sich Serbien im Bündnis mit Montenegro, Bulgarien und Griechenland in den Balkankriegen für die Befreiung der letzten in osmanischer Hand verbliebenen Gebiete. Die Osmanen wurden zwar vertrieben, aber die Neuaufteilung der Region brachte das Bündnis auseinander. Ein zweiter Balkankrieg endete im Debakel für Sofia, das unbedingt Makedonien für sich gewinnen wollte. Serbien war Hauptgewinner und konnte im Frieden von Bukarest sein Territorium verdoppeln, hinzu kamen der Sandžak, das Kosovo und Nordmakedonien. Albanien war als Schachzug gegen Russland bereits 1912 von Österreich und Italien als eigenständig anerkannt worden.

Der Erste Weltkrieg

Immer stärker wurde von serbischer Seite die Ausgliederung der Südslawen aus dem Habsburgerreich propagiert. Handelsboykott und Wirtschaftsembargo seitens der Habsburger blieben dank französischer, englischer und deutscher Wirtschaftskreise wirkungslos. Nikola Pašić (1846–1926) wurde Ministerpräsident. 1908 annektierte Österreich Bosnien und Herzegowina, wo immerhin 40 Prozent Serben lebten, was das Verhältnis zu Serbien sehr strapazierte. Die Problematik gipfelte am 28. Juni 1914 in der Ermordung des österreichischen Thronfolgers und seiner Gemahlin in Sarajevo am Vidovdan durch Gavrilo Princip, die den Serben zur Last gelegt wurde.

Das Attentat Gavrilo Princips auf Franz Ferdinand in Sarajevo löste den Ersten Weltkrieg aus

Die Doppelmonarchie Österreich-Ungarn erklärte daraufhin im Bündnis mit dem Deutschen Reich Serbien den Krieg. Geplant war eine Neuordnung auf dem Balkan. Diese Mittelmächte standen gegen die Entente aus Briten, Franzosen und Russen. Die serbischen Truppen hielten zunächst stand, erst mit dem Kriegseintritt Bulgariens an der Seite der Mittelmächte musste sich die serbische Regierung bis nach Korfu zurückziehen. Montenegro, Serbien und Albanien wurden von Österreich-Ungarn besetzt, Bulgarien erhielt Makedonien. Griechenland trat auf Druck der Entente ebenso wie kurz darauf Rumänien in den Krieg ein. Italien wurde nach Zugeständnissen wie Dalmatien, Istrien und Albanien 1915 ebenso Mitglied der Entente. Gestärkt durch die Entente, wendete sich seit 1916 das Blatt auch für die Serben. Die Großoffensive von Saloniki aus brachte zunächst Bulgarien, dann die gesamte Balkanfront zu Fall, die die endgültige Niederlage der Mittelmächte Deutschland, Österreich, Bulgarien und Türkei einleitete.

Bis ins 19. Jahrhundert hatte in Serbien der julianische Kalender gegolten. Dieser hinkte dem gregorianischen um zwölf Tage hinterher. Der Rückstand war im Jahr 1900 auf 13 Tage angewachsen. Nach dem Ersten Weltkrieg vollzog Serbien den Wechsel auf den neueren Kalender, weswegen das Datum des Vidovdan in zwei Daten angegeben wird. Auf den 19. Januar 1919 folgte der 1. Februar.

Das Königreich der Serben, Kroaten und Slowenen

Während des Ersten Weltkriegs etablierten sich mehrere slawische Bewegungen, die die Unabhängigkeit der Südslawen von Habsburg anstrebten: In London tagte ein Komitee unter dem Kroaten Trumbić und dem kroatischen Bildhauer Ivan Meštrović. Die serbische Regierung und das Königshaus, die auf der Insel Korfu Zuflucht genommen hatten, bekundeten ihren Willen zu einer gemeinsamen Staatsbildung der Südslawen, einem Königreich der Serben, Kroaten, Slowenen: Kraljevina Srba, Hrvata i Slovenca, abgekürzt SHS.

Die Unterzeichner der Korfu-Deklaration von 1917

Im österreichischen Reichsrat forderten die südslawischen Abgeordneten eine Vereinigung der österreichisch-ungarischen Südslawen der Donaumonarchie zu einem selbständigen Staat innerhalb des Habsburgerreiches. In den letzten Kriegstagen vereinten sich alle zur großserbischen beziehungsweise südslawischen Bewegung.

Auf die Proklamation des Nationalrates in Agram/Zagreb folgte 1921 die des SHS in Belgrad durch Prinzregent Aleksandar, dem zweiten Sohn Petars. Im Grunde war es eine staatliche Vereinigung der seit 400 Jahren unter Habsburger Herrschaft stehenden Südslawen, Slowenen, Kroaten und ungarländischen Serben, und eine Wiederholung der Deklaration von Korfu. Diesem Zusammenschluss wurde auch Montenegro einverleibt. Jetzt herrschten Prinzregent Aleksandar Karađorđe und Ministerpräsident Pašić über etwa zwölf Millionen Bürger, unter denen die Serben 45 Prozent stellten. Aber selbst diese Serben waren in sich gespalten: Da gab es die ›iz preka‹, die von drüben, die Balkanserben aus dem Altreich südlich der Donau und Save, und die ›podunavski‹ jenseits der Donau, von Slawonien und der Vojvodina, die historisch vom Habsburgerreich geprägt und daher eher westlich ausgerichtet waren.

Die Serben des Altreichs, Kleinbauern und Hirten, stellten Soldaten und hatten sich in den Balkankriegen tapfer geschlagen. Sie wurden zur Hauptstütze des neuen Staates, während die jenseits der Donau lebenden Serben bereits eine bürgerliche Mittel- und Bildungsschicht kannten und mit Katholiken und anderen Konfessionen zusammenlebten. Die Donau wurde also innerstaatlich als Kulturgrenze empfunden und brachte die Südslawen in Opposition zu den Altserben.

Außerdem standen sich von Beginn an zwei politische Auffassungen gegenüber: Die Kroaten strebten eine föderative Einrichtung, die Serben eine zentralistische an. Nikola Pašić setzte die serbische Idee durch und proklamierte am 28. Juni 1921 die zentralistische Verfassung, die sogenannte Vidovdan-Verfassung.

Das Land wurde in administrative Bezirke eingeteilt, die eine serbische Mehrheit begünstigten. Der Grundstein für eine lang andauernde Feindschaft zwischen Serben und Kroaten war gelegt, die mit dem Zerfall Jugoslawiens blutig zum Ausbruch kam. Doch zunächst gipfelten die Auseinandersetzungen 1928 in der Ermordung des Führers der kroatischen Bauernpartei, Stjepan Radić. Sein Nachfolger Vladko Maček arbeitete auf ein autonomes Kroatien hin. Dem kam Aleksandar zuvor, indem er die Königsdiktatur im Januar 1929 ausrief. Parlament und alle Parteien wurden aufgelöst, die Vidovdan-Verfassung aufgehoben, der Name ›SHS‹ gelöscht, der Staat in Jugoslavija umbenannt und in neun Banate unterteilt. Innenpolitisch regierte Aleksandar Karađorđe sehr autoritär, außenpolitisch suchte er zu ganz Europa gute Kontakte. Zu Deutschland, das wichtigster Handelspartner war, bestanden gute Beziehungen. Karađorde und seine Frau, die Rumänin Maria, fielen 1934 in Marseille einem Attentat zum Opfer. Sein Vetter Pavle übernahm für den erst zehnjährigen Thronfolger Petar die Regierung.

Vor dem Zweiten Weltkrieg waren aus Unzufriedenheit Geheimbünde und Widerstandsgruppen gebildet worden: die IMRO (Innere Makedonische Revolutionäre Organisation), die in Makedonien agierte, in Kroatien die von Italien unterstützte Ustaša (übersetzt ›Aufständischer‹, ›Aufrührer‹, Plural Ustaše/die Aufständischen) und andere.

Der Zweite Weltkrieg

Im Zweiten Weltkrieg verschwand der ehemalige SHS-Staat von der Landkarte. An seine Stelle traten Gebietsabtretungen, Besatzungsgebiete und Vasallenstaaten. Am 25. März 1941 wurde Jugoslawien im Wiener Belvedere zum Beitritt in das Achsenbündnis und zur vertraglichen Überlassung aller militärischen Einheiten gezwungen. Ein Putsch serbischer Generäle unter der Führung von Dušan Simović stürzte daraufhin den Prinzregenten, der Pakt mit dem Achsenbündnis wurde aufgekündigt und Jugoslawien in den Krieg hineingezogen.

Deutschland überfiel in einem Blitzkrieg das Land und zerschlug es. Die Bombardements erfolgten am 6. April 1941, nur elf Tage später kapitulierte das Land. Der 17jährige König Petar und die Regierung General Dušan Simovićs gingen zunächst nach Jerusalem, dann nach London ins Exil. Der

Kriegsdenkmal in Bubanje bei Niš

König hat trotz Proklamation der Republik am 29. November 1945 nie auf seine Thronrechte verzichtet. Er starb in Los Angeles. Sein Sohn, Kronprinz Alexander, lebte lange in London und seit dem Jahr 2000 immer wieder in Serbien.

Die Achsenmächte unter Führung Deutschlands proklamierten am 10. April 1941 den unabhängigen Staat Kroatien ›Nezavisna Država Hravatska‹ (NDH). Ante Pavelić, Führer der Ustaša, kam aus dem Exil und wurde als ›Poglavnik‹ (Führer) eingesetzt. Dieser unabhängige Staat umfasste neben Kroatien auch ganz Bosnien und die Herzegowina. Kroatien wurde in eine deutsche und italienische Einflusszone untergliedert, deren Trennlinie quer durch Bosnien verlief. Kroatien arbeitete Deutschland und Italien in die Hände. So blieben trotz der formalen Unabhängigkeit Kroatiens Binnenkroatien stärker im italienischen Einflussbereich, Slawonien und Teile Bosniens im deutschen.

Serbien wurde vollständig unter deutsche Militärverwaltung gestellt und eine Marionettenregierung installiert: die Zivilregierung unter dem ehemaligen Kriegsminister General Milan Nedić als Ministerpräsident. Er wurde nach Kriegsende als Kollaborateur an Jugoslawien ausgeliefert und nahm sich am 4. Februar 1946 das Leben.

Auch uralte religiöse Unterschiede traten in den Konflikten wieder zutage. Die katholischen Kroaten und ihre kirchlichen Würdenträger sind bis heute umstritten, so der Erzbischof von Zagreb, Alojzije Stepinac, aber auch der Erzbischof von Sarajevo, Ivan Šarić. Die orthodoxen Serben besiedelten einen großen Teil der Krajina. Viele von ihnen wie auch Roma und Juden kamen im kroatischen Konzentrationslager von Jasenovac ums Leben. Es wurde zeitweise vom Franziskanerpater Miroslav Filipović geleitet. Den orthodoxen Patriarchen Gavrilo verschleppten die Deutschen ins Konzentrationslager Mauthausen.

Die Vojvodina wurde aufgeteilt: Alle Gebiete nördlich der Donau, Baranya und Bačka, fielen an Ungarn, das Sremgebiet an Kroatien. Das Banat, von Ungarn und Rumänen gleichermaßen gefordert, wurde unter deutsche Verwaltung gestellt. Die Serben nördlich der Save wurden nach Süden vertrieben. Ein Großteil Makedoniens ging an Bulgarien, das Kosovo an Albanien. Montenegro wurde als italienischer Satellitenstaat wiederhergestellt.

Widerstand gegen die Besatzer

Verschiedene Bewegungen, darunter königstreue und kommunistische Widerstandsgruppen, letztere geführt von Josip Broz alias Tito, kämpften getrennt gegen die Besatzer. Auch ihnen fielen viele Menschen zum Opfer. Einen ergreifenden Eindruck von den Geschehnissen während dieser Zeit vermittelt der Film ›Die letzte Brücke‹ (Poslednji most, 1954) von Helmut Käutner, in dem Maria Schell eine der Hauptrollen spielt.

Die Kampfverbände des Königs, die Četniks, serbisch Četnici (Freischärler), wurden von Oberst Draža Mihajlović, der sich als Statthalter des exilierten Königs betrachtete, geführt. In Bosnien gerieten sie in Kämpfe mit der Ustaša. Ihre Opfer wurden dort die der Kollaboration verdächtigten Muslime und Kroaten.

Widerstandsdenkmal in Stolice bei Krupanj

Beherrschende Figur war Josip Broz mit dem Decknamen Tito. Als k.u.k.-Soldat war er 1915 in russische Gefangenschaft geraten und hatte sich während der Oktoberrevolution den Kommunisten angeschlossen. Nach seiner Rückkehr im Jahr 1920 baute er in Jugoslawien die kommunistische Partei mit auf. Geschult in der Komintern, entging er den Säuberungen Stalins 1937 in Moskau.

Tito und sein ranghöchster Offizier Milovan Đilas, Montenegriner und Historiker, erhielten nach dem Bruch des Hitler-Stalin-Paktes das Zeichen zum Aufstand. Ihre gut organisierten und disziplinierten Einheiten brachten der notleidenden Bevölkerung Hilfe, was deren breite Unterstützung für den Untergrund zur Folge hatte. Als Tag der Erhebung galt der 7. Juli 1941, als im westserbischen Dorf Bela Crkva ein Kommunist, der verhaftet werden sollte, zwei Gendarmen erschoss. In Titos Jugoslawien war dies der Nationalfeiertag. Aus einem isolierten Aufstand gelang es ihm, eine breite patriotische Volksbewegung unter kommunistischer Führung zu aktivieren. Sein Ziel war ein föderatives Jugoslawien mit gleichberechtigten autonomen Republiken.

Nach der Kapitulation Italiens trugen die Alliierten der Stärke Titos Rechnung und stellten die Unterstützung für die Četniks ein. 1943 wurde in Jajce, 70 Kilometer südlich von Banja Luka, eine provisorische antifaschistische Regierung gebildet, die sowohl Mihajlović als auch dem König jegliche Regierungsvertretung absprach. Tito ließ sich zum Marschall Jugoslawiens ausrufen. Noch im Mai versuchten deutsche Fallschirmjäger, Titos Hauptquartier in Bosnien zu stürmen – ohne Erfolg. Belgrad wurde von der Roten Armee und Partisanen eingenommen.

Tito setzte sich bei den nachfolgenden Verhandlungen durch. Er erreichte den raschen Abzug der Sowjetarmee und gestaltete nach seiner Wahl von 1945 Jugoslawien zu einer föderativen Volksrepublik um, in der die Volksrepubliken

Draža Mihajlović, Anführer der Četniks im Zweiten Weltkrieg

Serbien, Kroatien, Slowenien, Bosnien und Herzegowina, Makedonien und Montenegro gleichberechtigt sein sollten. Die Republik Serbien umfasste außerdem die autonomen Provinzen Vojvodina, Kosovo und Metohija (Kosmet). Damit wurde Serbien nach 1945 zur größten Volksrepublik innerhalb der ›Demokratischen Föderativen Republik Jugoslawien‹, aber insgesamt beschnitten.

Nach der Anerkennung Jugoslawiens durch die alliierten Großmächte USA, UdSSR und England wurden Opposition und vermeintliche Gegner verfolgt. Es kam auch zu Massakern und großangelegten politischen Prozessen. Eine dunkle Seite der Tito-Ära war die ›Kahle oder nackte Insel‹ (goli otok), ein Tabuthema, das erst nach Titos Tod zur Sprache kam. Eines der Opfer war der Četnikführer Draža Mihajlović. Erst vor kurzem hat das serbische Parlament beschlossen, die Veteranen der nationalistischen serbischen Četnikverbände aus dem Zweiten Weltkrieg jenen der kommunistischen Partisanenbewegung rechtlich gleichzustellen. Über die Opfer aller Verbände wird eher geschwiegen.

Serbien als Teil Jugoslawiens

Nach dem Zweiten Weltkrieg fanden auf dem Balkan in großem Rahmen Enteignungen statt, wovon in Serbien vor allem die Volksdeutschen betroffen waren. Klöster und Kirchen wurden verstaatlicht. Die Kollektivierung der Landwirtschaft erwies sich als Fehler und wurde rasch wieder rückgängig gemacht. Die zunehmende Eigenständigkeit führte zum Bruch zwischen Tito und Stalin. Das Wirtschaftsembargo der Sowjetunion wurde durch den Westen abgefangen. Die heutige Hauptstadt Serbiens, Belgrad, war auch die Hauptstadt von Jugoslawien.

Im Mai 1980 starb nach langer Agonie Tito. Im Zeitraum 1980 bis 1992 zerfiel die von ihm gegründete Föderation. Zunächst kämpfte man um den Erhalt des Staates. Jede der sechs Teilrepubliken sollte im Wechsel den Vorsitz des Staatspräsidiums übernehmen. Erste Unruhen erschütterten, von der Welt fast unbemerkt, das Kosovo im Jahr 1981. Jugoslawien, das besonders hart von der damaligen Ölkrise betroffen war, litt unter dramatischen Wirtschaftsproblemen. Die Landeswährung, der Dinar, verlor rapide an Wert, der Lebensstandard sank, die Hilfen aus Ost und West blieben aus. Die Arbeitslosenrate stieg unaufhaltsam. Von all diesem waren besonders der Süden und hier das Kosovo betroffen, das seine Bevölkerung mit der höchsten Geburtenrate Europas innerhalb weniger Jahrzehnte um fast 200 Prozent gesteigert hatte. Der Ministerpräsident Branko Mikulić, ein Bosnier, gab angesichts der Probleme auf. Es folgte der Kroate Ante Marković. In den ersten Mehrparteienwahlen gewannen in fast allen Teilrepubliken die Nationalisten, die vorwiegend Altkommunisten waren.

Josip Broz Tito

Forderungen nach mehr Selbstbestimmung und freier Meinungsäußerung der einzelnen Republiken, allen voran der Slowenen nach mehr Eigenständigkeit und weniger Zahlungen an die Regierung in Belgrad, führten zum ersten Krieg der jugoslawischen Armee gegen die Slowenen. Die serbische Teilrepublik unterstützte Marković und erhielt freie Hand im Kosovo.

In der Teilrepublik Serbien wurde Slobodan Milošević Parteichef und zwei Jahre später Präsident. Unter ihm wurden die autonomen Provinzen Vojvodina und Kosovo 1989 mit einigen Verfassungszusätzen wieder Belgrad unterstellt.

Der Zerfall der Sowjetunion und ein zunehmender serbischer Nationalismus verfehlten ihre Wirkung nicht. Ein Memorandum der serbischen Akademie der Wissenschaften von 1986 rechnete mit der vermeintlich antiserbischen Politik eines Tito ab und spricht von ihm seitdem nur noch als Josip Broz. Ultranationalisten traten auf: Das Begräbnis des Serben Aleksandar ›Leka‹ Ranković, einst neben Tito und Đilas mächtigster Mann in Jugoslawien, geriet zur Massenveranstaltung in Belgrad. Theaterstücke wie ›Die Schlacht an der Drina‹ unterstützten das serbische Gefühl ›Immer ist alles gegen uns‹! Der serbische Präsident Ivan Stambolić schickte 1987 seinen Parteichef, Slobodan Milošević, bis dato Bankangestellter in New York, nach Priština. Verstecktes Ziel der jugoslawischen Regierung wurde die Zusammenführung aller Serben, die in großer Zahl in Bosnien, Montenegro, aber auch in Kroatien lebten.

Krieg und Teilung

Die Teilrepubliken strebten immer stärker ihre Unabhängigkeit an, die die Slowenen und Kroaten 1991 mit ihrem Austritt aus dem Staatenbund umsetzten. Die serbischen Minderheiten hingegen, die in Kroatien und Bosnien lebten, erklärten ihre Regionen zu autonomen Republiken und riefen Belgrad um Hilfe an. Da weder Kroaten noch Serben nachgeben wollten, führte dies zum Krieg in Jugoslawien zunächst zwischen Kroaten und Serben, im weiteren Verlauf verlagerte sich der Krieg nach Bosnien-Herzegowina.

Der radikale Politiker Vojislav Šešelj, gegen den ein Verfahren in Den Haag läuft, brüstete sich öffentlich, dass seine Leute, die neuen Četniks, den Schutz der Serben in Ostslawonien übernommen hätten. Im Laufe dieses Krieges wurden viele Verbrechen begangen. Beispiele der Greueltaten sind Erschießungen von Serben auf Befehl des Bosniers Naser Orić oder die Massaker von Srebrenica, die dem Serben Ratko Mladić angelastet werden. Die Stadt Vukovar in Kroatien wurde während dieses Krieges nahezu dem Erdboden gleichgemacht.

Das unabhängige Serbien

Europa versuchte mehr oder weniger halbherzig, Jugoslawien zusammenzuhalten. Als erstes erklärten sich Kroatien und Slowenien 1991 für unabhängig, was von deutscher Seite vorschnell anerkannt wurde. Die Frage der Minderheiten war

Beim NATO-Bombardement zerstörtes Gebäude des serbischen Staatssenders ›Radio Televizija Srbije‹

nirgends gelöst. Serben wurden einfach als ›andere Völker‹ bezeichnet. Slobodan Milošević stieg vom Parteivorsitzenden der kommunistischen Partei Serbiens 1987 zum Präsidenten der Republik Serbien auf. Er schaltete die Opposition aus und hob den Autonomiestatus der Vojvodina und des Kosovo auf. Seit 1990 herrschte der Ausnahmezustand im Kosovo.

Der serbische Block erreichte die absolute Mehrheit im Staatspräsidium. Die Wahlen im Dezember 1990 bestätigten Milošević, der ab sofort die serbischen Nationalisten mit Parolen wie ›Serbien ist überall dort, wo Serben leben‹ bediente.

Nach seiner zweiten Amtszeit 1997 avancierte Milošević vom Präsidenten Serbiens zu jenem der Bundesrepublik Jugoslawien. Gleichzeitig bestand aber auch eine Opposition in Serbien, die sich nichts anderes als Freiheit und offene Meinungsäußerungen wünschte. Menschen gingen auf die Straße gegen Milošević und büßten dafür mit Gefängnis. Politisch war die Opposition im Bündnis ›Zajedno‹ (Gemeinsam) organisiert, das jedoch bald an inneren Gegensätzen zerbrach.

Im Jahre 2000 verabschiedete das Bundesparlament ein neues Wahlgesetz, das Staatspräsident Milošević eine zweite Amtszeit ermöglichte. Aus den darauffolgenden Wahlen im September ging dennoch Vojislav Koštunica als Wahlsieger hervor. Milošević akzeptierte seine Niederlage erst nach dauerhaften Massenprotesten. Bei den Parlamentswahlen im darauffolgenden Dezember wurde Zoran Đinđić zum Ministerpräsidenten gewählt. Er veranlasste die Auslieferung Miloševićs ans Haager Tribunal. Der Hoffnungsträger der Serben wurde nach nur zwei Jahren im Amt erschossen.

Mit der Annahme der Verfassung im Jahr 2003 wurde die im Jahr 1992 gegründete Bundesrepublik Jugoslawien in einen losen Staatenbund ›Serbien und Montenegro‹ umgewandelt. Diesem wurde bereits im Jahr 2006 ein Ende gesetzt, als sich Montenegro in einer Volksabstimmung für die Unabhängigkeit entschied.

Seit dem 5. Juni 2006 ist Serbien formal eine unabhängige Republik. Wenige Monate später wurde eine neue Verfassung verabschiedet, die auch der Vojvodina mehr Rechte zurückgibt. Aus den Neuwahlen des Parlaments im Jahr 2007 ging Vojislav Koštunica als Ministerpräsident hervor, der aber durch die vorgezogenen erneuten Wahlen im Jahr 2008 von dem parteilosen Mirko Cvetković abgelöst wurde.

Das Verhältnis zur EU ist immer wieder gestört. Die Regierung Koštunica hatte dem Erhalt des Kosovo oberste Priorität gegeben, populistisch ausgenutzt und darüber wichtige andere Aufgaben vernachlässigt. Boris Tadić, ein europafreundlicher Politiker, ist seit dem Jahr 2004 Präsident Serbiens.

Die Verhaftung und Überstellung des lange gesuchten Radovan Karadžić wurde im Jahr 2008 vollzogen, diejenige von Mladić, der für das Massaker von Srebrenica verantwortlich sein soll, steht noch aus. Von ihr wird die weitere Zusammenarbeit mit der Europäischen Union abhängen. Der Erhalt des Kosovo als Teil Serbiens ist aber als Ziel allen Parteien und ihren Führern gemeinsam.

Geschichte im Überblick

5. Jahrhundert vor Christus Illyrische Stämme besiedeln die Gebiete links und rechts der Donau.
1. Jahrhundert vor Christus Die Römer beginnen, den Balkan zu erobern.
395 Römische Teilung. Serbien wird Ostrom zugeschlagen.
6./7. Jahrhundert Südslawische Stämme dringen auf den Balkan.
8./9. Jahrhundert Das serbische Raszien etabliert sich.
1170–1371 Großserbisches Reich. Stefan I. Nemanja wird 1169 zum Großžupan ausgerufen und vereint Raszien und Zeta zum Nemanjidenreich.
1217 Stefan II., der Erstgekrönte, wird serbischer König.
1219 Gründung der autokephalen serbisch-orthodoxen Kirche, Sitz des Erzbischofs wird Žiča.
1290 Das serbische Patriarchat wird von Žiča nach Peć verlegt.
1331–1356 Regierungszeit König Stefan Dušans, unter dem Serbien mit Makedonien, Thessalien, Albanien und Epirus seine größte Ausdehnung erreicht.
1389, 15./28. Juni (Vidovdan) Die Serben unterliegen in der Schlacht auf dem Amselfeld den Osmanen. Die Unterwerfung Serbiens wird eingeleitet.
1389–1427 Despot Stefan Lazarević, Sohn Lazars, wird türkischer beziehungsweise ungarischer Vasall. Die Serben siedeln an der südlichen Donau.
1427 Despot Georg I. Branković wird Nachfolger Stefan Lazarevićs, Smederevo wird Residenz.
1459 Fall von Smederevo, ganz Serbien wird türkischer Paschalik, Auflösung des Patriarchats von Peć durch den Patriarchen von Konstantinopel.
1521 Belgrad fällt endgültig in osmanische Hand.
1557–1776 Das Patriarchat von Peć wird durch Großwesir Mehmed Pascha Sokolović erneuert.
16. Jahrhundert Aufbau der Militärgrenze an der Donau durch Habsburg.
1593–1606 Kriege der Türken gegen Habsburg, 1683 vergebliche Belagerung Wiens.
1690 Exodus der Serben unter Führung des Patriarchen Arsenije III. Črnojević in die ungarisch-habsburgische Vojvodina.
1697 Prinz Eugen siegt in der Schlacht bei Senta gegen die Türken.
1699 Frieden von Karlowitz.
1718 Frieden von Passarowitz.
1739 Frieden von Belgrad.
1804–1813 Erster serbischer Aufstand unter Karađorđe.
1815–1817 Zweiter serbischer Aufstand unter Miloš Obrenović.
1835 Erste serbische Verfassung.
1844 Serbisches Bürgerliches Gesetzbuch.
1867 Abzug der letzten türkischen Truppen aus Serbien.
1878 Berliner Kongress: Die Unabhängigkeit Serbiens wird anerkannt.
1882, 22. Februar Milan Obrenović IV. proklamiert das Königreich Serbien.
1912/1913, 1913/1914 Balkankriege, Südserbien und Makedonien werden erobert.

1914 Attentat auf Erzherzog Franz Ferdinand in Sarajevo.

1914–1918 Erster Weltkrieg, Serbien auf der Seite der Entente (Russland, Frankreich, Großbritannien).

1918 Proklamation des Königreiches der Serben, Kroaten und Slowenen (SHS).

1921 Verabschiedung der Vidovdan-Verfassung.

1929 Aleksandar errichtet die Königsdiktatur, das Königreich wird in Jugoslavija umbenannt.

1941 Prinz Pavle wird entmachtet, der Beitritt zum Dreimächtepakt rückgängig gemacht.

1941 Deutschland überfällt Jugoslawien, Belgrad wird bombardiert, der SHS-Staat von der Landkarte getilgt.

1945 Die föderative Volksrepublik Jugoslawien wird unter Führung Marschall Titos proklamiert.

1948 Bruch mit der Sowjetunion.

1980 Tod Titos.

1981 Erste Unruhen im Kosovo wegen der Forderung der Albaner nach einer eigenen Republik.

1989 Die Verfassungsänderung in Serbien hebt den Autonomiestatus des Kosovo und der Vojvodina faktisch auf. Slobodan Milošević tritt an die Spitze des serbischen Staates.

1991, 25. Juni Der Zerfall Jugoslawien beginnt mit der Unabhängigkeitserklärung von Kroatien und Slowenien.

1992 Anerkennung von Kroatien und Slowenien als unabhängige Staaten. Das Problem der serbischen Minderheit in Kroatien bleibt ungelöst.

1992 Die Republik Bosnien und Herzegowina erklärt ihre Unabhängigkeit (RBiH), und die bosnisch-serbische Republik wird ausgerufen. Der drei Jahre dauernde Bosnienkrieg zwischen den drei großen Volksgruppen – bosnische Kroaten, bosnische Serben und Bosniaken – wird ausgelöst.

1992 Gründung der UÇK, der Befreiungsarmee der Kosovo-Albaner.

1993, November Die Brücke von Mostar (Bosnien) wird gezielt zerstört.

1994 Die bosnischen Serben der Republik Srpska rufen zur Generalmobilmachung auf. Im Februar werden vier serbische Kampfflugzeuge von der NATO abgeschossen. Im April folgen NATO-Luftangriffe gegen serbische Einheiten bei Goražde.

1995, 11. Juli Srebrenica fällt bei serbischer Offensive.

1995, 4.–7. August Kroatische Truppen erobern Krajina, Massenflucht der serbischen Bevölkerung.

1995, 14. Dezember Bosnien-Friedensplan, IFOR-Einsatz zur Sicherung des Abkommens von Dayton.

1996 Sarajevo wiedervereinigt. Erste Verfahren vor Kriegsverbrechertribunal, 70 000 Serben auf der Flucht, serbische Zivilisten werden im Kosovo Opfer der UÇK.

1997 Đinđić wird erster nichtkommunistischer Bürgermeister Belgrads.

1998 Lage im Kosovo eskaliert, serbische Vergeltungsschläge, Druck der EU und der UN, OSZE-Beobachter werden von Belgrad zugelassen.

1999 Blutbad bei Raćak (Kosovo), letzte Warnung der NATO an Milošević.

1999, 6. Februar Kosovo-Konferenz in Rambouillet.

1999, 24. März Krieg gegen Restjugoslawien, Serbien und Montenegro, die NATO beginnt ohne UN-Mandat mit Luftangriffen unter deutscher Beteiligung.
1999, 12. Juni Einmarsch einer internationalen Friedenstruppe (Kosovo Force, KFOR) im Kosovo.
1999 Formelle Auflösung der UÇK.
2000 Wahl V. Koštunicas zum Präsidenten von Serbien; Volksaufstand und Sturz Milošević. Übergangsregierungen bis zur Neuwahl. Gründung der Befreiungsarmee von Presheva, Medvegja und Buanovovci (UBPMB).
2001, 25. Januar Das serbische Parlament bestätigt die neue Regierung mit Đinđić an der Spitze.
2003, 4. Februar Restjugoslawien wird umbenannt in Staatengemeinschaft Serbien und Montenegro. Ende der Existenz Jugoslawiens.
2003, 12. März Der serbische Premierminister Zoran Đinđić wird ermordet, Zoran Živoković wird provisorischer Nachfolger.
2003 Der Zusammenbruch der Koalition unter der Führung der DOS (Demokratische Opposition Serbiens) hat im Dezember Neuwahlen zur Folge: mit 28 Prozent wird die SRS (Serbische Radikale Partei, Srpska Radikalna Stranka) von Vojislav Šešelj stärkste Partei, die Minderheitenregierung aus DSS (Demokratische Partei Serbiens), G17-Plus und der monarchistischen SPO/NS (Serbische Erneuerungsbewegung/Neues Serbien) übernimmt unter Premierminister Vojislav Koštunica die Regierung.
2004, Februar Bei Unruhen im Kosovo sterben 18 Menschen, viele Kirchen und Klöster werden dem Erdboden gleichgemacht.
2004 Die Regierung beschließt, keine der Kriegsverbrechen angeklagten Serben mehr an das UN-Tribunal nach Den Haag auszuliefern. Im Juli wird Boris Tadić in einer Stichwahl zum Präsident Serbiens gewählt.
2004, 3. Dezember Auf Präsident Tadić wird ein Attentat verübt, das der Präsident unverletzt überlebt.
2005 Erneute Regierungskrise wegen unterschiedlicher Auffassungen im Umgang mit den Kriegsverbrechern und der Zusammenarbeit Serbiens mit Europa und den USA.
2006, 21. Mai Montenegro tritt aus dem Staatenbund mit Serbien aus. Eine Mehrheit von 55,49 Prozent bei einer Wahlbeteiligung von 86,39 Prozent entscheidet sich für die Unabhängigkeit.
2007 Zu den Parlamentswahlen treten mehr als 20 Parteien an. Die SRS erringt mit 28,59 Prozent 81 Sitze. Zweitstärkste Kraft wird die Demokratische Partei (Demokratska Stranka, DS), gefolgt von der DDS (Demokratische Partei Serbiens/Neues Serbien, Demokratska Stranka Srbije/Nova Srbija). Erst im Mai kann eine Koalition aus DS unter Führung von Präsident Tadić, DDS und G17-Plus gebildet werden. Voijslav Koštunica von der DDS bleibt Regierungschef.
2008, 17. Februar Die Provinz Kosovo erklärt einseitig ihre Unabhängigkeit; die Koalition der demokratischen Kräfte zerbricht. Aus den Neuwahlen geht eine Koalition aus dem ›Bündnis für ein europäisches Serbien‹ und der Wahlallianz der Sozialisten hervor. Ministerpräsident wird Mirko Cvetković.

Die Völker Serbiens

Nach Slowenien war Serbien lange Zeit das ethnisch geschlossenste Gebiet Jugoslawiens mit 85 Prozent serbischer und 1,4 Prozent montenegrinischer Bevölkerung. Erst im letzten Jahrzehnt der Existenz von Jugoslawien entwickelte sich das Kosovo zum ethnisch homogensten Gebiet. Heute ist die Zusammensetzung der Bevölkerung in allen drei Landesteilen sehr unterschiedlich. An der Volkszählung vom April 2002 hatte sich das Kosovo nicht beteiligt. Es wird heute noch stärker als vor dem Kosovokrieg von Albanern dominiert, weil viele Serben und Angehörige anderer Minderheiten wie Roma, Bosniaken, Goranen und Türken das Land mehr oder weniger freiwillig verlassen haben.

Ein großes Nationalitätengemisch besteht in Belgrad: Viele Gastarbeiter, oft Albaner und Montenegriner, die vor allem in führenden Positionen des Wirtschaftsleben stehen, Roma, eine jüdische Gemeinde, die einheimischen Serben, die serbischen Flüchtlinge und viele mehr bestimmen das Bild.

Seit dem Ende der Bürgerkriege strömten viele serbische Flüchtlinge, zunächst aus Kroatien, der Krajina, dann aus Bosnien und dem Kosovo ins Land. Die Zahlen schwanken zwischen 300 000 und 500 000. Nach dem Sturz Miloševićs hat sich die Situation der Minderheiten verbessert. Seit dem 7. März 2002 ist ein Gesetz über den Schutz und die Freiheiten von Minderheiten in Kraft, das alle Rechte im Sinne des internationalen Rahmenabkommens über Minderheitenschutz garantiert.

Tanzgruppe in Lepenski Vir

Slawen und Serben

Im heutigen Serbien leben verschiedene ethnisch den Slawen zugerechnete Gruppen in geschlossenen Dörfern der Vojvodina. In Subotica leben Kroaten, die aber auch in Novi Sad und Belgrad zu finden sind. Gerade zwischen Kroaten und Serben gab und gibt es viele Mischehen, die die Wirren und Auseinandersetzungen der letzten Jahre überstanden haben: Ehen, wie sie über all die Jahrhunderte zwischen Albanern und Serben fast gar nicht existierten, zwischen Bulgaren und Serben, Rumänen und Serben, Deutschen und Serben eher selten waren. Die Kroaten wurden auch nach den Bürgerkriegen nicht aus Serbien vertrieben. Sie sind politisch unter anderem im Bund der Kroaten der Vojvodina organisiert.

Etwa 60000 Slowaken leben noch heute im Land, die wie so viele andere Volksgruppen von den Habsburgern in die Vojvodina geholt wurden. Häufig gehören sie der reformierten Kirche an. Die Minderheit der Bulgaren siedelt vorwiegend an der Grenze zu Bulgarien, um Pirot, Dimitrovgrad und Bosilegrad. Daneben gibt es die slawischen Makedonier, Slowenen und Montenegriner.

Die Serben, die zur Gruppe der Südslawen gehören, sind in mehreren Einwanderungswellen vom 6. bis 7. Jahrhundert in das heutige Südserbien, das Kernland Raška und Kosovo, eingewandert. Unter den Byzantinern erreichten sie schon bald die südliche Donau. Geleitet von Županen, sogenannten Stammesführern, lebten sie in der Zadruga, der südslawischen Großfamilie. Im 9. Jahrhundert nahmen sie das östliche Glaubensbekenntnis an und gerieten unter den Einflussbereich des Patriarchen von Konstantinopel. Die Serben stellen heute mit knapp 83 Prozent das größte Volk in Serbien. Sie bekennen sich mehrheitlich zur serbisch-orthodoxen Kirche.

Altes Ehepaar in Ram

Unter den Serben versteht man auch die Raitzen, wie sie von den Österreichern, und die Rać, wie sie von den Ungarn genannt wurden. Das war die Bezeichnung für diejenigen, die von den Habsburgern zum Schutz der Militärgrenze geholt wurden. Zu den Serben zählen auch die Schokatzen, serbisch Šokci und ungarisch Sokácok genannt. Sie sind Nachkommen der 1690 aus Serbien und der Herzegowina geflüchteten Serben, die unter Kaiser Leopold I. Autonomierechte erhielten und den katholischen Glauben annahmen.

Ruthenen, Ukrainer und Bunjewatzen

Die slawischen Ruthenen leben in Serbien vorwiegend in der Vojvodina. Sie sind ethnisch Ukrainer aus der Westukraine. Früher nannte man die Russen Ruthenen oder Rusinen. Heute bezieht sich die Bezeichnung auf die Ukrainer, die aus dem Karpatenraum kommen. Ihre Volksgruppe ist auf die Slowakei, Ungarn und Serbien verteilt. Nach der letzten Volkszählung haben sich etwa 10 000 Menschen als Ruthenen bezeichnet. Sie gehören dem griechisch-katholischen Glauben an. Eine ihrer Kirchen steht in Novi Sad.

Weniger geklärt ist die Herkunft der Bunjewatzen. Sie leben vorwiegend in der Vojvodina und verstehen sich als eigene Volksgruppe. Sie sprechen eine dem Serbischen und Kroatischen ähnliche Sprache. Da sie sich zum römisch-katholischen Glauben bekennen, werden sie gerne in die Nähe der Kroaten gebracht. Es gibt auch Vermutungen, dass ihre Vorfahren Albaner waren, die zum Christentum bekehrt wurden.

Ungarn, Vlachen und Rumänen

Die Ungarn stellen die zweitgrößte Minderheit nach den Albanern. Sie leben größtenteils in der Vojvodina und dort in der Bačka. Lange war dies ungarisches Territorium. Die Ungarn der Vojvodina sind vorwiegend katholisch. Ihr Anteil an der Gesamtbevölkerung beträgt fast vier Prozent, der Anteil an katholischen Mitgliedern ebenfalls. Seit das Mutterland Ungarn zur Europäischen Union gehört, benötigen die serbischen Ungarn ein Visum, es gelten aber Sonderbedingungen.

Im Nordosten Serbiens siedeln sogenannte Vlachen (serbisch Vlasi), eine weitgehend assimilierte Bevölkerungsgruppe, die wie die Rumänen Nachfahren der römischen Provinzialbevölkerung sind. Sie sind den make-

Die katholische Stephanskirche in Sombor

In Subotica in der Vojvodina leben überwiegend Ungarn

donischen Vlachen oder nach ihrer Selbstbezeichnung Aromunen ähnlich. Sie leben überwiegend in Dörfern der Gemeinden Bor, Petrovac. Žagubica, Blujevac, Kučevo, Negotin, Zaječar, Batočina und Majdanpek. Oft sind sie Landwirte und Viehzüchter. Nicht alle gaben als ihre Muttersprache noch das Vlaški an, eine Sprache romanischen Ursprungs, die zum Dakorumänischen gehört, aus dem sich das heutige Rumänisch entwickelt hat.

Viele Rumänen siedeln im Banat, in Bela Crkva und Vršac. Hier stehen ihre Kirchen, hier pflegen sie sehr engagiert ihr Brauchtum.

Muslime

In Serbien leben viele Menschen, die dem islamischen Glauben, vorwiegend sunnitischer Ausprägung, angehören. Ein großer Anteil davon lebt in der ehemaligen autonomen Provinz Kosovo, wo es vorwiegend muslimische Albaner sind. Diese sind aber auch im Preševotal angesiedelt, dem sogenannten Ostkosovo, das zum serbischen Kernland gehört; in den Gemeinden Preševo (albanisch Presheva), Medveđa (Medvegja) und Bujanovac (Bujanovci) beträgt ihr Anteil mehr als 50 Prozent.

Etwa 300000 Muslime leben im Sandžak Novi Pazar. Sie sind einerseits Serben, die irgendwann zum islamischen Glauben übertraten, andererseits gibt es Muslime, die möglicherweise osmanischer Abstammung sind. Die Menschen dort sind sehr zurückhaltend mit ihren Aussagen. Sie selbst bezeichnen sich als Bosniaken und hätten als solche gerne die Anerkennung. Dies führte in der Vergangenheit zu Befürchtungen seitens der Serben, eine Angliederung an Bosnien werde angestrebt. In den Statistiken werden sie häufig als ethnische Muslime bezeichnet.

Muslimischen Glaubens ist auch die Minderheit der Goranen oder Goranci, vom serbischen Wort für Gora, Gebirge. Sie gehören ethnisch zu den Südslawen und sind vorwiegend im südwestlichen Kosovo beheimatet. Sie sprechen Serbisch, sehen sich aber als eigene Volksgruppe, die den Serben gegenüber positiv eingestellt ist.

Moschee in Tutin

Deutsche

Im heutigen Serbien kann man von zwei verschiedenen Einwanderungsbewegungen der Deutschen sprechen. Zum einen wurden sie bereits unter den Nemanjiden im Mittelalter für die Erschließung der Bergwerke in den Süden geholt. Eine zweite Einwanderungsbewegung gab es an der Donau in habsburgisch-österreichischem Auftrag. Seit dem 18. Jahrhundert wurden zu beiden Seiten der mittleren Donau deutsche Siedler zur Kolonisierung und Urbarmachung der südlichen ungarischen Tiefebene – Bačka, Vojvodina und Banat – geholt. Sie kamen vorwiegend aus Baden und Württemberg, was ihnen den Namen ›Schwaben‹ einbrachte. Der ›Schwob‹ ist noch heute ein Synonym für Deutsche.

Damals war nicht die Nationalität, sondern die Religion wichtig. Die Bačka- und Banater-Schwaben waren vorwiegend Katholiken, im Gegensatz zu den Siebenbürger Sachsen (Rumänien) und Zipser Sachsen (Slowakei).

Steuererleichterung und Befreiung vom Militär waren die Lockmittel. Die Einwanderer kamen auf der Donau, die die alte und die neue Heimat verband. Drei große Schwabenzüge wurden organisiert: 1723 bis 1726, 1763 bis 1773 und 1782 bis 1787. Ihre östlichste Niederlassung war Bela Crkva (Weißkirchen). Sie verwandelten das Sumpfgebiet in die Kornkammer der Vojvodina. Die Anlage von deutschen Musterdörfern wurde vorbildlich. Nach der Volkszählung von 1933 lebten etwa 500 000 Deutsche in der Vojvodina.

Die Besetzung Serbiens durch Deutschland und der mit rücksichtsloser Härte geführte Kampf gegen die jugoslawische Widerstandsbewegung änderte die Stellung der Donauschwaben. Die Folgen nach dem Zweiten Weltkrieg waren Flucht, Enteignung, Deportation, Lager und Vertreibung. Als Minderheit waren die Deutschen rechtlos geworden. Nur einem Drittel gelang die Flucht. Eine hohe Zahl wurde in die Sowjetunion verschleppt. Einige konnten erst Jahre später nach Deutschland auswandern.

Etwa 90 000 Deutsche fielen den Tito-Partisanen und ihren serbischen Nachbarn zum Opfer. Die deutschen Gemeinden in der Vojvodina wurden mit Serben besiedelt, die Deutschen in Lager überstellt, die auf die gesamte Vojvodina verteilt waren. Zwei Lager für sogenannte Zivilinternierte befanden sich beispielsweise wenige Kilometer von der heutigen Grenze zu Ungarn, in Gakovo/Gábor und Kruševlje/Bácskörtes, ein anderes in Sremska Mitrovica/Mitrovica, ein weiteres in Kikinda/Nágykikinda. Die letzten Lager wurden erst im Jahr 1948 aufgelöst. Heute erinnern Gedenkkreuze oder Gedenkstätten an diese Lager. Die Initiative dafür geht meistens auf die Verbände der Vertriebenen zurück wie beispielsweise das Gedenkkreuz mit Tafel auf dem ehemaligen deutschen Friedhof auf dem Kalvarienberg von Gakovo vom Jahr 2002, die Gedenkstätte vor dem alten deutschen Friedhof von Kruševlje von 2005, das Gedenkkreuz am Massengrab von Knićanin/Rezsöháza, die Gedenkstätte am Eisenbahnfriedhof in Kikinda oder die jüngste Gedenkstätte, die im Jahr 2008 in Sremska Mitrovica eingeweiht wurde.

Viele gaben sich damals als Kroaten oder Ungarn aus, um bleiben zu können. Heute sind wenige wieder in Verbänden auf Gemeindeebene organisiert. Man zählt innerhalb der Vojvodina etwa 5000 Deutsche. Viele davon leben in und um Novi Sad, andere in Subotica, wo sie sich um das Kulturleben verdient machen.

Roma

Die Zahl der in Serbien lebenden Roma war immer sehr schwankend. Nach der letzten Volkszählung sollen es 100 000 sein. Der größte Anteil siedelt im Südosten Serbiens südlich von Niš, in und um Vranje, wo sie in Vranjska Banja einen großen Anteil stellen. Daneben leben sie in Niš, aber auch in Belgrad und an der Donau, zum Beispiel bei Kostolac. Weitere Roma leben im Kosovo. Die Roma im Kosovo sind mehrheitlich albanischsprechend, was sie von anderen Romagruppen unterscheidet, die ihre Muttersprache, das Romanes, sprechen.

Romakind in Niš

Die in der Provinz Kosovo siedelnden Roma sind urkundlich seit dem Jahr 1348 zur Regierungszeit König Dušans ansässig und verblieben auch unter dem Osmanischen Reich. Sie waren in handwerklichen Berufen oder in Minen tätig. Während der deutschen Besetzung Jugoslawiens und der damit einhergehenden Verfolgung schlossen sie sich den Tito-Partisanen an.

Vieles über die Roma ist ungeklärt, eines aber ist gewiss: Die serbische Musik ist ohne die Roma und ihren Einfluss, und serbische Hochzeiten sind ohne Romamusiker nicht denkbar.

Die Situation der Roma in Serbien ist umstritten. Einerseits mahnen internationale Menschenrechtsorganisationen mehr Humanität an, andererseits fühlen sich die Roma laut eigenen Aussagen in Serbien besser behandelt als anderswo. Während der Pogrome im Kosovo im März 2004 sind die dort ansässigen Roma neben anderen Minderheiten wieder einmal Opfer geworden. Für viele ist die Auswanderung die einzige Hoffnung auf eine bessere Zukunft. Ein beliebtes Ziel ist Italien.

Juden

Die Geschichte der Juden in Serbien reicht lange zurück, auch wenn es nicht viele Quellen gibt. Zu römischer Zeit waren sie in der Provinz Pannonia, in der heutigen Vojvodina, nachweisbar. Nach der türkischen Invasion wanderten Juden von Mähren, Niederösterreich, Galizien und der Ukraine ein und fühlten sich als Aschkenasim eng dem deutschen und österreichischen Kulturkreis verbunden. Nach dem habsburgisch-ungarischen Ausgleich im Jahre 1867 sanken die Einwanderungszahlen, aber es kam zu einer Verschiebung von Nord- nach Südserbien. Ein beträchtlicher Teil assimilierte sich Ende des 19. Jahrhunderts auch zum Magyarischen hin.

Eine andere große Einwanderungswelle von Juden auf den gesamten Balkan wurde Anfang des 16. Jahrhunderts nachgewiesen. Die Sephardim waren von den katholischen Königen Ferdinand und Isabella aus Spanien vertrieben worden. Sie brachten die spanische Sprache sowie die hebräische Religion und Kultur mit. Während viele nach Saloniki und Konstantinopel weiterzogen, blieben andere in Sarajevo und auch in Serbien. Unter Sultan Beyazit II. wurden die Statthalter

Synagoge in Subotica

seiner Provinzen angehalten, die Flüchtenden freundlich aufzunehmen. Sie spielten vor allem in den Städten und da besonders im Donauraum eine nicht zu unterschätzende Rolle.

Vor dem Zweiten Weltkrieg sollen in ganz Serbien etwa 16 000 Juden gelebt haben, davon etwa 10 400 in Belgrad. Nur wenige überlebten den Krieg. Die deutsche Besatzungsmacht und ihre Helfer sorgten mit Deportationen, Erschießungen und Konzentrationslagern auf serbischem Boden für die Vernichtung der Juden und ihrer Kultur. Die größten Lager waren Sajmište an der Save bei Belgrad unweit der Eisenbahnbrücke und ein weiteres im Belgrader Vorort Banjica. Das Lager Sajmište (übersetzt Messe- oder Marktplatz) unterstand der Waffen-SS und bestand von Dezember 1941 bis September 1944. In ihm starben die meisten Juden Serbiens. Ihre Zahl wird auf 8000 geschätzt. Außerdem ließen 40 000 Serben in diesem Lager ihr Leben. Seit dem Jahr 1995 erinnert eine zehn Meter hohe Gedenkstatue an die Opfer. Die Juden werden aber nicht explizit erwähnt. Im Lager von Banjica, einer umfunktionierten Kaserne der jugoslawischen Armee, befanden sich zeitweise gleichzeitig etwa 23 000 Menschen. Weitere Lager gab es unter anderem in Niš und in Mataruška Banja bei Kraljevo.

Antisemitische Tendenzen der Frühphase des Kommunismus bewogen die meisten der wenigen Überlebenden zur Auswanderung in den Westen oder nach Israel. Heute sind traurige Zeugen der Vergangenheit nur noch die zum Teil wunderschönen Synagogen wie in Subotica oder die Friedhöfe in Novi Sad und Belgrad, aber auch in Sombor.

Die serbisch-orthodoxe Kirche

Die serbisch-orthodoxe Kirche ist eine eigenständige, das heißt autokephale Kirche innerhalb der verschiedenen orthodoxen Kirchen. Ihre Ursprünge gehen auf den Fürsten Mutimir von Raszien zurück, der in seinem Todesjahr 891 den orthodoxen Glauben annahm. Im 9. Jahrhundert wirkten die Slawenapostel Kyrill und Method bis nach Mähren, schufen eine erste slawische Schrift, das Glagolithische, und setzten beim Papst das Recht der Slawen durch, die Liturgie in slawischer Sprache zelebrieren zu dürfen. Ihre Schüler Klemens und Naum wirkten im Bistum Achrida, dem heutigen Ohrid, dem sich die Serben unterstellten.

Um 1171 gelang es Stefan Nemanja, einen unabhängigen Serbenstaat zu errichten, in dem die serbisch-orthodoxe Glaubensrichtung zur Staatsreligion werden sollte. Er und sein Sohn Rastko zogen sich als Simeon und Sava auf den Athos zurück, wo sie das Kloster Hilandar zum serbischen Kulturzentrum ausbauten.

Sava wurde der erste Erzbischof und das Kloster Žiča erster Erzbischofssitz. Im Jahr 1290 wurde der Erzbischofssitz Žiča von Peć abgelöst. Unter Stefan Dušan erreichte das mittelalterliche Serbien seine größte Ausdehnung. Dušan wurde Zar der Serben und Griechen und das Erzbistum zum serbischen Patriarchat mit Sitz in Peć erhoben. Ersthierarch Joanikije II. (1338–1354) erhielt als Erster den Titel ›Patriarch der Serben und Griechen‹. Dies wurde 1375 von Konstantinopel anerkannt.

Sremski Karlovci, ehemaliger Bischofssitz

Die Schlacht auf dem Amselfeld und der Fall von Konstantinopel im Jahr 1453 beendeten die kirchliche Eigenständigkeit Serbiens. Das osmanische Milletsystem band die gesamte orthodoxe Bevölkerung in kirchlicher wie zivilrechtlicher Hinsicht an den Patriarchen von Konstantinopel. Dieser hob das Patriarchat von Peć im Jahr 1459 auf und unterstellte die serbische Kirche dem Erzbistum Ohrid. Der Großwesir Mehmed Pascha Sokolović, ein turkifizierter Serbe, erneuerte es 1557 in Peć und ernannte seinen Bruder Makarije zum ersten Patriarchen. Nach 200 Jahren wurde das Patriarchat Peć im Jahr 1767 erneut aufgehoben und mit ihm das Erzbistum Ohrid. Die Fanarioten, einflussreiche Griechen in Konstantinopel, hatten diese Aufhebung beim dortigen ökumenischen Patriarchen durchgesetzt. Bereits 1690 waren zahlreiche serbische Familien vor den Türken unter Führung des Patriarchen Arsenije III. Crnojević in die Vojvodina geflohen und hatten den Bischofssitz Sremski Karlovci gegründet. Crnojević hatte hier in der Vojvodina von Kaiser Leopold am 21. August 1690 per Dekret Glaubensfreiheit, freie Wahl der Bischöfe und Vojvoden und das Recht zum weiteren Gebrauch des alten Kalenders erhalten. Die Metropolie wurde 1848 von der kaiserlichen Regierung zum Patriarchat für die Orthodoxen im habsburgisch-österreich-ungarischen Raum erhoben. Hiervon löste sich die Metropolie von Czernowitz in der Bukowina und erklärte sich ihrerseits für autokephal. Die nationale Befreiungsbewegung führte 1879 zur autokephalen Metropolie Belgrad.

Mit der Gründung Jugoslawiens 1920 billigte das ökumenische Patriarchat die Vereinigung aller serbischen Teilkirchen zur autokephalen orthodoxen Kirche unter einem Patriarchen, dem Erzbischof Dimitrije Pavlović von Belgrad. Seither führt der Patriarch den Titel ›Seine Seligkeit, Erzbischof von Peć, Metropolit von Belgrad und Karlovci, serbischer Patriarch‹.

Im Kloster Vitovnica lebt nur ein einziger Mönch

Während des Zweiten Weltkrieges leitete der Patriarch Dožić die serbische Kirche. Viele Geistliche waren Repressalien durch die Besetzer ausgesetzt. In der Tito-Ära wurden die Kirchen Staatseigentum.

Heutige Situation

Ersthierarch und 44. Patriarch ist seit 1990 Patriarch Pavle Stojčević mit Sitz in Belgrad. In jüngster Zeit sind Diskussionen um den Rücktritt und um die Nachfolge des Oberhaupts der orthodoxen Kirche entbrannt. Patriarch Pavle ist 94 Jahre, krank und sehr geschwächt und soll bereits im November 2008 seinen Rücktritt eingereicht haben. Ein Nachfolger wurde aber noch nicht bestimmt.

1920 wurde die theologische Fakultät der Universität Belgrad gegründet und 1946 von der Universität getrennt. Für den geistlichen Nachwuchs gibt es außerdem vier Seminare, in Belgrad, Kragujevac, Sremski Karlovci und das von Prizren verlegte in Niš.

Die Anzahl der aktiven Klöster wird unterschiedlich angegeben, mindestens 100 dürften noch bestehen; davon wird ein größerer Teil von Männern geführt, ein kleinerer von Frauen. Seit 1965 ist Serbisch Liturgiesprache und hat das Kirchenslawische abgelöst, der Gottesdienst findet also in Neuserbisch statt.

Es gibt Eparchien in Westeuropa, in Rumänien, vor allem im Banat und in Ungarn, außerdem in Übersee. In Deutschland sind die Serben im Bistum mit Sitz in Himmelsthür bei Hildesheim vertreten. Man spricht von 200 000 Serben, die in Deutschland leben.

Außerhalb Serbiens befindet sich ein großes serbisch-orthodoxes Kloster auf dem Athos, Kloster Hilandar. Das ehemalige Erzengelkloster in Jerusalem wurde leider zerstört. Serbisch-orthodoxe Kirchen befinden sich noch in der Vielvölkerstadt Saloniki. Die serbisch-orthodoxe Kirche ist seit 1968 Mitglied im ökumenischen Rat, der seinen Sitz in Genf hat.

Die serbische Sprache

Die serbische Sprache wurde bis vor gar nicht so langer Zeit von etwa 15 Millionen Serben, Kroaten, Muslimen, Montenegrinern in Jugoslawien und außerhalb lebenden Minderheiten gesprochen. Sie war als serbokroatisch, auch kroatoserbisch, die Verkehrssprache, die in Schulen gelehrt und mehr oder weniger von

Der heilige Sava

Der heilige Sava war die bedeutendste Persönlichkeit des serbischen Mittelalters. Ursprünglich hieß er Rastko und wurde um 1174 als jüngster Sohn des Großžupans Stefan Nemanja geboren. Schon früh fühlte er sich zum Mönch berufen und begab sich im Jahr 1192 auf den Berg Athos, wo er ins Kloster Watopedi eintrat und den Mönchsnamen Sava (Sabbas) annahm. Als ihm sein Vater nach seiner Abdankung auf den Berg Athos gefolgt war, gründeten beide dort zusammen das serbische Kloster Hilandar, das sich zum geistigen Zentrum des serbischen Mittelalters entwickelte.

Im Jahr 1208 kehrte Sava mit den Gebeinen seines Vaters nach Serbien zurück und wurde Archimandrit in der Familienstiftung ›Studenica‹. Von hier aus betätigte er sich als Organisator des kirchlichen und klösterlichen Lebens. Die Orientierung seines Bruders nach Rom, in deren Folge Stefan II. vom Papst 1217 zum serbischen König gekrönt wurde, mißbilligte er. Er sah sich veranlasst, die Heimat erneut zu verlassen. Unter Umgehung des Erzbistums Ohrid, dem das serbische kirchliche Leben bis dahin unterstellt war, erwirkte er 1219 vom nun in Nikaia residierenden Patriarchen Manuel Sarantenos Charitopulos – Konstantinopel war seit 1204 in den Händen der Kreuzfahrer – die Weihe zum autokephalen Bischof von Serbien. Als solcher kehrte er in die Heimat zurück. Seine Aufgaben waren die Organisation der kirchlichen Strukturen, der Ausbau eines Schulwesens und die diplomatischen Angelegenheiten seines Landes. Repräsentation und Pracht waren Sava dabei nicht unangenehm. So ließ er sich als prächtige Residenz das Kloster Žiča bauen. Sava war ein ausgezeichneter Reiter und liebte edle Pferde.

Nach der Krönung seines Neffen Stefan Radoslavs zum König von Serbien begab sich Sava auf eine Pilgerfahrt nach Palästina. Bei seiner Rückkehr hatte sein zweiter Neffe Stefan Vladislav im Jahr 1233 die Herrschaft übernommen und strebte einen bulgarienfreundlichen Kurs an, der von Sava unterstützt wurde. Nach der endgültigen Ordnung der staatlichen und kirchlichen Angelegenheiten Serbiens dankte Sava als Erzbischof 1233 ab. In letzter diplomatischer Mission für den bulgarischen Zaren Asen II. hatte er auch für die Bulgaren die kirchliche Selbständigkeit unter einem Patriarchen mit Sitz in Trnovo erwirkt.

Auf seiner Rückreise starb Sava in Trnovo und wurde am 6. Mai 1237 nach Serbien ins Kloster Mileševa überführt. Die Türken verbrachten seine Gebeine im Jahr 1594 nach Belgrad, wo sie auf dem Vračarhügel verbrannt wurden. Savas Namenstag, der 14. Januar, war bis zum Jahr 1945 staatlicher und kirchlicher Feiertag und soll es auch wieder werden.

Der heilige Sava vor der gleichnamigen Kirche in Belgrad

Zweisprachiger Wegweiser zum Kloster Ćelije

allen verstanden wurde. Der Zerfall Jugoslawiens hatte die Auflösung dieser normierten Sprache in eine kroatische, serbische und bosnische zur Folge. Die Sprecher aller drei Sprachen verstehen einander. Die Unterscheidung zum Kroatischen besteht, für jeden ersichtlich, in der Schrift, dem Kyrillischen. Darüber hinaus gibt es Unterschiede in der Lexik, die heute besonders gepflegt werden.

Die Vereinheitlichung der serbischen Sprache im 19. Jahrhundert geht auf den großen serbischen Sprachreformer Vuk Stefanović Karadžić (1787–1864) zurück. Er trat als Sammler serbischer Volkslieder hervor, die vom großen slowenischen Gelehrten Jernej Kopitar übersetzt und in Deutschland sehr berühmt wurden. Sogar Goethe beschäftigte sich mit ihnen. Karadžić übersetzte das Neue Testament und schuf eigene Werke. Dichter wie Petar Petrović Njegoš und Branko Radičević schlossen sich seiner Reform an, während er von der serbisch-orthodoxen Kirche bekämpft wurde.

Karadžić schuf im Jahr 1818 auf der Basis von Volksdichtung und Literatur ein grundlegendes serbisches Wörterbuch einschließlich einer Grammatik, ›Srpski rječnik‹, die nun verbindlich wurden. Die Sprache wurde in kyrillischen Lettern geschrieben. Diese kyrillische Schrift entstand in Nachfolge des Glagolithischen gegen Ende des 9. Jahrhunderts auf der Basis der griechischen Uniziale auf der Balkanhalbinsel. Sie wurde nach dem heiligen Kyrill, dem Slawenapostel benannt, vermutlich aber von einem seiner Schüler entwickelt.

Die heutige kyrillische serbische Schrift wurde ebenfalls von Vuk Karadžić geschaffen. Nach dem Prinzip ›Schreibe, wie du sprichst‹ veränderte er das Alphabet. Überflüssige Buchstaben der alten Schreibweise schloss er aus. 24 Zeichen blieben übrig. Diesen fügte er sechs neue Buchstaben hinzu: љ, њ, j, џ, ć, ђ. Nun besaß das serbische Alphabet 30 Zeichen. Diese Schreibweise wurde 1865 offiziell anerkannt. Seinen Namen, Azbuka, bekam das Alphabet von den beiden ersten Buchstaben az und buka. Daneben bedienen sich die Serben auch der lateinischen Schreibweise, die nur 27 Buchstaben kennt. Sie wurde vor allem in der jugoslawischen Ära gefördert und unterscheidet sich von der ursprünglichen lateinischen Schrift durch folgende Buchstaben: lj, nj, č, ć, š, ž, dž, đ. Bis heute ist das so geblieben.

Leider ist im Land bis heute keine Normierung der Schrift, besonders die der Straßenbezeichnungen zu erkennen, so dass der Reisende ohne Kyrillischkenntnisse es nicht immer leicht hat.

Die serbische Sprache ist natürlich auch von fremden Völkern bereichert worden: Es finden sich türkische, französische, ungarische und sogar deutsche Lehnwörter. Außerdem bestehen unterschiedliche dialektale Ausprägungen.

Kunst und Kultur

Die herausragende Epoche der serbischen Kunst ist das Mittelalter. Diese Zeit der Eigenstaatlichkeit ist zunächst stark beeinflusst von Byzanz. Dies gilt für alle Regionen auf und um den Balkan, die das orthodoxe Glaubensbekenntnis übernommen und bewahrt haben: Bulgarien, Kosovo, Montenegro, Makedonien und natürlich Serbien. Aus dieser byzantinischen Einflusssphäre heraus haben die Serben eine eigenständige Kunst entwickelt. Durch den Bildersturm sind die byzantinischen Kunstwerke und Vorbilder für Serbien verlorengegangen. Die serbische Weiterentwicklung bewahrte aber sowohl die Themen als auch die stilistischen Merkmale und kann uns bis heute eine Vorstellung von der orthodoxen Kunstauffassung vermitteln.

Innerhalb Europas hat das Schisma, die Trennung von Ost- und Westkirche im Jahr 1054, eine unterschiedliche Entwicklung in der bildenden Kunst begünstigt. In der serbisch-orthodoxen Kirche findet die Kunst vorwiegend am Bau, in Ikonen, der Wandmalerei und in Miniaturen ihren künstlerischen Ausdruck. Mosaiken, wie sie von Byzanz gepflegt wurden, sind hier fast nicht anzutreffen. An die westliche Kunst erinnert in Serbien die häufige Darstellung des gekreuzigten Christus; außerdem die wenigen, aber wunderbaren Bildhauerarbeiten wie im Kloster Studenica.

Wandmalereien

Nach der Überwindung des Bildersturms im 9. Jahrhundert im byzantinischen Reich, die den Sieg über das Bilderverbot zur Folge hatte, bildete sich ein festes System der Kirchendekoration, ein sogenannter Kanon, heraus. Dieser wurde über Jahrhunderte mit wenigen Abweichungen wiederholt und findet sich im gesamten byzantinischen Reich und seinen Einflussgebieten. Der Raum wird in der Regel vertikal in drei, seltener auch vier Zonen untergliedert. In der untersten Zone sind Kirchenväter und Märtyrer gemalt, Personen, die an das irdische Leben gebunden waren. In der mittleren folgten Ereignisse und Personen göttlicher Abstammung. Der dritte und obere Teil blieb himmlischen Szenen vorbehalten. Auch baulich war der Sakralbau hierarchisch gegliedert: Der Altarraum stand nur den Priestern offen und war für liturgische Szenen

Der heilige Arilje im gleichnamigen Kloster, Wandmalerei aus dem Jahr 1296

reserviert. Den Mittelteil, den Naos, schmückten Szenen aus dem Evangelium. Hier standen während der Liturgie die Gläubigen. Im Narthex, auch als Pronaos bezeichnet, findet man den Kalender, Heiligengeschichten, das Jüngste Gericht und andere Themen. Hier hielten sich Büßer, Täuflinge und Katechumenen auf.

Die byzantinische Kunst ist eine verinnerlichte und geistige Kunst. Die Kunst war das Mittel zur Formulierung eines geistigen und übersinnlichen Gehaltes, einer ihr zugrundeliegenden Idee. Dies führte zu idealen Darstellungen von Christus, der Gottesmutter und den Heiligen nach feststehenden Formen. Innerhalb der Regeln entfalteten sich individuelle Eigenheiten und Ausdrucksmöglichkeiten, die den besonderen Reiz der serbischen Kunst ausmachen.

Mit der Eroberung Konstantinopels im Jahr 1204 durch lateinische Kreuzfahrer und dem kurzfristigen Untergang des byzantinischen Staates mussten sich die Künstler neue Wirkungsbereiche suchen. Serbien, unter den Nemanjidenherrschern stabil und expandierend, bot sich förmlich an. Deswegen ist hier eine stark an Byzanz angelehnte Wandmalerei anzutreffen, die im ausgehenden 13. Jahrhundert von den byzantinischen Kaisern der Palaiologen geprägt wurde. Wir finden sie in der Nikolauskirche, in Studenica, Mileševa, in Peć (Kosovo), Gradac, in der Peterskirche bei Novi Pazar und in Arilje, der dem heiligen Achilleus aus Larissa geweihten Kirche. Aus diesem Palaiologenstil formte sich eine neue Kunstrichtung, die ihre volle Ausprägung in der Milutinschule fand.

Die Milutinschule

Stifter Milutin im Kloster Gračanica

Die Milutinschule bezeichnet den Abschnitt der serbischen mittelalterlichen Malerei, die entscheidend vom Herrscher Milutin (1282–1321) und seiner Mutter Jelena geprägt ist. Jelena stammte aus Frankreich, vermutlich aus dem Hause Anjou, war hochgebildet und holte hervorragende Künstler an den Hof. Ihr Sohn, Stefan Milutin, der als Uroš II. in die Geschichte einging, gewann die herausragenden byzantinischen Meister Michael, Eutychios und Astrapas für sein Reich. Ihr Stil ist am reinsten im Chorakloster in Konstantinopel vertreten.

Da Milutin viele Klöster stiftete, darunter in Konstantinopel, Thessaloniki und in Palästina, standen die Maler zwei Jahrzehnte bis zu seinem plötzlichen Tod am 29. Oktober 1321 in seinen Diensten. In Serbien stiftete Milutin folgende Kirchen: Sveta Bogorodica Ljeviška in Prizren 1310–1313, Sveta Joakim i Ana in Studenica 1314, Sveta Spas in Žiča 1309–1316, Sveta Nikita bei Skopje um 1316, die Apostelkirche (Narthex) in Peć um 1316, Staro Nagoričino bei Kumanovo 1316–1318, Gračanica bei Priština um 1320 und Sveta Petar in Bjielo Polje 1320–1321. Zunächst malten die Maler ganz in der ihnen vertrauten Tradition sehr monumental und belebten die antiken Formen neu. Doch innerhalb von 20 Jahren flossen in ihre Malerei ikonographische Neuerungen und erzählerische Details ein, in die kleinere Figurengruppen aufgenommen wurden. Diese Darstellungsformen bezeichnet man gerne als narrativ. Vielleicht waren sie von den Künstlern aus dem Westen beeinflusst. Vorher waren die Meister in Sveti Kliment in Ohrid tätig gewesen. Ein beliebtes Thema der Milutinschule war der Stammbaum der Nemanjiden, der im weitesten Sinne als Pendant zum Stammbaum Jesse gesehen werden darf. Ein letztes Beispiel entstand in der Kirche Sveta Bogorodica Ljeviška in Prizren. Im Auftrag von Erzbischof Sava III. malte Astrapas mit seinen Mitarbeitern im Kloster Žiča in den Nebenkapellen, der Apsis, dem Portikus und im Kuppelraum. Leider ist hier vieles zerstört. Der Reichtum an mittelalterlichen Wandmalereien und die Dichte der Klöster machen es möglich, die künstlerische Entwicklung in Serbien vom 12. bis zum 15. Jahrhundert zu verfolgen.

Ikonen

Zu jeder serbisch-orthodoxen Kirche gehörte auch eine Ikonostase, die geschnitzt und mit Ikonen geschmückt war. Wie in der Wandmalerei stand Serbien auch hier in Abhängigkeit von byzantinischen Vorbildern, die unterschiedlicher Intensität war und innerhalb der künstlerischen Produktion zur Bildung nationaler und lokaler Schulen auf dem Balkan führte, die oft ein sehr hohes Niveau erreichten.

Eines der bedeutenden byzantinischen Vorbilder für die Maler Milutins war nachweislich die Ikone der Verkündigung von Ohrid. Über eineinhalb Jahrhunderte lässt sich von Saloniki über Ohrid, Nordmakedonien und das Kosovo bis nach Morava-Serbien die Wirkung der Wanderung der Künstler verfolgen. Die Impulse gingen zunächst von Konstantinopel und Saloniki aus. Später kamen Berührungen mit der westeuropäischen Kunst der Romanik und Gotik dazu. Als Vorlage diente auch die altserbische Literatur, die vor allem die Herrscherleben zum Inhalt hatte und darin einen Idealtypus schuf. So wurden die heiligen Erzbischöfe als tapfere Helden geschildert. Das und die Nähe zum restlichen Europa begünstigten die Entwicklung eines eigenen Stils und die teilweise Loslösung von byzantinischen Vorbildern.

Bis zum Fall Konstantinopels hielt sich die serbische Ikone an die gewohnten Themen: Die Ikone war entweder repräsentatives Bild, das bescheidene Porträt einer heiligen Person oder eine getreue Illustration von Ereignissen. In seltenen Fällen übernahm sie bis dahin Motive aus der Miniatur- oder Wandmalerei.

Auf den Karawanenwegen drangen geringe ausländische Einflüsse ein, dennoch blieb Serbien von den Veränderungen in der europäischen Kunst mehr oder weniger abgeschirmt. Auch der Ikonenmalerei mangelte es an Impulsen. Erst mit der Erneuerung der selbständigen serbischen Kirchenorganisation im neuen Patriarchat von Peć im Jahre 1557 traten Ende des 16. Jahrhunderts Ikonenmaler mit eigener persönlicher Auffassung in Erscheinung. Einer von ihnen war Hieromonachos Longin, ein bedeutender Maler der Patriarchenwerkstatt. Longin war Kopist und Schriftsteller und in seinem künstlerischen Ausdruck konservativ und stark literarischen Tendenzen unterworfen. Seine langgestreckten Figuren waren deutlich inspiriert von der serbischen Malerei des 14. Jahrhunderts. Ein unbekannter Meister malte die Ikonen von Kučevište. Sie befinden sich jetzt im Nationalmuseum in Belgrad. Ihre Merkmale sind strenge, magere Gestalten, stark beschattet und farbig wie Email.

Die Ikonen des 16. Jahrhunderts kopierten vielfach kretische Muster. In ihrer Frische und Leichtigkeit erinnern sie oft an naive Volkskunst. Der bedeutendste serbische Maler dieser Epoche war Đorđe Mitrovanović, als Mönch malte er im Kloster Hilandar den Speisesaal, eines der bedeutendsten Werke der nachbyzantinischen Kunst. Seine Farbpalette erinnert stark an die Meister der Moravaschule.

Die Ikonen des 17. Jahrhunderts, vor allem jene aus Peć, sind sehr geometrisch und halten sich streng an die theologischen Vorgaben. Sie verraten aber auch Einflüsse aus Renaissance und Barock. Nördlich der Save und Donau, wohin viele Serben nach dem Zusammenbruch der christlichen militärischen Intervention geflohen waren, blieben die Ikonenmaler bis ins 19. Jahrhundert tätig; die einen verstanden sich eher als Handwerker, die anderen brachen mit der traditionellen Malerei und stellten sich auf das Neue um, wie Todor Ilić Češljar (1793 gestorben), der vielfach im Auftrag des Metropoliten tätig war, und Teodor Kračun (gestorben 1781); seine Ikone der Himmelfahrt Christi in Sremski Karlovci zeigt barocken Aufruhr, eine verträumte Muttergottes in der Mitte, neben ihr die verwunderten Engel, dahinter aufgeregte Apostel. Sein heiliger Georg ist zwar mit barocker prunkvoller Rüstung ausgestattet, sein Gesicht jedoch heldenhaft und ganz Ikone.

Die serbischen Ikonen wurden häufig mit griechischen Schriftzeichen gekennzeichnet, egal, ob der Maler Grieche oder Slawe war. Viele Ikonen wurden importiert, viele waren Geschenke von Gesandten, Geistlichen, hochgestellten Persönlichkeiten wiederum an andere Geistliche, Klöster, Diplomaten und Ausländer. Mit einer Ikone beehrt zu werden, galt als hohe Auszeichnung und besondere Ehre. Auf diese Weise gelangten schöne Exemplare ins Ausland wie die Ikone Christi Antlitz auf dem Mandylion aus dem 13. Jahrhundert, die in Laon in Nordfrankreich als ›La Sainte Face de Laon‹ verehrt wird. In vatikanischem Besitz befindet sich eine Peter-und-Paul-Ikone aus dem Besitz der Königin Beloslava, Gemahlin König Vladislavs.

Heutige Aufbewahrungsorte

Die zeitliche und stilistische Zuordnung der Ikonen ist nicht ganz leicht, da viele eine sehr wechselvolle Geschichte haben. Von ihrer Entstehung bis hin zu ihrem endgültigen Verwahrungsort haben die Andachtsbilder häufig viele Stationen passiert. Manche Ikone wurde in Griechenland gefertigt, ans Kloster Hilandar geschenkt, von dort einem Mönch nach Serbien mitgegeben und von diesem an ein auserwähltes Kloster weiterverschenkt. Vor Brand und Räuberei wurden die Schätze häufig in Sicherheit gebracht und weitergereicht. Die kostbarsten Ikonen Serbiens befinden sich daher oft nicht mehr an ihrem ursprünglichen Ort, viele gingen auch verloren.

Nach dem Zweiten Weltkrieg wurden viele Ikonen in die Museen gebracht, teilweise aus konservatorischen, aber auch aus politischen Gründen. Religion war zwar erlaubt, die Stellung der orthodoxen Kirche jedoch stark eingeschränkt. Da das Nationalmuseum in Belgrad seit langem geschlossen ist und dies für eine nicht absehbare Zeit so bleiben wird, hat man derzeit nur wenig Gelegenheit, Originalikonen zu sehen. Einige kostbare Werke zeigt das Museum der orthodoxen Kirche in Belgrad. Andere sind als Leihgabe im Ausland.

Die ältesten serbischen Ikonen befinden sich im Kloster Hilandar, wie die Ikone der Muttergottes Hodegetria im Mosaik. Ein qualitätvolles Beispiel für eine Ikone nach byzantinischen Vorbildern von serbischer Hand besitzt Studenica in seiner Südkapelle im Narthex als Fresko gemalt. Sie stammt aus dem Jahre 1233 und stellt die Muttergottes Paraklesis (Stellvertreterin) mit Schriftrolle statt mit Jesuskind dar. In ihrer Ikonographie und Komposition ist sie byzantinisch geprägt, weist aber eine einfachere Zeichnung auf und trägt als Muttertyp slawische Züge, während die Farbgebung frischer und kräftiger ist als bei ihren Vorbildern.

Meisterhafte Ikonen des mittelalterlichen Serbien des 14. Jahrhunderts befinden sich heute in den Nachbarrepubliken Makedonien und Kroatien. In der großen Kirche im Kloster Dečani zeigen die Tafeln der Altarschranken deutlich die Loslösung von Byzanz und den Einfluss des Westens dieser Epoche. Die

Im Kloster Poganovo ist eine zweiseitige Ikone zu bewundern

streng komponierte Altarschranke besaß drei Türen und acht Interkolumnien, in denen schmale hohe Ikonen standen. Fünf davon bestehen noch: Christus, die Muttergottes, Johannes der Täufer, der heilige Nikolaus und der Erzengel Gabriel. Besonders schön erhalten ist die Muttergottes Eleusa, des Erbarmens.

Im späten 15. Jahrhundert veränderte sich die Ikonostase, sie wurde immer monumentaler gestaltet. Seit dem 14. Jahrhundert waren die Interkolumnien der Altarschranken mit Ikonen geschlossen worden. Im letzten Viertel des gleichen Jahrhunderts wird auf den Marmorarchitrav eine obere Ikonenreihe, der sogenannte Čin, aufgesetzt. Die Mitte bildet die Deesis, die Fürbitte, flankiert von je einem Erzengel und je sechs Aposteln. Der Stil dieser Zeit ist feierlich und kalt. Ein bekannter Meister war Metropolit Jovan aus Zrze, Jovan der Zograph (Ikonenmaler). Eine schöne zweiseitig bemalte Ikone von 1395 besitzt das Kloster Poganovo. Sie war ein Geschenk der Kaiserin Helena, Gattin des byzantinischen Kaisers Manuel II., zur Erinnerung an ihren Vater, Konstantin Dejanović, den Stifter der Kirche. Auf der Vorderseite sieht man die Muttergottes mit Johannes dem Theologen, auf der Rückseite das Wunder im Kloster zu Saloniki.

Literatur

Die serbische Literatur nahm ihren Anfang im mittelalterlichen kirchlichen Schrifttum. Um sie niederzuschreiben, entwickelte sich eine serbische Variante der altkirchenslawischen Sprache. Schon im großserbischen Reich des 12. bis 15. Jahrhunderts entstand neben den aus dem Griechischen übersetzten Evangelientexten und Lobgesängen eine reichhaltige, byzantinisch geprägte, eigenständige serbische Literatur in Form von Herrscher- und Heiligenbiographien. Die Vita des heiligen Sava haben uns die Mönche Domentijan (1200–1264) und Teodosije (um 1246–1328) aufbewahrt, während wir Erzbischof Danilo chronikartige Biographien der Nemanjidenherrscher des 13. und 14. Jahrhunderts verdanken. Sie liegen in deutscher Übersetzung in staatlichen Bibliotheken vor und sind ein schöner Einstieg in die serbische Vergangenheit.

Vuk Stepanović Karadžić

Am Ende des serbischen Großreiches wirkten die Geistlichen Grigorij Camblak (1365–1419) und Konstantin von Kostenec (gestorben 1433). Der aus Veliko Târnovo stammende Bischof und Hagiograph Camblak wird von den Bulgaren, Serben und Russen gleichermaßen als Wegbereiter der Literatur beansprucht. Zu Beginn der Osmanenherrschaft dichtete Fürst Stefan das Lied an die Liebe, ›Slovoljubavi‹.

Es entstand eine reiche mündliche Volksdichtung, die in Form von Heldenliedern von Barden oder Guslaren immer wieder verändert vorgetragen wurde. Das zentrale Thema waren die Schlacht auf dem Amselfeld und der tapfere Kampf der Slawen, besonders der Hajduken, gegen die Osmanenherrschaft. Ein vielbesungener Held war der idealisierte Kraljević Marko, aber auch die Frauen als tapfere Heldenmütter oder Geliebte. Der italienische Reiseschriftsteller Abbate Fortis hatte Aufzeichnungen solcher Heldenlieder vom Balkan nach Westeuropa mitgebracht. Der serbische Gelehrte Vuk Stefanović Karadžić sammelte die Lieder seiner Heimat zum ersten Mal. Sie wurden ins Deutsche übersetzt und weltberühmt.

Dositej Obradović

Klassische Literatur

Zentrum erster Strömungen klassischer Literatur war Novi Sad. Beeinflusst vom Westen entstand auf der Basis der slawenoserbischen Schriftsprache ein religiös beeinflusstes Schrifttum. Zentrale Gestalt der serbischen Aufklärung war Dositej Obradović (1739–1811), ein weitgereister und sehr sprachbewanderter Lehrer und Literat. Mit bürgerlichem Namen hieß er Dimitrije und war in Ciacova bei Timišoara geboren und aufgewachsen. Studiert hatte er in Halle und Leipzig. Seine Erfahrungen und Erlebnisse hielt er in unterhaltsamen Sachbüchern fest wie in ›Ratschläge des gesunden Menschenverstandes‹ (Sovjeti zdravago razuma), das 1784 erschien. Außerdem bediente er sich der Fabel. In seiner Zeit wirkten auch der Autodidakt Zaharije Orfelin (1726–1785) und der Mönch Mušicki (1777–1837) mit seinen Oden. In vorromantischer Manier schrieb Jovan Sterija Popović (1806–1856) erste sentimentale Unterhaltungsromane, Komödien und historische Dramen.

Literatur des 19. Jahrhunderts

In der ersten Hälfte des 19. Jahrhunderts verband sich die serbische Romantik mit der Bewegung der nationalen Wiedergeburt in Südosteuropa. Die Slawen träumten dank Napoleons Idee der ›illyrischen Vereinigung aller Südslawen‹ erstmals von einer gemeinsamen Bewegung. In Serbien führte dieses Gedankengut zur Verbindung zwischen Vuk Stepanović Karadžić, dem montenegrinischen Fürstbischof und dem Dichter Petar II. Petrović Njegoš, der uns das romantische Epos ›Der Bergkranz‹ hinterließ, sowie dem großen serbischen Romantiker Branko Radičević.

Denkmal für Borisav Stankoviç in seiner Heimatstadt Vranje

Branko Radičević (1824–1853) ist das Synonym für serbische Lyrik. Sein Werk ›Lieder‹ (Pesme) wurde 1847 veröffentlicht. Darin nimmt den größten Teil das Poem ›Schülerabschied‹ (Đački rastanak) ein, das seine Schulzeit in Karlovci in einer lyrischen Autobiographie verklärt. Der Dichter gedenkt in ihm der Toten aus der Schlacht vom Amselfeld und lässt seine Helden im serbischen Volkstanz, dem Kolo, auftreten. Sein Werk löste eine sogenannte ›Brankomanie‹ aus.

Die Bewegung der ›Omladina‹ (Jungserben) brachte die Talente Đura Jakšić (1832–1878), Jovan Ilić (1823–1901) und Jovan Jovanović (1833–1904) hervor. Jovanović ist einer der bis heute beliebtesten Lyriker Serbiens. Er veröffentlichte unter dem Pseudonym Zmaj, der Drache, eine zarte Liebeslyrik, ›Đulici‹, und patriotische politische Gedichte, in denen er satirisch zu aktuellen Fragen Stellung nahm. Jedes Schulkind lernt noch heute aus seinen humorvollen Gedichten. Daneben wirkte Zmaj als Übersetzer und machte Dichter wie Goethe und Lermontov in seiner Heimat bekannt.

Die zweite Hälfte des 19. Jahrhunderts und auch das 20. waren geprägt von patriotischen Ideen, die sich mehr als reichlich in der gesamten Literatur niederschlugen. Unter den Erzählern ist Borislav Stanković mit seinen leidenschaftlichen Romanen und Novellen bis heute sehr populär.

In den ersten drei Jahrzehnten des 20. Jahrhunderts kam es zu einer gewaltigen Schaffensperiode innerhalb der serbischen Literatur. In dieser Zeit begann der Aufstieg des bosnischen Literaturnobelpreisträgers von 1961, Ivo Andrić.

Literatur im 20. Jahrhundert

In jeder Gattung waren die Serben vertreten: die Expressionisten Miloš Crnjanski (1893–1977), Momčilo Nastasijević (1894–1938) und Rastko Petrović (1898–1949); als Vertreter des Surrealismus sei Marko Ristić genannt. Isak

Samokovlija, ein serbischer Jude aus Bosnien, schrieb über Sepharden. Isidora Sekulić (1891–1974), eine der bedeutenden Frauen unter den Schriftstellern, trat mit Reiseerzählungen hervor. Der bekannteste Dramatiker der Zeit war der Diplomat Branislav Nušić (1864–1938), seine Komödien wie ›Die Frau Ministerin‹ (Gospođa Ministarka) fanden im Theater viel Beifall. Eine kurze Zeit währte die sozialistische Phase in der Literatur.

Danach brachen sich künstlerische Freiheiten Bahn: Erotische Gedichte und einen sinnlichen Roman, ›Die Nacht des Leibes‹ (noć tela), hinterließ uns Branko Radičević. Der Roman erlebte eine breite Entfaltung. In ihnen setzte man sich mit den Kriegserlebnissen auseinander.

Der vielgelesene Dobrica Ćosić veröffentlichte 1951 ›Die Sonne ist fern‹ (Daleko je sunce). Der 1921 in Velika Drenova geborene Ćosić wurde auch im Westen sehr bekannt. ›Die Wurzeln‹ (Koreni) von 1954 und die Trilogie ›Zeit des Todes‹ (Vreme smrti) gehören zu seinen bedeutendsten Werken und haben die vielfältigen Leiden der Serben zum Thema. Ćosić entwickelte sich vom kommunistischen Partisanen zum politischen Funktionär des Zentralkomitees, bis er 1966 in Ungnade fiel. Titos Dritter Weg des Sozialismus hatte ihn enttäuscht; er ging in die Opposition.

Ćosić war vom Juni 1992 bis zu seiner Abwahl 1993 Staatspräsident von Rest-Jugoslawien. Erst kürzlich, nach der Unabhängigkeitserklärung des Kosovo, hat er sich wieder zu Wort gemeldet. Er appellierte an die Weltgemeinschaft, den Serben den Norden des Kosovo zu geben und fünf Klöstern im Kosovo einen Sonderstatus.

Nicht weniger bedeutend und besonders im Ausland sehr angesehen ist der 1932 in Zagreb geborene Namensvetter Bora Ćosić, der mit Werken wie ›Die Rolle meiner Familie in der Weltrevolution‹ oder ›Die Zollerklärung‹ von sich reden machte. Er lebte in Berlin und in Kroatien. Im Jahr 2002 erhielt er den Leipziger Buchpreis zur Europäischen Verständigung, im Jahr 2008 den ›Albatros‹ der Günter-Grass-Stiftung.

Einer der bedeutendsten Lyriker war Stevan Raičković, er schrieb viele Gedichte über das moderne Stadtleben.

Denkmal für den bosnischen Schriftsteller Ivo Andrić in Belgrad

Gegenwartsautoren

Unter den vielen großen serbischen Gegenwartsautoren sei der vor nicht allzu langer Zeit verstorbene Danilo Kiš hervorgehoben, der für sein Gesamtwerk, darunter die Romantrilogie ›Garten, Asche‹ (Bašta, pepeo, 1965), ›Frühe

Leiden‹ (Rani jadi, 1970), ›Die Sanduhr‹ (Peščanik, 1972) den Grand-Aigle-d'Or-Preis erhielt. Immer wieder spielte seine Herkunft eine tragende Rolle in seinen Werken: Die Mutter war Montenegrinerin, der Vater ungarischer Jude, der in Auschwitz ums Leben kam. Um ihn zu schützen, wurde Kiš kurz nach seiner Geburt getauft. Seine letzten Jahre verbrachte er als Dozent in Paris. In Belgrad erhielt er ein offizielles orthodoxes Begräbnis, das diejenigen erstaunte, die seine kritische Haltung zur Kirche kannten.

Der Literaturwissenschaftler Milorad Pavić, 1929 geboren, ist Professor an der Universität in Novi Sad. Sein Lexikoroman ›Hazarski rečnik‹ von 1985, in Deutschland unter dem Titel ›Das chassarische Wörterbuch‹ veröffentlicht, ist ein amüsant-verwirrendes Mosaik der südslawischen Geistesgeschichte. Auch Aleksandar Tišma und Miodrag Bulatović gehören zu den großen Autoren Serbiens.

Bezeichnend für das Land ist das politische Engagement vieler Literaten. Nicht nur Dobrica Ćosić, sondern auch Borislav Pekić ist einer Partei angeschlossen. Der Lyriker Veljko Radović saß im Präsidium der Sozialistischen Partei, der Romancier Vuk Drašković war ein Kopf der Partei der Demokratischen Erneuerung, und Vac Vuković kandidierte für das Amt des serbischen Präsidenten.

Aus dem literarischen Leben sind die serbischen Erzähler der Gegenwart, Svetlana Velmar-Janković, Mladen Markov aus dem Banat, Ivan Ivanji und Milorad Grujić, beide aus Zrenjanin, David Albahari aus Belgrad, Borislav Mihajlović und Radomir Smiljanić nicht wegzudenken. Der Architekt und Schriftsteller Bogdan Bogdanović, der mit einer Ausstellung in Wien derzeit geehrt wird, ist der Verfasser des autobiographischen Romans ›Der verdammte Baumeister‹.

Viele Erzählbände erschienen Ende der 80er/Anfang der 90er Jahre in deutschen Übersetzungen. Sehr verdient um die Übersetzung serbischer Literatur haben sich der Zsolnay-Verlag in Österreich und der Hanser-Verlag in Deutschland gemacht.

Musik

Wer nach Serbien kommt, wird überrascht sein, wie sehr die Volksmusik bis heute gepflegt wird. In vielen Restaurants ist es Standard, dass Musik den Abend untermalt. Sie ist entscheidend geprägt von der Gusla, einem Lauteninstrument, das nur mit einer Rosshaarsaite bespannt ist, kein Griffbrett besitzt und mit einem Rosshaarbogen gestrichen wird. Zu diesem altertümlichen Instrument werden die Heldenlieder in einer Art Sprechgesang vorgetragen. Die Gusla (Mehrzahl Gusle) wird in allen Balkanländern gespielt. Ein bekannter Guslasänger war Filip Višnjić, dessen Grab sich in Višnjićevo bei Šid befindet.
Daneben spielt man Tamburica, ein uraltes Zupfinstrument, das sich in den südslawischen Ländern vermutlich von Bosnien her ausbreitete. Heute wird es in Serbien ganz bevorzugt in der Batschka gespielt. Die Tamburica-Spieler von Sombor sind sehr berühmt. Geige, Klarinette und Bass ergänzen das Reper-

toire. Die ältesten Volkslieder sind fast ausschließlich Heldenlieder. Bis zu Vuk Stefanović Karadžić lebte die Volksmusik nur durch Übertragung vom Vater auf den Sohn fort. Erst Vuk schrieb die Lieder seines Volkes auf und veröffentlichte sie in zwei Bändchen 1814 und 1815.

Sehr tragisch ist der Totengesang, den die Frauen den Verstorbenen widmen. Schon Goethe hatte 1775 nach der ›Dalmatinischen Reise‹ des Abbate Fortis den Klagegesang der edlen Frauen des Asan Aga für Herders Volkslieder verfasst.

Während der Befreiungskriege kam im 19. Jahrhundert das kurze, vom Westen beeinflusste Volkslied auf, das patriotisch angewandt wurde: ›Freudig geht der Serbe zum Militär‹ oder ›Erwacht, erwacht ihr Serben‹.

Auf großen Festen wird der serbische Volkstanz, der Kolo, aufgeführt. Jeder serbische Ort hat seine eigene Variation, Vranjansko Kolo, Užicko Kolo. Manchmal heißt er auch Cocek oder Vez. Bei seinen lebhaften bis ruhigen Bewegungen fassen sich die Tänzer an den Händen oder legen ihre Arme auf die Schultern des anderen, so dass ein Kettentanz entsteht. Er wird in verschiedenen Variationen auf dem gesamten Balkan getanzt.

Im Jahr 1831 entstand auf Initiative von Josif Šlezinger (1794–1870) in Kragujevac das erste Orchester Serbiens, das 1840 nach Belgrad verlegt wurde, sowie die ersten Nationaltheater in Novi Sad im Jahr 1861, in Belgrad im Jahr 1868. Die erste serbische Musikschule wurde im Jahr 1899 in Belgrad ins Leben gerufen.

Als erster herausragender Komponist gilt Josif Marinković (1851–1931), der an der Prager Orgelschule studierte. Er komponierte Chormusik, darunter die Nationalhymne ›Narodni Zbor‹ im Jahr 1876 und wurde zum Begründer

Das Nationaltheater in Belgrad

des serbischen Kunstliedes. Isidor Bajić (1878–1919) hinterließ die Oper ›Fürst Ivo von Semberija‹. Gerne wird an den Beginn der serbischen Kunstmusik der Komponist, Pianist und Dirigent Kornelije Stanković gestellt, der auch Kunstlieder sammelte. Über die Grenzen hinaus erfolgreich war Stefan Stojanović Mokranjac aus Negotin.

Die in Serbien geborene Pianistin Nataša Veljković lebt und arbeitet heute in Wien. Sie konzertiert seit 1985 in ganz Europa und wurde unter anderem 1990 mit dem ersten Platz des World Music Masters in Paris ausgezeichnet.

In Serbien gibt es traditionell zwei große Orchesterformen: einmal das Tamburica-Gitarren-Orchester, das stärker in Nordserbien verbreitet ist, und das Blechblasorchester, das im Süden zu Hause ist; hier leben auch die Roma, ohne die das serbische Musikleben nicht denkbar ist. Unter ihnen sind herausragende Bläser, vor allem Trompeter.

Für die Musiker aus der Region Dragačevo, wo die Trompete unter dem Einfluss militärischer Blasorchester Anfang des 20. Jahrhunderts populär wurde, entstand in Guča ein Blasorchesterfestival. Dieses hat sich in den 44 Jahren seines Bestehens zum größten Festival des Balkans entwickelt. Bis zu 300 000 Besucher zieht das ›Dragačevski Sabor Trubača‹ jährlich an und wird sogar mit Musikzentren wie Havanna oder New Orleans verglichen. Herausragende Trompeter wie Nenad Mladenović aus Vranje, Dejan Petrović aus Užice und Boban Marković, der mit seinem Orchester weltweit auftritt, haben zu seinem Ruhm beigetragen.

Das Festival findet immer im Sommer, meistens im August statt, Informationen unter www.guca.rs.

Romakapelle in Belgrad

Das Geburtshaus des Komponisten Mokranjac in Negotin

Das moderne Musikleben Serbiens ist geprägt von Rocksängerinnen wie Svetlana ›Ceca‹ Ražnatović und Jelena Karleuša, von Sängern wie Aca Lukas, eigentlich Alexandar Vuksanović, dessen Musik eine Kombination von serbischem Rock und Balkan-Folk ist, sowie Zeljko Joksimović. ›Riblja Čorba‹ ist eine der populärsten Bands bis heute. Im Jahr 2008 haben sie auch Konzerte in Zürich gegeben.

Internationale Aufmerksamkeit zog der Sieg der serbischen Sängerin Marija Šerifović beim Eurovision Song Contest in Helsinki im Jahr 2007 nach sich. Marija Šerifović gewann den Wettbewerb mit ihrer in serbischer Sprache gesungenen Ballade ›Molitva‹ (Das Gebet) woraufhin Belgrad zum Austragungsort der Eurovision im Jahr 2008 avancierte.

Daneben werden auch Traditionen des 19. Jahrhunderts wiederbelebt, als man in den Salons der höheren Gesellschaften Musikabende veranstaltete. Ein Vertreter dieser Richtung aus traditionellen und klassischen Elementen ist die Gruppe ›Serboplov‹.

Film

Serbien besitzt eine überaus produktive Filmindustrie, deren Filmgesellschaften in Belgrad, Priština und Novi Sad ansässig sind.
Im Ausland wurden vor allem Goran Paskaljević mit ›Tango Argentino‹ (1992) und der in Sarajevo geborene Filmemacher Emir Kusturica bekannt. Sein erster großer Erfolg war ›Erinnerst Du Dich an Dolly Bell?‹ (1981). Sein Film ›Papa ist auf Dienstreise‹ wurde 1985 ausgezeichnet, für ›Underground‹ erhielt Kusturica

1996 die Goldene Palme von Cannes. Der Film hat den Bruderkrieg im ehemaligen Jugoslawien zum Thema. Der Fellinischüler Kusturica, der sich häufig in Belgrad aufhält, drehte außerdem so bekannte Filme wie ›Schwarze Katze, weißer Kater‹. Eines seiner jüngsten Projekte, das im Jahr 2004 in Deutschland sowohl in englischer als auch in deutscher Sprache gezeigt wurde, war ›Life is a Miracle‹ (Das Leben ist ein Wunder). Zu den 58. Festspielen von Cannes im Jahr 2005 wurde der Regisseur zum Jurypräsidenten berufen.

Auf dem Münchner Filmfest 2004 wurde der Film ›The State of the Dead‹ (Država mrtvih) vorgestellt. Das Werk des 1998 verstorbenen Živojin Pavlović hatte Dinko Tucaković fertiggestellt. Der Film handelt von einem Offizier der jugoslawischen Volksarmee, der nach Beginn des Krieges in einem Flüchtlingslager dem Zerfall seiner Familie zusehen muss. Auf dem 16. Cottbuser Filmfestival wurde der Film ›Morgen in der Früh‹ von Oleg Novković vorgestellt. Er handelt von Nele, der nach 12jähriger Diaspora in die Plattenbaulandschaft Belgrads zurückkehrt. Nach einer durchzechten Nacht mit den Freunden holt ihn die Vergangenheit wieder ein.

Unter den Dokumentarfilmen ragt ›Exodus auf der Donau‹ (1999) von Nándor Andrásovicz besonders hervor. Im Bereich der Cartoons hat Serbien eine herausragende Stellung. Die Produktion begann nach dem Zweiten Weltkrieg dank Ljubisa und Vera Jоćić mit ihrem populären Marionettenfilm ›Pionir i dvojka‹. Die Tradition führten Nikola Majdak und der Cartoonist Zoran Jovanović fort und begründeten die ›Belgrader Cartoonschule‹, aus der Schüler wie Vera Vlajić, Rastko Ćirć und Veljko Bikić hervorgingen. Das Bikić-Studio avancierte zum bekanntesten Cartoonproduzenten Jugoslawiens. Neue Kunstformen, eine Kombination von Cartoons mit Spielfilmen, wurden hier kreiert. Einer der bekannten zeitgenössischen Cartoonisten ist Aleksandar Zograf aus Pančevo.

Kulinarisches

Die serbische Küche ist, ebenso wie die des gesamten Balkan, von den verschiedenen Völkern der Region sowie von den Nachbarn und Eroberern geprägt. Habsburger, Ungarn, Türken, Griechen, Venezianer haben ihre Rezepte hinterlassen und dennoch nicht verhindert, dass die Küche der Völker des Balkans unterschiedliche Ausprägungen genommen hat. Es wird immer noch türkischer Kaffee getrunken, der habsburgische Palatschinken serviert. Wer Tee bestellt, wird sich wundern, dass er – abgesehen von großen Hotels – immer mit Kräutertee bedient wird.

Die Serben essen gerne Fleisch, und dies in allen Variationen: gegrillt, gekocht, gebraten. Gewürze sind vorwiegend Pfeffer, Paprika, Petersilie und Knoblauch. Als Beilage werden gehackte oder ganze Zwiebeln gereicht. Dazu darf der srpski-Salat, feingeschnittene Tomaten, Gurken und Zwiebeln mit und ohne weißen Käse, nicht fehlen. Der Kajmak, eine Art Milchrahm oder Creme fraîche, wird gerne auf dem Fleisch zerlassen. Das reiche Agrarland Serbien produziert viel Gemüse, das häufig mit Speck angereichert wird. Paprika, Gurken, Tomaten und Kohl werden pikant eingelegt oder gefüllt im Backofen gegart.

Rezepte

Pljeskavica

Pljeskavica (Пљесавица), gefüllt mit Schafskäse. Das Gericht wird sowohl in Kroatien als auch in Serbien traditionell zubereitet.

500 Gramm Hackfleisch halb und halb
(auf dem Balkan nimmt man oft Rind und Lamm)
250 Gramm Schafskäse
1 Zwiebel
2 Knoblauchzehen, Pfeffer, Salz, Paprika (mild oder scharf)
2 Eier
milden Schafskäse und Kajmak

Die Zwiebel ganz fein schneiden, den Knoblauch ebenfalls, dies und die Gewürze mit dem Hackfleisch vermengen. Den Schafskäse andrücken und mit etwas Kajmak anbinden. Vier gleichmäßig große Hackfleischsteaks formen mit dem Käse füllen, gut schließen und dann entweder im Backofen oder in der Pfanne von beiden Seiten gut durchbraten. Mit Ajvar, rohen geschnittenen Zwiebeln und Reis servieren.

Ajvar

10 große rote Paprikaschoten
etwas Zucker
Knoblauch
Auberginen
Essig, Öl

Rote Paprikaschoten dünsten, danach die Schale abziehen und die Kerne entfernen. Auberginen schälen, dünsten und zusammen mit den Paprika pürieren mit Zucker, Knoblauch, Essig, Öl und Salz würzen und etwa 2 Stunden kochen, erkalten lassen, servieren oder in ein Glas abfüllen.

Paprika auf dem Markt

Jelen Pivo aus Apatin ist eine beliebte Biersorte

Getränke

Man trinkt gerne Schnäpse, vor allem Obstler (Rakija). Der berühmteste ist der Šljivovica, der Pflaumenschnaps. Eine besonders zu empfehlende Brennerei von Pflaumenschnaps sitzt in Zemun. Diese alte Brennerei geht auf den Österreicher Bruno Moser von 1848 zurück. Der Pflaumenschnaps ist serbisches Nationalgetränk, ob Muslim oder serbisch-orthodox, da macht man keine Unterschiede. Daneben wird auch ein Kräuterschnaps serviert, der ›Pelinkovac‹.

Die Serben trinken auch gerne Bier, das vor allem in der Vojvodina, in Apatin, Zrenjanin und Pančevo, gebraut wird. Einheimische Marken sind unter anderem ›Jelen Pivo‹, ›Laško‹ und ›Nikšićko‹.

Viele Heilquellen bescheren Serbien gutes Mineralwasser; eine der berühmten Marken ist ›Knjaz Miloš‹.

Im ganzen Land gibt es ausgezeichneten Kaffee. Man hat sich auf die italienische Zubereitung eingestellt. In den Hotels serviert man jedoch nach wie vor den türkischen Kaffee zum Frühstück.

Die klassische Schenke oder Kneipe heißt in Serbien ›Krčma‹, das Gasthaus oder Café ›Kafana‹.

Wein

Weinanbau gibt es auf serbischem Boden seit der Römerzeit. Der Legende nach hat Kaiser Probus aus Sirmium Weinreben aus Asien nach Europa mitgebracht und diese zuerst in der Fruška Gora anpflanzen lassen.

In Serbien reichen die Anbaugebiete vom Norden bis nach Süden. In der Vojvodina liegen sie im Norden um Palić und Čoka (Csóka). Hier sind es weiße und rote Weine. Auf dem sandigen Boden gedeihen besonders Weißer Burgunder, Ezerjo, Muskat Ottonel, Semillon und Muskat Krokan.

Bei den Rotweinen dominieren Merlot, Frankovka, Schwarzer Burgunder und Cabernet. Der Schaumwein wird in dieser Region aus Kevedinka hergestellt. Das Sremgebiet um Sremski Karlovci sowie Erdevik und Irig in der Fruška Gora ist bekannt für spritzige Weißweine und den Dessertwein ›Bermet‹ sowie den ›Ausbruch‹. Aus den Reben Prokupac und Schwarzer Burgunder wird ›Župljanka‹ hergestellt, aus Smederevka und rotem Traminer ›Neoplanta‹ aus Kevedinka und Chardonnay ›Sila‹.

Auf den Weinbergen von Vršac im Banat wachsen vorwiegend Reben, die für die Weißweinerzeugung genutzt werden: Smederevka, Weißer Sašla, Rhaciteli und Kreaca, eine der ältesten Rebensorten überhaupt. An der Donau sind die Ortschaften Slankamen, Smederevo und Negotin für ihre guten Weine bekannt.

Besonders gute Rotweine findet man in den Regionen um Kruševac und um Knjaževac. Im Umkreis von Oplenac liegen die Weinberge Venčac und und Kosmaj. Hier wird unter anderem die Rebe Vranac angebaut, ein Rotwein, den man in jedem Restaurant erhalten kann. Berühmtestes Weingut ist hier der Keller ›Aleksandrović‹ der vor allem mit Weißweinen brilliert, die inzwischen Spitzenpreise erreichen.

Das große Amselfeld im Kosovo wird immer mit der Schlacht in Verbindung gebracht, manche mögen sich noch an den süßlichen süffigen ›Amselfelder‹ erinnern, der auf vielen Festen zur guten Laune beitrug, aber leider weniger mit seinen guten Weinen, deren qualitätvolle Produktion heute wieder mit viel Enthusiasmus betrieben wird.

Einheimische Reben für den Rotwein sind Prokupac, Plovdina, Bagrina, Zacinak, für den Weißwein Smederevka und Temjanika. Man trinkt sie gerne als Hausweine.

Lange schien es in Serbien nur den roten Vranac zu geben, eine typische Balkanrebe, die aber heute häufig aus Montenegro importiert wird. Daneben werden europäische Reben wie Cabernet, Pinot Noir, Merlot als Rotweine ausgebaut, Riesling, Chardonnay und Semillon als Weißweine.

Weinfest in Novi Sad

Was für eine herrliche Lage hat aber diese Stadt!
Just am Zusammenfluss mächtiger Ströme, der kalten Save und der wunderschönen Donau.
Ihre mauer- und wallumschlossene Krone erhebt sich hoch auf einem Felsvorsprung, einem Wachtturm gleich ragt Belgrad empor ...

Jan Neruda, reisender Chronist, 1870

Belgrad

Erste Eindrücke

Belgrad (Beograd, Београд), die Hauptstadt des ehemaligen Jugoslawien, ist heute die Hauptstadt der Republik Serbien und damit nicht nur Verwaltungs- sondern auch wirtschaftliches und kulturelles Zentrum Serbiens. Die Stadt selbst bildet eine eigene Region innerhalb Serbiens, die in zehn Stadtgemeinden und sieben Vorstadtgemeinden untergliedert ist. Diese Verwaltungseinheiten mit lokaler Selbstverwaltung werden als ›Gradska opština‹ bezeichnet.

Beeindruckend ist Belgrads Lage am Zusammenfluss von Donau und Save. Kelten, Römer, Byzantiner, Bulgaren, Slawen, Ungarn, Osmanen und Habsburger wussten um die Bedeutung dieser Wasserwege. Die drittgrößte Stadt an der Donau gilt nach wie vor als Tor zwischen Europa und Asien, als Weg von Mitteleuropa zum Balkan. Die Ost-West-Achse, durch die Save und die Donau vorgegeben, verläuft von Triest zum Schwarzen Meer, während die Nord-Süd-Achse von Pannonien durch die Morava-Vardar-Furche zum Mittelmeer führt.

Altes und Neues nebeneinander

▲ Karte hintere Umschlagkarte

Wer die Stadt zum erstenmal besucht, wird von ihrer Größe und Modernität überrascht sein. Egal ob man sie von Norden oder Süden erreicht, stets beeindrucken die imposante Flusslandschaft von Donau und Save, über die zwar wenige, aber elegante Brücken führen, und die moderne Hochhaussilhouette.

Kontinentales Klima prägt die Stadt. Im Sommer erwarten den Besucher drückend heiße Temperaturen, meist über 30 Grad. Im Winter ist mit dem scharfen aus Nordosten kommenden Wind, dem Košava, zu rechnen. Kein Berg zwischen der Donauebene bis zur Ukraine und weiter nach Russland vermag die Stadt vor ihm zu schützen.

Belgrads Ausdehnung ist sehr weitflächig. Anfangs lag Belgrad noch unmittelbar am Ufer, rückte aber im Laufe der Zeit immer weiter vom Wasser ab, auf die Anhöhen, den Kalemegdan, und erst viel später auch auf die umliegenden Hügel. Insgesamt umfasst das Stadtgebiet heute etwa 20 Anhöhen. Noch bis 1914 bildete die Save die Grenze zu Österreich-Ungarn.

Erst nach der Gründung Jugoslawiens entstanden die verbindenden Brücken über die Flüsse. Das alte Semlin (Zemun) wurde eingemeindet. Neue Siedlungsgebiete entstanden und wurden nach ihren Anhöhen, den Brdo (Hügel), benannt, wie der Topčidersko Brdo oder der Banovo Brdo. Aber auch in der Ebene entstand Neues: Neu-Belgrad erhebt sich nur 75 Meter über den Meeresspiegel und ist der am niedrigsten gelegene Punkt Belgrads, während die Stadt an sich 138 Meter hoch liegt.

Die Industrie von Belgrad ist einerseits an der Donau angesiedelt, hinter dem Kalemegdan in Richtung Pančevo. Der Krieg von 1999 hat auch hier tiefe Wunden hinterlassen. Außerdem ist zwischen

den Weltkriegen das Industriegebiet im Süden, Železnik, entstanden.
Belgrad ist Messestadt. Ein etwa 40 Hektar großes Messegelände, ›Beogradski Sajam‹, befindet sich zwischen dem Bulevar Vojvode Mišića und dem rechten Saveufer. In 14 Messehallen stehen 100 000 Quadratmeter Ausstellungsfläche für nationale und internationale Messen zur Verfügung.
Die vielen Kriege haben der Bausubstanz der Stadt sehr zugesetzt. In seiner langen Geschichte wurde Belgrad über 40mal zerstört. Allein während des Zweiten Weltkrieges wurden durch die deutsche Bombardierung mehr als 700 Gebäude dem Erdboden gleichgemacht. Während des NATO-Angriffs von März bis Juni 1999 wurde Belgrad wieder getroffen. Bomben fielen auf dem Boulevard Kneza Miloša mit den Ministerien, zerstörten die Funk- und Telefonanlage hinter dem Tašmajden-Park und auf das Businesszentrum in Novi Beograd. Die Spuren sind bis heute zu sehen.
Lange erweckte die Stadt den Eindruck, aus einem planlosen Nebeneinander von Bauten und Stilen vom 18. bis 20. Jahrhundert zusammengesetzt zu sein. Nur wenige Häuser sind älter als 100 Jahre. So beeindruckt Belgrad weniger durch antike oder mittelalterliche Baudenkmäler als durch den Historismus des 19. Jahrhunderts sowie den Jugendstil, monumentale Straßen sowie moderne Bauten des 20. Jahrhunderts. Die jahrtausendealte Vergangenheit jedoch wird in den Kunstschätzen der vielfältigen Museen bewahrt.
Die rasante Bevölkerungsentwicklung der Stadt vom 19. Jahrhundert mit etwa 100 000 Einwohnern bis zur heutigen 1,6 Millionen-Metropole haben der Stadt in Bezug auf Verkehrsentwicklung, Wohnungsbau und auch Umweltverschmutzung sehr zugesetzt. Dennoch gibt es außergewöhnlich viele Grünzonen, zum Beispiel an den Ufern von Save und Donau. Aber auch in der Innenstadt laden Parkanlagen zum Rasten ein. Die beiden Weltkriege haben viele Breschen in das Häusermeer geschlagen, die vielfach nicht zubetoniert, sondern bepflanzt wurden.
Noch im Jahr 2004 lag über der Stadt eine große Depression. Von dieser ist heute zumindest auf den ersten Blick nichts mehr zu spüren. Eine gewaltige Aufbruchstimmung hat die Stadt erfasst, und nicht umsonst wurde Belgrad im Wettbewerb um ›Europäische Städte und Regionen der Zukunft‹, den die Zeitschrift ›Financial Times‹ veranstaltet, zur Stadt der Zukunft Südeuropas gewählt. Neue Hotels, Pensionen, Jugendherbergen und Restaurants sind entstanden. Die Theater werden wieder rege besucht. Die Fußgängerzone ist nicht mehr alleiniges Zentrum der Stadt, und allerorten wird das städtische Leben durch Musik aller Art belebt. Auch junge Leute aus ganz Europa fühlen sich vom Flair dieser Stadt angezogen. Nicht unerheblich tragen eine lebendige Studentenszene und das lebhafte Nachtleben zur Atmosphäre bei.

Stadtgeschichte

Erstmals erwähnt wurde Belgrad am 16. April des Jahres 878, als Papst Johannes VIII. eine Bulle an den damaligen Herrscher, den bulgarischen Fürsten Boris Michael, sandte. In dieser rief er den Bischof ›episcopatus belgradiensis‹ Sergej wegen seiner lasterhaften Lebensweise ab.
In Wirklichkeit ist die ›weiße Stadt‹ viel älter, eine der ältesten Städte Europas. Spuren einer 7000 Jahre alten Siedlungsgeschichte wurden nachgewiesen.

In der Belgrader Festung

Der Keltenstamm der Skordisker beziehungsweise der Singer errichtete auf dem Hügelsporn über der Einmündung der Save in die Donau ein Oppidum (Burg). Die Römer eroberten das Gebiet und erweiterten es zu einem Castrum mit einer Unterstadt, der Donji grad (Доњи град). Sie nannten es nach dem Stamm der Singer Singidunum. Singidunum lag rechts der Mündung der Save in die Donau und gehörte damit zur römischen Provinz Moesia. Seit der römischen Reichsteilung im Jahr 395 gehörte Singidunum zu Ostrom.

In der Völkerwanderungszeit wurde der Ort von ostgermanischen Stämmen und Steppenvölkern, den Goten, Sarmaten, Hunnen, Awaren, Bulgaren und Slawen, heimgesucht. Mit der Ankunft der Slawen in diesen Gebieten verlor sich der alte Name Singidunum, und der slawische Name Beograd (Weiße Burg, von serbisch beli, kroatisch beo) wurde gebräuchlich.

Belgrad im Mittelalter

Im Mittelalter hieß der Ort Alba Iulia, Alba Graeca beziehungsweise Beligrad, Weiße Festung, Alba Bulgarica, Nándor Albor, Nándor-Féhérvár, Asagu Belgrad, Weißenburg und schließlich Belgrad. Dabei gehörte es abwechselnd den Bulgaren, Byzantinern, Ungarn und Serben. Auch die Kreuzfahrer suchten es heim. Auf dem Weg zum zweiten Kreuzzug legte Friedrich I. zu Hohenstaufen, besser bekannt als Barbarossa, seine Flotte hier an der Donau an. Schon im Mittelalter gehörte zur Burg eine große Stadt, die von starken Mauern und Türmen umgeben war.

Im Jahr 1284 wurde Belgrad Hauptstadt des serbischen Teilkönigreichs von König Dragutin, der sie von seinem Schwiegervater, Stefan V. von Ungarn, als Geschenk erhielt.

Die Ungarn erobern die Stadt im Jahr 1319 zurück. Nach der Schlacht auf dem Amselfeld 1389 herrschten mit ungarischer Unterstützung in Belgrad die Despoten Stefan Lazarević (1403) und Georg Branković. Letzterer gab Belgrad, bedrängt von den Osmanen und Ungarn, zugunsten Smederevos auf. Noch unter Stefan entwickelte sich die Stadt zum religiösen und kulturellen Mittelpunkt des nach Norden gedrängten serbischen Restreiches. Stefan hatte sich dem ungarischen König Sigismund als Vasall angedient. Er erhielt das südliche Donauland zwischen Save und Morava, zu dem auch Belgrad gehörte, zugesprochen, von den Ungarn Nándor-Féhérvár genannt. Nach dem Tod Stefans 1427 übernahm wieder der Ungar Sigismund Belgrad.

Ungarn und Türken

Der Kampf um Belgrad zwischen Ungarn und Türken begleitete das 15. und 16. Jahrhundert. Nach den für die Ungarn verlustreichen Schlachten von Nikopolis 1396 und Varna (Bulgarien) wurde Belgrad ernsthaft bedroht. Sultan Mehmed II. (der Eroberer) hatte dem

▲ Karte hintere Umschlagkarte

byzantinischen Reich mit der Eroberung Konstantinopels 1452 ein Ende gesetzt. Belgrad fiel im Jahr 1456 erstmals an die Türken.
Ein Zwischenspiel gelang Johannes Hunyádi, der mit Hilfe deutscher Kreuzfahrer und den vom italienischen Franziskaner Capistran angeheuerten Massen Belgrad noch einmal zurückeroberte. Da aber weitere Unterstützung der ungarischen Magnaten ausblieb und Smederevo gefallen war, gelang den Türken unter Süleyman dem Prächtigen im Jahr 1521 die endgültige Eroberung Belgrads. Für mehr als 300 Jahre sollte die Stadt zum Sitz eines Paschas werden, der Belgrad zur Janitscharengarnison ausbaute. Serben wurden umgesiedelt, Osmanen zogen in die Stadt. Die Türken nannten die Stadt Dar ul Bihad, Haus der Glaubenskriege. Im Zuge einer gewissen Toleranz in der Siedlungspolitik folgten Armenier, Juden, Griechen, Aromunen sowie Roma.
Teilweise war das heutige Siedlungsgebiet geteilt, auf einem Ufer die Österreicher, auf dem anderen die Türken. Viele Reiseberichte geben ein Zeugnis vom orientalischen Flair, von Häusern ohne Fenster zur Straße, gewundenen Gassen und gutem Essen. Die Serben, die sogenannten Rajahs, hatten keinen Zutritt zur Ober- und zur Unterstadt und ließen sich deshalb auf dem offenen Feld vor der Festung nieder.

Befreiung von den Osmanen

Im Jahr 1688 wendete sich das Blatt. Nach 150 Jahren osmanischer Herrschaft begann der lange Weg zur Befreiung. Das Habsburger Heer, angeführt von Kurfürst Max Emanuel von Bayern (der blaue Kurfürst), traf in Semlin ein. Erste Schlachten fanden statt. Am 14. Juni 1717 erkämpfte Prinz Eugen, der ›edle Ritter‹, für die Habsburger einen entscheidenden Sieg.
Belgrad und Nordserbien fielen an Habsburg, die heutige Hauptstadt verblieb ihnen bis 1739 und veränderte ihr Gesicht. Sie erhielt barocke Konturen und verlor ihr orientalisches Antlitz. Nach etwas mehr als 20 Jahren mussten die Habsburger 1739 im Frieden von Belgrad die Stadt wieder aufgeben. Die Türken zerstörten ihre Bauten.
Mehrmals konnte Belgrad noch kurzfristig von den Habsburgern eingenommen werden. Die letzte große Auseinandersetzung mit den Türken begann mit dem Befreiungskampf der Serben. Während ihres ersten Aufstandes konnten sie die Stadt von 1806 bis 1813 für sich gewinnen. Vom Dekret Sultan Mahmut II. 1830 bis zur Übergabe der Stadtschlüssel 1867 sollten noch 37 Jahre vergehen. Doch schon in dieser Zeit veränderte Belgrad wiederum sein Gesicht: Nationale Einrichtungen wurden gegründet, die erste Druckerei (1831), die serbische Nationalbibliothek (1832) und die serbische Nationalzeitung (Narodne Novine 1834).
1835 wurde eine serbische Verfassung verabschiedet und die Volksversammlung ins Leben gerufen. Viele Vertreter

Historischer Kanaldeckel in Zemun

serbischer Kultur kamen in die Stadt, darunter Vuk Stefanović Karadžić. 1869 konnte sich ein festes Theater etablieren, 1884 wurde die erste Bahnlinie von Belgrad nach Niš angelegt. Erste Straßenpflasterungen erfolgten, die elektrische Beleuchtung und ein Wasserwerk wurden installiert. Auch die erste Straßenbahn nahm ihren Betrieb auf.

In dieser Zeit verwischten sich die orientalischen Spuren. Ein Industrialisierungsschub setzte ein: Wo vorher lediglich eine Brauerei, eine Gerberei und Handwerker ansässig waren, entwickelte sich ein bedeutendes internationales Wirtschaftszentrum und ein Knotenpunkt der Eisenbahn.

Belgrad im 20. Jahrhundert

Die Balkankriege setzten der Stadt ebenso zu wie der Erste Weltkrieg. Im Jahr 1918 proklamierte Alexandar I. Karađorđević als Kronprinz das Königreich der Serben, Kroaten und Slowenen. Zwischen den beiden Weltkriegen pulsierte die Stadt, städtebauliche Maßnahmen wurden ergriffen. Am 6. Juli 1941 wurde Belgrad von den Deutschen ohne vorausgegangene Kriegserklärung bombardiert. Die Befreiung erfolgte am 20. Oktober 1944 durch Titos Partisaneneinheiten. Davor hatte aber noch ein schweres Bombardement seitens Englands und der USA stattgefunden, um die deutschen Besatzer zu vertreiben. Nach dem Krieg wurde Belgrad die Hauptstadt der Föderativen Volksrepublik Jugoslawien, die sich ab 1963 Sozialistische Föderative Republik Jugoslawien nannte.

Haus im Sezessionsstil

▲ Karte hintere Umschlagkarte

Von Februar 2003 bis Juni 2006 war Belgrad Hauptverwaltungssitz der Staatengemeinschaft Serbien und Montenegro. Seit der Loslösung Montenegros ist sie die Hauptstadt der unabhängigen Republik Serbien.

Spuren der Jahrhunderte

Trotz des dominierenden modernen Erscheinungsbildes der Metropole Serbiens haben sich zwischen ihren weiten Boulevards und Platzanlagen viele kleinteilige Spuren und Winkel der Vergangenheit bewahren können.

Das ehemalige jüdische Viertel

Neben dem Kalemegdan gehört das Viertel **Dorćol** (Дорћол) zu den ältesten Stadtteilen Belgrads. Vom 17. bis zum 20. Jahrhundert fand hier ein reges jüdisches Leben statt.

Vor allem die Sephardim hatten sich in Dorćol niedergelassen, die in Belgrad zu einer wichtigen Gemeinde heranwuchsen. Die Sephardim aus Spanien siedelten im gesamten osmanischen Reich, so auch auf dem Balkan und im heutigen Serbien, in Belgrad vor allem an den Ufern und Anhöhen über der Donau, in den Stadtteilen Jalija und Dorćol. Schon vorher hatte es Juden in der Stadt gegeben, ihre Spuren sind jedoch spärlich. Die spanischsprechenden Juden stellten bis zum Ausbruch des Ersten Weltkriegs 80 Prozent der jüdischen Gemeinde. Mit ihnen lebten in Dorćol auch Armenier, Griechen und wenige Serben. Ihren kulturellen Höhepunkt erlebte die Belgrader jüdische Gemeinde im 17. Jahrhundert, in dem auch die jüdische Schule, die ›Yeshiva‹, nachweisbar ist.

Juden aus Osteuropa, die Aschkenasim, kamen in einer späteren Bewegung und siedelten zunächst an der Save. Sie sprachen Jiddisch und hatten bis zum Ersten Weltkrieg ihre eigenen kulturellen, schulischen und sakralen Zentren. Ihre 1926 errichtete **Synagoge** befindet sich im Zentrum in der ul. Maršala Birjuzova (ул. Маршала Бирјузова) und ist als einzige bis heute aktiv.

In nur wenigen Straßen des Viertels schlug das Herz des jüdischen Gemeindelebens: in der ul. Slunska (ул. Слунска), der ul. Cara Uroša (ул. Цара Уроша), ul. Cara Dušana (ул. Цара Душана), der König Peter-Straße (ul. Kralja Petra/ул. Краља Петра) sowie in der Jüdischen Straße (ul. Jevrejska/ул. Јеврејска) und der ul. Braće Baruh (ул. Браће Барух). Im Stadtteil gab es alles, was mit jüdischer Traditionspflege und jüdischem Gemeindeleben zu tun hatte. Zur Blütezeit der jüdischen Gemeinde soll es einmal zehn Synagogen in Belgrad gegeben haben. Eine davon stand zwischen der ul. Jevrejska und der ul. Solunska, war im 18. Jahrhundert erbaut worden, mehrmals zerstört und wiedererrichtet worden, bis die Nazis sie dem Erdboden gleichmachten. Hier befand sich auch das rituelle Bad, die Mikwa, hier das Amam genannt.

Dorćol erfuhr im 19. Jahrhundert eine intensive Bebauung, die das ehemalige Judenviertel, das nie Ghetto war, sehr verändert hat.

Ein Platz in diesem Viertel wurde serbisch ›Dorćol‹, türkisch ›Dört-Yol‹, genannt. Es bedeutet soviel wie ›vier Straßen‹ und gab dem gesamten Abhang zur Donau den Namen.

Kurz vor Ausbruch des Zweiten Weltkrieges lebten etwa 10 400 Juden in Belgrad, nur wenige überlebten den Holocaust.

Derzeit leben etwa 2000 Juden in der gesamten Stadt. Bis heute hat sich in Belgrad der jüdische Chor der ›Baruh Brüder‹ erhalten. Das Viertel Dorćol wird heute gerne wegen des BITEF-Festivals aufgesucht. Ein literarisches Denkmal des Viertels schuf die in Belgrad lebende Schriftstellerin Svetlana Velmar-Janković mit ihrer Erzählung ›Das schwarze Licht‹.

Im Viertel wurden einige Grabsteine gefunden. Zwei davon sind im **Jüdischen Museum** (Јеврејски историјски музеј) in der ul. Kralja Petra 71a ausgestellt: einer von Avraham Koen aus dem

Die einzige noch aktive Synagoge Belgrads

Jahr 1641, ein weiterer von Donna Klara mit dem Todesdatum dem 13. Schwebt 5380, nach christlicher Zeitrechnung 1619.

Zum Gedenken an die jüdischen Opfer wurde an der Donau ein **Denkmal** des Bildhauers Nándor Glid errichtet. Auch der jüdische Teil des sogenannten **Neuen Friedhofs** in der ul. Milje Kovačevića 1 (ул. Миље Ковачевића) im Stadtteil Pallilula hält die Erinnerung an ihre Existenz wach. Der Neue Friedhof ist heute der älteste in Belgrad und wurde 1882 gegründet, um auch die Überreste der Verstorbenen älterer Friedhöfe, so auch des alten jüdischen Friedhofs in der ul. Dalmatinska (ул. Далматинска), aufzunehmen.

■ Das osmanische Belgrad

Wenn man Reiseberichte vergangener Jahrhunderte liest, sprechen die Autoren von den vielen Moscheen Belgrads. Über 80 sollen einst die Stadt geschmückt haben.

Die Reisenden des 19. Jahrhunderts schildern Belgrad auch nach den Befreiungskriegen der Serben als typisch osmanische Stadt mit 14 Moscheen. Noch zu dieser Zeit, vermerkt die Stadtchronik, war europäische Kleidung in Belgrad eine Seltenheit. Die Bürger, mit Ausnahme der Serben aus der österreichisch-ungarischen Monarchie, trugen das traditionelle orientalische Gewand. Der Fez war ihre Kopfbedeckung. Für die hochgelegene Zitadelle bürgerte sich der türkische Name ›Kalemeydan‹, Burgplatz, ein.

Heute erinnert an die osmanische Zeit nur noch wenig. Reste sind der **Bedesten** (Bazar) hinter der Savakirche (siehe Seite 129), die **Bajraklimoschee** (Fahnenmoschee, siehe Seite 118), zwei Mausoleen (siehe Seite 110, 116)

Die Damad-Ali-Pascha-Turbe in der Festung

sowie ein paar krumme ungepflasterte Gassen. Auf dem Kalegmegdan sind am Stambultor, am Dizdartor und am Zindantor osmanische Schmuckelemente erhalten.

Auch die Serben orientierten sich am osmanischen Stil, wie am Dositej-Lyzeum (heute **Vuk-und-Dositej-Museum**, siehe Seite 118) zu sehen ist.

■ Das serbische Belgrad

Das serbische Belgrad begann mehr oder weniger im 18. Jahrhundert. Im Nordwesten der Altstadt, auf einer Anhöhe an der Save, nicht weit vom Kalemegdan, kann man wenige Gassen mit Kopfsteinpflaster entdecken, die daran erinnern.

Der Kosančivć-Ring (Kosančivćev venac/ Косанчивћев венац) birgt eingebettet in die Neubauten einige alte Gebäude. Schon im Mittelalter bestand hier eine serbische Siedlung mit Kirche. Anfang des 19. Jahrhunderts bildete dieser Teil den Kern, um den herum Belgrad aufgebaut wurde und sich ausbreitete.

Nicht weit vom Kosančivć-Ring, in der ul. Kneza Sime Markovića, befindet sich der **Palast der Fürstin Ljubica**, Konak Knejginje Ljubice (siehe Seite 113). Er ist

▲ Karte hintere Umschlagkarte

mit dem **Wirtshaus zum Fragezeichen** (siehe Seite 114) und dem Konak des Fürsten Miloš im Topčider Park (siehe Seite 138) eines der wenigen erhaltenen Architekturbeispiele der Obrenovićzeit.

Sakralbauten

Belgrad ist sowohl Sitz des Patriarchats der serbisch-orthodoxen Kirche als auch des römisch-katholischen Erzbischofs (ul. Svetozara Markovića 20/ул. Светозара Марковића).

Die religiöse Vielfalt der Stadt spiegelt sich in katholischen Kirchen – der **Franziskanerkirche** und der Sankt-Antonius-Kirche (siehe Seite 131) sowie der katholischen **Peterskirche** in der ul. Makedonska – Klöstern in Zemun (siehe Seite 144), serbisch-orthodoxen Kirchen, einer aktiven Synagoge und einer bis heute genutzten Moschee.

Wichtige serbisch-orthodoxe Kirchen sind die **Michaelskathedrale** (siehe Seite 111), die **Markuskirche** beim Tašmajdan-Park (siehe Seite 129), die **Himmelfahrtskirche** (siehe Seite 132) sowie **Savakirche** (siehe Seite 127) und **Aleksandar-Nevski-Kirche** (siehe Seite 123).

Die Savakirche am Abend

Ankunft in Belgrad

Belgrad ist ein europäischer Verkehrsknotenpunkt, dessen weiterer Ausbau in Planung ist.

Eine wichtige Verkehrsanbindung, der **Autoput** nach Süden – Griechenland, Makedonien, Bulgarien, Türkei – führt mitten durch die Stadt, quert die Save über die **Autobahnbrücke Most Gazela** und sorgt für ein nicht geringes Verkehrsaufkommen.

Schon von weitem erkennt man die Stadtgrenze an einem Doppelhochhaus. Es wurde von Mihajlo Mitrović 1972 entworfen und an der Stelle realisiert, wo die Autobahn von Zagreb Belgrader Stadtgebiet erreicht. Es ist das Westtor Belgrads, damals das höchste Gebäude Neu-Belgrads.

Weiterhin fällt der Bau einer neuen Sporthalle auf, in der 2005 die Basketball-Europameisterschaft stattfand. Die serbischen Basketballer gehören zur Weltspitze.

Mit dem **Zug** erreicht man Belgrad direkt von Zürich, München oder Wien.

Belgrad hat einen großen **Passagierhafen** an der Donau, der von den Donaukreuzfahrtschiffen angefahren wird. Eine Linienschiffverbindung gibt es jedoch nicht.

Eine vierte und viel genutzte Variante ist die Anreise mit dem **Bus**. Die Anbindung mit vielen europäischen Städten ist vorbildlich.

Die Stadt verfügt über den internationalen **Flughafen Nikola Tesla** 18 Kilometer westlich der Stadt im Stadtteil Surčin. Er wurde 1962 eröffnet und ist heute der größte Flughafen des Landes.

Bei geringem Verkehrsaufkommen benötigt man mit dem Taxi etwa 20 Minuten ins Zentrum. Ein Pendelbus fährt nonstop zwischen Flughafen und Zentrum.

Die Autobahnbrücke ›Gazelle‹

Unterwegs in Belgrad

In der Stadt verkehren Busse, Trolleybusse, Straßenbahnen sowie das S-Bahn ähnliche System von ›Beovoz‹. Die Metro ist geplant. Das Projekt verzögerte sich, weil sich die Befürworter für einen Ausbau des Straßenbahnnetzes zunächst durchgesetzt hatten. Dennoch wurde in den letzten Jahren einiges getan, um die Stadt vom Verkehr zu entlasten.

Im Stadtviertel **Zeleni Venac** direkt am Saveufer befinden sich sowohl der **zentrale Busbahnhof**, ›Beogradska autobuska stanica‹, als auch der **private Busbahnhof** der Firma ›Lasta‹, ›Autobuska stanica Lasta‹. Die Busse starten von hier in alle Himmelsrichtungen durch Serbien, aber auch nach ganz Europa bis nach Istanbul. In naher Zukunft ist die Verlegung der Busbahnhöfe nach Neu-Belgrad geplant.

Die Stadt verfügt über **fünf Bahnhöfe**: Belgrad Zentrum (Železnička stanica Centar, Belgrad Hauptbahnhof (Glavna Železnička stanica), Neu-Belgrad (Železnička stanica Novi Beograd), Belgrad Topčider (Železnička stanica Topčider) und Belgrad Donau (Železnička stanica Dunav).

Außerdem gibt es das sogenannte **Beovoz** (Беовоз)-Netz, ein S-Bahn-ähnliches Verkehrssystem. Die ›Beovoz‹-Züge nutzen die Gleise der Fernbahnen. Sie fahren im Stadtgebiet auf eineinhalb Kilometern unterirdisch und sollen an das geplante Metronetz angeschlossen werden. Das Streckennetz von Beovoz beträgt 330 Kilometer. Mit ihren fünf Linien verbinden sie Belgrad mit den Zielen Pančevo (ungar. Pancsova), Valjevo, Nova und Stara Pasova (ungar. Újpázova) und Mladenovac. Tickets sind an den jeweiligen Stationen am Schalter zu lösen. Beovoz-Stationen sind ›Pančevački Most‹, ›Vukov Spomenik‹ und ›Karađorđev Park‹. Die S-Bahn hält auch am Hauptbahnhof und in Neu-Belgrad. Man erreicht beispielsweise mit der Beovaz-Bahn zügig Zemun. Der dortige Zugbahnhof liegt abseits des Zentrums, im dörflichen Teil, so dass man noch auf den Bus umsteigen muss.

Dem Besucher wird es nicht leicht gemacht, die **Sehenswürdigkeiten** der Stadt auf Anhieb zu entdecken. Sie liegen relativ dicht beieinander, sind aber zwischen Neubauten versteckt. Erschwerend kommen die **Straßenbezeichnungen** hinzu. So wie die politischen Ver-

Altes und neues Straßenschild

▲ Karte hintere Umschlagkarte

hältnisse vielfach gewechselt haben, so haben die Straßen unterschiedliche Namen angenommen. Vor noch gar nicht so langer Zeit wurde eigens für diese Problematik ein Komitee gegründet. Dieses hatte zu entscheiden, welche historische Epoche und welche dazugehörigen Straßennamen ab jetzt gültig werden sollen. Eine der ältesten Straßen Belgrads hieß bis vor kurzem noch Straße des 7. Juli. Von 1872 bis 1904 war ihr Name ul. Dubrovačka und von 1904 bis 1946 ul. Kralja Petra I. Man hat sich für den Zeitabschnitt zwischen den Kriegen entschieden, und so heißt sie wieder ul. Kralja Petra I. Die Änderung der Straßennamen wurde noch nicht abgeschlossen, deshalb kann es zu abweichenden Bezeichnungen kommen.

alter Name	neuer Name
Bul. Revolucije Obrenović	Bul. kralja Aleksandra
Bul. Maršala Tita	Bul. kralja Milana
ul. Proleterski	ul. Krunska
Trg Dimitrije Tucovića	Trg Slavija
ul. Maršala Tolbuhina	ul. Makenzijeva
ul. 7. Jula	ul. kralja Petra Prvog
ul. Lole Ribara	ul. Svetgorska
ul. Georgi Dimitrova	ul. Ilije Garašanina
ul. Moše Pijade	ul. Dečanska
Trg Marksa i Engelsa	Trg Nikola Pašića
ul. Generala Ždanova	ul. Svetozara Markovića
Bul. JNA	Bul. Oslobođenja
ul. Narodnog fronta	ul. Kraljice Natalije

Die Altstadt

Die Altstadt Belgrads (Стари град) liegt am Westhang des zum rechten Saveufer abfallenden Hügels. Wie eine Halbinsel ragt dieser in das Mündungsgebiet der Save in die Donau. Innerhalb der Altstadt liegen der **Kalemegdan**, die alte Festung, das ehemalige jüdische Viertel **Dorćol** und die große **Fußgängerzone**. Die Wurzeln Belgrads liegen in der **Oberstadt** (Gornji Grad, Горњи град) und der **Unterstadt** (Donji Grad, Доњи град). Die Oberstadt ist unter den Türken und den Habsburgern völlig umgestaltet worden. Auf das 15. Jahrhundert gehen nur noch der 30 Meter tiefe römische Brunnen sowie ein rundbogiges Tor in der Oberstadt zurück. In der Unterstadt steht noch der **Fürchtenichtsturm** aus dem 15. Jahrhundert einsam in Ufernähe. Zwischen ihm und der Oberstadt verläuft die Straße nach Pančevo und hat die Anlage (Ober- und Unterstadt) sozusagen zerschnitten. Die Reste der Unterstadt wurden mehr oder weniger zerstört.

Der Kalemegdan

Am Nordende der Altstadt liegt ein großes Plateau auf einem etwa 50 Meter hohen Kalkstock im Mündungswinkel zwischen Save und Donau. Auf ihm befand sich bis zum Abzug der Osmanen eine Festungsanlage, die mit einer Ober- und einer Unterstadt zu einer Zitadelle ausgebaut war und eine westliche und östliche Vorstadt besaß.
Die heutige Anlage birgt den bedeutendsten archäologischen und kunsthistorischen Komplex Belgrads, die Festung Beogradska tvrđava (Београдска тврђава). Die Bezeichnung Kalemegdan (Калемегдан) bezieht sich auf das Plateau um die Festung, das von

Belgrad

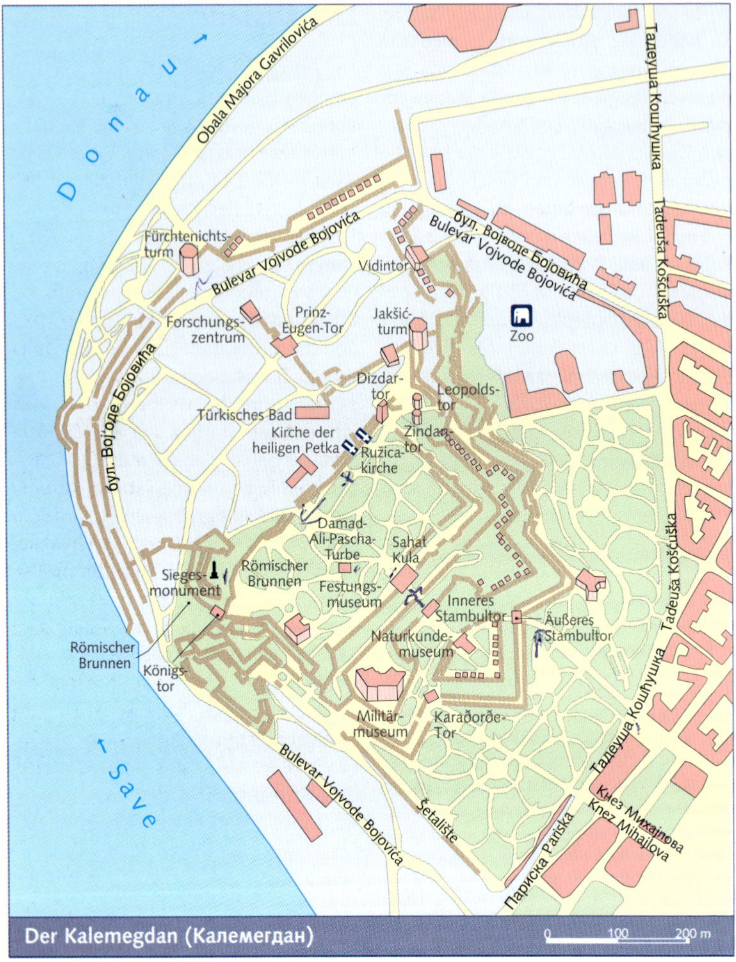

Der Kalemegdan (Калемегдан) 0 100 200 m

jeher den jeweiligen Machthabern als Beobachtungsposten gedient hatte. Ihr Hauptquartier, der Festungskern, befand sich auf dem höchsten Punkt des Plateaus. Der Name leitet sich von den türkischen Worten Kale, das Feld, und megdan, Kampf, ab. Die Türken nannten den Kalemegdan auch Fićir-bajir, was soviel wie ›Hügel zum Nachdenken‹ bedeutet.

Bereits in neolithischer Zeit war der Hügel besiedelt und trug später die keltische Befestigung, das römische Castrum und die byzantinische Zitadelle. Immer wieder wurde diese von Eroberern ausgebaut und modernisiert. Die Entwicklung in der Waffentechnik ging weiter, die Feuerwaffen wurden erfunden, Europas Festungen mussten ihnen standhalten. Die Habsburger bau-

ten sie 1717 nach den Vorbildern des großen Festungsbaumeisters Vauban neu. Dieser Neubau wurde von den wiederkehrenden Türken nur geringfügig verändert.
Seit dem 19. Jahrhundert wurde das Areal zu einer großen Grün- und Freizeitanlage umgestaltet. Heute ist der Kalemegdan die größte und höchstgelegene Grünanlage der Stadt, von der man wunderbare Ausblicke hat: auf die Flusslandschaft, den Stadtbezirk Zemun, die Hochhäuser von Neu-Belgrad, das ›Sava‹-Kongresszentrum sowie die Hotels ›Intercontinental‹ und ›Hyatt‹ und auf die südlichen Ausläufer der Pannonischen Tiefebene.
Auf dem Kalemegdan liegen zahlreiche Denkmäler: das Militärmuseum, der Kunstpavillon ›Cvujeta Zuzorić‹, das Amt für Denkmalschutz, der Zoologische Garten, Spiel- und Sportplätze sowie Restaurants und Cafés.
In den Zusammenfluss von Save und Donau liegt eingebettet eine Insel, die sogenannte Große Kriegsinsel (Veliko ratno ostrvo/Велико ратно острво). Sie wurde zum Naturschutzgebiet erklärt, in dem sich eine artenreiche Vogelwelt entwickelt hat.

Obere Burg

Die Festungsanlage selbst besteht aus der Oberen und Unteren Burg. In der Oberen Burg (Gornji Grad/Горњи Град) sind die Festungsmauern auf den Fundamenten des römischen Castrums errichtet. Zu ihr gelangt man von der ul. Uzun Mirkova (ул. Узун Миркова) durch den Park zum ersten **Stambultor** im Vorwerk. Man muss sich hier die Heere vorstellen, die auf diesem Abschnitt nach Konstantinopel entlangritten.
Links liegt das **Karađorđetor**, durch das der große Befreier im Jahr 1806 einzog. Ein Monument zu Ehren der Franzosen, die die Serben während des Ersten Weltkriegs unterstützt hatten, trägt die kyrillische Inschrift: ›Lasst uns Frankreich lieben, wie Frankreich 1918 uns geliebt hat.‹ Rund um das Monument sind die Büsten und Denkmäler berühmter Landsleute verteilt: Der Sarg für die nationalen Helden wie Đuro Đaković, Ivan Milutinović, Moše Pijade (Politiker, Journalist, enger Vertrauter Titos), die Denkmäler für die Philologen Đura Daničić und Miloš Đurić, die Dichter Radoje Domanović, Borislav Stanković und Đura Jakčić (1932–1978), den Schriftsteller Vojislav Ilić (1860–1894), den Lyriker Branko Radičević (1825–1853), den Literaturtheoretiker Ivan Skerlić, den Musiker Stevan Mokranjac (1856–1914), den Politiker Jovan Gavrilović, den Despoten Stefan Lazarević im oberen Teil innerhalb der Festung, den Politiker und Publizisten Jaša Prodanović und andere.
Ein Gedenkstein im Park erinnert an die kurzfristige Rückeroberung der Festung durch die Ungarn am 27. Juli 1456. Vor dem Stein liegt ein Graben, in dem

Denkmal zu Ehren der Franzosen

Belgrad

Panzer und Geschütze ausgestellt sind. Über das **zweite Stambultor** gelangt man zur Westbastion, in der das **Militärmuseum** (Vojni muzei/Војни музеј) untergebracht ist.

Das nächste Tor ist ein Torturm, der achteckige **Sahat Kula** (Сахат кула, auch Glockentor genannt) mit einer barocken Zwiebelhaube. Dieser Uhrturm wurde im 18. Jahrhundert über dem bestehenden Tor (1690–1698) von den Österreichern errichtet. Er wurde in jüngster Zeit renoviert. Die Toranlage hat eine Stärke von mindestens 15 Metern.

Schlicht, inmitten von Bäumen, steht das achteckige Mausoleum, die **Damad-Ali-Pascha-Turbe** (Дамад Али Паша турбе). Hier liegt der türkische Großwesir Damad Ali Pascha begraben. Er war 1716 bei Peterwardein gefallen.

Am höchsten Punkt der Festung mit Aussicht auf den Zusammenfluss von Save und Donau steht ein riesiges **Siegesmonument** von 1928. Der berühmte Bildhauer Ivan Meštrović hat es als falkentragenden Siegesboten auf dorischer Säule gestaltet.

Unterhalb des Siegerdenkmals führen weitere Tore in die und aus der Festung. Am **Königstor** (Kralj Kapija/Краљ Капија) von 1690 bis 1696, umgestaltet 1736, befindet sich der sogenannte **Römische Brunnen** (Rimski bunar/Римски бунар) mit einem 35 Meter tiefen Schacht.

Der gesamte Kalemegdan soll von unterirdischen Gängen oder Tunneln, sogenannten Lagumen, untergraben sein, die sogar bis unter die Save reichen sollen. Sie sind bis heute nicht erforscht und bieten viel Anlass für Rätsel und Geschichten.

Zwei Kirchen sind auf dem Areal des Kalemegdan zu besichtigen: die **Ružicakirche** in der Nähe der Nordostmauer der Festung und die **Kirche der heiligen Petka**. Zunächst passiert man das **Dizdartor** (Dizdar Kapija/Дииздар капија) aus der Zeit von 1404 bis 1424, der Zeit des Despoten Stefan Lazarević. Es ist eines der ältesten der Festung mit mittelalterlicher Mauer auf römischen Fundamenten. In seiner Nähe steht der von Mehmet Pascha Sokolović gestiftete Brunnen von 1576. Dahinter liegt das **Zindantor** (Zindan Kapija/Зиндан капија), auch Gefängnistor genannt, vom Beginn des 15. Jahrhunderts, das von zwei Rundtürmen flankiert wird. In diesen Türmen befanden sich berühmt-berüchtigte Kerker. Das Zindantor wurde später wiederholt umgebaut.

Hinter den Restaurants ragt der **Jakšićturm** (Jakšić kula/Јакшић кула) hervor. Er geht auf das 15. Jahrhundert zurück.

Etwas weiter abwärts liegen die beiden Kirchen. Die **Ružicakirche** (Ружица црква) war ursprünglich ein Pulvermagazin, das 1730 von den Österreichern errichtet und nach 1867 in eine Garnisonskirche verwandelt wurde. An die-

Das Zindantor

▲ Karte S. 108

Türwächter an der Ružicakirche

ser Stelle befand sich allerdings schon einmal eine Kirche dieses Namens, die von den Türken bei der Eroberung Belgrads im Jahr 1521 zerstört worden war. Da sie im Ersten Weltkrieg schwer in Mitleidenschaft gezogen worden war, erfolgte 1925 der Wiederaufbau. Die kleine Ikonostase geht auf Kosta Todorović zurück, die Ikonen auf Rafailo Momčilović. Das Tonnengewölbe ist vom Russen Andrey Bitsenko vollständig bemalt worden. Man sieht mehrere Stifter mit Kirchenmodellen in der Hand.

Die **Kirche der heiligen Petka** (Sv. Petka/Св. Петка) unweit der Ružicakirche entstand im Jahr 1867 über einer wundertätigen Quelle. Das zierliche Natursteingebäude schuf 1937 der Architekt Momir Korunović. Erst in jüngerer Zeit, von 1980 bis 1983, erhielt das Innere seine für Serbien seltenen Mosaiken vom Künstler Đuro Radulović. In den beiden Nebenkapellen befinden sich die Kerzenräume. Auch heiliges Wasser kann man hier erstehen.

Untere Burg

Der Weg führt zur Unteren Burg, Donji Grad (Доњи Град). Sie hatte eine eigene Befestigungsanlage mit Türmen. Hier sind das **türkische Bad** zu sehen und weiter unten das **Prinz-Eugen-Tor** (Kapija Princa Evgenija Savojsko/Капија Принца Евгенија Савојско), auch Tor Karls VI. genannt. Die siegreichen Österreicher ließen es 1717 errichten. Nicht weit vom Tor befindet sich die erste **Kanonengießerei** aus dem ersten serbischen Aufstand.

Von hier gelangt man über die Straße zum **Fürchtenichtsturm** (Nebojša kula/Небојша кула) und zu letzten Mauerresten der Unterstadt. Von der alten Wehranlage ist noch das **Vidintor** unweit des Dizdartores erhalten. Zwischen dem Fürchtenichtsturm und der Oberstadt liegt die Straße nach Pančevo. Der obere Teil des Turms wurde im 18. Jahrhundert abgetragen und für den Kampf mit Feuerwaffen umgebaut. Er ist dreigeschossig und bewachte einst den Eingang zum Hafen, der im 18. Jahrhundert zugeschüttet wurde.

Ein Spaziergang durch den Park führt zum Zoologischen Garten.

Die Kralja-Petra-Straße

Nur wenige Schritte von der lebhaften Fußgängerzone entfernt breitet sich in dieser Straße mit wichtigen Bauten eine ländliche Ruhe aus.

Michaelskathedrale

Die serbisch-orthodoxe Michaelskathedrale (Saborna crkva/Саборна црква, ul. Kralja Petra) erkennt man an der Silhouette der vergoldeten Laterne des barocken Turmes, womit sie mehr an westliche Kirchen erinnert als an die traditionellen serbischen Klosterbauten. Zwischen Festungsberg und Save entstand sie anstelle eines Baus von 1728 im Auftrag des Fürsten Miloš Obrenović in den Jahren 1837 bis 1840. Als Baumeister wurde der Architekt Quarfeld aus Pančevo gewonnen, der sich klassizistischer und barocker Stilelemente bediente. Das Innere ist ein im Gewölbe durch Querrippen gegliederter Saal. Die Ikonostase von 1841 ist ein Werk des bedeutenden serbischen Bildhauers des

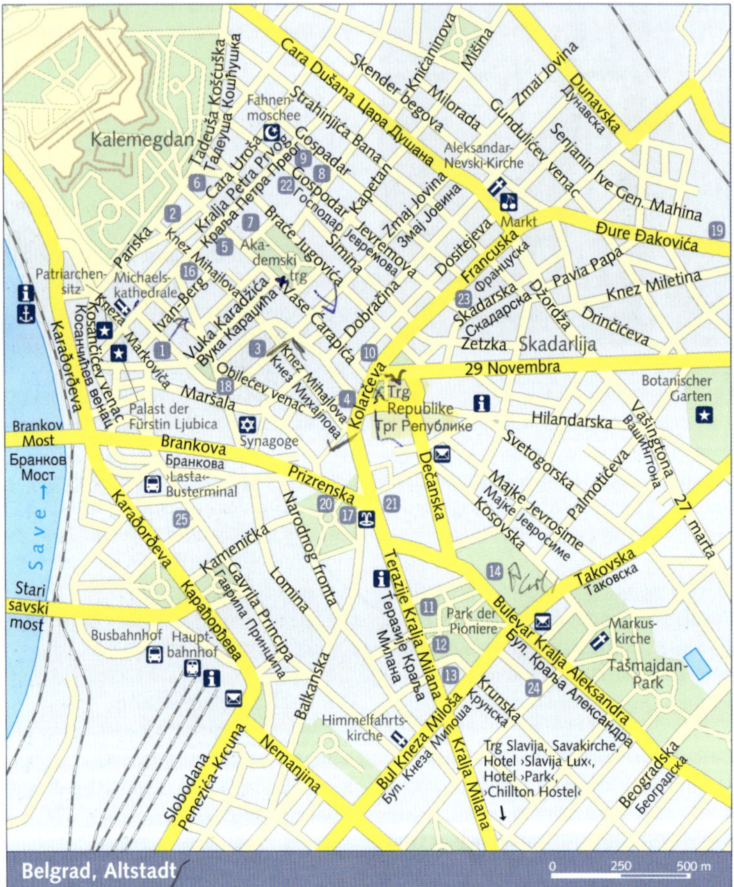

Legende

1 Gasthaus zum Fragezeichen
2 Städtische Bibliothek
3 Akademie der Wissenschaften
4 Kulturzentrum
5 Ethnographisches Museum
6 Alte Realschule
7 Neue Residenz
8 Vuk-und-Dositej-Museum
9 Theatermuseum
10 Nationaltheater
11 Altes Schloss
12 Neues Schloss

Der Belgrader Hafen mit Kathedrale und Patriarchat

19. Jahrhunderts, Dimitrije Petrović. Zwei Ränge sind mit Ikonen gefüllt, die Dimitrije Avramović zwischen 1841 und 1845 malte. Das Hauptbild zeigt die Himmelfahrt Christi.

In der Kirche wurden die serbischen Fürsten Miloš und Mihajlo Obrenović beigesetzt. Auf dem Friedhof der Kirche ruhen die großen serbischen Gelehrten Vuk Stefanović Karadžić und Dositej Obradović.

■ Patrijaršija

Gegenüber der serbisch-orthodoxen Michaelskathedrale steht das Gebäude des Patriarchensitzes, die ›Patrijaršija‹ (Патријаршија, ul. Kralja Petra 6). Man erkennt es an einer Kuppel, die eher an eine Kirche erinnert. Das Projekt entwarf der russische Architekt Viktor Lukomski im serbisch-byzantinischen Stil. Hier ist das oberste Verwaltungsorgan der serbisch-orthodoxen Kirche untergebracht. Das Haus beherbergt außerdem die Bibliothek und das **Museum der serbisch-orthodoxen Kirche** (muzej Srpske Pravos/музеј Српске Православне Цркве), das auch als Ikonenmuseum bezeichnet wird. Ausgestellt sind Ikonen, Handschriften, Reliquiare, Textilien, Stickereien, Manuskripte, Inkunabeln, Ikonen und liturgisches Gerät. Vieles stammt aus den Klöstern des Fruška Gora und Kroatien. Unter anderem sieht man eine Ikone des Johannes des Täufers von 1645 aus Krušedol.

■ Palast der Fürstin Ljubica

Gegenüber dem Patriarchat, in der ul. Kneza Sime Markovića 8 (ул. Кнеза Симе Марковића), befindet sich der Palast der Fürstin Ljubica, Konak Knegingje Ljubice.

Der Palast wurde 1834 auf Geheiß des Fürsten Miloš von den Architekten Janja Mihajlović und Nikola Đorđević, die mehrere Gebäude in Belgrad realisiert haben, errichtet. Es war für seine Frau Ljubica gedacht und ist ein schönes Beispiel der Balkanarchitektur mit symmetrisch angeordneten Räumen. Das zweigeschossige Bauwerk mit Erker über dem Eingang umschließt In seiner Mitte eine geschlossene Halle mit einem

Belgrad

- 13 Ivo-Andrić-Museum
- 14 Parlament
- 15 Universitätsbibliothek
- 16 Hotel ›Aleksandar Palas‹
- 17 17 Hotel ›Moskva‹
- 18 Hotel ›Palace‹
- 19 Hotel ›Admiral Club‹
- 20 Hotel ›Balkan‹
- 21 Hotel ›Kasina‹
- 22 Hotel ›Royal‹
- 23 Pension ›Travelling Actor‹
- 24 ›Manga Hostel‹
- 25 ›Mr. Walker Hostel‹

›Diwan‹ im ersten Stock. Zwischen den beiden Weltkriegen war hier zeitweilig das Museum für Moderne Kunst untergebracht, nach dem Krieg das Institut für Denkmalpflege. Heute ist es wieder ein Museum.

Gasthaus zum Fragezeichen

Das Gasthaus zum Fragezeichen (›Kafana ?‹) in der ul. Kralja Petra 6 ist eines der ältesten Gasthäuser in einer der ältesten Straßen der Stadt. Es wurde 1832 als Wohnhaus im Auftrag des Konsuls des Fürsten Miloš, Naum Ičko, erbaut und 1879 nach dem Willen des Besitzers später in eine Gastwirtschaft umgewandelt.
Als einer der wenigen erhaltenen Altbauten Belgrads gibt das Gebäude einen Eindruck von der ehemaligen Bausubstanz, einer zierlichen Mischbauweise aus Holz und Stein. Schön renoviert wartet es heute auf seine Gäste. Wer italienischen Espresso bevorzugt, der kann gleich nebenan ins ebenso gemütliche wie freundliche ›Triangle‹ gehen.
An der Ecke zur ul. Gračanička (ул. Грачаничка) im renovierten, gelb getünchten Anwesen residierte einst Fürst Petar Karađorđe.

Das Gasthaus zum Fragezeichen

▲ Karte S. 112

Die Knez-Mihajlova-Straße

Das Leben der Stadt ist konzentriert auf den Platz der Republik, den Terazije und rund um die Fußgängerzone, die ul. Knez Mihajlova (ул. Кнез Михајлова), benannt nach Fürst Mihajlo Obrenović, dem dritten serbischen Fürsten. Die über einen Kilometer lange Fußgängerzone reicht vom Kalemegdan bis zum Platz der Republik (Trg Republike/Трг Републике). Der Dichter Momo Kapor hat ihr in seinem Roman ›Die Foliranten‹ von 1974 ein Denkmal gesetzt. Auf diesem wahren Corso reihen sich zahlreiche Gebäude aus dem 19. und 20. Jahrhundert aneinander. Teilweise sind sie frisch renoviert, in ihnen sind wichtige Institutionen, viele Buchhandlungen und Geschäfte untergebracht.
Die Einkaufsstraße der Belgrader steht unter Denkmalschutz. Großzügig, breit und gesäumt von Cafés und Restaurants, scheint das Leben hier weder Tag noch Nacht zum Ruhen zu kommen. Die Geschäfte sind auch sonntags geöffnet, werktags meist bis 22 Uhr.

Städtische Bibliothek

In Höhe des Kalemegdan steht die von Andra Stefanović und Dragutin Đorđević entworfene Städtische Bibliothek (Nr. 56). Ihr gegenüber in der Grünanlage erinnert eine Büste an Milan Rakić (1876–1938). Er war Dichter und vor allem ein herausragender Diplomat, der Serbien in vielen Städten Europas vertreten hat.

Nikola-Spasić-Stiftung

Das Haus der Nikola-Spasić-Stiftung (Haus Nr. 33) wurde für den Kaufmann

Gedenktafel am Haus der Nikola-Spasić-Stiftung

Nikola Spasić 1889 von Konstantin A. Jovanović entworfen. Das dreigeschossige Gebäude greift den Stil des Neobarock auf. Am Dach wurden drei reichverzierte viereckige Aufbauten hinzugefügt. Eine erste Renovierung wurde in den 1970er Jahren durchgeführt.

Akademie der Wissenschaften und Künste

Das Sezessionsgebäude in der Nummer 35 beherbergt die Serbische Akademie der Wissenschaften und Künste. Die Akademie wurde 1886 ins Leben gerufen, das heutige Gebäude 1924 vollendet. Im Haus Nr. 50 sitzt das **Goethe-Institut**.

Die ehemals davon nicht weit entfernte Touristeninformation ist umgezogen. Neben dem Goethe-Institut sind in der ul. Knez Mihajlova auch das französische- und spanische Kulturinstitut angesiedelt.

Kulturzentrum

Nicht zu übersehen ist das Kulturzentrum Belgrads im Haus Nr. 6/1. In ihm ist neben einem Café auch ein Souvenirladen eingerichtet, der niveauvolle Andenken an Belgrad und auch Serbien anbietet. Das Angebot reicht von Büchern über das Land auch in französischen, englischen und deutschen Übersetzungen über phantasievoll bedruckte T-Shirts, Kunsthandwerk und Magneten mit Motiven von Serbien. Von hier zweigt die Fußgängerzone ab zum Platz der Republik.

Njegoš-Denkmal

Doch zunächst trifft man auf das Njegoš-Denkmal. Petar II. Petrović Njegoš (1813–1851) wird von allen Südslawen sehr verehrt und schmückt den 20-Dinar-Schein der Serben. Er war ein Mitglied der Dynastie der Petrović-Njegoš, die Montenegro über 200 Jahre lang beherrschte. Er regierte sein Land im Geist der Aufklärung und machte sich einen Namen als Dichter. Sein berühmtestes Werk, ›Der Bergkranz‹ (Gorski vijenac, 1846), reihte ihn unter die führenden serbischen Dichter ein. Njegoš starb an Lungentuberkulose.

Wer das Bedürfnis nach einer Pause hat, dem sei das historische Ambiente des **Café Ruski Car** (Руски Цар) empfohlen. Ein reichhaltiges Angebot an Kuchen, aber auch warmen Speisen, Kaffee und Wein ist hier zu finden.

Rund um den Studentenplatz

Der Studentenplatz (Studentski Trg, Студентски Трг) ist einer der ältesten Plätze der Stadt. In osmanischer Zeit befanden sich hier eine Gebetsstätte und ein Friedhof. Davon gibt das am Rande des Platzes unscheinbar und gerne übersehene **Grabmal für den**

Osmanen Sheikh Mustafa ein Zeugnis ab. Der Friedhof bestand bis zum Jahr 1860.

Die heutige Grünfläche, der Universitätspark, war unter den Serben ein riesiger Markt, einer der größten in der Stadt, der sich hier bis 1930 hielt. Während der städtebaulichen Maßnahmen in der zweiten Hälfte des 19. Jahrhunderts wurde der Platz begradigt und erhielt als einer der ersten im neuen Belgrad sein heutiges Gesicht.

Im Universitätspark stehen Denkmäler bedeutender serbischer Persönlichkeiten: von Josif Pančić (1814–1888), Botaniker und Zoologe, vom Bildhauer Đorđe Jovanović (1861–1953), von Jovan Cvijić (1865–1927), einem bedeutenden Geographen, dessen Werke über den Karst noch heute als Grundlagenwerke angesehen werden. Seine Abbildung ziert den 500-Dinar-Schein. Auch der Bildhauer Rudolf Valdec und der Schriftsteller, Philosoph und Lehrer Dositej Obradović werden mit einem Denkmal geehrt. Dositej Obradović (1730–1811) begründete jene Große Schule, aus der später die Universität hervorging. Sein Denkmal stand ehemals vor dem Eingang zum Kalemegdan und wurde 1930 hierher versetzt.

Kapitän-Miša-Haus

Auffälligster Bau am Studendenplatz ist das Kapitän-Miša-Haus (Studentski Trg 1). Es wurde für Miša Anastasijević nach Plänen des tschechischen Architekten Jan Nevola 1863 als Privathaus errichtet. Der Kaufmann und Donaukapitän vermachte es der Stadt Belgrad, die es als Verwaltungsgebäude nutzt. Es weist Elemente der Neorenaissance, Gotik

Das Kapitän-Miša-Haus

und Romanik auf. Heute befindet sich darin das Rektorat der Universität.

Weitere Gebäude am Studentenplatz

Gegenüber ist die **Fakultät für Chemie der Universität Belgrad** untergebracht. Diese besteht aus 27 Fakultäten, deren Gebäude über die ganze Stadt verteilt sind. Sie ist aus der 1808 gegründeten sogenannten Großen Schule (Velika Škola, Велика Школа) hervorgegangen. Die Große Schule wurde nach dem ersten Aufstand der Serben geschlossen, später nach Kragujevac verlegt und kehrte 1841 nach Belgrad zurück. Die erste serbische Universität wurde dann 1905 an dieser Stelle eröffnet. Am Studentenplatz findet man weiterhin das Gebäude der **Ilije-M.-Kolarac-Stiftung** (Nr. 5), **die Philharmonie** (Nr. 11) und das **Ethnographische Museum** (Nr. 13).

Im Café ›Ruski Car‹

Ethnographisches Museum

Das Museum (Etnografski muzej, Етнографски музеј) verfügt über eine außerordentlich große Sammlung an Kleidungs- und Schmuckstücken sowie Trachten aus dem gesamten ehemaligen Jugoslawien. Ihm angeschlossen ist das sehenswerte **Manakhaus** mit der bedeutenden Hristofor-Crnilović-Sammlung.

Alte Realschule

Vom Studentski Trg ist es nicht weit zur ul. Uzun Mirkova, an deren Ende der Kalemegdan beginnt. In der Straße steht die alte Realschule (Nr. 14) von 1836/37, die im klassizistischen Stil nach dem Entwurf Franz Jankes als Wohnhaus für den Politiker und damaligen Bürgermeister von Belgrad, Cvetko Rajović, errichtet wurde. Zum erstenmal wurde hier mit der orientalischen Tradition Belgrader Bauten gebrochen.

In der gleichen Straße (Nr. 1) entstand von einem unbekannten Architekten 1846 eine neue Residenz für Aleksandar Karađorđević. Später ist hier eines der bekanntesten Belgrader Restaurants, ›Srpska Kruna‹, eingezogen. In dem Gebäude wurde unter anderem das serbische Rote Kreuz begründet.

Dositej-Lyzeum

Eines der ältesten erhaltenen Gebäude Belgrads aus der Türkenzeit ist das Dositej-Lyzeum (Alte Schule, Velika Škola) aus dem 18. Jahrhundert in der ul. Gospodar Jevremova 21 (Господар Јевремова). Karađorđe eröffnete hierin die sogenannte Große Schule, die von dem Aufklärer und Schriftsteller Dositej Obradović geleitet wurde. Ein berühmter Schüler war Vuk Stevanović Karađžić.

Das heute darin eingerichtete **Vuk-und-Dositej-Museum** (muzej Dositej i Vuk/музеј Доситеј и Вук) zeigt Exponate, die mit dem Wirken dieser beiden für das serbische Selbstverständnis so wichtigen Persönlichkeiten zu verbinden sind. Es ist im typischen Konakstil aus Stein und Holz erbaut.

Das Theatermuseum

Im benachbarten ehemaligen Haus des Kaufmanns Miloje Božić von 1836 ist das **Theatermuseum** (muzej Pozorište umetnosti/музеј Позориште уметности) untergebracht.

Fahnenmoschee

Von den osmanischen Gebetsstätten ist nur noch die Bajraklimoschee, heute Fahnenmoschee (Bajrakli-Džamija/Бајракли-Џамија, ul. Gospodar Jevremova 11/ул. Господар Јевремова), erhalten. Sie hieß nach ihrem Stifter Hajji-Ali, einem reichen Händler, Čohadžimoschee. Der Ende des 17. Jahrhunderts errichtete schlichte Bau, versteckt hinter Bäumen, besteht aus einem Saal mit einer Kuppel und einem Minarett. Während der österreichischen Besatzung von 1717 bis 1739 wurde sie zur katholischen Kirche umgeweiht. Die

▶ Karte S. 112

Rückkehr der Türken führte sie wieder ihrer ursprünglichen Bestimmung zu. Ende des 18. Jahrhunderts erhielt sie ihren heutigen Namen nach der Fahne, die gehisst wurde, um den Beginn des Betens in allen Moscheen einzuleiten. Ihre Renovierung veranlassten die serbischen Fürsten im 19. Jahrhundert. Bis heute wird sie als Gebetsstätte der muslimischen Gemeinde genutzt.

Rund um den Platz der Republik

Der Platz der Republik (Trg Republike/Трг Републике) liegt an der Stelle des ehemaligen Stambultores, das die Österreicher Anfang des 17. Jahrhunderts errichtet hatten. Von hier führte die Straße nach Istanbul, woher das Tor seinen Namen bezog. Unter den Osmanen befand sich hier eine Hinrichtungsstätte.

Der Platz war außerdem Zeuge des ersten serbischen Aufstandes, während dem Vasa Čaparić, einer der Führer, schwer verwundet wurde. In Erinnerung an dieses tragische Ereignis wurde ihm unweit des Platzes eine Straße gewidmet.

Im Zuge der Neu- und Umgestaltung der Stadt im 19. Jahrhundert wurde das Stambultor abgerissen und die Platzanlage geschaffen, die heute sehr verkehrsreich ist.

An einer der Flanken des Platzes steht das **Nationaltheater**, ein Bau des Architekten Aleksandar Bugarski von 1867, in dem auch die Belgrader Oper untergebracht ist. Es war das einzige professionelle Theater bis zum Jahr 1940.

Eine kleine Grünanlage am Republikplatz lädt zum Verweilen ein. Davor steht ein **Denkmal von Branislav Nušić** (1864–1938). Branislav Nušić, geboren in 1864 in Smederevo, hatte in Graz und Belgrad Jura studiert, war Diplomat und später Leiter des Nationaltheaters. Ihm verdankt Serbien große Komödien.

Die Mitte des Platzes nimmt das **Reiterdenkmal des Fürsten Mihajlo Obrenović** ein. Das bronzene Reiterbild wurde vom Florentiner Bildhauer Enrico Pazzi 1882 geschaffen.

Das Nationaltheater

Nikola-Pašić-Haus

Vom Platz der Republik führt die ul. Francuska (ул. Француска) nach Dorćol. Die Nr. 21 ist das Nikola-Pašić-Haus (Никола Пашића дом). Das Gebäude wurde für die Händler Nikola und Kosta Džanga 1872 errichtet und 1893 vom Staatsmann und Politiker Nikola Pašić erworben. Er ließ es von Marijan M. Vujović umgestalten und bewohnte das Haus bis zu seinem Tod 1926.

Nationalmuseum

Das Nationalmuseum (Narodni muzej, Народни музej) wurde bereits 1844 gegründet und nach dem Zweiten Weltkrieg im ehemaligen Gebäude der Fondverwaltung untergebracht. Dieses stammt von 1903 und geht auf die Architekten Andra Stevanović und Nikola Nestorović zurück. Der rechteckige Palast verfügt über ein überdachtes Atrium. Die Fassaden sind in zwei Zonen gegliedert: An der Stirnseite befinden sich drei blinde Kuppeln. Die Front zur Straße weist Karyatiden auf, die das Gebälk tragen, sie gehen auf den großen Bildhauer Ivan Meštrović zurück.

Das Nationalmuseum

Der äußerst kostbare Bestand vermittelt einen Überblick über die Kulturen auf serbischem Boden von der vorgeschichtlichen Zeit bis zum 18. Jahrhundert. Die **Gemäldegalerie** besteht aus Exponaten europäischer und serbischer Malerei vom 18. bis 20. Jahrhundert.

Unter den **prähistorischen Objekten** sind Fundstücke aus dem gesamten ehemaligen Jugoslawien vertreten. Hervorzuheben sind die Fundstücke der Ausgrabungsstätten Vinča (unweit Belgrad) und Pločnik (bei Prokuplje), darunter Gefäße, Statuetten, aber auch Werkzeuge. Eines der beiden in Dupljaja (Banat) gefundenen Wägelchen der Bronzezeit wird hier aufbewahrt.

In der **Antikenabteilung** werden Fundstücke der Illyrer, der Ureinwohner des heutigen Serbien, ausgestellt. Unter den Schmuckstücken befindet sich die Goldmaske von Trebenište aus dem 6. Jahrhundert vor Christus aus einem thrakischen Fürstengrab. Weiterhin sind ein illyrischer Bronzehelm und Grabfunde von Radolište (Makedonien) aus dem 6. Jahrhundert vor Christus zu sehen. Hervorzuheben ist besonders ein Fund, den man in der Petruskirche bei Novi Pazar gemacht hat: Der Schatz stellt eigentlich ein Depot dar, das sich im Bereich eines gewaltigen Grabhügels befand und dann mit einer Kirche überbaut wurde. Sein Inhalt weist auf eine Frau als Eigentümerin hin, vielleicht das Oberhaupt eines illyrischen Stammes, der mächtigen Autariaten.

Auch Handelsgüter wie griechische Vasen sind ausgestellt. Unter den Skulpturen ragen ein Bronzekopf aus Kladovo und eine Marmorstatuette eines Bürgers aus Stobi (Makedonien) hervor. Fundstücke aus Smederevo, Niš und anderen

▲ Karte S. 112

römischen Städten sowie Objekte aus Klöstern sind zu sehen. Das Mittelalter ist mit Preziosen vom 7. bis zum 17. Jahrhundert vertreten.

Unter den **Handschriften** ist das Miroslav-Evangeliar als ältestes erhaltenes serbisches Buch zu erwähnen. Es entstand im Auftrag des Fürsten Miroslav von Hum, eines Bruders Stefan Nemanjas, zwischen 1180 und 1190 im Skriptorium von Kotor oder Dubrovnik. Es ist auf Pergament geschrieben und mit 296 Miniaturen und Initialen geschmückt. Im Jahr 2005 wurde die kostbare Handschrift in die Liste des Weltdokumentenerbes der UNESCO aufgenommen.

Weiterhin bewahrt das Museum **mittelalterliche Fresken** auf, darunter Werke aus Sopoćani, Studenica und Mileševa. Glücklicherweise wurden auch die letzten Fresken der Kirche Đurđevi Stupovi bei Novi Pazar hierher gerettet. Sie stammen von 1168 und gehen vermutlich auf Meister aus Konstantinopel zurück.

Natürlich dürfen **Ikonen** nicht fehlen: Da ist eine Muttergottes Geburt aus Šišatovac (Fruška-Gora-Kloster) zu sehen, eine Deesis aus dem 16. Jahrhundert: der thronende Christus mit Johannes dem Täufer. Sie stammt aus dem Kloster der heiligen Erzengel in Kučevište. Eine andere Ikone zeigt das ökumenische Konzil, sie entstand im 17. Jahrhundert in Peć. Hervorgehoben seien außerdem eine Ikone des heiligen Sava und Simeon Nemanja vom Beginn des 15. Jahrhunderts, eine Darstellung des Todes der Muttergottes mit den heiligen Meloden Johannes von Damaskus und Kosmas und die Ikone der fünf Märtyrer Maradrios, Eugenios, Eustratios, Orestes und Auxelios.

Das **graphische Kabinett** beinhaltet serbische und ausländische Graphiken. Im einheimischen Teil kann man die wichtigen Persönlichkeiten Serbiens vom 18. bis 20. Jahrhundert kennenlernen.

Die Goldmaske von Trebenište

Abschließend sollte man noch die reichhaltige **Sammlung bildender Kunst** besichtigen. Sie reicht vom 18. bis zum 20. Jahrhundert. Einen großen Teil der europäischen Sammlung, darunter Werke von El Greco, Palma Vecchio, Veronese und der Modernen vom Impressionismus bis zum Expressionismus sind der Sammelleidenschaft des Prinzregenten Pavle Karađorđević zu verdanken.

Leider sind alle diese Schätze auf immer noch unbestimmte Zeit nicht zu sehen, weil das Nationalmuseum seit Jahren einer grundlegenden Renovierung unterzogen wird und niemand genau sagen kann, wann es wieder eröffnet werden soll. Aus diesem Grunde hat man sich entschlossen, Teile der Sammlungen in gesonderten Ausstellungen zu zeigen. Die Serbische Nationalbank hat dafür dankenswerterweise in ihrem Gebäude Räumlichkeiten im Erdgeschoss zur Verfügung gestellt. Im Jahr 2008 wurden in der offenen Halle im Bankgebäude an der ulica Nemanja die Originale der prähistorischen Skulpturen von Lepenski Vir gezeigt. Es war trotz weniger Exponate eine beeindruckende Ausstellung.

2016 : alles geschlossen

Eine Zweigstelle des Nationalmuseums ist die **Galerie der Fresken** (Galerija fresaka, Галерија фресака) in der ul. Cara Uroša 20. Das Museum ist didaktisch außerordentlich bedeutend. Im Museum werden die Kopien der Wandmalereien der Klöster und Abgüsse der mittelalterlichen Bildhauerarbeiten ausgestellt. Schulklassen und Studenten nutzen das Museum für ihre Arbeiten. Auch Kunstkurse finden hier statt.
Dank dieser Einrichtung gibt es Duplikate von den während des letzten Zwischenfalls im Februar 2004 im Kosovo zerstörten Klöstern. Bisher konnte noch keine abschließende Bestandsaufnahme der Zerstörungen vorgelegt werden. Ganz sicher wurden die Klöster Devič und Velika Hodža zerstört.

Das Restaurant ›Drei Hüte‹ in Skadarlija

Künstlerviertel Skadarlija

Aus dem alten Romaviertel entwikkelte sich das alte Bohèmeviertel und schließlich ein Vergnügungsviertel zwischen Cetinska (Цетинска), Makedonska (Македонска) und Skadarska (Скадарска).
Der ›Montmartre von Belgrad‹ entstand Anfang des 19. Jahrhunderts, als sich 1830 hier in der verlassenen Gegend gegenüber dem Festungswall sehr viele Roma niederließen. Bis 1842 nannte man es Ciganska Mala. Im 19. Jahrhundert begann die erste Brauerei in Belgrad nicht weit von hier ihre Produktion. Und so war es naheliegend, dass in ihrer Umgebung viele Kneipen und Restaurants eröffneten. Seitdem heißt es Skadarlija (Скадарлија) nach der albanischen Stadt Skadar (Shkoder oder Shkodra). Sie war im Mittelalter Hauptort des serbischen Zeta gewesen und nach einer wechselvollen Geschichte erst im Jahr 1913 Albanien zugesprochen worden. Einst wohnten viele Maler, Dichter, Schauspieler und Journalisten in diesem Viertel, darunter der serbische Schriftsteller und Maler Đura Jakšić. Sein Wohnhaus in der ul. Skardarska 34, in dem er starb, wurde in ein **Literaturhaus** umgewandelt. Außerdem ist das **Branislav-Nušić-Theater** in diesem Viertel plaziert.
Gegenwärtig befinden sich hier viele Restaurants mit Livemusik von serbischer Volksmusik bis Pop und Rock sowie Galerien, Antiquitäten- und Souvenirläden. Das Nachtleben endet hier gegen 1 Uhr. Essen kann man bis 23 Uhr, wenn man Glück hat, auch mal später. Und allen Eindrücken zum Trotz, hier sei alles nur für Touristen inszeniert, findet man doch viele Einheimische und eine gute Küche zu realen Preisen.
Am Ende der ul. Skadarska trifft man auf den Bailonova Pijaca Skver M. Trailović (Баилонова пијаца Сквер М. Траиловић), wo sich die Aleksandar-Nevski-Kirche und einer der vielen Märkte Belgrads befinden.

▲ Karte S. 112

Aleksandar-Nevski-Kirche

Die Aleksandar-Nevski-Kirche (Александар Невски црква, ul. Cara Dušana 63/ул. Цара Душана) in Dorćol wurde 1877 erbaut und dem russischen Helden und Heiligen Aleksandr Nevskij geweiht. 1891 wurde ein größerer Neubau beschlossen, den Jelizaveta Načić entwarf. 1912 legte man den Grundstein, den Bau verzögerte aber der Erste Weltkrieg. Erst 1928/29 konnte sie vollendet werden. Die Marmorikonostase war ursprünglich für die Kirche in Oplenac geplant und ein Geschenk König Aleksandar Karađorđes von 1930. Die Ikonen malte im gleichen Jahr der Russe Boris Seljanko. Im Chor steht ein Denkmal für die Freiheitskämpfer bis 1918. Die Wandmalereien wurden 1970 bis 1972 von Naum Andrić in Seccotechnik ausgeführt.

Terazije

Am Ende der Fußgängerzone gelangt man zum Terazije (Теразије), einer platzartigen Straßenerweiterung. Der Terazije ist der Inbegriff des Zentrums der Stadt und beliebter Treffpunkt der Jugend. Es ist eine der wenigen Straßen der Stadt, die über die Jahrhunderte hinweg niemals den Namen gewechselt haben. Er stammt aus dem Türkischen, von ›teraz‹, was soviel wie Brunnen oder auch Waagebalken heißt. Hier soll im Vorfeld der Festung einer der großen Brunnen gestanden haben, außerdem diente er als Hinrichtungsstätte. Heute ziert der **Miloš-Obrenović-Brunnen** von 1860 den Platz.

Hotel Moskva

Am Terazije befindet sich auch eine zentrale Taxi-, Bus- und Trolleybusstation. Viele Busse starten von hier stadtauswärts. Eine der großen Ausfallstraßen Belgrads, die ul. Kralja Milana, hat hier ihren Ausgangspunkt, weswegen die Straße sehr befahren ist.

Das sehenswerte Gebäude des Hotels ›Moskva‹ (Москва), ein gepflegter Jugendstilbau von 1906, hatte einst Jovan Ilkić für die Versicherungsgesellschaft ›Rossija‹ entworfen. Da der Entwurf in Petersburg gebilligt werden mus-

Am Terazije

Das Hotel ›Moskva‹

ste, entstanden Veränderungen an der Fassade im Jugendstil. Sie ist mit schwedischem Granit und gelben Keramikplatten verkleidet und mit grünen Fayenceornamenten verziert. Trotz Umbauten des Hotels blieb die Fassade erhalten.

■ Albania-Hochhaus

Gegenüber steht das **Hotel Kasina** (Касина), daneben eine Niederlassung der Kaufhauskette ›Beograd‹ und, als eines der ersten und lange Zeit höchsten Gebäude Belgrads, das Albania-Hochhaus (ul. Knez Mihajlova 4–6), das die Fußgängerzone abschließt. Der Architekt Miladin Prlejvić hat es errichtet.

■ Aleksa-Krsmanović-Haus

An der Südwestseite des Terazije befindet sich das Aleksa-Krsmanović-Haus (Terazije 34, Алекса Крсмановић дом). Es wurde 1885 im Stil des Neobarock für den Belgrader Kaufmann Aleksa Krsmanović nach dem Entwurf von Jovan Ilkić erbaut. In den prächtig verzierten Räumen des Hochparterre wurde 1918 offiziell die Vereinigung von Serben, Kroaten und Slowenen verkündet.

▶ Karte S. 112

■ Justizministerium und Nationalbank

Gegenüber steht das alte **Justizministerium**, ein Neorenaissancebau nach Plänen von Svetozar Ivačković aus dem Jahre 1893. Das Erdgeschoss schmücken die für die Renaissance typischen Rustika, während das Obergeschoss mit roten Keramikfliesen verkleidet und durch fünf verzierte Fenster gegliedert ist.

Zur linken Seite schließt sich das 1889 errichtete Gebäude der **Nationalbank** an. In der Unterführung des Terazije ist eine **Touristeninformation** untergebracht. Weitere befinden sich in der ulica Makedonska 5, am Hauptbahnhof und am Flughafen. Alte Hinweisschilder sind in der Fußgängerzone stehengeblieben und weisen zum ehemaligen Standort der Touristeninformation in der Fußgängerzone.

Gebäude am Terazije

Boulevards und Parkanlagen

Erholung von den breiten, verkehrsreichen und langen Boulevards bieten die vielen kleinen und größeren zwischen ihnen eingebetteten Grünanlagen.

Die Kralja-Milana-Straße

Vom Terazije führt die ul. Kralja Milana zum Trg Slavija (Трг Славија). An ihr entlang reihen sich einige sehenswerte historistische Gebäude.

Am Bulevard reihen sich Modegeschäfte, viele Buchhandlungen, Reiseagenturen und Fluggesellschaften. Wer serbische Mode kennenlernen möchte, sollte einmal in die Boutique des erfolgreichen serbischen Strickwarenherstellers ›Ivković‹ hineinschauen – es lohnt sich (www.ivko-knits.com).

Im Reisebüro ›Putnik‹ kann man nicht nur Zugtickets kaufen und sich damit die Warteschlange im Bahnhof sparen, sondern auch Ausflüge zu Zielen in die Umgebung Belgrads und in ganz Serbien buchen.

Drittes Belgrader Gymnasium

Das dritte Belgrader Gymnasium am Terazije wurde 1906 von Dragutin Đorđević entworfen und von Dušan Livanović beendet. Es weist Elemente des Jugendstils, aber auch des Historismus auf. Die Bronzebüsten an der Fassade stellen Vuk Karadžić, Dositej Obradović und Josif Pančić dar und gehen auf den Bildhauer Petar Ubavkić zurück.

Park der Pioniere

Der Park der Pioniere (Pionirski Park/ Пионирски Парк) ist eine verbindende Grünanlage zwischen dem Bul. Kralja Milana und dem Bul. Kralja Aleksandra (Бул. Краља Александра). In der Grünanlage haben Kosovoserben lange eine Zuflucht gesucht.

Im Park, der ursprünglich der alte Schlosspark war, stehen das **Stari Dvor** (Стари Двор, ul. Dragoslava Jovanovića 2/ул. Драгослава Јовановићa), die alte königliche Residenz oder Palast der serbischen Dynastie der Obrenovići, heute Sitz des Belgrader Stadtparlamentes, und das **Rathaus**. Der Architekt Alek-

Am Boulevard Kralja Milana

Der Park der Pioniere

sandar Bugarski entwarf es 1882 für den Hof des Königs Milan Obrenović. Es handelt sich um eine Vierflügelanlage mit rustiziertem Sockelgeschoss, das an die Renaissance denken lässt. Nur sieben Jahre später (1889) dankte Milan hier im Festsaal ab. Der Architekt Alexandar Bugarski schuf einen zweigeschossigen quadratischen Palast mit Innenhof. Die Fassaden sind neoklassizistisch mit Säulen, einem Dreiecksgiebel und Karyatiden vor den Fenstern geschmückt. Im Zweiten Weltkrieg wurde das Gebäude beschädigt. Bei der Wiederherstellung wurden zwei Kuppeln über den Seitenrisaliten entfernt. Erster demokratischer Bürgermeister Belgrads seit dem Zweiten Weltkrieg war Zoran Đinđić in den Jahren 1996 bis 1997. Am 19. Mai 2008 einigte sich die regierende Koalition auf Dragan Đilas von der DS als neuen Bürgermeister.

Gegenüber im **Neuen Schloss** (Нови Двор) hat das Präsidium Serbiens seinen Sitz.

Der Andrićev Venac (Андрићев Венац) verbindet den Pionierpark mit dem Bulevar Kralja Milana. Hier steht ein **Denkmal von Ivo Andrić** (1892–1975). Der bosnische Schriftsteller erhielt für ›Die Brücke über die Drina‹ im Jahr 1961 den Nobelpreis für Literatur. Die Stadt Belgrad hat er in seinem Werk ›Das Fräulein‹ (Gospođica/Госпођица) verewigt. Im Andrićev Venac 12 ist ein **Ivo-Andrić-Museum** eingerichtet.

Studenten-Kulturzentrum

Hält man sich in Richtung Trg Slavija, geht es am **Haus der Offiziere** (Bul. Kralja Milana 46) und am Studenten-Kulturzentrum (Nr. 48) vorbei. Letzteres wurde von Jovan Ilkić und Milorad Ruvidić 1895 entworfen. Der zweigeschossige Bau, dessen Stirnseite als kuppelbekrönter Turm ausgeführt ist, wurde zum Kulturzentrum der Belgrader Studenten ›SKC‹. Viele Künstler waren hier zu Gast, unter anderem Joseph Beuys. Die serbische Künstlerin Marina Abramović soll hier ihre ersten Body-Art-Arbeiten vorgeführt haben.

Gegenüber weitet sich die Straße zu einer kleinen Fußgängerzone. Hier haben sich stimmungsvolle Cafés etabliert.

Trg Slavija

Vorbei am **Dramentheater** (Nr. 50) und Hotel ›Park‹ (ul. Njegoševa, ул. Његошева) erreicht man den Trg Slavija (Трг Славија) mit dem aus kommunistischer Zeit stammenden gleichnamigen Hotel, dem ein neuer Bau gegenüber, die Luxusausgabe, angegliedert wurde. In der Mitte des Platzes steht das **Dimitrije-Tucović-Denkmal**. Tucović gilt als einer der Schöpfer der sozialistischen Idee für die Südslawen Anfang des 20. Jahrhunderts.

In einer kleinen Grünanlage am Ende des Bul. Kralja Milana werden kleine **Märkte** abgehalten, beispielsweise ein

▲ Karte S. 112

Honigmarkt am Trg Slavija

Honigmarkt. Hier werden verschiedenste Aromen von Honig, aber auch Honigwein und -schnaps, Kosmetika und Heilmittel auf der Basis von Honig aus ganz Serbien angeboten.

Stadtauswärts wird der Bul. Kralja Milana als Bul. Oslobođenja (Бул. Ослобођења) fortgesetzt. Über ihn erreicht man das Sava-Plateau mit der Savakirche und den Karađorđepark.

■ Kirche des heiligen Sava

Dank der Kirche des heiligen Sava (храм св. Сава) ist der Hügel Vračar (Врачар) oberhalb des Trg Slavija heute von vielen Teilen Belgrads zu sehen. Der Name des Plateaus ist vermutlich auf das Wort Vrač, Heiler, zurückzuführen. Wichtige Ereignisse haben sich hier abgespielt. Im Jahr 1806 wurden auf diesem Feld die Türken erstmals unter Karađorđe geschlagen. Zur Erinnerung daran schmückt sein Standbild den Karađorđe-Park vor der Westseite der Savakirche. Der Bildhauer Sreten Stojanović schuf es 1955, feierlich enthüllt wurde es aber erst 1979.

Auch die Kirche für den heiligen Sava ist nicht zufällig an dieser Stelle plaziert. Die Gebeine des Heiligen waren in Mileševa beigesetzt, wurden von den Türken entwendet und sollen an dieser Stelle unter Hodscha Sinan Pascha verbrannt worden sein, um dem Pilgerstrom nach Mileševa ein Ende zu setzen. Die Kirche des heiligen Sava gilt als ›Hram‹, was soviel wie Tempel bedeutet. Von weitem erkennt man sie an ihrer großen Kuppel. Sie sollte die größte orthodoxe Kirche auf dem europäischen Festland mit Platz für 12 000 Gläubige werden. Ihre Maße betragen 91 mal 81 Meter bei einer Höhe von 80 Meter. Die junge Erlöserkirche in Moskau hat sie aber in ihren Ausmaßen bereits übertroffen.

Am Ostteil der Kirche liegt der Svetosavski Trg. An ihrer Nordseite steht die Figur des heiligen Sava mit dem Blick zur Stadt. Am besten erreicht man die Kirche über den Bul. Oslobođenja, über die davorliegende Grünanlage an der Westseite. Am 15. September 1935 legte der Patriarch Varnava den Grundstein. Vier Jahre später konnte Patriarch Gavrilo am 27. Mai noch vor dem Zweiten Weltkrieg die Weihe vornehmen und die Gründungsurkunden im Altar verwahren. Der Weiterbau wurde durch die deutsche Invasion am 6. April 1941 unterbrochen. Während der Tito-Ära durfte nicht weitergebaut werden. Die Fortsetzung begann erst am 30. April 1985, als Patriarch German den Bau neu weihte. Bis heute ist der außen vollständig mit Marmor verkleidete Ziegelbau nicht vollendet. Man hat aber bereits mit dem Innenausbau begonnen. Die Kirche ist geweiht, und der Weihnachtsgottesdienst im Jahr 2009 wurde in ihr zelebriert.

Auf dem Areal befindet sich eine kleine vollständig ausgemalte Kirche, die lange

anstelle der Savakirche für den Gottesdienst genutzt wurde. Außerdem sind auf dem Areal eine dem heiligen Ignatius geweihte **Holzkirche** und ein Denkmal für Vasa Pelagić (1833–1899), der sich um Bildung und Gesundheit verdient gemacht hat, zu sehen. In einem Teil des Viertels Vračar waren eine Zeitlang einst Deutsche angesiedelt.

Nationalbibliothek und Bedesten

An den Karađorđepark schließt ein neueres Gebäude an, die serbische Nationalbibliothek (ul. Skerlićeva 1/ул. Скерлићева). Sie wurde 1973 fertiggestellt und ist ein Werk der Architekten Ivo Kurtović und Slobodan Mihajlović. Die alte Bibliothek und ihre kostbaren Werke waren 1941 ein Raub der Flammen geworden. Die Bibliothek ist neuerdings ausgelagert, das Gebäude wegen Renovierung und Modernisierung geschlossen.
Einer der wenigen Reste der osmanischen Zeit ist der Bedesten (Bezistan, Bazar), der hinter der Savakirche liegt. Wenngleich der ursprüngliche Glanz gewichen ist, bewahren doch die in ihm etablierten Cafés ein wenig davon. Er geht auf den Großwesir Sokolović Pascha zurück und war einst mit Bleikuppeln überdacht.

Der Boulevard Kralja Aleksandra

Am **Nikola-Pašić-Platz** (Trg Nikole Pašića/Трг Николе Пашића) mit einem Brunnen, der Statue von Pašić 1845–1926 und dem **Museum zur Geschichte Jugoslawiens** (muzej istorije Jugoslavija/музеј историје Југославија) nimmt eine der längsten Straßen Belgrads, der Bul. Kralja Aleksandra, seinen Ausgang. Entlang dem Bul. Kralja Aleksandra sind auch Geschäfte, beispielsweise große Einrichtungshäuser, angesiedelt.

Regierungsgebäude

Am Beginn des Boulevards steht das **Gebäude des serbischen Parlaments**, der Narodna Skupština Srbija. Es wurde im Jahr 1906 nach Entwürfen von Jovan Ilkić begonnen und konnte aufgrund der Kriegswirren erst im Jahr 1936 von dessen Sohn Pavle Ilkić vollendet werden. Das monumentale Gebäude greift Elemente der Renaissance auf. Den Haupteingang flankieren zwei symmetrische Figurengruppen, die berühmten Rosse, ein Werk des Bildhauers Toma Rosandić.
Weitere Bauten, die für politische Aufgaben genutzt werden, säumen den Boulevard, wie beispielsweise das **Wirtschaftsministerium**. Sein Baustil lässt Assoziationen mit den Bauten der Stalinzeit in Moskau aufkommen. Auch die tschechische Botschaft ist am Bul. Kralja Aleksandra angesiedelt.

Tašmajdan-Park

Noch dicht am Zentrum befindet sich der Tašmajdan-Park (парк Ташмајдан). Der Park erhielt seinen Namen vom türkischen ›Taš‹ (Stein) und ›majdan‹ (Steinbruch). An dieser Stelle hatte Karađorđe im Jahr 1806 sein Lager im Kampf gegen die Türken 1806 errichtet. Viel früher noch befanden sich hier Windmühlen. Im Park dominiert die russisch-orthodoxe **Markuskirche** mit ihren Kuppeln.
Hinter dem Park stand bis 1999 das Gebäude des serbischen Staatssenders ›Radio Televizija Srbije‹ RTS, ein wich-

Die Kirche des heiligen Sava

Universitätsgebäude am Boulevard Kralja Aleksandra

tiges Machtinstrument der Regierung Milošević. Es wurde durch die Bomben der NATO zerstört. Am Rande des Parks erinnert ein Gedenkstein an diesen Krieg und die Opfer. Im ganzen Land sind erst wenige Gedenkstätten oder Denkmäler anlässlich der NATO-Bombardierung entstanden. Häufig werden Denkmäler für die Opfer der beiden Weltkriege zusätzlich den NATO-Opfern gewidmet oder aber die bereits in Auftrag gegebenen Denkmäler konnten noch nicht vollendet werden und warten auf ihre Aufstellung.

Entlang des Bul. Kralja Alexandra und des Tašmajden-Parks stehen Universitätsgebäude, darunter die frischrenovierte Juristische Fakultät und die **Universitätsbibliothek** (Nr. 81).

Außerdem befindet sich am Ende des Tašmajden-Parks das **Hotel Metropol** (Nr. 69). Ein Brunnen mit einer weiblichen Nackten schmückt seit 1956 den Platz vor dem Hotel und geht auf Petar Palavićini zurück.

▶ Karte S. 112

Markuskirche

Die Markuskirche (Crkva Svetog Marka/ Црква Светог Марка), Bul. Kralja Aleksandra 17, beim Tašmajdan-Park, entstand zwischen den beiden Weltkriegen (1931–1940) anstelle eines Vorgängerbaus des 19. Jahrhunderts. Die Brüder Petar und Branko Krstić lehnten sich im Entwurf an die bedeutende Klosterkirche Gračanica im Kosovo an. In den Gräbern der Krypta ist das 1903 ermordete Königspaar Aleksandar und Drage Obradović bestattet. Rechts vom Eingang steht der Sarkophag mit den Gebeinen Zar Dušans, die vom Erzengel-Michael-Kloster aus Prizren hierher transferiert wurden. Der linke Marmorsarkophag verwahrt die sterblichen Überreste des Patriarchen German Đorić, des Vorgängers des heutigen Patriarchen Pavle Stojčević. German hatte die serbisch-orthodoxe Kirche mit seiner öffentlich geäußerten Unterstützung der Politik Miloševićs in Misskredit gebracht.

Der Kirchenbau greift auf den traditionellen byzantinischen Stil zurück und bewahrt eine bedeutende Sammlung

Die Markuskirche

von Ikonen vom 18. bis 19. Jahrhundert auf.
Die Ikonostase ist mit Mosaiken ausgestattet: Oben sieht man das Abendmahl, im unteren Rang die Deesis, heilige Krieger und den heiligen Nikolaus. Hinter der Kirche befindet sich die kleine russisch-orthodoxe **Dreifaltigkeitskapelle** (Sveta Trojica/Света Тројица, ul. Takovska 4/ул. Таковска). Sie wurde 1925 für die religiösen Bedürfnisse russischer Emigranten errichtet, die Serbien nach der Oktoberrevolution bewohnten. In der Kirche liegt der russische General Baron Piotr Nikolajewitsch Wrangel, Befehlshaber der antibolschewistischen Armee, begraben. Heute ist die Kapelle Sitz des offiziellen Repräsentanten des Patriarchen von Moskau. Auf dem neuen Friedhof in Belgrad gibt es auch einen Teil für die russisch-orthodoxen Gläubigen, auf dem sie eine Muttergotteskirche unterhalten.

Studentenpark

Auf dem Weg zum sogenannten Studentenpark sieht man vor der technischen Fakultät die **Statue des Erfinders Nikola Tesla**. Das Konterfei des bedeutenden Wissenschaftlers, Erfinders und Ingenieurs schmückt den 100-Dinar-Schein.
Am Studentenpark steht das beeindrukkende **Monument für Vuk Karadžić**. Hier befindet sich die S-Bahnstation ›Vukov Spomenik‹. Die in 43 Meter Tiefe liegende Station ›Vukov Spomenik‹ gehört zum Beovoz-Streckennetz und ist seit 1995 in Betrieb.

Katholische Kirchen

Die katholische **Franziskanerkirche** (Franjevačka Crkva/Фрањевачка црква) liegt abseits der Hauptsehenswürdigkeiten in der ul. Pop Stojanova (ул. Поп Стојанова). Der Bau geht auf den gro-

Denkmal für den Erfinder Nikola Tesla

ßen slowenischen Architekten Jože Plečnik zurück, der ihn 1932 vollendete. Der Architekt, ein Schüler von Wagner in Wien, ist berühmt geworden durch seine städtebaulichen Leistungen in Ljubljana, der Hauptstadt Sloweniens. Nicht weit davon ist die katholische **Sankt-Antonius-Kirche** in der ul. Bregalnička 14 (ул. Брегалничка).

Takovska und Boulevard Kneza Miloša

Der Boulevard Kneza Miloša (Бул. Кнеза Милоша) ist mit seiner Fortsetzung Takovska (Таковска) eine weitere große Straßenachse Belgrads, die praktisch eine Verbindung von der Autobahn- bis zur Pančevo-Brücke schafft, wobei die zentrumsnahen Stadtteile Stari Grad (Стари Град) und Savski Vena (Савски Венац) durchfahren werden.
Der Bul. Kneza Miloša gehört zum Stadtteil Savski Venac. In ihm sind die meisten Behörden und Verwaltungsgebäude angesiedelt. Einerseits sieht man hier sehr repräsentative Gebäude wie

Belgrad

Im Botanischen Garten

die Ministerien für Verteidigung und Justiz, andererseits wird man mit den Bombenschäden der NATO von 1999 konfrontiert.

Botanischer Garten

An der Takovska-Straße, die zum Stadtteil Stari Grad gehört, liegt der Eingang zum sehenswerten Botanischen Garten (Botanićka Bašta) ›Jevremovac‹, einem der größten Serbiens. Er wurde auf Initiative des Botanikers Josif Pančić angelegt und erstreckt sich auf einer Fläche von fünf Hektar. Der Botanische Garten ist ein Teil der botanischen Fakultät der Universität von Belgrad. Er beherbergt neben einem Treibhaus in Eisenkonstruktion aus dem 19. Jahrhundert auch Verwaltungs- und Forschungsgebäude.

Himmelfahrtskirche

Läuft man den Bul. Kneza Miloša entlang, sieht man das Hochhaus, in dem ehemals das ZK untergebracht war. In einer kleinen Grünanlage steht versteckt eine Kuppelkirche, die orthodoxe Himmelfahrtskirche.

▸ Karte S. 112

Die Himmelfahrtskirche (црква Успења Богородице) in der Admirala Geprata 19 (ул. Адмирала Гепрата) wurde von Fürst Mihajlo Obrenović und dem Metropoliten Mihajlo in Auftrag gegeben und mit Spenden der Belgrader finanziert. 1863 entwarfen die Architekten Pavle Stanišić und Jovan Ristić den Bau. Der Entwurf folgt den alten serbischen Klöstern und erinnert in erster Linie an Ravanica. Die ersten Ikonen dafür malte Nikola Marković. Später schuf Steva Todorović 1881 weitere Bildnisse. Die alten Wandmalereien von Marković wurden von Andrey Bitsenko 1937 übermalt. Auch diese Kirche besitzt eine Sammlung an Ikonen, kirchlichem Gerät und Büchern des 19. Jahrhunderts. Der Kirche kommt eine außerordentliche symbolische Bedeutung zu. Der Christi-Himmelfahrtstag, der Festtag, dem die Kirche geweiht ist, ist seit dem Mittelalter der Schutzpatronstag der Stadt. An diesem Feiertag findet aus diesem Grunde eine reich geschmückte Prozession auf einer festgelegten Route durch Belgrad statt, die im Hof der Himmelfahrtskirche endet. Das Gesetzbuch Dušans wurde am Himmelsfahrtstag veröffentlicht und an eben diesem Tag nur Jahre später auch ergänzt. In der Kirche wird symbolträchtig auch die städtische Fahne aufbewahrt. Im Jahr 1992 fand die erste Prozession seit 1945 statt. Sie wurde angeführt vom Patriarchen Pavle.

Bald nach der Himmelfahrtskirche passiert man ein modernes Regierungsgebäude, in dessen Hinterhof am 12. März 2003 Premierminister Đinđić ermordet wurde.

Auf der gegenüberliegenden Straßenseite folgen zwei sehenswerte Bauten, in den das **Verteidigungs- und das Justizministerium** eingerichtet sind. Zwischen ihnen liegt eine Grünzone. Das **Denkmal von Knjez Miloš** erinnert an den ersten serbischen Aufstand gegen die Türken.

Nationalbank

An der Kreuzung ul. Kneza Miloša und ul. Nemanjia (ул. Немањиа) sind die Mahnmale der NATO-Bombardierung, das ehemalige Gebäude der Republik und der föderalen Polizei. Für ihren Abriss oder Wiederaufbau scheinen entweder das Geld oder der Wille bis heute zu fehlen. Weitere Bomben fielen unweit des großen Verkehrsknotenpunkts der Stadt, an der Ecke zur ul. Drinska. An der Nemanjina-Straße sind weitere Ministerien untergebracht.

Einen Besuch lohnt hier aber besonders das neue Gebäude der **Serbischen Nationalbank** unweit des Slavija-Platzes. Die serbische Nationalbank stellt ihr Erdgeschoss für Ausstellungen aus den Beständen des Nationalmuseums zur Verfügung, da für die aufwendige Renovierung des Nationalmuseums bis heute das Geld fehlt. In diesem Zusammenhang wurden hier bis zum Dezember 2008 die Originale von Lepenski Vir gezeigt, die seit Jahren nicht mehr zu sehen waren. Weitere Ausstellungen sollen folgen.

Vračar

Das Viertel Vračar ist eines der besseren Wohnviertel in unmittelbarer Nähe zum Zentrum. Am Kalenić-Platz findet täglich ein großer **Obst- und Gemüsemarkt** statt. Hier kann man besonders gut die einheimischen Produkte, beispielsweise eingelegtes Sauerkraut, eingelegte und mit Kraut gefüllte Paprikaschoten in allen Farben, pikante Soßen wie Aivar, Gurken von süßsauer bis salzig und natürlich Honig kaufen.

In unmittelbarer Nähe des Marktes haben sich unzählige von sympathischen, originellen und auch exklusiven Restaurants, Bars und Cafés etabliert. Sie werden von den Einheimischen gerne frequentiert. In der ul. Nevesinjska befindet sich die ›Café Factory‹, in der man gemütlich Kaffee trinken und Zeitung lesen, aber auch frischgemahlenen Kaffee erwerben kann. Allein der Kaffeeduft lockt viele Besucher an. Gleich daneben folgen zwei weitere Lokale, darunter eine Pizzeria, und gegenüber setzt sich das Angebot fort.

Nikola-Tesla-Museum

Hinter dem Kalenic-Markt zweigt die ulica Krupska ab. Sie ist verkehrsberuhigt. In ihr reiht sich eine zierliche Villa an die andere. Das Nikola-Tesla-Museum ist hier ebenso angesiedelt wie der Sitz der Demokratischen Partei. Der Erfinder und Ingenieur Nikola Tesla (Никола Тесла) wurde als Sohn eines serbisch-orthodoxen Priesters im heutigen Kroatien im Jahr 1856 geboren. Er studierte in Graz, Prag und Budapest. Im Jahr 1882 übersiedelte er nach Paris und nur zwei Jahre später ohne finanzielle Mittel nach

Das Nikola-Tesla-Museum

New York. Seine nachhaltige und bedeutendste erfinderische Leistung war die Nutzbarmachung des Wechselstroms. Nikola Tesla ist Namenspatron von ›Tesla Motors‹, einem kalifornischen Hersteller eines Elektromotors mit Wechselstromnetz. In dem ihm gewidmeten Museum befindet sich seine Urne und das Nikola-Tesla-Archiv, das im Jahr 2003 in die Liste des Weltdokumentenerbes der UNESCO aufgenommen wurde.

In der **Parteivilla** befindet sich im linken Teil das renommierte Restaurant ›Vila‹. Weiterhin befinden sich in dieser Straße einige **Botschaften**, beispielsweise diejenigen von Bulgarien und Spanien.

In Richtung Zentrum steht etwas rückversetzt die **katholische Kirche**, in der Gottesdienste in verschiedenen Sprachen wie Deutsch, Französisch, Englisch und Italienisch angeboten werden.

Zeleni Venac

Südlich in Höhe der Brankovabrücke wird die Altstadt von Belgrad vom Zeleni Venac (Зелени Венац), begrenzt. An dieser Stelle befand sich bis zum Jahr 1840 ein Teich. Nach seiner Trockenlegung entstanden hier Restaurants, Wohnhäuser und öffentliche Gebäude. Eines der Gasthäuser, von der Deutschen Frau Herman eröffnet, war statt durch einen Namen durch einen grünbemalten Blechkranz gekennzeichnet. Er gab dem Viertel den heutigen Namen Zeleni Venac, Grüner Kranz.

Ein Markt mit einer großen mehrstökkigen **Markthalle**, einer der großen der unzähligen Märkte Belgrads, ist hier zu finden. Die Markthalle wird derzeit aufwendig renoviert.

▲ Karte S. 112

Hauptbahnhof

Hinter dem Markt liegt der Busbahnhof (glavna autobuska stanica/главна аутобуска станица) und nicht weit davon der Belgrader Hauptbahnhof (Главна Железничка Станица). Das Bahnhofsgebäude (Trg Bratstva i Jedinstva 2/Трг Братства и Јединства) geht im Entwurf auf den Wiener Architekten Schlicht zurück, dessen Pläne von Dragutin Milutinović 1884 umgesetzt wurden. Es liegen bereits Pläne vor, sowohl Bus- als auch Hauptbahnhof in naher Zukunft auf die andere Flussseite zu verlegen.

Der Hauptbahnhof

Manakhaus

Vom Markt ist es nicht weit bis zum Manakhaus (ul. Gavrila Principa 5/ул. Гаврила Принсипа). Das pittoreske Gebäude im Balkanstil hat die Wirren und Veränderungen der Stadt von 1834 bis heute glücklicherweise überlebt. Als Ausstellungsgebäude und Literaturhaus wird es genutzt, nachdem es in den 1960er Jahren gründlich renoviert wurde. Einst wurde es als Wohn- und Gasthaus für den Händler Manak Mihajlović errichtet.

Außerhalb der Altstadt

Von Süden kommend, gelangt man über den großen Bul. Jugoslavija, vorbei an Villen, Botschaften, dem ›Best-Western‹-Hotel, der Sprachschule ›Banjica Sv. Nikola‹ und wunderbarem altem Baumbestand in die edlen Stadtteile Belgrads.

Die Nobelviertel Dedinje (Дедиње) und Topčider (Топчидер) liegen etwa fünf Kilometer vom Stadtzentrum entfernt.

Beide großen Fußballvereine der Stadt haben hier ihre Stadien: ›Roter Stern‹ (Crvena Zvezda, Црвена Звезда) und ›Partizan‹ (Партизан).

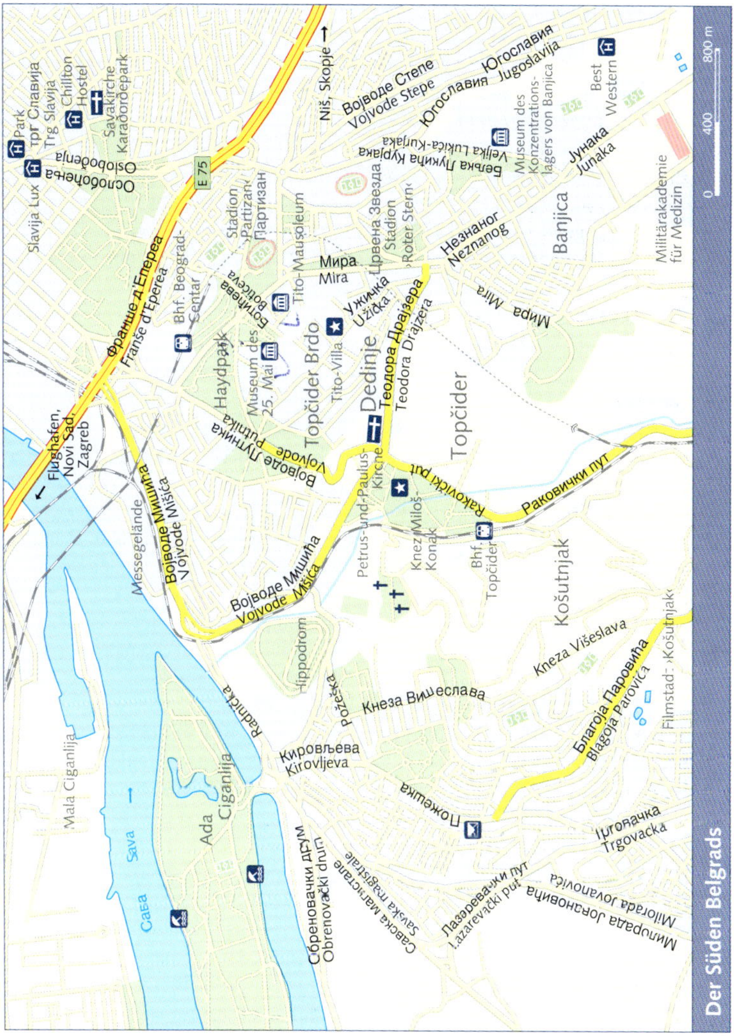

Dedinje

Das Viertel Dedinje (Дедиње) liegt wie ein Streifen zwischen Topčider Brdo, Topčider, Banjica und Haydpark. Die gesamte Politprominenz unterhält in Dedinje ihren Wohnsitz, auch Präsident Tadić. Die Villen und Residenzen hier sind wie kleine Festungen abgesichert.

Der Stadtteil hat aber nicht nur dank nobler Leute von sich reden gemacht. Auch der einst steckbrieflich gesuchte Željko Ražnatović, besser bekannt als Arkan, berüchtigter Kommandant der serbischen Freischärlertruppe, die vor allem in Bosnien im Einsatz war, und seine Frau, die berühmte und von vielen verehrte Popsängerin Ceca Ražnatović, hatten hier ihr gemeinsames Domizil, bis Arkan am 15. Januar 2000 vor dem Hotel ›Intercontinental‹ erschossen wurde.

Weißer Hof

Auf dem höchsten Hügel Dedinjes auf einem Grundstück von 135 Hektar liegen das **Königliche Schloss** (Kraljevski Dvor, Краљевски Двор) und der sogenannte Weiße Hof. Im Weißen Hof, der von der ul. Užička (ул. Ужичка) Nr. 15 zugänglich ist, besaß Tito seine Residenz. Das Anwesen diente auch Slobodan Milošević als repräsentativer Wohnsitz. Das Gebäude wird von den Belgradern auch das ›Weiße Schloss‹ (Бели Двор, Beli Dvor) oder im Volksmund das ›Weiße Haus‹ genannt. Verborgen liegt es hinter einem parkähnlichen Garten und umgeben von einer Mauer und man hat nur wenig Einblick. Während der Regierung Miloševićs von 1997 bis 2000 wurden hier hochrangige Diplomaten und ausländische Regierungschefs empfangen. Hier wurden die Verhandlungen während der Bosnien- und Kosovokrise abgehalten, wichtige Verträge unterzeichnet.

▲ Karte S. 135

Die Villa wurde während des NATO-Krieges sehr in Mitleidenschaft gezogen, da sich in ihr Milošević verbarg und sich für unangreifbar hielt. Sie wurde im Jahr 1936 durch Aleksandar Đorđević für König Alexandar I. Karađorđević errichtet. Seit dem Jahr 2001 ist der Weiße Hof wieder im Besitz der ehemaligen königlichen Familie. Der ›Weiße Hof‹ einschließlich seiner wertvollen Sammlung der europäischen Malerei von der Spätgotik bis zur Frühmoderne kann an Wochenenden besichtigt werden. Unter den Gemälden befinden sich französische Werke von Eugène Fromentin, Simon Vouet, Nicolas Poussin sowie Sébastien Bourdon. Weiterhin sind Gemälde aus dem Umfeld Altdorfers, Rembrandts, Breughels sowie Veroneses und Canalettos zu sehen. Die serbische Malerei ist mit Werken von Đura Jakšić und Steva Todorović, die Bildhauerei mit Skulpturen von Ivan Meštrović und Vlaho Bukovacs vertreten.

In der ul. Užička sind auch Botschaften und ausländische Vertretungen sind in dieser Straße angesiedelt, zum Beispiel die Botschaften von Ghana, Kanada, Iran, aber auch neureiche Serben.

Titomausoleum

Das Titomausoleum, einst Josip-Broz-Tito-Memorial-Zentrum, ist heute Bestandteil des Historischen Museums (muzej istorije Jugoslavija/Музеј историје Југославија) und befindet sich in Dedinje in der ul. Botićeva 6 (ул. Ботићева). Der Komplex wird vom Militär bewacht, hat doch mit dem Zerfall Jugoslawiens eine Anti-Tito-Kampagne eingesetzt. Er ist nicht ganz leicht zu finden und verfügt über wenige Parkplätze; davor steht das ehemalige Museum des 25. Mai, in dem heute Ausstellungen stattfinden. Die Räumlichkeiten werden

Tito

Der Staatsmann Tito hat das ehemalige Jugoslawien von den Besetzern des Zweiten Weltkriegs befreit und die Nachkriegsgeschichte des Landes entscheidend geprägt. Josip Broz wurde in Kumrovec (Kroatien) als Sohn eines Kroaten und einer Slowenin am 25. Mai 1892 geboren. Der gelernte Mechaniker geriet 1915 als Feldwebel der österreichisch-ungarischen Armee in russische Gefangenschaft und schloss sich 1918 der Roten Armee an. Nach seiner Rückkehr beteiligte er sich am Aufbau der kommunistischen Partei und der Gewerkschaften. Mit dem Verbot derselben geriet er mehrfach in Haft und entwickelte nach seiner Entlassung eine konspirative Tätigkeit unter verschiedenen Tarnnamen, am häufigsten Tito.
Im Untergrund für seine Partei tätig, organisierte er nach dem deutschen Angriff auf die UdSSR von seinem Hauptquartier im serbischen Užice den Widerstand. Sein Aufruf zur Verteidigung der Heimat war das Versprechen der Wiederherstellung eines unabhängigen jugoslawischen Staates. Bedrängt von den Deutschen, verlegte er sein Quartier nach Bosnien und konnte sich sowohl gegen konkurrierende Widerstandsgruppen als auch gegen die Deutschen behaupten. Er schaltete innenpolitische Gegner ebenso aus wie die Exilregierung, das jugoslawische Königshaus. So trat er an die Spitze eines Befreiungskomitees, das 1943 zu einer provisorischen Regierung umgebildet und dessen Ministerpräsident er wurde.
Bei Kriegsende formte man die provisorische Regierung in die Föderative Volksrepublik Jugoslawien mit Tito als Generalsekretär um. 1963 wurde er Staatspräsident auf Lebenszeit. Die Verfassung lehnte sich eng an das große Vorbild Sowjetunion an, mit der es aber unter Stalin zum Bruch kam. Unter Betonung des Rechtes auf einen eigenen Weg zum Sozialismus entwickelte Tito das Modell einer sozialistisch bestimmten Selbstverwaltung der Wirtschaft. Sowjetischen Wirtschaftsblockaden suchte er mit einer Annäherung an die USA zu begegnen. Nach dem sowjetisch-jugoslawischen Ausgleich im Jahr 1955 gewann er großes internationales Ansehen als einer der Sprecher der Blockfreien Staaten. Innenpolitisch hatte er es immer verstanden, sich seiner Gegner und Kritiker zu entledigen. Andererseits versuchte er dem Konfliktpotential des Vielvölkerstaates durch Verfassungsreformen (1963 und 1974) zu begegnen. In ihnen wurden besonders nichtserbische Nationalitäten berücksichtigt, was ihm die Serben heute zum Vorwurf machen. Tito verstarb am 4. Mai 1980 im slowenischen Ljubljana. Die Nachfolger Titos fürchteten eine Einflussnahme seiner dritten Ehefrau, Jovanka Broz, und stellten sie unter Arrest. Sie lebt heute noch in Belgrad.

Tito bei einer Rede in Belgrad 1945

auch von den Studenten der Kunstakademie genutzt. An diesem Gebäude vorbei erreicht man die Gedenkstätte für Tito. In einem schlichten Gebäude steht der weiße Marmorsarkophag. Fotografien und Dokumente illustrieren das Leben des Marschalls. Gegenüber befindet sich der langgestreckte Bau der Ausstellungsräume, in denen Kunsthandwerk, Trachten, alles Geschenke der jugoslawischen Republiken, aber auch Geschenke des Auslands an Tito ausgestellt werden. Besonders schöne Stücke wurden ihm aus dem Sudan zuteil. Der Besucher sieht malerische Trachten, darunter buntbestickte Hemden, sogenannte Košulja. Auch Waffen aller Art nehmen viel Raum ein.

Musiker im Park von Topčider

Topčider

Einst befand sich am Topčider Bach, der den hinteren Teil der großen Parkanlage durchfließt, eine Gerberei, aus der eine Tuchfabrik hervorging. Heute ist das Gebiet ein teurer Villenvorort, Topčider (Топчидерско Брдо), vier Kilometer südwestlich des Zentrums. Er wird von den Belgradern wegen seiner Berge und des schönen gleichnamigen Parks als Naherholungsziel gerne besucht.

Im **Topčider Park** steht der **Konak von Knez Miloš** (Кнез Милош), das Wohnhaus des Fürsten, das heute in ein Museum umgewandelt ist. Der Konak wurde 1831 bis 1834 nach Plänen von Hadži Nikola Živković errichtet. Besonders dekorativ sind Decken und Böden. Ausgestellt sind handwerkliche Geräte und Einrichtungsgegenstände des 18. Jahrhunderts: eine Küche, Webstuhl, Pflug. Im Park sind einige Denkmäler aufgestellt, zum Beispiel ein Obelisk, der an die zweite Regentschaft des Fürsten Miloš 1859 erinnert, und die Skulptur ›Schnitterin‹ vom Bildhauer E. Kimel.

▲ Karte S. 135

In einem weiteren Konak im Park ist ein empfehlenswertes **traditionelles Gasthaus** eingerichtet.

Am Wochenende werden gerne Trauungen abgehalten, zu denen dann die Roma herbeiströmen, um sich mit ihrer Blasmusik ein wenig Geld zu verdienen. Außerhalb des Parks, durch die Straße getrennt, steht die ehemals als Hofkapelle angelegte **Kirche der Heiligen Petrus und Paulus** von 1832 bis 1834 mit schöner Steinfassade und einer Ikonostase mit Werken von Steva Todorović von 1874.

Banjica

Der Stadtteil Banjica (Бањица) südlich des Zentrums ist nicht unbedingt ein nobles, aber doch ein sehr grünes Viertel. In ihm sind viele militärische, aber auch sportliche Einrichtungen plaziert. Die **Militärakademie für Medizin** erinnert in ihrer Architektur an einen weißen Vogel mit geöffneten Flügeln.

Im 19. Jahrhundert war das Viertel bekannt für seine Weinberge und Obstgärten. Während des Zweiten Weltkrieges unterhielten die Deutschen hier ein Konzentrationslager, in dem viele Partisanen ihr Leben ließen. Ein **Museum des Lagers** ist eingerichtet in der ul. Veljka Lukića-Kurjaka 33 (ул. Бељка Лукиħа Курјака).

Košutnjak

Das 330 Hektar große Waldgebiet Košutnjak (Кошутњак) auf drei Hügeln mit Kaltwasserquellen liegt 250 Meter hoch im Süden der Stadt. Hier befinden sich auch die **Filmstudios** (ul. Kneza Višeslava 88/ул. Кнеза Вишеслава), Drehort zahlreicher Produktionen mit berühmten Regisseuren und Schauspielern.

Ein trauriges Ereignis ist mit diesem Wald verbunden: Hier kam am 29. Mai (10. Juni) 1868 der serbische Herrscher Mihajlo Obrenović ums Leben. Unter diesem aufgeklärten Absolutisten wurde Belgrad endgültig Hauptstadt des neuzeitlichen Serbien, das erste stehende Heer rekrutiert, eine eigene serbische Währung eingeführt und der Bau des Nationaltheaters veranlasst.

Ada Ciganlija

Die Insel Ada Ciganlija (Ада Циганлија) liegt hinter dem Messegelände inmitten der Save, der hier ein See abgerungen wurde. See und Save bieten den längsten Badestrand Belgrads, die Insel ist ein ganz nah am Zentrum Belgrads gelegenes Naherholungs- und Vergnügungsgebiet. Man kann rudern, segeln, Kajak und Wasserski fahren, Volley- Basket- oder Fußball spielen. Am Ufer steht ein großer, ab 8 Uhr morgens bewachter Parkplatz zur Verfügung. Die Halbinsel ist auch zu befahren, aber es lohnt sich nicht. Auf der Insel und am Strand gilt Hundeverbot.

Novi Beograd und Zemun

Zur ehemals selbständigen Stadt Zemun und nach Novi Beograd führen drei Brükken über die Save. Die Autobahnbrücke ›Gazelle‹ (Most Gazela) führt fast mitten durch die Stadt. Die sogenannte Alte Brücke (Stari most, Стари мост) war einst die einzige Verbindung über die Save. Als dritte und jüngste Verbindung führt die Brankov most (Бранково мост) von der Altstadt nach Neu-Belgrad. Sie trägt ihren Namen nach dem populären Schriftsteller Branko Šopić, dessen lustige Bücher Pflichtlektüre eines jeden Kindes sind. Er hat sich in einem Augenblick tiefster Depression von der Brücke gestürzt.

Novi Beograd

Der Stadtteil Novi Beograd (Neu-Belgrad, Нови Београд), von weitem erkennbar an den vielen Hochhäusern, liegt zwischen Zemun und Belgrad, links und rechts des Autoput. Geographisch gehört er eigentlich zum Sremgebiet. Das Neubaugebiet wurde dem Sumpf

Novi Beograd

abgerungen, was seine flache Lage erklärt und ihn zum niedrigsten Punkt Belgrads macht. Zum Radfahren ist es ideal. Man ist in Belgrad stolz darauf, dass das Radwegenetz der Stadt auf 55 Kilometer angewachsen ist.

Das Viertel wurde zum Standort für ein großes Kongresszentrum, das **Sava-Centar** (Сава-Центар). Daneben wird Neu-Belgrad von vielen Wohnbauten geprägt, zwischen denen die **Kirche Vasilija Ostroškog** (Василија

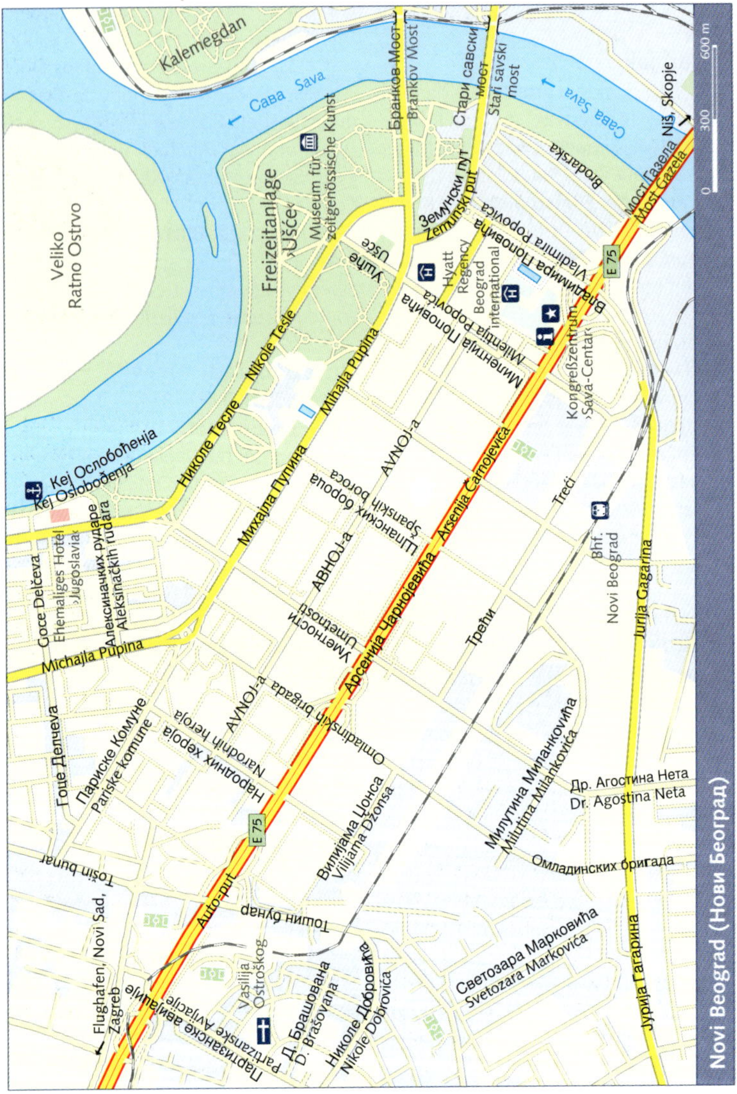

Blick auf Zemun und Novi Beograd

Острошког, Partizanske avijacije 21 A, Партизанске авијације) steht. Sie wurde 1996 begonnen und in nur fünf Jahren fertiggestellt und geweiht. Sie ist das erste sakrale Gebäude seit dem Zweiten Weltkrieg und die erste Kirche für diesen neuen Stadtteil.

An der Savemündung in die Donau befindet sich die große **Park- und Freizeitanlage Ušće**.

Museum für zeitgenössische Kunst

Fast am Ufer steht das Museum für zeitgenössische Kunst (muzej Savremene Umetnosti/музеј Савремене Уметности), das 1958 von den Architekten Ivan Antić und Ivanka Raspopović gestaltet wurde. In ihm werden Exponate der jugoslawischen Malerei und Bildhauerei des 20. Jahrhunderts gezeigt. Ein Schwerpunkt sind die Werke des Bildhauers Ivan Meštrović. Den Werken des Bildhauers Meštrović wird man in Serbien häufig begegnen. Im gesamten ehemaligen Jugoslawien hat er viele Werke hinterlassen. Der Bildhauer hat viele öffentliche Skulpturen geschaffen und ist einer der wenigen, der über die Grenzen Jugoslawiens hinaus Berühmtheit erlangt hat.

Am Donauufer

Novi Beograd reicht bis zum **Hotel Jugoslavija**, dem einzigen Hotel am Wasser. Ihm gegenüber stehen große Verwaltungsgebäude. Ein breiter, sehr befahrener Boulevard führt hierher. Das Hotel ›Jugoslavija‹ war viele Jahre Treffpunkt für Nachtschwärmer. Es wartet jedoch derzeit auf einen neuen Eigentümer. Die Gerüchte munkeln vom Interesse der ›Kempinski‹-Gruppe.

Am **Donauufer** haben sich viele schwimmende Restaurants, Diskotheken und Bars etabliert. Wer es lärmig mag, ist hier gut aufgehoben. Von alkoholfreien kleinen Restaurants, die sich auf Palatschinken spezialisiert haben, bis hin zu Edelrestaurants ist alles zu finden. Man nehme sich Mückenschutz mit. Von hier hat man einen schönen Blick auf den Kalemegdan und die hochgelegene Altstadt von Belgrad. Vor dem Gebäude des ehemaligen Hotels ›Jugoslavija‹ ist ein großer Taxistand. Einer problemlosen Heimkehr steht nichts im Wege.

Zemun

Die Grenze zwischen Novi Beograd und Zemun (Земун, ungarisch Zimony) ist markiert durch das Gebäude des ehemaligen Hotels ›Jugoslavija‹. Zemun ist per Auto, Bus oder über die kilometerlange Flusspromenade zu Fuß oder mit dem Fahrrad zu erreichen. Einige schöne Gebäude aus dem 18. Jahrhundert und die steil aufragende Oberstadt lohnen den Besuch. Die Kopfsteinpflastergassen der Oberstadt vermitteln einen dörflichen Charakter. Zierliche Häuser mit nicht einsehbaren Innenhöfen sind aneinandergereiht. Man könnte sich genauso gut im Burgenland oder in Ungarn befinden. Auch wenn manches der Renovierung bedarf, lassen sich viele romantische Winkel entdecken.

Aus dem Grenzdorf zwischen Osten und Westen hat sich heute mit seinen schwimmenden Restaurants und den Bistros, alle mit Blick auf den Fluss, ein abendlicher Vergnügungsort entwickelt. Zwischen den Restaurants schwimmen viele Ruderboote im Wasser.

Zemun (Земун)

In der Altstadt von Zemun

Geschichte

Durch den Fluss vom Kalemegdan getrennt, lag hier der südlichste Punkt der österreichischen Militärgrenze, Semlin, was übersetzt ›Erdloch‹ bedeutet. Er befindet sich an der Stelle, wo einst das antike Taurunum stand, das aus einem Hafen und römischen Castrum bestand. Taurunum wurde von den Hunnen zerstört und seit dem 9. Jahrhundert ob seiner günstigen Lage wieder befestigt. Es war zeitweise serbisch, 1521 türkisch und erlebte seine größte Entwicklung als habsburgisches Semlin. Im Frieden von Belgrad waren Save und Donau zur Grenze erklärt worden. Es entstanden Klöster und Wohnbauten. Aus dieser Zeit stammt das **Ičkov-Haus** (ul. Bežanjiska 18/ул. Бежањиска) – es ist verbunden mit Petar Ičkov, einem Belgrader Händler und Politiker, der im Jahr 1804 in Belgrad starb.

Die Synagoge in Zemun

Zemun war nach dem österreichischen Ausgleich mit Ungarn bis 1918 ungarisch. Danach verlor es seine Selbständigkeit. Nur sechs Kilometer vom Zentrum entfernt, wurde es in die sich ausdehnende Metropole Belgrad eingegliedert. Ein Zwischenspiel stellte die deutsche Okkupation dar, während der es dem unabhängigen Kroatien zugeschlagen wurde.

In der jüngeren Geschichte machte der Stadtteil, der wie alle Stadtbezirke Belgrads als Gemeinde selbstverwaltet wird, von sich reden. Der Nationalist Vojislav Šešelj gewann am 17. November 1996 den Bürgermeistersessel und sorgte für Unruhen, als er 1997 die ehemalige Synagoge von 1850 in ein Wirtshaus verwandeln ließ. Die Synagoge war von der jüdischen Gemeinde Belgrads an die Zemuner Gemeindeverwaltung verkauft worden, mit der Auflage, sie für kulturelle Zwecke zu nutzen. Der Bürgermeister sah sie als Gemeindeeigentum an und genehmigte die Gaststätte. Heute steht Šešelj als Angeklagter vor dem Haager Tribunal. Auch mit dem Flüchtlingsstrom hatte Zemun zu kämpfen. Viele Flüchtlinge waren im Stadion von Zemun untergebracht.

Karamata-Haus

Das Karamata-Haus (ul. Karamatina 17/ул. Караматина) von 1764 ist eines der ältesten Gebäude und befindet sich immer noch im Besitz der Familie Karamata. Es vermittelt einen wunderbaren Eindruck eines gutbürgerlichen Hauses des 18. Jahrhunderts. Es beherbergt Werke der serbischen Meister Georgije Tenecki und Pavle Đurković.

Eine Besichtigung des Karamata-Hauses kann über das Tourismuszentrum in Zemun erbeten werden.

■ Oberstadt

Wie Belgrad besteht Zemun aus einer Ober- und einer Unterstadt. Die **Oberstadt** liegt am Ufer der Donau. Steil bergauf geht es auf den Gardošhügel, auf dem eine **mittelalterliche Festung** (Gardoški breg/Гардошки бреr) seit dem 9. Jahrhundert nachweisbar ist. Die heutigen Reste stammen aus dem 15. Jahrhundert.

Der **Sibinjanin-Janko-Turm** wurde 1896 zum 1000jährigen Geburtstag der Stadt unter den Ungarn errichtet, aus Stein und Ziegel wirkt er wie ein Aussichtsturm. Von hier hat man einen wunderschönen Blick auf die malerische Dächerlandschaft Zemuns, auf Belgrad und seine Flüsse.

Ein Großteil der katholischen Kirchen war hier, darunter die barocke **Maria-Himmelfahrtskirche** mit einem Turm unweit des Marktes. Leider sind die Informationen über Gotteshäuser anderer Konfessionen als der serbisch-orthodoxen besonders nördlich von Belgrad sehr spärlich.

Unterhalb der Festung liegt die serbisch-orthodoxe **Nikolaikirche** (ul. Njegoševa 43/ул. Његошева). Sie wurde im barokken Stil von 1725 bis 1731 mit einem zweistöckigen Glockenturm errichtet, ein typischer Bau des Sremgebietes des 18. Jahrhunderts. Die Kirche verwahrt Reliquien des Apostels Andreas. Im Inneren ist eine hölzerne, reichgeschmückte Ikonostase sehenswert. Die Ikonen gehen auf Dimitrije Bačević (1762) zurück. Außerdem besitzt die Kirche eine reiche Sammlung an kirchlichem Gerät und Ikonen aus dem 18. bis 19. Jahrhundert.

Am Marktplatz von Zemun

Die orthodoxe **Muttergotteskirche** von 1776 bis 1780 (ul. Rajačićeva 4/ ул. Рајачићева) ist die größte Kirche in Zemun. Die holzgeschnitzte Ikonostase schuf Arsa Teodorović. Im Park stehen die **Erzengelkapelle** von 1786, die **Kapelle für den heiligen Rochus** von 1830 und die katholische **Franziskanerkirche** (ul. Štrosmajerevo 6/ул. Штосмајерево).

In Zemun gibt es auch noch einige Konvente und die Franziskanerschule für Nonnen in der ul. Karađorđeva 9 (ул. Карађорђева).

▲ Karte S. 142

Belgrad-Informationen

Allgemeines

Vorwahl: 011.
Webseite: www.beograd.org.yu (dt.).

Touristeninformationen

Tourismusinformation Flughafen Nikola Tesla, Tel. 2097638; 8–20 Uhr.
Tourismusinformation Hauptbahnhof, Tel. 3612732; Mo–Sa 9–20, So 9–17 Uhr (► Karte S. 112).
Touristeninformation, ul. Makedonska 5, Tel. 3343460; Mo–Fr 9–21 Uhr, Sa 9–17, So 10–16 Uhr (► Karte S. 112).
Touristeninformation, Unterführung Terazije, beim Palast ›Albanija‹, Tel. 635343; Mo–Fr 9–21, Sa 9–17, So 10–16 Uhr (► Karte S. 112).
Tourismuszentrum, Dečanska 8a, Tel. 3230566 (► Karte S. 112).
Tourismuszentrum Zemun, ul. Zmaj Jovina 14, Tel. 192094 (► Karte S. 142).
Tourismusinformation Sava Port, ul. Karađorđeva; März–November (► Karte S. 112).
Verschiedene Veranstalter bieten Busfahrten zu den berühmten Klöstern Serbiens, darunter Studenica und Žiča, an, Infos über die Tourismusinformationen.

Post

Mehrere Postämter haben von 8 bis 20 Uhr geöffnet:
ul. Takovska 2, Tel. 3238481 (► Karte S.112).
ul. Slobodana Penezića Krcuna 2 (am Hauptbahnhof), Tel. 64657 (► Karte S. 112).
Šumadijski Trg 2a, Tel. 554930 (► Karte S. 135).

Banken

Banken: täglich geöffnet.
Komercijalna Banka, Trg Nikola Pašića 2, Tel. 3235087; Mo–Sa 8–20 Uhr, So 9–15 Uhr (► Karte S. 112).

Gut ausgeschildert: Die Belgrader Altstadt

Internetcafés

IPS Internetcafe, Makedonska 4, Tel. 3233344.

Maverik Dom omladine, Makedonska 22, Tel. 3222346.

Extreme, Beogradska 2, Tel. 3446086.

Anreise

Mit der Bahn

Die serbische Bahngesellschaft bietet Zugverbindungen in die Nachbarländer wie Montenegro, die Türkei, die EU-Staaten und die Schweiz, www.serbianrailways.com.

Von **Deutschland** gibt es derzeit täglich eine Direktverbindung von München nach Belgrad über Salzburg und Jesenice. Die Fahrt dauert knapp 16 Stunden und kostet ohne Liegewagen einfach ca. 140 Euro, www.bahn.de.

Von der **Schweiz** gibt es derzeit täglich eine Direktverbindung nach Belgrad ab Zürich über Landeck, Innsbruck, Spittal, Ljubljana, Zagreb, Sremska Mitrovica. Die Fahrt dauert fast 20 Stunden, www.sbb.ch.

Sowohl von der Schweiz als auch von Deutschland fahren auch Züge mit Umsteigen in Wien nach Belgrad. Sie führen über Ungarn und halten auch in Budapest.

Bahnhof in Zemun

Hauptbahnhof Belgrad, Savski Trg 2, Auskunft Tel. 629400, 645822, 636493, 641488 rund um die Uhr (► Karte S. 112).

Mit dem Flugzeug

Die nationale Fluggesellschaft **Jugoslav Airlines (JAT)** bietet mehrmals wöchentlich von größeren Städten Deutschlands, Zürich und Wien Flüge nach Belgrad an.

Montenegro Airlines, www.montenegroairlines.com, fliegt mehrfach in der Woche von Frankfurt und Zürich nach Belgrad.

Belgrad wird von **Lufthansa**, **Austrian Airlines** und **Swiss** mehrmals in der Woche angeflogen. **Germanwings** fliegt dreimal wöchentlich von Bonn nach Belgrad. Die Flugzeit beträgt ca. 1,5 Std.

Zwischen Flughafen und Stadtzentrum pendelt ein Bus. Die Fahrt kostet 180 Dinar (derzeit ca. 2 Euro) und dauert je nach Verkehrslage 25 Minuten (nonstop).

Flughafen Aerodrom Nikola Tesla, Surčin, Auskunft Tel. 601555, 605555 603723, www.airport-belgrade.co.yu.

Jugoslav Airlines JAT, Auskunft, Tel. 450584, 4441422, www.jat.com (dt.).

Mit dem Auto

Aus Deutschland, der Schweiz und Österreich erreicht man Belgrad mit dem Auto über den **Autoput** von München, Salzburg, Ljubljana und Zagreb über die **E70** kommend. Eine andere Route führt über die **E75** durch Ungarn über Budapest Richtung Athen.

In Belgrad ist eine ADAC-Auslands-Notrufstation eingerichtet, Tel. 011/42 27 07. Sie bietet ADAC-Mitgliedern und Inhabern eines ADAC-Auslandskranken- und -unfallschutzes Hilfeleistungen bezüglich Hotels, Mietwagen, Fahrzeug- oder Krankenrücktransporte; www.adac.de. Informationen und Hilfe bietet auch der Serbische Automobilclub AMSS.

Automoto Savez Srbije (AMSS), Ruzveltova 18, im Stadtteil Palilula, Tel. 40 16 99, Fax 40 25 20, www.amss.co.yu (dt.).

Mit dem Bus

Eurolines, www.touring.de. Busverbindungen ab Deutschland, siehe auch S. 444.

AD Beogradska autobuska stanica, Železnička 4, www.bas.rs.

Das private Busunternehmen ›Lasta‹ (Ласта) bietet Nah- und Fernverkehrverbindungen an. Es verfügt in Belgrad über ein eigenes Busterminal gleich bei der Brücke ›Zemunski Put‹ (► Karte S. 135).

Lasta, Zemunski Put, Tel. 011/28 82 74-0, -1, Fax 289 23 92, www.lasta.co.yu.

Lasta, Železnička 2, Tel. 62 57 40.

Tourismusagentur Lasta, Autoput Beograd–Niš 4, Tel. 011/288 27-60, -40, -41, Fax -289 23 92, 289 56 45.

Ticketbuchung unter lastatb@eunet.yu oder direkt am Schalter des Busbahnhofs, Reservierung unter Tel. 381/112/64 12 51.

Lasta Information Busbahnhof, Tel. 011/218 06 91.

Lasta Abfertigung Busbahnhof, Tel. 011/18 15 05.

Nationale Busverbindungen und Verbindungen in Länder des ehemaligen Jugoslawien, Information und Buchung Tel. 08 00/33 43 34 oder 011/334 85 55, E.sluzba.saobracaja@lasta.co.yu.

Mit dem Schiff

Belgrad besitzt einen gut ausgestatteten Passagierhafen an der Donau am rechten Donauufer einschließlich Restaurants und Duty-Free-Shops. Von hier sind Fahrten auf der gesamten Donau möglich. Das gilt auch für die Save-Schiffahrt. Es gibt keinen Linienschiffverkehr.

Flusshafen Luka Beograd, Francuska 81, Tel. 011/751-255, www.port-bgd.co.yu (► Karte hintere Umschlagkarte).

Unterwegs in Belgrad

In der Stadt gibt es bewachte Parkplätze und Parkhäuser. Die Parkplätze in den Straßen sind an Werktagen gebührenpflichtig. Der Parkwächter läuft herum, man sollte ihn suchen, sonst zahlt man schnell einen Strafzettel.

Parkplätze:

Obilićev Venac, Obilićev Venac 14, Tel. 63 08 24 (► Karte S. 112).

Zeleni Venac, Narodnog fronta 13, Tel. 361 15 15 (► Karte S. 112).

Masarikova, Masarikova 4–6, Tel. 64 59 22 (► Karte S. 112).

Info-Media-Zentrum Parking servis, ul. 27. Marta 77, Stadtteil Palilula, Tel. 323 55 98, 334 54 14.

Taxi

Für ein Taxi vom Bahnhof zum Flughafen zahlt man 25–30 Euro.

Taxi Bell, Tel. 98 08.

Beotaxi, Tel. 970.

Zeleni Taxi, Tel. 324/60 88.

Bus

Die städtischen Bus- und Trolleybuslinien 17, 45, 73, 83, 74, 704, 706,

Achtung, Busspur!

706B und 707 verbinden das Zentrum von Belgrad mit Zemun.

Zentrale Bushaltestellen sind Zeleni Venac, Terazije und Studentenplatz. Am Terazije halten die Linien 19, 21, 22, 22 A, 29 und 31. Sie fahren alle in Richtung Savakirche und weiter in die Vororte.

Tickets erhält man an den Ticketverkaufhäuschen an den zentralen Haltestellen. Es gibt nur Einzelfahrscheine. Derzeit kostet ein Ticket, egal wie weit und wie lange man fährt, pro Fahrt 32 Dinar. Die Tickets müssen im Bus entwertet werden.

Das Unternehmen **Lasta City-Transport** bedient die folgende Linien: 15, 78, 16, 17, 18, 83, 95 und 551. Die Linie 15 fährt ab Zeleni Venac bis nach Zemun und Novi Grad. Die Linie 78 fährt ab Banjica II bis nach Zemun und Novi Grad.

Schiff

Tagesausflüge vom Passagierhafen: Abfahrt mit den Schiffen ›Danka‹ und ›Carpe Diem‹ in der Saison täglich um 18, 19, und 20 Uhr vor dem Hotel ›Jugoslavija‹ und um 17.30 vor dem Sportzentrum ›25 Maj‹. Die Fahrten dauern 1 Stunde und kosten etwa 4 Euro pro Person.

Im Sommer werden einmal im Monat Schiffstouren von Belgrad nach **Novi Sad** und umgekehrt angeboten. Samstag um 10 Uhr ab Sportzentrum ›25 Maj‹ Rückfahrt mit dem Bus 22 Uhr. Informationen:

Metro na vodi, ul. Patrisa Lumumbe 6, Tel. 278 10 27, ww.metronavodi.co.rs (dt.). Man kann auch Boote und Schiffe mieten.

Flusshafen Luka Beograd, Francuska 81, Tel. 75 12 55, www.port-bgd.co.yu. Stadtrundfahrten April–Nov. (► hintere Umschlagkarte).

Stadtrundfahrten auf Donau und Save, 90 Minuten, Start am Hotel ›Jugoslavija‹.

Die Schifffahrten per Tragflächenboot zum Eisernen Tor finden noch nicht wieder statt.

Unterkunft

In der Innenstadt gibt es eine Vielzahl von Übernachtungsmöglichkeiten in älteren Häusern. Seit neuestem gibt es auch ein Spitzenhotel, allerdings mit astronomischen Preisen. Wer internationale Standards erwartet, dem seien die Häuser in Neu-Belgrad empfohlen.

Innenstadt

Aleksandar Palas (★★★★★), ul. Kralja Petra 13–15, Tel. 33 05-300, Fax -334, www.aleksandarpalas.com; DZ 200–250 Euro/Pers., EZ 300–350 Euro. Eröffnete im Juli 2004 mitten in der Altstadt in einem Gebäude des 19. Jahrhunderts, mit Fitnesscenter,

Restaurant und Tiefgarage (► Karte S. 112).

Hotel Moskva (★★★★), ul. Balkanska 1, Tel. 68 62 55, Fax 68 83 89, www.hotelmoskva.co.yu; DZ 100, EZ 70 Euro. Mitten im Zentrum gelegen, ein Jugendstilgebäude von 1906 mit Atmosphäre, noch in staatlicher Hand. Das 1973 renovierte Haus ist hinreichend gepflegt, Service und Frühstück sehr zufriedenstellend. Parkmöglichkeiten gegen Gebühr vor dem Haus. Das Café im Erdgeschoss hat viel Flair und war beliebter Treffpunkt von Intellektuellen, vor allem aber der Belgrader Surrealisten (► Karte S. 112).

Park (★★★), ul. Njegoševa 4, Tel. 323 47 23 (► Karte S. 112).

Slavija Lux (★★★★), ul. Svetog Save 2, Tel. 244 11 20, www.slavijahotel.com; DZ 85–140, EZ 70–110 Euro. 1994 erbautes Hotel. (► Karte S. 135).

Palace (★★★★), ul. Topličin Venac 23, Tel. 18 55 85, Fax 18 44 58, www.palacehotel.co.yu (► Karte S. 112).

Balkan (★★★), ul. Prizrenska 2, Tel. 68 74 66, www.balkanhotel.net; DZ 2700, EZ 1800 Dinar. Nicht weit vom Hotel ›Moskva‹ entfernt und weniger feudal, es stammt von 1936 und wurde 1989 renoviert (► Karte S. 112).

Kasina (★★★), Terazije 25, Tel. 323 55 74, Fax 323 82 57; DZ 4200–5300, EZ 3300 Dinar (► Karte S. 112).

Royal (★★★), ul. Kralja Petra 56, Tel. 63 42 22, Direktor Madjinca Nelu mobil 063/859 94 44, Fax 62 64 59, toplice@net.yu, www.hotelroyal.co.rs (► Karte S. 112).

Pension Travelling Actor, ul. Jevremova 65, Tel. 323 41 56, 836 38 64, actor@sezampro.yu, www.travellingactor.rs; EZ 50, DZ 85 Euro. Im Künstlerviertel Skadarlija, fünf einfache, aber saubere Zimmer, umgeben von Bars, Restaurants, Galerien und schönen Hinterhöfen (► Karte S. 112).

Admiral Club (★★★★), ul. Venizelosova 31 (ehemals Đure Đakovića) Tel. 303 82 60, www.hoteladmiralclubbeograd.com. Nahe dem Botanischen Garten (► Karte S. 112).

Novi Beograd

Hotel Hyatt Regency (★★★★★), ul. Milentija Popovića 5, Tel. 301 12 34, Fax 311 22 34, www.belgrade.regency.hyatt.com (► Karte S. 140).

Beograd Intercontinental (★★★★★), ul. Vladimira Popovića 10, Tel. 311 33 33, www.continentalhotelbeograd.com (► Karte S. 140).

Zemun

Nacional (★★★), ul. Bežanijska kosa bb, Tel. 260 11 22, www.nacional-bgd.com; DZ 4200, EZ 2600 Dinar (► Karte S. 142).

Außerhalb

Avala, auf dem Avala, Tel. 390 66 21, www.hotel-avala.com.

Hostels

Manga Hostel, ul. Resavska 7/2, Tel. 324 38 77, mobil 064/261 05 09, www.mangahostel.com; EZ 25 Euro, Bett ab 12 Euro (► Karte S. 112).

Hier geht's zum Manga Hostel

Belgrad

Mr. Walker Hostel, ul. Zagrebačka br. 9, Tel. 303 81 00, www.mrwalker-hostel.com; DZ 40 Euro, EZ 20 Euro, Bett ab 12 Euro. In der Nähe des Busbahnhofs (► Karte S. 112).

Chillton Hostel, ul. Katanićeva 7, Tel. 344 18 26, www.chilltonhostel.com; DZ 40 Euro, Bett ab 13 Euro. Nahe der Sava-Kirche (► Karte S. 135).

Gastronomie

Altstadt

Pizzeria Trattoria Košava, ul. Kralja Petra 36, Tel. 62 73 44; tägl. 9–24 Uhr. Sehr gemütlich.

Restaurant Tanjir, ul. Francuska 40, Tel. 063/861 46 06; Mo–Sa 12–24 Uhr.

Madera, Bul. Kralja Aleksandar 43, Tel. 323 13 32. Gute Küche, ein beliebter Treffpunkt von Schauspielern und Schriftstellern.

Šaran (Der Karpfen), Trg Nikole Pašića 15, Tel. 021/62 18 00. Gut, preiswert, landestypisch.

Washington, ul. Džordža Vašingtona 2, Tel. 323 47 79. Gehobene Preise, gute Küche.

Kafana ?, ul. Kralja Petra 6, Tel. 63 54 21; tägl. 7–24, So 10–18 Uhr. Das älteste Gasthaus der Stadt serviert sehr traditionelle Küche (► Karte S. 112).

Skadarlija

Dva bela goluba (Zwei weiße Tauben), ul. 29. Novembra 3, Tel. 323 90 79; 9–24 Uhr.

Dva jelena (Zwei Hirsche), ul. Skadarska 32, Tel. 323 48 85; 9–1 Uhr.

Ima dana, ul. Skadarska 38, Tel. 323 44 22; 11–1 Uhr.

Skadarlija, ul. Cetinjska 17, Tel. 323 49 83; 11–1 Uhr.

Šešir moj (Mein Hut), ul. Skadarska 27, Tel. 322 87 50; 11–1 Uhr.

Tri Šešira (Drei Hüte), ul. Skadarska 29, Tel. 324 75 01; 11–1 Uhr.

Zlatini bokal (Goldener Pokal), ul. Skadarska 26, Tel. 323 48 34; 11–1 Uhr.

Café Ruski Car (Руски Цар), Obilićev venac 29, Tel. 263 58 73, www.ruskicar.net. Hier kann man in historischem Ambiente Kaffee oder Cocktails trinken, aber auch speisen. Gut besucht.

In der Café Factory

Außerhalb der Altstadt

Café Factory, Nevesinjska 21, Tel. 383 69 66, www.cafe-factory.net. Im Stadtteil Vračar, nicht weit vom Markt.

Duša Dunava, Kej Oslobođenja Br. 61, Zemun, Tel. 105105, mobil 064/924 68 88; tgl. 12–00 Uhr. Sehr charmantes Café und Restaurant, dient gleichzeitig als Galerie, vorwiegend für Keramik.

Miloševa Konak, ul. Topčiderska 1, Tel. 66 31 46. Sehr gemütliches Restaurant im Konak, mit großer Terrasse. Es besteht seit 1834 und wurde 1975 renoviert. Inmitten des Parks gelegen, ist das Restaurant am besten per Taxi zu erreichen. Nationale Küche, häufig wird sehr schöne serbische Volksmusik geboten.

Restaurant Zvezdara Teatar, ul. Milana Rakića 38, Tel. 41 94 01; tägl. 11–1 Uhr. Im Stadtteil Zvezdara, südöstlich vom Zentrum.

Novi Beograd

Klub Zabar, ul. Kej Oslobođenja bb, Tel. 319 12 26, 065/319 12 26. Reservierung empfohlen.

Restaurant Dialog, Kej Oslobođenja, Tel. 311 48 47.

Palačinkarnica, Kej Oslobođenja 1e, Tel. 063/37 31 37. Palatschinken in allen Variationen.

Triangle, ul. Kralja Petra 4a.

Caffe, ul. Kralja Aleksandra 28, Tel. 51 08 90.

Museen

Belgrad verfügt über mehr als 40 Museen, Galerien und Gedenkstätten. Hier eine Auswahl:

Nationalmuseum, Trg Republike 1a, Tel. 62 43 22, www.narodnimuzej.rs. Das Museum ist bis auf weiteres geschlossen, Teil-Ausstellungen finden in der Serbischen Nationalbank statt (► Karte S. 112).

Nationalmuseum, **Zweigstelle Galerie der Fresken**, ul. Cara Uroša 20; Di–Sa 10–17, Do 12–20, So 10–14 Uhr (► Karte S. 112).

Museum zur Stadtgeschichte, ul. Zmaj Jovina 1, Tel. 311 57 13, www.mgb.org.yu; Di–So 12–19 Uhr. Zum Museum zur Stadtgeschichte gehört unter anderem der Palast der Fürstin Ljubica (► Karte S. 112).

Museum im Palast der Fürstin Ljubica, ul. Kneza Sime Markovića 8; Di–Fr 10–17, Sa/So 9–16 Uhr (► Karte S. 112).

Dositej-und Vuk-Museum, ul. Gospodar Jevremova 21, Tel. 62 51 61, Di–Sa 9–17, So 9–14 Uhr (► Karte S. 112).

Theatermuseum, ul. Gospodar Jevremova 21, Tel. 62 66 30; Di–Sa 9–17, So 9–14 Uhr (► Karte S. 112).

Ethnographisches Museum, Studentski Trg 13, Tel. 328 18 88, www.etnografskimuzej.rs; Di–Sa 10–17, So 9–14 Uhr (► Karte S. 112.

Museum der serbisch-orthodoxen Kirche, ul. Kralja Petra 5, Tel. 328 25 96, www.spc.rs; Mo–Fr 8–15, Sa 9–12, So 11–13 Uhr (► Karte S. 112).

Jüdisches Historisches Museum, ul. Kralja Petra 71 A, Tel. 62 26 34, muzej@eunet.yu, www.jimbeograd.org; Mo–Fr 10–12 Uhr (► Karte S. 112).

Konak von Knez Miloš, im Topčider Park, www.imus.org.rs; Eintritt kostenlos, Di–So 10–15 Uhr (► Karte S. 135).

Titomausoleum, ul. Botićeva 6, Dedinje, Tel. 367 14 85, Di–Sa 9–17 Uhr (► Karte S. 135).

Museum des Konzentrationslagers Banjica, ul. Veljka Lukića-Kurjaka 33, Tel. 669690 (► Karte S. 135).

Museum für zeitgenössische Kunst, Ušće bb, Novi Beograd, Tel. 3676-288, -291, www.msub.org.rs; Di–So 9–17 Uhr (► Karte S. 140).

Museum zur Geschichte Jugoslawiens, Trg Nikole Pašića 11, Tel. 3340731, www.imus.org.rs; Di–So 12–20 Uhr (► Karte S. 112).

Naturkundemuseum (Pridrodnjacki muzej/Придродњацки музej), ul. Njegoševa 51, Tel. 3442149, www.nhmbeo.org.yu; Mo–Fr 10–20 Uhr (► Karte S. 112).

Museum der Luftschiffahrt, Flughafen Surčin, Tel. 601555.

Automobilmuseum, ul. Majke Jevrosime 30, Tel. 3342625; Di–So 11–19 Uhr (► Karte S. 112).

Veranstaltungen

In Belgrad finden seit vielen Jahren kulturelle Veranstaltungen von internationalem Rang statt.

Musiker in der Knez-Mihajlova-Straße

Das **Internationale Filmfest FEST**, www.fest.rs, und das Belgrader **Festival des Dokumentar- und Kurzspielfilms**, www.kratkimetar.rs, werden vom gleichen Veranstalter organisiert und finden im März statt. Auf ihnen werden internationale Produktionen vorgestellt.

Das Belgrader **Sommerfestival BELEF** und das **Theaterfestival BITEF** haben ihren festen Platz im Veranstaltungskalender. Im Juli und August präsentiert das **Internationale Theater- und Tanzfestival BELEF** in der ganzen Stadt verteilt auf Belgrader Plätze und Straßen, in Theatern und Aufführungssälen Theater- und Tanzdarbietungen, www.belef.org.

Das **Internationale Theaterfestival BITEF** zeigt seit den 70er Jahren die Darbietungen des Wettbewerbs in den Theatern der Stadt und im Sava-Zentrum, www.bitef.rs.

Auch die Musik kommt nicht zu kurz. Im März wird der **Internationale Wettbewerb der Musikjugend** in den Fächern Sologesang, Komposition, Instrumentalsolisten und Kammerorchester veranstaltet, www.music-competition.co.yu.

Das International ausgerichtete **Belgrader Jazz-Festival** wird vom Haus der Jugend im Oktober organisiert. Konzerte einheimischer und ausländischer Interpreten sind im Haus der Jugend, in der Halle des Gewerkschaftshauses und im Saal der Kolarac-Stiftung zu hören, Infos unter www.belgrade-jazz-fest.org.

Apothekenbereitschaftsdienst

Previ Maj, ul. Kralja Milana 9, Tel. 3240533.

Sveti Sava, ul. Nemanjina 2, Tel. 643170.

Die Umgebung von Belgrad

In südwestlicher Richtung gelangt man in die beliebte Šumadija, das Hügelland bei Belgrad. Auf dem Weg dorthin ist einiges Sehenswertes.

Entlang der Save nach Šabac

Eine gut ausgebaute Strecke, hügelig und teilweise bewaldet, führt von Belgrad nach **Obrenovac** (Обреновац). Das nur 30 Kilometer entfernte Städtchen liegt am Zusammenfluss von Kolubara und Save. Es ist ein Kurort, in dem heute auch viele Flüchtlinge leben. Gleich am Ortseingang steht das große Hotel ›Obrenovac‹.

In der Umgebung sind die schöne **Doppelkirche von Barić** (Бариħ) und ein **Nikolauskloster bei Grabovac** (Грабовац) zu sehen, dessen Komplex,

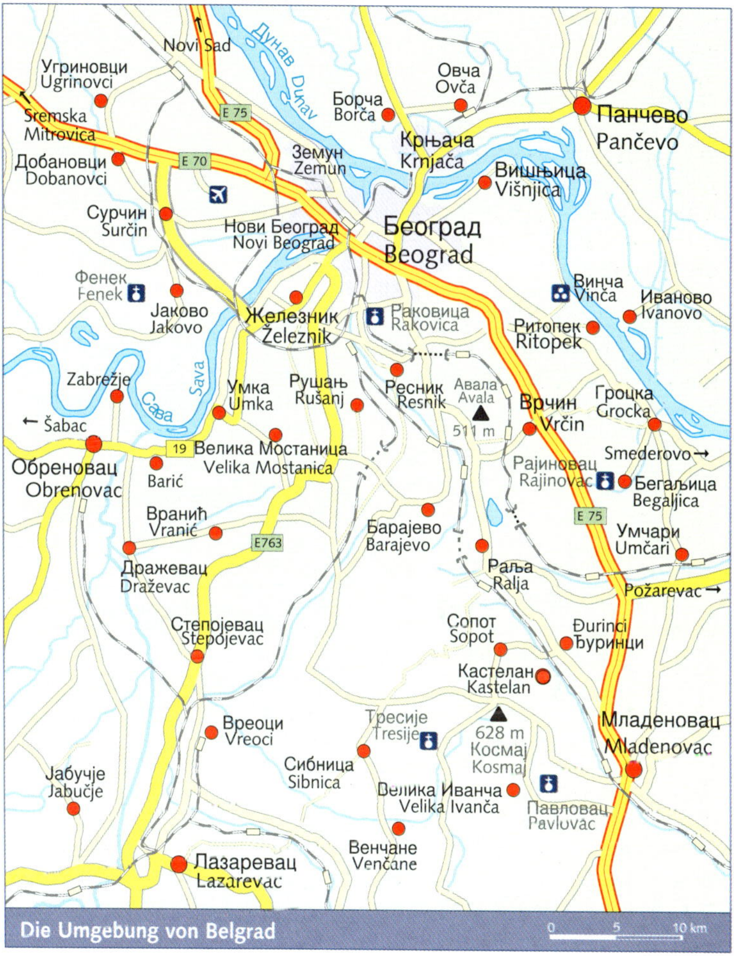

Die Umgebung von Belgrad

bestehend aus Glockenturm, Kreuzkuppelkirche und Wohngebäude, jüngeren Datums ist.
Bei **Ušće** (Ушће) steht ein großes Wärmekraftwerk, das mit Kohle gespeist wird.

Šabac

Šabac (Шабац) liegt am rechten Ufer der Save und ist das Zentrum der Region Podrinje. Hier produziert der Pharmakonzern ›Zorka‹.
Die Stadt ist aus der mittelalterlichen Siedlung Zaslon hervorgegangen und stand, wie ganz Serbien, von 1459 bis zum ersten serbischen Aufstand unter osmanischer Hoheit. Während des Befreiungskampfes der Serben erlitten die Türken in der Ebene Mišar südlich von Šabac 1806 eine schwere Niederlage, die als ›Schlacht von Mišar‹ in die Geschichte einging. Heute befindet sich an der Stelle ein großes Denkmal.
Im 19. und 20. Jahrhundert entwickelte sich in Šabac eine Arbeiterbewegung. Die beiden Weltkriege brachten Besetzungen: im Ersten Weltkrieg jene der Habsburger, im Zweiten die der Deutschen, die hier 1941 ein Konzentrationslager errichteten, in dem viele den Tod fanden.
An den Ufern der Save sind die Reste der türkischen **Festung Šabac** von 1470 zu sehen. Eine Zeichnung gibt eine Vorstellung von ihrem Aussehen. Danach bestand sie aus einer Hauptbastion, die von einer mächtigen Mauer mit vielen Wehrtürmen umgeben war.
Im Städtchen Šabac selbst sind die **Peter- und Paulskirche** mit einer Ikonostase von Pavle Simić (1818–1876) und der ehemalige **Konak**, auch als Schloss Vladičin bekannt, sehenswert. Das Gebäude des Konaks wird heute als Bibliothek genutzt. Im ehemaligen Gymnasium von 1856 ist ein kleines **Provinzmuseum** eingerichtet.

▶ Karte S. 153/187

Bei **Prnjavor** (Прњавор) steht eine Kapelle, mit der der Kriegsopfer von 1914 bis 1918 gedacht wird. Malereien mit Darstellungen der serbischen Leiden stammen von Rista Bocarić.
Zwei Klöster in der Nähe sind zu besichtigen: **Kloster Jošanica** (Јошаница) und **Kloster Čokašina** (Чокашина) mit seiner Maria-Entschlafenskirche, das im 15. Jahrhundert gestiftet und nach seiner Zerstörung durch Miloš Obrenovićs wiederhergestellt wurde. Auf dem Friedhof sind Helden des serbischen Aufstandes bestattet.
Das Dorf **Sovljak** (Совљак), in dem ein **ethnologischer Park** mit typischen Dorfhäusern der Region eingerichtet wurde, gehört schon zur Region Mačva.
Die Ebene der Mačva schließt sich an das Sremgebiet südlich der Save an und wird von der Drina im Westen begrenzt. Typisch für die Region sind ihre weit gestreuten Dörfer. Heute versteht man unter der Mačva einen Verwaltungsbezirk (Okrug), der bis ins gebirgige Krupanj reicht.

Obrenovac und Šabac

Vorwahl Obrenovac: 011.
Vorwahl Šabac: 015.

Obrenovac:
Hotel Obrenovac (★★), ul. Miloša Obrenovica 189, Tel. 8721-039, Fax -268; DZ 2820 Dinar. Mit Sportanlage.
Šabac:
Hotel Dvor, ul. Miloša Pocerca 11, Tel./Fax 347393; DZ 5880 Dinar. Kleines Hotel im ersten Stock eines älteren Hauses, wurde vor zwei Jahren privat eingerichtet.

Kloster Rakovica

Das Kloster Rakovica (Раковица) liegt acht Kilometer südlich vom Zentrum Belgrads. Das Kloster stammt aus dem 16. Jahrhundert, wurde aber oft geplündert und zerstört. Die heutige, den Erzengeln Michael und Gabriel geweihte Kirche geht laut einer Inschrift auf die Jahre 1912/13 zurück. Der Dreikonchenbau mit Kuppel liegt in einem schönen Anwesen mit Nutz- und Zierpflanzen, umgeben von Konaks, den Wohngebäuden der Nonnen. Das Ensemble hat sich trotz der Erneuerung die Aura und das Gesicht der alten Zeit bewahren können. Das große Waldgebiet hinter dem Kloster ist teilweise im Besitz des Klosters.

Unterhalb des Klosters liegt die **Johanneskirche** von 1939. Im Inneren sind Malereien zu sehen: in der Apsis die stehende Muttergottes mit ausgebreiteten Armen, darunter die Apostelkommunion. Auch im 20. Jahrhundert hat man sich an den klassischen Kanon gehalten.

Kumodraž

Auf dem Weg zum Avala passiert man Kumodraž (Кумодраж), einst ein Dorf südöstlich von Belgrad, heute eingemeindet.

Der Stadtteil bewahrt einen großen Friedhof, auf dem auch Teilnehmer der Weltkriege bestattet sind. Von hier aus verteidigten sich die Serben, den Avala im Rücken, besonders gut. Stepa Stepanović, der legendäre General des Ersten Weltkriegs, wurde hier geboren.

Avala

Der Avala (Авала) ist eine Erhöhung von 511 Metern, etwa 15 Kilometer südlich vom Belgrader Zentrum.

Man fährt entweder in Richtung Mladenovac und kommt dann am Kloster Rakovica vorbei, oder von der Innenstadt über Vračar, biegt dann auf den Bul. Jugoslavija, fährt am Fußballstadion vorbei, durch Villengegenden und immer geradeaus bis zum Abzweig Avala. Von dort geht es in einem Ein-

Kloster Rakovica

bahnstraßensystem vier Kilometer durch unbesiedeltes Waldgebiet. Auf halber Höhe erinnert eine **Gedenkstätte an die Opfer eines Flugzeugabsturzes** am 19. Oktober 1964. Die Insassen, russische Veteranen, wollten an der Feier zum 20. Jahrestag der Belgrader Befreiung teilnehmen. Das Denkmal schuf Jovan Kratohvil aus Bronze.

Auf dem Gipfel stand einst eine türkische Bastion von 1440, von der aus Belgrad beschossen wurde.

Die Gegenburg, die sich auf dem Gelände der einstigen mittelalterlichen Stadt Zrnov befand, musste 1937 dem **Grabmal des Unbekannten Soldaten** weichen, das der Gefallenen der Kriege von 1912 bis 1918 gedenkt.

Das Denkmal wurde nach Entwürfen des Bildhauers Ivan Meštrović erbaut. Zwei lange Wege führen von Ost und West zu den Eingängen der Gruft. Das Mausoleum aus schwarzem Granit hat die Form eines Sarkophags. Die Eingänge werden beidseitig von je vier Karyatiden in Form von Frauen in Nationaltracht flankiert.

Das Grabmal des Unbekannten Soldaten auf dem Avala

▲ Karte S. 153

Der Avala war zu Zeiten Jugoslawiens ein beliebtes Wochenendziel der Belgrader. Es gab zwei Hotels, mehrere Restaurants, Sport- Spiel- und Picknickanlagen.

Von weither sichtbares Kennzeichen des Avala war bis vor kurzem der Fernsehturm mit einem Drehrestaurant. Er ist 1999 den NATO-Bomben zum Opfer gefallen. Zwischenzeitlich wurde mit einem Neubau begonnen. Der Turm ist etwa zur Hälfte fertig.

Heute suchen vereinzelte Belgrader Ruhe und Erholung in der Abgeschiedenheit. Das Hotel ›Avala‹, ganzjährig geöffnet, wartet mit einem Restaurant und einer schönen Terrasse auf Gäste.

Vinča

Zur Fundstätte Vinča (Arheološko Nalazište Vinča, Археолошко Налазиште Винча) werden Tagesausflüge von Belgrad angeboten.

Die prähistorische Ausgrabungsstätte liegt etwa 20 Kilometer südöstlich von Belgrad in Richtung Smederevo an einem Abhang unmittelbar über dem Donauufer.

Die neolithische Siedlung mit einer fast elf Meter dicken Kulturschicht hat der serbische Archäologe Miloje Vasić aus Belgrad (1869–1956) 1908 entdeckt. Während seiner Grabungen förderte er Häuser, Erdhütten und neolithische Plastiken zutage.

Die Fundstücke werden im Belgrader Nationalmuseum aufbewahrt, darunter als besondere Kostbarkeit eine etwa 6500 Jahre alte anthropomorphe Skulptur.

Hier am Fundort sind das ausgegrabene Areal und Scherben zu sehen. Im Sommer werden archäologische Ausgrabungen angeboten, an denen jeder teilnehmen kann.

Die Donau bei Vinča

Grocka

Das 29 Kilometer von Belgrad entfernt gelegene Grocka (Гроцка) bietet den Hauptstädtern Gelegenheit zum Baden, Angeln und Bootfahren. Gutbetuchte Belgrader haben hier Wochenendhäuser. Im Ort selbst ist ein alter Basar (Čaršija) zu finden. In seiner Umgebung wurde Prähistorisches und Antikes gefunden. An der Straße Grocka-Smederevo kommt man am Friedhof von **Brestovik** vorbei, auf dem ein römisches Grabmal aus dem 3. Jahrhundert nach Christus zu sehen ist.

Kloster Rajinovac

Nicht weit davon, fast im Belgrader Vorort Begaljica (Бегаљица), liegt das Kloster Rajinovac (Рајиновац). Im Jahr 1528 war an dieser Stelle ein Kloster für den heiligen Rajko, etwas später für den heiligen Theodor und danach für den Petar erwähnt worden. Viele Legenden ranken sich um das Kloster. So leben im Namen die Worte ›Paradies‹ und ›Geld‹. Nach mehrfachen Zerstörungen entstand es im 18. Jahrhundert neu und wurde 1985 renoviert. Sechs Nonnen leben hier, deren Gotteshaus auch Gemeindekirche ist.

Das einfache, tonnengewölbte Kirchlein mit einem Westturm liegt in der gleichnamigen kleinen Ortschaft inmitten eines Obstanbaugebietes. Von hier kommen schmackhafte Pfirsiche, Aprikosen und Erdbeeren. Man sollte also unbedingt zur Erntezeit hierher kommen.

Kloster Tresije

Schon etwas weiter von Belgrad entfernt, nämlich 60 Kilometer südlich, liegt **Kosmaj** (Космај), 628 Meter hoch. Vorbei am kleinen Städtchen **Sopot** (Сопот) mit einem sogenannten Han, einer Herberge, erreicht man das Kloster Tresije (Тресије) aus dem 15. Jahrhundert. Die einschiffige Kuppelkirche ist eine Stiftung Stefan Lazarevićs.

Die Ruinen von **Kloster Pavlovac** (Павловац) liegen am Südhang der Kosmajerhöhung. Reste einer mittelalterlichen Stadt sind in **Kastelan** (Кастелан) zu sehen.

Von Ungarn kommend, setzt sich hier die weite Pannonische Tiefebene fort. Der Blick schweift hinweg über unendlich scheinende Fluren, die durch unzählige träge dahinfließende Wasserläufe gegliedert sind.

Im dünnbesiedelten Land wird die Weite nur durch die schlanken, hochaufragenden Türme der Dorfkirchen und Rathäuser unterbrochen.

Die Vojvodina

Die Provinz Vojvodina

Die Vojvodina (Војводина) ist heute die nördliche Provinz Serbiens, die mit ihren 21506 Quadratkilometern den südlichen Teil der pannonischen Tiefebene umfasst. Im Westen bildet die Donau ihre Grenze zu Kroatien und Bosnien und Herzegowina, im Norden grenzt die Provinz an Ungarn und im Osten an Rumänien. Die Vojvodina reicht über die Berggegend Fruška Gora (Frankenwald) hinaus an die Save heran.

In der Provinz, in der schon immer viele Völker zu Hause waren, leben etwas mehr als zwei Millionen Menschen verschiedener Sprache und Religion. Sie sind auf sieben Verwaltungsbezirke verteilt. Die Bevölkerungszahl hat sich in den letzten 20 Jahren zwar kaum verändert, wohl aber ihre Zusammensetzung. Im Jahr 1981 wurden 26 verschiedene Nationalitäten gezählt. Viele Minderheiten haben die Region jedoch verlassen, ihre Spuren sind für immer verwischt. Die jüngste Volkszählung im April des Jahres 2002 ergab folgende Zusammensetzung: 65 Prozent Serben, gefolgt von knapp 15 Prozent Ungarn. Der Anteil an Slowaken und Kroaten beträgt etwas über zwei Prozent. Daneben leben hier Rumänen, Vlachen, Roma, einige Juden, Ruthenen, Bunjewatzen, Bulgaren, Montenegriner, Kosovo-Albaner, einige wenige Deutsche, deren Kulturvereine derzeit in Novi Sad und Subotica belebt werden, und andere kleine Min-

Die Vojvodina (Војводина)

derheiten. Ein großer Bevölkerungsanteil bekennt sich zur serbisch-orthodoxen Kirche, 19 Prozent sind katholisch und dreieinhalb Prozent protestantisch.
Mit der Vojvodina verbindet man unendliche Weiten, die aber von zwei Anhöhen unterbrochen werden: dem Hügel von **Vršac** (Vršački Breg/Вршачки Бреґ) mit einer Höhe von 641 Metern im Banat und dem Nationalpark **Fruška Gora** (Фрушка Гора) mit 539 Metern.
Die gesamte Ebene ist von Wasser durchzogen: Donau, Save, Theiß und ihre Nebenflüsse sind durch ein ausgedehntes Kanalnetz miteinander verbunden und gewährleisten die Bewirtschaftung dieser fruchtbaren Ebene. Ihre günstigen Boden- und Klimaverhältnisse hatten die Region zur Kornkammer des ehemaligen Jugoslawien werden lassen. Nach einer Zeit, in der viel Land brachlag, ist wieder eine intensivere Bewirtschaftung zu beobachten. Aber längst hat auch die Industrialisierung Einzug in diese weite Landschaft gehalten. Erdgas und Erdöl wurden entdeckt, das in den Raffinierien von Novi Sad weiterverarbeitet wird.
Die Hauptstadt der Vojvodina ist **Novi Sad**. Daneben gibt es größere Städte wie **Subotica** im Norden, **Zrenjanin** und **Pančevo** im Süden, **Sombor** im westlichen Teil und Sremska Mitrovica an der Save. Daneben **Vršac**, **Bela Crkva**, der Erzbischofssitz **Sremski Karlovci** und das ehemals selbständige Petrovaradin, das Novi Sad eingemeindet wurde.

Urlaub in der Vojvodina

Die Region bietet viele Möglichkeiten für einen Urlaub. Die streckenweise unberührten Landschaften der Flüsse Theiß, Save und Donau bieten einzigartige Panoramen, darunter dichte uralte Wälder an Theiß und Save, Auwälder und weite Felder an der Donau.

Die Vojvodina ist in vielen Regionen ländlich geprägt

Die Altarme der Flüsse und die Donaustrände laden zum Baden ein. Auf den unzähligen Kanälen und Flüssen lässt sich **rudern** und **kanufahren**. Die flache Vojvodina ist wie Belgrad ideal zum **Fahrradfahren**. Immer mehr Radwege werden ausgewiesen und markiert, das Netz soll ausgebaut werden, und teilweise fährt man auf wenig befahrenen Nebenstraßen. **Reiten** wird in den Gestüten von Zobnatica, Karađorevo und Kelebija im Norden angeboten. Für Wanderfreudige bietet sich der Höhenzug der Fruška Gora an. **Fischen** und **Jagen** dürfen nicht fehlen, Informationen hierzu bieten die Touristeninformationen. Sportliches und Erholung lassen sich mit Abstechern zu den Sehenswürdigkeiten abwechslungs- und erlebnisreich gestalten.
Die Provinz lässt sich gut von Belgrad aus erkunden, man kann aber auch Novi Sad als Ausgangspunkt wählen, oder man beginnt eine Rundreise von der ungarischen Seite im Norden. Am bequemsten ist es mit dem Auto. Auf vielen Straßen wird man allein unter-

wegs sein, nur in den größeren Ortschaften ist es lebhafter. Wer kleinere Ortschaften kennenlernen möchte, sollte nicht die Autobahn benutzen. Da es nicht so viele Ausfahrten gibt, ist es unkomplizierter, die kleineren Straßen zu nutzen, die in der Regel in gutem Zustand und kaum befahren sind. Eine Ausnahme stellen die Landstraßen parallel zur Autobahn dar: Sie werden stark frequentiert, da in jüngster Zeit die Autobahngebühren drastisch erhöht wurden. Aber auch die Bus- und Zugverbindungen machen eine spannende Fahrt durch die Vojvodina möglich.

Geschichte der Vojvodina

Die Vojvodina (serbisch Војводина, ungarisch Vajdaság) existiert als Gebietseinheit in ihrer heutigen Form erst seit 1945. Davor gab es bereits die serbische Vojvodschaft, die mit anderer Ausdehnung nach der Revolution und den serbischen Aufständen vom Kaiser am 17. November 1849 eingerichtet worden war, ebenso das Temescher Banat von 1860. Der Name Vojvodina wird hergeleitet von einem Vojvoden, ungarisch Vajdaság, was soviel wie ›Herzog‹ bedeutet. Obwohl nie von einem Herzog einheitlich regiert, hat sich die Bezeichnung für die Belgrad unmittelbar vorgelagerte Provinz eingebürgert. In diesem Gebiet lebten im 19. Jahrhundert etwa gleichviel Deutsche und Serben – jeweils etwa 350 000 – sowie 400 000 Rumänen und 220 000 Ungarn, daneben Roma, Juden, Bulgaren, Slowaken und Kroaten.

Die Vojvodina setzt sich aus historischen Landschaften des vormaligen Südungarn zusammen, die durch die drei großen Flüsse der Vojvodina – Donau, Theiß und Save – unterteilt werden. Der westliche Teil der Vojvodina ist die Südbatschka (serbisch Bačka, Бачка, ungarisch Bácska), an die sich die südliche Baranya (kroatisch Baranja, ungarisch Baranja vármegye, seltene deutsche Bezeichnung Branau), der sogenannte Donau-Drau-Winkel, der heute zu Kroatien gehört, anschließt. Im Osten liegt das Westbanat. Banat und Batschka sind durch die Theiß voneinander getrennt. Den südlichen Abschluss bildet die historische Landschaft Ostsyrmien (serbisch Srem, Срем, kroatisch Srijem, ungarisch Szerém), das Land zwischen Donau und Save.

▲ Karte S. 160

Osmanen und Habsburger

Fast 500 Jahre, von 1071 bis 1541, gehörte die Vojvodina zum ›Regnum Hungaricum‹ des Mittelalters. Das Vordringen der Osmanen führte zur Ansiedlung von serbischen Flüchtlingen. Doch den Türken konnte kein Einhalt geboten werden. Die Vojvodina wurde Schauplatz vieler Kriege und zuletzt, von 1541 bis 1699, ebenfalls zu einem Bestandteil des Osmanischen Reiches, schwer verwüstet und weitgehend entvölkert. Eine Wende leiteten die Habsburger ein, die das weitere Vordringen der Osmanen nach Westen stoppen konnten. Wieder wurde die Vojvodina zum Schlachtfeld. In Karlowitz (Sremski Karlovci) fand 1699 nach sieben Jahren Krieg gegen die Türken der Friedensschluss statt. Durch diesen Frieden der Liga – bestehend aus Habsburg, Polen und Venedig – mit der Türkei wurden Ungarn, Siebenbürgen, Teile von Kroatien und Slawonien frei. Für die Vojvodina bedeutete dies, dass Batschka, Baranya und Syrmien an den Habsburger Kaiser fielen. Der Flussabschnitt der Donau, der durch die Vojvodina fließt, wurde zur südlichsten Grenze des Kaiserreiches. Im Frieden von Passarowitz (Požarevac) im Jahr 1718 gelangte auch das Banat, das östlich der Theiß gelegene Gebiet mit der Hauptstadt Temeschwar/Temeschburg, in den Besitz des Kaisers. Der Mittellauf der Donau wurde in der Folgezeit großräumig als Militärgrenze gegen das Osmanische Reich ausgebaut, die erst 1881 vollständig wieder aufgehoben wurde.

Ein- und Auswanderer

Die historischen Landschaften der Vojvodina gingen nach 1718 getrennte Wege. Während in der Batschka die ungarische Komitatsverfassung wieder eingeführt wurde, stand das Banat bis 1778 unter unmittelbarer Verwaltung durch Wien. Das 18. Jahrhundert war geprägt durch eine umfassende, staatlich geförderte Neubesiedelung. Es kamen Magyaren, Deutsche, Serben, Rumänen, Kroaten, Slowaken und andere. Die spätere Vielfalt an Völkern und Religionen ist auf diesen Zeitabschnitt zurückzuführen. Am bekanntesten wurden die drei großen ›Schwabenzüge‹ (1723–1726, 1763–1773, 1782–1787).

Viele Serben waren schon während der türkischen Besetzung ihres Kernlandes südlich der Donau nach Norden abgewandert und hatten sich unter den Schutz Habsburgs gestellt. Ein Massenexodus im Jahr 1690, angeführt vom Patriarchen Arsenije III., brachte etwa 100 000 Menschen in die Vojvodina.

Erste Unabhängigkeitsbestrebungen

Zum Zentrum des Serbentums entwickelte sich im 18. Jahrhundert Karlowitz, wo sich auch eine Kaufmanns- und Bürgerschicht herauskristallisierte. Im Jahr 1711 wurde Karlowitz Metropolitensitz und somit auch religiöses Zentrum der serbisch-orthodoxen Kirche. In diesem Zusammenhang steht auch die Dichte der Klöster in der Fruška Gora. In Karlowitz entstand 1791 das erste serbische Gymnasium.

Auf dem Boden der Habsburger Monarchie erfolgte sozusagen das Erwachen des serbischen Nationalbewusstseins. Im Jahr 1848 brodelte es in Europa. In Osteuropa forderten die Ungarn mit Aufständen die Befreiung von Österreich. Auch die Serben strebten nach Freiheit. Im Mittelpunkt stand zunächst die Forderung nach Anerkennung als eigene Nationalität mit eigenem Territorium und eigener Regierungsgewalt. Erst die Reichsverfassung von 1849 kam in Ansätzen diesen Forderungen nach. Ein Teil der Vojvodina erhielt Selbstverwaltung in Form einer unabhängigen ›Serbischen Vojvodschaft‹ und dem Verwaltungsgebiet ›Temescher Banat‹. Beides hatte jedoch nur kurzfristig Bestand. Die großen Konflikte führten schon bald wieder zu ihrer Auflösung und Wiederangliederung an Ungarn. Mit dem österreichisch-ungarischen Ausgleich im Jahr 1869 wurde Ungarn als selbständiger Staat anerkannt.

Kloster in der Fruška Gora

Die Donauschwaben

Die Donauschwaben stellten bis zum Ausbruch des Zweiten Weltkrieges einen großen Teil der Bevölkerung in der Vojvodina. Immer schon wurden die deutschen Einwanderer von Magyaren und Slawen als Schwaben verstanden, auch wenn sie sich aus Siedlern verschiedener deutschsprachiger Gebiete und Stämmen wie Franken, Bayern, Elsässer, Pfälzer, Schlesier, Westfalen und Alemannen zusammensetzten. In ihrer neuen Heimat glichen sie sich in Mundart, Tracht, Sitte und Brauchtum einander im Laufe der Zeit an. Man fühlte sich als ›deutsche Leute‹ und bezeichnete sich auch selbst als Schwaben, die inmitten anderer Ethnien ein Zusammengehörigkeitsgefühl entwickelten. Der Begriff ›Schwaben‹ wurde aber auch auf andere westeuropäische Kolonisten, darunter Franzosen, Italiener oder Spanier, angewendet. Als feste Bezeichnung erlangte der Begriff ›Donauschwaben‹ erst nach dem Ersten Weltkrieg weitere Verbreitung.

Das Siedlungsgebiet dieser Auswanderer lag im südlichen und westlichen Teil des Pannonischen Beckens. Die meisten ließen sich in den Niederungen zwischen Donau und Theiß sowie Donau und Save nieder. Ihnen benachbart wurden Gruppen anderer Völker wie Rumänen, Magyaren, Kroaten, Slowaken, so dass ihre Siedlungsgebiete ethnisch und konfessionell von Anbeginn gemischt waren. Diese Regionen gehörten zur ungarischen Krone und seit 1526 zum Herrschaftsgebiet der Habsburger.

In Serbien siedelten sie vor allem in Syrmien zwischen Donau und Save mit den Zentren Ruma und Semlin, im Batscher Land (Batschgau) zwischen den Unterläufen der Donau und Theiß. Ihre wirtschaftlichen und kulturellen Schwerpunkte in der Batschka lagen in Abthausen (Apatin), Neu-Werbaß (Vrbas) und Neusatz (Novi Sad). Auch im serbischen Teil des Banat zwischen Theiß und Donau wurden sie heimisch. Die Hauptstadt des Banat, Temeschburg, liegt heute in Rumänien. Im serbischen Teil des Banat waren ihre Zentren Großbetschkerek (Zrenjanin), Weißkirchen (Bela Crkva), Pantschowa (Pančevo) und Werschetz (Vršac).

Die Ansiedlung der Donauschwaben war von der kaiserlichen Hofkammer betrieben worden. Denn nach der Befreiung weiter Gebiete von den Türken waren ganze Landstriche menschenleer. Man setzte auf kaisertreue Gefolgsleute aus dem Ausland, weniger auf die Ungarn, unter denen es viele Unzufriedene und Kaiserfeindliche gab wie beispielsweise die rebellischen Kuruzen. Die Donauschwaben kämpften an der Seite der kaiserlichen Armee unter Prinz Eugen in weiteren Schlachten gegen die Türken. Von ihren Gegnern übernahmen sie den Kaffee, den Kukuruz (Mais) und

In Bela Crkva, dem einstigen Weißkirchen

Modell einer ›Ulmer Schachtel‹

das Schimpfwort ›Kruzitürken‹, das sich aus Kuruzen und Türken, beides Feinde des Kaisers, zusammensetzt.

Dank der Siedler entfalteten sich die Städte neu. Besonders nach dem Frieden von Passarowitz 1718 kam es zur großräumigen Ansiedlung Deutscher.

Die Enge in der Heimat und Begünstigungen des Kaisers waren der Grund für die Auswanderung. Im Vertrauen, von einem kaiserlichen Gebiet in ein anderes kaiserliches Gebiet zu gelangen, war man mutig und in Unkenntnis des zu Erwartenden aufgebrochen. Die Deutschen kamen auf sogenannten ›Ulmer Schachteln‹, Donauschiffen, auf denen kleine Häuser aufgebaut waren, von deren Dächern man ruderte. Auf den bis zu 26 Meter langen und vier Metern breiten Schiffen wurden bis zu 150 Menschen transportiert. Die Reise ging von Ulm oder Wien südwärts.

Die Flurverteilung und alles andere waren bei der Ankunft vorbereitet. Zu den Rechten der Siedler gehörten die freie Richter- und Pfarrerwahl, die eigene Gerichtsbarkeit, die Befreiung von öffentlichen Arbeitsleistungen, das Marktrecht, das Recht der Freizügigkeit. Im Gegenzug mussten die Städte Abgaben leisten und Pflichten zur Landesverteidigung übernehmen. In Serbien existierten privilegierte Städte wie Semlin, Pantschowa, Peterwardein und der Marktflecken Apatin. Die Handwerker waren in Zünften organisiert.

Bis vor dem Zweiten Weltkrieg wurde allein die Batschka von etwa 200 000 Deutschen bewohnt. Die Vielfältigkeit der Vojvodina wurde durch den Krieg stark erschüttert. Das jüdische Leben fand durch die deutsche Besetzung sein Ende. Die Vertreibung der Donauschwaben nach dem Krieg bedeutete das Ende der deutschen Kultur.

Nur wenige waren geblieben. Heute sind ihre Spuren an deutschen Namen, den Grabsteinen, den wenigen erhalten gebliebenen Klöstern und Kirchen und den typischen Häusern mit gebrochenen Giebeln zu erkennen. Leider sind die hinterlassenen deutschen Kulturgüter in einem bedauernswerten Zustand. Donauschwäbische Vereine mit Sitz in Deutschland suchen heute verstärkt den Kontakt zu den jetzt serbischen Gemeinden. Bemühungen nicht nur um eine Versöhnung, sondern um eine erneute Annäherung, werden von vielen Seiten betrieben, wie beispielsweise der Solidaritätsaktion für Osteuropa ›Renovabis‹ www.renovabis.de, die im Jahr 1993 von der Deutschen Bischofskonferenz ins Leben gerufen. Auch die Gesellschaft für serbisch-deutsche-Zusammenarbeit (Društvo za srpsko-nemačku savadnju, Друштво за српско-немачку сарадњу), www.drustvosns.org, die im Jahr 1991 begründet wurde, ist um Verständigung bemüht.

Die von Österreich einst geschaffene Militärgrenze wurde Ungarn einverleibt. Mit der Bildung der kaiserlichen und königlichen Monarchie 1867 war die Zuständigkeit für die Vojvodina ausschließlich an Budapest übergegangen, ohne Berücksichtigung der Bedürfnisse anderer Völker wie der Serben oder der Deutschen.

Aufteilung nach dem Ersten Weltkrieg

Nach dem Ersten Weltkrieg verlor Ungarn im Vertrag von Trianon zwei Drittel seines Territoriums, darunter auch das Komitat Szerém (Sremgebiet) sowie den größten Teil des Komitats von Bács-Bodrog. Kleine Teile der Baranya wurden an das damalige Königreich der Serben, Kroaten und Slowenen, vertrauter unter dem Namen Königreich Jugoslawien, abgegeben.

Auch das heutige Rumänien profitierte von der Zergliederung Ungarns. Es stritt mit den Serben um das Banat (ungarisch Bánság). Nach der Besetzung durch die Serben kam es im Jahr 1919 zur Aufteilung. Zwei Drittel des Banats erhielt Rumänien, ein Drittel das Königreich und ein ganz kleiner Zipfel mit einer Fläche von nur noch 217 Quadratkilometern verblieb bei Ungarn und gehörte dort zum Komitat Csongrád. Diese Aufteilung wurde im Vertrag von Trianon 1920 verankert. Die Serben unterteilten das gewonnene Gebiet ohne Rücksicht auf gewachsene historische Zusammenhänge in Verwaltungsbezirke. So entstanden im Bereich von Donau, Save und Theiß vier Kreise, von denen nur einer, nämlich Bačka, vollständig innerhalb der Grenzen der späteren Vojvodina zu liegen kam. Alle anderen reichten darüber hinaus.

Im Jahr 1931 wurde die ›Donaubanschaft‹ geschaffen, die die ganze Vojvodina umfasste und bis in den Süden nach Mittelserbien reichte. Die Bevölkerung setzte sich zu dieser Zeit vorwiegend aus Deutschen, immerhin ein Viertel der Bevölkerung, Magyaren und Slawen zusammen. Die Dörfer und ihre Struktur ließen erkennen, welche Nationalität dort wohnte.

In Jugoslawien spielte sich der Kampf um Minderheitenrechte vor allem bei den Donauschwaben und Magyaren in der Donaubanschaft ab. Den Deutschen wurde 1931 zumindest eine private Lehranstalt in Neuwerbaß (serbisch Vrbas, ungarisch Vrbász) in der Batschka zugestanden. Kaum mehr gab es jedoch muttersprachliche Mittelschulen für Magyaren und Deutsche. Die rumänischen Belange waren im rumänisch-jugoslawischen Schulabkommen von 1933 gesondert gelöst worden. Die Slowaken, mit Zentrum in Bački Petrovac (ungarisch Petróc), konnten sich als Slawen frei entfalten.

Ab 1919 begann eine Agrarreform, die vor allem zu Lasten der ungarischen Großgrundbesitzer ging. Begünstigt wurden Serben aus Innerserbien und Montenegro, insbesondere Kriegsteilnehmer, sogenannte ›Dobrovoljci‹ (Freiwillige), für die vielfach eigene Siedlungen angelegt wurden. Die beabsichtigte Serbenansiedlung hatte einerseits Erfolg, andererseits kam es zu Schwierigkeiten mit den Altsiedlern. Das waren die bereits ansässigen Serben, die durch die Zugehörigkeit zur k.u.k. Monarchie geprägt waren.

Mühle in der Vojvodina

Zweiter Weltkrieg

Nach dem Angriff Deutschlands und seiner Verbündeten im April 1941 wurde die Vojvodina aufgeteilt. Das Sremgebiet fiel an das von Deutschland für unabhängig erklärte Kroatien. Die Bačka einschließlich Novi Sad und die Baranya wurden durch Ungarn besetzt und staatsrechtlich eingegliedert. Der östliche Teil, das Westbanat, blieb bei Serbien, wurde aber seinerseits zu einem deutschen Besatzungsgebiet. Hitler hatte zwar das Westbanat Ungarn zugesagt, weil aber auch Rumänien darauf Anspruch erhob, beließ man es provisorisch bei Serbien. Die Ungarn machten die jugoslawische Agrarreform rückgängig und schoben 25 000 Serben aus der Batschka und der Baranya nach Serbien ab. Die Rücksiedler, sogenannte Szekler aus der Bukowina, nahmen ihre Stellung ein. Das Westbanat erhielt Verwaltungsautonomie, in dem Deutsche die Führungsämter besetzten, zum Beispiel die Bürgermeisterstellen. Die Ungarn und Deutschen erhielten eine gewisse Selbstverwaltung, vor allem im Schulwesen. Im Jahr 1942 kam es zu einer berüchtigten ›Razzia‹ in Novi Sad. Sie fand in einer Nacht statt, während der tausende von Juden und Serben von der ungarischen Armee an die Donau getrieben und bei Eiseskälte in den Fluss geworfen wurden. Eine Bronzeskulptur in Novi Sad erinnert an diese Greueltaten. Der Kampf um Jugoslawien wurde besonders heftig im Sremgebiet (Sremski-Front) in der Vojvodina geführt. Hier kämpften Titos Partisanen gegen deutsche und kroatische Truppen.

▲ Karte S. 160

Nur drei Jahre später wendete sich das Blatt abermals: Im Oktober 1944 zogen die Rote Armee sowie Titopartisanen ein. Jetzt begann der Terror gegen jene Donauschwaben, die noch nicht die Flucht ergriffen hatten: Es kam zur Enteignung, Vertreibung in die Sowjetunion, zu Zwangsarbeit und Hinrichtungen. Einige zehntausend Deutsche sollen in den Lagern der Vojvodina gestorben sein. Am Rande des Dorffriedhofs von Knićanin (deutsch Rudolfsgnad, ungarisch Rezsóháza) wurden auf Initiative der Belgrader Gesellschaft für serbisch-deutsche Zusammenarbeit zwei Gedenktafeln als Mahnmal errichtet. Nach der Auflösung der letzten Lager im Jahr 1948 wurden die Deutschen aus der Vojvodina vertrieben. Lebte vor dem Zweiten Weltkrieg etwa eine halbe Million Donauschwaben in der Vojvodina, so ermittelte eine Volkszählung von 1981 gerade noch 9000 Deutsche, eine von 1992 nur noch knapp 4000. Die Magyaren wurden zwar nicht in gleicher Dimension verfolgt, dennoch wurden nicht wenige hingerichtet. Sie stellen heute die größte Minderheit in der Vojvodina.

Von Oktober 1944 bis Juni 1945 stand das Gebiet unter Militärverwaltung. Als unter Tito Jugoslawien neu gegliedert wurde, erhielt die Vojvodina den Status einer autonomen Provinz innerhalb des Bundesstaates Serbien. Dies bedeutete ein eigenes Parlament und eigenes Gericht. In den Jahren 1968 und 1971 wurden die Kompetenzen der Provinzregierung mehrmals erweitert.

Völker in der Vojvodina

In der Verfassung von 1974 waren fünf große Volksgruppen verankert: Serben, Ungarn, Slowaken, Rumänen, Ruthenen. Daneben lebten kleinere Volksgruppen wie Deutsche, Bulgaren, Roma hier sowie Bunjewatzen und Schokatzen. Die Sprachenvielfalt fand eine großzügige Regelung: gleichberechtigte Sprachen waren Serbokroatisch in kyril-

Serbische Bauernkate in Kupinovo

lischer und lateinischer Schrift, Ungarisch, Slowakisch, Rumänisch, Rusinisch (Ukrainisch). Amtliche Verlautbarungen hatten fünfsprachig zu ergehen. Das galt für Zeitungen, Schulen, Rundfunk und Fernsehen. Bei der Ämterbesetzung fand ein ethnischer Proporz Beachtung.

Diesem Status bereitete Slobodan Milošević 1988 ein Ende. Beide autonomen Provinzen Serbiens, das Kosovo und die Vojvodina, wurden gleichgeschaltet. Die Vojvodina mit der großen ungarischen Minderheit und das Kosovo mit seiner großen albanisch-muslimischen Minderheit verloren ihren Sonderstatus. Im Norden ging es unblutig vonstatten, im Süden nicht. Mittel und Methoden waren einfach: Serbische Demonstranten wurden mobilisiert, die gegen die Autonomie in Novi Sad und Pančevo demonstrierten. Seit 1991 war Ungarisch nicht mehr als Amtssprache zugelassen. Die Bevorzugung von Serben stand der Benachteiligung von Magyaren gegenüber, die vor allem im Krieg gegen Kroatien eingesetzt wurden. Dies und wirtschaftliche Gründe hatten die Flucht vieler Ungarn zur Folge. Der Krieg gegen die Kroaten veranlasste zwischen 1991 und 2002 rund 18 000 Kroaten, das Land zu verlassen. Heute leben noch etwa 50 000 Kroaten in der Vojvodina, vor allem in der Bačka.

Autonomie

Die Autonomie der Vojvodina, die von Milošević einst aufgelöst worden war, konnte teilweise wieder hergestellt werden. Per Gesetz verabschiedet vom serbischen Parlament am 4. Februar 2002 gegen die Stimmen der Milošević-Anhänger und bei Enthaltung der Abgeordneten von Koštunicas ›DSS‹, erhielt die Vojvodina in mehr als 20 Bereichen, darunter Beschäftigung, Gesundheitswesen, Renten- und Invalidenversicherung, Zuständigkeiten zurück, während Polizei und Gerichte Belgrad unterstellt blieben. Es gibt auch wieder Schulen, die muttersprachlich unterrichten. Das Sprachrohr der Ungarn ist die Demokratische Gemeinschaft der Ungarn in der Vojvodina (Vajdasági Magyarok Demokratikus Kšzesége). Lange wollten die Meldungen über Konflikte und Übergriffe in der Vojvodina nicht verstummen. Der Zuzug vertriebener Serben aus Teilen des ehemaligen Jugoslawien hat einerseits die Mehrheitsverhältnisse verändert.

Noch sind die alten Rechte für die Ungarn nicht vollständig wieder hergestellt. Aber es gibt Fortschritte. Hatte der ehemalige serbische Präsident Koštunica Übergriffe wie Schändungen von Friedhöfen und Kirchen sowie rassistische Wandaufschriften gerne herunterspielt, so sah sich der ehemalige ungarische Präsident Ferenc Madl genötigt, in Belgrad vorzusprechen und auch die EU aufmerksam zu machen.

Im Jahr 2006 wurde in Serbien jedoch eine neue Verfassung verabschiedet, in der die Autonomie der Vojvodina um ihre finanzielle Selbständigkeit erweitert wurde. Und erst im Oktober des Jahres 2008 hat das Vojvodina-Parlament einen Verfassungsentwurf gebilligt, der an den weitreichenden Autonomiestatus der Ära vor Milošević anknüpfen soll. Er muss allerdings noch vom zentralen Parlament in Belgrad verabschiedet werden, wird aber von der Opposition als Bestreben zum Separatismus verunglimpft.

Die Minderheiten sind heute in Nationalräten organisiert. Am 15. Dezember 2007 wurde auch der Nationalrat der Deutschen in Novi Sad ins Leben gerufen. So sind die Deutschen heute als Minderheit geschützt. Andererseits tragen auch Vereine wie der der ›Donau‹ in Novi Sad oder eine der jüngsten Vereinsgründungen der Deutschen in Kikinda dazu bei, das die ethnische und kulturelle Vielfalt in der Region nicht vollständig verlorengeht.

▲ Karte S. 160

Novi Sad

Novi Sad (Нови Сад, deutsch Neusatz, ungarisch Újvidék), die Hauptstadt der Vojvodina mit knapp 300 000 Einwohnern gemäß der letzten Volkszählung vom Jahr 2005, ist nicht nur die zweitgrößte Stadt Serbiens, sondern auch das Zentrum der Vojvodina. Die Stadt liegt im südlichen Teil der Bačka am linken Donauufer gegenüber der berühmten Festung Petrovaradin. Novi Sad ist eine relativ junge Stadt, auch wenn man in ihrer Umgebung viele prähistorische Funde gemacht hat: in Klisa steinzeitliche, in Rivica eisenzeitliche und in Detlinara Spuren der Römer. Die Partnerstadt von Dortmund wird noch immer von verschiedenen Nationalitäten bewohnt: Ungarn, Kroaten, Roma, Slowaken sowie wenige Deutsche. Den höchsten Anteil stellen die Serben. Vom Europarat wurde Novi Sad zur ›Interkulturellen Stadt‹ erklärt.

Novi Sad ist das kulturelle Zentrum der Vojvodina und besitzt seit 1960 eine Universtität mit 13 Fakultäten. Neun sind direkt in Novi Sad, zwei in Subotica und je eine in Sombor und Zrenjanin. Das Spektrum reicht von der Medizin über Naturwissenschaft und Technik, Bauwesen, Wirtschaft und Jurisprudenz sowie Philosophie und Sprachen. Bis heute haben hier mehr als 50 000 Studenten abgeschlossen.

Novi Sad ist Messestadt. Eine der bedeutendsten Messen ist die internationale Landwirtschaftsmesse, aber auch die Tourismusmesse ist von Rang.

Novi Sad liegt am Kreuzungspunkt der wichtigen Straße von Westeuropa nach Südeuropa, direkt an der Donau. Nur wenige Kilometer vom Zentrum entfernt führt bei **Beška** die höchste Brücke über die Donau mit einer Durchfahrtshöhe von 50 Metern. Sie ist Teilstück der Autobahn E75. Im Hintergrund von Novi Sad erhebt sich das Frankengebirge mit seinen vielen versteckten Klöstern. Die Stadt liegt nur zwischen 70 und 80 Meter hoch und war häufig von Überschwemmungen bedroht. Heute, zehn Jahre nach dem letzten Krieg, pulsiert die Stadt mehr denn je. Große Objekte wie zwei weitere Brücken über die Donau, ein Yachthafen an der Donau und eine Untertunnelung wichtiger Straßenabschnitte sind geplant, um der Stadt weiteren Auftrieb zu verschaffen. Als kulturelles Zentrum ist Novi Sad auch die Heimat vieler Künstler und Literaten. Jovan Jovanović Zmaj wurde hier 1833 geboren, studierte in Budapest, Prag und Wien und kehrte 1870 nach Novi Sad zurück, wo er als Arzt tätig war. Seine Gedichte über die Liebe, die Heimat, die Freiheit und die Politik und seine Lieder haben ihn zu einem der bekanntesten Poeten Serbiens gemacht.

In der Fußgängerzone von Novi Sad

Über die Grenzen berühmt wurde Aleksandar Tišma. Nach einem bewegten Leben hatte er große Erfolge als Dichter, die ihm weltweite Bekanntheit einbrachten. Tišma, 1920 als Sohn eines Serben und einer ungarischen Jüdin im damaligen Jugoslawien geboren, siedelte aufgrund vieler Repressalien 1942 nach Budapest über. 1944 verurteilte man ihn zur Zwangsarbeit in Transsilvanien. Nach dem Krieg lebte er in Frankreich und in seiner Heimatstadt Novi Sad, wo er 2003 verstarb.

Stadtgeschichte

Das heutige Stadtgebiet befand sich bis 1687 unter Osmanenherrschaft. Als Österreich mit dem Aufbau einer Militärgrenze im Jahr 1694 begann und am rechten Donauufer die Festung Peterwardein errichtete, entstand am gegenüberliegenden Ufer eine Zivilsiedlung, in der sich hauptsächlich Serben niederließen. Sie waren während des großen Türkenkrieges 1683 bis 1699 aus dem inneren Serbien und dem Kosovo geflohen. Diese Siedlung ›Racka varoš prekodunavska‹, benannt nach der serbischen Zentrallandschaft Raszien und dem ungarischen Wort für Stadt, ›város‹, diente gleichzeitig als Brückenkopf für die berühmt gewordene bewegliche Brückenschanze des Prinzen Eugen, nach der sie bald ›Petrovaradinski Šanac‹ hieß. Unter Maria Theresia wurde 1748 die bis dahin bestehende Militärhoheit über Petrovaradinski Šanac aufgehoben und die Siedlung zur ›Freien Königsstadt‹ mit dem Namen Neoplanta, Neusatz, Újvidék erklärt. Diesen Namen übersetzten die Serben in Novi Sad.

Ein schweres Hochwasser im Jahr 1769/70 vernichtete die Stadt mit etwa 8000 Einwohnern fast vollständig. Im

Im Festungsmuseum

19. Jahrhundert entwickelte sie sich dennoch zum wirtschaftlichen Zentrum und geistigen Mittelpunkt der Serben in Österreich-Ungarn. Zu dieser Zeit waren bereits viele Donauschwaben hier ansässig, während die Ungarn erst zu Beginn des 20. Jahrhunderts hinzuzogen.

Im Revolutionsjahr 1848/49 erlitt die Stadt erneut schwere Schäden durch den Beschuss der Ungarn von der Petrowaradeiner Seite. Ihrer Entwicklung tat dies jedoch keinen Abbruch. Man leitete den Wiederaufbau zügig ein.

Seit 1860 setzte ein Aufschwung ein. 1861 wurde das erste ständige serbische Theater gegründet und drei Jahre später der Kulturverein ›Zgrada Matica Srpska‹ von Pest nach Novi Sad verlegt. Das ›serbische Athen‹ ist seit seinen Anfangszeiten ein Bildungs- und Kulturzentrum. Schon im Jahr 1731 hatte der Vladika (Bischof) Visarion Pavlović die lateinisch-slawische Schule eröffnet. Damit begann die Entwicklung des höheren Schulwesens, aber erst 1960, unter Tito, wurden die Universität und die Kunstakademie ins Leben gerufen. Die ehemalige griechische Schule ist heute in ein Wohnhaus verwandelt. Sie geht auf das Jahr 1783 zurück, als zugewanderte Griechen und Zinzaren (Aromunen) aus Makedonien und Epirus das Haus kauften und darin eine Schule einrichten ließen. 1869 musste die Schule wegen Schülermangels geschlossen werden. Die Griechen vermachten das Gebäude dem serbisch-orthodoxen Gymnasium.

▲ Karte S. 174

Im Gegensatz zu ihrem argrarischen Umland entwickelte sich die Stadt im 20. Jahrhundert zu einem bedeutenden Industriezentrum. Der NATO-Angriff hatte sie jedoch sehr in Mitleidenschaft gezogen. Die Raffinerie, das RTS-Sendegebäude und alle drei Brükken (Stari- oder Petrovaradinski Most, Novi Most und die Eisenbahnbrücke) wurden zerstört. Eine Pontonbrücke wurde ersatzweise für die Brücke Novi Most installiert, die ebenso wie die im Wasser liegenden Brückenteile den Donau-Wasserweg für mehr als sechs Jahre behinderte. Der Donau-Wasserweg ist jedoch von außerordentlicher europäischer Bedeutung, weswegen von der EU Mittel zur Wiederherstellung seiner Fahrrinne bereitgestellt wurden. Die neu erbaute Freiheits-Brücke (Мост Слободе, Most Slobode) wurde am 11. Oktober 2005 fertiggestellt und freigegeben und ersetzt die Pontonbrücke. Anstelle der Petrovaradinski Most entstanden die Most Varadinske Duga und eine temporäre Eisenbahnbrücke. Durch die Sprengsätze hatte auch die Festung Petrovaradin sehr gelitten und war in ihren Grundfesten im wahrsten Sinne des Wortes erschüttert worden.

Das Zentrum

Während man bei der Einfahrt nach Novi Sad den Eindruck einer weiträumigen, modernen und gewaltig expan-

Der serbische Kulturverein

Die bis heute bedeutendste erhaltene Kultureinrichtung Serbiens ist die ›Zgrada Matica Srpska‹, der serbische Kulturverein, eine der ältesten Kultureinrichtungen der Stadt.

Matica bedeutet ›Bienenkönigin‹, was im übertragenen Sinne eine Keimzelle bedeutet. Der Verein wurde 1826 in Pest gegründet, um dem wachsenden Magyarisierungsdruck auf die serbische Bevölkerung in der österreichisch-ungarischen Monarchie zu begegnen. Zeitweilig verboten oder an ihrer Ausübung gehindert, nahm er 1864 ihren Sitz in Novi Sad ein. Nach ihrem Vorbild entstanden eine Matica in Prag, in Zagreb die ›Matica Hrvatska‹, der kroatische Kulturverein, 1847 in Bautzen die ›Maćica Serbska‹, der sorbische Kulturverein, und als letzter 1863 der slowakische Kulturverein.

Die umfangreiche Verlagstätigkeit der ›Matica Srpska‹ fand besonderen Ausdruck in der Literaturzeitschrift ›Letopis Matice srpske‹, die älteste Zeitschrift im slawischen Süden, die seit 1825 ununterbrochen erscheint. Der Einrichtung gehörte eine große Bibliothek an.

Einst war die Matica mit der serbischen Lesehalle und jener lateinisch-slawischen Schule in der Stiftung des Vladika Platon Atanackoviç untergebracht. In ihr befindet sich jedoch heute die philosophische Fakultät; 1933 wurde die Einrichtung erneuert.

Ihr Ausstellungsbestand wurde ins Museum der Vojvodina überführt. Das heutige Gebäude der ›Matica Srpska‹ wurde 1912 dank der Stiftung von Marija Trandafil erbaut, die es als Bildungseinrichtung für arme Serben gedacht hatte.

Bild von Sava Šumanović in der Matica Srpska

dierenden Stadt erhält, ist das Zentrum gemütlich, klein und charmant. Nach den schwerwiegenden Zerstörungen von 1848 wurde die Stadt systematisch wieder aufgebaut und weist deshalb heute im Zentrum ein in großen Teilen einheitliches Stadtbild mit Bauten aus dem 18. und 19. Jahrhundert auf. Trotz einiger Verwahrlosung konnten sich sowohl Platzanlagen als auch Straßenfluchten in der Altstadt ihre ursprüngliche Gestalt bewahren. An ihnen, wie auch an den Fassaden, ist der habsburgische Einfluss nicht zu leugnen. Alle Sakralbauten der verschiedenen Konfessionen sind davon geprägt, so dass man die Konfession nicht am Außenbau erkennen kann. Fast das gesamte Zentrum ist Fußgängerzone.

Trg slobode

Herz der Stadt ist der Trg slobode (Трг слободе) mit Bauten aus dem 19. Jahrhundert. An diesem Platz stehen sich das Rathaus im Stil der Neorenaissance und die neogotische **Marienkirche** gegenüber. Fast in seinem Zentrum steht das Denkmal des Politikers und Freiheitskämpfers Svetozar Miletić (1826–1901), das Ivan Meštrović 1939 schuf.

Die ungarisch-katholische Marienkirche (Црква Имена Маријиног), auch

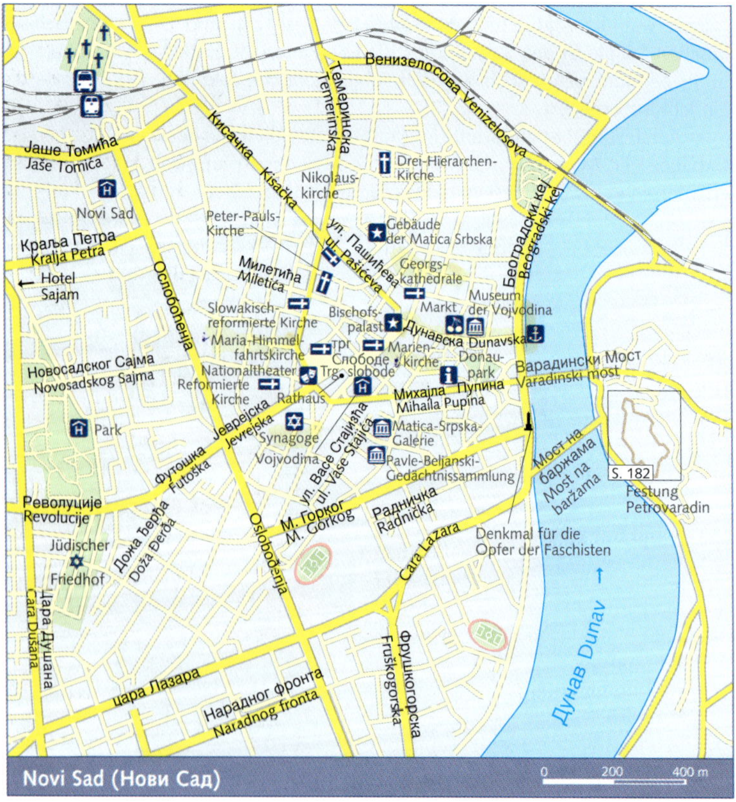

Novi Sad (Нови Сад)

Am Trg slobode

Kathedrale genannt, dominiert mit ihrem schlanken und sehr hohen Turm die Stadtsilhouette. Es ist der dritte Bau an dieser Stelle. Ein erster war 1718, ein zweiter 1743 und der letzte 1895 erfolgt. Es ist die größte Kirche der südlichen Bačka mit einer Länge von 52, einer Breite von fast 22 und einer Dachhöhe von gut 22 Metern. Der Turm ragt 72 Meter empor. Der Architekt war György Molnár, seine Büste steht im Eingangsbereich auf der linken Seite. Über dem Hauptportal hängt das Wappen des Erzbistums Kalocsa. Die dreischiffige Halle wird durch Bündelpfeiler unterteilt. Der Altar ist der Muttergottes geweiht. Sie wird links vom heiligen Stephan und rechts vom heiligen Ladislaus flankiert. Die farbigen Dachziegeln wurden in der berühmten ›Zsolnay‹-Fabrik in Pécs gefertigt. Sie sind aus glasierter und dekorierter Majolika.

Gegenüber der Marienkirche steht das **Rathaus**, ein Projekt, das ebenfalls auf György Molnár zurückgeht. Auf dem Platz sind noch einige schöne Fassaden zu sehen, auch der Jugendstil ist hier präsent.

ul. Zmaj Jovina

Hinter der Marienkirche verläuft die ul. Zmaj Jovina (ул. Змај Јовина), an der der barocke **Bischofspalast** (Vladičanski Dvor/Владичански Двор) steht. Hinter ihm ragt die serbisch-orthodoxe **Georgskathedrale** (Sv. Georgija/Св. Георгија Саборна) hervor. Es handelt sich bei ihr um eine barocke Saalkirche mit Westturm, die 1853 auf einem Vorgängerbau des 18. Jahrhunderts erneuert wurde. Das Innere der Kirche geht auf 1902 zurück. Die Ölmalereien im Gewölbe schuf Stevan Aleksić von 1905 bis 1909. Die Ikonenwand sowie zwei Motive der mittelalterlichen serbischen Geschichte über den Chören stammen von Paja Jovanović. Der Bau ist von einer Tonne überwölbt, im Westteil gibt es eine Empore. Die Bestuhlung links und rechts ist nur berechtigten Personen vorbehalten, alle anderen stehen. Am Abend ist der Gottesdienst besonders schön. Nur dabei kann man die Kirche besichtigen, sonst ist sie geschlossen.

Die ul. Zmaj Jovina ist noch Fußgängerzone. An sie schließt sich der **Markt** an,

Der Bischofspalast

der Verkauf beginnt täglich um sechs Uhr. Dahinter befindet sich der **Busbahnhof** für den städtischen Verkehr.

■ ul. Dunavska

Viele Bauten an der ul. Dunavska (ул. Дунавска) und der ul. Zmaj Jovina (ул. Змај Јовина) stammen aus dem 18. Jahrhundert. Als das älteste Bauwerk im alten Stadtkern gilt das Gebäude **Zum weißen Löwen** an der Ecke der ul. Zmaj Jovina und der ul. Dunavska. Es gehörte Emanuel Janković, der darin die erste Buchhandlung und Druckerei von Novi Sad unterbrachte. Kleine Nebenstraßen mit historistischen Bauten zweigen von hier ab und führen zur Donau. Noch immer wird kräftig renoviert, um den alten Glanz wiederherzustellen.

Auch in der ul. Dunavska setzt sich die Fußgängerzone fort. Einige Passagen zweigen von ihr ab. In ihnen findet man Boutiquen und Kneipen aller Art.

■ An der Donau

Das Zentrum der Stadt wird östlich von der Donau begrenzt. In ihrer Nähe liegt das **Museum der Vojvodina**. Das Museum der Vojvodina (muzej Vojvodine/ музеј Војводине) ist aus dem ehemaligen ›Matica Srpska‹-Museum von 1847 hervorgegangen. Im Moment wird es einer größeren Renovierung unterzogen, kann aber trotzdem besucht werden. Das heutige Gebäude entstand 1947. Es beinhaltet Objekte zur Geschichte: Saal des Ersten und des Zweiten Weltkriegs, Archäologie und Ethnologisches von den Kelten, Sarmaten und Römern, eine Siedlungsgeschichte der Vojvodina. Karikaturen vor Uroš Predić sind ausgestellt; ein Saal ist den Klöstern der Vojvodina gewidmet.

Eine Zweigstelle des Museums befindet sich in Schloss Čelarevo mit einer Sammlung von Stilmöbeln (siehe Seite 233). Eine weitere Zweigstelle stellt das Ethnohaus ›Brvnara‹ in Bački Jarak dar. Es wird nur für Gruppen und nach Voranmeldung geöffnet.

Gegenüber befindet sich der **Donaupark** mit Denkmälern, unter anderem von Miroslav Antić (1932–1986). Etwas weiter entfernt, am Donaukai, steht das Denkmal für die Opfer des Faschismus von Jovan Soldatović. Die Bronze zeigt einen Mann, eine Frau und ein Kind. Von 1941 bis 1944 während des Zweiten Weltkriegs war die Stadt von den mit den Deutschen verbündeten Ungarn besetzt. Unter dem ungarischen Befehlshaber General Feketehalmy-Czeydner wurden gleich zu Beginn mehrere tausend Juden und Serben erschossen oder an die Donau getrieben und in den zugefrorenen Fluss geworfen.

■ Nikolauskirche

Zurück im Zentrum, lässt es sich gut durch die ul. Pašićeva (ул. Пашићева) mit ihren schönen historistischen Bauten spazieren. Fast an ihrem Ende trifft man auf die serbische **Kulturstiftung Zgrada Matice Srpske** (Зграда Матице Српске, siehe Seite 173). Und durch verwinkelte Gassen erreicht man in wenigen Schritten die Nikolauskirche (црква Св. Николе), deren Besichtigung man sich nicht entgehen lassen sollte. Die kleine serbisch-orthodoxe Kirche ist ein Kleinod an Stimmung und Atmosphäre. Sie gilt als das älteste Gotteshaus der Stadt und ist eine Stiftung der Familie Bogdanović von 1730. Während der 1848er Revolution wurde sie zerstört und 1864 wieder aufgebaut. Die ursprüngliche Ikonenwand ist nicht erhalten, die heutige geht auf Pavle Simić zurück, während die Wandmalereien Dimitrije und Živko Petrović zugeschrieben werden.

▲ Karte S. 174

Auch Nikola Dinšić wird als Beteiligter erwähnt. In der Kirche wurden 1913 die Kinder von Mileva und Albert Einstein getauft. Mileva Einstein-Ravić (1875–1948), geboren in Kać bei Titel, war die erste Frau des Nobelpreisträgers. Sie besuchte in Novi Sad die Serbische Höhere Mädchenschule und war die erste Serbin, die ein Studium der Mathematik und Physik aufnahm.

Galerija Matica Srbske

Um die Altstadt verläuft eine Ringstraße. Zwischen den Weltkriegen entstanden an ihr die Projekte für die Regierung und die Nationalversammlung der Vojvodina durch den Architekten Dragiša Brašovan. An der Ringstraße liegt nicht nur das Büro der **Tourismusinformation**, sondern auch der Trg Galerija (Трг Галерија) mit mehreren Museen, der Pavle-Beljanski-Gedächtnissammlung und der Galerija Matica Srbske.

Die Galerie (Галерија Матице Српска) wurde 1847 gegründet und besitzt eine reichhaltige Sammlung neuerer serbischer Kunst. In der ständigen Ausstellung sind über 800 Exponate vom 16. bis 20. zum Jahrhundert zu sehen: Die Bildergalerie der ›Matica Srpska‹ vermittelt einen Überblick über die serbische Malerei und Graphik der Vojvodina vom Ende des 18. Jahrhunderts bis zur Gegenwart. Die Exponate reichen von serbischen Holzschnitten, Kupferstichen, Zeichnungen und Lithographien bis zur sakralen und profanen Malerei des beginnenden 20. Jahrhunderts. Unter den graphischen Blättern sind vor allem die Arbeiten von Hristofer Žefarović und Zaharije Orfelin hervorzuheben. Das 19. Jahrhundert ist durch Werke von Katarina Ivanović, Đura Jakšić und Novak Radonić vertreten, während für das 20. Jahrhundert vor allem Uroš Predić und Paja Jovanović zu nennen sind. Daneben werden Sonderausstellungen gezeigt.

Pavle-Beljanski-Gedächtnissammlung

Die Pavle-Beljanski-Gedächtnissammlung (Spomen Zbirka Pavla Beljanskog, Спомен Збирка Павла Бељанског) beinhaltet eine bedeutende Sammlung serbischer Malerei. Sie ist das Vermächtnis des Juristen und Diplomaten Pavle Beljanski. Der Kunstkenner und Mäzen hat Werke der Malerei, Skulpturen und Tapisserien des 20. Jahrhunderts zusammengetragen.

Synagoge

Die Vielfalt der Völker kennzeichnet noch heute die Gebäude verschiedenster Konfessionen. Die große Synagoge (Синагога) in der ul. Jevrejska 5 (ул. Јеврејска) vom Ende des 19. Jahrhunderts zeugt von der Bedeutung und Größe der jüdischen Gemeinde in der Stadt. Eine Gedenktafel erinnert an die Deportation am 26. April 1944. Die Synagoge bildet mit der ehemaligen

Die Synagoge

Die Vojvodina

jüdischen Schule und dem Gemeindehaus eine bauliche Einheit.
An die jüdische Gemeinde erinnert auch noch der kleine **jüdische Friedhof**, der sich an den äußeren Rand des katholischen Friedhofs der Stadt anschließt. Sein Bereich grenzt an die ul. Doža Đerđa (ул. Дожа Ђерђа). Hier sind Deutsche, Ungarn und Serben bestattet. Es ist interessant, die Grabinschriften zu entziffern und auf den Spuren der Vergangenheit zu wandeln. Gegenüber vom Friedhof liegt ein Krankenhaus, dahinter ein großer Park und das Hotel ›Park‹, eines der ersten Häuser der Stadt.

Maria-Himmelfahrtskirche

Doch zurück in die Innenstadt: Schräg gegenüber der Synagoge steht die **Reformierte Kirche** (Reformatska Hrišćanska crkva/Реформатска хришћанска црква), und nicht weit von ihr wartet die serbisch-orthodoxe Maria-Himmelfahrtskirche (crkva Uspenja Bogorodice/црква Успења Богородице) auf Besucher. Sie wurde 1736 im Barockstil begonnen und 1776 restauriert. Im Inneren konnte sie ihr ursprüngliches Aussehen bewahren: Eine wunderschöne Ikonostase mit fünf Rängen mit Ikonen von Janko Halkozović und Vasa Ostojić. Die Holzschnitzereien sind Werke von Aksentije und Arsenije Marković, die Wandmalereien zum Teil vom Pfarrer Joca Jovanović. Eine letzte Restaurierung hat durch Dušan Nonin 1777 bis 1779 stattgefunden. In der Kirche befindet sich eine bedeutende Muttergottes-Ikone von 1690. Sie wurde aus Zentralserbien bei der Flucht vor den Türken hierher gerettet.

Nationaltheater

Gleich hinter der Maria-Himmelfahrtskirche steht das serbische Nationaltheater (Srpsko Narodno Pozorište/Српско Народно Позориште), ein moderner, mit Marmor verkleideter Bau; davor Denkmäler für Pera Dobinobić (1853–1923) und Jovan Sterija Popović (1806–1856). Das Theater von Novi Sad war 1861 als serbisches Nationaltheater gegründet worden. Darin wurde das nationale Schauspiel, 1921 die Oper und 1950 das Ballett untergebracht. Seit 1981 befindet sich das Theater in diesem neuen Gebäude.

▲ Karte S. 174

Weitere Kirchen

Etwas weiter entfernt trifft man auf eine weitere serbisch-orthodoxe Kirche, die der drei Hierachen (Sv. Tri Jerarha/Св. Три Јерарха) oder auch Almaškakirche genannt. Sie entstand in nur elf Jahren zwischen 1797 bis 1808 als einschiffiger Bau mit halbrunder Apsis an der Ost- und einem Glockenturm an der Westseite. Die Schnitzereien gehen auf Aksentije Marković, die Ikonen auf Arsa Teodorović zurück (1825).
Am Ring zeugen zwei weitere Kirchen von der konfessionellen Vielfalt der Stadt: die **Peter-und-Paul-Kirche**, ein griechisch-katholisches Gotteshaus (crkva Sv. Apostola Petra i Pavla/црква Св. Апостола Петра и Павла), und schräg gegenüber die **slowakisch-evangelische Kirche** (Slovačka Evangelička crkva, Словачка Евангеличка црква). Die römisch-katholische **Kirche Sv. Jurija** (Св. Јурија) befindet sich auf der Petrovaradiner Seite.

Die Festung Petrovaradin

Die Festung ist eine der imposantesten Verteidigungsanlagen Europas und der Stolz der Bürger von Novi Sad. Ihre Fläche beträgt 112 Hektar, fünf Tore gewährten Zugang nach oben. So wie wir die Festung heute sehen, entstand sie in den Jahren 1692 bis 1780.

Die Besichtigung der Bastion beeindruckt besonders Liebhaber der Verteidigungsarchitektur. Mächtige Ziegelwälle für den Kampf mit Feuerwaffen umgaben die untere Garnisonsstadt und reichten bis zum Donauufer. In den Mauern verliefen unterirdische Gänge und Versorgungsräume.

In den ehemaligen Kasernen, Lager- und Munitionsgebäuden befinden sich heute Museen, Ausstellungsräume, Künstlerwerkstätten. Das Hotel ›Leopold I‹ lädt in sein Restaurant mit schöner Aussichtsterrasse, die den Blick auf Novi Sad und den dahinterliegenden Frankenwald freigibt. In den ehemaligen Kasernen sind kleine Bars untergebracht, so dass sich auch ein Besuch am Abend lohnt.

Die Festung ist Schauplatz für das jährlich stattfindende **Musikfestival Exit**, eine der ganz großen Musikveranstaltungen in Südosteuropa. Hervorgegangen ist das Festival aus einer studentischen Protestbewegung gegen Milošević. Heute findet es Sponsoren aus der Wirtschaft. Bis zu 60 000 Menschen täglich kommen hier aus aller Welt zusammen und erleben einen Musikevent aus Hardrock, Hiphop, Punk und elektronischer Musik. Im Jahr 2007 erhielt das Festival von den UK Festival Awards den Preis als beste Veranstaltung außerhalb Großbritanniens. Exit findet alljährlich am ersten Donnerstag des Juli für vier Tage statt, www.exitfest.org.

Seit 1945 ist Petrovaradin ein Stadtteil von Novi Sad. Vom Ufer Novi Sads kann man einen wunderbaren Blick auf die wahrhaft imposante Festung genießen. Grundlegende Renovierungen wurden vorgenommen, um die Schäden durch das NATO-Bombardement von 1999 zu beseitigen, bei dem auch die Wasserversorgung schwer getroffen wurde.

Geschichte der Festung

Die Geschichte von Petrovaradin ist eine Geschichte der Eroberungen. Das ehemalige selbständige Petrovaradin liegt auf der Südseite der Donau in einer Donauschleife. Es ist nicht nur eine Festung, sondern umschließt eine ganze Stadt.

Unweit der Festung soll auf einer Anhöhe einst die römische Siedlung Cusum gelegen haben. Andere Quellen spre-

Die Festung Petrovaradin

Die Kirche des heiligen Georg am Fuße der Festung

chen vom römischen Acumincum, das nicht weit von der Mündung der Theiß in die Donau gestanden haben soll.

Die Stelle, an der sich die eigentliche Festung befindet, soll schon von den Kelten besiedelt worden sein. Nach der Teilung des römischen Reiches 395 lag sie am äußersten Rand Ostroms. Von den Byzantinern eroberten es die Hunnen, dann die Awaren. Im 7. Jahrhundert nahmen die Slawen von ihr Besitz, während Ende des 8. Jahrhunderts die Franken das gesamte Sremgebiet einschließlich Petrovaradin eroberten. Als sich die Ungarn in Pannonien etablierten, wurde Petrovaradin ein Teil ihres mittelalterlichen Reiches. Im 12. Jahrhundert, zum Zeitpunkt der Errichtung des mittelalterlichen Festungsbaus, bekriegten sich hier Ungarn und Byzantiner. Der ungarische König Béla IV. übergab die Festung und ihren Königspalast im Jahr 1237 den Zisterziensern. Sie bauten zunächst ein Kloster im Tal, das direkt dem König unterstand. Nach der mongolischen Invasion zogen sie auf den Felsen und bauten ein neues. In den Jahren 1247 bis 1252 entstand eine Festung, die nach Petar Terefi, dem Rat von Csanád, Petrovaradin, Peters kleine Festung, benannt war. Mit zunehmender Türkengefahr wurde die Festung erweitert und als solche erstmals 1347 erwähnt. Ihr Aussehen war klassisch mittelalterlich, von einer doppelten Mauer umgeben mit einer Kirche im Inneren. Zur Festung gehörte umliegendes Land, auf dem Wein angebaut wurde. Nach 1439 war die Festung häufig umkämpft, bis sie in den Besitz von Peter Varadi, dem Erzbischof von Kalócza (heute Sremski Karlovci), kam. Auf ihn gehen die letzten mittelalterlichen Baumaßnahmen zurück. Mit den zunehmenden Übergriffen der Osmanen und der Eroberung Belgrads wurde die Festung der wichtigste Verteidigungsposten an der Donau, Schauplatz des Bündnisses zwischen Matthias Corvinus (1443–1490) und Venedig im Jahr 1463 gegen die Türken. Dennoch eroberten die Gegner unter Sultan Süleyman II. die Stadt 1526 und hielten sie bis 1687. Petrovaradin war in dieser Zeit eine wichtige Station auf der Straße von Konstantinopel nach Budapest. Der türkische Weltenbummler Evliya Çelebi beschrieb den orientalischen Charakter der Gebäude um und in der Festung. In den nächsten Jahren ging sie wieder von einer Hand in die andere. Nach der siegreichen Schlacht von Slankamen 1691 wurde sie einschließlich des gesamten Sremgebiets, das heißt der Gebiete südlich der Donau, befreit.

Die Habsburger übernahmen Festung und Ortschaft und veranlassten umgehend die Instandsetzung. Doch 1692 wurde unter Berufung auf den Festungsbaumeister Vauban beschlossen, den sehr mitgenommenen Bau zu zerstören und nach neuesten militärischen Vertei-

▲ Karte S. 182

digungserkenntnissen wieder zu errichten. Sébastien le Prestre de Vauban war französischer Festungsbaumeister und Marschall. Berühmt ist er für die Befestigungsanlage in Dünkirchen geworden. Als Generalinspekteur des französischen Festungswesens leitete er in den Kriegen Ludwigs XIV. viele Belagerungen wie die von Maastricht und Namur.

Nach dem Frieden von Karlowitz 1699 wurde Petrovaradin Teil der Militärgrenze. Nach dem Frieden von Belgrad 1739 erhielt die Festung unter Maria Theresia (1754–1766) ihre endgültige Form. Die Unterstadt wurde abgeschlossen, viele barocke Häuser zieren sie noch heute. Neben Militärangehörigen lebten hier Händler, Bauern und Handwerker. In dieser Bauphase begann man mit der Erweiterung, den unterirdischen Korridoren in vier Ebenen und einer Länge von sechzehn Kilometern. Außerdem wurde ein riesiges Trinkwasserreservoir geschaffen. Nach dem Ende der Auseinandersetzungen mit den Türken wurde Petrovaradin ein wichtiges Militär- und Aufklärungzentrum an der südlichen Grenze des Habsburger Reiches.

Nach 1918 gehörte die Festung zum Königreich der Südslawen und wurde weiterhin militärisch genutzt. Zwischen den Weltkriegen entstand neben dem Militärhospital die orthodoxe Sankt-Pauls-Kapelle mit Ikonen von Vasa Eškivčević, so besaß man nun auch ein serbisches Gotteshaus in Petrovaradin. Während des Zweiten Weltkriegs wurde Petrovaradin durch Deutschland Kroatien zugeschlagen. Von hier wurden Maßnahmen gegen die im Frankenwald aktiven Partisanen geplant. Nach der Befreiung Jugoslawiens wurde die Festung 1948 entmilitarisiert und seit 1951 als historisches Monument unter staatlichen Schutz gestellt.

Ein Rundgang durch die Festung

Die Festung erreicht man über einen Fußweg: Zunächst gelangt man durch das **Belgradtor**. Erhöht steht der **Jesuitenkonvent** mit der katholischen Kirche Sankt Juraj, die zwischen 1701 und 1714 entstand. An ihrer Fassade ist eine Statue des heiligen Ignatius zu sehen. Sie wurde durch Wälle geschützt.

Durch einen Tunnel erreicht man die **Ludwigsbastion** mit dem Ludwig-Badenski-Tor. Ihr wurde später ein **Glockenturm** hinzugefügt. Sie gilt als schönste der Bastionen und Grundstein der neuen Festung, von der sich reizvollste Ausblicke auf Novi Sad bieten.

Unterhalb der Ludwigsbastion liegt parallel zur Donau die **Bastion Maria Theresia**, die längste der Festung. Sie besteht aus zwei kleineren Trakten, die nach ihrem Gemahl Franz I. und dem Sohn der Kaiserin, Joseph II., benannt wurden. Zusammen mit den später errichteten zweiten Kasernen geben sie

Der Uhrenturm

Die Festung Petrovaradin

Legende

1 Belgradtor
2 Fußweg
3 Anfahrt mit dem Auto
4 Kirche St. Juraj
5 Ludwigsbastion
6 Glockenturm
7 Bastion Maria Theresia
8 Bastion Joseph II.
9 Gerichtstor
10 Bastion der Unschuldigen
11 Mamulakaserne/Stadtmuseum
12 Bastion Leopold I.
13 Planetarium
14 Pulvermagazin/Historisches Archiv
15 Kaserne/Historisches Archiv
15 Kunstakademie

der Festung ihr spezifisches Aussehen. Man kann auch mit dem Auto über eine kurvenreiche Straße durch mehrere Tore hindurchfahren. Ein Parkplatz steht zur Verfügung. Man passiert das älteste Tor der Festung, das **Gerichtstor.** Es markiert den Eingang zu einem 50 Meter langen Tunnel, durch den man die **Bastion der Unschuldigen** erreicht. Sie ist in ihren Dimensionen erstaunlich: 60 Meter tief und 4 Meter im Durchmesser. Mit ihren unterirdischen Galerien ist diese Bastion eine Hauptattraktion der Festung. Der Versorgungsweg führt durch die barokken Tore Karls VI. und Ludwigs.

Im Hauptgebäude, der **Mamulakaserne** von 1757 (ehemals Topovnjača), befindet sich heute ein Museum (muzej Grada Novog Sada, музеј Града Новог Сада), das in seinen Ausstellungsräumen das Leben der Stadt vom 18. bis zur Mitte des 20. Jahrhundert zeigt. Ein weiterer Teil des Museums ist im Zentrum in der ul. Duanvska Nr. 29 untergebracht. Auf dem Areal der Festung befinden sich außerdem ein **Planetarium** und ein Gebäude für die **Kunstakademie**.Die Unter- oder Wasserstadt war ein ebenso wichtiger Teil der Festungsanlage. Sie liegt zwischen dem Fluss und dem Festungsfelsen. Zwischen zwei Bastionen der Unterstadt entstanden Kasernen und ein Militärhospital, heute noch ein Krankenhaus und ehemals eine katholische Kirche.

Im Stadtteil Petrovaradin

Novi Sad

Vorwahl: 021.
Website: www.gradnovisad.org.yu.
Novi Sad Tourismusinformation, Bul. Mihajla Pupina 9, Tel./Fax 451481, ticns@nadlanu.com, www.novisadtourism.com; Mo–Sa 9–20, So 9–14 Uhr.

Novi Sad kann mit dem Auto, dem Flugzeug über Belgrad, dem Zug oder dem Autobus angesteuert werden.

Internetcafé, bul. Oslobođenja 63, Tel. 450533.
Intenetcafé Dejki, ul. Ilije Ognjanovica 6, Tel. 528500; 9–1 Uhr.

Der **Bahnhof** und der **Fern-Busbahnhof** befinden sich am Bul. Jaše Tomica 6. Es werden regionale, nationale und internationale Verbindungen angeboten. Stündliche Verbindung nach Belgrad.
Info-Tel. Bahn 443200 oder 338741, Info-Tel. Fernbusse 444021/22/23.
ATP-Vojvodina Put Navosadskog, partizanskog odreda 1a, Tel. 4889777.
Die zentrale Bushaltestelle für den innerstädtischen Verkehr befindet sich am Fischmarkt im Zentrum, Tel. 527399. Tickets kosten derzeit 25 Dinar.
Die ›APS‹-Verkehrsmittel von Novi Sad bieten Verbindungen in der

Stadt und in die Vororte. Es gibt auch Nachtlinien, www.gspns.rs (serb.).

Einstündige **Fahrten auf der Donau**, Abfahrt beim Restaurant ›Kamenjar‹; April–Okt. Buchungen bei ›Market-Tours‹, Bul. Cara Lazara 55, Tel. 367612, 468409, markettours@nscable.net, www.markettours.wsc.rs.

Park (★★★★★), ul. Novosadskog Sajma 35, Tel. 4888888, Fax 6621975, www.hotelparkns.com (dt.); 220 Zimmer. Abseits vom Zentrum im Park. Das Hotel ist zwischenzeitlich in die Spitzenklasse aufgestiegen und gilt als erstes Haus am Platz.

Hotel Leopold I., in der Festung Petrovaradin, Tel. 488787-8, Fax -7, www.leopoldns.com; DZ 140–220 Euro. Das Hotel wurde im Juni 2007 in der Festung eröffnet. Es verfügt über 33 Zimmer, die historistisch eingerichtet wurden. Ein Aufenthalt lohnt sich wegen der besonderen Atmosphäre in der Festung und dem schönen Blick auf die Donau und die Stadt Novi Sad.

Novi Sad (★★★), Bul. Jaše Tomića bb, Tel. 442511, Fax 443072, www.hotelnovisad.co.rs.

Vojvodina (★★★), Trg Slobode 2, Tel. 6622122, Fax 6615445; DZ 35 Euro. Mitten im Zentrum, im 1. Stock eines historischen Gebäudes. Einfache Zimmer, aber sauber und gepflegt. Zum noch nicht privatisierten Hotel gehört ein Restaurant, dessen Service den Kommunismus noch nicht hinter sich gelassen hat.

Sajam (★★★), Hajduk Veljkova 11, Tel./Fax 420266, www.hotelsajam.co.yu; DZ 36 Euro. Neues Privathotel beim Messegelände.

Restaurant Lipa, ul. Miletića 7–9, Tel. 615259. Traditionshaus im Zentrum.

Sokače (Сокаче), Trg Šitin 5, Tel. 622007. Gute nationale Küche, abseits vom Zentrum hinter Wohnblocks, per Taxi zu erreichen.

Fontana, ul. Nikole Pašića 27, Tel. 621779.

Knjižara (Lesestube) & Kafe Most, ul. Zmaj Jovina 22, Tel./Fax 615018.

Tvrđava, Tel. 433009. In der Festung Petrovaradin, es wird gute Volksmusik geboten.

Sur Šaran, ul. Nikole Pašića 15, Tel. 621800.

Kod Dragan (Bei Dragan), Tel. 064/1947670. Gemütliche Bar in der Festung.

De Mazor, ul. Dunavska 23; 14–2 Uhr. Bar mit Jazzmusik im Zentrum.

Museum der Vojvodina, ul. Dunavska 35–37, Tel. 20053, museum@eunet.yu; Di–Fr 9–19, Sa/So 9–14 Uhr.

Museum der Stadt Novi Sad, in der Festung, Tel. 433145, muzgns@eunet.yu; 9–17 Uhr.

Galerija Matice Srpske, Trg Galerija 1, Tel. 421455, galmats@eunet.yu; Di–Do 9–15, Fr 9–15 und 16–20 Uhr, Sa 9–13 Uhr.

Pavle-Beljanski-Gedächtnissammlung, Trg Galerija 2, Tel. 28185, szpb@eunet.yu; Mi, Fr, Sa/So 10–16, Do 13–21 Uhr.

Rajko-Mamuzić-Stiftung, ul. Vase Stajića 1, Tel. 20467; Mi–So 9–17 Uhr. Die Sammlung des Stifters Rajko Mamuziš (Galerija Likovne Umetnosti Poklon Zbirka Rajka Mamuzića, Галерија Ликовне Уметности Поклон Збирка Рајка Мамузића) ist seit 1973 in einem Gebäude des Architekten Filip Schmit von 1922 untergebracht. Der Grundstock umfasst etwa 600 Exponate der zweiten Hälfte des 20. Jahrhunderts: Gemälde, Skulpturen, Tapisserien, Zeichnungen, Graphiken.

Naturkundemuseum (Zavod Za Zaštitu Prirode Srbije, Завод за Заштиту Природе Србије), ul. Radnička 20a, Tel. 42 11 43, zzpsns@eunet.yu; Mo–Sa 8–16 Uhr. Das Museum wurde 1966 gegründet. Auf 900 Quadratmetern sind etwa 60 000 Objekte ausgestellt.

Landwirtschaftsmuseum, in Kulpin, Tel. 78 62 66.

Exit-Musikfestival auf der Festung Petrovaradin, www.exitfest.org. Tickets sind über Internet erhältlich. Das Festival findet immer im Juli für vier Tage statt. Ein Viertagesticket kostet 2009 72 US-Dollar.

Die Umgebung von Novi Sad

Auf dem Weg nach Sremski Karlovci sieht man auf der linken Seite ein Kirchlein, **Santa Maria im Schnee auf Tekije**. Es wurde 1881 auf einem Vorgängerbau zur Erinnerung an die siegreiche Schlacht gegen die Türken von 1716 errichtet.

Das **Dörfchen Kulpin** (Кулпин, Kölpeny), etwa 20 Kilometer von Novi Sad entfernt, gehört zum Städtchen Bačka Petrovac und ist eine mehrheitlich von Slowaken bewohnte Gemeinde. Im Dörf Kulpin stehen die beiden **Schlösser der Familie Stratimirović und Dunđerski** inmitten einer großen Parkanlage. Im größeren Schloss, dem der Familie Stratimirović, befindet sich ein landwirtschaftliches Museum.

Erzengelkloster von Kovilj

In südöstlicher Richtung von Novi Sad, in Richtung Belgrad, nicht weit von Sremski Karlovci, ist das Erzengelkloster von Kovilj (Ковиљ) zu besichtigen. Es steht am Ende des gleichnamigen Dorfes. Nicht weit vom Sommersitz des Patriarchen gelegen, ist es heute eines der wichtigsten Männerklöster der serbisch-orthodoxen Kirche.

Große Renovierungsarbeiten sind im Gange. Durch ein Tor gelangt man in einen weiten ummauerten und begrünten Vorhof. Ein zweites Tor führt ins eigentliche Kloster. Dessen Gründung wird einerseits auf den heiligen Sava persönlich zurückgeführt. Andere Quellen berichten von der Errichtung durch Mönche im 15. Jahrhundert auf den Ruinen eines Franziskanerklosters. Damals besaßen die Mönche nur eine kleine Kirche, die sie 1651 ausmalen ließen. In den Jahren 1686 bis 1697, dem Beginn der großen Kriege zwischen Habsburg und Türken, zerstörten die Türken nicht weniger als viermal das Kloster. Bei seiner Wiederherstellung von 1705 bis 1707 baute man neben dem alten kleinen ein neueres größeres Gotteshaus. Diese große neue Kirche brannte jedoch während der Revolution von 1848 aus und mit ihr auch die Ikonenwand des Todor Ilić Češljar.

Die heutige Kirche ist der Restaurierung des 19. Jahrhunderts zu verdanken. Es handelt sich um einen dreischiffigen Bau mit Apsis und zwei Nebenapsiden. Das Mittelschiff ist von zwei Kuppeln überwölbt, die von weither den Weg zur Kirche weisen. Die Außenwände sind mit

Naturstein verkleidet und durch Arkaden gegliedert. Deutlich vermengen sich in ihr serbisch-orthodoxe mit barocken westlichen Elementen. Die Ikonenwand geht auf Aksentije Marodić von 1870 bis 1890 zurück. Besonders kostbare Ikonen schuf Dimitrije Bačević.

Im linken Seitenschiff ist der große serbische Aufklärer, Archimandrit und Historiograph Jovan Rajić (1726–1801) bestattet. Der Gelehrte, ein Schüler Emanuilo Kozacinskis, wurde in Sremski Karlovci geboren, wirkte dort als Professor und trat später ins Kloster Kovilj als Mönch ein. Mit seiner ›Geschichte der slawischen Völker‹ wurde er berühmt.

Sowohl auf der Süd- als auch auf der Westseite wurde je ein neuer Konak mit den Mönchszellen angelegt. In diese Mönchszellen ist eine kleine Kirche integriert. Das Kloster war während des Kommunismus verlassen. Erst seit einigen Jahren haben sich wieder junge engagierte Mönche niedergelassen. Sie haben ein spirituelles Zentrum eingerichtet und unterhalten eine Ikonenmalschule.

Im Ort wurden der bedeutende Maler des Klassizismus Dimitrije Avramović (1815–1855) und der Dichter Lazar Kostić (1841–1910) geboren.

▲ Karte S. 187

Das Kloster Kovilj

Das Sremgebiet

Die historische Landschaft Srem (Syrmien, kroatisch Srijem, ungarisch Szerém oder Szerémség) teilen sich heute Kroatien und Serbien. Sie reicht vom kroatischen Vinkovci im Nordwesten bis nach Zemun im Südosten, das jedoch heute Belgrad eingemeindet ist. Der kleinere Teil, der sich in Kroatien befindet, ist dort Slawonien zugeordnet.

Das Sremgebiet ist die am dichtesten besiedelte Region der Vojvodina, wichtige Ortschaften sind **Sremski Karlovci, Sremska Mitrovica** und **Ruma**. Das Sremgebiet ist ein zum Teil mit fruchtbarem Lößboden bedecktes Tiefland, das von der **Fruška Gora** (539 Meter), einem inselartigen Gebirgszug, überragt wird.

Den Namen erhielt die Region von ihren Eroberern, den Römern, die die bedeutende Stadt Sirmium (Sremska Mitrovica) gründeten und ausbauten. Von 582 bis 796 war die Region ein Teil des Awarenreiches und von 832 bis 927 sogar bulgarisch. Im 10. Jahrhundert kam sie unter die Herrschaft von Byzanz, die den Verwaltungsdistrikt Syrmien einrichteten. Zwei Jahrhunderte lang war das Gebiet zwischen Ungarn und Byzanz umkämpft. Von 1071 bis zur türkischen Eroberung 1521 gehörte sie fast ununterbrochen zu Ungarn und war schon im 15. Jahrhundert mehrheitlich von Serben bewohnt. Nach der Angliederung an Österreich in den Jahren 1699 bis 1716 entstand hier die Militärgrenze, in die deutsche Siedler berufen wurden. Die Neubesiedelung ist heute noch an den Ortschaften erkennbar. Die Straßendörfer wurden in Kreuzform angelegt, die Städte, wie bei den Römern, in Schachbrettmustern.

In Folge des österreichisch-ungarischen Ausgleichs 1869 wurde die Militärgren-

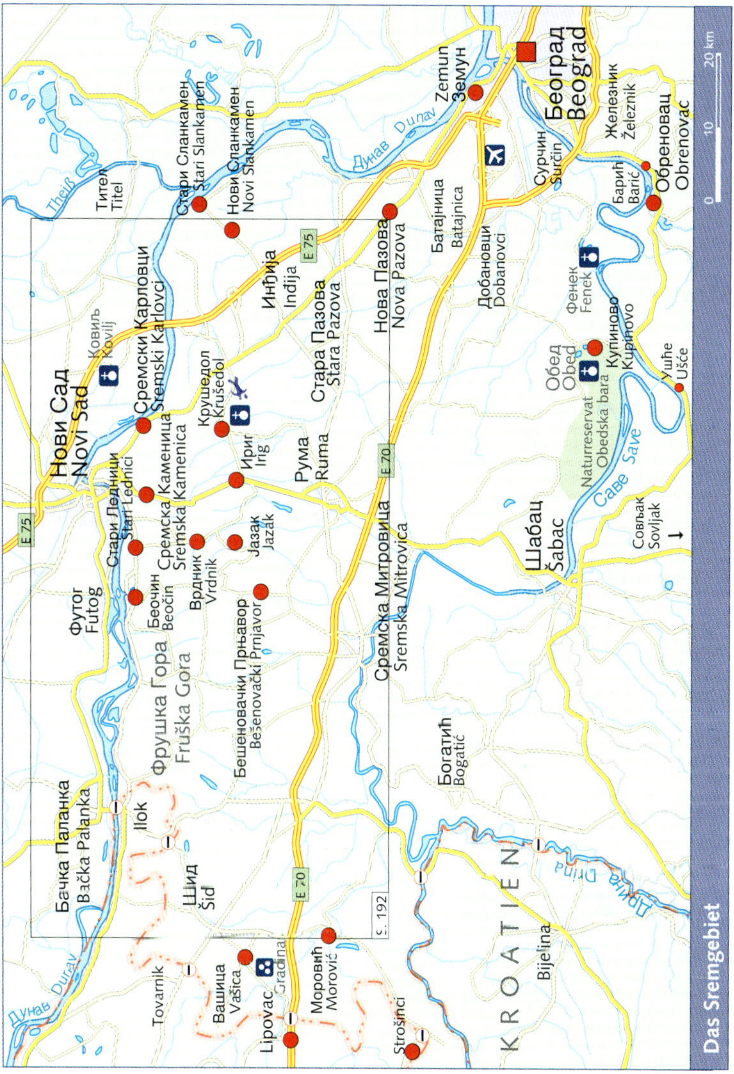

ze aufgelöst, das gesamte Sremgebiet dem kroatischen Slawonien angegliedert. Das Jahr 1918 brachte den Anschluss an das Königreich der Serben, Kroaten, Slowenen. In den Jahren 1941 bis 1944 wurde Syrmien dem unabhängigen Staat Kroatien angegliedert. Nach Kriegsende wurden die Grenzen zwischen den Teilrepubliken Kroatien und Serbien mitten durch das Sremgebiet gelegt. Mit dem Zerfall Jugoslawiens wurden diese Grenzen zu Staatsgrenzen und das Sremgebiet Schauplatz des Bürgerkrieges zwischen Kroaten und Serben, bei dem besonders der kroatische Teil in Mitleidenschaft gezogen und die alte Habsburgerstadt Vukovar, aber auch die Städte Osijek und Vinkovci größtenteils zerstört wurden. Auch im Sremgebiet lebt ein Völkergemisch, in dem die Serben den höchsten Anteil stellen.

Sremski Karlovci

Die Stadt Sremski Karlovci (Сремски Карловци, deutsch Sirmisch-Karlowitz, ungarisch Karlóca, türkisch Karlofća) hat für die serbische Freiheitsbewegung des 19. Jahrhunderts eine große Bedeutung und wird deshalb auch heute noch gerne von den Serben besucht. Am Wochenende ist kein Zimmer zu finden.

Stadtgeschichte

Im Jahr 1521 eroberten die Türken die Stadt für 160 Jahre, eine Quelle von 1533 belegt es erstmals als Karlovci. Im Jahr 1699 begann hier der Kongress mit den Türken und den verbündeten Russen, Österreichern und Polen, der im Frieden von Karlowitz endete. Zum Andenken an den Kongress wurde an der Stelle der Vertragsunterzeichnung 1817 eine Friedenskapelle gestiftet. Vladimir Nikolić hat sie entworfen, sie wurde Anfang des 20. Jahrhunderts renoviert. Nach der großen Flucht der Serben aus dem Süden wurde Sremski Karlovci das religiöse Zentrum der Orthodoxie, das dem Patriarchen von Peć direkt unterstellt war. 1713 wurde es Sitz eines Metropoliten, der anfangs für Serben und Rumänen zuständig war. In den folgenden Jahrhunderten entstanden hier zahlreiche serbische Bildungseinrichtungen. Viele Künstler ließen sich im 19. Jahrhundert in der Stadt nieder.

Am 13. Mai 1848 hielt man in Sremski Karlovci eine illegale Nationalversammlung ab, dieser Tag wird bis heute als Fest der Maiversammlung begangen. Auf der Versammlung erhöhte man den serbischen Erzbischof zum Patriarchen, die serbische Vojvodschaft wurde deklariert und ein weltlicher Vertreter, ein Vojvode, bestimmt. Ende des gleichen Jahres bestätigte Kaiser Franz Joseph in einem Manifest die Wahl des Patriarchen. Die ›serbische Vojvodschaft‹ wurde eingerichtet, die Ungarn damit geschwächt und das serbische militärische Potential für kaiserliche Interessen genutzt. Die Magyaren räumten das Banat und wurden zurückgedrängt. Der Patriarch verlegte seinen Sitz ins heutige Zrenjanin, und Serbisch wurde zur Amtssprache. Im Jahr 1849 endete das Ganze: Erobertes Gebiet wurde mit Unterstützung der Deutschen von Ungarn zurückgewonnen, die Serben bis Titel zurückgedrängt, und bald schon amtierte in Pančevo ein von Ungarn und Deutschen unterstützer Magistrat. Nach dem österreichisch-ungarischen Ausgleich von 1869 begann dann die verstärkte Magyarisierung.

Die Kirchen von Sremski Karlovci

▲ Karte S. 190

Heute ist Sremski Karlovci ein Städtchen mit weniger als 10000 Einwohnern, das einen besonderen kulturellen Status genießt, nicht zuletzt deswegen, weil der Patriarch hier seinen Sommersitz hat.

Stadtrundgang

Das hübsche Barockstädtchen erreicht man am rechten Donauufer, nur wenige Kilometer von Petrovaradin entfernt. Das Zentrum selbst liegt etwas abseits der Donau. Im Mittelalter befand sich an dieser Stelle die Festung und Siedlung Karom.

Im Zentrum stehen alle wichtigen historischen Bauten unmittelbar beieinander. Herz der Stadt ist der Trg Branka Radičevića (Трг Бранка Радичевића), benannt nach dem berühmten serbischen Romantiker, in dessen Mitte Wasser in den sogenannten **Vier-Löwenbrunnen** von 1799 aus rotem Naturstein plätschert. Den Platz säumen Gebäude des 18. und 19. Jahrhunderts: das **Magistratsgebäud**e oder Rathaus von 1811, Bürgerhäuser, eine **Apotheke** von 1890, das **Hotel Boem**, das einzige Hotel der Stadt, das **Stefaneum** von 1903, die **Patriarchenresidenz** von 1894, die serbisch-orthodoxe **Kathedrale** von 1758 bis 1762, die **katholische Kirche** von 1765 und das **Gymnasium** von 1891, das auf die Entwürfe der Architekten Lechner und Partos zurückgeht. Es entstand auf einem Vorgängerbau.

Wichtigster Bau ist die obere serbisch-orthodoxe Kirche, die Saborna crkva, die **Kathedrale**. Sie wurde 1758 bis 1762 von Kosta Cincarin und dem deutschen Meister Johannes zur Zeit des Metropoliten Pavle Nenadović errichtet. Der einschiffige Bau mit halbrunder Apsis war ursprünglich von einer Kuppel überdacht und ist dem heiligen Nikolaus geweiht. Die Westfassade wird von

In Sremski Karlovci

zwei hohen Glockentürmen flankiert, die Zaharije Orfelin entwarf. Ein Brand brachte ihr 1799 Erneuerungen. 1909 wurde sie nach Entwürfen des Architekten Vladimir Nikolić, der Elemente des Neoklassizismus mit einbezog, restauriert. Die prägnante Zweiturmfassade zeigt deutlich den Einfluss des Westens auf den serbisch-orthodoxen Kirchenbau. Dieser erinnert eher an Salzburg. Vom Ursprungsbau ist eine geschnitzte Ikonostase erhalten. Die Ikonen malten 1781 Teodor Kračun und Jakov Orfelin. Die Ikone mit der Enthauptung Johannes des Täufers vermag zu erschrecken und beeindruckt gleichermaßen durch ihre realitätsnahe Wiedergabe.

Die sogenannte **Untere Kirche** ist ein älteres orthodoxes Gotteshaus von 1718. Sie besitzt eine Ikonostase des Holzschnitzer Marko Vujatović, die Ikonen und Wandmalereien stammen von Dimitrije Bratoglić. Sremski Karlovci war

Die Vojvodina

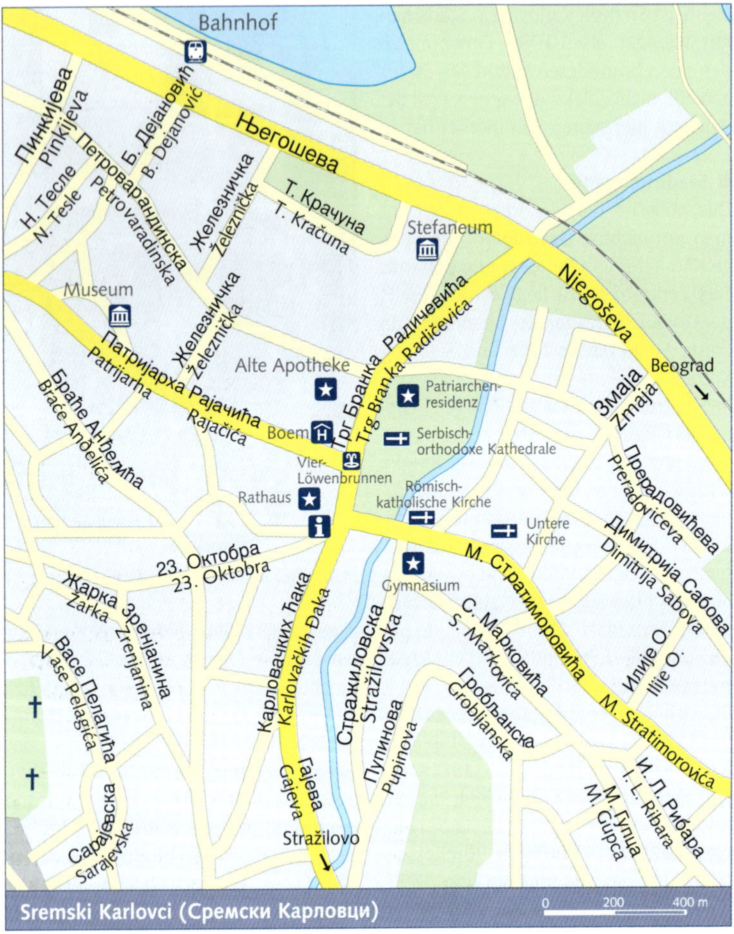

Sremski Karlovci (Сремски Карловци)

ein wichtiges kulturelles Zentrum der Orthodoxie. Eines ihrer Bildungseinrichtungen ließ der Patriarch Georgije Branković Anfang des 20. Jahrhunderts im sogenannten Stefaneum einrichten. Das Gebäude dazu schuf Vladimir Nikolić im Eklektizismus. Es trägt den Namen nach Stefan Stratimirović, Patriarch von Serbien und Metropolit von Karlovci in der ersten Hälfte des 19. Jahrhunderts.

Der heutige Patriarch unterhält hier eine Residenz und ein Museum, das sich der Objekte aus zerstörten Klöstern annimmt. Ein **Stadtmuseum** wurde im Haus der Familie Rajačić von 1890 eingerichtet.

An der Donau befinden sich private Wohnhäuser und eine gute Möglichkeit, den Blick auf den Fluss bei einer Donaufischsuppe und einem Glas ›Karlovci tovajn‹ zu genießen.

Sremski Karlovci

Vorwahl: 021.

Tourismusorganisation, Trg Branka Radičevića 7, Tel. 88 21 27, www.sremski-karlovci.org.rs; tägl. 8–16 Uhr.

Verwaltung Nationalpark Fruška Gora, Zmajev Trg 1, Tel. 463 66-6, -7, natlpfg@eunet.rs, www.npfruskagora.co.rs.

Bus- und Zugverbindung mit Novi Sad und Belgrad. Die ›Lasta‹-Busse von Belgrad halten alle hier.

Bahnhof, Information Tel. 88 16 25. In der Saison von Mai bis Oktober fährt ab Belgrad der historische **Zug Romantika**. Tickets können in Belgrad an Schalter 10 und einigen Reisebüros gekauft werden. Ein Fahrrad kann mitgenommen werden und der Pkw kostenlos in Belgrad am Bahnhof abgestellt werden. Der Zug fährt folgende Städte an: Smederevo, Vrnjačka Banja, Palić, Sremski Karlovci, Vršac, Požarevac.

Hotel Boem, Trg Branka Radičevića 5, Tel. 88 10 38, Fax 271 24, 88 18 92, hboem@eunet.yu; DZ 2400 Dinar. Reservierung empfohlen.

Dunav, Dunavska 5; 50 Zimmer.

Riblji Restoran Dunav, Tel. 88 16 66, mobil 063/50 04 61. Zu empfehlen ist die Donau-Fischsuppe.

Sremski Kutak, Dunavska 1, Tel. 88 23 43. Gerichte und Weine aus der Region Srem.

Weinkeller Kiš, Karlovačkog mira 46, Sremski Karlovci, Tel. 88 28 80.

Weinkeller Dulka, Poštanska 8, Sremski Karlovci, Tel. 88 17 97.

Weinkeller Fruškogorski, Ribarski Trg 16, Irig, Tel. 46 18 78.

Von Sremski Karlovci aus werden auch Fahrten zu den Klöstern der Fruška Gora und den Weinkellern angeboten. Über 60 Weinkeller sind ansässig.

Stari Slankamen

An der Donau liegt der malerische Ort Stari Slankamen (Стари Сланкамен). Mit dem Auto erreicht man ihn über die Autobahn und den Abzweig Novi Slankamen.

Stari Slankamen wurde von einer römischen Legion als ›Castrum Acumincum‹ im 2. Jahrhundert gegründet, das von den Hunnen verwüstet wurde. Von der Festung sind noch Reste auf dem Hügel zu sehen.

Als slawisches Zalankemen entstand es im 11. Jahrhundert. Im 16. Jahrhundert gehörte es zum Besitz der Despoten Stefan Lazarević und Georg Branković. Unter dem Despoten Vuk Grgurović, in Volksliedern ›Vuk der Feuerdrache‹ genannt, entstand eine Schreibschule, in der serbische Manuskripte gefertigt wurden. Ludwig von Baden befehligte 1691 eine österreichische Armee, die den Türken hier eine empfindliche Niederlage beibrachte. 1783 wanderten Kroaten, Slowaken und Deutsche ein und begründeten das wenig entfernte Neu-Slankamen. Die beiden Ortschaften trennt eine Schlucht, auf deren steiler Straße man das am Hang bis zum Ufer der Donau gelegene malerische Alt-Slankamen erreicht.

Die heutigen **Festungsreste** gehen auf das 5. Jahrhundert zurück. Die **Sankt-Nikolauskirche**, eine Stiftung des Vuk Grgurović, beherrscht den Ort. Sie entstand auf dem abgebrannten Vorgän-

Die Vojvodina

gerbau. Der Neubau von 1718 birgt einen Rest der alten Malerei am Nordostpfeiler. Die Ikonostase stammt von J. Vasiljević von 1787.

Im Ort steht außerdem eine **katholische Kirche**. Der Arzt, Pädagoge und Schriftsteller Đorđe Natošević wurde hier 1821 geboren. In seinem Geburtshaus befindet sich eine Erinnerungsstätte. Der Ort beherbergt eine angesehene Klinik.

Stari Slankamen

Restaurant Kej, Banjska 6, Tel. 063/777 07 25; tägl. geöffnet. Gemütliches Restaurant direkt am Ufer der Donau.

Die Fruška Gora

Der Frankenwald, die Fruška Gora (Фрушка Гора) – der Name weist auf die frühere Präsenz der Franken in dieser Region hin – schiebt sich wie ein Querriegel in die flache Vojvodina. Geologisch ist er nichts anderes als ein weit nach Osten vorgeschobener Gebirgszug des Alpensystems, ein beliebtes Ausflugsziel der Bewohner von Novi Sad, aber auch von Belgrad. Der Wald ist fast vollständig unter Naturschutz gestellt und ein schönes Wandergebiet. Fünf Rundwege sind markiert. Die kürzeste Wanderung beträgt gut 3, die längste 81 Kilometer. Auskünfte werden in Novi Sad und in Sremski Karlovci (siehe Seite 191) erteilt.

Der Frankenwald ist mit **17 Klöstern** aus dem 15. bis 18. Jahrhundert ein Refugium der serbisch-orthodoxen Kirche, was ihm den Namen ›heiliger Berg Serbiens‹ eingetragen hat. Viele der Klöster sind noch bewirtschaftet. Einige sind in schlechtem Zustand, andere werden renoviert. Die Karten verzeichnen auch zerstörte Klöster, die erst wieder aufgebaut werden sollen. Zu besichtigen sind im und am Rande des Gebirges 15 Klöster, darunter zwei Ruinen. Außerdem gehörten die Klöster Fenek und Obed zum heiligen Berg, obwohl sie in der Nähe von Belgrad, fast an der Save, liegen.

Von Ost nach West führt eine, von Nord nach Süd mehrere asphaltierte Straßen durch das Gebirge. Aber Vorsicht, manche Zufahrt zu einem der Klöster ist in schlechtem Zustand oder sogar ein Schotterweg. Die Beschilderung ist leider hier immer noch vorwiegend in

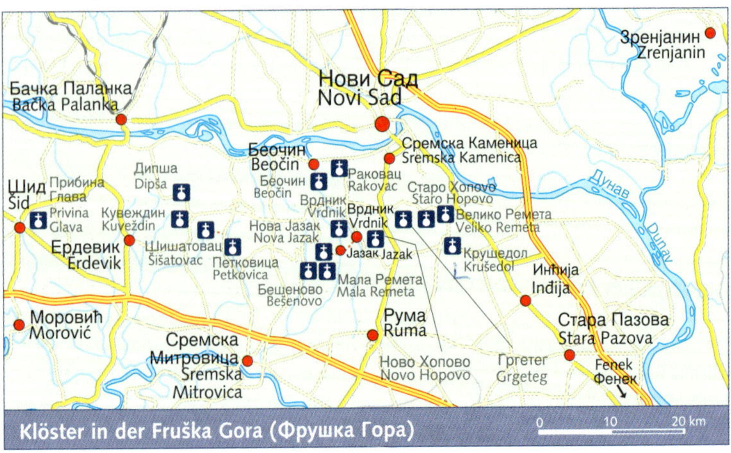

Klöster in der Fruška Gora (Фрушка Гора)

In einem Kloster der Fruška Gora

kyrillisch. Ein guter Ausgangspunkt für die Besichtigung der Klöster im Frankenwald ist Novi Sad oder Sremska Mitrovica.

Wer nicht so viel Zeit hat, sollte sich auf die bedeutendsten Klöster der Fruška Gora konzentrieren. Dies sind: **Novo und Staro Hopovo**, **Krušedol**, **Veliki Remata** und **Grgteg**. Sie liegen relativ dicht beieinander, sind gut ausgeschildert und an einem Tag zu besichtigen.

Sremska Kamenica

Wer die Klöster im Gebiet zwischen Novi Sad und der kroatischen Grenze besichtigen möchte, beginnt am besten von der Petrovaradiner Seite, hält sich an die Donau und fährt in Richtung Sremska Kamenica (Сремска Каменица). Der Ort wurde 1237 erstmals als Villa Comanch erwähnt, vermutlich aber schon in der Römerzeit besiedelt. Wie alle Ortschaften eroberten ihn die Türken 1526. Von 1747 bis 1775 gehörte der Ort zur Militärgrenze. Das Städtchen setzt sich mit seinen 11 000 Einwohnern heute aus mehreren Dörfern sowie dem oberen und unteren Kamenica zusammen.

Welthin sichtbar ist die **serbisch-orthodoxe Kirche** von 1758. Kuppel und Glokkenturm folgten 50 Jahre später. Die Wandmalereien gehen auf den Mönch Amvrosije Janković 1760 zurück. Die Gottesmutterikone malte 1786 Mihajlo Radosavljević aus Zemun, die Schnitzereien von 1793 sind ein Werk von Marko Vujatović.

Das Städtchen ist die Heimat des Dichters Jovan Jovanović Zmaj (1839–1904), der hier lebte und starb. In vielen Städten ist ihm eine Straße gewidmet, hier ist ein **Gedächtnismuseum** eingerichtet. Büsten und Denkmäler vervollständigen die Verehrung. Auch der in der Vojvodina sehr bekannte Maler Novak Radonić (1826–1888), ein Vertreter der romantischen Malerei, starb hier.

An der Donau liegt der Kamenica-Park mit dem **Schloss des Grafen Karačonji** aus dem 17. Jahrhundert.

Im Städtchen wird seit 1975 eines der beiden SOS-Kinderdörfer Serbiens unterhalten. Es wurde während des Krieges 1991 in Mitleidenschaft gezogen, zwischenzeitlich aber renoviert. Ein zweites Kinderdorf wurde im Jahr 2003 in Kraljevo errichtet.

Einige Motels bieten Übernachtungsmöglichkeiten. Am Rande des Dorfes Stari Lednici (Стари Ледници) stößt man auf die **Ruinen einer romanisch-gotischen Kirche**: Ihr Glockenturm erinnert an einen Bergfried.

Kloster Rakovac

Vier Kilometer von Beočin liegt das Dorf Rakovac (Раковац), das aus zwei Siedlungen besteht. Die jüngere entstand nach dem Zweiten Weltkrieg am Anfang des Tals, durch sie führt die ul. Fruška Gora. Der alte und zweite Dorfteil liegt in der Niederung und war Besitz des serbischen Klosters. Im jüngeren Teil fand man Spuren der Bronze- und Hallstattzeit und Reste aus der römischen und byzantinischen Epoche. Am Ort Dombo (Домбо) wurden Reste eines mittelalterlichen Komplexes entdeckt, die vermutlich zu einem katholischen Kloster gehörten. Die gefundenen Fragmente mittelalterlicher Plastik wurden nach Novi Sad gebracht.

Das serbische Kloster Rakovac (Раковац) geht auf Raka Milošević, Kämmerer des Despoten Jovan Branković, zurück. Eine Inschrift in der Vorhalle weist auf das Jahr 1533, eine am Ostflügel des Konak auf das Renovierungsjahr 1656/57 hin. Das Kloster besaß ein bedeutendes Skriptorium, in dem im Jahr 1700 der Dušankodex und 1714 der Srbljak (Lebensbeschreibung der serbischen Heiligen) von Rakovac geschrieben wurden. Der zierliche Dreikonchenbau besteht aus Naturstein. Über einem oktogonalen Tambour erhebt sich die erneuerte Kuppel. Reste von Steinplastik, Flechtbänder und Palmetten sind zu sehen.

▲ Karte S. 192

Der Komplex wurde durch einen Brand im Jahr 1943 schwer in Mitleidenschaft gezogen, vieles unwiederbringlich vernichtet: darunter die Malerei der Kirche bis auf die Pantokratordarstellung, ebenso die Ikonostase von Vasa Ostojić, die Konake und ihre Malereien von Amvrosije Janković. Auf dem Friedhof befindet sich eine Kapelle aus Haustein, die an Kirchen in Dalmatien erinnert. Ihre Ikonen stammen von Janko Halkozović. Das Kloster ist von Mönchen bewohnt, die die Renovierung leiten.

Kloster Beočin

Der Ort Beočin selbst ist zersiedelt und leider durch einen großen Industriekomplex entstellt. Dreieinhalb Kilometer im Landesinneren, das heißt abseits der Donau, befindet sich das Kloster mitten im Wald. Dahinter beginnt der Naturpark Fruška Gora.

Das serbisch-orthodoxe Kloster Beočin (Беочин) wurde erstmals 1622 erwähnt, als der Igumenos Longin Spenden für einen Wiederaufbau sammelte. Vermutlich war es in den Auseinandersetzungen zwischen Österreichern und Türken zu Schaden gekommen. 1697 ließ Patriarch Arsenije III. Mönche aus Rača das verlassene Kloster erneuern. Von außen präsentiert sich dem Besucher eine in Westeuropa vertraute barocke Anlage. Wer vom Süden Serbiens kommt, wird sich in der Vojvodina immer wieder die Frage stellen: Ist es orthodox oder gar katholisch? So sehr haben sich hier teilweise östliche und westliche Baumerk-

Kloster Beočin

male verschmolzen. Verbreitet ist auch die These, die Habsburger hätten die Angleichung an westliche Bauten zur Bedingung für die orthodoxen Klöster gemacht. Das Kloster Beočin ist eine einschiffige Kirche mit Westturm, polygonaler Apsis außen und innen rund.

Der Bau entstand fast gleichzeitig mit den Konaken in den Jahren 1731 bis 1740. Der gesamte Komplex wurde bis heute mehrfach renoviert. Sein Schmuck sind ein Skulpturenportal von 1787 und im Inneren die Ikonostase, ein Werk verschiedener Meister. Janko Halkozović malte die Altarikonen und an die Wand das Thema des Muttergottes Entschlafens. Die restlichen Wände wurden im Jahr 1766 von Dimitrije Bačević und Teodor Dimitrijević Kračun gestaltet. Das Chorgestühl signierte 1766 ein Meister Georgije Zograph. An den Südflügel des Konaks schließt der Klosterpark mit einer Kapelle vom Architekten Vladimir Nikolić von 1905 an.

Kloster Dipša

Entlang der Donau geht es weiter in Richtung kroatische Grenze. Auf verschlungenen Wegen kommt man über viele, aber gute Nebenstraßen durch den Wald zum Kloster Dipša oder Divša (Дипша). Man ist nur 18 Kilometer von Sremska Mitrovica entfernt und fühlt sich wie am Ende der Welt. Hin und wieder sieht man Jäger durch die Wiesen am Rande des Waldes stapfen. Kloster Dipša liegt einsam im Wald hinter einer Lichtung. Ein Parkplatz lädt eher Wanderer ein, Hundegebell schützt die wenigen Nonnen vor vielleicht nicht gern gesehenen Besuchern. Die Kirche ist verschlossen, der Konak fast zerfallen. Immerhin trägt der Komplex schon das blaue Zeichen der UNESCO, vermutlich hat nur noch das Geld zur Renovierung gefehlt.

Die Überlieferung spricht von einer Spende des Despoten Jovan Branković im 15. Jahrhundert. In den Privilegien Kaiser Josephs I. wurde es 1706 zum Kloster Kuveždin gehörig angeführt. 1753 wurde der Dreikonchentypus mit polygonal gebrochener Apsis renoviert. Glockenturm und Konak stammen vom Ende des 18. Jahrhunderts. Im Zweiten Weltkrieg wurde das Kloster zerstört und 1971 teilweise renoviert. Die Bilder der Ikonostase malte 1753/54 Teodor Stefanović, genannt der Kahlköpfige, die Holzschnitzereien wurden in Novi Sad gefertigt. Teile befinden sich im Museum in Sremska Mitrovica. Auf dem Areal befindet sich ein kleiner Friedhof, auf dem auch Gefallene des Zweiten Weltkriegs ruhen.

Kloster Kuveždin

Das Kloster Kuveždin (Кувеждин) liegt außerhalb der Ortschaft. Derzeit erwartet den Besucher nur eine Baustelle.

Kloster Kuveždin: Noch eine Baustelle

Laut mündlicher Überlieferung ließ der Despot Stefan Stiljanović das orthodoxe Kloster errichten. Schriftlich erwähnte es ein Menäum (liturgisches Monatsbuch) des Dreifaltigkeitsklosters in der Ovčar-Kablar-Schlucht von 1569. Eine dritte Quelle schilderte 1753 eine Steinkirche mit Schindeldach. 1815/16 entstand auf alten Fundamenten ein klassizistischer einschiffiger Neubau mit hoher elliptischer Kuppel, halbrunder Apsis und Wohnbauten. Im Zweiten Weltkrieg hatte es so schwer gelitten, dass die derzeit laufenden Renovierungsarbeiten einem Neubau gleichen. Unweit des Klosters steht auf einer Anhöhe eine kleine Kapelle. Ihre Wandmalereien waren das Werk von Pavle Simić von 1853, die nur noch in Spuren erhalten geblieben sind. In die Kapelle wurde die Ikonostase des Klosters gerettet, deren Ikonen sich teilweise in Novi Sad befinden. Außerdem birgt sie auch einen Teil der Ikonenwand aus dem Kloster Dipša.

▶ Karte S. 192

Kloster Šišatovac

Das Kloster Šišatovac (Шишатовац) liegt zwölf Kilometer nördlich von Sremska Mitrovica und wurde von den vor den Türken geflohenen Mönchen des bedeutenden Klosters Žiča 1520 auf den Fundamenten des Eremitenklosters ›Sveti Nikola‹ gegründet.

Die Kirche ist der Geburt der Muttergottes geweiht. Das Kloster war vermutlich zerstört worden, denn eine Urkunde berichtet von der Billigung des Wiederaufbaus durch die Türken im Jahr 1634. Von 1758 bis 1778 erfolgte ein Neubau als Dreikonchentypus mit einer oktogonalen Kuppel auf hohem durchfenstertem Tambour. Flache Wandvorlagen gliedern die Außenwände. Ohne Glockenturm und Anbau erinnert es an die klassischen mittelalterlichen Klöster Serbiens. Der Glockenturm an der Westseite wurde barock umgestaltet. Die leider zerstörten Wandmalereien und die Ikonenwand stammten von Grigorije Davidović Obšić, einem Maler aus Čalma. Von 1812 bis 1827 war der Dichter Lukijan Mušicki (1777–1837) Klostervorsteher. Er ist der Autor von ›Stimme der Harfe von Šišatovac‹. Eine Zeitlang hielt sich hier der große Gelehrte Vuk Karadžić auf, um Volkslieder des Guslasängers Filip Višnjić aufzuzeichnen. Nach den Zerstörungen des letzten Weltkrieges wurden Kirche und Glockenturm wiederhergestellt, der Konak liegt noch in Ruinen. Die wenigen geretteten Ikonen wurden nach Belgrad verbracht. In der Klosterkapelle wird ein Triptychon von Dimitrije Bačević aufbewahrt.

Kloster Petkovica

Das Kloster Petkovica (Петковица) steht auf einer Besitzung von Kloster Šišatovac, nur wenig von diesem entfernt. Seine Entstehungszeit liegt im Dunkeln. Schon von weitem erkennt man die großen Renovierungsbemühungen. Der Dreikonchenbau mit polygonaler Kuppel war 1588 vollständig

ausgemalt worden. Einiges davon ist beschädigt. Sehr schön sind die Anastasis, der Abstieg Christi in die Hölle und die Figuren der Soldatenheiligen. In der Apsis thront die Muttergottes mit dem Christus. Darunter findet die Apostelkommunion statt. Die linke Apside zeigt die Verklärung. An der Westseite wurde in späterer Zeit der Glockenturm aufgesetzt. Die beschädigte Ikonenwand stammt aus dem Jahr 1735.
Das Kloster besaß ein reichverziertes, holzgeschnitztes Kreuz, das im Museum in Sremska Mitrovica aufbewahrt wird.

Im Grenzgebiet

Über Erdevik und Kukujevci erreicht man, nicht weit von der kroatischen Grenze, **Šid** (Шид). Man verlässt kurz das Gebirge und kommt in die südlich der Fruška Gora gelegene Sremebene. Die Ortschaft entstand als Kammerdorf des Wiener Hofes. Seit 1777 war der Marktflecken Feudalgrund des unierten Bistums Križevci. Nicht weit von hier, bei

Die serbisch-orthodoxe Kirche in Šid

Vašica (Вашица), liegt die bedeutende **Ausgrabungsstätte Gradina** (Градина) mit Funden von der mittleren Steinzeit bis zur Eisenzeit.
Wer auf der Autobahn weiterfährt, gelangt zur **Gedenkstätte der Sremfront** (Сремски Фронт), ›Spomen Obeležje‹ (Спомен Обележје). An dieser Front, die Ende 1944 begann und bis zum 12. April 1945 dauerte, sollen sich Titos Partisanen mit den deutschen und kroatischen Faschisten heftigste Schlachten geliefert haben. Ein Museum gibt einen Einblick und erinnert an mancherorts vergessene Leiden.
Die Gegend ist reich an Tierzucht, das Sremgebiet bekannt für seine deftigen Wurstwaren. Hin und wieder sieht man große Hopfenfelder, Serbien als Land des Bieres versorgt sich mit dem Grundstoff selbst. Die einzigen Erhebungen in diesen Weiten sind die Kirchtürme und Getreide- oder Maissilos.
Im einst selbständigen **Berkasovo** (Беркасово), heute ein Ortsteil von Šid, stehen Schlossreste der Despotenfamilie Branković. Im Zentrum von Šid dominiert in einer Parkanlage die serbisch-orthodoxe Kirche. Sehr sehenswert ist die **Šumanovićgalerie.** In ihr sind die Werke eines der bedeutendsten Künstler der Vojvodina, Sava Šumanović (1896–1942), ausgestellt. Er wirkte in seinem Heimatort, in Zagreb und in Paris. Seine Landschaftsbilder haben die Vojvodina zum Vorbild und erinnern an die Maler des Impressionismus. Die Galerie ist montags bis freitags von 8 bis 18 Uhr geöffnet, samstags und sonntags von 9 bis 13 Uhr.

Kloster Privina Glava

Von Šid aus erreicht man nach fünf Kilometern Kloster Privina Glava (oder Pribina Glava, Прибина Глава). Die

Straße dorthin ist gut ausgeschildert, aber verbesserungswürdig. Das Kloster selbst wird tüchtig renoviert. Von weither strahlen die Farben Gelb und Weiß und nehmen ihm den Reiz der Jahrhunderte.

Das Kloster wurde nach einer Überlieferung von einem Edelmann namens Priba im 12. Jahrhundert gestiftet und 1496 von Vladika Maksim und Jovan Branković renoviert. Im Kloster soll sich folgende Begebenheit abgespielt haben: Es wurde erzählt, dass der Patriarch Pajsije 1627 hier ein reich illustriertes Buch fand, an dem er Korrekturen vornahm, es neu binden und danach an Ort und Stelle zurückbringen ließ. Ein österreichischer Offizier entwendete es 1688, und heute ist es als Münchner Psalter sehr berühmt. In den Jahren 1741 bis 1760 entstand an der Stelle des alten Gotteshauses die heutige Georgskirche, ein Dreikonchenbau nach dem Vorbild des Klosters Hopovo.

An der Westfassade wurde ein barokker Turm angefügt. Die Konake sind an ihrer Süd- und Westseite durch schmale, flache Wandvorlagen und Stuckarbeiten gegliedert.

Die Marienkirche bei Moroviç

▲ Karte S. 192

Die Malereien der Ikonenwand schuf 1791 Kuzman Kolarić. Die feinen Schnitzarbeiten sind das Werk eines unbekannten Meisters. Am Westkonak befindet sich eine weitere, der Muttergottes geweihte Kirche.

Die kleine Ortschaft **Morović** (Моровић) liegt fast an der Grenze. Eine katholische Marienkirche außerhalb der Ortschaft auf dem Friedhof macht eine Fahrt dorthin lohnenswert. Sie zählt zu den ältesten erhaltenen Denkmälern im Gebiet Srem. Das romanische Kirchlein soll auf das 13. Jahrhundert zurückgehen. Es wurde in mehreren Phasen ausgebaut und gotisch verändert. Die kleine Kirche ist leider verschlossen, aber auch von außen sehenswert. Im Ort selbst steht die serbisch-orthodoxe Kirche aus dem 19. Jahrhundert, die eine Holzkirche ersetzte. Ihre Ikonostase steht stilistisch am Übergang vom Barock zum Rokoko.

Kloster Mala Remeta

Auch im Gebiet zwischen Sremska Mitrovica und Novi Sad gibt es zahlreiche Klöster zu besichtigen.

Abseits der Hauptstraße am Ende des Dorfes **Bešenovački Prnjavor** (Бешеновачки Прњавор) stand bis zum Zweiten Weltkrieg das Kloster Bešenovo (Бешеново). Hier hatten sich Partisanen verborgen, für die Besatzer Grund genug, es zu zerstören. Eine Gedenkstätte hält die Erinnerung an den Komplex wach, in den Karten ist er eingezeichnet und soll in Kürze wieder entstehen.

Über einen relativ steilen Schotterweg könnte man nicht weit von Kloster Bešenovo Kloster Mala Remeta (Мала Ремета) erreichen. Man fährt es aber besser über Jazak an.

Das Kloster wird von älteren Nonnen bewirtschaftet. Seine Ursprünglichkeit

Das Kloster Mala Remeta

macht es malerisch. Es liegt in einer Lichtung inmitten des Gebirges. Der Überlieferung nach wurde es von König Dragutin gegründet. Neuere Erkenntnisse sprechen von einem Bau auf den Fundamenten eines katholischen Eremitenklosters. Eine schlichte Kreuzkuppelkirche aus Haustein mit polygonaler Apsis steht inmitten eines Gartens, an den sich der Wald anschließt. Stanko Milinković aus Šuljma stiftete den Bau, der dem Muttergottes Leichentuch geweiht ist, 1739. Laut einem mit der Bruderschaft abgeschlossenen Vertrag waren die Baumeister Todor und Nikola. Die Mauern sind aus verschiedenfarbigem Stein gefügt. Ein Kranzgesims teilt sie in zwei Zonen: die obere schmücken Zwillingsfenster und Blendarkaden.

Der Konak entstand 1758. Vier guterhaltene Ikonen gehen auf den Maler Janko Halkozović 1757 bis 1759 zurück. Im Kloster werden Ikonen, Handschriften und Preziosen aufbewahrt.

Kloster Nova Jazak

Das Kloster Nova Jazak (Нова Јазак) erreicht man über eine schlechte Straße. Ursprünglich soll der Despot Jovan Branković das Kloster gegründet haben. Schriftlich wurde es 1522 erwähnt. Die heutige Kirche entstand 1736 auf einem Vorgängerbau. Die Konake stammen aus dem 18. Jahrhundert. Während der Renovierungen von 1926 bis 1930 wurden keine verändernden architektonischen Eingriffe vorgenommen. Der Großteil des Konaks wurde im Zweiten Weltkrieg zerstört. Der Südflügel wurde restauriert. Die teilweise wiederhergestellten West- und Nordflügel umgeben das Kloster wie eine Mauer. Im Zentrum steht der Dreikonchenbau mit hohem Tambour und noch höherem barocken Westturm. Das Mauerwerk ist wechselweise aus Stein und Ziegeln. Die Malereien der Ikonostase gehen auf den serbischen Barockmaler Dimitrije Bačević zurück. Den Muttergottesthron soll 1770 Teodor Kračun geschaffen haben. Im Kloster ruhten von 1706 bis 1941 die Gebeine von Zar Uroš, die aus Nerodimlje hergebracht worden waren. Heute erinnert nur noch der Thron von Uroš daran. Im Konak hängen historische Porträts: der Patriarch Stefan Stratimirović, gemalt von Pavle Đurković, und ein Archimandrit, gemalt von Novak Radonić. Das Kloster ist oft geschlossen. Die Ruine des alten Klosters Jazak liegt nicht weit entfernt und ist nur zu Fuß zu erreichen.

Kloster Vrdnik

Das Kloster Vrdnik (Врдник) liegt fast am Ortsausgang des gleichnamigen Kurortes. Ein großes Hotel lädt hier zur Erholung ein. Das Kloster wurde im Jahr 1589 erstmals erwähnt. Auf der Flucht vor den Türken kamen Mönche aus

Ravanica (Zentralserbien) 1697 hierher und belebten es. Kurz darauf wurden auch die Gebeine des Fürsten Lazars, die in Ravanica sehr verehrt wurden, hierher in Sicherheit gebracht. Seitdem nannte man das Kloster Sremska Ravanica oder auch nur Ravanica (Раваница). Anstelle einer schlichten Kirche des 17. Jahrhunderts entstand 1801 bis 1811 nach Plänen von Kosta Zmijenović der einschiffige Neubau mit oktogonaler Kuppel und halbkreisförmgier Apsis. Stilistisch ist er dem Klassizismus verwandt, während der Glockenturm noch dem Barock verhaftet ist. Die Außenmauern sind rundherum durch Pilaster gegliedert. Ein Meister Kornelije aus Novi Sad führte die Planung aus. Die Kirche wurde Christi Himmelfahrt geweiht. Das Innere bestimmt eine kühle klassizistische Ikonenwand von Dimitrije Avramović aus dem Jahr 1853. Den Speisesaal hatte 1776 Amvrosije Janković ausgemalt. Bis zum Zweiten Weltkrieg barg das Kloster das Leichentuch des Fürsten Lazar, eine Stickerei der Nonne Jefimija sowie Goldschmiedearbeiten und Kunststickereien. Sie sind ins serbisch-orthodoxe Museum nach Belgrad gebracht worden. Das Kloster besitzt aber auch heute noch eine kleine Schatzkammer. Auf einer Anhöhe unweit des Klosters ragen spärliche Reste der mittelalterlichen Festung **Vrdnička kula** auf. Die Quellen erwähnen sie erstmals 1315.

Vrdnik

Vorwahl: 022.

Hotel Termal, ul. Karađorđeva 6, 22408 Vrdnik, Tel. 465-102, -122; DZ 50 Euro.

Kloster Novo Hopovo

Das Mönchskloster Novo Hopovo (Ново Хопово) ist eine der besonders schönen Anlagen in den Frankenbergen. Von Süden kommend, ist es leicht zu finden, von Norden ist die Abzweigung von der Hauptstraße leicht zu übersehen. Vor dem Kloster befindet sich

Kloster Novo Hopovo

▲ Karte S. 192

ein Parkplatz. Man merkt, dass es ein beliebtes Ausflugsziel ist.

Das Nikolauskloster ist laut Inschrift über dem Westportal 1576 von Lacko und Marko Jošič aus Srpski Kovin und Jovan Božanić aus Gorno Hopovo gestiftet worden. Neuere Untersuchungen aus dem Jahr 1979 bestätigten, dass an dieser Stelle ein älteres Kloster bestand. Im 16. Jahrhundert unterhielt Hopovo eine bedeutende Schreibstube. Die Türken beschädigten es auf ihrem Rückzug im Jahr 1688. Nur ein Jahr später begann der Wiederaufbau. Die Konake wurden 1728, die Kirche 1750 renoviert. Eine Malschule wurde eingerichtet, die die Maler Arsenije und Nil leiteten. Im Jahr 1758 trat der große serbische Aufklärer Dositej Obradović (1742–1811) für einige Zeit ins Kloster ein.

In der Kirche werden die Gebeine des Theodor Tiron verehrt, die nach der Eroberung Konstantinopels hierher vor den Türken gerettet wurden. Der Heilige stammte aus dem Orient und war im Heer des Kaisers Maximianus. Bei Ausbruch der Christenverfolgung steckte er um 306 den Tempel der Kybele in Amasena in Brand, weswegen er auch als Theodor von Amasena bekannt ist. Er erlitt das Martyrium während der Christenverfolgungen, die unter Kaiser Diokletian eingeleitet wurden. Als Patron des byzantinischen Heeres ist er einer der wichtigen Soldatenheiligen. Sein Kult ist von Ost bis West verbreitet. In Serbien wird er häufig mit Theodor Stratilates zusammen dargestellt: im Kloster Kalenić, in Kloster Poganovo und im Kloster Ravanica.

Besichtigung

Der Blick auf den Dreikonchenbau aus Haustein und Ziegelschmuck mit drei polygonal gebrochenen Apsiden im Osten ist durch die hohen Mauern von außen verstellt. Die den Bau beherrschende Zeltdachkuppel ruht auf einem polygonalen Tambour und wird im Inneren von vier Stützen getragen. Der Außenbau ist durch Fenster, Wandvorlagen und Blendbögen untergliedert. Die Fassade wird durch ein Gesims in zwei Geschosse geteilt, wovon das obere durch Blendarkaden belebt ist. Im Jahr 1754 fügte man einen hohen barocken Glockenturm an.

Das Innere besteht aus Narthex, Naos und Altarraum. Der Narthex überwölbt eine Tonne, während der Naos durch ein Kreuzgewölbe nach oben abgeschlossen ist. Beeindruckend sind die vollständig mit Malereien bedeckten Wände. Das Auge benötigt eine Weile, um sich an das dämmrige Licht zu gewöhnen. Selten wird durch elektrisches Licht nachgeholfen. Die Malereien des Naos schuf 1608 Hieromonachos Mitrofan. Der Narthex wurde erst 1654 ausgemalt. Während des Zweiten Weltkriegs zerstörten Angehörige der Ustaša den westlichen Deckenteil. Die darauffolgenen Renovierungsarbeiten offenbarten ältere Malereien, die kretischen Einfluss erkennen lassen und von Meistern des Berges Athos ausgeführt worden waren. Die Darstellungen sind sehr lebendig und erzählfreudig. Alle vier Stützen des Naos sind mit Heiligen bemalt. In der Nordapsis erkennt man die Hochzeit zu Kanaa und die wunderbare Brotvermehrung. In der Südapsis sind das Abendmahl und der Bethlehemitische Kindermord zu sehen. In der Apsis sitzt die Muttergottes mit dem Jesuskind auf dem Thron. Sehr schön ist auch der Terrakottaboden des Naos.

Die jüngeren Malereien des Narthex sind dunkler, konventioneller und traditioneller: Sie knüpfen an das 14. Jahrhundert

Waschtag im Kloster

an. Ein Teil wurde zerstört, vor allem das Tonnengewölbe und teilweise die Lünetten. Im unteren Rang sieht man an den Wänden Heiligengestalten, darunter Soldatenheilige auf der Südseite, im Westen neben dem Eingang heilige Könige und serbische Herrschergestalten. Im zweiten Rang folgen abermals Heilige, darunter die zwölf Apostel. Die Westseite beleben Säulenheilige: Alle sind nackt, drei davon behaart. Den dritten Rang bilden wie so häufig die Medaillons von Heiligen, während im vierten Rang kleinteilige Szenen aus dem Neuen Testament Platz fanden. Im Westen zur Nordwand hin erkennt man sehr schön ›Christus heilt den Blinden‹. An der Nordseite zwischen den Fensteröffnungen ist das Abendmahl dargestellt, während auf der Ostseite, der Eingangsseite zum Naos, der Einzug nach Jerusalem zu erkennen ist. Die Lünette der Ostseite ziert die Verkündigung. Das Kloster besaß eine kostbare Ikonostase. Deren Holzrahmen schnitzten Anton und Paul Roeßner aus Sremski Karlovci 1770, ihre Ikonen malte Teodor Kračun. Der Zweite Weltkrieg hinterließ davon nur noch Fragmente, die in Novi Sad aufgewahrt werden.

An der Südseite der Kirche sind viele Grabsteine zu sehen. Der Ostflügel der barocken Konake oder Klosterherbergen von 1728 wurde nach dem Krieg restauriert.

▲ Karte S. 192

Kloster Staro Hopovo

Das Kloster Staro Hopovo oder Alt Hopovo (Старо Хопово) erreicht man von Novo Hopovo nach eineinhalb Stunden Fußweg, eine gute Gelegenheit für einen Spaziergang in der Fruška Gora. Der Weg beginnt am Parkplatz; feste Schuhe sind angeraten.

Die Überlieferungen und historischen Quellen sind verwirrend, teilweise kommt es zu Verwechslungen mit Novo Hopovo. In einer Beschreibung von 1753 heißt es, die alte Holzkirche sei bei einem Erdbeben im Jahr 1751 zerstört und nur ein Jahr später wiederaufgebaut worden. Eine einschiffige Kirche mit polygonaler Apsis erwartet den Besucher. Sie ist von einer Kuppel über einem hohen, untergliederten Tambour bekrönt. Die äußere obere Wandzone der Kirche ist durch ein Gurtgesims und Blendarkaden gegliedert. Nach den Schäden des Zweiten Weltkrieges wurde das Kloster verlassen. 26 Ikonen und die kostbare Ikonostase konnten ins Museum gerettet werden und warten auf ihre Restaurierung.

Kloster Grgeteg

Wieder fährt man durch den unendlich scheinenden Wald, erreicht Felder und Ackerlandschaften, man fühlt sich völlig allein auf der Welt. Die Überlandstraßen

sind gut, die Straßen innerhalb der Ortschaften weniger.
Kloster Grgeteg (Гргетег) wird von sechs Nonnen bewohnt. Eng schmiegen sich die Konake wie eine Mauer um die Kirche und lassen wenig Raum für einen Garten. Ein Turm fehlt, er wurde im Zweiten Weltkrieg gesprengt. Die Anlage stiftete einer der letzten serbischen Despoten, Vuk Branković. Ein türkisches Dokument erwähnte das Kloster 1619. Mehrfach zerstört und wiederaufgebaut, stammt die heutige Kirche im Kern von 1770/71, die Konake sind wenig älter. Der Architekt Hermann Bollé nahm 1901 eine gründliche Renovierung des Klosters vor, welche der Zweite Weltkrieg wieder zunichte machte. Die Restaurierung aus dem Jahr 1950 rettete es immerhin vor dem Verfall. Die alte barocke Ikonenwand von 1774 von Jakov Orfelin war 1902 bis 1904 durch eine moderne von Uroš Predić ersetzt worden. Im Glockenturm befand sich eine kleine Kapelle mit einer Ikonenwand von Petar-Pjer Križanić. Nur eine Ikone überstand den Krieg und wird in der Kirche aufbewahrt. Im Kloster lebte von 1874 bis zu seinem Tod 1905 der Historiker Ilarion Ruvarac als Abt. Im Konak ist eine Ruvarac-Gedächtnisstätte eingerichtet.

Kloster Veliko Remeta

Eine schlechte Straße führt zum Kloster Veliko Remeta (Велико Ремета). Bei Regen sollte man auf einen Besuch verzichten.
Ein zierliches Kirchlein steht in einem ummauerten Areal. Der gelb getünchte, überaus hohe Glockenturm ist von weithin sichtbar. Zehn Nonnen leben hier.
Die Legende schreibt die Gründung des Klosters König Dragutin zu. Schriftlich wird es jedoch erstmals in einem Ferman (Erlass) vom Sultan von 1534 erwähnt. Auf diese Zeit gehen die Darstellung des heiligen Demetrius an der südlichen Außenwand der Kirche und Malereien im Diakonikon zurück. Nach der Brandstiftung durch die Türken von 1716 wurde das Kloster zügig wiederaufgebaut, 1722 folgte der Konak, 1735 der Glockenturm mit einer Johannes dem Täufer geweihten Kapelle. Die einschiffige, dem heiligen Nikolaus geweihte Kirche mit großer Apsis hat im Zweiten Weltkrieg die Kuppel eingebüßt. Die Konake sind teilweise renoviert worden. Die Ikonenwand stammt von einem unbekannten Künstler des 18. Jahrhunderts. Einst hingen hier vier große russische Ikonen von 1687: Die russischen Hofmaler Leontij Stefanov, Ivan Maksimov und Spyridon Grigorev hatten sie gemalt. Sie sind heute auf das Kloster Krušedol und das Museum der Vojvodina in Novi Sad verteilt. Die Nonnen empfangen die Gäste sehr freundlich mit Wasser oder Wein.

Kloster Krušedol

Das Kloster Krušedol (Крушедол) wird von den Tourismusorganisationen in Sremski Karlvoci und Novi Sad als Ausflug angeboten. Der Komplex wird von Nonnen bewirtschaftet und liegt außerhalb der gleichnamigen Ortschaft. Die Anlage ist eine Stiftung der Familie Branković von 1509 bis 1515. Đorđe Branković und seine Mutter Angelina wurden in ihren Absichten vom russischen Fürsten Vasilij Ivanovič und dem walachischen Vojvoden Ion Neagoe Basarab unterstützt. Đorđe war ein Sohn des Despoten Stefan und der später heiliggesprochenen Angelina. Er folgte seinem Vater als Despot im Jahr 1486 und trat 1496 die Herrschaft an seinen Bruder Jovan ab, um als Mönch Maximus (serbisch Maksim) ins Kloster einzutreten. Kurz darauf wurde er Metropolit der serbischen Kirche und baute als solcher nach 1512 hier in Krušedol das Mausoleum seiner Familie. In der Krypta sind er und seine Mutter begraben. Er wurde bereits 1526 kanonisiert und genießt eine große Verehrung.

Die Muttergottes-Verkündigungskirche ist ein klassischer Dreikonchenbau mit einer polygonalen Kuppel, wie er in der Moravaschule häufig angewandt wurde. Die Rahmen der Fenster sind plastisch verziert. Während der Barockisierung wurde ein Turm abseits der Kirche hinzugebaut.

Das Kloster wurde mehrfach beschädigt und immer wieder erneuert. Der Konak geht auf den Meister Radivoje Obrenović aus dem Jahr 1759 zurück. Das Innere wurde im 16. Jahrhundert mit Wandmalereien ausgestattet, die zwei Jahrhunderte später durch Ölmalereien überdeckt wurden. Die ursprüngliche Malschicht tritt an den Säulen hervor. Die Wandbilder aus Öl zeigen Propheten, Apostel, Einsiedler. Dank einer Signatur konnte der Stifter und Metropolit Maksim identifiziert werden. Es ist eine der raren Darstellungen eines Herrschers des 16. Jahrhunderts.

Von 1750 bis 1756 wurden Vorhalle und Naos neu mit Öl bemalt. Die Meister sind unbekannt. Im Naos erkennt man die Hochzeit in Kanaa, die Vertreibung der Händler, die Begegnung Jesu mit Martha und Maria. Der Künstler legte Wert auf Details wie Hausgerät, Einrichtung, Gewänder. In der Vorhalle sehen wir Soldatenheilige, Maria Entschlafen an der Westwand und die Ermordung der Unschuldigen an der Südwand. Außen an der Westwand wurden Reste eines Jüngsten Gerichtes aus dem 16./17. Jahrhundert entdeckt.

▲ Karte S. 192

Die Ikonostase weist drei Ränge auf und ist nicht in einem Guss entstanden. Ältester und wertvollster Teil ist die Deesisdarstellung. Die Kreuzigung mit den Nebenikonen und das ›nichtschlummernde Auge‹ sind Werke eines unbekannten Meisters von 1653. Die Ikonen von Christus und der Muttergottes von 1745 werden dem Kiever Ivan Vasilevič zugeschrieben, die Pforte einem Holzschnitzer südlicher Herkunft. Der Einfluss verschiedener Kulturen wurde durch Künstler aus Serbien, Russland, Österreich und Ungarn zu einem neuen Ganzen verschmolzen.

Das Kloster besaß die reichste Schatzkammer der Vojvodina, die wertvollsten Exponate wurden nach Belgrad gebracht. Heute sind noch Werke von Jakov Orfelin, Stefan Tenecki und Teodor Kračun sowie handgeschriebene und gedruckte Bücher zu sehen. Im Kloster sind der Patriarch Arsenije, der Despot Đorđe Branković und seine Mutter Angelina, der Vojvode Stefan Šuplijiac, Oberst Atanasije Rašković, Fürstin Ljubica Obrenović, König Milan Obrenović und mehrere Klostervorsteher sowie der wichtige Bischof Makarije Borđević von Sretenski (1903–1978) bestattet. Deswegen ist das Kloster auch für die Serben von besonderer Bedeutung.

Im Dorf steht das einschiffige **Kirchlein zur Begegnung des Herrn** (Sretenjska crkva/Сретењска црква), erbaut von 1512 bis 1516, mit Vorhalle und polygonaler Apsis. Bedeutend ist ihre Innenmalerei von 1634: in der Vorhalle Einsiedlerfiguren, darüber Medaillons

Kloster Fenek

mit Soldatenheiligen. An der Nordwand des Naos sind Persönlichkeiten aus dem Herrscherhaus der Nemanjiden, an der Südwand die Heiligen Demetrios und Georg in üppiger Kriegsaufmachung zu sehen. Die Ikonostase geht auf Dimitrije Bačević und Teodor Kračun zurück.

Im Dorf wurden mittelalterliche Siedlungsspuren entdeckt und außerdem Gräber mit Grabschmuck, der sich heute in Novi Sad befindet.

Kloster Fenek

Wer noch nicht genug Kirchen gesehen hat, dem sei eine Fahrt an die Save empfohlen. Auf dem Weg dorthin lässt sich gut Kloster Fenek (Фенек) besichtigen, das auch zum heiligen Berg gehört. Das Kloster liegt in freiem Feld nicht weit vom Flughafen Belgrad, zwölf Kilometer südwestlich von Surčin. Eine gute Straße und ausreichend Hinweisschilder führen direkt vor das Kloster. Der Überlieferung nach war es eine Stiftung der Despotenfamilie Branković. Eine Urkunde erwähnte es 1563. Während der österreichisch-türkischen Kriege befand sich hier ein Miiltärlager. 1788 kam es hier zu einem Treffen zwischen Kaiser Joseph II. und Fürst Aleksandar Nenadović. Das Kloster diente als Fluchtburg für die Anführer des ersten serbischen Aufstandes: Karađorđe, Mateja Nenadović und ihre Mitstreiter. Die alte Kirche wurde 1793 zerstört, eine neue 1797 als einschiffige Barockbau mit halbkreisförmiger Apsis, flachen Chortransepten, oktogonaler Zentralkuppel und einem hohen Glockenturm an der Westseite aufgebaut.

Der Konak liegt noch in Ruinen. Das Kloster ist aber wieder in der Hand von Mönchen, die eine kleine Friedhofskapelle aufgebaut und einen Souvenirladen eingerichtet haben.

▲ Karte S. 187

Kupinovo

Von Kloster Fenek fährt man in Richtung Kupinovo. Die Straßenkarten sind in dieser Zone sehr ungenau. Obgleich nur wenige Kilometer von Belgrad entfernt, fühlt man sich in eine ganz andere Welt versetzt.

In Kupinovo warten mehrere Kirchen auf den Besucher. Im Ortszentrum steht die Ruine der Heilig-Geist-Kirche (Црква Цв. Духа), von der die Bewohner erzählen, dass der Kirchturm während des Zweiten Weltkriegs von den Deutschen zerstört wurde, um nicht als Beobachtungsturm dienen zu können. Die Kirche soll wieder aufgebaut werden.

Am Ende des Ortes stand einstmals das **Kloster Obed.** Von ihm ist nur noch das Lukaskirchlein erhalten geblieben, das auf das Mittelalter zurückgeht. Das Kirchlein ist leider verschlossen. Gleich daneben steht eine typische serbische Bauernkate, eine sogenannte ›Kuća‹ von 1881, und schräg gegenüber eine ebenso schöne und sogar noch bewirtschaftete Kuća, in der sich ein kleines Gasthaus befindet. Die Eigentümerin ist schon in Pension und bietet in ihrem

Kirchenruine in Kupinovo

Elternhaus gemeinsam mit ihrem Mann Hausgemachtes, darunter auch hausgebrannte Schnäpse: **Restoran Šanac**, Biljana Semiz, Tel. 065/2173100.

Obedska bara

Kupinovo liegt am Rand des Naturreservates ›Obedska bara‹ (Обедска бара). Das Wort bara bedeutet übersetzt ›Tümpel‹. Das Sumpf- und Waldgebiet erstreckt sich entlang der Save über eine Fläche von 175000 Hektar. Das Reservat wurde bereits im Jahr 1874 begründet, beherbergt zahlreiche Vogel- Säugetier- Wassertierarten, Lurche, Fische und eine Vielzahl von Pilzen. Es wurde für die Liste des Weltnaturerbes der UNESCO nominiert. Hier kann man wunderbar durch den Wald und entlang der Save wandern, bootfahren, radeln, Picknick machen und ein im Wald versteckt liegendes Kirchlein aufsuchen. Im Sommer herrscht hier Hochbetrieb.

Ruma

Ruma (Рума) ist heute ein wirtschaftliches Zentrum des Sremgebietes am Fuß der Fruška Gora-Berge und liegt an der wichtigen Verkehrsanbindung nach Kroatien. In den Quellen wurde die Siedlung am Flüsschen Borkovac 1323 als Arpatorlo, später als Castellum Arpatarro erwähnt. In der Umgebung fand man römische Fundstücke und auf einem Ziegeleigelände sogar eine Nekropole.

Das Städtchen ist in Kreuzform angelegt, dort, wo sich die beiden Hauptachsen überschneiden, ist das Zentrum. Alles ist sehr weitgezogen. Kultbauten verschiedener Religionen sind hier zu finden. Es gibt allein drei serbisch-orthodoxe Kirchen. Die **Nikolaikirche** von 1758 ist die älteste und mit einer klassizistischen Ikonostase von Georgije Dević von 1847 geschmückt, die **Himmelfahrtskirche** von 1761 enthält barocke Holzschnitzereien und Malereien von Stefan Tenecki. Die **Allerheiligenkirche**, 1840 zunächst von Aromunen gegründet, wurde von der Familie Maksimović 1903 erneuert und mit einer Ikonostase von Uroš Predić verschönert. An der Hauptstraße stehen sich zwei Kirchen fast gegenüber: die serbisch-orthodoxe mit Westturm und die katholische, ein Backsteinbau. Ein kleines **Heimatmuseum** beherbergt unter anderem archäologische Funde.

Fährt man von Ruma aus in die Berge, erreicht man den **Weinort Irig** (Ириг) mit mehreren Kirchen, darunter drei serbisch-orthodoxe. Die älteste ist die Nikolaikirche von 1732, die nach dem Vorbild von Novo Hopovo 1732 errichtet wurde. Die Schnitzereien ihrer Ikonostase heben sich von vielen anderen ab. Die Malereien schuf Vasa Ostojić.

Ruma

Vorwahl: 022.

Motel MV Ruma (★★★), Tel. 636400, Fax 636467. Direkt am Autoput, eine der immer noch wenigen Übernachtungsmöglichkeiten im Sremgebiet.

Sremska Mitrovica

Sremska Mitrovica (Сремска Митровица, deutsch Mitrowitz, ungarisch Szávaszentdemeter) entstand auf den Ruinen des antiken Sirmium am Nordufer der Save, die bis hierher schon einen weiten Weg von den Julischen Alpen in Slowenien zurückgelegt hat. In ihrem Mittellauf bildet sie die Grenze zwischen Kroatien und Bosnien-Herzegowina und auf einem kleinen Stück, auch zu Serbien. Ihre letzte Strecke fließt

Herbstliche Landschaft in der Fruška Gora

sie durch Syrmien, bevor sie sich nach fast 1000 Kilometern bei Belgrad in die Donau ergießt.

Die Siedlung Sremska Mitrovica wurde im 1. Jahrhundert vor Christus von den Römern erobert. Sie entwickelte sich unter ihnen von der Zoll- und Flottenstation zur Colonia und unter den Flaviern zur Hauptstadt Unterpannoniens. Seit Galerius war Sirmium ständiger kaiserlicher Wohnsitz mit einer prächtigen Residenz. Hier kreuzten sich die Hauptrouten, die zu den Donauprovinzen führten, was sie strategisch sehr bedeutsam machte.

Sirmium ist die Geburtsstadt einer ganzen Reihe römischer Kaiser. Die wichtigsten waren: Decius (Messius Quintus Traianus Decius) wurde zwischen 190 und 200 nach Christus hier geboren. Er erhielt von Kaiser Philippus den Oberbefehl über Moesien und Pannonien. Im Jahr 249 wurde er in Viminacium von den Truppen zum Kaiser ausgerufen. Nach dem Sieg über Philippus bei Verona zog er in Rom ein, wo er Thermen bauen ließ. Nach nur zwei Jahren als Kaiser fiel er im Kampf gegen die Goten. Probus (Marcus Aurelius Probus) wurde 232 in Sirmium als Sohn eines Soldaten geboren. Im Jahr 276 erhob man ihn zum Kaiser. In Rom verdanken wir ihm die Vollendung der aurelianischen Stadtmauer. Vor einem geplanten Zug gegen die Perser wurde er hier in Sirmien 282 ermordet. Maximianus (etwa 240–310 nach Christus, Marcus Herculius Maximianus), ein Mitkaiser Diokletians, ist ebenfalls ein Sohn der Stadt. Ein vierter, in Sirmium geborener Kaiser war Gratianus (Flavius Gratianus). Er war von 367 bis 383 Kaiser im Westen des römischen Reiches, das er vorwiegend von Trier aus regierte. Nach Kämpfen gegen die Alemannen kam er zurück nach Sirmium, wo er nach dem Tod des Valens Theodosius I. zum Mitkaiser erhob.

Theodosius hatte 374 als dux Moesiae die Sarmaten niedergeschlagen und mit seinem Edikt von 381 das Christentum zur Staatsreligion erklärt. Dem Galerius, der von Diokletian zum Caesar erhoben und mit dem Schutz der Donaugrenze betraut wurde, verdankte Sirmium ihren Status als Residenzstadt.

Ihre große Zeit hatte die Stadt im 3. und 4. Jahrhundert, in der sie sich zum wichtigsten Waffenplatz der römischen Donauprovinzen und zur größten Stadt der Provinz Pannonien entwickelte. Während der Verbreitung des Christentums war sie eine wichtige Station. Der große Konstantin weilte hier von 316 bis 321 und erteilte der Stadt das Münzrecht. Nach einer kurzzeitigen Eroberung durch die Gepiden kam die Stadt wieder an Ostrom. Vor dem Jahr 582 unserer Zeit wurde Sirmium von den Awaren bedroht. Ihr Führer, der Khagan Boian, belagerte sie letztendlich erfolgreich. Sirmium galt lange als Schlüssel zur Balkanhalbinsel. Die Awaren errichteten eine wichtige

▲ Karte S. 192

Brücke über die Save zwischen Singidunum und Sirmium. Die Einwohner wurden zur Auswanderung genötigt. Nur ein Jahr später vernichtete ein Brand die Stadt. Sie war einst von Mauern umgeben und besaß einen Hafen an der Save.

Im Zentrum sind liebevoll Grabungsfunde sichtbar gemacht. Sie sind über die ganze Stadt verteilt: Man fand Reste des Kaiserpalastes, der Thermen, der Wasserleitung, des Getreidespeichers und der Arena, von Straßen mit Ladenreihen sowie vieler öffentlicher und privater Bauten. An der Ost- und Westseite der Mauern lag je eine Begräbnisstätte. Alle beweglichen Funde von vor 1918 wurden auf die Museen in Zagreb, Belgrad und Novi Sad verteilt. Systematische Ausgrabungen sind seit 1957 wieder im Gange.

Ende des 9. Jahrhunderts berichten die Quellen von einem Bischof namens Methodije. Im 14. Jahrhundert existierte ein dem heiligen Dimitrije geweihtes Kloster. Die Türken erschienen erstmals 1396 und eroberten das Städtchen für längere Zeit ab 1526. Der Weg nach Mohács führte hier vorbei. Eingegliedert in die habsburgische Militärgrenze von 1718, folgte die Stadt dem Weg der Save-Donau-Anrainer.

Während des Zweiten Weltkrieges hinterließ die kroatische Ustaša ihre Spuren. Und während des jüngsten Krieges machte die Stadt von sich reden, weil ein Lager mitten im Zentrum von November 1991 bis August 1992 unterhalten wurde. Hier wurden 3000 bis 4000 Menschen festgehalten, gefoltert und getötet.

Sehenswürdigkeiten

Die Stadt wirkt mit ihren knapp 40 000 Einwohnern ländlich und beschaulich. Ein Großteil der Bewohner ist im nahen Zellulosewerk beschäftigt, dem Hauptarbeitgeber der Stadt. Außerdem ist die Schiffswerft mit Hafen bedeutend. Die Stadt beherbergt eines der größten Gefängnisse Serbiens.

Beeindruckend ist die Lage an der Save. Am Hochufer ist eine schöne Promenade angelegt. Eine Fußgängerbrücke verbindet sie mit Mačvanksa Mitrovica. Im Zentrum steht fast am Ufer die kleine zierliche **Stephanskirche**. Diese serbisch-orthodoxe Kirche ist das älteste erhaltene Gebäude der Stadt. Vermutlich stammt sie aus dem 15. Jahrhundert. Die Malereien der Ikonostase gehen auf Teodor Kračun zurück. Die orthodoxe Dimitrijekirche hatte der Stadt im Mittelalter als Dimitrica kurzfristig den Namen gegeben. Daneben gibt es noch eine römisch-katholische und eine griechisch-katholische Kirche zu sehen. Alle Kirchen weisen Westtürme auf, die mit ihren Spitzen emporragen.

Sehenswert ist das 1885 gegründete **Museum des Sremgebietes**. Es ist in eine archäologische, historische und numismatische Abteilung untergliedert und besitzt außerdem eine schöne Ikonensammlung.

Sremska Mitrovica

Touristeninformation, Trg Žitni 18, Tel. 22/612339, www.sremskamitrovica.org.rs.

Hotel Vila Bela Ruža, ul. Stevana Sremca 89, Tel. 22/64 06 44, www.belaruza.co.rs. Großes Restaurant, wenige Zimmer werden vermietet.

Museum des Sremgebietes, Trg Sv. Stefana; Mo–Fr 8–19, Sa/So 9–13 Uhr.

Die Bačka

Die Bačka (Бачка, ungarisch Bácska, deutsch Batschka), den westlichen Teil der Vojvodina, teilen sich heute Ungarn und Serbien. Sie wird durch die Theiß vom Banat getrennt. Die Baranya (ungarisch Baranja, deutsch selten Branau) grenzt im Westen an die Bačka und wird von Donau und Drau eingerahmt. Der größte Teil dieser historischen Landschaft Baranya gehört zu Ungarn mit der Hauptstadt Pécs (Fünfkirchen), der kleinere Teil, der Drauwinkel, zu Kroa-

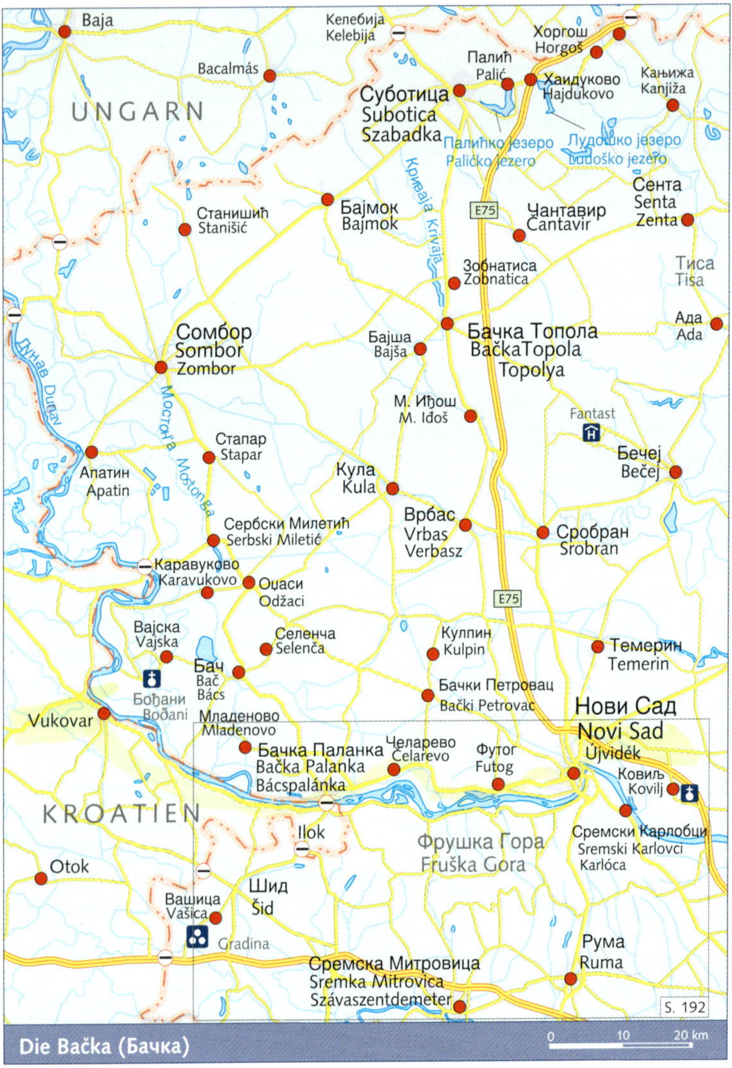

Die Bačka (Бачка)

tien. Die gesamte Baranya, ein fruchtbares, lößbedecktes Hügelland, ein Anbaugebiet von Weizen, Mais, Obst und Wein, nannte man früher ›schwäbische Türkei‹.
Der Name der Bačka leitet sich von der alten Komitatsburg Batsch ab. Nach der Flucht der Magyaren vor den Türkeneinfällen wanderten seit dem Jahr 1465 Serben in die Bačka ein. Im 17. Jahrhundert siedelten Südslawen, wegen ihres katholischen Glaubens aus Dalmatien und Bosnien vertrieben, im Gebiet um Sombor. Im 18. Jahrhundert begann unter den Habsburgern die gezielte Neubesiedelung mit Ungarn, Serben, Slowaken und Deutschen. Die größten Städte der Bačka sind Subotica und Novi Sad.

Jugendstilgebäude in Subotica

Subotica

Die charmante Stadt Subotica (Суботица, ungarisch Szabadka) ist die Partnerstadt von München und gilt als Tor nach Westeuropa. Die Stadt liegt ganz im Norden von Serbien im Okrug (Bezirk) Nordbatschka inmitten eines großen Weingebiets. Inmitten der fruchtbaren Vojvodina und in der weiten Ebene der Bačka hebt sich die Stadt durch ihre Türme, neun an der Zahl, ab. Ein besonderes Flair empfängt den Besucher: Es dominieren Bauten der Jahrhundertwende im sogenannten Sezessionsstil.
Nur wenige Kilometer trennen die Stadt von Ungarn, zu dem es zwei Grenzübergänge gibt: Horgoš und Kelebija. Die fertiggestellte Autobahn, die E75, verbindet Serbien und Ungarn. Sie führt an Subotica vorbei und weiter ins ungarische Szeged. Die Einfahrt in die Stadt, egal aus welcher Himmelsrichtung, führt durch saubere Industriegebiete. Schwerpunktmäßig handelt es sich um die Lebensmittelindustrie, die unter anderem die landwirtschaftlichen Produkte der Vojvodina verarbeitet. Darunter befindet sich die Firma ›Lukas Internacional‹. In Vukovar als Familienunternehmen gegründet, wurde die Produktion Anfang der 90er Jahre nach Subotica verlegt. Hier werden vor allem Spirituosen aus den hauseigenen Früchten der Pflaumen- und Birnenplantagen hergestellt.
Subotica ist auch Messestadt. Unter anderen wird hier die Frühlingsmesse ›Interexpo‹ abgehalten. Zu diesen Zeiten reichen die Hotelkapazitäten nicht immer aus.
Subotica ist eine Hochburg der Ungarn, über 70 Prozent ihrer 100 000 Einwohner sind Ungarn. Derzeit wandern jedoch viele aus, teils aus wirtschaftlichen Gründen, teils aufgrund wachsender Feindseligkeiten. Eine andere große Minderheit stellen die Kroaten,

Am blauen Brunnen vor der Stadthalle

die hier innerhalb Serbiens am stärksten vertreten sind. Auch Bunjewatzen sind in der Umgebung ansässig. Nationale Kulturinstitute pflegen die jeweiligen Traditionen und sorgen für den kulturellen Austausch: das ungarische Kulturinstitut, untergebracht in einem schönen Jugendstilgebäude, ebenso wie das ungarische Konsulat, das serbische Kulturinstitut und das kroatische Kulturzentrum ›Bunjevačko Kolo‹. Auch ein deutsches Kulturinstitut ist vertreten, das sich um die Erhaltung der deutschen Kultur in der Vojvodina sehr bemüht. Es wird von Rudolf Weiß geleitet und liegt an der Straße nach Kelebija.

Die Beschilderung in der Stadt ist serbisch (kyrillische Buchstaben), ungarisch und kroatisch (lateinische Buchstaben).

Stadtgeschichte

Die Anfänge der Stadt sind durch Legenden überliefert. So soll zu Beginn des 14. Jahrhunderts Gabriel Szemléni, der Geheimsekretär des Königs Sigismund, der Stadt einen Freibrief mit gültigem Siegel übergeben haben. Diese und andere Dokumente stellten sich als Fälschung heraus, weshalb der Sekretär auch auf dem Scheiterhaufen endete. Etymologisch wird ihr slawischer Name Subotica vom südslawischen Wort ›Subota‹ (Samstag), verkleinert Subotica abgeleitet, ihre ungarische Bezeichnung allerdings vom ungarischen Adjektiv ›Szabad‹ (frei oder unabhängig) mit dem Suffix ›Ka‹ für die Verkleinerung.

Bis zum Jahr 1526 unterstand die Stadt der ungarischen Königskrone, in der ein Graf regierte. Danach gehörte sie zum Ottomanischen Reich. Unmittelbar bevor sie in die Hände der Türken fiel, war sie für einen kurzen Zeitraum Residenz und Herrschaftsgebiet des sogenannten Zaren Jovan, des Abenteurers. Von 1686 bis 1918 lag sie auf habsburgischem Staatsgebiet. Maria Theresia hatte sie zur freien Stadt erhoben, nach ihr nannte man Subotica bis 1867 Maria Theresiopol. Nach dem Ausgleich zwischen Österreich und Ungarn im Jahr 1869 stand sie unter ungarischem Einfluss. Nach 1918 gehörte die Stadt zum serbisch-kroatisch-slowenischen Königreich, seit 1929 Jugoslawien genannt. Der Zusammenbruch der österreichisch-ungarischen Monarchie reduzierte Subotica zu einer stagnierenden Grenzstadt im neugegründeten serbisch-kroatisch-slowenischen Königreich. In den Jahren 1941 bis 1944 wurde Subotica erneut ungarisch und von 1944 bis 2003 jugoslawisch. Heute ist sie die nördlichste Stadt Serbiens. Während des letzten Krieges wurde auch Subotica von der NATO getroffen, die Schäden hielten sich aber in Grenzen.

Große Söhne der Stadt sind der kroatische Schriftsteller Aleksa Kokić (1913–1940), der trotz seines frühen Todes Theaterstücke und zahlreiche Übersetzungen hinterließ, und der ungarische Schriftsteller und Journalist Dezsö

▲ Karte S. 214

Kosztolányi (1885–1936). Er übesetzte ›Dantons Tod‹ von Büchner in Ungarische und bearbeitete es für die Bühne. Unzählige seiner Werke wurden ins Deutsche übersetzt. Besonders berühmt wurde seine Kurzgeschichte ›Der kleptomanische Übersetzer‹, in der er den heruntergekommen Übersetzer Gallus schildert, der sich am Verwertbaren der Originaltexte bedient. Danilo Kiš, der Sohn einer Montenegrinerin und eines jüdischen Vaters, wurde 1935 in Subotica geboren. In seinen Werken hat er vielfach jüdische Schicksale zum Thema gehabt. ›Frühe Leiden‹, ›Ein Grabmal für Boris Davidowitsch‹ und ›Enzyklopädie der Toten‹ brachten ihm international große Erfolge. Er verstarb 1989 in Paris, wo er seine letzten zehn Lebensjahre verbracht hatte.

Ein Stadtrundgang

Während Novi Sad von seinem barocken Stadtbild geprägt ist, fällt in Subotica der ungarische Einfluss sofort ins Auge. Nicht nur an den Hauptgebäuden, sondern auch immer wieder innerhalb der Häuserzeilen entdeckt man Bauten im sogenannten Sezessionsstil. Er hat der ganzen Stadt ihr unverkennbares Antlitz verliehen.

Von der Stadthalle erreicht man alle sehenswerten Orte der Stadt, die sich in einem Radius von 300 Metern um sie herum präsentieren. Am besten parkt man etwas abseits, die kostenpflichtigen Parkplätze im Zentrum sind knapp bemessen. In der Stadt selbst verkehren nur noch traurige Reste der ehemaligen Straßenbahnen.

Stadthalle

Den Mittelpunkt der Stadt bildet nicht wie in anderen Städten eine Kirche oder Kathedrale, sondern die **Stadthalle** (Gradska Kuća/Градска Кућа). Sie steht inmitten zweier Plätze, dem Trg Republike und dem Trg Slobode. Sie ist von weitem an ihrem hohen Turm erkennbar und beherrscht die Stadtsilhouette. Im Obergeschoss der Stadthalle sind das städtische Verwaltungszentrum, das städtische Museum und die historischen Archive untergebracht, im Erdgeschoss das Restaurant ›Elza pod tornjem‹, Geschäfte, Banken und eine Apotheke.

Das **Museum** (Gradski muzej/Градски музej) wurde 1948 ins Leben gerufen und beherbergt archäologische, ethnologische, historische sowie naturhistorische Abteilungen. Im Turm verbirgt sich ein Observatorium. Von seiner Plattform hat man eine wunderbare Aussicht auf die Umgebung.

Die Stadthalle wurde von Dezsö Jakab und Marcell Komor, Mitarbeiter von Ödön Lechner, von 1908 bis 1912 konzipiert. Deutlich repräsentiert es eine

Detail der Stadthalle

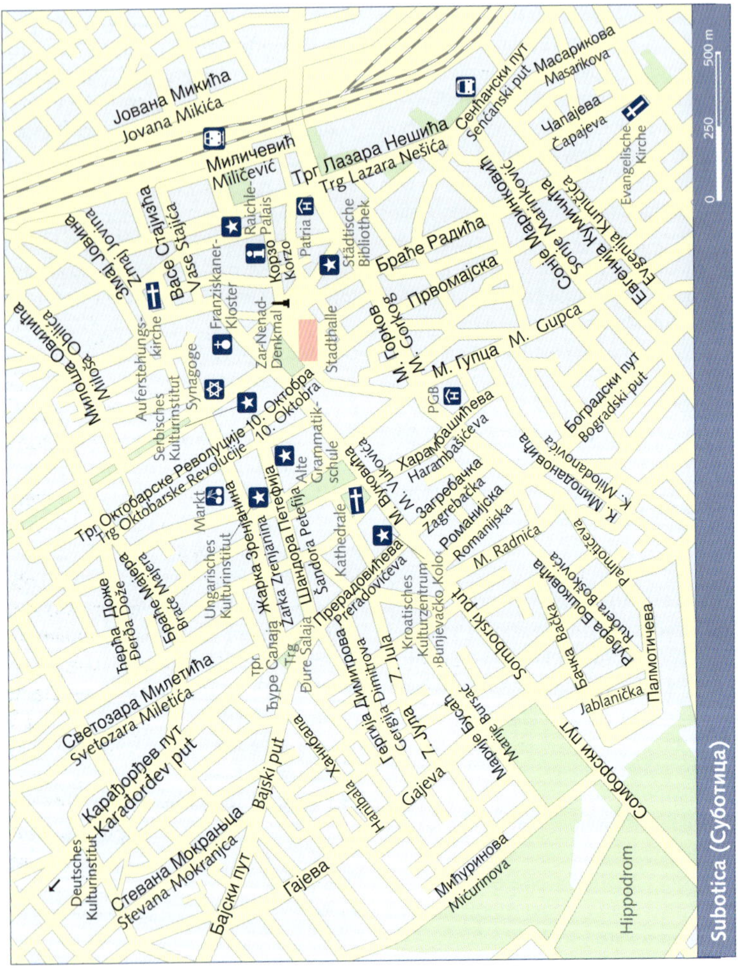

ungarische Jugenstilvariante. Auch das Interieur ist im Jugendstil gestaltet. Für die Verzierung wurde Keramik aus der ›Zsolnay‹-Fabrik im ungarischen Pécs verwendet. Das Pécer Familienunternehmen hatte sich mit der Produktion von Majolika für den Jugendstil internationalen Ruhm erworben. Man stellte nicht nur Ziergefäße und Fayencen her, sondern hatte witterungsbeständige Majolikakacheln für den Außenbau entwickelt, die ungarischen Bauten der Jahrhundertwende ihr besonderes Gepräge geben, so auch den Bauten in Subotica.

Kirche des Franziskanerklosters

In der Nähe des Rathauses steht das älteste Gebäude der Stadt, die Kirche des Franziskanerklosters (Franjevačka Templom/Фрањевачка Темплом) von

1736, dem heiligen Michael geweiht. Im Volksmund wird sie die ›alte‹ Kirche genannt. Sie wurde anstelle einer mittelalterlichen Festungsruine aus dem 15. Jahrhundert errichtet, mehrfach beschädigt und erneuert. Der heutige Bau geht auf das späte 19. Jahrhundert zurück. Anfang des 20. Jahrhunderts erhielt sie eine Kapelle der schwarzen heiligen Muttergottes. Die Kirche wurde vergrößert und mit einem neuen Glockenstuhl ausgestattet. In ihr finden Gottesdienste in ungarischer und kroatischer Sprache statt.

Städtische Bibliothek

Die Städtische Bibliothek (Gradska Biblioteka/Градска Библиотека) in der ul. Cara Dušana 2 (ул. Цара Душана) wurde 1890 gegründet und im neobarokken Gebäude von 1896, dem ehemaligen Casino, untergebracht. Fast 300 000 Bücher umfasst ihr Bestand. Sie wurde 1896 als Bürgerkasino im Eklektizismus nach Plänen von Férenc Raichle errichtet. Nach dem Zweiten Weltkrieg diente das Gebäude verschiedenen Zwecken, eine Zeitlang als Haus der Offiziere, später wurde es Stadtbibliothek. Nicht weit von hier wartet die **Patisserie Ravel** mit süßen Köstlichkeiten.

Zar-Nenad-Denkmal

Vor dem Nationaltheater steht das Zar-Nenad-Denkmal. Es ist mehr als ein einfaches serbisches Denkmal: Es verkörpert einen Aspekt der Nationalitätenproblematik der Stadt und ist übertragbar auf viele Regionen in Osteuropa. Der selbsternannte Zar Jovan Nenad, Johann ohne Hoffnung, lebte im 16. Jahrhundert. Wegen eines Muttermals erhielt er den Beinamen Crni, der Schwarze. Nach dem Fall von Mohács rief er in Subotica eine Widerstandsbe-

Das Zar-Nenad-Denkmal vor der Stadthalle

wegung gegen die Türken ins Leben. Seine Stellung hielt er bis 1527 und musste dann fliehen.
Nach dem Ersten Weltkrieg kam Subotica zum Königreich der Serben, Kroaten und Slowenen. Die damalige Regierung gab 1927 den Auftrag zu diesem Denkmal auf dem zentralen Platz der Stadt. 1941 gewannen die Ungarn die Stadt kurzfristig zurück und zerstörten das Denkmal. Seit dem Zerfall Jugoslawiens 1991 ziert es wieder den Platz vor dem Theater. Die Meinungen über Figur und Denkmal gehen auseinander: Die einen betrachten Zar Nenad als Freiheitskämpfer, die anderen sehen in ihm einen Banditen.
Das historische **Nationaltheater** (Narodno kazalište/Народно казалиште) galt als ältestes Theater in Jugoslawien. Es befand sich in einem klassizistischen Gebäude von 1854. Seine Front erinnerte an einen Tempel und wies sechs Säulen mit Kompositkapitellen auf. Wider alle denkmalpflegerischen Aspekte, entgegen aller nationalen und internationalen Proteste wurde das Gebäude im Jahr 2007 abgerissen.

National-Hotel

Die Fußgängerzone wird geprägt von großen unbebauten Plätzen wie dem Trg Slobode (Трг Слободе) und dem Trg Republike (Трг Републике). Die Hauptachse ist der Korzo (Корзо), bis zum Jahr 2002 ul. Boris Kidrić genannt, auf dem sich ein Café an das andere reiht und immer viel Leben herrscht. Die Promenade ist gesäumt von Fassaden aus dem 19. und 20. Jahrhundert.

Auch die **Touristeninformation** hat hier ihren Sitz. Man wird freundlich empfangen und findet unter den gebotenen Sprachen Deutsch, Englisch, Ungarisch, Serbisch und Französisch sicher eine, die man versteht. Gegenüber der Touristeninformation steht das ehemalige National-Hotel (Korzo Nr. 10), der erste Bau des sehr populären Architekten Férenc Raichle in Subotica. 1869 in Apatin geboren, hatte er in Budapest Architektur studiert und sich länger in Berlin, Szeged und Wien aufgehalten. Nach seiner Heirat ließ er sich in Subotica nieder und hat der Stadt viele schöne Bauten hinterlassen, unter anderem die Städtische Bibliothek und die Grammatikschule.

Férenc-Raichle-Haus

Das Férenc-Raichle-Haus ist ein Muss jeder Stadtbesichtigung. Das stattliche, verspielte Jugendstilgebäude war bereits zu seiner Erbauungszeit sehr berühmt. Férenc Raichle hatte es 1904 für sich als Wohnhaus konzipiert, verließ die Stadt aber im Jahr 1908. In seiner Dekoration zeigt es Anklänge an den Spanier Antonio Gaudi. Die Fassade ist plastisch entwickelt und mit Wellenlinien sowie reicher Ornamentik gestaltet. Das Gebäude diente verschiedenen Zwecken, unter anderem als Sitz der Organisation ›Likovni susret‹, unter deren Namen es heute als Ausstellungsgebäude fungiert.

Bahnhof

Durch den ehemaligen Lenjinov-Park, der seit geraumer Zeit nach dem Architekten Férenc Raichle in ›Rajhl Ferenca Park‹ umbenannt wurde, gelangt man zum **Bahnhof** (Železnička stanica/Железничка станица, ungarisch Vasútállomás). Das Bahnhofsgebäude wurde 1869 erbaut, die Zugverbindung Budapest–Subotica–Belgrad 1899 ins Leben gerufen. Die Stadt ist sehr gut sowohl mit dem Zug als auch mit den überregionalen Bussen zu erreichen.

Auferstehungskirche

Im Nordosten liegt die serbisch-orthodoxe **Auferstehungskirche** (Hram Vaznesenja Gospodnjeg/Храм Сбетог Вазнесења Господњег). Die Kirche entstand zwischen 1723 und 1726. In ihrer Umgebung befand sich ein älteres Gotteshaus, dessen Datierung unbekannt ist. Der dazugehörige Friedhof birgt den ältesten Grabstein Suboticas. Der heutige Bau geht auf den Anfang des 20. Jahrhunderts zurück. Die ehemalige Ikonostase schuf Jovan Popović. Während der Instandsetzungsarbeiten der Kirche wurde sie ebenfalls restauriert und nach Aleksandrovo in die Sankt-Dimitrije-Kirche verbracht. Dieser Stadtteil liegt im Süden und wurde Anfang des 19. Jahrhunderts angelegt, später eingemeindet. Die heutige Ikonostase wurde in Wien gefertigt und stammt vom Beginn des 20. Jahrhunderts.

Synagoge

Eines der schönsten Gebäude der Stadt ist die unter UNESCO-Schutz stehende **Synagoge** (Sinagoga/Синагога, ungarisch Zsinagóga). Die Synagoge von

▸ Karte S. 214

Subotica lehnt sich in ihrem Inneren an historische Traditionen jüdischer Gebetshäuser an, so fehlt auch hier die Empore für die Frauen nicht. In ihrem Äußeren ist sie jedoch ein Unikat, nämlich im bereits erwähnten sogenannten ungarischen Stil, der auch als Sezessionsstil oder Jugendstil bezeichnet wird, erbaut. Im Jahr 1902 konnte sie nach Entwürfen von Dezsö Jakab und Marcell Komor realisiert werden. Die beiden Architekten haben viele Bauwerke in heute ganz verschiedenen Ländern hinterlassen: das ehemalige Hotel ›Schwarzer Adler‹ im rumänischen Oradea, ehemals Nagyvárad, und die Musikhalle in Bratislava. Ihr Vorbild waren die Bauten von Ödön Lechner, einer der herausragenden Persönlichkeiten der Baukunst Ungarns um die Jahrhundertwende. Lechner war in Budapest und Berlin geschult, bildete sich durch Reisen nach Italien und England vielseitig weiter und verschmolz all seine Erfahrungen zu einem nationalen ungarischen Baustil. In diesem fanden plastische Dekorationselemente, beeinflusst vom Orient und der ungarischen Volkskunst, Aufnahme. Sie wirkten an Fassaden teilweise wie Applikationen. Gerne verwendete Lechner Majolikaplatten zur Fassadenverkleidung. Seine Schuler übernahmen seinen Stil und verbreiteten ihn über Osteuropa.

Bei der Synagoge handelt sich um einen Zentralbau mit einer mächtigen Kuppel, die auf vier Eisensäulen ruht. Für die Zierelemente wurde Keramik benutzt. Sie schmücken Portale, Fenster und Attika. In ihrer Ornamentik ließen sich die Architekten von der ungarischen Volkskunst inspirieren. Sie entschieden sich für Pflanzen, Blumen und rein ornamentale Motive.

Der Bau der Synagoge war ein wichtiges Ereignis in der Geschichte der Juden der Stadt Subotica. An materiellem Reichtum wird sie von der Synagoge von Szeged wohl übertroffen, in ihrer Architektursprache, relativen Einfachheit und Klarheit ist diejenige von Subotica jedoch einzigartig.

Die verarmte jüdische Gemeinde traf am 24. September 1978 die Entscheidung, die Synagoge der Stadtgemeinde zu überlassen mit der Auflage, sie zu restaurieren und für kulturelle Zwecke in Einklang mit ihrer ursprünglichen Funktion zu nutzen. Leider wurde diese Bedingung nur teilweise erfüllt. Nur dank großer Bürgerproteste wurden die Kommunisten 1985 gehindert, einen ihrer wenig schmuckvollen Hochhausbauten unmittelbar an der Synagoge zu plazieren. Die alte jüdische Schule ist jedoch ihrer Planung zum Opfer gefallen. Die Synagoge bedarf dringend der Renovierung. Obgleich dem Spendenaufruf über das Internet viele gefolgt sind, fehlen noch immer dringend Mittel zur vollständigen Sanierung.

Die Synagoge von Subotica

Nahe der Synagoge befindet sich ein schöner **Markt**: Lebensmittel, Obst, Gemüse, Textilien und Haushaltsartikel sind hier zu haben. Allein schon die Farbenpracht lohnt hier einen Besuch. Der Markt findet täglich außer sonntags bis zum Mittag statt.

Nicht weit vom Markt steht die **Alte Grammatikschule** (Гимназија, Gimnazija, Gimnázium) in einem Gebäude des 19. Jahrhunderts. Der erste Bau dieser Schule war 100 Jahre älter und wurde für das Rathaus abgerissen.

Kathedrale

Subotica ist römisch-katholischer Bischofssitz. An der Straße nach Sombor, westlich des Zentrums, steht die **Kathedrale** der Stadt (Katedrala Bazilika Sveta Terezija/Катедрала Базилика Света Терезија, ungarisch Katedrális). Man erkennt sie gut an ihrer Doppelturmfassade. Der Titel Basilika wurde ihr von Papst Paul VI. 1974 verliehen. Zum Zeitpunkt ihres Baues waren ihre Türme höher als der alte Rathausturm, was ihr den Namen ›große Kirche‹ eintrug. Sie ist der heiligen Theresa von Avila geweiht. Die Figur der Heiligen wurde in das Wappen von Subotica eingefügt, als sie den Status einer freien königlichen Stadt im Jahr 1779 erhielt. Die Kirche wurde in zwei Etappen am Ende des 18. Jahrhunderts errichtet. Sie besitzt eine reiche Sammlung liturgischer Geräte. Der Gottesdienst wird in lateinisch, ungarisch und kroatisch abgehalten.

Vor der Kirche steht das **Denkmal für die Befreiung von den Faschisten** von Toma Roksandić. Der Künstler war in der Mitte des 20. Jahrhunderts tätig.

Evangelische Kirche

Subotica besitzt auch eine evangelische Kirche (Evangelička hrišćanska Crkva) in der ulica Braće Radića 17. Sie wurde 1899 erbaut und von Emil Korossy 1900 geweiht. Die Gottesdienste finden in ungarischer Sprache statt.

Flohmarkt

Gegenüber vom Hippodrom hat sich in den letzten Jahrzehnten ein riesiger **Flohmarkt** etabliert, der zur neueren Attraktion der Stadt zählt, direkt daneben befinden sich der Automarkt und über der Straße das westliche Tor der Stadt.

Subotica

Vorwahl: 024.

Website: www.subotica.rs (engl., kroat., ung.).

Touristeninformation Turističke Informcije, Korzo 15, Tel. 670350, ticsu@yunord.net.

Avis Autovermietung, im Hotel ›Patria‹, ul. Đure Đakovića bb, Tel. 601850, 063/227174.

Die Stadt ist in vier **Parkzonen** untergliedert (Karte auf der Website www.subotica.rs). Die roten und gelben Zonen liegen im Zentrum, die blauen und grünen etwas entfernter. Je dichter am Zentrum man parken möchte, desto teurer wird es.

Zur Bezahlung bestehen zwei Möglichkeiten. Entweder man zahlt über ein kompliziertes Nummernsystem per Mobiltelefon oder man kauft sich einen Parkschein an einem Kiosk. Auf diesem rubbelt man dann den entsprechenden Tag und die Uhrzeit ab und legt den Schein hinter die Windschutzscheibe. Dieses System wird unter anderem auch in Kragujevac angewandt. Die Preise beginnen bei 20 Dinar pro Stun-

▶ Karte S. 214

Die Juden in Subotica

Die Juden von Subotica wurden erstmals im Jahr 1775 erwähnt, als sie sich als Kleinpächter in der Umgebung niederlassen durften. Nur vier Jahre später wurde ihnen der Kleinhandel erlaubt. Im Jahr 1786 sind bereits zwölf jüdische Familien verzeichnet, denen gestattet wurde, eine Vereinigung zu gründen, aus der sie ihren eigenen Richter wählen durften. Dieser hatte über ihre inneren Anliegen zu befinden, Streitigkeiten zu schlichten und ihre Interessen als Gemeinschaft zu wahren.

Im Laufe der Zeit wurden Bestrebungen deutlich, die Juden zu assimilieren. Dazu wurden Erlasse getätigt, in denen sie verpflichtet wurden, Deutsch zu sprechen und deutsche Familiennamen anzunehmen. Als die Region nach dem österreichisch-ungarischen Ausgleich ungarisch wurde, setzte ein Magyarisierungsprozeß ein, und viele Juden änderten nun ihren deutschen Namen in einen ungarisch klingenden: So wurde aus Klein im Ungarischen Kiš.

Im 19. Jahrhundert verzeichnete die Stadt ein rasches Wachstum, sie verdoppelte ihre Bewohner, während sich die Anzahl der Juden verneunfachte. An der Gesamtbevölkerung hatten sie 1,5 Prozent Anteil. Die Juden waren zu dieser Zeit im Handel, der Industrie und im Finanzwesen tätig. Während der Revolution von 1848/49 versuchten sich die Ungarn von Habsburg zu lösen. Die Juden stellten sich wegen deren probürgerlicher Zielsetzung auf die Seite der Revolutionäre. Dies hatte nach dem Scheitern der Revolution antijüdische Gesetze wegen Untreue gegen den Kaiser zur Folge. Sie mussten Schuhe für die Armee liefern. Innerhalb der ungarischen Gemeinschaft aber war ihre Position gestärkt.

Die Stadt Subotica war während der Revolution als eine der wenigen intakt geblieben und entwickelte sich zu einem großen Handelszentrum. Den Juden war in diesen Jahren erstmals erlaubt, bebaubares Land zu erwerben. Nach dem Ausgleich wuchs ihre Gemeinde erneut. Zunächst waren sie im nördlichen Teil der Stadt angesiedelt gewesen, jetzt aber erhielten sie die Erlaubnis, näher an das Zentrum der Stadt zu kommen. In ihrem Viertel durften sie Sakralbauten errichten. Schon im Jahr 1790 war in der ul. Magyar, heute ul. Frankopanska, ein schönes Haus für Gemeindeversammlungen entstanden. Daneben gab es ein Spital und einen Friedhof am Halaszitor, wo er sich heute noch befindet. Auch nach der Regulierung des städtischen Friedhofs beließ man die Juden an ihrer alten Begräbnisstätte, die während ihrer 200jährigen Geschichte mehrfach erweitert wurde.

Die Dynastie der Karađorđević tolerierte die Juden und sympathisierte mit ihnen zumindest indirekt bis zur deutschen Besetzung im Jahr 1941. Die Juden integrierten sich relativ schnell in das wirtschaftliche Leben des südslawischen Königreichs, blieben aber kulturell Ungarn sehr verbunden. Jüngere Juden wanderten in größere Städte wie Belgrad oder Zagreb ab. Während des Zweiten Weltkrieges, als Subotica erneut unter ungarischer Herrschaft stand, wurden die Juden zur Zwangsarbeit deportiert und während der deutschen Besetzung Ungarns in die Todeslager, die nur wenige überlebten. Von 6105 Juden kehrten nur 1050 nach Subotica zurück.

de und reichen bis 160 Dinar für den ganzen Tag.

In der Stadt verkehren Busse und Straßenbahnen. Die **Tickets** kann man am Kiosk kaufen.

Subotica Travel, www.sutrans.rs. Für den Stadtbus- und Regionalverkehr.

Busterminal Autobuska stanica (ung. ›Autóbuszállomás‹), Senćanski Put 5, Tel. 555566. Verschiedene Anbieter verbinden Subotica mit den europäischen Großstädten. Eine Fahrt von München-Fröttmaning nach Subotica mit der Firma Eurolines kostet derzeit einfach 62 Euro, hin und zurück 87 Euro. Man fährt abends um 19 Uhr in München ab und kommt am nächsten Morgen um 7 Uhr in Subotica an.

Eurolines, Tel. Deutschland 069/7903501, Tel. Serbien 00381/24/551390 oder 00381/63/454370, www.eurolines.de, www.severtrans.rs (serb.).

Bahnhof Železnička Stanica (ung. ›Vasútállomás‹), fast im Zentrum am ehemaligen Leninpark (heute Férenc-Raichle-Park), Info-Tel. 555606 www.zeleznicesrbije.com. Von hier starten regionale und internationale Züge. Der Preis für eine einfache Fahrt von Belgrad nach Subotica beträgt 480 Dinar, hin und rück 960 Dinar.

Hotel Patria (★★★), ul. Đure Đakovića bb, Tel. 554500, Fax 551762, www.hotelpatria.rs (serb.). Staatliches Hotel der kommunistischen Ära.

PBG (★★★), ul. Harambašićeva 21, Tel./Fax 556542, DZ 5900 Dinar, EZ 3500 Dinar. Privathotel, 2001 eröffnet. Parkplätze, sehr freundlicher Service. 66 Betten, Reservierung empfohlen.

Restaurant Klasični Spartak, Trg Slobode 6, Tel. 555676.

Elza Pod Tornjem, Trg Slobode 1, Tel. 557800; 12–22 Uhr. Ungarische Küche.

Népkör, Trg Lajoša Košuta 11, neben dem ungarischen Kulturinstitut, Tel. 555480. Das Restaurant wird gerne für größere Feste genutzt.

Café Bódis, ul. 10. Oktobra, Rudić; 8–24 Uhr. Konditorei mit Café, besteht seit 1924.

Ungarisches Kulturinstitut, Mađarski Kulturni Centar ›Nepker‹, Trg Lajoša Košuta oder Kossuth Lajos tér 4, Tel. 557033, info@nepker.org.hu.

Serbisches Kulturinstitut, ›Srpski Culturni Centar Sveti Sava‹, Trg Republike 16 Tel. 556117; 8–14 Uhr.

Kroatisches Kulturzentrum ›Bunjevačko Kolo‹, ul. Preradovićeva 4, Tel. 555589.

Deutsches Kulturinstitut, Karađorđev put 72, Tel. 34324.

Städtisches Museum, Stadthalle, Trg Slobode 1, Tel. 555128; Di, Mi, Fr 10–16, Do 11–18, Sa 10–14 Uhr.

Synagoge, Anmeldung zur Besichtigung bei der jüdischen Gemeinde, Tel. 555526, 554494; nur Mo–Fr.

Galerie für Moderne Kunst (Galerija Savreme umetnosti/Галерија Савреме уметности), im Ferenc-Raichle-Palais, Lenjinov-Park 5 (Rajhl Ferenca Park), Tel. 553725, liksus@tippnet.co.yu; Mo–Fr 8–13 Uhr.

▶ Karte S. 214

Der Palić-Ludaš-Regionalpark

Nur acht Kilometer von Subotica und 20 Kilometer von der ungarischen Grenze entfernt liegt der 1982 gegründete Regionalpark Palić-Ludaš (Narodni Park Ludaš Palić/Народни Парк Лудаш Палић).

Die Region in und um Palić ist ein bekanntes Weingebiet. Ein ganze Reihe von Winzereien und Weinkellern laden zur Verkostung der lokalen Produktion ein, beispielsweise der Weinhandel ›Čoka‹ in Subotica, Segedinski put 80, oder der Weinhof in **Hajdukovo** (siehe Seite 223).

Palić

Am Palićsee liegt der kleine, sehr beliebte gleichnamige Ferienort. Einst verband eine Straßenbahn Subotica mit dem Erholungsgebiet. Das milde Klima lockt im Sommer viele Gäste.

Der natürliche See war in der Vergangenheit salzig und mit Heilschlamm gefüllt. Seit 1845 nutzte man seine heilende Wirkung. Doch schon zu Beginn des 20. Jahrhunderts hatte der See mit Umweltbelastungen zu kämpfen. Im Sommer 1970 war das Leben im See beendet. Im Jahr 1971 begann ein großangelegtes Projekt zur Wiederbelebung.

Palić (Палић)

mini Casa

Wer genau hinschaut, erkennt jedoch, dass der See auch heute noch unter starker Verschmutzung leidet. Viele Abwässer werden nach wie vor hineingeleitet. Mit Unterstützung der Europäischen Union soll der Verschmutzung endgültig ein Ende gesetzt werden.

1845 entstand der **Park** in Palić, dessen Baumbestand auf die Entstehungszeit zurückgeht. Abseits des Ufers wurden in wenigen kleinen Straßen zierliche Villen, Sommersitze in Gründerzeitarchitektur und Jugendstil erbaut. Der **Musikpavillon** (Muzički paviljon/Музички павиљон) wurde 1912 entworfen. In der Zeit entstanden auch das Wahrzeichen von Palić, der ehemalige **Wasserturm** (Vodotoranj/Водотарањ), der renoviert wird, und das **Frauenbad** (Ženski štrand/Женски штранд). Der kleine, bereits 1945 gegründete **Zoo** bietet eine bunte Vielfalt an exotischen Tieren. Palić bietet Besuchern Sportmöglichkeiten von Fahrradfahren bis zu Tennis und Reiten.

Seit 1992 findet regelmäßig das Palić-Filmfestival statt. Präsentiert werden neue ungarische, kroatische und serbische Filme, aber auch internationale Produktionen. Ein farbenfrohes Fest ist das Erntedankfest (Dužijanca), das seit 1911 hier gefeiert wird und dessen bunte Veranstaltungen im Juli und August stattfinden.

Von Palić ist es nicht weit nach **Kanjiža** (Кањижа, Magyarkanizsa), wo Heilwasserquellen genutzt werden. Man kann hier im Gesundheitszentrum ›Abella‹ kuren.

Ludašsee

Der Ludašsee liegt nicht weit von Palić. Als besonders geschütztes Reservat darf an seinen Ufern nicht gebaut werden. Um ihn herum gruppieren sich die Siedlungen Hajdukovo (Хајдуково), Šupljak (Шупљак), Nosa (Носа) und Bački Vinogradi (Бачки Виногради). In **Hajdukovo** wird seit 36 Jahren ein Weinfest im Herbst begangen, die Csarda.

In der Umgebung liegen kleinere Dörfer. In **Kelebija** (Келебија) an der Grenze zu Ungarn lädt das Landgut ›Majur Kelebija‹ zum Essen ein. Ebenfalls an der Grenze zu Ungarn liegt **Horgoš** (Хоргош) mit dem **Dvorec Grofa Karasa**. Das zierliche Schlösschen ist am Zerfallen und steht verborgen hinter dichtem Grün.

Palić-Ludaš-Regionalpark

Vorwahl: 024.

Touristeninformation Palić, Park narodnih heroja 9 (Парк народних хероја), gegenüber dem Hotel ›Prezident‹, Tel. 7531-11,- 21, jp.palic@tippnet.co.yu, www.palic.co.rs (serb.); 9–18 Uhr.

Zwischen Palić und Subotica vekehren regelmäßig Busse.

Palić:

Hotel Park und **Hotel Jezero** (★★★★), Park narodnih heroja 9, Tel./Fax 753-245, -195, -112, www.elittepalic.rs. Mitten im Park, gepflegt und teilprivatisiert. Nicht alle Zimmer sind renoviert, im Hotel ›Park‹ sind es die Zimmer im 1. und 2. Stockwerk, die westeuropäischem Standard vergleichbar sind.

Prezident (★★★★), Lovranska bb, Tel. 622-662, Fax -607, www.prezi

Villa am Palićsee

dent.subotica.net. Das Hotel wurde komplett renoviert, sehr schöne Zimmer.

Villa Regina, Splitska aleja 21, Tel./Fax 754695; DZ 32, EZ 25 Euro. Kleines anmutiges Hotel 5 Min. vom See entfernt, eine der geschmackvollen Privatinitiativen. Wenige Zimmer, Reservierung empfohlen.

In Palić stehen zwei Campingplätze zur Verfügung.

Palić:

Restaurant Mala Gostiona, direkt beim Hotel ›Park‹, Tel. 753447. Hier wird schöne Volksmusik geboten.

Riblja Čarda, am See, Tel. 755040. Landestypische Gerichte, sehr guter Service.

Vila Viktorija, ul. Jezerska 15, Tel. 754497. Internationale Küche.

Kelebija:

Majur Kelebija, ul. Edvarda Karedlja bb, Tel. 789-007, -030; Mo–Sa 10–24 Uhr. In einem gutbürgerlichen Landsitz, inmitten von viel Grün.

Hajdukovo:

Vinski Dvor, Tel. 754762, 063/8554929, vinskidvor@suonline.net. Landgasthaus mit guter Küche und Musik.

Im Westen der Bačka

Im Westen der Bačka liegen wie in einem Dreieck drei größere Städtchen: Sombor (ungarisch Zombor), Bačka Topola (ungarisch Topolya) und Vrbas (ungarisch Verbasz).

Die Donau bildet hier die geographische Grenze zu Kroatien und ein Stück zu Ungarn. Ab Vukovar strömt sie Richtung Osten durch Serbien, ab Bačka Palanka trennt sie das Sremgebiet von der Bačka.

Viele Ortschaften in dieser Region waren ehemals von Donauschwaben besiedelt. Man erfährt noch immer wenig über sie, aber Informationen und Reiseführer von serbischer Seite sind in Vorbereitung. Noch immer sind die Baudenkmäler teilweise verwahrlost. Aber man beginnt langsam mit der Instandsetzung auch unter Mithilfe der donauschwäbischen Vereine. So wurde beispielsweise die Renovierung der deutschen-evangelischen Kirche von Feketić (ungarisch Bácsfeketehegy) im Jahr 2008 abgeschlossen und mit einem feierlichen Gottesdienst begangen.

Auf dem Weg nach Bačka Topola

Auf dem Weg von Subotica nach Bačka Topola parallel zur Autobahn passiert man eine der alten **Windmühlen**, wie sie einst in der Vojvodina weit verbreitet waren. Nur wenige sind im Bačkagebiet verblieben. Der Fluss Krivaja ist hier zu einem größeren See aufgestaut. Die Bewohner besuchen ihn gerne am Wochenende zum Baden, Rudern und geselligen Beieinandersein. Kleine anmutige Restaurants sind angelegt.

Stausee in der Vojvodina

▸ Karte S. 210

Beim Dorf **Zobnatica** (Зобнатиса) liegt ein großes Gestüt mit einem Hotel. Hier wird seit 200 Jahren die Aufzucht von Vollblutpferden betrieben. Der Reiterhof bietet Kurse für Jung und Alt. Außerdem kann man hier jagen und fischen gehen. Ein Pferdemuseum, eine Reitbahn und das Schmiedemuseum sowie Kutschfahrten in die weite Landschaft runden das Angebot ab.

Bačka Topola

Bačka Topola (Бачка Топола, Topolya) ist aus Mala Bajša oder Topola entstanden, eine Ortschaft, die erst seit der Türkenzeit bekannt wurde. Zunächst gehörte sie zum Verwaltungsbezirk Subotica, dann zur Militärgrenze Petrovaradin. Im Jahr 1903 gelangte sie in den Besitz des Feudalherrn Pal Kirai.

Der Ort wartet mit einer neugotischen **römisch-katholischen Kirche** auf, deren Turm mit 74 Metern zu den höchsten Serbiens gehört. 1940 entstand die **serbisch-orthodoxe Kirche**.

Bajša

Nicht weit entfernt von Bačka Topola liegt Bajša (Бајша, Bajsa), wo man mittelalterliche Siedlungsreste des 11. Jahrhunderts entdeckte. Der dort gefundene Renaissanceschmuck wird im Stadtmuseum von Subotica aufbewahrt. Die Geschichte der heutigen Siedlung begann mit der Familie Zako. Ihr **Palast** ist ein schönes Beispiel des 18. Jahrhunderts. Aus dieser Zeit stammt auch die **römisch-katholische Kirche**. Die orthodoxe Kirche wurde 1810 von der Familie Zako gestiftet. Ihre Ikonostase stammt von Jovan Klajić.

In Richtung Bečej führt der Weg etwa 20 Kilometer durch eine endlose Weite an riesigen Feldern vorbei, ohne dass Häuser, Bauernhöfe oder auch nur

Das Schlosshotel ›Fantast‹

Strommasten auftauchen; schließlich führt eine Abzweigung zum Hotel ›Fantast‹, das im Schloss der Familie Dunđerski eingerichtet ist.

In **Vrbas** (Врбас, Verbász) und **Srbobran** (Србобран, Szenttamás) hat sich viel Industrie angesiedelt.

Bačka Topola

Vorwahl: 024.

Hotel Jadran, Zobnatica, Tel. 715-641, -842; DZ 2060, EZ 1300 Dinar.

Sombor

Sombor (Сомбор, ungarisch Zombor) war seit dem 19. Jahrhundert die Hauptstadt der Bačka. Seit dem 13. Jahrhundert befand sich an dieser Stelle bereits eine befestigte Siedlung, die um 1360 als Besitz der Adelsfamilie Czobor Erwähnung fand. Eine erste Michaelskirche wurde gebaut. Die Türken machten Sombor 1541 zur Bezirkshauptstadt, verschiedene Reiseberichte beschrieben sie als reich und sauber. Bereits 1687 konnte sie von den Habs-

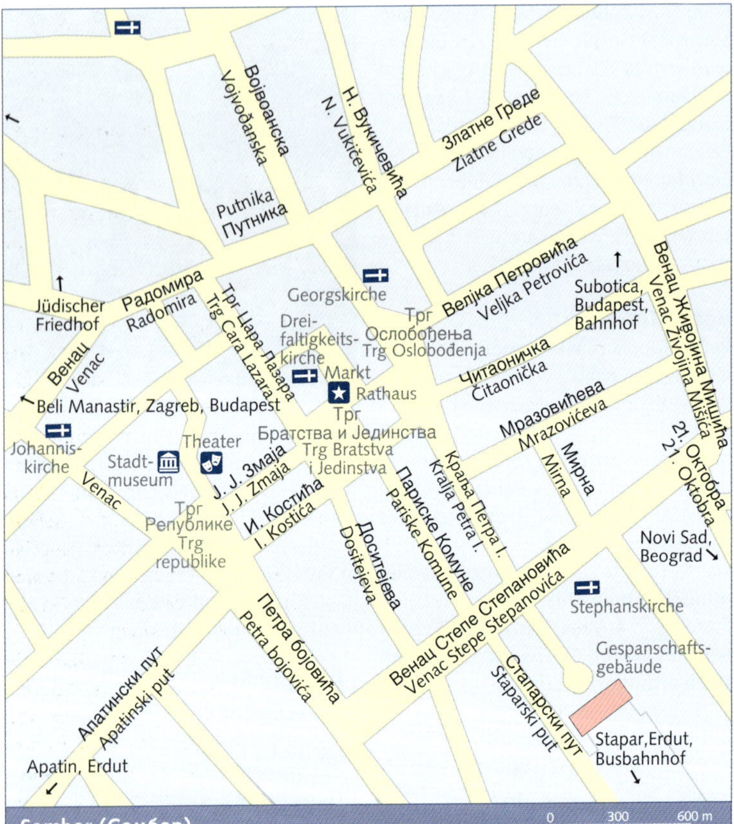

Sombor (Сомбор)

burgern eingenommen und bald darauf in die Militärgrenze eingegliedert werden. Im Jahr 1733 löste Sombor Batsch als Komitatssitz ab. Wie viele Städte erhielt auch sie 1749 den Status einer freien Königsstadt.

Sombor mit seinen etwa 60 000 Einwohnern ist wie Subotica stark von Ungarn geprägt, wenngleich der Anteil keine 50 Prozent erreicht. Von der ehemaligen jüdischen Gemeinde zeugt nur noch der kleine jüdische Friedhof, nicht weit vom Kanal entfernt, der die Stadt im Westen passiert. In der Umgebung sind die katholischen Schokatzen ansässig.

Lazar Kostić lebte von 1895 bis 1910 in Sombor und schrieb hier sein berühmtes Gedicht ›Santa Maria della Salute‹. Es ist auch der Geburtsort des serbischen Dichters Veliko Petrović (1884–1967). Der Journalist, Kunsthistoriker und Leiter des Nationalmuseums in Belgrad begann als Dichter mit patriotischen Gedichten und wandte sich dann der Novelle zu. In ihnen behandelt er soziale und ethische Probleme der Gesellschaft, besonders des Bürgertums der Vojvodina. In seinem Werk ›Ravangrad‹ (Stadt in der Ebene) hat er seiner Heimatstadt gedacht. Auch der Maler Milan Konjović ist ein Sohn der Stadt.

Rathaus

Die gesamte Innenstadt von Sombor ist Fußgängerzone, man kann um den Kern herumfahren und sucht sich am besten dort einen der raren Parkpätze. In der großen Fußgängerzone, in der sich die Straßen zu Plätzen verbreitern, befinden sich einige Kirchen und der Markt. Das Zentrum nimmt das moderne **Rathaus** ein. Die Beschriftung ist dreisprachig: kroatisch, ungarisch und serbisch.

Gespanschaftsgebäude

Über eine Parkanlage erreicht man das Gebäude der Autonomiebehörde der Vojvodina, die Županija oder auch Gespanschaftsgebäude. Es entstand 1802 bis 1809 auf den Resten einer Festung. Der heutige große Bau im sogenannten Erdélystil wurde 1884 abgeschlossen. Den Sitzungssaal dieses großen historistischen Gebäudes schmückt das monumentale (sieben mal vier Meter umfassende) Gemälde ›Die Schlacht bei Senta‹ von Férenc Eisenhuth. Die Fassade wird durch die betonte Mitte mit Balkon aufgelockert. Darüber erhebt sich ein Turm mit einer auf Konsolen ruhenden Terrasse.

Stephanskirche

An der Flanke des Parks erheben sich hinter mächtigen Baumkronen zwei Türme. Sie gehören zur katholischen Stephanskirche (Sv. Stefana/Св. Стефана).

Sankt-Georgskirche

Die serbisch-orthodoxe Sankt-Georgskirche (Sv. Đorđa/Св. Ђорђа) von 1759 befindet sich direkt in der Fußgängerzone. Man erkennt sie an ihrem Westturm. Sie besitzt eine wunderschöne Ikonostase von 1873, die auf Pavle Simić zurückgeht. Die ursprüngliche Ikonenwand fiel einem Brand zum Opfer. Die Bestuhlung der Kirche ist mit verschiedenen Namen und Daten versehen, die auf den Kaufvertrag des jeweiligen Besitzers der Stühle hinweisen. Es war ein Statussymbol, in der Kirche einen festen Platz zu besitzen.

Bischofspalast

In ehemaligen Franziskanerkloster war 1743 der Bischofspalast eingerichtet worden. Der Marktplatz hieß lange ›pijaca u lancim‹, Platz in den Ketten, und nimmt das Areal des ehemaligen Klostergartens ein. Joseph II., der Sohn Maria Theresias, ließ das Kloster schließen, der Garten gehörte nun zum Hospital. Im Jahr 1809 wurde die Säkularisation teilweise zurückgenommen, die Gebäude und der Park der Kirchengemeinde zurückgegeben. Der Klostergarten hatte nur von 1743 bis 1786 bestanden. Bei der Rückgabe wurde die Anlage von kleinen Marmorpfeilern und Ketten umgeben, die dem Platz seinen Namen gaben. Innerhalb dieses Kettenzaunes werden heute Gewürze, darunter süßer

Im Zentrum von Sombor

und scharfer ungarischer Paprika, Obst und Gemüse angeboten.

Angrenzend an den Bischofspalast entstand 1762 die römisch-katholische **Dreifaltigkeitskirche** (Sv. Trojctva/Св. Тројцтва) als Barockbau. Sie beinhaltet eine Kapelle für den heiligen Nepomuk.

Weitere Sehenswürdigkeiten

Die kleine orthodoxe **Johanneskirche** (Cv. Jovan/Св. Јован) besitzt eine Ikonenwand von Pavle Đurković von 1812.

Das **Theater** (Narodno Požorište/Народно Пожориште) von 1879 und das Stadtmuseum (Gradski muzej/Градски музеј) stehen sich gegenüber. Schwerpunkte der Sammlung sind Münzen und ethnographische Stücke, die über traditionelle Volkskunst Aufschluss geben: Teppiche, Spitzen, bemalte Ostereier. Ein Teil der Ausstellung ist dem Künstler Milan Konjović gewidmet. Dem Museum ist eine Bibliothek angeschlossen.

Sombor besaß eine der ältesten serbischen Lehranstalten. Man hatte sie 1815 von Szentendre hierher verlegt.

Die Gegend bis zur ungarischen Grenze ist sehr waldreich. Immer wieder sieht man große Fischzuchtanlagen. In der Umgebung sind mehrere Kirchen und Klöster ausgeschildert.

Sombor

Vorwahl: 025.

Turistička organizacija opštine Sombor (für den gesamten Kreis), Trg Cara Lazara 1, Tel./Fax 434350, www.somborvaros.org.

Turističko informativni centar, Kralja Petra I. 26, Tel. 420041; Mo–Fr 7–19, Sa 7–18, So 8–14 Uhr.

Von Sombor bieten sich zwei Grenzübergänge an: Bački Breg nach Ungarn und Batina nach Kroatien, bei welchem man die Donau überquert.

Severtrans Busterminal Sombor, Staparski Put, Info Tel. 441751 www.severtrans.rs (serb.). Busverbindungen nach Novi Sad und Belgrad von 4 Uhr morgens bis 20 Uhr, mindestens einer pro Stunde. Von Sombor nach Subotica fast stündlich.

Bahnhof Sombor, Železnički Park, Tel. 28922. Verbindungen nach Belgrad über Vrbas 6 Züge täglich, Verbindungen nach Subotica 6 Züge täglich.

Hotel Sloboda, Trg Republike 1, Tel./Fax 38886, Tel. 463322; DZ 60, EZ 40 Euro.

Apatin

▶ Karte S. 210

In Richtung kroatischer Grenze liegt Apatin (Апатин), gerne übersetzt mit Abthausen. Die Stadt an der Donau wurde 1793 als sogenannter ›Schüttkasten‹, ein Brückenkopf mit Proviantstation, von der Wiener Hofkammer an der damaligen Endstation der ›Ulmer Schachteln‹ gegründet. Eine andere Version sieht den Ursprung der knapp 20000 Einwohner zählenden Stadt im Jahr 1093, als hier ein Beneditinerkloster entstanden sein soll, das im Jahr 1211 erstmals als Abbatis de Batay urkundlich erwähnt wurde.

Apatin war ehemals die größte deutsche Siedlung der Vojvodina mit einer großen Schiffswerft und einem Donau-

Die katholische Kirche in Apatin

hafen, der früher von den Schiffen der Donau-Dampfschiffahrts-Gesellschaft angelaufen wurde. Heute hat hier eine der großen serbischen Bierbrauereien, ›Jelen Pivo‹, ihren Sitz, die seit 1756 braut. Im Zentrum ist die katholische Kirche von Maria Himmelfahrt von 1748 zu sehen.

Apatin

Vorwahl: 025.

Tourismus Organisation, Petefi Sandora 2/a, Apatin, Tel./Fax 77 25 55, office@apatininfo.com, www.turizam.apatin.com (serb.).

Bač

Fährt man von Sombor in Richtung Süden, erreicht man die Region Bač Bodrog Odžaci. Links und rechts der Strecke liegen die Orte **Stapar** (Стапар) mit schöner Kirche, **Serbski Miletić** (Сербски Милетић), **Odžaci** (Оџаци, deutsch Hodschag) und **Karavukovo** (Каравуково). Sie alle sind mehr oder weniger vor dem Zweiten Weltkrieg deutsch besiedelte Orte gewesen. Die kanalisierte Mostonga begleitet, immer wieder aufgestaut zu einer großen Fischzuchtanlage, die Fahrt.

Die verschlafen wirkende Ortschaft Bač (Бач, deutsch Batsch, ungarisch Bács) mit nur 6000 Einwohnern hat eine große Vergangenheit. Als älteste Gemeinde der Bačka und ehemaliger ungarischer Komitatssitz hat sie diesem Teil der Vojvodina, der Bačka, den Namen gegeben. Der Name selbst gibt Rätsel auf: Vielleicht ist er slawischen Ursprungs, was Schäfer oder Hirte bedeutet. Vielleicht war es auch ein slawischer Männername. Jedenfalls ist Bač eine der ältesten Siedlungen in der Region und wurde im Laufe seiner Zeit von Deutschen, Ungarn, Slowaken, Kroaten und Serben geprägt. Schon im 6. Jahrhundert wanderten die Slawen hier ein. Die Awaren bauten um 873 eine Burg, und bald darauf wurde es durch Magyaren besetzt. Stefan der Heilige begründete das Batscher Komitat mit dem katholischen Bistum Batsch. Zum Erzbistum erhoben, wurde im Jahr 1213 Fürst Berthold V. von Andechs Meran Erzbischof von Batsch. Ein Klosterbau folgte. Die Mongolen zerstörten Festung, Stadt, Kirche und Kloster. Innerhalb der nächsten 200 Jahre wurden Kloster und Festung wieder aufgebaut, der Fluss Mostonga kanalisiert und zwischen Sombor und Batsch schiffbar gemacht. Eine weitere Aufwertung erfuhr der Marktflecken durch die Einrichtung eines Münzamtes unter Karl I. Robert von Anjou. König Matthias berief 1462 einen Landtag nach Batsch ein, der jedoch nicht abgehalten wurde. Die Türkengefahr bedrohte auch Batsch;

Am Donaustrand bei Apatin

Johannes Hunyádi wurde mit der Türkenabwehr in diesem Raum betraut. Er machte Batsch zur Sammelstätte für das Verteidigungsheer. Doch mit dem Sieg der Türken in der Schlacht von Mohács 1526 hatte auch die letzte freie Stunde von Batsch geschlagen. Für 161 Jahre, bis zum Sieg gegen die Türken in Senta, wurde Batsch türkisch. Nach ihrer Vertreibung siedelten sich wieder Serben an. Noch einmal erlitt der Ort durch aufbegehrende Ungarn unter ihrem Führer Férenc Rákóczi II. im Jahr 1703 (Kuruzenkrieg) grausame Zerstörungen, deren Spuren bis heute zu sehen sind. Die Verlegung des Komitatssitzes nach Sombor und des Bischofssitzes nach Sremski Karlovci brachten Batsch einen großen Bedeutungsverlust. In dieser Zeit siedelten die ersten Donauschwaben an, für die es eine Heimat bis zum Zweiten Weltkrieg bleiben sollte. 1944 wurden die Deutschen vertrieben. Nur einige wenige deutsche Familien harrten aus. In jüngster Zeit wurden Serben aus Kroatien, ebenfalls Vertriebene, angesiedelt. Daneben sind Ungarn hier zu Hause.

Die Burg

Man erreicht das Dorf über die neue Kanalbrücke oder von der Seite der mittelalterlichen Festung über eine Fußgängerbrücke.

Die mittelalterliche Burg entstand in den Jahren 1338 bis 1342 auf den Ruinen von Vorgängerbauten als Wasserburg in einer Schleife der Mostonga, an deren Ostseite ein Graben durchstochen wurde, so dass die Burg wie auf einer Insel liegt. Im Zuge der Kämpfe der Türken gegen Habsburg hielten die Türken die Burg von 1529 bis 1687 besetzt. Sie war ein wichtiges Glied in der langen Reihe von Befestigungen. Während des Rákócziaufstandes wurde die Burg im 18. Jahrhundert in Brand gesteckt, zum Teil zerstört und später nicht wiederhergestellt. Férenc Rákóczi II. (1704–1711), Fürst von Siebenbürgen, zettelte einen Aufstand gegen Kaiser Leopold I. an. Er suchte die Unabhängigkeit Siebenbürgens und die Religionsfreiheit durchzusetzen. Dabei wurden viele Ortschaften schwer in Mitleidenschaft gezogen. Der Aufstand wurde niedergeschlagen.

Der Grundriss der Festung hat die Form eines unregelmäßigen Fünfecks mit drei runden und einem viereckigen Turm an den Ecken, deren Verteidigungserker auf Konsolen ruhen. Vor dem Burgeingang befindet sich ein Turm mit Zugbrücke. Obwohl in Trümmern, ist sie eine der am besten erhaltenen mittelalterlichen Festungen der Vojvodina. Auf der Burgseite befindet sich auch der Kalvarienberg von 1830. Vor kurzem renoviert, hat man von hier einen schönen Blick auf das Städtchen und die Uferzonen. Nach der Überquerung des Flusses sieht man sofort die zerfallenden Reste des ehemaligen türkischen Bades – auch die Osmanen haben ihre Spuren hinterlassen.

▶ Karte S. 210

Weitere Sehenswürdigkeiten

Die **Kirche des Apostels Paulus** erkennt man an ihrem barocken Westturm. Dieser war 1977 eingestürzt und umgehend rekonstruiert worden. Die Kirche, die auf die Jahre 1773 bis 1780 zurückgeht, beherbergt eine geschnitzte Kanzel und Malereien von Jószef Scheft, Jószef Pesky und Jovan Klajić. Ihr Patron Paulus war seit 1700 auch Patron der Stadt und ist auf dem alten Stadtwappen zu sehen. Das langgezogene Dorf hat sein Gesicht im Laufe der Zeit verändert. Neubauten, nicht unbedingt schön, sind mitten im Dorf plaziert. Die ehemaligen deutschen Häuser erkennt man an den schmalen abgerundeten Giebeln.

Ein Kleinod von Bač ist das mittelalterliche **Kloster**, das erstmals an dieser Stelle im 12. Jahrhundert entstanden war. Um 1250 sollen es die Templer erneuert haben, von denen es um 1300 die Franziskaner übernahmen und einen Neubau veranlassten. Nach dem Sieg der Türken wurde die Klosterkirche in eine Moschee umgewandelt, der stattliche Glockenturm in ein Minarett. Nach der Befreiung 1689 siedelten sich im Kloster erneut Franziskaner, diesmal aus Bosnien kommend, an und verwandelten es wieder in eine christliche Gebetsstätte; bis heute wird es von Franziskanern betreut, zwei haben ausgeharrt. Der älteste Teil der Kirche ist die romanische Apsis aus Haustein und Ziegel. Das gotische Langhaus wurde mit einem Kreuzrippengewölbe versehen. Der Klosterkomplex ist mit der Kirche verbunden, an deren Ostseite ein massiver Glockenturm steht. Im Zusammenhang mit dem Wiederaufbau nach den Zerstörungen des Rákóczi-Aufstandes wurde das Innere barockisiert. Ein kleiner Rest der gotischen Wandmalerei blieb dennoch erhalten.

Der alte **Ortsfriedhof** ist verwahrlost, macht aber einen Spaziergang durch die Geschichte möglich.

Die Umgebung von Bač

Die gesamte Umgebung von Bač ist beliebtes Jagdgebiet. Nur sechs Kilometer entfernt in Richtung Mladenovo (deutsch Bukin) lockt ein Waldgebiet, ehemals der Antoniwald genannt, vor allem die neuen Reichen aus Belgrad. Er trug seinen Namen nach einer kleinen kostbaren **Kapelle**, die dem heiligen Antonius geweiht wurde. Ihre Datierung ist unsicher. Tatsache ist, dass das Kirchlein wie ein Schatz gehütet wird und unter der Obhut der Franziskaner steht.

i Bač

Vorwahl: 021.

Tourismus Organisation, Trg Dr. Zorana Đinđića 4, Bać, Tel. 77 22 22, www.bac.rs (serb.).

Selenča, ca. 6 km östlich von Bač, hat eine gute Übernachtungsmöglichkeit: Hotel Slovan (★★★), Tel. 77 43 88.

Café Bizantija (Византија), Bač, Tel. 77 16 94. Gemütliches Café neben der Apotheke.

Kloster Bođani

Die Weiterfahrt in Richtung Vajska lohnt sich. Dahinter, fast an der kroatischen Grenze, liegt Kloster Bođani (Бођани). Immer einsamer wird die Gegend. Kurz vor Bođani gibt es einen großen Friedhof. Im November, zum Totensonntag und anderen Feiertagen, ist hier viel Betrieb. Familien treffen sich an den Gräbern, um der Verstorbenen zu gedenken.

Direkt an der Landstraße liegt das Kloster. Über die Mauern hinweg gibt es den Blick nicht frei, so dass man glatt daran vorbeifahren könnte. Zwei sehr freundliche Mönche bewohnen das Kloster, Besucher sind willkommen.

Die **Hauptkirche** ist der Muttergottesreinigung geweiht. Die Klostergründung geht auf das 15. Jahrhundert zurück. Kurz darauf wurde die Anlage zerstört und im 16. und 17. Jahrhundert mehrfach erneuert.

Der heutige Dreikonchenbau mit Kuppel datiert von 1722. An der Westseite ist ein Narthex angefügt, über dem sich der Glockenturm mit Zwillingsfenstern erhebt. Die Kirche ist wunderschön ausgemalt, mit einem Werk von Hristofer Žefarović, einem Künstler, der im Jahr 1737 aus Makedonien in die Vojvodina kam. In den Malereien vermischen sich byzantinische Traditionen mit barocken Elementen. Die Anordnung ist traditionell: Im Altarraum sieht man die göttliche Liturgie mit Bischöfen. Im Naos erkennt man Szenen aus dem Leben Christi, darunter die Beweinung und den Festtagskalender der orthodoxen Kirche, worunter sich Christi Höllenfahrt, das traditionelle Auferstehungsthema der orthodoxen Kirche, befindet. In den Wölbungen der Bögen sieht man Darstellungen aus dem Alten Testament. In der gesamten unteren Zone der Kirche blicken die bekannten Heiligenfiguren von den Wänden. Von allen Szenen ist die Darstellung vom Traum des Jakob, der die Himmelsleiter sieht, besonders gelungen.

Den Narthex schmücken Szenen aus dem Leben der Muttergottes: im Gewölbe die Marienkrönung, an der Westwand das schon fast obligate Thema Muttergottes Entschlafen.

An der Donau

▲ Karte S. 210

Bačka Palanka

Der Weg führt über Bač zurück und weiter nach Bačka Palanka (Бачка Паланка, ungarisch Bácspalánka, deutsch Plankenburg, türkisch Küçük Hisar) Hier wohnten früher viele Donauschwaben. Seit dem Zerfall Jugoslawiens wurde eine neue Donaugrenze eingerichtet. Ursprünglich hieß der Ort Pest-Uljak, Iločka und Ilok, wie die Stadt auf dem gegenüberliegenden kroatischen Ufer. Unter dem Namen Palanka wurde er 1593 als eine von Palisaden (palanke bedeutet Zaun) umgebene türkische Befestigung erwähnt. Der planmäßige Ausbau setzte nach der Befreiung von den Türken 1772 ein.

Es gibt ein kleines Heimatmuseum sowie eine serbisch-orthodoxe Kirche mit Ikonen des Künstlers Grigorije Jezdimirović und Schnitzereien von Georgije Dević. Eine 740 Meter lange Brücke über die Donau verbindet den 30 000-Seelen-Ort mit Kroatien. Der Grenzübergang ist 24 Stunden besetzt, so dass eine Fahrt von hier nach Kroatien überhaupt kein Problem darstellt. Überall sieht man hier die Beschilderung des Donauradweges, der hier entlangführt (siehe Seite 258).

In der Umgebung von Bačka Palanka liegt die **Ausgrabungsstätte Turski Šanac** (Турски Шанац, Türkenschanze) mit einer Erdbefestigung aus der Eisenzeit.

Bačka Palanka

Vorwahl: 021.
Website: www.backapalanka.org.rs.
Turističko Informativni Centar, Bul. Veselina Masleše 8, Tel./Fax 021/741336, www.toobap.rs.

Busstation, Dimitrija Tucovica 10.
Dunavprevoz, Tel. 021/6041/509.
Vojvodina, Tel. 6040/883.
Von Bačka Palanka bieten die Unternehmen ›Dunavprevoz‹ und ›Vojvoidina‹ Fahrten in die nähere Umgebung und nach Novi Sad. Nach Novi Sad dauert die Fahrt 50 Minuten.

Taxiruf, Tel. 063/8105051.

Von Bačka Palanka nach Novi Sad

Entlang der Donau führt die Strecke nach Novi Sad. Auf ihrer südlichen Seite wird sie von den Fruška Gora, den Frankenbergen, begleitet. Riesige Anbauflächen von Kohl, Rüben, Zwiebeln, Mais und Kartoffeln lösen einander ab. Auch Rosenfelder zieren die Landschaft. Im Herbst, zur Erntezeit, sieht man die Landarbeiter bis zum späten Abend auf den Feldern und danach noch an der Straße verkaufen.
Es geht an **Čelarevo** (Челарево) vorbei, mit einem Schloss der Familie Dunđerski, erbaut von 1834 bis 1837. Das Schloss, heute eine Zweigstelle des Museums der Vojvodina, beherbergt eine Stilmöbelsammlung vom Barock bis zum Neoklassizismus und liegt inmitten eines Englischen Gartens. Die Tourismusorganisation in Novi Sad bietet Besichtigungen an. Im Ort ist eine große Bierbrauerei ansässig. Der Weg nach Novi Sad führt über **Futog** (Футог, Futak), das man an seiner schönen Kirche mit eleganter Zweiturmfassade erkennt.

Entlang der Theiß

Die Theiß (serbisch Tisa/Тиса, ungarisch Tisza) trennt die Bačka vom Banat. Von ihrer Quelle in den ukrainischen Waldkarpaten bis nach Serbien ist sie fast 1000 Kilometer unterwegs und durchfließt auf 151 Kilometern die Vojvodina. Über weite Strecken verbirgt sich ihr Lauf in einer dichten Uferbewaldung.

Senta

Senta (Сента, ungarisch Zenta) wird mehrheitlich von Ungarn bewohnt wird. So unscheinbar der Ort heute mit seinen 20000 Einwohnern anmuten mag, so bedeutend war er in der Geschichte. In Senta fand am 11. September 1697 die Schlacht gegen die Türken statt, in der diese vom Heer Prinz Eugens geschlagen wurden. Eine Inschrift am Triumphbogen des Ortes lautet: ›Vienna ad Zentem servata‹ – Wien wurde bei Senta gerettet. In Senta ist außerdem die **römisch-katholische Kirche** von 1770 mit Altarbildern von Mikloš Barabas zu sehen. In der **serbisch-orthodoxen Kirche** hat Pavle Simić die Ikonostase gefertigt.
Das **Museum** von Senta bewahrt Antikes, Mittelalterliches und eine Gemäldesammlung auf. Senta ist auch die Heimat des serbischen Schriftstellers Stefan Sremac (Стеван Сремац, 1855–1906). Sein Geburtshaus ist als **Gedenkstätte** eingerichtet. Sremac gilt als Hauptvertreter des serbischen Realismus. Wenige seiner Werke wurden ins Deutsche übersetzt

wie ›Popen sind auch nur Menschen‹ (Поп Ћира Поп Спира), ein Roman, der in den 50er Jahren wie mehrere seiner Werke sogar verfilmt wurde.
Man fährt, begleitet von Jagdgründen und Reiterhöfen, an **Ada** (Ада) vorbei, das von aus Südserbien eingewanderten Serben im Jahr 1690 gegründet wurde. Sie ließen sich auf einer Insel nieder und nannten sie nach dem türkischen Wort für Insel Ada. Im Ort gibt es eine serbisch-orthodoxe und eine katholische Kirche.

i Senta

Vorwahl: 024.
Website: www.zenta-senta.co.rs (dt.).

Busse sorgen für Anschlüsse in die ganze Vojvodina und nach Belgrad.

Senta ist an das Bahnnetz angeschlossen. Direktverbindungen gibt es nach **Kikinda** und **Subotica**.

In Senta gibt es mehrere Übernachtungsmöglichkeiten. Im Zentrum im **Hotel Royal**, etwas preiswerter im **Hotel Krljica Voća** oder auf dem **Campingplatz Halász Csárda** an der Theiß.

Bečej

Die nächste größere Ortschaft ist Bečej (Бечеј, Obecse),1238 erstmals urkundlich erwähnt. Seit 1551 war der Ort in türkischer Hand. 1694 kamen die ersten Serben und 1757 die Ungarn. In der Umgebung, besonders um den alten Theißverlauf, sind reiche prähistorische Funde gemacht worden. Das Städtchen ist weitläufig und besitzt einen schönen autofreien Hauptplatz. Hier stehen die serbisch-orthodoxe Kirche, die römisch-katholische Kirche und das Rathaus.
Der Bau mit drei Türmen markiert die **serbisch-orthodoxe Kirche**. Ihre Front ist klassizistisch, während die Türme mit den Zwiebelhauben eher barock anmuten. Der weißgetünchte Bau entstand 1858. Die Ikonenwand schuf der Wiener Holzschnitzer Kistner, die Ikonen zählen zu den ersten Arbeiten von Uroš Predić.
Die **katholische Kirche** besitzt nur einen Turm. Sie geht auf das Jahr 1763 zurück, musste jedoch nach den Wirren des 19. Jahrhunderts gründlich restauriert werden. Ihr größter Schatz ist eine vergoldete Monstranz vom Goldschmied József Szenpetry aus dem Jahr 1820. In der Mitte steht das Befreiungsdenkmal der polnischen Bildhauerin Krzisztine Jackiewycz. Das **Rathaus** an der Westflanke des Platzes datiert vom Ende des 19. Jahrhunderts.
Im katholischen **Gemeindehaus** werden Gemälde des Ungarn Férenc Than Mor aufbewahrt. Archäologische Funde und Gemälde von Meistern der Vojvodina findet man im **Stadtmuseum.** Erwäh-

Die serbisch-orthodoxe Kirche in Bečej

▸ Karte S. 210

nenswert ist ferner die **Schiffsausstellung** mit 60 Schiffsmodellen von den Phönikern bis zur Gegenwart.
Neun Kilometer entfernt in Richtung Bačka Topola sieht man die **Bogdan-Dunđerski-Kapelle** von Uroš Predić. In der Nähe steht das Schloss der Familie Dunđerski, in der das Hotel ›Fantast‹ untergebracht ist (siehe Seite 225).

Bečej

Vorwahl: 021.
Website: www.becej.co.rs (serb.). Die Seite ist aber noch im Aufbau.

Bečej: Hotel Bela Lada-Menadžment (★★★), Borisa Kidriča bb, Tel. 021/815-608.
Fantast (★★★), Bačkotopolski put bb, Tel./Fax 021/81 52 00, fantast@pikbecej.co.yu.
Kanjiža: Hotel Aquamarin (★★★), 24420 Kanjiža, Narodni park bb, Tel. 024/87 31 23, Fax 87 18 10. Mit Gesundheitszentrum ›Abella‹.

Schiffsausstellung, in Bečej, ul. Braće Čiplića 11.

Titel

Weiter südlich liegt am Zusammenfluss von Theiß und Donau Titel (Тител). Der Ort war nach dem Fall von Belgrad 1521 strategisch wichtig geworden. Im Jahr 1526 gewährte der Papst militärische Hilfe, dennoch besetzten die Türken die Stadt und bauten sie zur Festung aus, die heute nur noch eine Ruine ist.
Die **katholische Kirche** besitzt einen Altar mit Bildern von Popović (1770) und Teodorović (1815), die **orthodoxe Kirche** Malereien von A. Tirk (1886).

Das Westbanat

Das Westbanat wird durch die Theiß von der Bačka im Westen und durch die Donau von Zentralserbien im Süden getrennt. Im Osten und Nordosten grenzt es an Rumänien und Ungarn.
Das Banat teilen sich heute Rumänien, Serbien und Ungarn. In Serbien bildet es den nordöstlichen Teil der Vojvodina und grenzt über weite Strecken an Rumänien. Der Name Banat leitet sich vom Wort Ban ab, einer ungarischen Bezeichnung für einen Verwaltungsbeamten.
Die Region war bis zur türkischen Eroberung ununterbrochen besiedelt. In vorchristlicher Zeit dakisch, geriet es in den römischen Interessenbereich (1. Jahrhundert vor Christus) und wurde Teil von deren Provinz Dacien. Nach dem Rückzug der Römer war die Region dem Ansturm der Völkerwanderung ausgesetzt. Im Mittelalter herrschten die verschiedenen Vojvoden, unter denen das Gebiet in sogenannte Vojvodate aufgeteilt wurde. Diese verbündeten sich untereinander im Kampf gegen die Ungarn. Einige wenige Vojvodate konnten ihre Unabhängigkeit bis ins 15. Jahrhundert hinein bewahren. Der Großteil des Gebietes wurde aber schon im Jahr 1054 der ungarischen Krone einverleibt. Die Zeit war geprägt von Aufständen der Bauern und Leibeigenen einerseits sowie der Bildung von Zünften und dem Aufbau des Handels, vor allem des Salzhandels, andererseits. Der gemeinsame Feind waren die über die Donau vordringenden Türken. Gegen sie wurde 1432 von Sigismund, dem ungarischen König und deutschen Kaiser aus dem Geschlecht der Luxemburger, eine militärische Grenzprovinz eingerichtet. Der Verteidigungswall erstreckte sich

Das Westbanat

über das heutige Rumänien und heutiges serbisches Gebiet. Die Grenzeinheiten bestanden aus Rumänen, Serben und Ungarn. Im Landesinnern siedelten Deutsche, Italiener und Franzosen. Aber mit dem Tod des ungarischen Königs Ludwig II. 1526 in der Schlacht bei Mohács (Südungarn) gegen Süleyman begann ein 200jähriger Abschnitt der Banater Geschichte unter türkischem Einfluss. Mehrere Aufstände gegen die Türken wurden niedergeschlagen, erst 1716 gelangen entscheidende Siege gegen die Besetzer, die unter Führung des Feldherrn Eugen von Savoyen bei Petrovaradin hier in Serbien vernichtend geschlagen wurden. Das zwar befreite Banat war nun jedoch verwüstet und ganze Landstriche menschenleer. Nach ihrem Sieg in der Schlacht von Belgrad wurde den Habsburgern im Frieden von Passarowitz (Požarevac) 1718 das Banat zugesprochen, und der Wiederaufbau begann. Banater Schwaben wurden in drei Schüben ins Land geholt. Nun lebten Serben, die im 15. Jahrhundert nach der Besetzung ganz Serbiens durch die Türken gekommen waren, sowie Rumänen, Juden und die Banater Schwaben nebeneinander. Im Bündnis von Ungarn und Rumänen wurde gemeinsam gegen die Habsburger gekämpft. Bauernaufstände folgten von 1737 bis 1739. Der ungarische Adel nutzte die Schwierigkeiten des Wiener Hofes mit dem Banat und verleibte es sich 1779 ein. Trotz der Aufstände von 1848 blieb das Banat bis 1918 bei Ungarn. Nach dem Ersten Weltkrieg wurde das Banat im Vertrag von Trianon unter Serbien, Rumänien und Ungarn aufgeteilt. Der kleinere westliche Teil fiel an das Königreich der Serben, Kroaten und Slowenen (ehemaliges Jugoslawien), der Rest wurde Rumänien zugesprochen. Nach dem Zweiten Weltkrieg veränderte sich

Die Theiß bei Novi Bečej

die Bevölkerungsstruktur im gesamten Banat. Die Deutschen wurden aus dem serbischen Teil des Banats vertrieben, ganz wenige blieben. Im serbischen Teil leben nach wie vor auch Rumänen.

Kikinda

Die Rundfahrt durch das Banat beginnt im Norden, fast an der Grenze zu Rumänien. Viele Städte gibt es hier nicht. Kikinda (Кикинда, deutsch Groß-Kikinda, ungarisch Nagy-Kikinda) ist ganz nah an der Grenze. Hier im Westbanat wurden die Öl- und Erdgasvorkommen der Vojvodina entdeckt. Auf der Fahrt nach Kikinda wechseln sich Ölbohranlagen und Ziehbrunnen ab, außerdem sieht man ab und zu eine alte Tretmühle. Kikinda wurde erstmals 1423 als Nagy Kekeny erwähnt. Eine Zeitlang gehörte es zum Besitz des Despoten Georg Branković. Von 1541 bis 1716 befand es sich in türkischer Hand. Die Kriege zwischen Habsburg und den Türken haben ganze Landstriche entvölkert, so auch Kikinda, das um 1723 gar nicht mehr exisitierte. Erst die Wiederbesiedlungspolitik der Habsburger im Banat und die damit einhergehende eingerichtete Militärgrenze ließ ab 1751 den Ort neu entstehen, als sich Grenzbauern der Militärgrenze im Gebiet Pomorišje hier niederließen. Dabei wurde die Stadtanlage planmäßig angelegt, wie es für viele Städte im Banat vorgegeben wurde. Im Zentrum befand sich der Markt, eine Kirche, ein Verwaltungsgebäude und eine Unterkunft für die Reisenden. Darum herum entwickelten sich die Straßenzüge im rechten Winkel zueinander. Dies ist trotz der der Expansion und Entwicklung dieser Stadt bis heute erkennbar geblieben. Die Stadt profitiert von den umliegenden Ergas- und Erölförderanlagen.

Die Vojvodina

Sehenswertes

In der Stadt ist die **serbisch-orthodoxe Kirche** aus dem 18. Jahrhundert sehenswert. Ihre Ikonostase geht auf Todor Ilić Češljar von 1773 zurück. Die Restaurierung von 1974 hat ihr den alten Glanz zurückgegegeben. Besonders schön ist der zweite Rang von unten mit den Darstellungen der orthodoxen Feste. Der Künstler schuf außerdem Wandmalereien: die Himmelfahrt, das Abendmahl und die Hochzeit zu Kanaa. Die anderen Szenen stammen von Ljubomir Aleksandrović. In der Stadt wurden die Schriftsteller Dušan Vasiljev (1900–1923), Jovan Popović (1905–1952) sowie der deutsche Schriftsteller Vilmos Korn (1899-1970) geboren. Die Denkmäler der serbischen Dichter wie auch das Gefallenendenkmal im Stadtpark sind Werke des Bildhauers Alexandar Zarin.

Direkt in der Fußgängerzone liegt das ehemalige Verwaltungsgebäude von Großkikinda. Der schöne Bau von 1839 beherbergt heute das **Volkskunstmuseum** und das historische Archiv.

Kirche, Hotel, Museum und Denkmäler gruppieren sich um den baumbestandenen Hauptplatz, den Trg Uživo, hinter dem der große **Stadtmarkt** liegt. Im Sommer ist der Platz voll mit Cafés und Restaurants. Die Stadt hat 410 000 Einwohner. Man lebt von Erdöl, Erdgas, Keramikfabriken, Ziegeleien und kleineren Betrieben.

Im Gebiet von Kikinda sind unzählige archäologische Funde gemacht worden, die belegen, dass das Gebiet bereits vor mehr als 7000 Jahren besiedelt gewesen war. Die Kulturen wurden immer wieder durch Kriege und Seuchen verdrängt und ausgerottet und durch neue Zivilisationen abgelöst. Am Stadtrand und in der weiteren Umgebung findet man kleinere archäologische **Ausgrabungsstätten** und **Schlossreste**: bei Čoka (Чока, Csóka), Mokrin (Мокрин) und Kneževac (Кнежевац, Kanizsa).

In **Srpska Crnja** (Српска Црња) an der rumänischen Grenze wurde 1831 der Dichter und Maler der Romantik Đura Jakšić geboren. Er studierte in Wien und München und kehrte später in die Heimat zurück, wo er eine Lehrtätigkeit annahm. Er verstarb 1878 mit nur 48 Jahren. Eine Gedenkstätte erinnert an sein Wirken.

▲ Karte S. 236

Kikinda

Vorwahl: 0230.
Website: www.kikinda.rs (serb.).

Hotel Narvik (★★★★), Sport- und Kongresshotel, Tel. 23910, Fax 23306; DZ 5000 Dinar.

Volkskunstmuseum; Di–Sa 7–15, Mi 7–17, So 9–12 Uhr.

Novi Miloševo

In Richtung Novi Bečej passiert man Novi Miloševo (Нови Милошево, Karlova) wo die Familie Karačoni, deren Name sich mit ›Weihnachten‹ übersetzen lässt, im 19. Jahrhundert ansässig war. Ihr letzter Nachkomme, Andor Karačoni, hinterließ zwei Schlösser, eingebettet in einen großen Park. Das eine wurde während der Kriege zerstört, das andere ist heute im Besitz einer chemischen Fabrik, die Wasch- und Putzmittel herstellt, was Schloss und Park schon sehr zugesetzt hat.

Die Ruine des Benediktinerklosters Arača

Arača

Lohnenswert ist die Besichtigung von **Arača** (Арача, Arács), der Ruine eines ehemaligen Benediktinerklosters. Die Ruine ist zwar nicht klein, aber von der Straße nur schwer zu sehen. Felder verbergen den Blick, und wenn der Mais in voller Reife steht, ist sie nicht einmal zu erahnen. Man biegt nach etwa fünf Kilometern in einen Feldweg ein und fährt diesen etwa zweieinhalb Kilometer. Und plötzlich taucht hinter den Feldern die rote Backsteinruine auf. Das Kloster ist vermutlich vor dem ersten großen Mongolensturm im frühen 13. Jahrhundert entstanden.

Von der großen dreischiffigen Basilika mit drei Apsiden im Osten sind noch die Außenmauern und die mittlere Apsis erhalten. Gewölbereste und ein Turm sind auch noch erkennbar. Von der reichen Verzierung gibt selbst heute noch die Ruine eine Vorstellung. Einige Fragmente werden in Budapest aufbewahrt. Deutlich erkennt man Versuche, die Außenmauern zu stabilisieren, es wurden Ziegel eingefügt. Doch die Maßnahmen genügen nicht; es fehlt an Mitteln, die Kirche vor dem endgültigen Verfall zu bewahren.

Landstraße bei Novi Bečej

▲ Karte S. 236

Im 14. Jahrhundert war um das Kloster eine Ortschaft entstanden, die seit 1407 im Besitz der Despoten Stefan Lazarević und, seit 1427, Georg Branković war. Die Urkunden der Zeit sprechen von einem Oppidum oder Castellum. Davon ist keine Spur mehr zu entdecken. Die Kirche steht heute unter der Obhut der Ungarn. Zu besonderen Anlässen finden hier Gottesdienste statt. Der Pfarrer von Novo Miloševo gibt gerne Auskunft.

Novi Bečej

In einer Theißschleife liegt Novi Bečej (Нови Бечеј, Törökbecse) im
, sozusagen schräg gegenüber von Stari Bečej in der Bačka. Die Römer sollen hier eine Festung, das ›Castellum de Beche‹, angelegt haben. Im Mittelalter bestand hier eine Siedlung auf einer Theißinsel. 1945 wurden die Orte Novi Bečej und Vranjevo zu einer Siedlung unter dem Namen Vološinovo zusammengefasst, die später wieder in Novi Bečej umbenannt wurde. Prähistorische Funde liegen in der Umgebung.

In der Gemeinde leben insgesamt 14 000 Einwohnern verteilt auf Stadt und Umgebung. Der Schauspieler und Regisseur Joca Savić (1847–1915) stammt von hier. Zu sehen sind hier die serbisch-orthodoxe **Nikolauskirche** von 1774 mit einer Ikonenwand von Stefan Gabrilović von 1814 und Wandmalereien von Pavle Simić, die orthodoxe Kirche in **Vranjevo** aus dem 19. Jahrhundert mit einer Ikonenwand von Jeftimije Popović und Schnitzereien von Franc Kolb sowie die katholische Kirche des Architekten Joszef Schefet.

Am schönsten ist Novi Bečej an der Theiß, wo eine kleine Klosterkirche von 1742 Ikonen des 18. Jahrhunderts beherbergt. Die Ufer der Theiß sind reich bewaldet. Fischer sind mit ihren Angeln auf Booten unterwegs. Am Kai trifft sich alt und jung, und im Hotel ›Tiski Cvet‹ lässt sich mit Blick auf den Fluss Hausmannskost genießen. Die Theiß ist für ihren Fischreichtum bekannt. Die Umweltkatastrophen in den Goldminen im rumänischen Baia Mare vor wenigen Jahren haben Rückschläge zur Folge gehabt. Der Schönheit der Landschaft hat es jedoch keinerlei Abbruch getan.

Novi Bečej

Vorwahl: 023.

Website: www.novibechej.com (serb.).

Hotel Tiski Cvet (★★), Trg Oslobođenja 1, 23272 Novi Bečej, Tel. 773424; DZ 1950 Dinar.

Zrenjanin

Zrenjanin (Зрењанин, serbisch auch Veliko Bečkerek, ungarisch Nagybecskerek) ist mit seinen 80000 Einwohnern (ohne das Umland) ist heute das wirtschaftliche und kulturelle Zentrum des serbischen Banat. Entstanden als Groß-Betschkerek, hieß es zwischen den Welktriegen kurzfristig Petrograd und erhielt seinen heutigen Namen dank einer Abstimmung nach dem Partisanen Žarko Zrenjanin. Er hat auch der städtischen Bibliothek, die sich direkt am Hauptplatz, dem Trg Slobode (Трг Слободе), befindet, seinen Namen geliehen.

Die Stadt ist bekannt für ihre Lebensmittelindustrie. Ob gute Fruchtsäfte, Molkereiprodukte oder gar Bier, häufig findet sich der Hinweis auf Zrenjanin. Deshalb finden hier auch alljährlich die ›Dani Piva‹, die Biertage, statt, dazu das Festival der elektronischen Musik, wo es richtig laut wird. Größter Arbeitgeber der Stadt ist die Firma ›Šinvoz‹ ein Bahnbau- und Reparaturunternehmen, das im Jahr 2006 700 Menschen beschäftigte. Die Gründung der Fabrik geht auf das Ende des 19. Jahrhunderts zurück. Heute wartet sie die Lokomotiven der serbischen Staatsbahn, aber auch diejenigen von Bosnien und Herzegowina und Slowenien.

Die ganze Vojvodina ist von Flüssen, Bächen und Kanälen durchzogen. Auch Zrenjanin liegt am Wasser, am Fluss Bega beziehungsweise Begakanal (serbisch Begej, Бегej, ungarisch Béga) und einem ihrer Kanäle. Die 247 Kilometer lange Bega ist ein serbisch-rumänischer Fluss, der bei Titel in die Theiß mündet. Einst verursachte ihr geringes Gefälle eine starke Versumpfufng, der man bereits im 17. Jahrhundert durch den Bega-Kanal entgegentrat. Größte Stadt an der Bega ist Temeschburg.

Zrenjanin ist heute berühmt für seinen Jugendchor ›Koča Kolarov‹. Er wurde 1966 gegründet und wird seit 1970 von Milan Bulovan geleitet. Im Jahr 2004 nahm der Chor erfolgreich am Europäischen Jugendchor-Festival in Basel teil. Unter den berühmten Bürgern der Stadt sind der Fußballer Zoran Tošić und der Basketballer Dejan Bodiroga.

Stadtrundgang

Die Stadt besitzt ein paar schöne barokke und historistische Bauten beiderseits der Wasser. Das Zentrum beginnt am Trg Slobode. Ein wenig vom Glanz der Habsburger vermittelt das zweimal umgebaute **Rathaus**, das in seinem neobarocken Kern aus dem 19. Jahrhundert auf den Entwurf des ungarischen Jugendstilarchitekten Ödön Lechner

Zrenjanin (Зрењанин)

zurückgeht. Am gleichen Platz steht die **katholische Kirche**. Anstelle einer alten Kirche war zunächst die Wendelinkapelle errichtet worden. Diese wurde wegen Baufälligkeit durch eine große neue, dem heiligen Nepomuk geweihte Kirche von 1762 ersetzt. Da sie, wie ein großer Teil der Stadt, einem Großbrand im Jahr 1807 zum Opfer fiel, wurde ein Neubau 1864 in die Wege geleitet. Diesen sehen wir heute. Er wurde von Joseph Geugner 1885 ausgemalt. Beim Friedhof steht eine zweite katholische Kirche.

Eine Metallbrücke führt über die Kanalschleife, wo das schöne Ensemble aus **Justizpalast** und steil aufragender **reformierter Kirche** im neogotischen Stil zu sehen ist.

Zwei orthodoxe Kirchen im klassizistischen Stil stehen den Serben zur Verfügung: Die **Maria-Reinigungskirche** von 1777, mit einer Ikonostase von Arsa Teodorović von 1817 und Gewölbemalereien von Stevan Aleksić, und die **Maria-Entschlafenskirche**, deren Bauzeit fast 40 Jahre in Anspruch nahm (1744–1787). Arsenije Petrović schnitzte ihre Ikonenwand, die Ikonen malte 1815 Georgije Popović.

Die Umgebung von Zrenjanin

In südlicher Richtung im Dorf **Ečka** (Ечка) an der Begej ist im **alten Schloss** eine Künstlerkolonie untergebracht. Das Dorf schmücken außerdem eine **rumänisch-orthodoxoe** Kirche von 1844, die Joseph Geugner ausmalte, und eine schlichte, mit Schindeln gedeckte **serbisch-orthodoxe Kirche** von 1711. Ihre ursprüngliche Ikonenwand wurde abgetragen und auf Museen verteilt.

Südwestlich von Ečka liegt der **Belo Jezero**, der weiße See.

Im kleinen Dorf **Idvor** (Идвор) wurde der Physiker Mihajlo Idvorski Pupin 1854 geboren. Vielfach existiert im Banat die Tradition, die Häuser zu verzieren. Wenn man durch die Ebene fährt, sieht man immer wieder einzelne Gutshäuser, sogenannte Salaši. Sie gehörten vor dem Krieg Großgrundbesitzern und wurden nach der Bodenreform 1945 landlosen Bauern übergeben. Auch mancher Landsitz, in Serbien gerne als Schloss bezeichnet, ist über das weite Land verstreut: entlang der rumänischen Grenze Dvorac Jagodica bei Boka (Бока), Dvorac Kapetanovo bei Dužine (Дужине) und Dvorac Dunćerski bei Hajdučica (Хајдучица).

Zrenjanin

Vorwahl: 023.
Tourismus-Information, Trg Slobode.
Website: www.zrenjanin.org.rs.

Hotel Vojvodina (★★★★), Trg Slobode 2, Tel. 61233, 622122, Fax 536943, www.hotel-vojvodina.rs; DZ 5000 Dinar. Das Hotel wurde 1972 erbaut, mit Parkplatz.
Luxotel, ul. Laze Lazarevića 6, Tel. 563457, www.luxotel.co.rs; DZ 5000 Dinar.
Ečka: Kaštel, ul. Novosadska 7, Tel. 554800, www.kastelecka.com (dt.); Apartment 130, EZ 50 Euro.

Von Zrenjanin führt ein Fahrradweg (Schotter) nach **Carska bara**, wo Milivoje Putić eine Fischzucht unterhält. Kontakt Tel. 023/884023 oder 063/8250696.

Deliblatska Peščara

Im Banat liegt eines der größten und beliebtesten Jagdgebiete Serbiens für Großwild, die sogenannte Deliblatska Peščara (Делиблатска пещара, deutsch Deliblat-Dünen), mit einer Fläche von fast 3000 Hektar.

Das Gebiet wurde zum Naturreservat erklärt, in dem verschiedene Zonen bestehen: zwei absolut geschützte Reservate und sechzehn Pflanzenschutzreservate, daneben sechs Naturdenkmäler. Innerhalb von 200 Jahren wurde das Areal systematisch aufgeforstet, um der Bodenerosion zu begegnen. Außerhalb des Gebietes befinden sich die Städte Pančevo, Bela Crkva, Vršac und Kovin.

In der Deliblatska Peščara ist der Banatwolf zu Hause, das wichtigste Raubtier in diesem Wald, das entscheidend zur Erhaltung eines gesunden Wildbestandes beiträgt. Seine Population wird derzeit auf 40 Exemplare geschätzt. In der Vergangenheit war der Wolf hier sehr bedroht. Er wird zum Beispiel in den Quellen des 18. und 19. Jahrhunderts als Ungeziefer beschrieben, und zum Schutz von Vieh und Geflügel wurde nicht nur Jagd auf ihn gemacht, sondern sogar Gift gegen ihn gestreut. Diese Feindschaft hat den Bestand bis zum Anfang des 20. Jahrhunderts stark dezimiert, und der Wolf schien fast ausgerottet. Man nimmt an, dass bis in die 50er Jahre mindestens 300 Tiere getötet wurden. Doch trotz der starken Gegner hat er bis heute im Gebiet überlebt.

Das Gebiet war Filmkulisse für den Film ›Dschingis Khan‹ von 1965.

Pančevo

Die Stadt Pančevo (Панчево, deutsch Pantschowa, ungarisch Pancsowa) mit 80000 Einwohnern liegt an der Mündung der Tmesch (serbisch Tamiš/Тамиш) in die Donau. Eine der wenigen Brücken führt bei Pančevo über die Donau und verbindet sie mit der nahegelegenen Hauptstadt Belgrad. Ihre Lage hat sie als Industriestandort prädestiniert. Es ist das Zentrum der Petroche-

Der Glockenturm der Verklärungskirche

mie und der Pharmaindustrie. Weiterhin sind Raffinerien, Stahlwerke und elektronische Konzerne wie beispielswiese die Tesla-Werke angesiedelt.

Während des Kosovokrieges wurde die Stadt von der NATO 1999 schwer bombardiert. Dabei wurden nicht nur Fabriken schwer geschädigt, sondern auch eine starke Umweltbelastung herbeigeführt, die erhöhte Krebsrate und Kindersterblichkeit zur Folge hatte. Krebserregende Stoffe wie 1,2-Dichlorethan und Ammoniak wurden freigesetzt.

Die Stadt hat schon viele Namen besessen: Panuka im 9. Jahrhundert, Panuces, Panoča und Panzova, je nachdem, welches Volk von ihm Besitz nahm. Von 1520 bis 1717 von den Türken beherrscht, wurde es zunächst als Festung und 1794 als freie Stadt erwähnt.

In der Umgebung wurden neusteinzeitliche Funde gemacht. Stolz war man auf den am Wasser liegenden Industriekomplex der Brauerei ›Weifert‹ von 1722, der heute leider dem Verfall preisgegeben ist. Eine neue Brauerei entstand, sie firmiert weiter unter ›Weifert‹, ihr rotes Logo schmückt Bierdekkel und Sonnenschirme. Mit 70 Prozent ist jedoch der türkische Bierhersteller ›Efes‹ beteiligt.

Sehenswertes

Im Zentrum sind zwei orthodoxe Kirchen sehenswert: Die Muttergottes-Entschlafenskirche (crkva Uspenska Bogorodice/црква Успенска Богородице) mit ihrer Zweiturmfassade wurde 1807 bis 1811 erbaut. Sie besitzt eine schöne Ikonostase, deren Schnitzarbeiten auf Mihajlo Janić aus Arad zurückgehen, während die Malereien von Konstantin Danil (1798–1873) von 1828 bis 1832 entstanden.

Die neoromanische **Verklärungskirche** (Preobraženska Crkva/Преображенска црква) entwarf der Architekt Svetozar Ivačković (1844–1932) im 19. Jahrhundert. Er griff im Entwurf auf mittelalterliche Konstruktionselemente zurück, weil er an die serbische mittelalterliche Architektur anknüpfen wollte.

Ihre Ikonostase malte Uroš Predić, ihre Wandmalereien Stevan Aleksić. Sie beinhalten über 70 Porträts und historische Szenen, darunter die Errichtung des Klosters Žiča, die Krönung Stefans des Erstgekrönten und die Verbrennung der Gebeine des heiligen Sava. Die Malereien sind sehr renovierungsbedürftig; im September 2004 wurde damit begonnen. Der dazugehörige Glockenturm erinnert an einen italienischen Campanile, deutlich ist die Anlehnung an die italienische Architektur zu erkennen.

Die orthodoxe Kirchengemeinde verfügt über eine Bibliothek mit historischen

▲ Karte S. 236

Dokumenten zur Stadtgeschichte. Daneben gibt es Gotteshäuser anderer Konfessionen, die alle geschlossen sind.

Im kleinen **Nationalmuseum** werden archäologische Funde aufbewahrt. Die Volkskunstabteilung mit Stickereien und ethnographischen Exponaten dokumentiert das Leben der hier ansässigen Rumänen.

i Pančevo

Vorwahl: 013.

Tourismus Organisation, Sokače 2, Tel. 351 36-6, Fax -5, www.top.org.rs (serb.).

Website: www.pancevo.rs.

Vršac

Vršac (Вршац, deutsch Werschatz, ungarisch Versec) war ein bedeutender Ort im serbischen Banat, nur 18 Kilometer von der rumänischen Grenze und etwa 80 Kilometer von Belgrad entfernt. Es war ein altes Zentrum Pannoniens und des alten Habsburgerreiches. Der ungarische Dichter Férenc Herczeg setzte der Stadt ein Denkmal mit seinen Büchern: ›Die Heiden‹ und ›Die sieben Schwaben‹. Er schrieb in deutsch, war dennoch nicht unbedingt deutschfreundlich. Der Lyriker Vasko Popas schrieb zu Beginn auf rumänisch, später auf serbisch. In einem seiner Gedichte küsst man sich auf einer Bank im Stadtpark unter der Büste Nikolaus Lenaus. Diese Büste ist heute ins Museum verbracht. Lenau war im rumänischen Teil des Banat zu Hause und hat großartige Gedichte in deutscher Sprache hinterlassen. Milo Dor, ein zeitgenössischer österreichischer Schriftsteller, in Budapest geboren, von serbischen Eltern abstammend, in Wien lebend, hat in seinem Roman ›Nichts als Erinnerung‹ den Verfall einer wohlhabenden serbischen Familie aus dem Banat geschildert. Frauen wie Hilda Merkl oder Marie Eugenie delle Grazie beschrieben ebenfalls ihre Heimat. Letzere, geboren 1864, entwarf in ihrem Roman ›Donaukind‹ in der Figur der Nelly ein Selbstporträt.

In Vršac

Heute ist die Stadt einer der prosperierenden Orte im Banat. Seit dem Jahr 2002 ist der Flughafen wieder für den regionalen Luftverkehr geöffnet. In der Stadt besteht eines der modernsten Stadien des Landes. Das Sport-, Wirtschafts-, und Kulturzentrum bietet Platz für 3600 Zuschauer.
Die langgezogene, großzügig angelegte Ortschaft besteht aus aneinandergereihten, meist einstöckigen, maximal zweistöckigen Häusern, wie sie für das Banat so typisch sind. Die Innenhöfe bleiben verborgen, die Vorgärten zur Straße sind mit Blumen geschmückt. Zwischen ihnen ragen immer wieder spitze steile Türme heraus, die miteinander zu konkurrieren scheinen.
Viele Funde in der Umgebung belegen eine durchgehende Besiedelung: **Kremenjak** ist eine paläolithische Fundstätte, das **Kozluktal** eine neolithische, und in **Ludoš** fand man ein bronzezeitliches Gräberfeld. In der Stadt selbst wurden eine Nekropole der Sarmaten und römische Reste entdeckt. Man weiß daraus, dass sich hier bereits Weingärten befunden haben.
Erstmals wird der Ort Anfang des 15. Jahrhunderts als Podvršac erwähnt. Dies kommt von ›pod vrhom‹, ›unter dem Gipfel‹. Mit dem Gipfel ist jener gemeint, auf dem die Festung lag. Die Ortschaft in der Ebene, Vršački Grad, und der Hügel, Vršačka Kula, wurden 1552 von den Türken eingenommen. Der türkische Chronist Evliya Çelebi beschrieb den Ort 1666 als reich und fortschrittlich mit Wasserleitung, Badehäusern (Hamams), Moscheen und Schulen. Nach der Befreiung von den Türken wurde neben dem serbischen der deutsche Stadtteil ausgebaut und beide erst 1794 zu einer Verwaltungseinheit zusammengeschlossen. Im Jahr 1817 wurde die Stadt von den Habsburgern begünstigt.
Die Stadt ist Hauptsitz des international sehr erfolgreichen Pharmakonzerns ›Hemofarm‹. Er stellt veterinärmedizinische Produkte, Antibiotika, aber auch Verpackungsmaterialien her und ist bereits in der ganzen Welt vertreten. Der Einfluss seiner Manager hat nicht unwesentlichen Anteil daran, dass die Stadt Austragungsort der Basketball-Europameisterschaft 2005 war. Die Firma ist auch ein großer Sponsor der Nationalmannschaft.

▸ Karte S. 236

Stadtrundgang

Das Stadtzentrum besitzt eine schöne breite Fußgängeranlage mit Restaurants und Cafés, in denen sich am Abend die Jugend trifft. Im Stadtpark befinden sich Büsten der Partisanen, aber auch die des Schauspielers Sterija Popović. Gleich um die Ecke steht das **Theater**, an dem er gewirkt hat.
Sehenswert ist in der Fußgängerzone die **Alte Apotheke**, die 1784 eröffnet wurde. Daneben steht das Haus **Zu den zwei Pistolen**, ein Quartier für Reisende. Benannt ist es nach Karađorđe, der dem Besitzer zur Deckung seiner Kosten zwei Pistolen überlassen hatte. Stolz hatte man sie früher im Museum gezeigt.
Die **Nikolauskirche** gegenüber dem Bischofssitz ist die serbisch-orthodoxe Kathedrale. Sie wurde von 1783 bis 1785 anstelle einer alten Kirche erbaut. Der Glockenturm ist barock. Die wunderschöne Ikonostase wurde von Aksentije Marković geschnitzt, die Bilder malte Pavle Đurković. Bei Umbauten des 19. Jahrhunderts wurden sie übermalt. Die Gewölbe malten Simeon Jakšić und Mihajlo Popović 1808 aus, und gegen Ende des 19. Jahrhunderts arbeitete Paja Jovanović daran. Derzeit

wird der Bau gründlich renoviert. Im Inneren ist besonders schön die Darstellung der Propheten in der Apsis, die leider meistens hinter der Ikonostase verborgen bleibt. Neben der Kirche befindet sich in einem alten Gebäude die öffentliche **Bibliothek**.

Der **Bischofspalast** inmitten eines gepflegten Gartens entstand 1759 im Barockstil. Die Fassade wurde 1904 umgestaltet. Teil des Palastes ist die Erz-engelkapelle, deren Ikonostase Nikola Nešković malte. 1904 erfolgten am gesamten Bau beträchtliche Umbauten. Heute ist hier die Kanzlei der serbisch-orthodoxen Kirche untergebracht.

An der Hauptstraße, nicht weit von der Kathedrale, liegt die serbisch-orthodoxe **Marienkirche**. Sie ist von Grün umgeben und hat an ihrer Westseite einen Turm.

Die römisch-katholische **Kirche Sankt Gerhard** aus grauem Kalkstein ist von weitem an ihrer Zweiturmfassade zu erkennen. Der Patron ist Gerhard von Sagredo (977–1046) oder Gerhard von Csanád, der um 1015 als Abt von San Giorgio aus Venedig nach Ungarn kam. Hier wurde er Erzieher des Königssohnes Emerich und um 1030 Bischof von Csanád. Seiner Tätigkeit setzten die Heiden im Jahr 1046 ein Ende, indem sie Gerhard mit der Lanze ermordeten. Die Kirche entstand als dreischiffige Hallenkirche in den Jahren 1860 bis 1863 im Stil der Neogotik. Der Entwurf stammt von F. Brandajs. Das Innere ist vollständig ausgemalt und besitzt Glasfenster, die ein schönes Licht geben. Am Hauptaltar ist ein Bild von Karl Geiger aus Wien von 1863. Die Altäre der heiligen Familie und der heiligen Dreifaltigkeit von 1869 schuf Karl Gutsch, ebenfalls aus Wien. Im Inneren werden die Innungsfahnen des 19. Jahrhunderts aufbewahrt. In der Apsis sieht man die Apotheose des heiligen Gerhard. Sankt Gerhard gilt als schönste Kirche des donauschwäbischen Siedlungsraumes. Bedeutender Pfarrer war hier Josef Nowak, der zum Propst der größten Banater Pfarrei in der ›Hennemannstadt‹ Werschetz ernannt worden war. Bischof Bonnaz hatte kurz zuvor die Pfarrkirche geweiht. Nach dem Ausgleich von 1878 wurde Novak zur Abdankung gezwungen. Seine Bemühungen für die Deutschen wurden von den Ungarn als Verrat geahndet.

Das alte **Rathaus** ist ein Biedermeiergebäude. Daneben steht ein neogotisches Gebäude des Architekten Bihers von 1860, das einst für die Gemeindeversammlungen genutzt wurde. Das Gebäude im Neorenaissancestil entstand anstelle des Geburtshauses des Lustspieldichters Jovan Sterija Popović.

Wie die Serben auf rumänischer Seite haben auch die Rumänen auf serbischer Seite ihre Kirche und Gemeinde: Der Bau stammt von Dimitrije Turcu und Aksentije Marişescu. Die **rumänisch-orthodoxe Kirche** ist an ihrer flachen Kuppel erkennbar. Sie entstand Anfang des

Die katholische Kirche in Vršac

20. Jahrhunderts und beherbergt eine Ikonostase mit Bildern und Details zeitgenössischer Volkstrachten und Kleider. Das **Nationalmuseum** von Vršac verdiente einst besondere Aufmerksamkeit. Zu sehen waren archäologische Fundstücke vor allem aus Dupljaja und Armreifen aus dem Fundort At. Die ethnographische Sammlung ist reich an Volkstrachten aus dem südöstlichen Banat. Daneben gibt es eine naturkundliche und historische Sammlung. Das Museum verfügt auch über zwei Sammlungen, die Jovan Sterija Popović und Paja Jovanović, beide gebürtig aus Vršac, gewidmet sind. Das Museum ist noch geschlossen.

Die Umgebung von Vršac

Die Gegend um Vršac, mit **Vršačka Brdo**, dem Dorf **Gudurica** und dem Dorf **Veliko Središte** ist berühmt für ihre Reben. Es werden vorwiegend Weißweine gewonnen und nur ganz ganz wenig Rotweine. Von 2100 Hektar Rebfläche gehören 1700 Hektar dem Weingut ›Vršački vinograd‹, einem der großen Weingüter Europas. Alte Rebsorten sind Župljanka, Smederevka, Weißer Sašla, Rkaciteli und Kreaca. Besonders zu empfehlen sind die leichten frischen Welschriesling und Riesling, die man in den Restaurants genießen kann. Alljährlich wird mit einem Trachtenumzug der ›Weinball‹ (Grozdjebal) begangen.

Vršačka Kula

Vršačka Kula (Вршачка Кула) ist der Rest einer schon im 13. Jahrhundert erwähnten größeren Festung. Sie wurde im 18. Jahrhundert mit dem Namen Vers erwähnt. Von dieser alten Burg blieb nur der 20 Meter hohe Turm aus dem 16. Jahrhundert erhalten. Der dreigeschossige Bau war über eine Zugbrükke zu betreten.

Die Türken eroberten die Stadt 1525 und hielten sie bis 1717. Die Österreicher lösten die Türken ab. Die Zerstörung der alten Mauern begann größtenteils 1699, als nach dem Frieden von Karlovci (Karlowitz) in Vršac keine militärische Befestigung mehr bestehen durfte.

Vršac

Vorwahl: 013.
Website: www.vrsac.com.

Busbahnhof, Info-Tel. 822866. Zwischen Belgrad und Vršac verkehrt halbstündlich ein Bus (Fahrt ca. 2 Std.).

Hotel Villa Breg, Groanska, Tel. 813000, www.villabreg.com; DZ mit Frühstück 12000 Dinar. Das neue Hotel verfügt über 48 Zimmer.

Hotel Srbija Vršac (★★★), Svetosavski Trg 12, Tel. 835-545, Fax -252; DZ ab 3000 Dinar. Hochhaus im Zentrum an der Hauptstraße, das fast die katholische Kirche überragt. Das Hotel wurde 2006 renoviert.

Motel Vetrenjaca, Beogradski Put. Im Jahr 2007 eröffnet, 25 Zimmer.

Restaurant M, Omladinski Trg 17, Tel. 800158. Das relativ große Restaurant befindet sich in der Sporthalle ›Millenium‹ und bietet traditionelle einheimische Küche.

Restaurant Fontana, Trg. S. Kovačevića, Tel. 822556

Restaurant Vršačka pivnica, Žarka Zrenjanina 4, Tel. 822525. Gehobene Preisklasse.

▲ Karte S. 236

Weinkeller Nedin Gudurica, Gortanova 22, Tel. 88 10 76.

Weinkeller Vršački vinogradi, Svetosavski Trg 1, Tel. 82 28 35. Ein Besuch lohnt sich allein wegen der spektakulären Größe der Keller aus den 60er Jahren. Die Vorzeigekellerei des alten Jugoslawien.

Weinkeller Krstov, Veliko Središte Tel. 83 98 86. Angenehme Atmosphäre.

In Vršac ist die Pilotenschule von ›JAT‹, der serbischen Fluggesellschaft, angesiedelt. In kleinen Flugzeugen werden Rundflüge angeboten.

Kloster Mesić

Etwa zehn Kilometer von Vršac entfernt, vorbei an vielen Reben, erreicht man über eine einsame Straße, auf der nur hin und wieder ein Ziehbrunnen zu sehen ist, das kleine Dorf Mesić (Месић). Am Ortseingang liegt das von fünf Nonnen bewirtschaftete Kloster Mesić. Die Anlage geht der Überlieferung nach auf die serbischen Despoten Grgur und Jovan Branković zurück, so dass man zeitlich das Ende des 15. Jahrhunderts annimmt. Eine erste gesicherte Information gibt eine Urkunde aus Peć von 1660. Während der habsburgisch-türkischen Kriege 1716 wurde das Kloster beschädigt und 1722 wiederaufgebaut. Ende des 18. Jahrhunderts wurde die Kirche um eine Außenvorhalle (Exonarthex) erweitert. Im Grundriss knüpft der Bau an die Bauschule von Raška an: Altarraum, Naos, Narthex, offene Vorhalle. Die Außenwände sind durch Blendarkaden verziert. Eine Kuppel, außen polygonal, innen rund, und ein barocker Glockenturm sind von außen dominant. Das Innere – Naos, Vorhalle und Altarraum – wurden von den Zographen Petar und Antonije ausgemalt. Unter ihren Malereien kommt eine ältere Malschicht zum Vorschein. Neben der Kirche entstanden 1841 bis 1843 ein Konak im klassizistischen Stil und eine Eingangshalle.

Das Kloster Mesić

Bela Crkva

Auf der Fahrt durch eine weite Ebene kommt man durch das rumänische Dorf Straža (Temesőr) nach Bela Crkva (Бела Црква, deutsch Weißkirchen, ungarisch Fehértemplom, rumänisch Biserica Alba). Die Stadt liegt im Tal des Flusses Nera im Südosten der Vojvodina, an die hier fast die Karpaten heranreichen. Die Stadt teilt ihre Geschichte mit vielen Städten des Banat: wechselhaft, von unterschiedlichen Volksgruppen geprägt. Der Ort ist dreisprachig beschildert: serbisch, ungarisch und rumänisch. Das Deutsche ist, wie fast überall, getilgt. Nur in Bečej hat man die deutsche Beschilderung wieder aufgestellt. Erstmals fand der Ort in den Quellen 1335 Erwähnung. Zur Türkenzeit gehörte er zum Bezirk Hram (heute Banatska Palanka). Mit der Gründung der österreichischen Militärgrenze war er Sitz des serbisch-Banater Regimentsbezirks Weißkirchen. Seit 1777 war er eine freie Stadt. Bis zum Zweiten Weltkrieg wohnten hier viele Schwaben. Ihr Schicksal waren Vertreibung oder Lager. Manche der Vertriebenen siedelten sich im gleichnamigen Ort bei Salzburg an. Nach dem Zweiten Weltkrieg hat sich Industrie breitgemacht, am Stadtrand steht eine Zigarettenfabrik. In Bela Crkva leben etwa 12000 Menschen. Im Sommer wird der Blumenkarneval gefeiert.

In Bela Crkva

▲ Karte S. 236

Sehenswertes

Den Kern des Ortes bilden die **ehemalige Feuerwache** und **unzählige Kirchen**, darunter zwei serbisch-orthodoxe, eine katholische und eine rumänisch-orthodoxe. Viele davon sind verschlossen. Weiterhin stehen im Zentrum ein **Amtsgebäude** von 1830 und das **Stabsgebäude des Grenzregimentes** von 1841.

Die serbische **Peter-und-Paulskirche** ist zwar renovierungsbedürftig, besitzt aber eine ausgesprochen schöne Ikonostase. In ihrer zweiten Reihe sind sehr klar die Kirchenfeste abzulesen: die Geburt Christi, die Erscheinung am Berge Tabor, die Taufe, in der Mitte die Dreifaltigkeit, die Auferstehung, Himmelfahrt und Pfingsten sowie der Tod der Muttergottes.

Das **Denkmal für die Partisanen** stammt von Sreten Stojanović (1954).

Kostbare Funde wurden in der Umgebung gemacht: in **Selište** (Селиште) ein Bronzeschwert der mittleren Bronzezeit, im römischen **Castrum Aponte** wurden Urnen entdeckt, in **Mišićev Jarak** (Мишићев Јарак) Materialreste und Münzen und in **Dupljaja** (Дупљаја) Kultgegenstände der Bronzezeit, von Vögeln gezogene Wägelchen mit Gottheiten. Alle Exponate sind auf Belgrad und kleinere Museen aufgeteilt.

Die Umgebung von Bela Crkva

Beliebt ist Bela Crkva als Erholungs- und Jagdgebiet. Nera, Karas und Donau-Theiß-Kanal durchziehen die Umgebung mit ihren Wasserarmen. Sieben kleinere Seen liegen in der Umgebung. Hier stehen Campingplätze zur Verfügung. Das große Jagdgebiet Deliblatska Peščara (siehe Seite 243) ist nur 15 Kilometer entfernt. Ganz nah liegt **Banatska Palanka** (Банатска Паланка), von wo aus eine Fährverbindung nach Ram besteht. Man hält sich immer in Richtung Restaurant ›Dunav‹, das mit einer schönen Terrasse direkt am Ufer zur Fischsuppe einlädt.

Bela Crkva

Vorwahl: 013.

Tourismusorganisation, Proletarska 2, Tel./Fax 85 17 77, www.belacrkvatourism.org (serb.).

Kovin

Die Fahrt geht in Richtung Dubovac, rechter Hand begleitet vom Jagdgebiet Deliblatska Peščara, über den Donau-Theiß-Kanal nach Kovin (Ковин, ungarisch Kevevára). Weit und breit gibt es keine Dörfer, viel Schilf steht am Wegrand, und ab und zu ist eine Schafherde unterwegs. Es gibt so gut wie keine Industrie, nur ein ›Hemofarm‹-Fabrikgebäude, eine Firma, die für ihre Antibiotikaherstellung bekannt ist. Kovin macht trotz seiner reichen Geschichte heute einen eher trostlosen Eindruck. Im Jahr 1073 als Castrum Ceve erwähnt, ist es eines der ältesten Siedlungen nördlich der Donau. Seit 1153 befestigt, ging es 1458 in den Besitz des Despoten Lazar über. Vor den Türken flohen die Anwohner nach Ungarn und gründeten auf der Insel Csepel bei Budapest Srpski Kovin. Unter den Türken wurde Kovin Sitz eines Beg.

Die Umgebung ist reich an archäologischem Material. Im Stadtpark fand man eine Gepidennekropole. Die Funde befinden sich im Militärmuseum in Belgrad. Das Kulturzentrum beherbergt nicht mehr die archäologische Sammlung von Aleksandar Ostojić, sondern steht für Ausstellungen zur Verfügung. Cafés und Restaurants haben sich in der Nähe angesiedelt.

Im Zentrum stehen sich **katholische und rumänisch-orthodoxe Kirche** fast gegenüber. Letztere verdankt ihrem kürzlich begangenen Jubiläum einen neuen Anstrich. Wirklich sehenswert ist die etwas abseits gelegene **serbisch-orthodoxe Kirche**, vor allem wegen ihrer schönen Ikonostase. Der unbekannte Meister schuf zarte wunderschöne Holzschnitzereien. Von der mittelalterlichen Festung sind an einem kleinen Kanal unweit der Donau nur noch Ruinen zu sehen.

Am Donau-Theiß-Kanal

Von der Pannonischen Ebene ausgehend, steigert sich das Innere Serbien von einer sanften, überschaubaren Hügellandschaft zum hochaufragenden, dichtbewaldeten Gebirge.

Das Innere Serbien

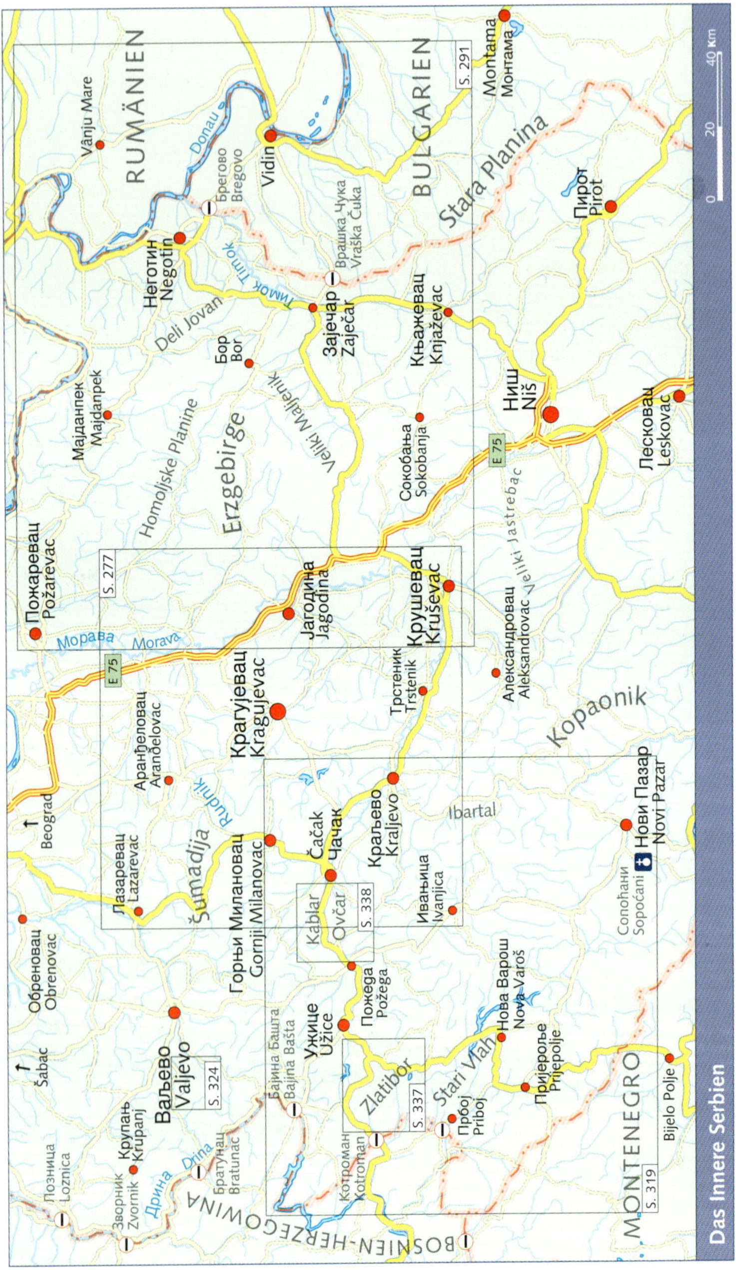

Das Innere Serbien

Zentralserbien

Der zentrale Teil Serbiens (Uža Srbija) wird häufig auch Altserbien genannt. Er bezeichnet die südlich der Donau und der Save liegenden Gebiete: die Ebene **Mačva** und **Šumadija**, die Hügellandschaft südlich von Belgrad, die Donaulandschaft mit den vielen Zeugnissen ihrer frühen Besiedlung, das **Serbische Erzgebirge**, **Westserbien** am Rand der Dinariden, den **Sandžak Novi Pazar** und das **Stari Ras** im Süden und **Südostserbien** entlang dem Balkan. Zentralserbien hat eine Fläche von knapp 56 000 Quadratkilometern.

Die Donau

Serbien, einer der vielen Donauanrainer, bewahrt einen der schönsten landschaftlichen Abschnitte dieses mächtigen europäischen Flusslaufes. Es ist das Eiserne Tor, an dessen Strecke sich nicht nur landschaftliche, sondern auch kulturelle Höhepunkte erleben lassen.

Die Gesamtlänge der Donau beträgt 2850 Kilometer. Nach den jüngsten politischen Umbrüchen säumen zehn Staaten die Ufer der Donau. Vom Schwarzwald bis zum Schwarzen Meer beträgt ihr Einzugsgebiet etwa 817 000 Quadratkilometer.

Heute ist die Donau auf 2414 Kilometern schiffbar. Jährlich werden eine Million Tonnen Fracht transportiert. Ihr Schiffahrtsweg beginnt bei Kelheim (Main-Donau-Kanal).

Das Bombardement der NATO von 1999 hat den Verkehr auf und entlang der Donau von Serbien bis zur Mündung zeitweilig lahmgelegt. Teilweise wurden Brücken über die Donau und ihre Nebenflüsse zerstört, die Schiffahrt durch Brückenreste und Rüstungsteile blockiert. Diese Schäden wurden behoben, ein Teil der Brücken erneuert. Nur manche, wie die Eisenbahnbrücke in Novi Sad, sind noch provisorisch. Die Donauschiffahrt ist längst wieder in die Gänge gekommen und erfreut sich großer Beliebtheit.

Verlauf der Donau in Serbien

Insgesamt beträgt die Länge des Flusslaufs durch Serbien 588 Kilometer, ein Streckenabschnitt, auf dem die Donau

Die Donau bei Donji Milanovac

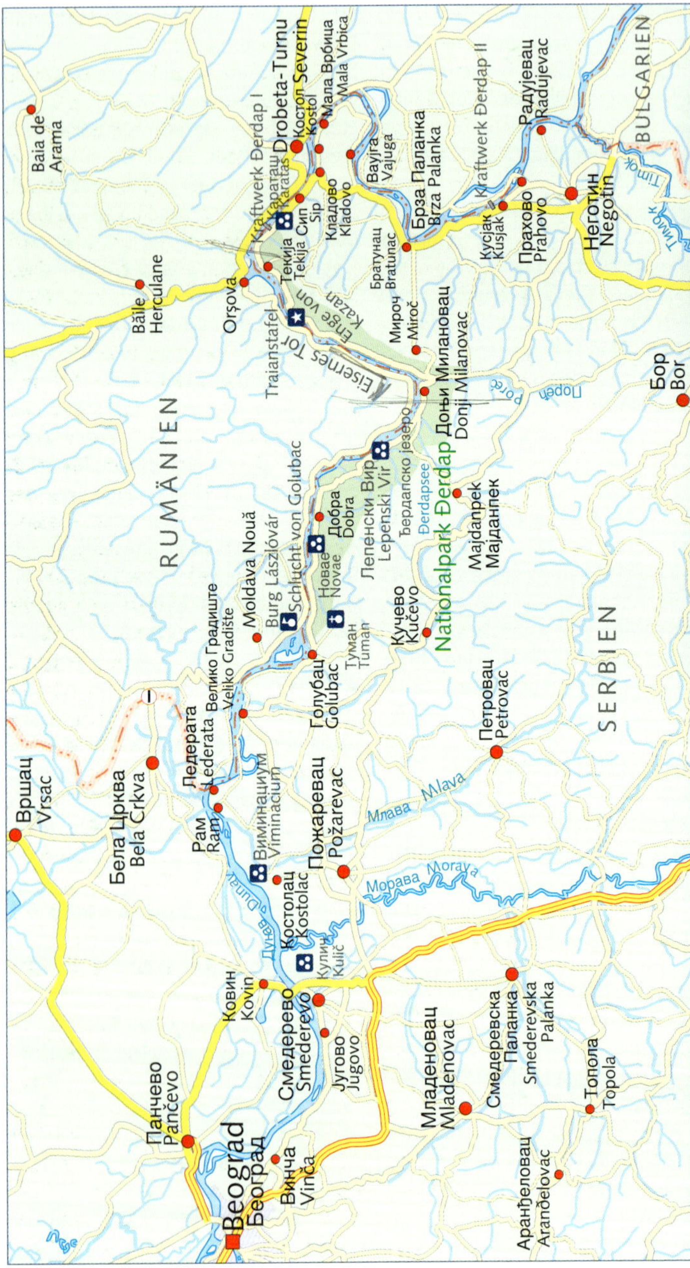

Die Donau von Belgrad bis zur rumänischen Grenze

ihre volle Breite enfaltet. Jeder Abschnitt bietet ein neues Bild, neue Eindrücke, gewaltig und unendlich scheinend. An ihren Ufern trifft man auf die Spuren uralter Kulturen, mittelalterliche Burgen, Städte und Dörfer. Weinberge und dichte Wälder, Sanddünen, Inseln und Buchten sowie steile Felswände und riesige Obsplantagen. All das lässt sich zu Schiff, mit dem Auto und nicht ganz so hastig mit dem Fahrrad erkunden.

Nur wenige Kilometer unterhalb von Mohács in Ungarn bildet der Mittellauf die Grenze zwischen Serbien und Kroatien mit der historischen Landschaft Slawonien. Bei Bačka Palanka (auf kroatischer Seite Ilok) ist die Brücke über die Donau Staatsgrenze zwischen Serbien und Kroatien. Die Donau breitet sich hier über die Pannonische Tiefebene aus. Weite Felder, dichtes Schilf, der ein oder andere Altarm, hier eine Insel, dort ein Badestrand und wenig Siedlungen, so präsentiert sich die Donaulandschaft in diesem Abschnitt. Die Donau macht hier eine Kehre nach Osten und fließt an der Flanke der Fruška Gora entlang bis Novi Sad, der zweitgrößten Stadt Serbiens und mit Belgrad der größte Donauhafen in Serbien.

Bei Slankamen (Salzstein) nimmt die Donau die Theiß auf. Die Theiß ist neben der Donau der wichtigste Fluss Ungarns. Sie entspringt in den ukrainischen Waldkarpaten, durchströmt die Hortobágy-Puszta, das Pannonische Tiefland und erreicht die Vojvodina. Der Mäander von 1430 Kilometern wurde durch Begradigungen auf 977 Kilometer verkürzt. Bis zur Theißmündung erstreckt sich am linken Ufer ein Naturschutzgebiet, das zahlreiche bedrohte Vogelarten beherbergt und eine Oase für die Ornithologen darstellt. Die zahlreichen Flussnebenarme und Seen sind sehr fischreich, vor allem Hecht und Zander beißen an.

Die Donau wendet sich nun leicht nach Süden und nimmt bei Belgrad die Save auf. Diese ist ihr größter Nebenfluss und hier an ihrer Mündung fast zwei Kilometer breit. Mit ihrem Volumen hat sich die Wassermenge der Donau seit Budapest verdoppelt. Die Save selbst hat von ihrer Quelle in den Julischen Alpen Sloweniens bis nach Belgrad bereits 940 Kilometer zurückgelegt.

Die Donau fließt nun weiter Richtung Osten und bildet auf einem Teilstück die Grenze zwischen Rumänien und Serbien. Diese beiden Staaten teilen sich auch den spektakulären Abschnitt des Eisernen Tores, an dem 1972 das Gemeinschaftsprojekt eines Wasserkraftwerkes verwirklicht wurde.

Am 29. Juni begehen auch die Serben den internationalen Tag der Donau. Sie lieben ihren Fluss. Leider ist dessen Ökologie stark in Mitleidenschaft gezogen. Daran hat die Gründung der internationalen Kommission zum Schutz der Donau, der Serbien beigetreten ist, noch nicht viel ändern können, auch wenn in Nachbarländern wie Rumänien bereits EU-Gelder für den Bau von Kläranlagen in fünf großen Städten bereitgestellt wurden. Noch heute fließen die Abwasser großer Metropolen wie Budapest oder Belgrad direkt und ungeklärt in den Fluss. Der Nebenfluss Dâmbovița nimmt bis heute im EU-Land Rumänien Abwasser der Metropole Bukarest auf, die auf Umwegen die Donau erreichen. Die großen Industrieanlagen leiten seit ihrer Inbetriebnahme nicht nur in Serbien ihre Abwässer in die großen Flüsse. Dazu kommen die Folgen der Bombardierung der NATO von 1999. Viele Ölraffinerien und Industrieanlagen wurden bewusst getroffen, Schadstoffe traten in unüberschaubaren Mengen aus. Große Sorgenkinder sind Novi Sad, wo Öl in die Donau floss, aber auch Pančevo. In der 80 000 Einwohner großen Stadt unweit von Belgrad wurden die Düngemittelfabrik, die Raffinerie und das Chemiekombinat ›Petrohemia‹ getroffen. Dabei ist neben vielen anderen Chemikalien das hochgiftige Quecksilber in den Fluss gelangt. Zyanidunfälle in Rumänien brachten die Gifte über die Theiß in die Donau, und die uranhaltige Munition der NATO vor zehn Jahren hat ihr Übriges getan. Bis heute gibt es keine Entwarnung in Sachen Verschmutzung der Donau und damit auch des Schwarzen Meeres.

Geschichte der Donau

Der griechische Name des stattlichen Wasserlaufs war Istros, latinisiert zu Ister oder Hister. Ihr lateinischer Name lautete Danuvius (gräzisiert Danubis), bis sich im Laufe der Zeit für den westlichen Teil Danuvius (bis zur Mündung der Save) und für den östlichen Ister durchsetzte. Einen Mittellauf kannte die Antike nicht. Seit den Römern war die mittlere und untere Donau der Grenzfluss Europas gegen feindliche Einfälle aus dem Norden und Nordosten gewesen. Mit den Osmanen rückte ein Gegner von Süden an. Die meisten Siedlungen lagen auf der Südseite, ebenso wie die eigentliche Römerstraße. Beginnend von der heutigen kroatisch-ungarischen Grenze und dem Ausgang des Eisernen Tores sind 30 Burgen nachweisbar, mit wenigen Ausnahmen alle auf der Südseite.

Die Donau war über Jahrhunderte eine wichtige Handelsstraße nach Westen bis Regensburg, Nürnberg, Köln. Ihre im europäischen Flusssystem einzigartige West-Ost-Richtung verschaffte ihr eine Monopolstellung.

▲ Karte S. 256

Die Donau war auch eine wichtige Pilger- und Kreuzfahrerstraße: vom Neckar zur Donau, an Zemun vorbei durchs Moravatal, nach Niš und entlang der alten römischen Kaiserstraße. Auch im zweiten Kreuzzug folgte man der Donau (1147–1149). Den dritten Kreuzzug leitete Kaiser Friedrich Barbarossa 1189. Er brach von Wien auf, kam über Francavilla und über den Gebirgszug der Fruška Gora; ab hier folgte das Heer auf dem Landweg, die Versorgung kam per Schiff auf der Donau.

Der vierte Kreuzzug, währenddessen die christliche Stadt Konstantinopel erobert wurde, brachte die Kontrolle über byzantinisches Gebiet an der Donau: Serben, Bulgaren waren seine Erben südlich der Donau, Walachen (heute Rumänien) nördlich. Geprägt waren sie byzantinisch-orthodox.

Der Donauradweg durch Serbien

Der gesamte Donauradweg ist ein Teil der **EuroVelo Route Nr. 6**, auf der man per Fahrrad Europa von West nach Ost, vom Atlantik bis zum Schwarzen Meer durchqueren kann. Mit Unterstützung der GTZ (Gesellschaft für Technische Zusammenarbeit) wurden länderübergreifend Radwege von Ungarn und Kroatien nach Serbien angelegt und durch Serbien entlang der Donau.

Der Donauradweg hat eine Länge von 665 Kilometern und verläuft auf asphaltierten und nichtasphaltierten Straßen, Dämmen, lokalen Straßen und bestehenden Radwegen. 85 Prozent der Hauptroute führt auf auf asphaltiertem Untergrund entlang. Die Nutzung der Regionalstraßen ist hin und wieder etwas abenteuerlich, zumal man sich in Serbien erst noch an die Radfahrer auf öffentlichen Straßen gewöhnen muss.

Radler am Eisernen Tor

Der Radweg ist überwiegend flach. Es gibt nur wenig hügelige Abschnitte, deren Steigung bis auf 267 Meter hinaufführt. Für nichtasphaltierte Strekken, die sich auch schon mal als eine feuchte Wiese herausstellen können, gibt es jeweils eine asphaltierte Alternative, die dann jedoch auf einer Straße verläuft.

In einer ersten Etappe konnte bis zum Jahr 2007 die Beschilderung des Radweges bis Belgrad abgeschlossen werden. Heute findet man die Schilder bereits bis Ram. Im Jahr 2009 soll die Beschilderung in Serbien komplett abgeschlossen werden.

Es gibt auch sonst noch einiges zu verbessern. So fehlen noch Informationszentren entlang der Strecke. Auch dürfen die Möglichkeiten für Reparaturen noch gesteigert werden ebenso wie Möglichkeiten zum Leihen von Fahrrädern. Wer eine irreparable Panne hat, wird Geduld aufbringen müssen, eine Rückfahrgelegenheit zu finden. Es gibt kein allzu großes Angebot an öffentlichen Verkehrsmitteln für Radler und auch keinen regen Schiffsverkehr. Belohnt wird man allerdings mit phantastischen Natur- und Kulturerlebnissen.

i Donauradweg

Websites: www.donau-info.org (dt.). Seit dem Jahr 2009 bietet **Neubauer Reisen** Fahrradtouren auf dieser Strekke an, www.neubauer-reisen.de.

Weitere Informationen: Wolfgang Limbert, wolfgang.limbert@gtz.de, Nebojša Matijašević, ul. Dečanska 8, Belgrad, Tel. 011/3235306, n.matijasevic@gtz.wbf.org, Zagorka Kalentić, Z.Kalentic@gtz.wbf.org.***

Karte Donau-Radweg. Von Budapest bis zum Schwarzen Meer. Huber Verlag, 1:100.000. Die Karte ist zu bestellen über **Kartographie Huber**, Dürrstr. 1, 80992 München, Tel. 089/143030, www.kartographie.de.

Ciklonaut, Radtouren-Gemeinschaft von Serbien, Jovan Eraković, jone@ciklonaut.com, www.ciklonaut.com. Beratungen zu Fahrradtouren.

Smederevo

Von Belgrad beginnt die Fahrt an der Donau zunächst in Richtung Vinča. Wenige Kilometer vor dem Ort, direkt am Smederevo Put, befindet sich das Hotel ›Radmilovac‹, das ein guter Ausgangspunkt für eine Donaufahrt sein kann. Entlang des Weges erscheint und verschwindet die Donau immer wieder. Die Häuser sind stattlich und sehr gepflegt. Mal geht es bergauf und wieder bergab, näher an die Uferregion.

In manchen Quellen wird Smederevo (Смедерево) als Semendria bezeichnet. An ihrer Stelle vermutet man die römische befestigte Siedlung Margum aus dem 3. Jahrhundert. Der gleichnamige Fluss war Hauptfluss von Moesia superior, an dem eine wichtige Zoll- und Handelsstation lag. Im 4. Jahrhundert entstand ein Kastell am Ufer. Die Siedlung wurde 442 vom Bischof den Hunnen übergeben. Byzantinische Quellen erwähnen sie Anfang des 11. Jahrhunderts und eine Urkunde des Fürsten Lazar für das Kloster Ravanica im Jahr 1381. Daraus kann man schließen, dass eine kontinuierliche Besiedlung stattgefunden hat.

Unter dem Despoten Stefan Lazarević gewann sie als größere Ortschaft erstmals an Bedeutung: Viele Dubrovniker Kaufleute waren hier nachweislich ansässig. Ihr Wachstum geht jedoch auf seinen Nachfolger, Georg (Đurđe) Branković, zurück. Er verlegte seine Residenz von Belgrad nach Smederevo, wo er sich vor den Türken besser gesichert glaubte.

Der Status einer Residenzstadt wurde erstmals durch die Eroberung der Türken von 1439 bis 1444 unterbrochen. Kurzfristig erhielten die Serben die Stadt durch den Vertragsschluss mit den Ungarn in Szeged zurück. Im Jahr 1459 fiel die Festung jedoch endgültig in die Hand der Türken, womit die Eroberung Serbiens ihren Abschluss fand.

In den türkisch-habsburgischen Kriegen stationierten hier die Österreicher ihre Garnisonen: 1688, 1690, zwischen 1717 und 1738 und zuletzt 1789. Während des ersten serbischen Aufstandes unter Karađorđe wurde die Festung am 14. November 1805 von den Türken befreit und kurzfristig bis 1807 sogar zum Senatssitz. Der Aufstand konnte niedergeschlagen werden, und die Türken zogen bis 1867 erneut in die Festung ein. Erst unter Fürst Mihajlo wurde der Vertrag über die Rückgabe an die Serben geschlossen. Die Festung Smederevo galt als eine der mächtigsten und am besten erhaltenen Bastionen an der Donau bis zum Zweiten Weltkrieg. Im Jahr 1941 zerstörte die Explosion eines deutschen Munitionslagers – möglicherweise war es eine beabsichtigte Sprengung – den historischen Bestand und forderte viele Menschenleben. Bombenangriffe von 1944 verschlimmerten die Verwüstungen noch.

■ Die Festung

Schon bei der Einfahrt entlang der Donaustraße fällt die mächtige Festung (Smederevska tvrđava, Смедеревска тврђава) auf. Ihr Kernbau stammt von 1428 bis 1430. Nach den massiven Schäden aus dem Zweiten Weltkrieg war sie lange dem endgültigen Zerfall preisgegeben, aber in jüngster Zeit begannen glücklicherweise grundlegende Restaurierungsarbeiten.

Die Festung, die direkt am Wasser liegt, gehört zum Typus einer Wasserburg: Hier fließen Jezava und Donau zusammen und wurden durch einen Wassergraben verbunden, so dass die Festung von allen Seiten von Wasser

▲ Karte S. 256

umspült wird. Sie hat einen unregelmäßigen Grundriss von 550 auf 502 und 400 Meter und galt als eine der widerstandsfähigsten Verteidigungsanlagen Europas. Ihre Bauzeit ist in drei Phasen zu untergliedern: Zwischen 1428 und 1430 entstand die **Kleine Burg** für den Hof des Despoten Georg Branković. Von diesem Palast sind donauseitig die nordwestlichen Umfassungsmauern mit drei gotischen Fenstern erhalten. Außer dem Donjon verstärkten fünf weitere Türme die mächtigen Mauern. Einer der Türme ist von einer monumentalen kyrillischen Ziegelinschrift eingefasst, die über den Bau der Burg Aufschluss gibt. Außerdem erkennt man das christliche Symbol des Kreuzes.

In einer zweiten Phase von 1430 bis 1439 und 1444 bis 1456 wurde die durch 19 Türme verstärkte **Große Burg** errichtet. Die über 11 Meter breiten und 20 Meter hohen Türme waren an der Innenseite offen und durch Holzkonstruktionen in Etagen geteilt. Turm- und Burgmauern haben eine Stärke von viereinhalb Metern und sind aus Stein und Ziegeln gefügt. Ihre Fassaden wurden dekorativ verziert. Die Festung war

Türme der Festung Smederevo

für den Kampf mit sogenannten kalten Waffen eingerichtet, nicht aber gegen Kanoneneinsatz gewappnet. Deshalb kam es zu einer letzten und dritten Bauphase 1480. Während dieser bauten die Türken an den Ecken der Außenseite drei Geschütztürme von polygonalem Grundriss an, die durch eine niedrige Mauer verbunden waren.

Heute ist die Ruine von Grün umgeben, Pflanzen arbeiten sich durch ihr Gemäuer. Ein Park für die Anwohner ist daraus geworden, Bewohner siedeln in den Außenmauern, Hühner, Schafe, Ziegen haben Anteil an ihr. Die Dächer der Türme sind den Störchen vorbehalten.

Die Stadt Smederevo

Das 70 000 Einwohner große Städtchen Smederevo besteht aus einem ebenen Teil entlang der Donau, dessen Zentrum eine lange Fußgängerzone ist. Hier reihen sich viele Cafés und Restaurants aneinander. Viel zu viele junge Leute verbringen in ihnen ihren Tag; die hohe Arbeitslosigkeit ist daran abzulesen. In der Fußgängerzone steht die **serbisch-orthodoxe Kirche** mit sehr schön gegliederten Außenmauern.

Ein anderer Teil von Smederevo liegt am Hang, am Ausläufer des Serbischen Erzgebirges. Hier beginnt schon das serbische Bergbaugebiet. Die Eisenhütte ›Sorbid‹ ist außerhalb angesiedelt, Stahlwerke flankieren die Umgebung. Steil bergauf geht es in die Wohngebiete. Auf der Höhe befindet sich das einzige Hotel der Stadt.

Auf dem alten Friedhof (staro groblje, старо гробље) steht ein sehenswertes **Kirchlein aus dem 15. Jahrhundert**, die Muttergotteskirche (crkva Uspenja Precvete Bogorodice/црква успења Прецбете Богородице). Der Dreikonchenbau aus Stein und Ziegel gehört der

In Smederevo

Moravaschule an und hat wunderbarerweise die Jahrhunderte fast unbehelligt überstanden.

In **Plavinac**, einem Stadtteil von Smederevo, hatte die Familie Obrenović einen Landsitz, der 1868 erbaut wurde. Marschall Tito nutzte ihn als Sommerresidenz.

Wer mit dem Schiff auf der Donau Smederevo passiert, sieht nordöstlich der Stadt an der Mündung der Morava in die Donau die **Ruinen von Kulač** (Кулач). Die Burg wurde 1493 von den Türken vermutlich an der Stelle einer römischen Siedlung erbaut.

Smederevo ist Weinbaugebiet, hier wird die berühmte Rebe ›Smederevka‹ angebaut. Daneben werden Rotweine hergestellt. Die Anfänge des Weinbaus reichen bis in die römische Zeit zurück. Im Mittelalter war der Weinhandel streng kontrolliert. Die Familie der Obrenović haben hier einen ganzen Weinberg kultiviert. In den Weinorten **Krnjevo** in der Kellerei ›Radovanović‹ (Tel. 026/82 10 85) und in **Dobri Do** in der Kellerei ›Gitarić‹ (026/742174) kann man den Smederevka verkosten.

Smederevo

Vorwahl: 026.

Tourismus Organisation, Kralja Petra Prvog 8, Tel. 61 56 66, ticsd@sezampro.yu.

Turističke informacije, Karađorđeva 5–7, Tel. 22 29 52.

Website: www.smederevo.org.rs.

Busbahnhof, Tel. 22 22 45. Täglich jede Stunde nach Belgrad, ca. 50 km.

Hotel Radmilovac (Радмиловац) (★★★), Smederevski put bb, 11037 Belgrad, Tel. 341 61 40; 23 Zimmer, DZ 5000 Dinar. 8 Kilometer vom Belgrader Zentrum Richtung Smederovo.

Hotel Smederevo (★★), ul. Izletnička 8, Tel. 22 25 11. Renovierungsbedürftig, aber mit schön gelegenem Restaurant und großem Garten. Ruhig.

Pension Kraljev dvor, Crvene Armije 280, Tel. 65 12 23; DZ 30 Euro.

Festungsmuseum Mali Grad, Tvrđava, Tel. 22 40 46, tgl. 8–19 Uhr.

Museum der Stadt, Omladinska 4, Tel. 22 21 38, Di–So 10–17 Uhr.

Ein Abstecher nach Požarevac

Ein Abstecher von der Donau führt ins Landesinnere nach Požarevac (Пожаревац, deutsch Passarowitz). Požarevac hat in jüngerer Geschichte immer wieder als Geburtsort von Slobodan Milošević von sich reden gemacht. Miloševićs Sohn Marko, der auf wundersame Weise vom

▲ Karte S. 256

Erdboden verschluckt schien, unterhielt hier eine Discothek und anderes. Neuerdings ist er auch wieder in Serbien aktiv.

Berühmtheit erlangte Požarevac durch den am 21. Juli 1718 abgeschlossenen Friedensvertrag zwischen Karl VI. für Venedig und Österreich und den Osmanen unter Sultan Ahmed III. In ihm wurde unter anderem die Abtretung des Banat und Serbiens mit Belgrad an Österreich vereinbart. Außerdem mussten dem Kaiser handelspolitische Zugeständnisse gemacht werden. Nach einer schweren Niederlage der Österreicher bei Grocka und anschließenden Schlachten fielen der serbische Teil und Belgrad im Vertrag von Belgrad an die Türken zurück, von denen es erst Fürst Miloš 1815 befreite.

Sehenswertes

Im Park der Stadt steht ein **Konak** oder auch Schloss von 1825, das Miloš Obrenović in Auftrag gegeben hatte, als er Požarevac zeitweilig zu seiner Residenz machte. Heute ist dort die Kommunalregierung untergebracht. Das Denkmal seines Erbauers steht im Park ebenso wie eine Büste von Vasa Pelagić, der in den Bereichen Bildung und Gesundheit gewirkt hat. Im Ort gibt es ein sehenswertes **archäologisches Museum** mit Exponaten der umliegenden Ausgrabungsstätten, vor allem von Viminacium, darunter Sarkophage. Im Museum werden außerdem Gemälde von Milena Pavlović-Barili ausgestellt, der Wegbereiterin der modernen serbischen Malerei. Im Osten der Stadt erinnert die **Gedenkstätte Čačalica** an die Opfer des Zweiten Weltkriegs. 3000 Serben fanden hier durch die Deutschen den Tod.

Požarevac ist auch bekannt für das **Gestüt Ljubičevo** am rechten Ufer der Velika Morava. Hier werden Führungen, Kutschfahrten und Reittouren angeboten.

Hinter Smederevo überwindet die Morava von Süden kommend das ostserbische Erzgebirge und dringt in die Donau. Bereits von Belgrad ab ist die Donau einschließlich der Moravamündung zu einem See aufgestaut, als Folge des 1972 vollendeten Kraftwerks am Eisernen Tor. Einst grub sie sich in mehreren Armen ihr Bett, heute breiten sich riesige geschlossene Wasserflächen aus.

Požarevac

Vorwahl: 012.

Hotel Dunav, ul. Lenjinova 3, Požarevac, Tel. 221-022, Fax -336; DZ 2300, EZ 1150 Dinar. Staatliches Hotel, renovierungsbedürftig.

Gestüt Ljubičevo, Tel. 0112/515105, www.ljubicevo.de.

Nationalmuseum (Narodni muzej); Mo–Fr 10–17, Sa 10–15 Uhr.

Kostolac

Über Kostolac (Костолац) erreicht man die Donau wieder. Das pulsierende Städtchen lebt vom Bergbau. Förderanlagen und Kohleberge prägen das Stadtbild. Der Bergbau bringt Wohlstand und hat viele serbische Familien aus dem Kosovo angezogen.

Um Kostolac hat sich ein buntes Völkergemisch angesiedelt, darunter viele Roma, die ihre Lager vor allem in Stari Kostolac aufgeschlagen haben. An der Sprache kann man die Vlachen ausfindig machen. Am besten geht man auf den bunten **Markt**, dort kann man die ver-

Auf dem Markt in Kostolac

schiedenen Physiognomien studieren; abgesehen natürlich von dem reichhaltigen Angebot an Obst und Gemüse. Nicht weit vom Industriestädtchen Kostolac entfernt liegt, nicht ganz leicht zu finden, die Ausgrabungsstätte der römischen Stadt **Viminacium**.

Kostalac

Vorwahl: 012.

Hotel Kostolac, Trudbenicka bb, Tel. 241622; DZ 2000 Dinar. Ein Teil des Hotels wurde den Flüchtlingen aus dem Kosovo zur Verfügung gestellt.

Motel›Dunavski dragulj, Kanal bb, am Donauufer, Tel. 587430; DZ 22 Euro.

Viminacium

▲ Karte S. 256

An der Morava-Mündung erstreckt sich das Gebiet des archäologischen Terrains von Viminacium. Viminacium (Виминацийум) war vom 1. Jahrhundert vor Christus bis zum 4. Jahrhundert nach Christus von strategischer und wirtschaftlicher Bedeutung für das Römische Reich. Das römische Legionslager und die Stadt Viminacium in Moesia superior lagen an dem Fluss Mlava beziehungsweise der Magliamündung in die Donau. Als Legionslager erstreckte es sich zwei Kilometer von der Donau entfernt am Ostufer der Mlava und hatte eine Fläche von 442 mal 385 Meter. Die Bürgerstadt wird am Westufer der Mlava vermutet. Südlich und östlich des Lagers wurden zwei Gräberfelder entdeckt.

Hier zweigte einst die Limesstraße Ratiar–Oescus von der Reichsstraße ab, die nach Byzanz führte. Die Römer waren erstmals nach der Niederschlagung der Skordisker im 1. Jahrhundert vor Christus hierher vorgedrungen und machten die Stelle bald schon zum ständigen Garnisonsort der VII. Legion des Claudius, die aus Dalmatien hierher kam. Auch die IV. Legion, die flavische, war zeitweise hier stationiert. Nach der Teilung der Provinz Moesia wurde Viminacium Residenzstadt des Statthalters von Moesia superior. Während des ersten Dakerkrieges war das Hauptquartier hier stationiert. Kaiser Hadrian (117–138) erhob Viminacium in den Rang eines Municipiums. Am 6. April 196 nach Christus rief Kaiser Septimius Severus seinen Sohn Caracalla in Viminacium zum Caesar aus.

Seit dem Jahr 239 nach Christus war der Stadt als einziger in der nicht unbedeutenden römischen Provinz Moesia superior gestattet, Münzen zu prägen: Sie wurden mit der Legende MSCV für ›Moesia Superior Colonia Viminacium‹ versehen. Erst Gallienus (218–268) nahm ihr wieder dieses Recht.

Im frühen Christentum wurde die Stadt zum Bischofssitz: Ein Bischof Amanthius von Viminacium wurde im Zusammenhang mit dem Konzil von Serdica im Jahr 343 erwähnt. Attila eroberte Viminacium 441 und zerstörte es bis auf die Grundmauern. Kaiser Justinian I. (527–565) erkannte ihre strategische Bedeutung und veranlasste den Wiederaufbau. Unter ihm wurde diese wichtige byzantinische Bastion wieder Moesia prima und in ihr ein Erzbistum gestiftet. Kurz darauf zerstörten die Awaren sie 582 vollständig.

Von all dem Glanz ist heute nichts mehr zu sehen. Gefunden wurden die **Reste von Zivilgebäuden** und zwei **Nekropolen**. Die Ausgrabung ist nicht als Museum eingerichtet und ausgesprochen schwierig zu finden. Man erhält Zugang nur an Tagen, an denen Ausgräber zugegen sind oder in Begleitung einer vom Museum in Požarevac beauftragten Person.

Wer es dennoch alleine wagen möchte, fährt in Richtung Druma, einen Kilometer vor dem Ort befindet sich ein Kraftwerk, das mit Kohle gespeist wird. Man fährt durch das Kraftwerksgelände hindurch und sieht bald darauf ein Schild: Viminacium. Die mit Planen überdachten Ausgrabungen sind dann noch nicht erreicht. Über Feldwege vorbei geht es an endlos scheinenden Maisfeldern, die Donau völlig außer Sichtweite, dann erkennt man ein weißes Zelt. Ein Wärter bewacht das Terrain. Ein Bitten, ein Lächeln und ein kleines Dankeschön, und man erhält einen Einblick: In einem Zelt wurden die Reste von Zivilgebäuden konserviert, während in östlicher Richtung eine Nekropole mit wenigen bemalten Gräbern freigelegt werden konnte. Die Ausgrabung erhält finanzielle und fachliche Unterstützung von amerikanischen Organisationen.

Ausgrabungsfunde von Viminacium

Ram

Entlang der Donauebene, vorbei an Feldern, erreicht man die Ortschaft Ram (Рам) am rechten Steilhang des Donauufers. Auf ihrem höchsten Punkt befinden sich die traurigen **Reste einer mittelalterlichen Burg**.

Zur Zeit Traians wurde hier eine Siedlung erwähnt, in der Reiterabteilungen stationiert waren. In mittelalterlichen Quellen fand man sie im Jahr 1128 als Ort, an dem die Byzantiner die Ungarn besiegten. Die heutige Burganlage geht auf Sultan Beyazid II. (1480–1512) zurück. Sie hatte einen regelmäßigen Grundriss und wurde als Artilleriefestung erbaut. An der Landseite war sie von einer niedrigen Mauer mit einem breiten Graben umgeben. Erhalten sind der Donjon am Eingang zur Festung, Reste von vier Ecktürmen und ihre massiven Verbindungsmauern. In den Türmen fand man gemauerte Kamine, was für mittelalterliche Festungen eher selten ist, vergleichbar denen im apulischen Castel del Monte. Ein Großteil der Festung wurde Opfer der österreichtürkischen Kriege von 1788.

In der Nähe liegt eine **Karawanserei**, deren Bauart an die Festung erinnert. In unmittelbarer Nähe befinden sich die **Reste der Römersiedlung Lederata** (Ледерата) aus dem 2. und 3. Jahrhundert.

Von Ram besteht eine **Fährverbindung ins Banat**, so dass man sich den Weg über Belgrad oder Smederevo auch sparen könnte. Ein schönes Restaurant direkt am Wasser, die ›Kafana Lederata‹, lockt zum Bleiben. Der junge Besitzer spricht Deutsch und zeigt auch die verbliebenen Postkarten, auf denen die Festung Ram noch gut zu sehen ist. Alles hier ist ländlich beschaulich.

Das Bett der Donau weitet sich, gabelt sich, bildet Inseln, Bäume stehen im Wasser. Hinter Ram in Richtung Veliko Gradište sieht man schon Rumänien und das Erzgebirge der Karpaten.

Viele Serben leben und arbeiten in Österreich und Deutschland, sie haben hier aber Ferienhäuser und kommen immer wieder heim. Man erkennt sie natürlich an ihren Autokennzeichen.

Die Donau bei Ram

▲ Karte S. 256

Ram

Vorwahl: 012.

Fährverbindung Dunav Trans, Tel. 72-092, -152. Regelmäßig zwischen Ram und Banatska Palanka.

Kafana Lederata, Tel. 72-092, -152.

Veliko Gradište

Veliko Gradište (Велико Градиште) liegt an der Mündung der Pek in die Donau. Auf seinem Weg vom Gebirge, das reich an Gold und Silber ist, wird auch der Fluss goldführend. Immer wieder haben die Menschen in seinem Wasser ihr Glück gesucht.

In der Umgebung kann man wunderbar Urlaub machen. Die Donau wurde hier zu einem 14 Kilometer langen und 300 Meter breiten See aufgestaut, dem **Srebrno jezero** (Сребрно језеро, Silbersee). Kleine Naherholungsgebiete mit Hotels und geschmackvollen Restaurants haben sich hier etabliert und laden zum Faulenzen ein. Am besten plant man ein wenig Zeit ein. Die Häuser sehen insgesamt recht wohlhabend aus. Eine Dammstraße verbindet Ram mit Veliko Gradište. Aber Achtung, der Gegenverkehr ist schnell, obwohl zwei Fahrzeuge nur knapp Platz haben.

Veliko Gradište gilt als **antikes Pincum**. Die letzten Reste befinden sich nicht weit von hier. Die kostbaren Fundstücke, darunter ein Relief mit der Darstellung von Achilles, wie er Hektor um die Mauern von Troja jagt, Münzen und Plastiken hat man nach Belgrad gebracht.

Veliko Gradište

Vorwahl: 012.

Tourismusinformation, Trg Mladena Miloradovica 1, Veliko Gradište, Tel. 63161, www.velikogradiste.org.rs (serb.).

Pension Dunavski cvet, Beli Bagrem, Tel. 063/771 80 03; 25 Zimmer, DZ 20 Euro. 100 Meter vom See entfernt.

Pension Madera, Beli Bagrem, Tel. 612 52; 25 Zimmer DZ 24 Euro. 200 Meter vom See entfernt.

Villa Lago, Tel. 66 27 59, 063/771 84 00, www.vilalago.net.

Camping Srbrno jezero, Tel. 626 19 und 063/35 12 98; 3 Euro pro Person. In der Nähe vom Strand.

Restoran Fontana, Tel. 624 88. Auch Zimmer werden angeboten.

Kafana Dinčić, Tel. 623 41.

Im Sommer findet an den Wochenenden im Zentrum ein großer **Flohmarkt** statt.

Golubac

Hinter Veliko Gradište verlässt man die Ufer der Donau. Erst vor Golubac zeigt sich ihr mächtiger Wasserlauf wieder. Das Städtchen Golubac (Голубац) liegt an der Donau vor dem Eisernen Tor und ist nach der mittelalterlichen Festung Golubac (Taubenburg) benannt. In seiner Nähe liegt das Kloster Tuman (Туман) mit einer Erzengelkirche. Den Vorgängerbau stiftete Miloš Obilić. Im 20. Jahrhundert erneuerte man ihn im gleichen Moravastil.

Die berühmte Festung Golubac liegt außerhalb der Stadt auf einem Gebirgskamm oberhalb der Donau, exakt am Eingang des Đerdappasses. Die genaue Entstehungszeit dieses beeindruckenden Denkmals ist nicht bekannt. Erwähnt wurde sie in den Jahren 1337 bis 1342 als ungarische Befestigung. Im 15. und 16. Jahrhundert wechselten ihre Besitzer häufig.

Nach der Schlacht auf dem Amselfeld gelangten die Osmanen in den Besitz des Gebietes Braničevo, der Ebene im Tal der Pek, wozu auch die Festung Golubac gehörte. Stefan Lazarević holte sie sich in der Schlacht von Angora 1402 zurück, nach seinem Tod forderten die Ungarn das Vasallengebiet zurück. Daraufhin trat der serbische Kommandant, der Vojvode Jeremije (1428/29), 1427 auf die osmanische Seite über und übergab den Türken die Festung. Für die Ungarn war der Verlust der so nah am Eisernen Tor gelegenen Festung nicht ganz unbedeutend.

Im Frieden von Szeged 1444 kam Golubac an den Serben Georg Branković, der sie bis 1458 hielt. Als erste aller donauländischen Festungen fiel sie dann für 400 Jahre in osmanische Hand. Bis ins

Die Festung von Golubac

19. Jahrhundert blieb Golubac für die Osmanen von äußerst wichtiger strategischer Bedeutung. Erst 1867 mussten sie die Festung endgültig aufgeben.
Es handelt sich um eine rein militärisch-strategische Befestigung ohne Schutzfunktion für eine Stadt. Der regelmäßige Grundriss der Burg ist dem Gelände angepasst. Sie ist untergliedert in eine obere und eine untere Burg. Auf einer Felswand steht der zweigeschossige **Donjon**, von dem ein doppelter massiver Mauerring mit acht viereckigen Türmen ausgeht. Nach Einführung der Feuerwaffen wurden die äußeren Türme umgebaut und erhielten halbrunde oder polygonale Formen. Den Achteckturm mit einer Plattform für Kanonen erbauten die Türken zum Schutz des Hafens direkt am Flussufer. Ihre unmittelbare Lage an der Donau ließ sie zu einer der ganz wichtigen Festungen, nicht nur auf der Donau, sondern auf dem ganzen Balkan werden.
Als Gegenstück entstand auf der rumänischen Seite die **Burg Lászlóvár**, die für die Ungarn vom Deutschen Orden bewacht wurde.

Die Schlucht von Golubac

An der Festung beginnt der Nationalpark Đerdap, eines der großen, unter Naturschutz stehenden Gebiete Serbiens. Er zieht sich entlang dem Eisernen Tor und endet an der Staumauer vom Kraftwerk Đerdap I. Die Donau wirkt hier noch wie ein riesiger See, aber gleich hinter der Festung erkennt man ihre Verengung. Die Straße entlang der Donau führt durch die Festung hindurch. Einziges Negativum sind die Müllhalden. Am gegenüberliegenden Ufer sieht man jetzt sehr schön die rumänische Seite, manchmal entstellt durch hässliche Hochhausbauten.

▲ Karte S. 256

Friedhof an der Donau

Hinter Golubac verengt sich die Donau zu einer Schlucht, der Golubačka Klisura. Die Straße durch das gesamte Eiserne Tor ist noch nicht so lange fertiggestellt. Sie ist gut ausgebaut, führt teilweise direkt an der Donau entlang und ist teilweise untertunnelt: Viele kurze Tunnel folgen hintereinander und eröffnen immer wieder den Blick auf die phantastische Landschaft.
Wenige Kilometer vor dem Dorf Dobra (Добра) befinden sich die **römischen Ausgrabungsreste von Novae** (Новае). Die **Friedhöfe von Dobra** liegen direkt am Ufer der Donau. Sie sind sehr male-

i Golubac

Vorwahl: 012.
Tourismus Organisation, Gorana Tošića-Mačka 1, Tel. 78614.

Villa Dunavski raj, Golubac Vinci Tel. 79616. DZ 20 Euro.
Hotel Golubacki grad, Golubacki Trg, Tel./Fax 678207, www.golubackigrad.co.rs.
Privatzimmer Stanojević, Golubac Dobra, etno@eunet.yu; DZ 14 Euro.

risch. Zu jedem Grab gehört ein kleiner Tisch mit einer Bank. Der Tote hat ein Anrecht auf sein Foto und sein Lieblingsessen. Zweimal im Jahr kommt das Dorf hier zusammen, um mit den Toten zu feiern. Dann wird der Friedhof ein wahrer Picknickplatz. Das Ufer der Donau weist hier an manchen Stellen einen mediterranen Bewuchs auf, man sieht sogar Feigen.

Lepenski Vir

An der Schlucht von Golubac, direkt an der Donau, liegt eine der bedeutendsten prähistorischen Fundstätten Europas, Lepenski Vir (Лепенски Вир). Diese einzigartige Anlage ist sehr gut ausgeschildert. Man fährt durch einen Tunnel unter der Hauptstraße und kommt auf den Parkplatz, außerhalb des Museums stehen kleine Wochenendhäuschen, wo man den ganzen Sommer über jemanden antrifft.

Im Jahr 1965 entdeckte man erstmals eine große Siedlung aus der Zeit des Mesolithikums und des frühen Neolithikums (Steinzeit), das heißt etwa 6000 Jahre vor Christus, eine bis dahin wenig bekannte Kultur. Man fasste den Entschluss, unter einer Terrasse weitere Untersuchungen anzustellen, und wurde fündig. Bis zum Jahr 1967 wurden Hirten- und Bauernsiedlungen aus den Zeiten 5300 und 4800 vor Christus entdeckt. Die Fundstatte erstreckte sich über 3000 Quadratmeter. Sieben nacheinander gebaute Siedlungen aus vier chronologisch verschiedenen Schichten wurden ausgegraben. Die älteste wird ins Jahr 5800 vor Christus und die jüngste in die Zeit 4400 vor Christus datiert. Die ersten drei Schichten gehören zum vorkeramischen Neolithikum, die vierte weist Besonderheiten der Kultur von Starčevo auf.

In den älteren Schichten befanden sich über 100 bauliche Objekte, die den gleichen Architekturtypus wiederholten: Häuser mit trapezförmigem Grundriss aus rotem Mörtel und umzäunter steinerner Feuerstelle. Wegen des steil abfallenden Geländes lag der breitere Teil der Siedlung auf einer kleinen Plattform, der schmalere war in die Erde gebettet. Die Bauten waren vom Donauufer bis zur enger werdenden Talsohle auf Terrassen angeordnet und der Landschaft hervorragend angepasst.

In den Bauten fand man **Steinskulpturen**, die zumeist auf den Fußböden der Häuser neben der Feuerstelle standen. Sie gehören zu den ältesten bisher bekannten Großskulpturen Europas. Sie sind bis zu 50 Zentimeter hoch und mit ganz flach ausgearbeiteten Fischmäulern, langen Nasen und Glotzaugen versehen. Auf den Betrachter wirken sie augesprochen expressionistisch. Eine zweite Gruppe an Skulpturen bestand aus rätselhaften abstrakten Arabesken. Daneben wurden ornamental verzierte Gegenstände aus Knochen, Nadeln,

Fund aus Lepenski Vir

Die Donau bei Lepenski Vir

Ahlen, Werkzeuge aus Hirschgeweihen, Messer und eine große Anzahl Skelette entdeckt; außerdem Platten mit eingravierten Symbolen, die fast Buchstaben ähneln. Bis heute ist vieles einzigartig und auch rätselhaft. Infolge der Anstauung der Donau wurde als größtes konservatorisches Unternehmen in Serbien im Jahr 1970 die gesamte Siedlung 17 Meter höher gelegt.

Diese Anlage kann man heute besichtigen. Das **Museum** besteht aus der überdachten, versetzten Fundstätte der Siedlung und dem Ausstellungsgebäude, in dem die Kopien der ersten Monumentalskulpturen Europas, Schalen und Dokumentationen ausgestellt sind. Die kostbaren Originale werden in Belgrad aufbewahrt.

In der Hoffnung auf weitere Funde setzte man die Forschungen fort und konnte 1971 über zehn Siedlungen an der Donau aufspüren. Sie alle wurden unter dem Begriff Lepenski-Vir-Kultur zusammengefat.

Das Museum ist täglich außer montags von 9 bis 17 Uhr geöffnet. Vom Parkplatz führt ein Fußweg von 400 Metern zum Museum.

▲ Karte S. 256

Donji Milanovac

Donji Milanovac (Доњи Милановац) ist ein guter Ausgangspunkt, um das Eiserne Tor und viele Sehenswürdigkeiten an der Donau kennenzulernen. Es liegt inmitten des Đerdap-Nationalparks. Ein großes Sporthotel mit Blick auf die Donau erwartet die Gäste. Man kann hier gut mehrere Tage verbringen, auch wenn dem Speisesaal ein wenig der Staub der sozialistischen Ära anhaftet. Nettes, gut englischsprechendes Personal und der schöne Blick auf den Fluss machen alles wieder wett. Man findet allerbeste Gelegenheiten zum Wassersport, zum Jagen in den Wäldern und zum Fischen im Donausee.

Der 3000 Einwohner große Ort liegt direkt an der Donau, am hier aufgestauten Đerdapsee und am Fluss Poreć. Eine kleine Promenade lädt zum Flanieren, ein zum gemütlichen Restaurant umgebauter Konak zum Essen ein. Das Städtchen ist auch als Rosenstadt berühmt. Die Ortschaft wird eingerahmt vom Gebirge.

Nur etwa 30 Kilometer, vorbei an der Ruine von **Burg Poreć**, führt der Weg in die Bergbaustadt **Majdanpek** im Serbischen Erzgebirge.

Donji Milanovac

Vorwahl: 030.

Hotel Lepenski Vir, 19220 Donji Milanovac, Tel. 8621-0, Fax -7, lepenskivir@ptt.yu, www.hotellepenskivir.co.rs (serb.); DZ 30 Euro. Anlage aus kommunistischer Zeit, aber sehr gepflegt, soll privatisiert werden. Viele Sportler sind hier zu Gast. Es werden Ausflüge auf der Donau durch das Eiserne Tor und zur Tabula Traiana angeboten.

Das Eiserne Tor

Die Fahrt durch das Eiserne Tor (Đerdapska Klisura, Ђердапска Клисура) gehört zu den beeindruckendsten Naturerlebnissen einer Serbienreise. Der Name ›Eisernes Tor‹ geht auf die Osmanen zurück, die nicht nur den Donaudurchbruch, sondern noch mehrere Balkan- und Karpatenpässe als ›Demir Kapi‹ (Eisentor) bezeichneten.

Unterhalb von Bela Crkva bei der Festung Ram beginnt der Donauverlauf als Grenze zwischen Rumänien und Serbien. Hinter Donji Milanovac tritt sie in den Gebirgsdurchbruch des Eisernen Tores ein und durchströmt auf einer Länge von 130 Kilometern vom Pannonischen Becken kommend die Nahtstelle zwischen Balkan- und Karpatengebirge. Zwischen den 1200 Meter hohen Banater Karpaten im Norden und dem Serbischen Erzgebirge im Süden zwängt sich der Fluss hindurch. Beim Eingang in das Engtal bei Donji Milanovac ist das Flussbett noch 1000 Meter breit, wird aber mehr und mehr durch die Felswände auf 350 bis 120 Meter verengt. Um die Wassermassen durchzuschleusen, hat sich die Donau in eine Tiefe von bis zu 80 Metern in den weichen Kalk gegraben. Stromschnellen, Wirbel und felsige Untiefen machten diesen Abschnitt viele Jahrhunderte lang zu einer gefährlichen und sehr gefürchteten Schiffspassage auf dem Donaulauf. Das Eiserne Tor hat viele abgeschreckt. Schon der römische General Gaius Scribonius Curio äußerte im Jahr 74 vor Christus seine Abneigung, die finsteren Wälder jenseits der Donau zu betreten.

In früheren Zeiten endete die ganzjährige Schiffbarkeit häufig abrupt. Bei Niedrigwasser unterband ein quer durch den Fluss verlaufendes Felsriff jegliche Durchfahrt für jede Art Boot

Am Eisernen Tor

oder Schiff. Erste Sprengungen im Jahr 1834 schufen eine Fahrmöglichkeit für flache Barken. Erst zwischen 1891 und 1896 wurde auf serbischer Seite ein zweieinhalb Kilometer langer, 80 Meter breiter und 3 Meter tiefer Umgehungskanal in den Felsen gesprengt. Während des Ersten Weltkrieges legten deutsche Truppen neben dem Kanal Gleise und ließen die Schiffe flussaufwärts von Lokomotiven im Schlepptau gegen die starke Strömung ziehen.

Enge von Kazan

In der gesamten Engtalstrecke bildet die Flussmitte die serbisch-rumänische Staatsgrenze. Nach Tekija (Текија) auf der serbischen und Orşova auf der rumänischen Seite beginnt das eigentliche Eiserne Tor. Ein kurzes Stück Stausee weitet sich bis Tekija. Schwierig ist es, einen Fotostop für die berauschende Landschaft zu finden.

Ein Abstecher gleich beim Eingang in das Eiserne Tor führt steil bergauf ins Hinterland. Man kann die Abzweigung sehr leicht übersehen. Von ihr hat man stellenweise einen phantastischen Blick auf den Donausee und den Eingang des

Die Untere Signalstation auf der rumänischen Seite

Eisernen Tores. Im Wald oben bei **Miroč** (Мироч) liegt das **Ausgrabungsareal Gerulatis**, einer der unzähligen Fundorte römischer Herkunft. Man kann ihn nur zu Fuß erreichen. Für die fünf bis sechs Kilometer sollte man gute zwei Stunden einplanen. In dieser fast menschenleeren Region gibt es viele Wanderwege und Hütten.

Die Straße durchs Eiserne Tor ist teilweise als Hochstraße gebaut. Sie führt über den **Đerdappass** und weiter bis nach Tekija. Die Enge von Kazan, wie die Serben diesen Teilabschnitt nennen, ist wie mit dem Messer aus dem Fels geschnitten. Stellenweise liegen Felsbrocken auf der Straße. Vor allem nach Regen sollte man besonders auf den Steinschlag achten. Für die Schiffe gilt in diesem Abschnitt Einbahnstraßenverkehr; sie warten vor dem Tor den Gegenverkehr ab. Von der Autostraße führen mehrere Fußwege weg, die zu kleinen Kulturdenkmälern führen. Feste Schuhe sollte man dabei haben, die Natur ist sehr urwüchsig, es gibt auch viele Schlangen.

▸ Karte S. 256

Tabula Traiana

Eines der Schilder weist auf einen Pfad durch die Uferfelsen zur **Tabula Traiana**. Er endet jedoch im Gestrüpp und mit einer Schranke. Die Tabula Traiana ist ausschließlich vom Schiff aus zu sehen. Ausflüge dorthin werden von Donji Milanovac angeboten. Der Marmorblock ist 3,60 mal 1,75 Meter groß und wurde 103 nach Christus in den Felsen eingelassen. Von den einst sechs Zeilen der Inschrift sind noch vier erhalten: Sie verkünden, dass Kaiser Traian die Straße an der Donau vollendet hat. Zwei gemeißelte geflügelte Genien tragen folgende Inschrift:

Imp (erator) Caesar Divi Nervae F (ilius) Nerva Traianus Aug(ustus) Germ(anicus) Pontif(ex) Maximus Trib(unicia) Pot(estate) IIII Pater Patriae Co(n)S(ul) III Montibus Excisi(s) Anco(ni)bus Sublat(i)s Via(m) f(ecit).

Darüber befindet sich ein mit Rosetten in Kassetten geschmückter Dreiecksgiebel, über dem ein Adler seine Schwingen ausbreitet. Die Tafel wurde vor dem Kraftwerksbau und dem Aufstauen der Donau 40 Meter höher gelegt.

Die Traianstafel

Ausgrabungstätte Karataš

In **Tekija** weitet sich die Donau wieder. Hier gibt es ein Motel und einen großen Campingplatz. Die Fahrt durch das eigentliche Eiserne Tor endet am **Donaudamm**, dem Großkraftwerk Đerdap I., wo man der massiven Nutzung der Donau zur Energiegewinnung gewahr wird. Der Damm entstand in serbisch-rumänischer Gemeinschaftsproduktion. Dennoch sind malerische Abschnitte geblieben, deren Landschaft Fjorde zieren.

Hinter dem Kraftwerk Đerdap I. liegt die römische Ausgrabungstätte Karataš (Караташ). Die Stätte wird von der Kultureinrichtung ›Diana‹ betreut. Diese Einrichtung, eine Initiative des Belgrader Nationalmuseums, bemüht sich um den gesamten Denkmalschutz im Land. Man findet das Gelände der alten Römersiedlung zwischen einer Kunststoffabrik und der Ortschaft **Novi Sip** (Нови Сип). Manche Schafherde verweilt an den Ruinen. Die Reste der Festung und Nekropole aus dem 1. Jahrhundert nach Christus sind zu sehen. Sehr gut sind noch die Tore, Türme und Umfassungsmauern erhalten. Man fand hier sogar Bronzestatuetten, die heute in Belgrad verwahrt werden.

Ganz in der Nähe stieß man auch auf eine zweite Tabula Traiana, die sich heute im Verwaltungsgebäude des Kraftwerks befindet. Karataš und die gegenüberliegende **Siedlung Sip** liegen praktisch am Ende des Donaudurchbruchs zwischen Karpaten und Balkan. Die Berge entfernen sich hier vom Wasser.

In Sip (Сип) ist ein Flüchtlingslager an der Donau zu sehen. 300 Serben aus Bosnien und Kroatien haben in kleinen Häuschen ein neues Zuhause gefunden. Sie kommen aus einer der serbischen Enklaven in Kroatien, Knin, das von

Die Ausgrabungsstätte Karataš

den Kroaten zunächst aufgegeben und dann zurückerobert wurde. Tuđman hisste dort persönlich 1995 die kroatische Flagge.

Traiansbrücke

Auf dem oberen Abschnitt des Engpasses von Đerdap an der Donau verlief eine römische Straße. Zum größten Teil war sie in die Bergwand gehauen und stellenweise, wo die Breite von sieben römischen Fuß nicht erreicht werden konnte, durch Holzgalerien erweitert. Der Bau begann um das Jahr 30 nach Christus und war 70 Jahre später abgeschlossen. Die Straße endete bei dem heutigen Ort **Kostol** (Костол), wo der kaiserliche Baumeister Apollodor aus Damaskus im Jahre 103 nach Christus eine Brücke von über 1000 Metern Länge auf 20 Pfeilern über die Donau errichtete.

Beim Dorf Kostol, drei Kilometer flussabwärts von Kladovo, stehen am Ufer Reste eines Uferpfeilers dieser von Apollodor erbauten Traiansbrücke. Die 20 Pfeiler hatten eine Stützenweite von 38

Metern. Die Straße besaß große strategische Bedeutung: Sie ermöglichte den Römern das Vordringen nach Dakien und trug zur Sicherheit der Nordgrenze des Imperiums bei. Geschützt wurde sie durch zwei Befestigungsanlagen, die bereits zur Zeit Hadrians zerstört wurden.

Von den Bauetappen und Umbauten zeugen vier Steintafeln: die des Tiberius 34 nach Christus, Claudius 43 nach Christus, Domitian 83 nach Christus und die Tabula Traiana 100 nach Christus.

Kladovo

Die Stadt Kladovo (Кладово, türkisch Fetislam), zehn Kilometer vom Eisernen Tor entfernt, ist schon von weitem an ihren Kraftwerken und Industrieanlagen entlang der Donau zu erkennen. Das wirtschaftliche Zentrum an der serbischen Donau ist aufgrund der Industrie stark zersiedelt.

Die Ortschaft entwickelte sich vermutlich aus der römischen Siedlung, die unter Traian hier am Donaukanal aus der Zeit der römischen Feldzüge gegen Dakien entstand. Erstmals wurde sie 378 von den Goten und 443 von den Hunnen zerstört. Der Wiederaufbau des Kaisers Justinian wurde das Opfer der Awaren im Jahr 596.

Das Denkmal für Vuk Karadžić am Donauufer

Karte S. 256

Direkt am Wasser steht dasunübersehbare Hochhaus des Hotels ›Đerdap‹, davor eine Büste des großen serbischen Gelehrten Vuk Karadžić, wie so oft mit einem aufgeschlagenen Buch. Er scheint ein wenig ins Abseits gerückt und mitgenommen.

Um die **serbisch-orthodoxe Kirche** ist das Krankenhaus entstanden. In der kleinen **Fußgängerzone** reiht sich ein Café ans andere. Kladovo hat in jüngster Zeit ein **archäologisches Museum** bekommen, in dem Fundstücke aus Karataš, Vrbica, aber auch Kopien, zum Beispiel von Lepenski Vir, gehütet werden. Eine Dokumentation zeigt die Hebung der Traianstafel (Трајанова Табула). Besucher werden freundlich und stolz zu den Objekten begleitet.

Festung Fetislam

Am Rande der Stadt, an der Straße nach Tekija, liegt die Festung Fetislam (tvrđava Fetislam, ›Der Sieg des Islam‹). Auf römischen Grundmauern war im 11. Jahrhundert eine Festung entstanden. Der Ungar Sigismund nannte sie Neustadt. Sie hatte immerhin eine Fläche von fünf Hektar. Die Osmanen übernahmen sie von den Ungarn und benannten sie in Fetislam um. Sie diente Süleyman dem Prächtigen, dem herausragenden osmanischen Sultan, zum Angriff auf Turnu Severin auf der gegenüberliegenden Donauseite. Dazu baute er sie nach neuestem Stand um und renovierte sie.

Inschrift am Tor der Festung

Die Festung besteht aus zwei deutlich voneinander getrennten Anlagen, der kleinen und der großen Burg. Im älteren Teil, der kleinen Burg, einer rechteckigen Anlage aus Naturstein mit runden Ecktürmen, wurden Reste der Traiansfestung entdeckt. Auf sie hatte Justinian den Wiederaufbau gesetzt. Der Komplex ist polygonal von starken Schutzmauern, Schießscharten, Türmen und drei Toren umgeben. Davor liegt ein breiter Wall. Zwei der Tore tragen türkische Inschriften in arabischer Schrift. Die Türken hatten sich bis zu Atatürks Reformen der arabischen Schriftzeichen bedient. Im Jahr 1868 wurde die Festung den Serben übergeben.

Durch eines der Tore mit Inschrift gelangt man heute ins Areal. Die riesige freie Fläche wird von Fischern für ihre Netze genutzt. Außerdem steht ein kleines Restaurant dort, das derzeit renoviert wird. Ein weiteres Tor führt in den viel kleineren Palastbereich, der leider fast zerfallen ist. Von hier hat man einen schönen Blick auf Kladovo mit der orthodoxen Kirche und ihren zwei Türmen.

Kladovo

Vorwahl: 019.

Touristeninformation Kladovo, ul. 22. Septembra 18/II, Tel. 81690.

Turistička organizacija, Đunavska 16 A, Tel./Fax 801690, turizam@kladovonet.com, www.kladovo-turizam.org.yu.

Hotel Đerdap (★★★), ul. Dunavska, Tel. 810-10, Fax -90; www.djerdap-turist.co.rs; DZ 30 Euro. Direkt an der Donau. Es werden Schiffahrten auf der Donau angeboten.

Archäologisches Museum; tägl. 9–17 Uhr.

Brza Palanka

Entlang der Donauschleife liegt die Ortschaft **Mala Vrbica** (Мала Врбица), in der viele Rumänen serbischer Staatsangehörigkeit, sogenannte Vlachen, leben. Ländliche Idylle macht Kraftwerk und Industrieanhäufung von Kladovo vergessen: Wohin das Auge blickt, sind Mais- und Sonnenblumenfelder. Außerdem wird der Weinbau sehr gepflegt. Die Schleife endet hinter **Vajuga** (Вајуга), wo ein Burgrest steht. Bis Brza Palanka sind entlang der Donau viele Badeplätze angelegt.

Brza Palanka (Брза Паланка) liegt auf halbem Weg zwischen Negotin und Kladovo wunderbar oberhalb der Donau. Zur Zeit der Römer hieß die Siedlung Egeta. Kaiser Tiberius (14–37 nach Christus) baute in seinen letzten Regierungsjahren an der ersten Engstrecke des Eisenern Tores eine Straße, die durch das Tal des Flusses Porečka reka und über das Miroćgebirge führte und schließlich bei Egeta wieder an die Donau stieß. Es ist genau die heutige

Das Kraftwerk Đerdap II.

Strecke von Donji Milanovac über Miroč nach Brza Palanka.

Bis zum 5. Jahrhundert bestand die Stadt. Im Jahr 1962 entdeckte man Reste eines Tempels des Jupiter Dolichenus, einer semitischen Baalgottheit. Er hatte seine Ursprünge im heutigen Syrien. Seine Verbreitung erfolgte über Soldaten, deren Schutzpatron er war. Gefunden hat man unter anderem Skulpturen, die nach Belgrad gebracht wurden. Zum Städtchen gehört ein Stück Donauufer, an dem viele Strände, Wochenendhäuschen und ein Campingplatz liegen.

Bis zur Mündung des Timok windet sich die Donau noch durch Serbien. Auf dem Weg nach Prahovo (Прахово), wo das Kraftwerk Đerdap II. angelegt ist, passiert man noch einige archäolgoische Fundorte: kurz hinter Milanovac am Donauufer **Festungsreste**, außerdem bei **Kusjak** (Кусјак), in unmittelbarer Nähe des Kraftwerks.

Hinter **Radujevac** (Радујевац), der letzten Ortschaft am Fluss, verlässt die Donau Serbien.

▲ Karte S. 256

Die Šumadija

Dieses waldreiche Gebiet schließt sich im Süden Belgrads an. Seine größte Stadt ist **Kragujevac**. Das Waldland, wie die Šumadija (Шумадија) übersetzt heißt, ist nicht nur das am dichtesten besiedelte Gebiet Serbiens, sondern besitzt auch viele **Klöster**. Unter diesen ragen künstlerisch besonders diejenigen von **Kalenić** und **Ljubostinja** heraus. Begrenzt wird diese sanfte, fruchtbare Hügellandschaft von der Donau im Norden, der Großen Morava im Osten, der Zapadna Morava im Süden und der Kolubara im Westen. Inmitten großer landwirtschaftlich genutzter Hügel liegen weit verteilt die Sehenswürdigkeiten. Man muss sich die Wege immer wieder über viele kleine Straßen suchen.

Kragujevac

Kragujevac (Крагујевац) ist mit 180 000 Einwohnern das wirtschaftliche, politische und kulturelle Zentrum der Šumadija und Pomoravlje und die größte Stadt im Hügelland. Nach den Befreiungskriegen war sie von 1818 bis 1841 kurzfristig die Hauptstadt des Für-

Das Werk ›Crvena Zastava‹

Die Šumadija (Шумадија)

stentums Serbien. Im 20. Jahrhundert entwickelte sie sich zur Waffenschmiede der Nation, womit der Name der Fabrik ›Crvena Zastava‹ verbunden ist.

Die Geschichte der Stadt ist nicht sehr alt; gegründet im 15. Jahrhundert, nannten sie die Türken Kragujevdža (Sperberfänger). Der heutige Name stammt vom Wort kraguji, Gänsegeier, der einst in den umliegenden Wäldern zu Hause war. Der Aufschwung der Stadt erfolgte zur Zeit des serbischen Fürstentums unter den Obrenović.

Sie war schon damals ein wichtiges kulturelles und wirtschaftliches Zentrum geworden, in dem Verwaltungsgebäude und Lehreinrichtungen entstanden: das erste Gymnasium Serbiens (1833), das Theater, die Druckerei und die Bibliothek. Heute ist Kragujevac, die Partnerstadt von Ingolstadt, bedeutende Universitätsstadt. Außerdem ist hier Kulturverein ›Abrašević‹ mit immerhin 600 Mitgliedern zu Hause. Der Verein arrangiert Ausstellungen und stellt Künstler vor.

Während des Zweiten Weltkriegs litt ganz besonders Kragujevac unter der deutschen Besetzung: 1941 kam es zu Massenerschießungen, die in die tausende gingen. Grund war der Befehl des Oberkommandos der Wehrmacht, für jeden von einem Partisanen getöteten Besatzungssoldaten 50 bis 100 Zivilpersonen des betreffenden Gebietes hinzurichten, woraufhin es in Kragujevac in einem Monat zur Massenexekution von mehreren tausend Männern im Alter von 16 bis 60 Jahren gekommen ist. An der Stelle des Richtplatzes wurde die **Gedenkstätte Kragujevazer Oktober**

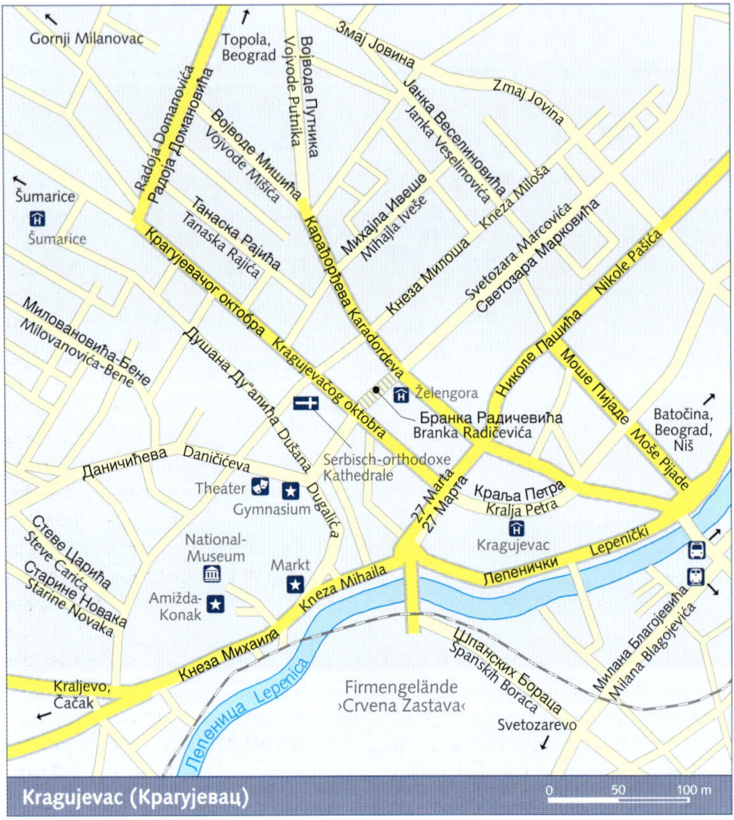

Kragujevac (Крагујевац)

(Memoralnij Park Kragujevački Oktobar, Меморалњи парк Крагујеваћки Октаобар) im Šumaricepark (Шумарице Парк) eingerichtet. Auf dem Areal befinden sich 30 authentische Gräber, Denkmäler und ein roter Backsteinbau, das Museum des 21. Oktober 1941. Das Ehrenmal für die Opfer des 21. Oktober 1941 schuf Milenko Živković. Der Park ist riesig, viele Denkmäler in Erinnerung an das Grauen wurden am Weg aufgebaut. Die serbische Schriftstellerin Desanka Maksimović (1898-1993) hat mit ihrem Gedicht ›Blutiges Märchen‹ (Krvava Bajka) diesen Grausamkeiten ein unvergessliches Denkmal gesetzt. Von dieser Vergangenheit geprägt, hat sich die Stadt Kragujevac besonders für den Frieden und die Zusammenarbeit in der Welt eingesetzt. Für dieses Engagement erhielt die Stadt im Jahr 1986 von der UNO eine Auszeichnung und 1988 die Friedensmedaille von Verdun.

Stadtrundgang

Nicht weit vom Zentrum führt eine Brükke über den Fluss Lepenica (Лепеница), in die vier wichtige Daten eingraviert sind: 1804, 1853, 1918, 1944. Dahinter steht das Denkmal eines Arbeiters mit Käppi und der Inschrift ›Samouprava‹ (Selbstverwaltung, Autonomie). Dies und die Daten sind ein Sinnbild des Befreiungskampfes, der so oft in Serbien stattgefunden hat.

Hinter dem Denkmal liegt der Eingang zur Firma ›Crvena Zastava‹ (Rote Fahne), einst Stolz der Nation und heute zu 67 Prozent im Besitz von Fiat. Die Rüstungs- und Automobilfabrik wurde im Jahr 1999 durch NATO-Bomben zerstört. Lange war nur ein Teil der ehemaligen Anlagen in Betrieb. Fiat hat sich jedoch zu großen Modernisierungsmaßnahmen verpflichtet.

In der Fußgängerzone blieb das historistische **Regierungsgebäude** mit dem Denkmal des Vojvoden Radomir Putnik (1847–1917) erhalten. Die Fußgängerzone reicht weiter in die ul. Branka Radičevića (ул. Бранка Радичевића), in der viele Restaurants und Cafés angesiedelt sind.

An Gebäuden der Obrenovićzeit gibt es noch die **Dreitaltigkeitskirche**, eine Stiftung des Miloš von 1818, ein großer Kuppelbau mit Ikonostase und liturgischen Gegenständen, und die Konaks der Obrenović: Fürst Miloš bewohnte den **Amižda-Konak** von 1818, der heute ein Museum beherbergt und zum Komplex des Nationalmuseums gehört.

In einer Grünanlage zwischen Markt und Gymnasium stehen mehrere Gebäude des **Nationalmuseums**: ein Konak, ein Bau der sozialistischen Ära dahinter und ein Gebäude des 19. Jahrhunderts. Teilbereiche des Museums werden derzeit restauriert.

Vor dem ehemaligen **Gymnasium**, in dem auch Massenerschießungen durch die Deutschen im Zweiten Weltkrieg stattfanden, darf das Denkmal des Gelehrten Vuk Karadžič nicht fehlen. Gleich daneben steht das **Theater**, eines der ersten Serbiens, mit dem Denkmal von Joakim Vujić (1772–1847). Der Schriftsteller und Übersetzer wird dank seiner großen Leistungen für die serbische Sprache als Vater des serbischen Theaters betrachtet. Nicht weit von hier befindet sich der **Markt**, auf dem sich das Warenangebot in den letzten Jahren stark verbessert hat.

In der Stadt nahm auch die Arbeiterbewegung ihren Ausgang. Bereits im 19. Jahrhundert entstand nordwestlich des Zentrums die **Arbeitersiedlung Sokolana** (Соколана). Die Siedlung besteht aus vielen kleinen Parzellen, die je einer Familie zugeordnet waren. Einige der Häuser sind etwas renovierungsbedürftig. Als Ganzes betrachtet markiert die Arbeitersiedlung aber den Beginn des sozialen Wohnungsbaus in Serbien. Einem Wortführer der Arbeiterbewegung, Svetozar Marković, ist ein **Museum** gewidmet. Heute sind hier eher Nationalisten vertreten: Der Präsidentenkandidat von 2004, Tomislav Nikolić, wurde in Kragujevac geboren.

Im **Ethnopark** kann man typische Häuser der Šumadija sehen. Außerdem hat man einen römischen Sarkophag aufgestellt, der in der Umgebung gefunden wurde.

Das Gymnasium in Kragujevac

Das Unternehmen ›Rote Fahne‹

Die Fabrik ›Crvena Zastava‹ (Црвена Застава), wichtigster Arbeitgeber von Kragujevac, war eine der ältesten Industrieanlagen des Balkans. Das Unternehmen wurde im Jahr 1851 gegründet, als die serbischen Fürsten hier Büchsenmacher ansiedelten. Bald schon begann man mit dem Bau von Kanonen und expandierte Anfang des 20. Jahrhunderts zu einem führenden Werkzeugmaschinenbetrieb.

Unter Tito begann die große Zeit des Werks, das im Laufe seiner Geschichte bis zu 12 000 Mitarbeiter beschäftigt hat. In beiden Weltkriegen wurde es zerstört und wiederaufgebaut. Nach dem Zweiten Weltkrieg wurde die Waffenproduktion wieder aufgenommen. Wegen des Zerwürfnisses zwischen Tito und Stalin musste das Werk einen Rückschlag einstecken, da der Ostblock als Handelspartner wegfiel.

Mit der Erfolgsgeschichte des Konzerns war die Produktion von Automobilen verbunden. Seit 1953 wurden ausländische Typen in Lizenz hergestellt und montiert: zunächst der amerikanische ›Willy's Jeep‹, später der ›Fiat‹-Kleinwagen. 53 000 Arbeiter waren in 280 Produktionsstätten beschäftigt. Im Jahr 1980 wurde die Produktion der Eigenmarke ›Jugo‹ aufgenommen. Der Untergang des Unternehmens begann mit dem Zerfall Jugoslawien.

Die Regierung Milošević zerlegte den Industriekoloss in Einzelteile und begann mit der Privatisierung. Die Produktpalette der Autos war mit den Modellen ›Korall‹ und ›Florida‹ modernisiert worden. Der vielversprechende Start des Modells ›Florida‹, auch ›Yugo-Florida‹ genannt und heute bekannt als ›Zastava Florida In‹, erfuhr durch die Kriege, die Exportsanktionen und die Zerstörung der Produktionsanlagen durch die NATO einen großen Rückschlag. Mit seiner guten technischen Ausstattung, einem modernen Design und einem guten Preis hätte das Fahrzeug westlichen Modellen durchaus Konkurrenz machen können. Heute bedient die Produktion den einheimischen Markt, die Balkanländer und Ägypten. Ein Teil der Modelle fährt mit Peugeotmotoren. Außerdem wird der dem ›Fiat 128‹ ähnliche ›Z101‹ gebaut. Am 29. September 2008 haben Fiat und Zastava einen Vertrag unterzeichnet, der dem italienischen Automobilhersteller 67 Prozent der Anteile von Zastava Automobili sichert. Der Automobilhersteller heißt seitdem ›Fiat Automobili Srbija‹.

Ein weiterer Zweig des Riesenunternehmens ist die ›Zastava‹-Waffenfabrik, die in staatlicher Hand bleiben soll. Sie firmiert unter dem Namen ›Zavodi Crvena Zastava‹ (ZCZ). Von ehemals 9000 Angestellten gibt es derzeit noch 3400. Das Artillerieprogramm wurde 1999 eingestellt. Man setzte verstärkt auf den zivilen Bereich, mit Jagdwaffen und Pistolen, von denen 70 Prozent in die USA exportiert werden. Die jüngste Entwicklung ist das Sturmgewehr ›M-21‹ auf der Basis der ›Kalaschnikov‹.

Als Filetstück von Zastava gilt die Werkzeugfabrik ›Aliti‹, die seit zehn Jahren schwarze Zahlen schreibt. 355 Mitarbeiter sind hier beschäftigt. Man ist spezialisiert auf präzise Preß- und Stanzwerkzeuge sowie Räumungswerkzeuge. Obwohl die weitere Zukunft des Unternehmens ungewiß ist, sehen viele Mitarbeiter die Zerstörung auch als Chance für eine Erneuerung. Das älteste Fabrikgebäude, die alte Gießerei ›Stara Livnica‹ (Стара Ливница) von 1882, steht unter Denkmalschutz. Hier soll das Museum ›Stara Livnica Zastava Namenski Proizvodi‹ (Alte Gießerei ›Zastava-Produktion‹) eingerichtet werden.

Kragujevac

Vorwahl: 034.
Website: www.kragujevac.co.rs (serb.).
Gradska turistička Organizacija (GTO), ul. Kralja Aleksandra 1 br. 98, Tel. 33 48 83.
Turističko informativini centar (TIC), ul. Dr. Zorana Đinđića, Tel./Fax 33 53 02, www.gtokg.org.rs (serb.); Mo–Fr 8–20, Sa 9–15 Uhr.

Wer mit dem Auto anreist, sollte auf die Parkgebühren achten. Die Parktickets sind am Kiosk zu erhalten, die entsprechende Zeit muss abgerubbelt und der Schein hinter die Windschutzscheibe gelegt werden. Die Gebühr kann auch über das Mobiltelefon bezahlt werden.

In Kragujevac gibt es ein dichtes innerstädtisches Bussystem. Außerdem gibt es regelmäßige Busverbindungen nach Belgrad und in alle Städte des Umlandes.

Hotel Zelengora (★★★), ul. Branka Radičevića 22, 34000 Kragujevac, Tel. 336-254, -185, www.utpkragujevacad.co.yu, www.sumaricedoo.com. In der Fußgängerzone, renoviert, gemütlich, sauber.
Hotel Royal, ul. Gružanska 17, Tel. 30 04 10, www.royal-kragujevac.com. Kleines Privathotel.
Kragujevac, ul. Kralja Petra 21, Tel. 33 58 11, Fax 331944. Das Hochhaus ist nicht zu verfehlen.
Šumarice, Desankin venac, Tel. 33 61 80, Fax 33 38 07, www.utpkragujevacad.co.yu, www.sumaricedoo.com. Hotelanlage, bestehend aus mehreren Holzhäusern, im Gedenkpark Šumarice, sehr ruhig gelegen. Großer Parkplatz.
Studentski Centar, ul. Radoja Domanovića 1, Tel. 33 60 65, sc6@kg.sbb.co.yu, www.studentskicentar-kg.rs. Preiswerte Übernachtungen für Studenten.

Restaurant Pevac, Braće Ribnikar br. 5, Tel. 37 03 13. Etwas abseits vom Zentrum gelegen, mit großem Garten.
Lovac, ul. Svetozara Markovića br. 17, Tel. 33 65 01.
Tamba Lamba, ul. Gružanska 39, Tel. 31 04 50. Gemütliches kleines Fischrestaurant in Richtung der Arbeitersiedlung.
Restaurant Lađa Francuska, ul. Vojvode Mišića br. 1, Tel. 33 44 14. Kleines uriges Gasthaus in traditionellem Häuschen.
Café und Restaurant Balkan, ul. Kralja Aleksandra I. br. 94, Tel. 33 43 04. Restaurant in historistischem Ambiente.
Caffe Club Academia, ul. Branka Radičevića 10, Tel. 40 20 43.

Nationalmuseum, ethnologische Ausstellung in der Kyća des ›Presbyter Miloje Barjaktarović, ul. Svetozara Markovića 21; Di–Fr 10–17, Sa 10–14 Uhr. Gezeigt werden Exponate des städtischen Lebens aus der Zeit der Befreiungskämpfe.
Gedenkstätte Kragujevazer Oktober (Спомен Парка Крагујевачки Октобар), Park Šumarice.
Gedenkstätten-Museum 21. Oktober; Di–Sa 9–18 Uhr.

Das Umland von Kragujevac

Einige Klöster befinden sich in unmittelbarer Nähe der Stadt. In **Drača** (Драча) blieb eine der wenigen **Holzkirchen** des Landes von 1827 erhalten.

Das **Nikolauskloster** von Drača geht auf das Ende des 14./Anfang des 15. Jahrhunderts zurück. Die heutige Kirche wurde im Jahr 1734 erbaut. Im Kloster werden zahlreiche Ikonen des 19. Jahrhunderts aufbewahrt. Lange war dieses Kloster ein geistiges und religiöses Zentrum der Region.

Kloster Divostin (Дивостин, ›Traum der Jungfrau‹) entstand unweit einer sehr verehrten Quelle. Es geht auf die Zeit des Despoten Stefan Lazarević zurück und wurde mehrfach durch die Türken zerstört.

Zehn Kilometer östlich der Stadt steht **Kloster Grnčarica** (Грнчарица). Die gelb getünchte Kirche hat ihre Ursprünge im 13. Jahrhundert, wurde vielfach zerstört, erneuert und ausgebaut. Der heutige Bau geht auf das Jahr 1869 zurück.

Im Hof der **Dorfkirche von Lužnice** (Лужница) sind noch Tische für die Totenmesse erhalten – eine Seltenheit.

Südlich von Kragujevac, im Dorf **Donja Sabanta** (Доња Сабанта), lebte der Dichter und Maler Đura Jakšić. Seine Büste im Wald auf der Anhöhe namens Lipar erinnert an sein Gedicht ›Auf dem Lipar‹.

Ein Ausflug in die vulkanische Region von **Borač** (Борач), 28 Kilometer westlich von Kragujevac, lohnt sich. Sehenswert sind die **Höhle Sokolova** und der **Gružansko-See**. Das Dorf Borač ist eines der am schönsten erhalten gebliebenen Dörfer der Šumadija. Hier hat man Gelegenheit, einen authentischen Šumadija-Hof des 19. Jahrhunderts mit Molkerei, Wassermühle und Ziehbrunnen zu besichtigen. Außerhalb des Ortes liegen die **Ruinen der mittelalterlichen Stadt** aus der Zeit des Despoten Stefan Lazarevićs. Der Gouverneur Stefans, Radić Postupović, der es unter Georg Branković zum Čelnik brachte, nahm hier seinen Wohnsitz. Kostbares Relikt dieser Zeit ist die **Erzengel-Michaelkirche** von 1433 und ihren Wandmalereien von 1533. Während des Zeiten Weltkriegs war das Dorf Schauplatz von Kämpfen zwischen Deutschen und Partisanen. Das Dorf ist umgeben von vulkanischen Felsen wie dem **Borački krš** (507 Meter) und **Ješevac** (902 Meter).

Fährt man in Richtung Kraljevo, passiert man die Abzweige zu den Klöstern **Kamenac** (Каменац), erbaut zwischen 1416 und 1426, eine Stiftung des Despoten Stefan Lazarević mit einer Ikonostase aus dem 19. Jahrhundert, und **Zgodačića** (Згодачића).

Jagodina

Am Rande des Hügellandes, nicht weit vom Autoput, liegt Jagodina (Јагодина), das alte Svetozarevo, eine langgezogene lebendige Ortschaft. Ihr waldreiches Hinterland birgt das geradezu verwunschen gelegene **Kloster Jošanica** (Јошаница). Da es nicht zu den ganz berühmten Anlagen zählt, ist es nicht ganz leicht zu finden. Ein unbekannter Edelmann, vielleicht Fürst Lazar, soll die Kirche im 14. Jahrhundert gestiftet haben. Das Kirchlein ist dem Nikolaus geweiht und mit feinem Bildschmuck bestückt. Zum Kloster gehört ein kleines Ferienheim. Vielleicht trifft man den einen oder anderen Schüler, der begierig seine Englisch- oder Deutschkenntnisse anwenden will.

Südlich von Jagodina, ebenfalls nicht weit vom Autoput, liegt das Städtchen **Varvarin** (Варварин), das während des NATO-Krieges in den Blickpunkt der Öffentlichkeit geriet, als durch das

▲ Karte S. 277

Kloster Jošanica

NATO-Bombardement die Brücke über die Morava zerstört und bei der Bergung von Toten und Verletzten ein weiterer Angriff Opfer forderte.

Kloster Kalenić

Kloster Kalenić (Каленић) gilt als schönstes Bauwerk der Moravaschule. Auf dem Weg dorthin weisen Hinweisschilder auf weitere Klöster wie **Raletinac** (Ралетинац), **Sarinac** (Саринац) und (Денковац) hin. Auf dem Weg dorthin zeigt sich die Šumadija von ihrer malerischsten Seite: eine sanfte hügelige Landschaft, so gut wie keine Industrie, langgezogene Dörfer und Felder über Felder, dazwischen Obstplantagen mit Pflaumenbäumen. Man muss sich immer wieder neu orientieren, um die Richtung nicht zu verlieren.

Das Kloster liegt am Ende der Landstraße im Gebirgszug des Gledićke. Es wurde in den ersten Jahrzehnten des 15. Jahrhunderts von unbekannten Künstlern erbaut und ausgemalt und steht umgeben von einer Mauer inmitten eines üppigen Gartens mit Schafen, Apfelbäumen und Bienenstöcken.

Besichtigung des Klosters

Auf der Westseite befinden sich die Wohngebäude der Nonnen, das Kerzenhaus und ein polygonaler Glockenturm. Ein kleines Museum verwahrt Ikonen und Kirchengerät aus dem 18. und 19. Jahrhundert. Wer es besichtigen möchte, kann eine der vier Nonnen um die Öffnung bitten. Südlich der Kirche steht ein Brunnenhaus, das 1937 gespendet wurde.

Die Anlage ist eine Stiftung des Adelsherren Bogdan, der im Rang eines Oberkämmerers am Hofe des Despoten Stefan stand. Er ist im Narthex auf der Nordwand mit seiner Frau Milica und seinem Bruder Petar abgebildet. Der strengen Hierarchie gemäß steht er hinter dem Despoten, der als Vermittler zwischen dem Stifter und dem Kirchenpatron dargestellt wird.

Über dem Grundriss erhebt sich ein Dreikonchenbau aus Backstein, der an byzantinische Vorbilder erinnert.

Das Äußere beeindruckt durch seine schöne Steinverzierung, die in vielfältiger Weise angewendet wurde: die Apsiden wurden gebrochen, in ihnen sind Inschriften eingelassen. Fenster, Portale, Bögen und Rosetten zieren Steindekorationen. Die Fassaden wurden durch Wandpfeiler und kleine Säulen gegliedert, vertikal durch zwei profilierte Simse, zwischen denen zweiteilige Fenster eingelassen sind. Ziegel und Tonverzierung sind farbig unterstrichen. Die plastische Dekoration ist in Flachrelieftechnik ausgeführt, die an Holzplastik erinnert. Sie zeigt Flechtbänder, Rankenwerk von Lilien, Palmetten sowie Men-

Die ›Hochzeit zu Kanaa‹ im Kloster Kalenić

schen- und Tierfiguren. Die letzteren beschränken sich auf die Lünetten über den Fenstern. In der südlichen Lünette des Narthex sieht man die Muttergottes mit dem Christuskind zwischen zwei Seraphim; in den übrigen Lünetten Greife, Adler, Simson im Kampf mit dem Löwen, den Zentauren Chiron, einen Jäger, der mit einem Bären kämpft.

Das Innere ist mit guterhaltenen Malereien geschmückt, die eine sorgfältige Auswahl an Themen, Figuren und Szenen erkennen lassen. Sie sind auf die Proportionen des Baus abgestimmt. Die Figuren in den höheren Zonen sind größer als in den unteren. In der Zone der Heiligen sieht man vorwiegend Soldatenheilige – im Gegensatz zu früheren Kirchen, wo diese Flächen von Heiligen, Aposteln und Einsiedlern eingenommen werden. Die Soldatenheiligen stehen in ruhiger Haltung mit Panzer, Schwert, Bogen oder Lanzen an der Wand. In der Südkonche ist im zweiten Rang eine beeindruckende Darstellung der Hochzeit zu Kanaa zu sehen. Eine erlesene Gesellschaft von neun Personen nimmt daran teil. Man sitzt um den Tisch, auf dem die großen Gefäße aufgestellt sind. Links sieht man Maria und Christus, das Brautpaar mit Trauzeugen, einen älteren Mann und drei die Gäste bedienende Jünglinge. Während Maria mit Christus über den Wein spricht, vollzieht sich zwischen den Brautleuten, die ihre Köpfe zärtlich zueinander neigen, eine volkstümliche Hochzeitszeremonie: Der Bräutigam sticht seiner Braut mit einem Messer leicht in den Finger. Nach einem vorchristlichen altserbischen Brauch trinkt das Paar aus demselben Glas mit Wein vermischtes Blut. Auffällig sind die vornehme Kleidung und in stilistischer Hinsicht die elegante Linienführung. Im Narthex wurden die Kuppelmalereien zerstört. Auf der Westwand erkennt man die Anbetung der Könige und Josefs Traum.

▶ Karte S. 277

Kloster Ljubostinja

Die Fürstin Milica, Gemahlin des Fürsten Lazar, stiftete nach dem Tod ihres Mannes 1388/89 das Kloster Ljubostinja (Лубостиња) am linken Ufer der Ljubostinja, vier Kilometer von Trstenik (Трстеник) entfernt. Es erhielt seinen Namen vom Wort Ljubov (Liebe) und sollte an die erste Begegnung mit ihrem Manne an dieser Stelle erinnern. Der zweite Teil des Namens leitet sich vom Wort Stena (Felsen) ab. Nach dem Verlust ihres Mannes in der Schlacht auf dem Amselfeld widmete sich Milica sozialen Aufgaben. Ihre Taten lebten in den Volksliedern fort. Sie ließ die Gebeine Lazars nach Ravanica bringen, nahm bald darauf den Schleier und ging als Evgenija ins Kloster.

Die große Anlage ist ummauert, davor befindet sich ein weiter Parkplatz, der erkennen lässt, dass dieses Kloster viele Serben besuchen. Die Kirche ist von einem wunderbaren alten Baumbestand, vor allem Linden, umgeben.

Die Anlage gehört zeitlich und stilistisch zur Moravaschule. Der Dreikonchenbau mit großem Narthex ist an seinen Bogenfeldern und Fenstern, Rosetten und Portalen reich verziert. Die Fassaden mit eingelassenen Rosetten und Biforien sind durch Blendarkaden detailliert gegliedert. Ein umlaufendes Gesims unterteilt den Bau in zwei horizontale Zonen. Die Verwandtschaft mit Kalenić, Ravanica und Manasija ist auf den ersten Blick erkennbar. Der Baumeister war Rade Bezović, er hat sich mit einer Signatur verewigt.

Das Innere war ursprünglich bemalt. Die älteste Schicht entstand gleich nach Beendigung des Baus und wurde vom berühmten Maler Markarije aus Zrze übermalt. Die Söhne der Fürstin hatten den Meister im Jahr 1422 beauftragt. Von der ursprünglichen Ausstattung sind nur wenige Kompositionen und Einzelfiguren erhalten, unter anderem die Stifterbilder von Lazar, Milica, Despot Stefan und seinem Bruder Vuk und den beiden Söhnen an der Innenfassade. Das Portal zum Naos weist eine schöne Steinverzierung auf. Die Ikonostase ist jüngeren Datums. In der Kirche sind die Fürstin Milica und Fürst Stefan, der Sohn des Zaren Jovan Uglješa, bestattet. Auf dem Klosterareal stehen ein Brunnenhaus und Bienenstöcke.

Blick über die Hügel der Šumadija

Gornji Milanovac

Gornji Milanovac (Горњи Милановац) liegt eingebettet in die Ausläufer des Gebirges Rudnik und Vujan (855 Meter). Während der beiden Weltkriege wurde die Stadt so schwer zerstört, dass der Besucher hier schwerlich etwas entdecken wird. Die Stadt war unter dem Namen Despotovica nach einem genauen Bebauungsplan, der in Wien gefertigt wurde, angelegt. Auf Geheiß des Fürsten Miloš wurde es in Erinnerung an seinen Bruder Milan in Milanovac umbenannt, und um es vom gleichnamigen Ort an der Donau zu unterscheiden, in Gornji, Oberes Milanovac. In der Nähe sind noch Reste der mittelalterlichen **Festungen Rudnik und Ostrovica** und das **Kloster Vujan** zu finden.

Kloster Vraćevšnica

Kloster Vraćevšnica (Враћевшница), die Stiftung des Čelnik Radić Postupović, des höchsten Würdenträgers am Hofe von Georg Branković, liegt östlich von Gornji Milanovac. Angeblich wurde sie aus Dankbarkeit für das Überleben der Schlacht am Amselfeld gebaut. Deshalb ist sie auch einem Kriegerheiligen, dem heiligen Georg, geweiht. Aus den Quellen ist ein Bau aus dem Jahre 1431 bekannt, der mit Szenen aus dem Leben des Georg ausgestattet wurde. Durch die Eroberungkriege wurde es zerstört, der Wiederaufbau im Jahr 1579 durch den Metropoliten Dimidije aus Užice veranlasst. Verwahrlosungen machten die Erneuerung von 1737 nötig, während derer die alten Malereien durch neue überdeckt wurden. Heute wären dringend Restaurierungsarbeiten nötig, doch die Mittel fehlen.

Zwei Szenen konnten restauriert werden. Die Westwand im Naos zeigt den Tod Mariens, an die Decke wurde die Trinität gemalt, und im Narthex dürfen die Stifterbilder nicht fehlen. Auf der linken Seite sind Mönche dargestellt, die im Kloster aktiv waren. Noch mehrfach ging der Komplex in Flammen auf. Im 19. Jahrhundert entstand im Kloster unter der Führung der Familie Obrenović die Idee zum zweiten Aufstand gegen die Osmanen, weswegen es vom Fürsten Miloš begünstigt war und heute noch sehr verehrt wird. Miloš ließ die zerstörte Kirche 1860 zur Erinnerung an seine Mutter Višnja wieder aufbauen. Es wurde ihre Grabstätte. Man sieht ein einschiffiges Gotteshaus aus Naturstein mit Vorhalle und oktogonaler Kuppel. Wandmalereien und Ikonen schufen 1737 der Maler Andrej Andrejević und seine Mitarbeiter. Die Thronikone ist ein Geschenk des Fürsten Miloš. Besonders schön ist der Konak des Fürsten Miloš auf der Südseite, einer der bedeutenden Profanbauten Serbiens. Er wurde 1825 gebaut und 50 Jahre später renoviert. Durch eine Torkirche gelangt man in das von einer Mauer umgebene Frauenkloster. Es ist bis 19 Uhr geöffnet. In einem Ring sind die **Konake** angeordnet, alle mit einer reizvollen Holzveranda ausgestattet. Die Nonnen sind dem Bischof in Kraljevo unterstellt. Den Gottesdienst hält wie in jedem orthodoxen Frauenkloster ein Priester aus dem Ort. Die Nonnen zeigen stolz das **kleine Museum** mit einer Ausstellung über Miloš Obrenović.

▶ Karte S. 277

Klöster im Rudnikgebirge

Im Dreieck von Aranđelovac, Kragujevac und Gornji Milanovac rund um den Gebirgsstock des Rudnik liegen mehrere, zwar nicht so bedeutende, doch durchaus sehenswerte Kirchen und Klöster. Die Vielzahl an kleinen, abseits gelegenen sakralen Zentren macht deutlich, wie sich Serbien sein geistiges Kulturgut während der 500jährigen osmanischen Besetzung bewahren konnte.

Bei **Stragari** (Страгари) stehen drei Klöster. Das **Maria-Verkündigungskloster** (Blagoveštenje Rudničko/Благовештење Рушничко) wird gerne ins 14. Jahrhundert datiert. Man weiß so gut wie nichts über seine Ursprünge. Im 17. Jahrhundert entstand die das Bauwerk überragende Vorhalle mit Glockenturm und wurde ausgemalt.

Das **Kloster Voljavča** (Вољавча) besitzt eine Erzengel-Michael-Kirche aus dem 15. Jahrhundert. Ihr Stifter soll der Feudalherr Mihailo Končinović gewesen sein. Im 18. Jahrhundert wurde sie renoviert. Im Konak des Klosters etablierte sich 1805 der erste Senat Serbiens unter der Leitung von Karađorđe und des Erzpriesters Mateja Nenadović.

Das dritte ist **Kloster Petkovica** (Петковица) aus dem 13. Jahrhundert, das 200 Jahre später verändert wurde. In der Nähe liegt das Dorf **Šatornja** (Шаторња) und nicht weit davon das **Kloster Nikolje** (Никоље) eine Stiftung des Nikola Dorječnović. Unter den Wandmalereien von 1850 ist eine ältere Schicht erkennbar.

Südlich von Voljavča liegt die Ortschaft **Ramaća** (Рамаћа) in dem sich eine alte **Nikolauskirche** befindet. Sie ist mit Darstellungen aus dem Leben des beliebten Heiligen ausgemalt, die auf das Ende des 14. Jahrhunderts zurückgehen. Neben den kulturellen Sehenswürdigkeiten, hält der Gebirgsstock des Rudnik für Naturliebhaber eine reiche Pflanzen- und Vogelwelt bereit.

Topola Oplenac und Orašac

Das Dreieck Topola–Oplenac–Orašac ist die Wiege des modernen Serbien. Die erste Rebellion gegen das Osmanische Reich hat hier ihre Wurzeln. Viele Denkmäler in diesem Dreieck erinnern deshalb an die Familie Karađorđe und den Befreiungskampf der Serben. Der Aufstand gegen die Türken wurde in Orašac beschlossen, Karađorđe im Januar 1804 zum Anführer (vožd) gewählt und der Aufstand durchgeführt. Ein **Museum** ist diesem Aufstand gewidmet. Im Park dahinter liegt eine Gedenkstätte für alle Opfer des Aufstandes. Die Erinnerungsstätten lassen sich gar nicht verfehlen, weil übertrieben große Schilder den Eindruck erwecken, als wären hier die größten Kunstwerke Serbiens zu sehen.

In **Topola Oplenac** (Топола Опленац) steht das fünfkuppelige Mausoleum der Familie Karađorđe idyllisch im Wald. Auf Initiative von Petar I. Karađorđe erbaut, wurde es zu seiner Grabstätte. Prächtige Mosaiken kopieren die mittelalterlichen Fresken von mehr als 70 Klöstern. Von Belgrad aus werden Ausflüge zu den Karađorđe-Gedenkstätten angeboten.

Die Gegend ist berühmt für den **Weinanbau**. Hier erstrecken sich die Weingebiete von Oplenac, Venčac und Kosmaj. Schon seit dem Mittelalter war der Weinbau hier bekannt. Bedeutend für die Entwicklung des Weinbaus war jedoch die königliche Gründung der Venačka-Weinbaugenossenschaft und Weinkeller von König Petar I. Dabei wurden die Weinberge der Umgebung zusammengefasst. Man begann unter französischer Anleitung mit der Produktion von Wein, Weinbrand und sogar Sekt.

Die Region wurde die Heimat eines Weißweines mit dem Namen ›Triumf‹. Ein Wein, der nach dem Rezept eines deutschen Weinbauern exklusiv für Aleksandar Karađorđe hergestellt wurde. Diese Tradition wird heute vom

Im Karađorđe-Mausoleum von Oplenac

Weinkeller Aleksandrović wiederbelebt und fortgesetzt. Der ›Triumf‹ ist eine Mischung aus den Rebsorten Sauvignon Blanc, Chardonnay und Riesling. Er gilt als einer der besten Weißweine Serbiens und wird im Handel als auch in den Restaurants zu westeuropäischen Preisen gehandelt. Das Etikett trägt den Namen ›Triumf‹ und die Aufschrift ›Aleksandrović‹. Im Dorf **Vinča** bei Topola kann der Keller Aleksandrović besucht werden.

Im Dorf **Gornja Trešnjevica** (Горња Трешњевица) ist man stolz auf den Besitz der schönen Ikonostase des bedeutenden Vertreters des Klassizismus, Dimitrije Avramović (1815–1855).

In **Ovsište** (Овсиште) wurde der Satiriker Radoje Domanović (1873–1908) geboren. In **Partizani** (Партизани), dem alten Darosava, steht eine der seltenen serbischen Holzkirchen von 1833 mit einer Ikonostase.

Topola Oplenac und Orašac

Vorwahl: 034.

Hotel Zlatni Kotlić, Orašački Put, Orašac, Tel. 72 31 75, www.zlatnikotlic.com (serb.); DZ 3000 Dinar. Das Hotel eignet sich als gute Station für Fahrten in die Šumadija.

Restaurants Vožd, Bul. Vožda Karđorđeva 90, Topola, Tel. 034/81 13 65. Restaurant im traditionellen Stil.

Restaurant Staro Vino, Topola, Božurnja, Tel. 81 23 93.

Weinkeller Aleksandrović, Dorf Vinča, Tel. 82 61 38.

Weinkeller Domain Oplenac, Bul. Kralja Aleksandra 57, Topola, Tel. 034/81 38 82.

Weinkeller Tri Hrasta, Dorf Dubona, Mladenovac, Tel. 011/8204060.

Orašac: Museum des Serbenaufstands; Di–Fr 9–17 Uhr.

Aranđelovac

Vom Glanz des einst berühmten Badeortes Aranđelovac (Аранђеловац) ist im Augenblick noch nicht viel zu spüren, obgleich er herrlich am Fuß des bewaldeten Bukuljagebirges in der mittleren Šumadija gelegen ist. Das Städtchen ist jung. An unbesiedelter Stelle entstand unter den Habsburgern in der ersten Hälfte des 18. Jahrhunderts eine sogenannte Schanze mit dem Namen Vrbica. Dies war nichts anderes als eine befestigte Siedlung von etwa 50 Häusern und einer kleinen Herberge, einem Han. Seine Bewohner waren zur militärischen Hilfe verpflichtet. Fürst Miloš verfügte die Zusammenlegung der Dörfer Vrbica und Orašac, stiftete 1859 eine Erzengelkirche, Sveta Aranđela, und ließ den Namen der Kirche auf die Stadt übertragen.

Von hier stammt das berühmte Mineralwasser ›Knjaz Miloš‹. Die Mineralwasserfabrik ist seit vier Jahren privatisiert und arbeitet mit großem Erfolg. Zu ihrer Produktpalette gehören die ausgezeichneten Fruchtsäfte ›Golf‹ und der Energie-Drink ›Guarana‹.

Mitbewerber im Poker um die Fabrik war der berühmte Basketballer Vlade Divac. Seit kurzem steht die Firma erneut zum Verkauf und in der Pres-

▲ Karte S. 277

se wurde über die Übernahme durch ›Pepsi‹ spekuliert.

Der langgezogene Ort wird von einem großen **Park** verschönert, der unmittelbar an **Bukovička Banja** (Буковичка Бања) mit zahlreichen warmen Mineralwasserquellen grenzt. Hier werden auch Heilschlammbäder verabreicht. Der Park ist mit Arbeiten moderner Bildhauer geschmückt. In ihm fand im Jahr 2008 das 43. Skulpturen-Symposium der Kulturveranstaltung ›Marmor und Klänge‹ (Mermer i zvuci) mit internationalen Künstlern unter anderem aus Japan, den USA und Europa statt.

Am Ortsausgang Richtung Orašac liegt rechter Hand die **Höhle Pećina Risovača** (Пећина Рисовача) in der eine paläolithische Siedlung und Skulpturen entdeckt wurden. Die Kopie einer prähistorischen Skulptur in der Ortschaft erinnert daran.

Die Umgebung ist abwechslungreich. Im Dorf **Brezovac** (Брезовац) steht eine Stiftung des Despoten Georg Branković (1428–1459), und am **Berg Venčac** (658 Meter) wird Marmor gebrochen.

In der Fußgängerzone von Aranđelovac

Aranđelovac

Vorwahl: 034.

Hotel Izvor (★★★), ul. Čede Plečevića, Tel./Fax 72 37 08, hotelizvor@ptt.yu, www.hotelizvor.co.yu.

Motel Kruna, Orašacki Put Tel./Fax 034/71 11 02; DZ 3300 Dinar. An der Kreuzung, an der die Straße nach Orašac abzweigt. Ganz neues Haus.

Restaurant Aleksandar, Knjaza Miloša 171, Tel. 71 46 17. Gehobene Preisklasse, Menü ca. 1000 Dinar.

Lazarevac

Das Städtchen Lazarevac (Лазаревац) hieß ehemals Šopić und erhielt seinen heutigen Namen 1889. In der Umgebung fand während des Ersten Weltkrieges die Kolubaraschlacht statt. In ihr brachten die Serben dem österreichisch-ungarischen Heer eine schwere Niederlage bei. Eine Kirche mit Krypta wurde für die gefallenen Soldaten errichtet. Auf der Anhöhe Vrače brdo (Враче брдо) steht das **Denkmal für Dimitrije Tucović** (Димитрије Туцовић), den Führer der sozialistischen Bewegung Serbiens, der 1914 fiel.

In der Umgebung ist das **Kloster Bogovađa** (Боговађа) sehenswert. Die Georgskirche wurde 1852 auf alten Grundmauern erbaut. In ihr sind die Ikonostase, Ikonen und sakrale Gegenstände aus zwei Jahrhunderten zu bewundern. Das Kloster war im 17. Jahrhundert ein kultureller Mittelpunkt Serbiens. Ende des 18. Jahrhunderts lebte hier der Künstler und Freiheitskämpfer Hadži Ruvim, der von den Türken ermordet wurde. 1805 tagte der Senat Serbiens unter Karađorđe hier.

Ostserbien und das Serbische Erzgebirge

Die ostserbische Region wird von der serbisch-bulgarischen Staatsgrenze flankiert. Das Gebiet ist wenig besiedelt und sehr waldreich. Zu Ostserbien gehören einerseits die bekannten Bergbaustädte **Bor** und **Majdanpek** im Serbischen Erzgebirge, andererseits **Kladovo** an der Donau und **Negotin** und Zaječar im Timoktal sowie der Kurort **Sokobanja**.

Wirtschaftlich dominiert der Bergbau. In Bogovina, Avramica, Lubnica sowie bei Sokobanja im Bergwerk Soko wird Kohle abgebaut. In Rgotina steht ein Quarzsandbergwerk, während die Kupferverarbeitung in Bor und Majdanpek betrieben wird. Als Ergänzung entstand die Kabelfabrik in Zaječar. Urlauber finden hier allerdings abseits der Städte eine unberührte Natur mit dichten Wäldern, zahlreichen Seen und einer Rebenlandschaft.

Ostserbien hat Anteil am stark gegliederten Serbischen Erzgebirge (Srpsko rudogorje, Српско рудогорје), dem südwestlichen Ausläufer der Karpaten. Es wird von drei Flüssen gerahmt: der

Bäuerin im Erzgebirge

Karte S. 291

Morava im Westen, der Donau im Norden und der Flussniederung des Timok im Osten. Die höchste Erhebung im Erzgebirge ist der im südlichen Abschnitt liegende **Rtanj** (Ртањ) mit 1560 Metern. Der frühere Reichtum Serbiens lag in diesem Erzgebirge. Neben Kupfererzen um Bor und Majdanpek werden auch Blei, Eisenerz und Gold abgebaut.

Touristisch ist die Region noch ausbaufähig. Einerseits trifft man auf unberührte Natur, andererseits wird diese von denjenigen genutzt, die für ihre Anliegen wie Offroad-Touren in anderen Ländern Europas aus ökologischen Gründen keine Erlaubnis erhalten.

Der **Crni Vrh** (die Schwarze Spitze), ein Gipfel von 1027 Metern ist die Wasserscheide zwischen den Flüssen Timok im Osten, Mlava im Westen und Pek im Norden. Der Gebirgszug ist vor allem mit Buchenwäldern bewachsen. Einheimische laufen hier Ski. Geplant ist jedoch ein Zentrum für internationalen Bergtourismus.

Der Berg **Stol** ist ein Dorado für Jäger und Bergsteiger und Kletterer, die die Steilwand des Berges zu schätzen wissen. Auch Paragliding und Mountainbiking werden hier angeboten. Für die ökologische Energieversorgung ist eine Windkraftanlage geplant.

Im Serbischen Erzgebirge liegen zwei der schönsten Wehrklöster Serbiens und eine der interessantesten römischen Ausgrabungsstätten.

Negotin

Das Städtchen Negotin (Неготин) liegt nicht weit vom Dreiländereck Serbien/Bulgarien/Rumänien im Gebiet von Timočka Krajina. Die Grenze zu Bulgarien ist nicht weit, ein reger Verkehr zwischen beiden Ländern ist zu beobachten.

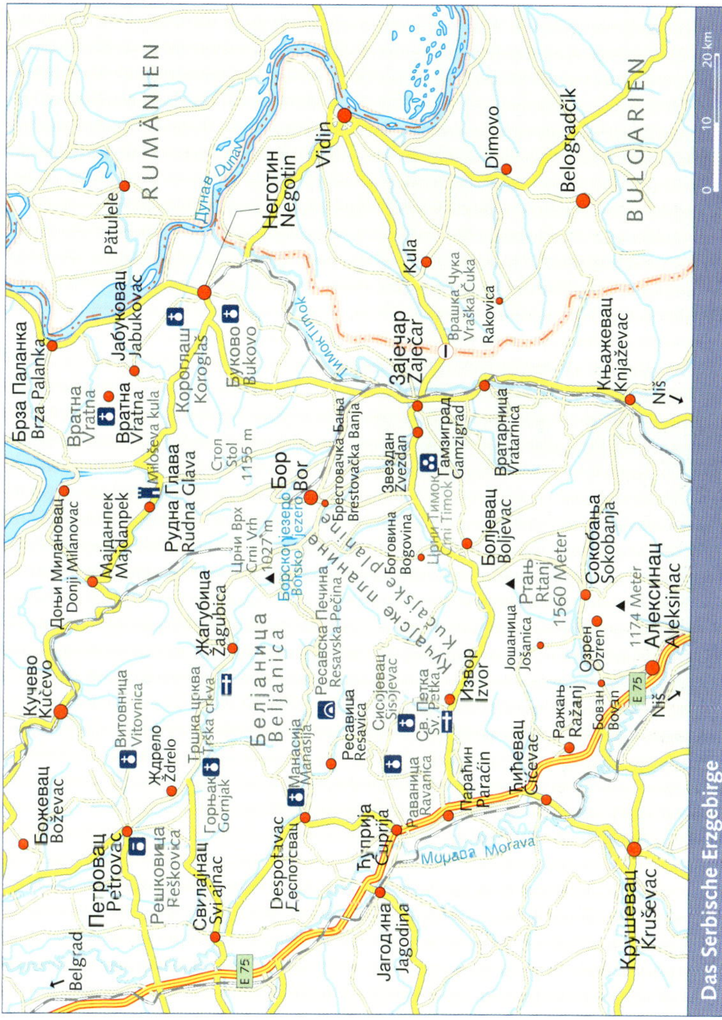

Negotin ist nicht sehr alt, es wurde im Jahr 1627 zum erstenmal als Dorfsiedlung erwähnt. Während des ersten serbischen Aufstandes machte es von sich reden: Der besonders tapfere Hajduk Veljko Petrović fiel bei der Verteidigung seiner Heimatstadt im Jahr 1813 und wird hier sehr verehrt. Sein **Reiterdenkmal** steht am Hauptplatz gleich gegenüber der **serbisch-orthodoxen Kirche**. Die Kirche diente während des Aufstandes als Lazarett. Ihre Ausstattung stammt vollständig aus dem 19. Jahrhundert, darunter die Ikonostase von Steva Todorović. Auf dem Hauptplatz befinden sich außerdem die **alte Apo-**

Die Alte Apotheke in Negotin

theke aus dem 18. Jahrhundert, eines der ältesten Gebäude der Stadt, und ein großer **Park**, in dem ein Denkmal für dem Astronomen Đorđe Stanojević (1858–1921) steht.
Negotin ist der Geburtsort des Komponisten Stefan Stojanović Mokranjac. In seinem Geburtshaus wurde zu seinem 50. Todestag eine **Gedenkstätte** eingerichtet. Der Komponist ist einer der ersten klassischen Musiker Serbiens, der über die Grenzen hinaus bekannt wurde. Er komponierte unter anderem 15 Chorrhapsodien, die teilweise auf Volksweisen basieren. In Negotin fanden viele Jahre die **Mokranjac-Tage** (Mokranjčevi dani) mit Solisten, Chor- und Orchestermusik statt. Im Garten stehen seine Büste (1855–1914) und moderne Skulpturen.

Im Vorgarten des **Nationalmuseums** (muzej Vojvode Mišića/музеј Војводе Мишића) stehen Sarkophage, Fragmente, im Museum selbst werden Funde von versteckt liegenden Ausgrabungsstätten aufbewahrt.

Historische Weinkeller

Außerhalb von Negotin, im Vorort Rajač, liegen die historischen Weinkeller, sogenannte ›Pimnice‹. Es handelt sich dabei um einen Komplex von mehr als 100 Häusern mit Weinkellern aus dem 18. Jahrhundert, die bis heute der Weinproduktion und -lagerung dienen. Die Keller liegen zwei Meter unter der Erde, um die Temperatur über das Jahr möglichst konstant zu halten. Als Baumaterial wurden behauene Steine und Holzplanken genutzt. Mit ihren Straßen, Gassen und Plätzen wirken die Anlagen wie Dörfer. In den Kellern lagert der Wein, und in den Räumen darüber hielt man sich während der Weinlese oder der Weingartenarbeiten auf. Einst bestanden hier in Rajač 316 Pimnice. Ähnliche Bausysteme gibt es in **Rogljevo** und **Smedovac**.
Als **Negotinska Krajina** bezeichnet man ein Gebiet zwischen der Donau und dem Fluss Timok. Auf 1000 Hektar wird hier Wein angebaut. Die traditionellen Reben waren Bagrina, Začinak, Prokupac, Vranac und Smederevka. Der goldgelbe weiße Bagrina wurde jedoch durch den italienischen Riesling, Sauvignon und Semillon mehr oder weniger ersetzt. Für die Rotweine, die hier stärker vertreten sind, verwendet man die Reben Schwarzer Burgunder, Gamay und Prokupac.

Negotin

Vorwahl: 019.
Tourismus Organisation, ul. Vojvode Mišića 25, Tel. 547555, toonegotin@gmail.com, www.toon.org.rs (serb.).
Turističke informacije, Dom kulture, Tel. 542266.

▲ Karte S. 291

Hotel Krajina, ul. Srbe Jovanovića, Tel. 542246, Fax 51305; DZ 2000, EZ 1100 Dinar.

In Jabukovac gibt es einen Campingplatz.

Sidro, ul. Karapanđina 1. Fischrestaurant.
Rajač:
Restaurant Sveti Trifun, Tel. 064/2162500. Traditionelle serbische Küche.

Die Weinverkostung ist unter anderen in Rajač in der Kellerei **Vinarija Vukašinović** Tel. 063/2500 80, und in Rogljevo in der Kellerei **Vino Grade** Tel. 019/541120 möglich.

Mokranjac-Haus; tägl. 8–14 Uhr.
Nationalmuseum; tägl. 8–14 Uhr, Sa/So nur nach Voranmeldung.

Von Negotin nach Majdanpek

Eine gute, sehr waldreiche Strecke von 70 Kilometern führt in die kleine Bergbaustadt **Majdanpek** (Мајданпек) mit 10000 Einwohnern. Sie gehört zum Verwaltungsbezirk Bor und lebt wie diese vom Kupfer-Kombinat. Ihr Name setzt sich zusammen aus dem Wörtern ›Majdan‹ (Grube) und Pek, dem Fluss, der an die Mine angrenzt und übersetzt ›Vlies‹ oder ›Wolle‹ bedeutet. In Majdanpek wird seit dem 17. Jahrhundert Kupfererz gefördert. Weitere Bodenschätze sind Pyrit und Gold. Nur zwei Kilometer von der Stadt entfernt befindet sich die angeblich schönste Höhle Serbiens, die **Pećina Rajkova** (Рајкова).

Auf dem Weg von Negotin nach Majdanpek stehen Zeugnisse der Vergangenheit: die **Miloševa Kula** (Милошева Кула), ein Verteidigungsturm, und eine bronzezeitliche Fundstätte, weiterhin eine römische Festung, und nur wenige Kilometer von Negotin entfernt stehen die Ruinen des mittelalterlichen **Klosters Koroglaš** (Короглаш).

Eine Abzweigung führt nach **Šarkamen** (Шаркамен), einer römischen Ausgrabungsstätte aus der Zeit des Galerius (3./4. Jahrhundert). Wer an ihr Interesse hat, sollte sich mit dem Museum in Negotin in Verbindung setzen. Da die Ausgrabung nicht leicht zu finden ist, bietet sich manchmal eine Begleitung an.

Bei Jabukovac, vorbei an der **Uduloj-Höhle** (Пећина Удулој), geht es ins **Vratnatal**. Fast am Ende des Tales steht das **Kloster Vratna** (Вратна) aus dem 17. Jahrhundert. Seine Gründung soll auf den König Milutin geförderten Nikodim zurückgehen. Im Kloster werden Ikonen russischer Herkunft aufbewahrt. In seiner Nähe ist eine Natursehenswürdigkeit zu bewundern: die **Steinbögen** (Vratnjanske kapije/Вратњанске капије) über die Vratna. In unendlich langen Zeiten hat der Fluss das Gestein so ausgewaschen, dass ein Bogen wie eine römische Brücke entstanden ist.

In südlicher Richtung gelangt man auf einer kurven- und waldreichen Strecke zum **Kloster Bukovo** (Буково) gleich an der Straße. Die Sankt-Nikolauskirche wurde vom heiligen Nikodim von Tismana gegründet. Er wirkte im 14. Jahrhundert und verteidigte die orthodoxe Kirche gegen die zunehmende Ausbreitung des katholischen Glaubens durch die Ungarn, vor allem in Rumäni-

Das Kloster Bukovo

en. Nikodim von Tismana war auf dem Athos erzogen worden und war einer der bedeutenden orthodoxen Kirchenmänner des Mittelalters.

Den Glockenturm mit einer Darstellung des Nikolaus kann man nicht übersehen. Der Dreikonchenbau aus Haustein ist durch Arkaden mit dem Glockenturm im Westen verbunden. 400 Jahre blieb die Kirche unbeschadet, bevor auch sie 1683 erstmals zerstört wurde. Während des Wiederaufbaus schmückte man sie mit Malereien, von denen wenige Reste erhalten blieben. 1813 wurde die Anlage Opfer im serbischen Befreiungskrieg und 1837 wiederaufgebaut. Heute wohnen Mönche hier, die die Renovierung der Konake veranlasst haben.

Zaječar

Von Negotin bis Zaječar (Зајечар) erwartet den Reisenden eine gute Straße entlang des Serbischen Erzgebirges, teilweise entlang einer schier endlosen, sehr waldreichen Hochebene. Die noch wenig befahrene Straße verläuft parallel zur serbisch-bulgarischen Staatsgrenze und trifft auf das Timoktal. Der Timok, ein 200 Kilometer langer rechter Nebenfluss der Donau, entwickelte sich aus mehreren kleinen Flüssen, wie dem Kleinen, dem Weißen, dem Schwarzen Timok zum großen Timok, dem ›Veliki‹ Timok. Der Fluss gab der Region ›Timočka Krajina‹ ihren Namen.

Zaječar ist mit 65 000 Einwohnern eine kleine Stadt in Ostserbien an der Mündung des Crni Timok (Schwarzer Timok, Црни тимок) in den Beli Timok (Бели тимок, Weißer Timok). Die Stadt ist Verwaltungszentrum des gleichnamigen Kreises (Okrug) an der Bahnstrecke Niš–Negotin.

Die Quellen erwähnen den Ort erstmals im Jahr 1784 als kleine Siedlung. In seiner kurzen Geschichte hat es viele Aufstände gegeben: im Jahr 1813 gegen die Türken, die es dennoch bis 1833 halten konnten, danach gegen die Willkürherrschaft des Milan Obrenović. Dieser Aufstand wurde grausam niedergeschlagen und ist in die Geschichte als Timokaufstand eingegangen. Einer seiner Anführer war Ljuba Didić, dem ein Denkmal in der ul. Kraljevica gewidmet ist, ebenso wie dem Aufstand insgesamt. Es wurde vom Bildhauer Antun Augustinčić geschaffen.

In Zaječar

▲ Karte S. 295

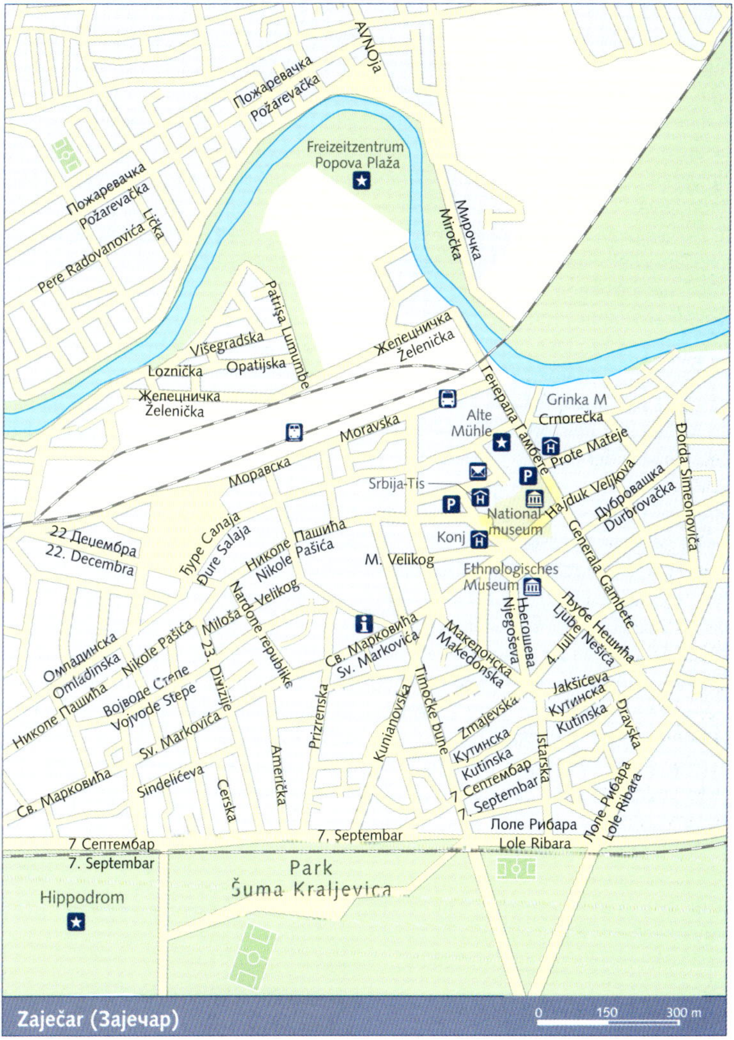

Zaječar (Зајечар)

Im Städtchen hielt man lange den Sarg Stefans des Erstgekrönten vor den Türken verborgen. Nikola Pašić, Staatsmann und Mitbegründer der Radikalen Volkspartei Serbiens, wurde im Jahr 1845 hier geboren. Der gelernte Ingenieur musste als Gegner des Milan Obrenović zunächst ins Exil. Nach seiner Rückkehr wurde er als Ministerpräsident einer der einflussreichsten Politiker Serbiens. Dieses Amt hatte er mit Unterbrechungen noch innerhalb Jugoslawiens inne. Er vertrat von Beginn an die großserbische Idee und gilt als einer der Hauptakteure zur Gründung des südslawischen Staates. Sein Denkmal steht in der Stadt.

Auf dem städtischen Friedhof gibt es eine Gedenkgruft für alle Opfer des Zweiten Weltkrieges, auf welcher Seite sie auch standen.

Ein großer Bürger der Stadt ist Zoran Radmilović. Der bekannte und beliebte Schauspieler (1933–1985) wurde mit dem Film ›Papa ist auf Dienstreise‹ (Otac na službenom putu), der mit der Goldenen Palme von Cannes ausgezeichnet wurde, über die Grenzen hinaus bekannt. Im Jahr 1992 wurde ihm zu Ehren das Theaterfestival von Zaječar ins Leben gerufen. Es wird alljährlich zehn Tage in der zweiten Oktoberhälfte veranstaltet.

In diesem pulsierenden Städtchen sind viele Vlachen ansässig. Man lebt von einer Porzellanfabrik, Baustoffproduktion, einer Brauerei und kleineren Messen, weswegen die wenigen Hotels häufig ausgebucht sind. Für den Notfall hält der kommunistische Einheitsbau immer noch Zimmer bereit. Zwei Privathotels sind jedoch viel netter.

Zaječar wird hauptsächlich wegen der Nähe zur archäologischen Ausgrabungsstätte der antiken Stadt Romuliana besucht. Die Stadt bietet aber einiges mehr. Sie hat ein schönes Umland, in dem man wandern, baden und kuren kann. Auch ein Abstecher nach Bulgarien lässt sich von hier gut unternehmen.

Ethnologisches Museum

▲ Karte S. 295

Im Zentrum der Stadt sind mehrere Gebäude aus der Türkenzeit sowie dem 19. Jahrhundert sehenswert: Der **Konak Radul-Beg** ist eines der wenigen Häuser im türkischen Konakstil, die in Serbien erhalten geblieben sind. Es gehörte Radul Beg, einem Serben, der den Beinamen Beg nicht als türkischen Titel, sondern als Ehrennamen aufgrund seines großen Einflusses erhalten hatte. Das Gebäude wurde renoviert und ist liebevoll als Ethnologisches Museum eingerichtet. Besonders sehenswert ist das Obergeschoss, in dem Möbel des 19. und 20. Jahrhunderts eines reichen Serben – nicht die des Hausbesitzers – ausgestellt sind. Es handelt sich dabei um komplette und authentische Zimmer: ein türkisches, ein arabisches, ein Esszimmer und das interessante Mädchenzimmer. Die Mädchen erhielten als Mitgift zur Hochzeit eine Zimmereinrichtung. Deren Besonderheit stellte ein Sofa mit einem Spiegel dar, der sie gegen den bösen Blick schützten sollte.

Türkische Mühle

Ein weiteres Gebäude aus der Türkenzeit ist die türkische Mühle aus dem 18. Jahrhundert, in der ein sehr einladendes Restaurant untergebracht war. Derzeit steht die denkmalgeschützte Mühle leer. Die Einrichtung eines neuen traditionellen Restaurants ist jedoch geplant. Der Graben des ehemaligen Kanals existiert noch, aber ohne Wasser. Altes Kopfsteinpflaster lässt erahnen,

Die alte türkische Mühle in Zaječar

wie die Stadt zur Zeit der Türken ausgesehen haben muss.
Nicht weit von der Mühle findet täglich der große **Markt** statt. Dahinter wiederum befinden sich der Busbahnhof und der Bahnhof.

Zentrum

Den **Hauptplatz** dominiert, wie könnte es anders sein, ein Hochhaus, das Hotel ›Srbija-Tis‹. Aber einige Bauten des Historismus haben auch den Kommunismus überlebt: das **Gymnasium** von 1882 und das **Gebäude der Kreishauptmannschaft** von 1911. In den wenigen historistischen Bauten sind Cafés, Banken, kleine Geschäfte sowie ein Internetcafé untergebracht. In der Mitte steht das Denkmal für die Kämpfer im Balkankrieg.

Nationalmuseum

Im Nationalmuseum sind die kostbaren Funde von Gamzigrad (Felix Romuliana) ausgestellt. Bora Dimitrijević, Direktor des Museums, freut sich über Besucher und führt in englischer Sprache mit Begeisterung durch seine Ausstellung. Zu sehen sind unter anderem: der Kopf des Kaisers Galerius aus Porphyr; qualitativ hochwertige Mosaiken, von denen eines Dionysos, ein anderes ein Labyrinth und ein drittes Jagdszenen zeigt. Auf einem Pilaster des Osttores sind die Tetrarchen dargestellt, die beiden Seniores Augusti, die älteren der vier Herrscher über Rom im 4. Jahrhundert: Diokletian und Maximinianus Herculius Galerian.
Etwas ganz besonderes stellt der Fund einer Unmenge an Kämmen dar. Vermutlich war Gamzigrad ein Zentrum der Kammproduktion. Kämme wurden nicht unbedingt zur Haarpflege, sondern sehr häufig als Amulett genutzt und daher besonders verziert.

Blick auf das Freizeitzentrum Popovo Plaža und die Stadt

Freizeitzentrum

In der Stadt selbst gibt es neuerdings ein großes Freizeitzentrum. **Popovo Plaža** (Попово Плажа) ist ein wirklich attraktives Sport- und Erholungsgebiet in der Timokschleife am Rande des Stadtzentrums. Man badet im Fluss oder sonnt sich am Sandstrand. Man spielt Minigolf, Boccia, Badminton, Tennis, Fußball oder fährt Skateboard. Für Kinder gibt es einen großen Spielplatz mitten am Strand. Das Gelände ist ideal zum Fahrradfahren.
Auf der anderen Seite des Zentrums befindet sich der große **Stadtpark**, ›Park Šuma Kraljevica‹ (Парк Шума Краљевица), mit Stadion, Hippodrom und Clubhäusern. Hier kann man beispielsweise joggen oder reiten.

Seen in der Umgebung

In der Umgebung von Zaječar befinden sich einige künstliche Seen, die zum Baden, Bootfahren und Angeln einladen. Der **Grliško-See** (Грлишко језеро) liegt zwischen Lenovac und Grlište. In unmittelbarer Nähe dieses Stausees steht die sehr alte **Peter-und-Pauls-Kirche**, die auf die Nemanjidenzeit zurückgehen soll.

Der **Rgotsko-See** (Рготско језеро), ein Baggersee elf Kilometer nördlich von Zaječar beim Dorf Rgotin, ist während der Sommermonate beliebtester Badeplatz der Bewohner von Zaječar.

Ein Stück weiter nördlich, bei Salaš, befindet sich der **Sovinac-See** (Совинац језеро), der als Bewässerungsreservoir für den landwirtschaftlichen Komplex ›Salaš‹ angelegt worden war. Der fischreiche See hat sich zum beliebten Freizeitzentrum entwickelt. Hier gibt es Übernachtungsmöglichkeiten.

Kloster Rakovica

Ein Ausflug nach Bulgarien

Nur wenige Kilometer sind es von Zaječar zum **Grenzort Vraška Čuka**. Eine Straßenvignette für Bulgarien kostet derzeit für zehn Tage vier Euro. Unweit der Grenze befindet sich **Kloster Rakovica**. In ihm leben heute zwei Mönche. Zwei Kirchen befinden sich auf dem Territorium. Das sehr alte mittelalterliche Kreuzkuppelkirchlein ist ausgemalt. Die Malereien wurden im 19. Jahrhundert übermalt. Es steht unter Denkmalschutz. In der großen, neueren Kirche, werden die Gottesdienste zelebriert.

Etwa 40 Kilometer sind es nach **Belogradčik** mit seinen einzigartigen bizarren **Felsformationen**. Die sehenswerte **Festung**, die im 19. Jahrhundert auf mehr als einen Hektar vergrößert wurde, geht auf die Römer zurück.

Zaječar

Vorwahl: 019.

Website: www.zajecar.info.

Turistička Organizacija Opštine Zaječar, Svetozara Markovića 2, Tel./Fax 42 15 21, www.toozajecar.co.rs (serb.); Mo–Fr 8–20, Sa 8–14 Uhr.

Im Zentrum, hinter dem Hotel ›Srbija‹, findet man einen **bewachten Parkplatz**.

Busbahnhof, Tel. 42 15 45, 42 55 00, 73 30 27. Hier ist die Busagentur ›Timas‹ ansässig, www.timas.rs (serb.). Die Busse fahren von Zaječar nach Gamzigrad Banja, Negotin, Boljevac, Izvor, Paraćin, Jagodina, Beograd, Novi Sad und Subotica.

Bahnhof, Tel. 44 08 30. Zaječar liegt an der Bahnstrecke Negotin–Niš. Es gibt Zugverbindungen nach Majdanpek, Bor, Niš, Beograd. In Niš kann man in den Zug nach Skopje, Sofia und Istanbul umsteigen.

Hotel Srbija-Tis (★★), ul. Nikole Pašića 2, Tel. 422-333, -890, www.srbija-tis.co.rs (dt.); DZ 3000. Der übliche Hochhausbau im Zentrum.

Hotel Garni Konj (Pferd), ul. Vojvode

▲ Karte S. 295

Mišića 14, Tel. 422004. Das älteste Privathotel in Zaječar wurde 1995 eröffnet.

Hotel Garni Grinka M (★★★), ul. Prote Mateje 15, Tel. 425766; DZ 2600, EZ 1500 Dinar. Das Gebäude von 1938 wurde 1997 in ein Privathotel umgebaut. 22 gepflegte Zimmer und freundliches Personal.

Motel Restoran Beba (★★★), Tel. 424672; DZ 3200 Dinar. Drei Jahre alte Privatpension außerhalb des Zentrums, die Tochter des Hauses spricht Englisch.

Restoran Konjički Klub, im Kraljevica-Park, Tel. 019/426553. Traditionelle Küche in rustikalem Ambiente. Fr, Sa, So serbische Volksmusik.

Restoran S-Maxi podrum 7, ul. Generala Gambete bb, Tel. 428983. Traditionelle Küche, Donnerstag bis Sonntag serbische Live-Musik, gute einheimische Weine. Nicht weit vom Freizeitzentrum Popovo Plaža.

Nationalmuseum (Narodni Muzej Zaječar); Mo 8–16, Di–Fr 8–18, Sa 9–15 So 9–13 Uhr.

Ethnologisches Museum; Di–So 7–18 Uhr. Sollte es geschlossen sein, wende man sich an das Nationalmuseum.

Gitarrenfestival, im August.

Internationale Maler-Kolonie ›Gamzigrad‹, im August.

Schauspieltage Zoran Radmilović, im Oktober.

Gamzigradska Banja

Der Badeort Gamzigradska Banja (Гамзиградиска Бања) liegt wenige Kilometer von Zaječar entfernt malerisch im waldreichen Tal des Crni Timok (Црни Тимок). Neben dem dörflichen Charakter bestimmen die großen Grünanlagen das Ortsbild. Leider fehlt noch eine heimelige Unterkunft. Kuren werden im Hotel ›Castrum‹ angeboten. Die Quellen mit Temperaturen von 32 bis 42 Grad Celsius sollen vor allem bei rheumatischen Erkrankungen lindernde Wirkung haben. Von hier führt einer der Zufahrtswege zur Ausgrabungsstätte des antiken Gamzigrad.

Gamzigrad/Felix Romuliana

Die Ausgrabungsstätte der antiken Stadt ›Felix Romuliana‹ (Gamzigrad) wurde in die Liste des Weltkulturerbes der UNESCO aufgenommen. Sie ist die bedeutendste archäologische Zone Serbiens.

Das Terrain der antiken Stadt liegt etwa elf Kilometer südwestlich von Zaječar, beim Dorf **Zvezdan** (Звездан), im Timoktal, auf dem rechten Ufer des Crni Timok. Man hält sich zunächst in Richtung Bor, und bald schon weisen große Schilder den Weg. Die Besichtigung ist ein Muss für jeden Archäologieinteressierten. Nicht nur das Ausgrabungsgelände, sondern auch die Geschichte seiner Entdeckung und Entschlüsselung sind außergewöhnlich spannend.

Zu Beginn des 1. Jahrhunderts nach Christus gehörte dieses Gebiet als Teil des römischen Weltreiches zunächst zur Provinz Moesia inferior, später wurde es in die Provinz Dacia eingegliedert. Erste Beschreibungen dieser römischen Stadt verdanken wir dem sächsischen Bergwerksvorsteher Baron von Herder, der die Anlage in seiner ›Bergmännischen Reise‹ 1835 beschrieben hat. Nach ihm folgten der deutsche Geologe Breithaupt

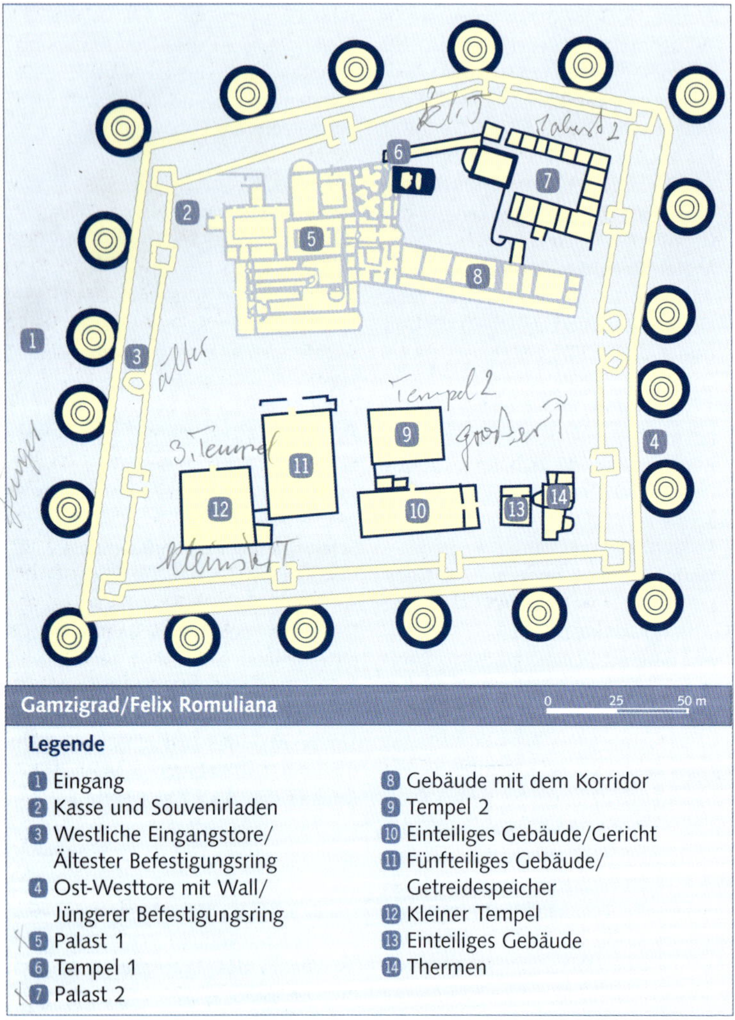

Gamzigrad/Felix Romuliana 0 25 50 m

Legende

1 Eingang
2 Kasse und Souvenirladen
3 Westliche Eingangstore/ Ältester Befestigungsring
4 Ost-Westtore mit Wall/ Jüngerer Befestigungsring
5 Palast 1
6 Tempel 1
7 Palast 2
8 Gebäude mit dem Korridor
9 Tempel 2
10 Einteiliges Gebäude/Gericht
11 Fünfteiliges Gebäude/ Getreidespeicher
12 Kleiner Tempel
13 Einteiliges Gebäude
14 Thermen

und der österreichische Archäologe und Reiseschriftsteller Felix Kanitz, der Skizzen der sichtbaren Schutzmauern und Türme fertigte.

Erste intensive Forschungen begannen 1953 und sind dem Einsatz von Vekoslav Popović, Drucker des Stadtmuseums von Zaječar, zu verdanken.

In einer zweiten großen Grabungsetappe, die 1970 unter Leitung von Dragoslav Srjeović gestartet wurde, begann die systematische Erforschung der Anlage. Lange wusste man nicht, um was und um welchen Ort es sich handelte. Zunächst ging man von einem Militärlager aus, nach ersten kostbaren

Funden, den Mosaiken, dachte man an eine luxuriöse Villa, einen prunkvollen Landsitz oder gar an einen Bischofssitz und schließlich an eine frühbyzantinische Siedlung, da man frühchristliche Basiliken entdeckt hatte. Im Jahr 1984 konnte dank eines spektakulären Fundes das Geheimnis der Anlage gelüftet werden. Man fand im kleinen Palast unter anderem einen großen Marmorblock aus Tuffsandstein und ein Fragment eines Bogengewölbes mit der eingravierten Inschrift ›Felix Romuliana‹. Historische Quellen erwähnten eine Stadt des römischen Kaisers Galerius (293–311), die er in Verehrung seiner Mutter ›Romuliana‹ genannt hatte.

Die Ausgrabungsstätte Gamzigrad ist täglich, außer montags, von 8 bis 18 Uhr geöffnet.

Die Anlage des Galerius

Die Fläche der Anlage beträgt 6,5 Hektar und hat die Form eines unregelmäßigen Trapezes von 210 auf 180 Meter. Ihre Hauptachse, der Decumanus, verläuft in Ost-West-Richtung. Der Haupteingang 1 befand sich auf der östlichen Seite. Die Vielzahl der Gebäude gibt ein Zeugnis von der intensiven Bautätigkeit, die durch Brände und Zerstörungen häufig unterbrochen wurde. Daraus ergaben sich verschiedene kulturelle Schichten und unterschiedliche Interpretationen.

Innerhalb von 30 Jahren wurden zwei große Paläste, zwei Tempel auf einem Podium, zwei christliche Basiliken, Thermen, ein kleiner Palast – genannt das Triclinium der Romula –, ein mutmaßlicher Kultraum und mehrere große Gebäude, deren Zuordnung noch nicht gesichert ist, ausgegraben; außerdem zwei Befestigungsringe, ein älterer und ein jüngerer. Diese wurden mit ihren Türmen zum Teil rekonstruiert und vermitteln so eine gute Vorstellung von der Stadt ›Felix Romuliana‹.

Während der Grabungen wurde viel bewegliches Kulturgut gefunden: Mosaiken, Skulpturen, Architektur- und Dekorationsteile, die fast alle aus der Zeit vom Ende des 3. bis Anfang des 4. Jahrhunderts stammen. Die Erforschung der Gebäude aus der Zeit des Kaisers Galerius konnte damit abgeschlossen werden. Sie bestanden wie die ältere Befestigung aus Ziegel in Verbindung mit verschiedenen örtlichen Steinen wie Sandstein, Andensit, Kalkgestein, Mergel. Auch die Verarbeitung ist Gebäuden und Befestigung gemeinsam. In Planung, Konstruktion und Ausführung konnten Parallelen zum Diokletianspalast in Split festgestellt werden. Zwei Befestigungsringe bestanden rund um die Anlage. Man konnte sie aufgrund des erhalten gebliebenen Materials rekonstruieren. Der **ältere, innere Ring** bestand aus 16 Türmen: zwölf quadratischen und vier achteckigen von bis zu 18 Metern Höhe. Die Befestigungswälle und die Fassade des westlichen Tores waren fünf Meter niedriger. Weder Tore, Türme noch Mauer wiesen Verzierungen auf.

Säulen des ersten Palastes

Das Labyrinthmosaik

Der **jüngere Befestigungsring** 4 war viel monumentaler: 20 Türme, davon 8 runde an den Ecken und den Eingangstoren und 12 polygonale Türme mit einem Durchmesser von einst 23 bis 26 Metern. Ihre heutige Höhe beträgt zwischen 8 und 20 Metern. Die Mauern waren 3,6 Meter stark und wie die Eingangstore verziert.

Im Osten lag der Zutritt in die Stadt. Am **Eingangstor** hat man Reste von Verzierungen gefunden, darunter Bildnisse des Statthalters, der Tetrarchen Galerius und Diokletian; aber auch Pfauen, Gorgonen und Adler mit Lorbeerkränzen in den Schnäbeln. Das westliche Tor war mit floralen Ornamenten dekoriert.

Die monumentalen Gebäude innerhalb der Befestigungsanlagen lassen sich in zwei Gruppen gliedern, in denen je ein Podiumstempel den Komplex beherrschte: den nördlichen und den südlichen Gebäudekomplex. Man vermutet, dass mit dem Bau der Gebäude im Norden begonnen wurde.

Im nördlichen Teil standen Tempel 1 6, Palast 1 5 und Palast 2 7 sowie ein großes Gebäude mit einem dazugehörigen Gang. Der Tempel war vermutlich der Cybele, der Großen Mutter (Magna Mater), geweiht.

▲ Karte S. 300

Der Palast 1 bestand aus fünf Gliedern: achteckiger Vorraum, drei Peristyle, von Säulen umgebene, oft bepflanzte Innenhöfe und ein kleiner Baderaum. Im Vestibül wurde das Mosaik mit der Darstellung des Labyrinths entdeckt, während den Eingang das Bild des Gottes Dionysos schmückte. Alle beweglichen Funde wurden ins Museum nach Zaječar gebracht. Die Wände des Palastes waren mit Marmor- und sogar Porphyrplatten bedeckt oder mit Malereien verziert. Unweit des Tricliniums wurde die linke Hand einer Porphyrstatue gefunden. Zusammen mit dem Kopf, den man im südlichen Teil fand, gehörte sie zu einer Statuengruppe, in der Kaiser Galerius als Pantokrator (Weltenherrscher) dargestellt wurde. Die Säulen des Peristyls mit einem Brunnen sind auf dem Gelände sehr gut zu erkennen. Sie hatten Kapitelle aus weißem Marmor von der griechischen Insel Prokonsos.

Der Palast 2 besitzt ein rechteckiges Peristyl, das von Vorräumen unterschiedlicher Größe und Funktion umgeben ist. Sein Haupteingang befindet sich im Osten, während im Westen ein großer Raum mit einer Apsis angeordnet ist.

Der südliche Teil wird von einem großen **Tempel** 9 beherrscht, der Jupiter und Herkules zugeschrieben wird. Diokletian, Gründer der Tetrarchie und selbst Herrscher über ein Viertel des Reiches, identifizierte sich mit Jupiter. Galerius, adoptiert von Diokletian, gehörte nun zur heiligen Familie und nahm Herkules als Patron an. Dadurch wurde die Tradition begründet, die Herrscher Jupiter und Herkules zu nennen. Vom Tempel sind das Podium und Fundamente einer großen Treppe gut erhalten. Interessanterweise verbirgt sich im Podium des

Tempels eine zweiteilige Krypta, in die eine enge Treppe von der südöstlichen Ecke der Cella führt. Vor dem Tempel fand man die Reste eines Altars mit einer schmalen Treppe. Wichtigste Fundstücke in der Nähe des Tempels waren Köpfe von Jupiter und Herkules. Die Gebäude, die sich um den großen Tempel gruppieren, besitzen einen rechteckigen Grundriss, sie waren räumlich getrennt und einzeln zugänglich, so dass man vermutete, es habe sich bei ihnen um öffentliche Gebäude gehandelt: vielleicht war eines ein **Getreidespeicher** (Horreum) 11 und das andere ein **Gerichtsgebäude** 10.

Ein dritter **Tempel** 12, der kleinste, in dem das Fragment mit der Inschrift gefunden wurde, diente vermutlich einem geheimnisvollen Zweck. Es könnte der Ort gewesen sein, an dem Romula mystische Rituale und Feste organisiert hat.

Das Konzept von Felix Romuliana ist einerseits durch die Grabungen und andererseits dank biographischer Quellen entschlüsselt worden.

Dionysosmosaik

Spätere Bauten

Nachdem Galerius verstorben war, wurde das Areal des Palastgeländes wahrscheinlich bis ins 5. Jahrhundert bewohnt und dabei durch Neu- und Umbauten sehr verändert. Christliche Basiliken wurden in bestehende Gebäude eingebaut, die Türme in Handelszentren verwandelt. Vermutlich wurden sie von Prominenten des Hofes oder Geistlichen bewohnt. In einem der Gräber wurde der Name eines Gaudentius gefunden. Möglicherweise handelt es sich bei ihm um einen Würdenträger. Die Forschung geht von einer ersten Zerstörung durch die Hunnen im 5. Jahrhundert aus. Danach wurde die Anlage wieder aufgebaut. Zur Zeit des Justinian folgte eine neue Bauetappe: Christliche Kirchen wurden in den nordwestlichen Teil integriert. Mit den Awaren- und Slaweneinfällen wurde Romuliana verlassen. Erst am Anfang des 11. Jahrhunderts belebte eine neue, mittelalterliche Siedlung im östlichen Teil die Stadt.

Magura

Die Grabungen in Gamzigrad werden bis heute fortgesetzt. In den Jahren 1989 bis 1993 ist man außerhalb der Befestigungsmauern auf die Gräber von Kaiser Galerius und seiner Mutter Romula gestoßen; sie befinden sich etwa einen Kilometer in östlicher Richtung vom Hauptplatz von Romuliana auf einem Hügel, der Magura heißt.

Der zentrale Komplex umfasst die **Reste von zwei Mausoleen** sowie zwei **tumuliähnlichen Gräbern**. Die Nekropole an dieser Stelle ist viel älter. Sie geht auf die Bronzezeit zurück und wurde während der Erforschung von Romuliana entdeckt. Magura war von prähistorischen Zeiten an Grabstätte eines vielleicht als heilig verehrten Hügels.

Kaiser Galerius

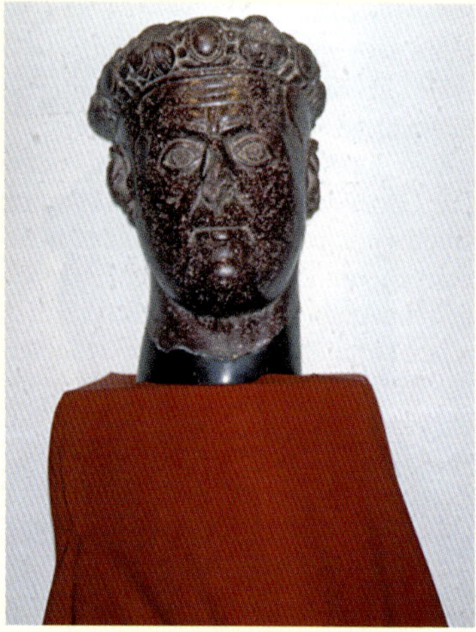
Büste des Kaisers Galerius

Galerius Maximianus wurde um das Jahr 250 nach Christus in Serdica (Sofia) als Sohn einer Bauernfamilie geboren. Zunächst Hirte, diente er als einfacher Soldat unter Aurelianus und Probus in der Armee und machte schließlich unter Kaiser Diokletian Karriere beim Militär und wurde Offizier.

Im Jahr 293 erhob ihn Diokletian zum Mitkaiser. Galerius trennte sich von seiner ersten Frau und heiratete eine Tochter Diokletians, Valeria.

Im Jahr 298, seinem fünften Regierungsjahr, erlebte er seinen größten Triumph mit dem Sieg über die Perser unter ihrem Herrscher Narses, bei dem die römische Armee sogar die persische Hauptstadt Ctesiphon einnehmen konnte. Zwei Jahre zuvor war Galerius von Diokletian zur Grenzsicherung in den Osten berufen worden und hatte zunächst in Mesopotamien eine vernichtende Niederlage gegen die Perser erlitten.

Danach begannen die ersten Bauten in Romuliana. Ein Gerücht kam in Umlauf, dass seine Mutter ihn mit Gott Mars gezeugt habe. Fortan verstand er sich als zweiter Romulus und pflegte eine Vorliebe für Götter mit sterblicher Mutter und göttlichem Vater wie zum Beispiel Dionysos.

Galerius verehrte seine Mutter sehr, was sich besonders in ihrem Begräbnis nach bester römischer Sitte unweit des nach ihr benannten Ortes ausdrückte. Ebenso wie später Galerius selbst wurde sie auf dem Scheiterhaufen verbrannt und vergöttlicht. Diese Zeremonie der sogenannten Apotheose fand mit seinem Tod zum letzten Mal im römischen Reich Anwendung.

Bald danach wurde das Christentum Staatsreligion, römische Kulte und Zeremonien verboten. Romuliana war einerseits als Alterssitz nach dem 20. Regierungsjahr des Galerius gedacht, so wie sein Vorgänger und Gönner Diokletian in Split sein Alter genoß, andererseits als ewige Erinnerung an den vergöttlichten Kaiser Galerius. Galerius besaß einen weiteren Palast mit einem Mausoleum in Thessaloniki, von wo aus er regierte.

Kaiser Galerius ist für die christliche Welt von besonderer Bedeutung. Zunächst leitete er gemeinsam mit Diokletian durch das Edikt von 303 eine große Christenverfolgung ein. Doch vermutlich nach seiner Krebserkrankung im Jahr 310 erließ er in Serdica das erste Toleranzedikt, das 311 in Nikomedia veröffentlicht wurde und den Christen Religionsfreiheit garantierte, das Versammlungsverbot abschaffte und die Glaubensgemeinschaft offiziell anerkannte. Im Mai 311 erlag Galerius seiner Erkrankung.

Das für Romula errichtete Mausoleum befand sich auf dem höchsten Punkt von Magura. An seiner nordwestlichen Ecke entdeckte man 1991 fast 1000 Goldmünzen von Gratianus, Valentianus II., Theodosius I. und Arcadius. Nordwestlich von diesem Mausoleum konnten die Reste eines riesigen Monumentes in der Form eines Tumulus mit einem Durchmesser von dreißig Metern ausgemacht werden. Er war von einem 8,5 Meter hohen Kegel aus Erde aufgeschüttet. Das Monument markiert den Ort, wo der Scheiterhaufen der Romula errichtet wurde. Ihre Bestattung fand um 305 nach Christus statt.

Ungefähr 45 Meter in nordöstlicher Richtung vom Mausoleum der Romula stand dasjenige des Galerius. Sein zentraler Teil hatte einen Außendurchmesser von 5,65 Metern, im Inneren ist es eine vollständig verschlossene Grabkammer. Auf seiner westlichen Seite ist der Ort der Verbrennung des Galerius markiert, der 311 bestattet wurde. Der Außendurchmesser dieses Steinrings beträgt 40 Meter, und er wurde mit zehn Metern Erde zum Kegel aufgefüllt. Die Reste des Tetrapylon sind etwa 220 Meter entfernt von den sakralen Monumenten, gebildet aus vier kräftigen Säulen, von denen jede einen der vier Teilherrscher symbolisiert. Der Tetrapylon befindet sich an der Schnittstelle von zwei Straßen und legt die Grenze zwischen dem heiligen und dem weltlichen Bereich fest.

Bor

Neben Majdanpek ist Bor (Бор) das zweite wichtige Bergbaugebiet im Serbischen Erzgebirge. Bei der Einfahrt in die gesichtslose Stadt fallen sofort die vielen jungen Leute auf. Hier herrscht große Arbeitslosigkeit, viele wandern ab. Lebten hier im Jahr 1992 noch 60 000 Menschen, so waren es im Jahr 2005 nur etwas über 54 000. Der Ort präsentiert sich zersiedelt und von einem großen Bergwerkskomplex bestimmt. Vor wenigen Jahren machten ihre Bewohner auf ihr Elend aufmerksam. Die Bergarbeiter des Kupferbergwerks blockierten im Juli 2004 den Autoput, um ihre Forderungen nach mehr Lohn durchzusetzen. Stunden über Stunden standen die griechischen, türkischen, albanischen Urlauber auf der Straße, während die Regierung sie wenigstens mit Wasser versorgte.

Bor ist der Standort einer der größten Kupferminen Europas. Die Mine wurde im Jahr 1903 eröffnet. Seit dem Jahr 1989 wurde die Förderung des Kupfers im Tagebau auf ein Volumen von nur einem Fünftel der ehemaligen Förderungsmenge zurückgefahren. Aus Furcht vor Blockaden zum Zeitpunkt der Athener Olympischen Spiele hatte die Regierung den Forderungen nach Lohnerhöhungen nachgegeben.

Seit dem Jahr 2007 wird der Kupfer-Bergbau-Komplex RTB (Rudarsko-Topionicarski Kombinat Bor) zum Verkauf angeboten. Bewerber waren der rumäni-

Landschaft im Erzgebirge

sche Konzern ›Cuprom‹, das österreichische Unternehmen ›A-Tec‹ des Unternehmers Mirko Kovats und die Firma ›SMR‹ des russischen Unternehmers Oleg Deripaska. Im November 2008 wurden 67 Prozent von RTB erneut zum Verkauf ausgeschrieben, die Ausschreibung mangels Angeboten bis Februar 2009 verlängert.
Im Ort sind der türkische **Hamam**, das restaurierte **alte Bad** und der **Konak Kneza Miloša** von 1837 sehenswert.

Die Umgebung von Bor

Weniger die Stadt Bor, aber umso mehr ihre Umgebung ist sehr schön. Nur wenige Kilometer außerhalb hat man den Bergbau und die damit verbundenen negativen Bilder wieder vergessen.
Brestovačka Banja (Брестовачка Бања) liegt 385 Meter über dem Meeresspiegel. Zehn Quellen wurden hier auf ehemals vulkanischem Gebiet entdeckt. Trink- und Badekuren werden angeboten, die unter anderem für den Bewegungsapparat wohltuend sein sollen. Außerhalb befindet sich eines der größten Schlösser der Familie Obrenović.
Der **Bor-See** (Borsko jezero, Борско језеро) mit einer Fläche von 30 Hektar und einer Wassertiefe von 50 Metern, ist wenige Kilometer von den Thermen entfernt. An ihm hat sich ein Naherholungsgebiet etabliert, in dem ein Hotel mit Campingplatz zur Verfügung steht. Das waldreiche Gebiet lädt zum Wandern ein. Die Berge **Stol** (Стол, ›Tisch‹) mit 1155 Metern und **Crni Vrh** (Црни Врх, ›Schwarze Spitze‹) mit 1027 Metern bieten sich dafür an.
In der Umgebung von Bor wurden zahlreiche **Karsthöhlen** entdeckt, zum Beispiel beim Dorf Bogovina die **Bogovinska Pećina** (Боговинска Пећина). Unweit des Dorfes Zlot bei Bor ist ein ganzer Komplex von Höhlen über eine Gesamtlänge von fast acht Kilometern erforscht worden. Sie sind unter dem Namen **Zlotske Pećine** (Злотске Пећине) bekannt. Die berühmteste unter ihnen ist die **Lazareva Pećina** (Лацарева Пећина), die Lazarus-Höhle. Ihr Eingang liegt auf dem linken Ufer des Lazar-Flusses. Ein Fußweg verbindet sie mit der **Vernjikica-Grotte** (Верњикица Пећина). Der Höhenunterschied beträgt 164 Meter. An der Lazarus-Höhle gibt es eine Übernachtungsmöglichkeit in einem Motel.

▲ Karte S. 291

i Bor

Vorwahl: 030.
Bor: Turistička organizacija opštine Bor, ul. Moše Pijade 19, Tel. 459020.
Informationen Brestovačka Banja, Šistekova 1, Tel./Fax 24166.

Borsko Jezero: Hotel Jezero (★★★), Tel. 34830, Fax 36778; DZ 3000 Dinar. Sommersporthotel auf 438 Meter.

Knjaževac

Entlang des Timoktales und der Regionalbahnstrecke Zaječar–Niš erreicht man nach etwa 65 Kilometern ab Zaječar die 20000-Einwohner-Stadt Knjaževac (Књажевац). Auf der Strecke liegt der Abzweig zum mittelalterlichen **Kloster Suvodol** (Суводол) am Fuße des Balkans. Aus seiner Entstehungszeit blieb jedoch nichts mehr erhalten. Die Muttergotteskirche entstand im 19. Jahrhundert. Im Klosterhof befindet sich eine Thermalwasserquelle.
Die ländlich anmutende Stadt Knjaževac gehört noch zur Timočka Krajina und zum Bezirk Zaječar. Der Trgoviški Timok

Kloster Suvodol

vereinigt sich hier mit dem Svirljiški Timok zum Beli Timok, und beiderseits des Flusses hat sich die Stadt entwickelt. Die hügelige Landschaft ist geprägt von Reben und Obstplantagen. In der Ferne macht sich der westliche Ausläufer des Balkans breit.

Knjaževac ist Weinstadt. Die Tradition geht schon auf die Römer zurück, wie die Ausgrabungen bei Timacum Minus in der Nähe von Knjaževac beweisen. Die ältesten Reben der Region befinden sich oberhalb am **Berg Džervin**. Im Jahr 1927 entstand hier die drittgrößte Weingenossenschaft Serbiens. Aus dieser entwickelte sich in den 1960er Jahren die Weinkellerei ›Džervin‹. Heute ist hier ein Weinverband aktiv an der Verbesserung der Qualität, der Vermarktung und der Traditionssicherung beteiligt. Er ist Mitinitiator eines Weinmuseums in **Ravna** (Равна) innerhalb des Ethnoparks Ravna. Im Park gibt es neben dem Weinmuseum unter anderem traditionelle Häusern aus dem 19. Jahrhundert und Schriftsteine aus römischer Zeit zu sehen.

In der **Vinarija Jović** kann man exzellenten Vranac verkosten. Sie gehört mit den Rebsorten Prokupac und Plovdina zu den authentischen Reben des Balkans. Französische Sommeliers kürten den Vranac von Jović zum Wein des Jahres 2003.

Knjaževac

Vorwahl: 019.

Website: www.knjazevac.org.rs (serb.).

Turistička organisazija opštine Kjaževac, Miloša Obilića 1, Tel. 73 16 23.

Busbahnhof, Tel. 73 30 27 und 73 14 37. Es gibt mehrmals wöchentlich Busverbindungen ins 300 Kilometer entfernte Belgrad.

Mali predah, Gasthaus mit Pension (Kafana sa pernoćištam), ul. Mile Julina 4, Knjaževac, Tel. 73 91 00. 6 einfache Zimmer und gute Hausmannskost.

Konak Barka, Kađiski krst bb, Tel. 73 12 22, mobil 063/46 14 02, www.surbarka.travel.to.

Vila Katarina, ul. Karađorđeva, Tel. 73 33 79. Auch für Anspruchsvollere geeignet. Außerhalb vom Zentrum an der Straße nach Niš.

Isakov, Knjaza Miloša 170, Tel. 73 25 40. Einheimische Küche, Menü ca. 400 Dinar.

Milošev Konak, Njegoševa 4, Tel. 73 21 03. Nationale Küche.

Weinkellerei Vinarija Jović, Oktobarske revolucije 5, Knjaževac, Tel. 73 17 11.

Weinkellerei Podrum Isakov, Marka Kraljevića 10, Knjaževac, Tel. 73 11 05. Hier werden medizinische Naturweine mit Zusatz von Heilkräuterextrakten hergestellt und unter dem Namen ›Gurgusovac‹ verkauft.

Regionalmuseum (Zavičajni Muzej Knjaževac), ul. Karđorđeva 15, Tel. 73 14 07. Besonders originell ist die Sockensammlung.

Sokobanja

Sokobanja (Сокобања), das Falkenbad, liegt reizvoll zwischen der Südflanke des Rtanj und dem Ozrengebirge auf 410 Metern Höhe. Durch den Kurort fließt der Fluss Sokobanjska Moravica (Сокобањска Моравица). Das Städtchen ist Luftkurort und Heilbad und ein sehr beliebter Ferienort der Serben. Während hier das ganze Jahr hindurch etwa 8500 Menschen leben, füllt sich der Kurort während der Sommermonate auf mehr als das Doppelte. Eine ganze Reihe Hotels, einige noch staatlich, sind hier ansässig, daneben gibt es zahlreiche Privatpensionen.

In der langen Fußgängerzone pulsiert das Leben mit Musik, Märkten und Veranstaltungen bis tief in die Nacht. Unter den unzähligen Veranstaltungen ist vor allem das alljährlich stattfindende **Akkordeonfestival Prva harmonika** (Прва хармоника) bemerkenswert. Einer der vielen berühmten Akkordeonspieler ist Tomislav Latinkić.

Die Gründung der heutigen Siedlung geht auf das 16. Jahrhundert und die Türken zurück. Alles Sehenswerte ist in der Fußgängerzone plaziert. Die alten **türkischen Badeanlagen** aus dem 15. Jahrhundert, die auf den Fundmenten römischer Thermen entstanden waren und noch immer benutzt werden, sind an ihren Ziegeln und den Kuppeln erkennbar.

Das berühmteste Restaurant der Timočka Krajina, ›Milošev Konak‹,

Alter Hamam in Sokobanja

Karte S. 291

steht den türkischen Bädern gegenüber. Der Bau des **Konaks** geht auf die Zeit des Miloš Obrenović zurück. Und am Beginn der Fußgängerzone gegenüber des Touristenamtes steht das historische Gebäude, in dem das **örtliche Museum** eingerichtet wurde. In der **Galerie Milun Mitrović** sind Werke des in Sokobanja geborenen Künstlers ausgestellt.
An der Peripherie von Sokobanja sind zwei alte Wassermühlen unter Denkmalschutz gestellt (Grudonjske vodenice).

Sokograd

Der Ort ist benannt nach der Burg Sokograd (Falkenburg), die im Volksmund auch Sokolac, Sokolnik und Sokolica hieß. Während der Regierung Kaiser Justinians wurden Sokograd und die **Festung Vrmdža** (Врмджа), deren Reste sich zwölf Kilometer in Richtung Aleksinac befinden, zur Verteidigung gegen Avaren und Slaven angelegt. Die Burg Sokograd ist das letzte Relikt der mittelalterlichen Stadt, zwei Kilometer östlich von Sokobanja oberhalb der Schlucht der Moravica auf einem schroffen Felsen.
Man fährt in Richtung **Ozren** (Озрен), dem Hausberg von Sokobanja mit einer Höhe von 1174 Metern, vorbei am Krankenhaus mit großem Rehabilitationszentrum Richtung Sokograd. An einem Flüsschen liegt ein einladendes Restaurant, in dem auch wenige Zimmer angeboten werden. Es ist ein guter Ausgangspunkt für die Wanderungen rund um den Ozren.
Ein ausgeschilderter Weg führt hoch zur Burgruine, zunächst geht es am Fluss entlang und dann bergauf. Man benötigt etwa eine Stunde, gutes Schuhwerk ist ratsam. Die Burg aus dem 4. Jahrhundert liegt auf etwa 500 Metern Höhe. Nur wenige Jahre nach der Schlacht auf dem Amselfeld geriet sie in türkische Hand und wechselte bis zur Befreiung durch den Hajduk Veljko noch häufig den Besitzer. Überall gibt es Picknickplätze. Nicht weit vom Restaurant steht eine Kirche der heiligen Petka.

Die Umgebung von Sokobanja

Am Berg Ozren kann man zum unter Naturschutz stehenden **Wasserfall Ripaljka** (Рипаљка) wandern. Er entstand am Fluss Gradišnica außerhalb von Sokobanja.
Fünfzehn Kilometer außerhalb von Sokobanja im Dorf **Jošanica** (Јошаница) mit Thermalquellen, steht die **Maria-Himmelfahrts-Kirche** aus dem 11. Jahrhundert. Sie ist der älteste Sakralbau in dieser Region und besitzt wertvolle Wandmalereien.
Der **Berg Rtanj** mit seiner pyramidenähnlichen Form befindet sich westlich von Boljevac und nördlich von Sokobanja. Sein höchster Punkt ist die Spitze ›Šiljak‹ mit 1560 Metern. Während der Nordhang felsig ist, ist seine Südseite mit Laub- und Nadelwäldern sowie Weiden bedeckt. Auf seinen südöstlichen Hängen wächst eine Teesorte namens ›Rtanski caj‹. Fast 6500 Hektar des Bergzuges sind als Jagdrevier für Rehe und Wildschweine ausgewiesen. Im Jagdrevier steht ein Motel und auf 640 Meter Höhe eine Raststation aus sozialistischen Zeiten zur Verfügung.
Von Sokobanja führt eine reizvolle Strekke nach Aleksinac vorbei am großen Stausee **Bovansko jezero** (Бованско језеро), der Aleksinac und Niš mit Trinkwasser versorgt. Das acht Kilometer lange und 400 Meter breite Wasserreservoir ist reich an Fischen. Strände, Picknickplätze sind rund um den See angelegt. In der Ortschaft **Bovan** kann man Boote mieten.

Sokobanja

Vorwahl: 018.

Website: www.sokobanja.org.rs.

Organizacija za turizam, kulturu i sport, Trg Oslobođenja 2, Tel. 83 39 88, www.otks.org.yu. Mit Internetzugang.

Es gibt Busverbindungen von Sokobanja nach Niš, Zaječar und Belgrad sowie regionale Verbindungen. Die Bushaltestelle ist nahe beim Hotel ›Zdravljak‹.

Es stehen zwar viele große Hotels zur Verfügung, sie lassen aber Charme und Behaglichkeit vermissen. Sie sind nicht alle privatisiert und teilweise vernachlässigt. Die wenigen kleinen Privatunterkünfte sind oft belegt.

Hotel Zdravljak (★★★), ul. M. Ivanovića, Tel. 83 07-42, Fax -22; DZ 6000 Dinar. Mit großen Sportanlagen und Parkplatz.

Turist, ul. Svetog Save 20, Tel./Fax 83 05 10; 3 Sterne, DZ 4800 Dinar.

Hotel Sunce, ul. Radnička 2, Tel. 83 01-22, Fax -62; 2 Sterne, DZ 3700.

Pension und Restaurant Splendid, ul. Kralja Petra I Nr. 2, Tel. 83 06 34, mobil 063/773 18 66; DZ 38, EZ 20 Euro.

Ferienwohnungen Kuća za Odmor Apartmani, Valsnik Dušica Pavlović, ul. Nikole Pašića 15, Sokobanja, Tel. 83 05 09, www.sokobanja-apartmani-pavlovic.com (serb.).

Kurzentrum Banjica, ul. Milutina Pejovića 40, Tel. 830-204, Fax -308, sbol@bankerinter.net.

Restoran Čoka, direkt in der Fußgängerzone. Nationale Küche.

Kafana Sokače, ul. Svetog Save 46, Tel 018/88 48 34, mobil 063/885 40 48 (Bojan), 062/51 62 56 (Miša), www.kafanasokace.com. Das traditionelle Restaurant besteht seit 1992. Hier wird serbische Livemusik geboten.

Türkisches Bad; tägl. ab 7 Uhr.

Klöster im Serbischen Erzgebirge

Wieder geht es über eine einsame Strekke, fast ohne Verkehr, lediglich die Polizei ist auffällig präsent. Man sollte einen vollen Tank haben, denn es gibt wenige Tankstellen. Wunderschöne Ausblicke verlangen immer wieder nach einem Stop.

Ćuprija

▸ Karte S. 291

Am Rande des Erzgebirges liegt Ćuprija (Ћуприја), das sich gut als Ausgangspunkt für eine Klosterfahrt eignet. Die Stadt liegt auf dem rechten Ufer der Großen Morava an der Stelle des römi-

Die Dreifaltigkeitskirche bei Žagubica

schen Municipiums Horreum Margum. Im Mittelalter erhielt sie den Namen Ravno oder Ravnela. Die Gelehrten streiten, ob Stefan Nemanja die Abgesandten des Kaisers Friedrich Barbarossa 1189 in Ćuprija oder in Niš getroffen habe. Friedrich befand sich auf dem Weg zum dritten Kreuzzug. Sicherer ist, dass Stefan hier im Jahr 1215 König Andreas II. von Ungarn empfing.

Ihren heutigen Namen erhielt die Stadt von den Türken. Großwesir Mehmed Pascha Köprülü (serbisch Ćuprilić) ließ auf den römischen Brückenfundamenten eine neue Brücke errichten. Die Türken richteten einen Gerichtsbezirk, eine Kadiluk, und einen Flusshafen ein. Mehrere Kirchen, wenngleich weniger bedeutend, liegen noch in der Umgebung: Bei Izvor führt eine Abzweigung nach **Plag Rodicza** zu einer Holzkirche auf uraltem Steinfundament. Im alten Konak wohnt der Kustode. In der Parkanlage ist eine Quelle, die als heiliges Wasser angesehen wird. Aus diesem Grunde entstand hier ehemals eine Kirche, die zerstört wurde.

Ganz in der Nähe liegt das **Nonnenkloster zur heiligen Petka** (Св. Петка). Der alte Bau wurde vollständig neu ausgemalt. 20 Nonnen leben hier. In Richtung Autoput trifft man noch auf eine **Michaelskirche**.

Kloster Ravanica

Kloster Ravanica (Раваница) ist ein Juwel serbischer Kunst. Dieses wunderschön gelegene Kloster erinnert von außen eher an eine Festung. Es ist so phantastisch eingebettet in die waldige Umgebung, dass man fast daran vorbeifahren könnte. Mächtige Mauern mit sieben Türmen umgeben die der Christi Himmelfahrt geweihte Kirche und geben den Blick auf dieses einzigartige

Das wehrhafte Kloster Ravanica

Bauwerk fast nicht frei. In einer der Turmruinen befand sich die Gebetskapelle Fürst Lazars. Bis vor kurzem durfte man den baufälligen Turm und diese Kapelle noch besichtigen. Das Kloster steht von Sonnenauf- bis Sonnenuntergang dem Besucher offen. Wie Manasija wird es von Nonnen bewirtschaftet.

Die Anlage entstand im Jahr 1376 auf Veranlassung des Fürsten Lazar Hrebeljanović, der in der Schlacht auf dem Amselfeld sein Leben für Serbien ließ, als letzte seiner Stiftungen. Die serbisch-orthodoxe Kirche sprach ihn nach seinem Tod heilig und ließ seinen Leichnam feierlich nach Ravanica überführen. Damit wurde das Kloster zu einem bedeutenden Wallfahrtsort. Nicht genug damit, entstanden hier auch Lobpreisungen zu seinen Ehren, wodurch sich Ravanica zum Kulturzentrum und zur Schreibstube entwickelte. Seit dem 15. Jahrhundert, mit Unterbrechungen bis hinein ins 18. Jahrhundert, bestand hier eine Mönchsschule, die sich nicht nur dem Abschreiben widmete, sondern auch der Dichtung. Im Jahr 1689 mussten die Mönche nach dem

Fenster an der Christi-Himmelfahrtskirche

gescheiterten Aufstand gegen die Türken auf österreichisches Gebiet fliehen. Sie nahmen die Reliquien, aber auch wertvolle Bücher und Preziosen mit. Nur der Priestermönch Stefan erlebte die Rückkehr in sein Mutterkloster und veranlasste sofort den Wiederaufbau und die Erneuerung der Schreibschule im Jahr 1717. Das Kloster ist sowohl geschichtlich als auch kulturhistorisch äußerst bedeutsam. Zwei Urkunden geben Aufschluss über seine Entstehung, deren Datierung um zehn Jahre, zwischen 1376/77 und 1381, schwankt. Der gesamte Klosterkomplex bestand aus Kirche, Refektorium, Zellen, Spital, Wirtschaftsgebäuden und Befestigungen und beanspruchte eine jahrelange Bauzeit.

Heute ist das Kloster wieder in fürsorglicher Hand. Allein die Gartenanlagen spiegeln die Behutsamkeit seiner Bewohner wider. Innerhalb der Wehrmauern wurden neue Wohnbauten, sogenannte Konaks, auf die Ruinen aufgesetzt.

▶ Karte S. 291

Christi-Himmelfahrtskirche

Die Christi-Himmelfahrtskirche hat die Form eines griechischen Kreuzes mit fünf Kuppeln, kombiniert mit Drei Konchen. Vier freistehende Stützen tragen die zentrale Kuppel. An der Ostseite findet man eine dreigliedrige Apsis.

Besonders schön ist der Außenbau: Hau- und Ziegelsteinreihen wechseln sich in den Fassaden ab. Ihre warmen roten und beigen Töne leuchten zu jeder Tageszeit in anderen Nuancen. Zweigeteilte Fenster, Rosetten und keramische Verzierungen beleben das Mauerwerk. Zwei Kranzgesimse gliedern es in drei horizontale Zonen, Halbsäulen und flache Rundbogennischen in vertikale Felder. Fenster und Rosetten sind mit plastischen Verzierungen versehen, die größtenteils erhalten sind und ein einzigartiges Zeugnis serbischer Reliefkunst darstellen. Als zweigliedriges Band verbindet sich dieser plastische Schmuck zu verschiedenen geometrischen und floralen Ornamenten mit phantastischen Tierbildern. Teilweise wurden fast vollplastische Formen ausgearbeitet wie das Medaillon mit zwei Greifen.

Schon 1385 wurde die Kirche – Apsis, Naos und Narthex – vollständig im sogenannten Moravastil ausgemal. Diese Werke sind eines der letzten Zeugnisse der mittelalterlichen serbischen Malerei. Sie gehen auf verschiedene Künstler zurück, nur einer von ihnen signierte mit Konstantin. Die Signatur ist auf der Tunika des heiligen Merkurios im Nordchor entdeckt worden. Den ältesten Teil der Malerei stellt die Kuppel dar, in ihr sieht man Christus Pantokrator, die himmlische Liturgie und 16 Propheten.

Das Bildprogramm zeigt in der Hauptapsis von oben nach unten: in der Lünette die Muttergottes mit dem Christuskind zwischen zwei Engeln, die Apostelkommunion, eine Reihe von Heiligenmedaillons, die in der Mitte das Opfer anbeten, und im untersten Rang Propheten. Im Naos sind die orthodoxen Feste und ein Zyklus mit den Wundern und Gleichnissen Christi abgebildet: In der südlichen Konche erkennt man in der Lünette den Einzug Christi in Jerusalem, darunter die Heilung des Kranken und die berühmte Heilung des Blindgeborenen. Auch wenn die Malereien schon sehr gelitten haben, ist ihre Einzigartigkeit erkennbar geblieben. Man sollte sich Zeit für die Details nehmen. Anmut und Weichheit sind besondere Merkmale der Gesichter. Die unteren Reihen zeigen wieder Medaillons und Soldatenheilige. Auf der Westseite sind der Stifter Lazar und seine Frau Milica mit ihren Kindern Stefan und Vukan unter den Einsiedlern zu sehen.

Fürst Lazar unterstützte nicht nur Kirche und Klöster, sondern auch einzelne Einsiedler. Er nahm zum Beispiel vom Sinai geflohene Mönche auf und brachte sie in seinen Stiftungen unter. Einer von ihnen war der Mönch Romilo, von dem eine Biographie vorliegt. Er starb 1375 in Ravanica und wurde sogar heiliggesprochen.

Oben sieht man den Marientod. Die Seele der Muttergottes liegt bei Christus in Form eines kleinen Kindes auf dem Schoß.

Das Kloster wurde mehrmals beschädigt, ausgeraubt und verödete zuletzt im 17. Jahrhundert. Doch schon Anfang des 18. Jahrhunderts wurde es wiederhergestellt. Dabei ersetzte man 1721 den alten Narthex im Westen durch einen neuen, dreischiffigen. Er ist von einer Tonne überwölbt, die mit der Darstellung der Hypostasen Jesus Christus geschmückt ist: Alter der Tage, Christus als junger Mann bärtig und Christus als Jugendlicher bartlos mit der Weltkugel in der Hand. Das Thema versteht sich auch als Sinnbild der Dreifaltigkeit.

Im linken Seitenschiff des Narthex erkennt man Jonas mit dem Wal, ein Thema, das Bezug zur Auferstehung nimmt. Auf der Westseite befindet sich

›Christus heilt die Blinden‹

ein zweites Mal der Tod der Muttergottes. In der alarmgesicherten Kirche befindet sich seit geraumer Zeit wieder der Sarkophag mit den Gebeinen des Stifters, Fürst Lazars.

Hier wird auch eine russische Muttergottesikone verehrt, von der ein ganz besonderer Duft wahrzunehmen ist, wie Gläubige meinen.

Kloster Sisojevac

Oberhalb von Ravanica, etwa zwölf Kilometer entfernt, steht auf einem Gebirgsausläufer des Kučajske planine, nicht weit vom Fluss Crnica, das Kloster Sisojevac (Сисојевац). Bis vor kurzem lag es in Ruinen. Zu Zeiten des Fürsten Lazar war es durch den vom Sinai geflohenen Mönch Sisoje entstanden. Er war ein Anhänger des Hesychasmus, einer mystischen Bewegung des orthodoxen Mönchswesens, die durch Konzentration das göttliche Licht zu schauen suchte. Das Kloster war einst von Meistern aus Kalenić und Manasija ausgemalt worden.

Kloster Manasija

Von Ravanica kann man auf zwei Wegen zum Kloster Manasija (Манасија) gelangen. Einer führt über eine kurven- und waldreiche einsame Strecke zunächst ins Bergbaustädtchen **Resavica** (Ресавица), in dem Steinkohle abgebaut wird. Am Ortsrand steht eine prächtige Doppelkuppelkirche. Hinter Resavica beginnt der **Nationalpark** um den Gebirgsstock des Beljanica. Seine Hauptattraktion sind die **Höhlen der Resava** (Resavska Pećina/ Ресавска Пећина). Die Fahrt geht weiter bis nach **Despotovac** (Деспотовац). Es sind etwa 60 Kilometer zu fahren, aber die gebirgige Landschaft kann man in ihrer Ausdehnung leicht unterschätzen. Man sollte nicht unter Zeitdruck sein.

▶ Karte S. 291

Kloster Manasija

Der andere Weg führt ein Stück über die Autobahn und dann nach Despotovac. Nur einen Kilometer von Despotovac am rechten Ufer der Resava liegt die Wehranlage.

Das Kloster, das auch als Kloster Resava bezeichnet wird, ist gut ausgeschildert. Egal von welcher Seite man kommt, erst zeigt sich ein Turm, dann ein zweiter, dann drei und dann verschwinden wieder alle. Das Kloster ist noch mächtiger, noch abweisender als Ravanica und von viel Wald umgeben. Kirche und Befestigung wurden von Stefan Lazarević, dem Sohn Lazars, 1407 gestiftet. Über zehn Jahre wurde daran gebaut, bevor die Kirche im Jahr 1418 der heiligen Dreifaltigkeit geweiht werden konnte. Anlässlich dieses Ereignisses wurde sogar ein Landtag einberufen.

Der Biograph Stefans berichtete, dass mit ihr die größte Kirche ihrer Zeit gebaut werden sollte. Stefan hatte sich auf eine Reise begeben, um persönlich den schönsten Ort für seine Stiftung auszuwählen, den er hier an der Resa-

Die Moravaschule

Detail der Lazarica in Kruševac

Nach dem Vordringen der Türken auf die Balkanhalbinsel verschob sich das Machtzentrum innerhalb Serbiens in den 70er Jahren des 14. Jahrhunderts nach Norden in das Tal der Morava. Trotz politisch äußerst instabiler Zustände entstand unter Fürst Lazar und seinem Sohn, dem Despoten Stefan, im serbischen Teilstaat der Lazarević-Dynastie eine neue Kunst auf hohem Niveau. Man konnte hier eine relative Autonomie bewahren und, von den Eroberern geduldet, neue Kirchen und Klöster gründen.

Zu den wichtigsten Denkmälern der Moravaschule zählen die Klöster Ravanica, Lazarica, Kalenić und Manasija. Ihnen ist als Grundriss das griechische Kreuz gemeinsam sowie differenziert gegliederte Außenmauern, reiche Farbigkeit und keramischer Schmuck. In ihren Malereien kam zum letztenmal die große byzantinische Maltradition zum Tragen. Mit dem Fall Smederevos endete auch diese glanzvolle Periode der serbischen Kunst. Den Klöstern Manasija und Ravanica ist ein starker Wehrcharakter eigen, der Zeugnis von den politischen Zuständen und der ständigen Bedrohung gibt. Typisch für den Moravastil sind zwei Einflüsse: die der Zeit Großserbiens, der Raškaepoche, und die reiche kleinasiatisch-islamische Handwerkskunst. Die Außengestaltung erfuhr eine reichhaltige Dekoration, gleichzeitig wurde der Dreikonchentypus streng eingehalten, der sich am Vorbild von Hilandar auf dem Athos orientiert. Der serbische Gelehrte Radojčić formulierte, die Gestaltung sei »wie ein glanzvoller Traum von der Schönheit längst vergangener Zeiten.«

Steinrosette an der Fassade von Kloster Ravanica

Die Bauten, für die zweigeteilte spitzbogige Fenster mit einer Mittelsäule, kunstvoll gemeißelte Steinrosetten im Tympanon und bewusst betonte Westfassaden bevorzugt wurden, zeichnen sich durch Höhenstreben aus. Die Konzentration auf die Westfassade deutet auf den westlichen Einfluss, der über die Adria hier Eingang fand.

va fand. Kloster Manasija wurde zum letzten bedeutenden Zufluchtsort für Geistliche und Künstler der um ihre Unabhängigkeit ringenden Serben. 20 Jahre blieb es das bedeutendste Zentrum des serbischen Schrifttums und des kulturellen Schaffens.

Nach dem Tod Stefans eroberten die Türken die Burg 1427 zum ersten und 1439 zum letzten Mal. Dabei ging sie in Flammen auf. Die Glocken nahmen die Türken mit. Kriege zwischen Türken und Österreichern, Vergeltungsschläge und die Zerstörungen am Vorabend des ersten serbischen Aufstandes haben das Kloster sehr mitgenommen. Umso erstaunlicher ist das, was heute nach dem Wiederaufbau in der ersten Hälfte des 19. Jahrhunderts noch zu sehen ist.

Besichtigung des Klosters

Die Anlage hat einen unregelmäßigen polygonalen Grundriss mit elf Türmen, deren größter der Donjon, Despotenturm, genannt wird. Mauern und zinnenbekrönte Türme sind durch Innengänge miteinander verbunden. Außer der Kirche umschloss die Befestigung das große Refektorium und die Unterkünfte der Mönche. Die Kirche wird eingefasst von den monumentalen Wehrmauern und Türmen und ist der größte Bau der Moravaschule.

Befestigungsanlagen des Klosters Manasija

▲ Karte S. 291

Aus Hausteinen wurde ein Dreikonchentypus mit fünf Kuppeln auf schlanken Tambouren gefügt. Ihre Hauptkuppel ruht auf vier freistehenden Stützen und scheint mittels ihres Tambours in unendliche Höhen zu streben. Im Grundriss liegt ein griechisches Kreuz vor, dem drei Konchen eingeschrieben sind. Die Ostseite ist dreigeteilt, im Westen ein überkuppelter Narthex angeschlossen. Im Unterschied zu den anderen Bauten der Moravaschule sind die Fassaden aus regelmäßigen Steinquadern gefügt. Die Außenmauern der Konchen und der Apsis sind durch Halbsäulen gegliedert. Unter dem Dach verläuft ein Blendarkadenfries auf Konsolen, der an die Raškaschule erinnert.

In der Vorhalle ist ein Rest des ehemaligen Fußbodens zu beachten. Er wurde aus farbigen Fliesen gelegt. Die Wandmalerei von 1420 ist eine Synthese byzantinischer und westlicher Kunst und nahm eine besondere Stellung im 15. Jahrhundert ein. In der Portallünette zum Naos sieht man das letzte Abendmahl. Die qualitätvollen Wandmalereien im Naos haben die turbulenten Zeiten nur teilweise überstanden. In ihnen zeigt sich aristokratischer Prunk, vor allem in den Gewändern der Stifter und Heiligen. Folgende Kompositionen sind noch zu erkennen: in der Apsis die Apostelkommunion und die Anbetung des Lammes, in der Kuppel 24 Propheten. Den Naos zieren in der unteren

Darstellung des Habakuk aus dem 15. Jahrhundert im Kloster Manasija

Zone die orthodoxen Feste, die Wunder Christi, darunter die Auferstehung des Lazarus und die Hochzeit zu Kanaa sowie heilige Krieger, die prunkvoll gekleidet mit vielen Waffen versehen sind. An der Westwand sieht man das in der serbisch-orthodoxen Kirche so beliebte Thema der Muttergottes Entschlafen. Darunter ersucht der Stifter Stefan Lazarević mit dem Kirchenmodell in der Hand um Gnade. Eine Besonderheit stellt die Hand Gottes, die guten Seelen haltend, im Laibungsbogen der Westseite, der Eingangsseite, dar. Die Farben sind sehr dunkel, das Blau dominiert anstelle von Gold.

Im Kloster werden kostbare Handschriften verwahrt, darunter eine des Radoslav von 1328. Einige sind im Narthex ausgestellt, in dem sich auch ein Verkaufsstand befindet. Die Kirche hat eine neue Ikonostase bekommen.

Kirche Trška crkva

An der Straße von Žagubica nach Petrovac steht die alte Kirche Trška crkva (Тршка црква, Dreifaltigkeitskirche). Sie ist der Muttergottes geweiht und geht auf das 13. Jahrhundert zurück. Die Kirche ist damit eines der ältesten Sakralbauten im Serbischen Erzgebirge. Im Grundriss erinnert sie an die Bauten der Raškaschule. Besonders sehenswert ist ihr Steinportal. Dass man in Serbien nicht allzuviel Bauplastik zu sehen bekommt, macht dieses Portal umso kostbarer. Sein Rahmen ist ornamental geschmückt. Über dem Rundbogen ist der Adler, links und rechts sind Greifen, alles Herrschaftssymbole, zu sehen. Die Kirche besitzt eine Kuppel über hohem Tambour. Im Kloster leben drei Nonnen und pflegen ihr malerisches Gärtchen. Vom hölzernen Glockenturm wird zum Gebet gerufen.

Kloster Gornjak

Die Weiterfahrt führt ins reizvolle **Tal der Mlava** (Млава). In ihrer Klamm klebt das Kloster Gornjak (Горњак), eine Stiftung Fürst Lazars von 1379. Fast fährt man daran vorbei, denn es liegt in einer Kurve über dem Fluss. Die Hinweisschilder in kyrillisch sind erneuerungsbedürftig. Der Name des Klosters bezieht sich auf seine Lage an den steil aufragenden Felswänden: Gorn (Felsen), Gora (Berg) und Gornja (das Obere).

Die Hauptkirche ist der Muttergottes Reinigung geweiht. Der Dreikonchenbau mit Kuppel hat viele Neuerungen durchgemacht: Südseite und Glockenturm wurden 1845 hinzugefügt. Auch die Wandmalereien gehen auf das 19. Jahrhundert zurück. In der Kuppel sieht man Christus Pantokrator. Am linken Pfeiler vor dem Naos ist König Lazar, der Stifter, abgebildet.

Kloster Gornjak

Oberhalb der Hauptkirche wurde im 16. Jahrhundert in die Felswand die **Sankt-Nikolauskapelle** eingefügt. Die Höhlenkirche besitzt aus ihrer Entstehungszeit noch Malereireste. Sie wird ganz selten durch eine der Nonnen geöffnet. Im Kloster wirkte der vom Sinai geflohene Mönch Gregorius, der dank Fürst Lazar hier im 14. Jahrhundert Aufnahme fand.

Auf dem Weg nach Petrovac (Петровац) stößt man immer wieder auf Hinweise zu Kirchen und Einsiedeleien in Höhlen, zum Beispiel **Kloster Reškovica** (Решковица) bei Ždrelo (Ждрело). Hübsche einladende Gasthäuser liegen an der Straße. In Petrovac gibt es ein Hotel, das derzeit noch renoviert wird.

▲ Karte S. 291

Kloster Vitovnica

Ab Petrovac ist das Kloster Vitovnica (Витовница) gut ausgeschildert. Vor dem Zentrum führt ein Wegweiser rechts ab. Das Kloster liegt unterhalb einer Felsenwand am Fluss Vitovnica. Vor der Kirche ist begrenzter Platz zum Parken, am besten, man lässt den Wagen unten stehen und geht einen Kilometer zu Fuß. Der Dreikonchenbau aus Bruchstein gilt als Stiftung König Milutins. In Quellen wurde die Muttergottes Entschlafen geweihte Kirche 1552 erwähnt. Sie ist in ihrer Anordnung von Altarraum, Naos, Narthex und Exonarthex ein typischer Bau. Über ihm erhebt sich ein Turm. Die Kirche wurde im 19. und 20. Jahrhundert ausgemalt. Die Konake werden derzeit kräftig renoviert. Ein einziger Mönch belebt die Anlage.

Kostbarstes Gut des Klosters sind zwei Inschriften im Mauerwerk: eine slawische auf der Nordseite und eine armenische. Sie weisen auf einen Vorgängerbau aus dem Jahr 1218 hin. Ein schmaler, kurzer Pfad führt durch den Wald zum Fluss, der sich hier durch die Felsen seinen Weg gräbt – ein idyllisches Plätzchen zum Ausruhen.

Kloster Vitovnica

Westserbien

Die Gebirgszüge Westserbiens werden durch die Drina von Bosnien getrennt. Entlang der **Drina** bieten sich vielfältige Natur- und Sporterlebnisse. Angeln und Rafting in der Drina ziehen bisher vor allem Urlauber aus den Balkanländern an.

Im Süden reicht das westliche Serbien an das mittelalterliche serbische **Stari Vlah**. Neben gemütlichen Städtchen und dem waldreichen **Nationalpark Tara** birgt es ein wahres Schatzkästchen, das **Kloster Pustinja**.

Das Erholungsgebiet des **Zlatibor** lockt mit einem großen Sportangebot, **Bajina Bašta** bietet Heilklima und viele Möglichkeiten für einen Urlaub in der Natur, und rund um die Stadt **Valjevo** lassen sich viele Kirchen und Klöster besichtigen.

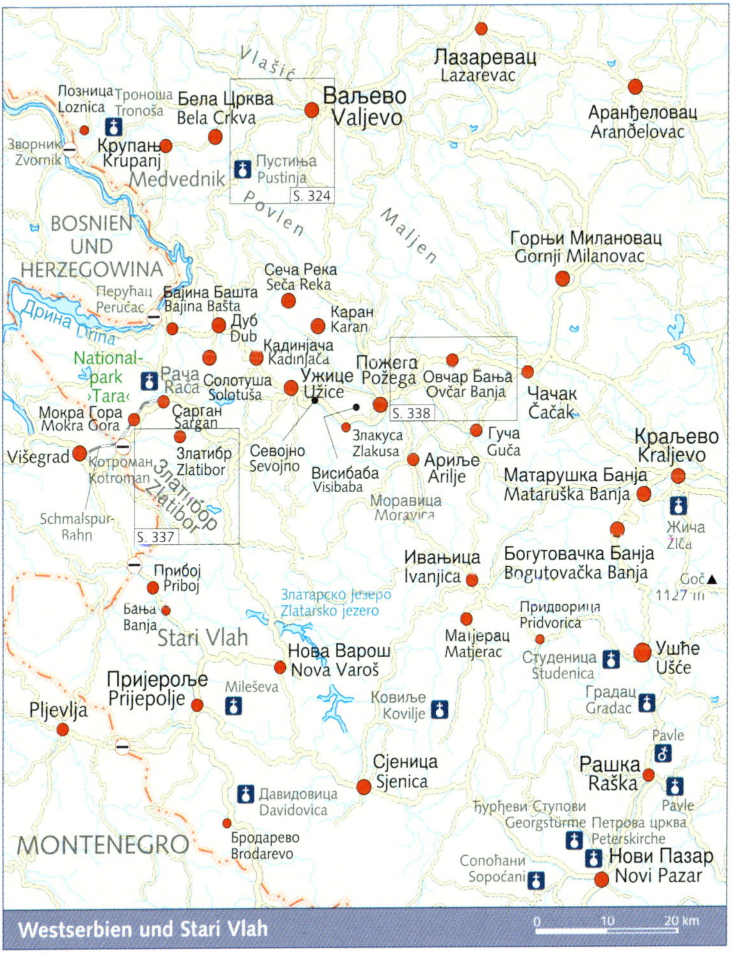

Westserbien und Stari Vlah

Valjevo

Das Städtchen Valjevo (Ваљево) mit 60 000 Einwohnern liegt reizvoll zwischen den Gebirgszügen des **Povljen** (bis 1347 Meter) mit den Bergstökken des Maglieš (1036) und Jablanik (1274), dem **Maljen** (1108 Meter) mit seinem Bergtourismuszentrum Divčibare (Дивчибаре) im Süden, **Medvednik** (bis 1244 Meter) mit einer Berghütte im Westen sowie des **Vlašić** im Norden.

Valjevo konnte sich bis heute und trotz der Schäden von 1999 eine Anmut bewahren, wie sie nur wenige Orte Ser-

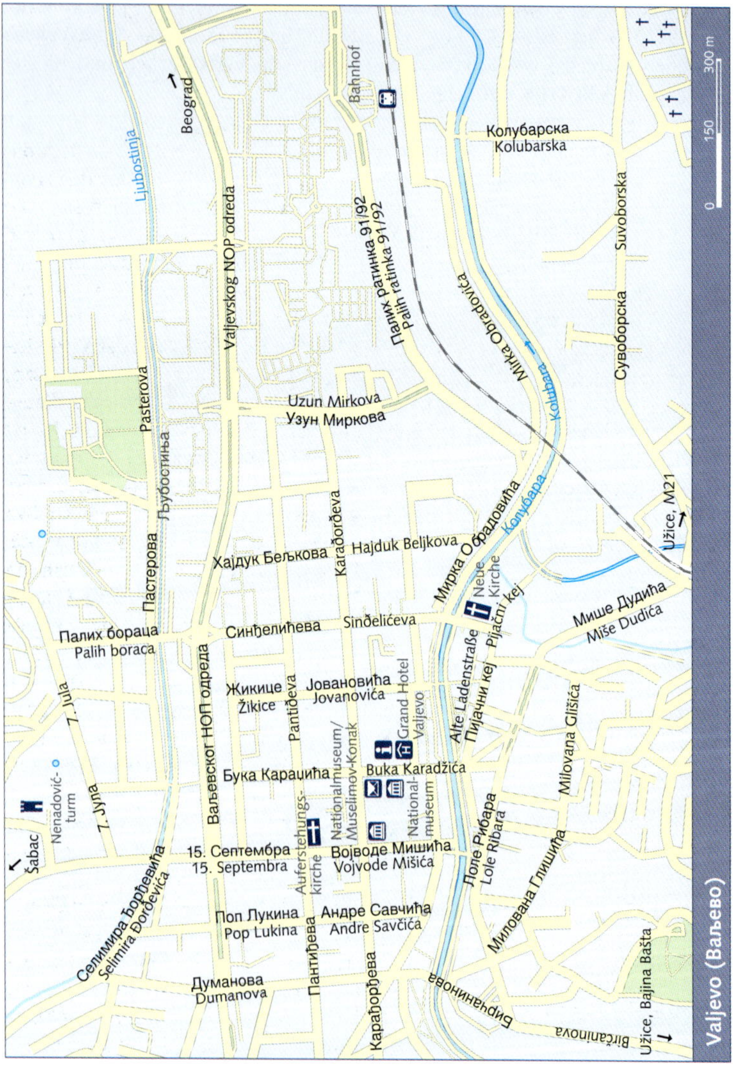

biens ausstrahlen. Am Kreuzungspunkt der Verkehrswege gelegen, trafen im 14. Jahrhundert auch Kaufleute aus Dubrovnik ein. Sie waren die Mittler zwischen dem Balkan und den mediterranen Städten. In einem Dokument beklagen sich jene Dubrovniker Kaufleute bei der Fürstin Milica im Jahr 1398 über die Schäden, die ihnen die Türken zugefügt haben. Während der Türkenherrschaft wurde Valjevo zu einem der bedeutendsten Orte Serbiens, wenn auch mit orientalischem Flair. Stürmische Zeiten erlebte es während der Befreiungskämpfe von den Türken. Handel und Gewerbe nahmen einen jähen Aufschwung nach 1804. Aus dieser Zeit ist der **Nenadović-Turm** erhalten.

Der Name der Stadt ist vermutlich vom Personennamen Valj (Valko, Valli, Valius, Valentius) abgeleitet.

Die Stadt hat 1999 schwer gelitten und sich auch noch nicht vollständig erholt. Einst lebte sie fast vollständig von der Rüstungsindustrie. Die Fabrik ›Krušik‹ am Eingang der Stadt, die wegen Waffenlieferungen in den Irak ins Gerede kam, wurde komplett zerstört. Zwischenzeitlich hat die Nahrungsmittelindustrie hier einen festen Platz und wieder Arbeitsplätze geschaffen.

In der Altstadt von Valjevo

Der Krieg der NATO gegen das Milošević-Regime war Auslöser für die Vereinsgründung in Pfaffenhofen ›Freundschaft mit Valjevo‹. Der Verein hat Hilfe für die Krankenhäuser, Kindergärten und Schulen organisiert und bietet jährlich einen Schüleraustausch an, www.freundschaft-mit-valjevo.de.

Stadtrundgang

Links und rechts der Kolubara liegt das Zentrum. Am nördlichen Flussufer konnte sich die Stadt in einem breiten Tal ausbreiten, nach Süden war sie durch die Gebirgszüge eingeengt. In der türkischen Zeit befand sich auf dem rechten Ufer der Kolubara ein orientalisches Handwerker- und Handelsstadtviertel, das als **Tešnjar-Viertel** (Тешњар) oder auch als ›alte Ladenstraße‹ (Stara čaršija) bezeichnet. Zahlreiche kleine Geschäfte und Wohnhäuser erinnern an diese Epoche, während auf der linken Seite des Flusses das administrative Zentrum lag. Auch das bezeugen die historistischen Bauten. Der erfolgreiche Befreiungskampf der Serben führte zu einem Zuzug serbischer Bewohner. Sie siedelten zunächst auf der rechten Seite, der Handelsseite, und erst später am bis dahin unbewohnten linken Ufer. Der ungeordneten Besiedelung wurde durch einen Bebauungsplan von 1855 mit rechtwinkligen Straßenzügen und Kreuzungen ein System gegeben, das noch heute die Grundlage der urbanen Struktur der Stadt bildet.

Das schönste und älteste Gebäude der Stadt ist der **Muselimov-Konak**, in dem sich heute das Nationalmuseum (Narodni muzej/надродни Музеј) befindet: In ihm werden unter anderem Wachsfiguren der Helden der Stadt gezeigt.

Auf dem Markt

Ein weiteres Gebäude des **Nationalmuseums** befindet sich am Ende der Fußgängerzone. Vor ihm stehen die Büsten der Helden im ersten serbischen Aufstand gegen die Türken: Ilija Birčanin und Aleksandar Nenadović. Beide waren 1804 enthauptet worden. Das **Gymnasium** ist ein gelber Neobarockbau, vor dem Büsten wichtiger Männer der Stadt aufgestellt sind.
Zu beiden Seiten der Kolubara verläuft die **Fußgängerzone** mit ihren zierlichen Häusern – teilweise durchsetzt mit kommunistischen Bauten – und lädt zum Flanieren ein. Die Fußgängerzone setzt sich als **Flusspromenade** über die Brücken fort. Hier tummeln sich am Wochenende und Abend die Familien mit ihren Kindern auf den Spielplätzen, es gibt Buden und kleine Cafés.
Auf der rechten Seite der Kolumbara, der Seite des ehemaligen Handwerkviertels, findet täglich der große **Markt** statt, auch sonntags. Von Lebensmitteln bis hin zu Elektrogeräten ist hier alles zu haben. Weiterhin sind zu sehen: das **Haus des serbischen Schriftstellers Ljuba Nenadović** aus dem 19. Jahrhundert, die Konake der Fürsten Jovica Milutinović, Lazar Grabović, Jovan Simić Bobovac und das **Geburtshaus von Žikica Jovanović**, einem Nationalhelden.
Außerhalb, auf dem **Berg Krušik**, erhebt sich ein monumentales Denkmal für Stefan Filipović.
Trotz oder wegen dieser negativen Entwicklung entsteht gerade hier die größte serbisch-orthodoxe Kirche Serbiens, die **Auferstehungskirche** (Hram Voskresenja Gospodenje/Храм Васкрсења Господење) in der ul. Pantiđeva 60, nicht weit vom Flussufer. Obgleich der Innenausbau erst begonnen hat, wurde die Kirche bereits geweiht und wird für Gottesdienste genutzt.

Valjevo

Vorwahl: 014.
Website: www.valjevo.org.yu (serb.).
Valjevo Turist, ul. Proteomics Mateja 1, Tel. 22 11 38, www.valjevo-turist.co.rs.

Ein großer Busbahnhof, **ŠEF Autobuske Stanice**, wird vor allem von der Firma ›Lasta‹ dominiert, Info-Tel. 22 11 37, 22 14 82. Die Busse fahren alle größeren Städte Serbiens an. Eine einfache Fahrt nach Belgrad kostet 540 Dinar, hin und zurück 900 Dinar.

Valjevo liegt an der Bahnstrecke Belgrad–Bor, an der Hauptverbindung zwischen Serbien und Montenegro.

In Valjevo gibt es immer noch zu wenige Übernachtungsmöglichkeiten. Man hat die Wahl zwischen dem teuren ›Grand Hotel‹ und einer kleinen

▲ Karte S. 320

Pension. Auch in der Umgebung, beispielsweise in der Nähe der Klöster, wird keine Übernachtungsmöglichkeit geboten.

Grand Hotel Valjevo (★★★★), Trg Živojina Misića, Tel. 22 21 33; 30 Zimmer, DZ 8000 Dinar. Mitten im Zentrum, sehr gepflegt, inzwischen sogar privatisiert. An der Rezeption spricht man ausgezeichnet Englisch. Das Hotel besteht aus einem alten und neuen Komplex. Der alte wurde schon 1903 erbaut und liegt an der Fußgängerzone. Kein Internet.

Pension Konačište Bubica, ul. Mirka Obradovića 1, Tel. 22 91 82, www.bubica.co.rs; 10 Zimmer, DZ 2600 Dinar. Eckhaus direkt am Fluss.

Restoran Duca, ul. Balinović, Tel. 27 31 05. Das traditionelle Haus wird von Tadić, Predrag und Mila geführt.

Nationalmuseum Maselimov-Konak (Маселимов Конак); Di–Sa 10–17.30 Uhr.

Nationalmuseum Galerija/Museumsclub (Галерија/Клуб музеум), ul. Karađorđeva 120, www.museum.org.rs; Di–Sa 10–18 Uhr.

Die Umgebung von Valjevo

Die Umgebung von Valjevo ist landschaftlich und kulturell sehr reizvoll. Man benötigt einige Tage, um alle Klöster und Kirchen auffinden und besichtigen zu können. Außerdem sollte man sich Zeit nehmen, die landschaftliche Schönheit auszukosten. Man kann hier ideal wandern.

Brankovina

Auf dem Weg von Valjevo Richtung Norden nach Šabac liegt in zwölf Kilometer Entfernung Brankovina (Бранковина) mit einer **alten Grundschule**, eine der ältesten Bildungseinrichtungen in Serbien. Sie geht auf den Erzpriester Mateja Nenadović zurück, einen Schriftsteller und Staatsmann der ersten Hälfte des 19. Jahrhunderts. Die Grünanlage mit der Grundschule wurde zum Grundstock eines **Freilichtmuseums**, in dem verschiedene kulturhistorisch wichtige Gebäude des 19. Jahrhunderts zu sehen sind.

Miličnica

Im Dorf Miličnica (Миличница) nordwestlich von Valjevo steht eine der wenigen **Holzkirchen**. Sie wurde 1791/92 vom Baumeister Ignat Petrović errichtet. Reiche Holzschnitzereien mit stilisierten Pflanzen- und geometrischen Motiven verleihen dem Bauwerk ein besonderes Gepräge. Über eine Vorhalle gelangt man ins Innere der Kirche, wo sich eine kleine Ikonensammlung befindet.

Dimitrije-Kloster

Auf dem rechten Ufer der Kolumbara in Richtung Lazarevac trifft man auf das Dimitrije- oder Marković-Kloster (Димитрије/Марковић). Die mittel-

Dimitrije-Kloster

Die Umgebung von Valjevo

alterliche Kirche wurde renoviert. Im Inneren kann man im Tambour sehr alte Malereien entdecken.

■ Kloster Lelić

Drei Straßen führen von Valjevo nach Süden; an und abseits einer jeden sind Kirchen und Klöster zu finden. Zwischenzeitlich sind die Klöster ausgezeichnet ausgeschildert. Nichts erinnert mehr an die Sucherei der vergangenen Jahre. Die größte und gut ausgebaute Straße Nr. 21 führt über Požega nach Užice.

Eine zweite, ausgeschildert Richtung Bajina Bašta, führt direkt nach Süden, begleitet vom Fluss Jablanica, der bei Valjevo in die Kolubara mündet. Sobald man die Brücke des Zentrums von Valjevo überquert hat, folgt nach etwa vier Kilometern ein Abzweig von acht

Die Muttergottes-Reinigungskirche von Lelić

Kilometern zum Kloster Lelić (Лелић). Der Hieromonachos Joakim ließ die Muttergottes-Reinigungskirche 1811 erneuern. Die genaue Entstehungszeit ist unbekannt. Auffällig sind der hohe Tambour und die schönen Mauern aus Ziegel und Naturstein. Die Malereien sind Werke der Maler Jovan und Nikola. Im Ort ist auch eine **alte Grundschule** zu sehen.

Kirche Kraljevo Brdo

Wer noch nicht genug Kirchen besucht hat, kann vom Dorf Lelić auf sehr kleinen Nebenstraßen nach **Gornje Leskovice** (Горње Лесковце) zur Kirche Kraljevo Brdo (Краљево Брдо) fahren. Unterwegs wird er typische Häuser der Šumadija entdecken.

Kloster Ćelije

Um Kloster Ćelije (Ћелије) zu erreichen, fährt man ein Stück zurück in Richtung Valjevo. Nach zwei Kilometern biegt man in eine Spitzkehre, die abwärts zur Gradac-Schlucht und dem Kloster führt. Vorsicht ist geboten. Es ist zwar wenig Verkehr, aber nur ein Pkw hat Platz. Der Gegenverkehr ist oft zu schnell, ein Halten oder Ausweichen oft nicht mehr möglich.

Kloster Ćelije liegt landschaftlich ausgesprochen reizvoll mitten in der Gradac-Schlucht. Es besitzt eine dem Erzengel Michael geweihte Kirche des 15. Jahrhunderts, die im Jahr 1811 wiederhergestellt wurde. In ihr sind Ikonen des Vojvoden Petar Nikolajević Moler und Jeremija Mihajlović zu sehen. Sie gehörten der Valjevoschule an. Im Klosterhof liegt das Grab des Fürsten Ilija Birčanins, der in den Liedern über den ersten serbischen Aufstand besungen wird. Zwischenzeitlich wird an einer neuen und größeren Kirche gebaut.

Neubau des Klosters Ćelije

Gradac-Schlucht

Entlang der Gradac-Schlucht verläuft die Bahnstrecke zwischen Bor und Belgrad. Zwölf Kilometer ist die Schlucht lang und lässt sich gut erwandern. Im Dorf **Struganik** (Струганик) wurde der Vojvode Živojin Mišić, Befehlshaber der Kolubaraschlacht, geboren. Weitere vier Kilometer führen zum **Kloster Sovanic** (Сованиц).

Kloster Jovanja

Zurück auf der Hauptstraße nach Bajina Bašta, folgt bald schon das Hinweisschild zum Kloster Jovanja (Јовања). Es liegt etwa 500 Meter oberhalb der Hauptstraße. Ein frisch asphaltierter Weg führt zur kürzlich renovierten Kirche mit neuen Klostergebäuden. Jeden Sonntag findet hier ein vielbesuchter Gottesdienst statt. Die Serben verbinden ihre Sonntagsausflüge mit dem Gottesdienst. Kloster Jovanja soll auf das 13. Jahrhundert zurückgehen. Die Schlichtheit der Kirche spricht dafür.

Auf dem Weg zum Kloster Pustinja

Zurück auf der Hauptstraße Richtung Bajina Bašta fährt man fast allein auf einer gut ausgebauten nagelneuen Teilstrecke. Unterwegs bemerkt man die Vorbereitungsarbeiten für das Großprojekt des neuen Stausees, der Valjevo und Umgebung in Kürze mit frischem Trinkwasser versorgen soll. Allein die waldreiche Strecke, immer wieder geweitet durch endlos scheinende Täler, ist lohnenswert. Man achte auf die Hinweisschilder zum **Kloster Gračanica** (Грачаница), und nach etwa 25 Kilometern erreicht man den Ort **Poćuta** (Поћута). Im Ortszentrum führt ein Schotterweg zum Kloster Pustinja.

Kloster Pustinja

Das Kloster Pustinja (Пустиња) stammt aus dem 11. Jahrhundert und wird der Raškaschule zugeordnet. Eine asphaltierte Straße führt nach unten wie in eine Schlucht, bis plötzlich hinter dem Grün das Kloster auftaucht. Ein zierliches Kirchlein ist von Wirtschafts- und Wohngebäuden umgeben. Die Anlage ist in ihrer Anmut einzigartig. Das geöffnete Tor lädt jeden Besucher ein. Eine liebenswürdige Nonne öffnet die Kirche und versucht mit allen Mitteln zu erklären.

Schlicht und einfach von außen, birgt sie im Inneren eine Überraschung: Apsis, Naos und Narthex sind vollständig bemalt. Ein großer Teil stammt von 1622. Kerzenlicht verleiht dem Innenraum eine besondere Atmosphäre. Gerne beleuchtet die Nonne auch mit moderner Technik all die schönen Darstellungen und erklärt sie geduldig. Teile der Ikonostase stammen aus dem 14. Jahrhundert. Die Darstellungen der Mitteltür sind aus dem 17. Jahrhundert. In der rechten Nische der Apsis ist das Porträt Papst Silvesters zu sehen, eine Besonderheit.

Der Naos wird durch seine eckigen Pfeiler, die die Kuppel tragen, unterteilt. Im vorderen Teil sieht man in der unteren Reihe, wie so oft in Serbien, die heiligen Soldaten, beginnend von der Südseite zunächst Johannes den Täufer, dessen Bild unter UNESCO-Schutz steht, gefolgt von Dimitrije, Georg, Nestor, Prohomije, Artemije, Nikita, Merkurije, Theodor Tiron und Theodor Stratilates, so wie es aus der Ikonographie bekannt ist. Darüber befinden sich Szenen aus dem Neuen Testament: an der Südseite die ›Hochzeit von Kanaa‹, im Westen ›Pilatus wäscht seine Hände in Unschuld‹ und der ›Einzug in Jerusalem‹. Im hinteren Teil des Naos sehen wir auf der Westseite gemäß dem Kanon den Tod der Muttergottes, die Verspottung Christi und auf der Nordseite den Judaskuss. Darunter folgen in der unteren Zone gleich vom Eingang links Konstantin und seine Mutter Helena. Die Figuren setzen sich fort mit Säulenheiligen: Onophrius, Ephenos, Kosmas und Damian, den heiligen Ärzten, denen sich Panteleimon zugesellt. Auf der Südseite erkennt man den Erzengel Michael, Antonius den Großen und den Stifter Joakim, wie er der Muttergottes das Kirchenmodell überreicht, sowie die Heiligen der Nemanjadynastie, Simeon und Sava. Darüber

Kloster Pustinja

▲ Karte S. 319

Johannes der Täufer im Kloster Pustinja

folgt eine Reihe Medaillons. Die Ostseite wird von der Kreuzigung und dem Tod Christi geschmückt. Der Narthex ist mit Ton-in-Ton Malerei bestückt, an der Eingangswand zum Naos das Jüngste Gericht. Wunderschöne alte Ikonen werden hier aufbewahrt. Sie stammen teilweise von der Ikonostase der alten Klosterkirche. Darunter sieht man auf der Mitteltür der Bilderwand die Verkündigung aus dem 13./14 Jahrhundert.

Das schindelgedeckte Kirchlein weist Reste einer Außenmalerei auf. An der Nordseite ist die Muttergottes zu sehen. Ursprünglich lag der Eingang mit seinem alten Steinportal im Westen, heute betritt man die Kirche über den Narthex von Norden.

Krupanj und Umgebung

Im Westen Serbiens liegt das wenig entwickelte Krupanj (Крупрањ), das unter dem Namen Crupan bereits im Jahr 1442 ein wichtiges Bergbauzentrum Serbiens war. Es war für seinen Blei- und Silbermarkt bekannt. Zur Türkenzeit wurde der Bergbau bereits aufgegeben. Für Hadži Kalfa, einen türkischen Chronisten des 17. Jahrhunderts, war der Ort bloß ›23 Tage von Konstantinopel‹ entfernt.

Auf dem Weg von Valjevo nach Krupanj verweisen zahlreiche Hinweisschilder auf Sehenswürdigkeiten wie Klöster, Kriegsschauplätze und **Denkmäler**. In jüngster Zeit wurden unzählige neue Klöster gebaut, die ebenfalls für Besucher ausgeschildert sind. Häufig ist man dann enttäuscht, wenn es sich nicht um ein altes, ehrwürdiges Ensemble handelt.

Die Gegend ist voll mit Denkmälern, die an den Widerstand, die Kämpfe und die Opfer vor allem unter den Partisanen während des Ersten und Zweiten Weltkriegs erinnern. Während des Ersten Weltkriegs lieferten sich am **Berg Mačkov** (Мачков) Serben und Österreicher schwere Gefechte. Den Opfern wurde unterhalb des Berges eine Gedenkkapelle errichtet. Heute dient der Berg mit 926 Metern Einheimischen als Skipiste.

Hinter Valjevo passiert man das Dorf **Osladić**, in dem viele Steinmetze angesiedelt sind. In **Gornje Crniljevo** (Горње Црниљево) gibt es ein weiteres Kriegsdenkmal zu besichtigen. Beim Dorf Osečina führt ein Wegweiser nach **Bratačić** mit einer sehenswerten Schindeldachkirche aus dem 18. Jahrhundert und einer Gedenkstätte für Kriegsopfer.

Stolice (Столице) gleich bei Krupanj ist mit dem Widerstand gegen Nazi-Deutschland verbunden. Moderne Skulpturen erinnern daran.

Im Verwaltungsgebäude des Bergwerks von **Zajača** (Зајача) tagte am 26. September 1941 der Partisanenverband

Gedenkkapelle in Mačkov Kamen

NOP mit den Führern aus Serbien, Kroatien, Slowenien, Montenegro und Bosnien-Herzegowina. Man beschloss die Ausdehnung des Aufstandes. Im Gebäude wurde ein **Gedenkmuseum** eingerichtet. Außerhalb fand man etwas ganz anderes: ein Gräberfeld mit reichverzierten Totenkultsteinen, sogenannten **Stećci**.

Östlich liegt **Bela Crkva** (Бела Црква), wo am 7. Juli 1941 der Aufstand gegen die Besatzung der Deutschen und ihrer Vebündeten begann. Dieser Tag wurde als Feiertag im ehemaligen Jugoslawien begangen. In vielen Städten trug eine Straße dieses Datum zum Namen.

In Richtung Drina erhebt sich **Sokograd** (Falkenburg, Сокоград). Vermutlich handelt es sich dabei um die Feste, die Stefan Lazarević 1402 von König Sigismund von Ungarn erhalten hatte. Serbien besitzt nicht nur viele Klöster, sondern auch viele Festungen: Reste der Burg von Dvorska (Дворска) und derjenigen an der Drina von Mikuljak (Микуљак) und Nemić (Немић) seien als Beispiele genannt. Die Landschaft ist voll mit Himbeeren und Brombeeren, mit Pilzen und vielen Kräutern.

▲ Karte S. 319

Kloster Tronoša

Das Kloster Tronoša (Троноша) befindet sich in einem Teil des Drinatales, in einem Gebiet, das seit dem Mittelalter als Bergbaugebiet genutzt wurde. Die heutige Muttergotteskirche wurde im Jahr 1559, also kurz nach der Wiederherstellung des Patriarchats von Peć erbaut. Das Kloster dürfte aber viel älter sein, berichtet doch die Chronik von der Stiftung durch Katalina, der Gemahlin des Königs Dragutin. Tatsächlich gehörte diese Gegend im späten 13. Jahrhundert zum Einflussbereich des Königs Dragutin. Das Klosters wurde samt seiner Kirche mehrmals zerstört: während des habsburgisch-türkischen Krieges 1788 bis 1791 und während des serbischen Aufstandes gegen die Türken im Jahr 1814.

Immer wieder erneuert, unterzog man sie im Jahr 1834 einer grundlegenden Restaurierung, während der sie ihre heutigen Wandmalereien durch die makedonischen Künstler Bitolj und Nikola Janković sowie ein Blechdach erhielt. Etwas später wurde dem Dreikonchentypus im Westen ein überproportionaler Glockenturm angefügt. Die Kirche entspricht mit ihren Raumeinheiten, den Mauern und Gewölben dem traditionellen Raškastil (siehe Seite 355).

Während verschiedener Restaurierungsmaßnahmen im 20. Jahrhundert wurden wenige Reste der Malereien des 16. Jahrhunderts im Altarraum und im Narthex entdeckt. Vom Ursprungsbau blieben Teile des Fußbodens erhalten.

Allein die schöne Lage macht einen Besuch lohnenswert. Vor dem Areal

Quelle am Kloster Tronoša

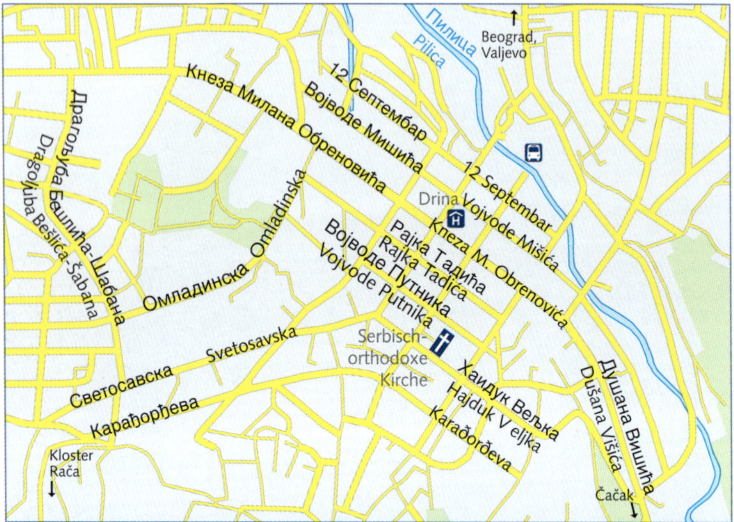

Bajina Bašta (Бајина Башта)

befindet sich eine Quelle, die dem heiligen Panteleimon gewidmet ist und von Einheimischen zahlreich aufgesucht wird. Man holt sich hier das saubere und für heilig angesehene Trinkwasser.

Bajina Bašta

Das Örtchen Bajina Bašta (Бајина Башта) mit 10 000 Einwohnern liegt rechts der Drina an der Mündung der Rača, auf den nordwestlichen Hängen des Taragebirges. Das einstige Plijeskovo ist knapp einen Kilometer von der Grenze zu Bosnien-Herzegowina entfernt. Der heutige Name geht auf Osman Baja zurück, der hier große Gärten, bašte, besaß. Bajina Bašta ist ein beschauliches Städtchen, dessen Elektro-, Textil- und Zuckerindustrie stillgelegt wurde.

Ein Aufenthalt lohnt sich für Fahrten an und auf der Drina, für Wanderungen im Nationalpark Tara oder für eine Besichtigung der kulturellen Schätze der Umgebung.

Bajina Bašta

Vorwahl: 031.

Von Bajina Bašta gibt es Busverbindungen nach Belgrad und Loznica. Ab Loznica Busse nach München.

Hotel Drina, ul. Vojvode Mišića 5, Bajina Bašta, Tel. 85 24 52; DZ 3600 Dinar.

Pension Odmor na Drini, Crvica bei Bajina Bašta, Tel. 86 47 84, mobil 065/831 16 68. Wenige Kilometer außerhalb von Bajina Bašta. Sehr gepflegter, freundlicher Familienbetrieb mit Restaurant direkt an der Drina. Es wird eine gute traditionelle Küche geboten. Die Dame des Hauses spricht hervorragend Deutsch, weil Sie mehrere Jahre in der Schweiz verbracht hat. DZ 1800 Dinar.

Kloster Rača

Ein interessanter Besichtigungspunkt ist das nahegelegene Kloster Rača (Рача) am Fuß des Taragebirges am Fluss Rača. Der Überlieferung nach stiftete es Dragutin (1276–1316), der Bruder König Milutins, der Sirmium als Teilreich erhalten hatte. Mehrfach wurde es zerstört und verödete. Die heutige Kirche geht auf den Wiederaufbau des Jahres 1623 durch Mönche des Klosters Tronoša zurück. Während der 500jährigen türkischen Besetzung unterhielt das Kloster eine bedeutende Schreibstube, in der orthodoxes Schriftgut kopiert wurde. Unter den Kopisten ragte Hieromonachos Hristifor besonders hervor. Sieben seiner Handschriften des 17. Jahrhunderts sind bis heute erhalten. Er schmückte die Bücher nicht nur ornamental und mit Bannern, sondern fügte auch Portraits und einfache Kompositionen ein. In der serbischen Literatur werden die in der Schreibstube tätigen Kopisten ›Račani‹ genannt.

Zwei Mönche des Klosters haben herausragende Bedeutung für Serbien erlangt: Jerotej und Kiprijan von Rača. Jerotej, der um 1720 verstarb, hinterließ die erste Reisebeschreibung der serbischen Literatur. Er war zweimal nach Ägypten und Palästina gereist und hatte seine Erlebnisse in dem Werk ›Die Reise des Priestermönches Jerotej aus Rača zu der Stadt Jerusalem‹ beschrieben. Der für seine Zeit sehr gebildete Mönch Kiprijan predigte in der Volkssprache. Er schrieb die ›Slawische Fibel‹, in der er auch dichterische Formen anwandte.

Im Zuge der Niederschlagung des ersten serbischen Bauernaufstandes zerstörten die Türken das Kloster zum letztenmal 1813.

Die heutige Kirche, bestehend aus Apsis, Naos, Narthex und Exonarthex,

Kloster Rača

wurde 1835 auf den Grundmauern der alten in Haustein wiederaufgebaut. Die Wandmalereien gehen auf Dimitrije Posniković, die Ikonostase auf Georgije Bakalović und seine Werkstatt zurück. Die Kirche ist der Muttergottes und Christi Himmelfahrt geweiht. Im Naos sind auf der Ostseite das Abendmahl und neben der Ikonostase rechts die Auferstehung, links die Himmelfahrt zu sehen. Der Eingang zur Kirche ist durch moderne Nemanjidendarstellungen geschmückt.

An der südwestlichen Ecke der Kirche ist der Abt, Hadži-Melentije Stefanović, Heerführer im ersten serbischen Aufstand gegen die Türken und Erneuerer des Klosters, begraben. Das Relief auf dem Grabstein geht auf den Bildhauer Grgur Kovačević zurück. Der Turm entstand erst 1849.

Die Gästehäuser fielen der Zerstörung durch die Besatzungstruppen von 1943 zum Opfer. Sie wurden 1969 mit einer

Muttergotteskapelle im Erdgeschoss neu errichtet.

Das Kloster bewahrte eine bedeutende Handschrift, das **Evangelienbuch des Fürsten Miroslav** aus dem 12. Jahrhundert. Als 1943 Einheiten der bulgarischen Armee die Klostergebäude abbrannten, konnte sie durch Vergraben vor der Vernichtung bewahrt werden. Das Buch wird heute im Nationalmuseum aufbewahrt.

Das Kloster wird von Mönchen bewirtschaftet, und in der Umgebung kann man sogar noch Holzköhler beobachten.

Der Tara-Nationalpark

Der Tara (Тара) Nationalpark befindet sich im äußersten Westen Serbiens und ist einer von fünf Nationalparks des Landes. Er ist auch als ›Zvijezda-Nationalpark‹ bekannt. Der Park wurde Anfang der 1980er Jahre eingerichtet und hat eine Fläche von 37584 Hektar, wovon 22 000 Hektar zum Kerngebiet gehören. Etwa 75 Prozent des Nationalparks sind, auch dank der großangelegten Wiederaufforstung, mit dichten Wäldern bedeckt. Die restlichen 25 Prozent sind durchzogen mit Hängen und Wiesen sowie steinigen Felswänden, Schluchten und Höhlen. Die Höhenunterschiede reichen von 250 Meter bis hinauf auf 1500 Meter.

Im 19. Jahrhundert entdeckte der bekannte serbische Botaniker Josif Pančić eine endemische, nur hier vorkommende Fichtenart, die nach ihm den Namen ›Pančićevfichte‹ trägt. Botaniker finden hier eine Vielzahl an Pflanzen, darunter 15, die unter Artenschutz gestellt sind, wie das Edelweiß.

Bei Zaovine (Заовине) einem Dorf bestehend aus 28 Weilern, befindet sich der **Zaovine-See** (Заовинско језеро), der durch den Fluss Beli Rzav gespeist wird. Der fischreiche See ist durch einen Kanal mit dem Drina-Stausee verbunden. Im Süden grenzt der Nationalpark an das Zlatibor-Gebirge, und westlich erstreckt er sich bis zur Drina.

Das Klima begünstigt die Heilung von Bronchialasthma, chronischer Bronchitis, Asthenie und Anämie. Ein Kindererer-

Im Tara-Nationalpark

▲ Karte S. 319

holungsheim und große Hotelanlagen machten es ideal für den Familienurlaub. Einige der großen Häuser sind geschlossen und warten auf ihre Privatisierung. Die 2009 wieder aufgenommene Zugverbindung Sarajevo–Belgrad führt durch Višegrad und den Nationalpark.

Tara-Nationalpark

Websites: www.tara.org.rs, www.hoteli-tarabb.co.rs (serb.).
Bei der Durchfahrt duch den Nationalpark ist eine Umweltgebühr zu entrichten, sie beträgt derzeit 50 Dinar.

Hotel Beli Bor, Tel. 031/593598; DZ 1850 Dinar. Sozialistischer Komplex mit vielen Sportanlagen, viele Kinder- und Jugendgruppen.

Die Museumsbahn Šarganska Osmica

Seit dem Jahr 2003 besteht die Möglichkeit einer Nostalgiefahrt mit der Museumsbahn ›Šarganska Osmica‹ (Шарганска Осмица, ›Šarganske Achter‹). Eine Schmalspurbahn (760 Millimeter) von 15,3 Kilometern Strecke mit historischen Lokomotiven fährt durch 20 Tunnel sowie über Viadukte und Brücken von **Mokra Gora** (Мокра Гора) im Talgrund bis nach **Šargan Vitasi**. Dabei überwindet sie bis zu 18 Prozent Steigung. Die malerische Landschaft dieser Strecke hat der Filmregisseur Emir Kusturica für seinen Film ›Das Leben ist ein Wunder‹ genutzt.

Die Schmalspurbahn war ursprünglich ein Teilabschnitt der Schmalspurstrekke Sarajevo–Užice, die im Jahr 1921 begonnen und bis zur ihrer Stillegung im Jahr 1974 im Einsatz gewesen war. In ihren Anfangszeiten war diese Strecke von großer wirtschaftlicher Bedeutung, die jedoch nach dem Zweiten Weltkrieg zunehmend verlorenging.

Auf Initiative von Eisenbahnfreunden und mit Unterstützung der Staatsbahn Serbiens wurde die Bahn als Touristenattraktion Ende der 90er Jahre wieder ins Leben gerufen und im Jahr 2003 mit den ersten Fahrten von Mokra

Die Bahn ›Šarganske Achter‹

Gora nach Šargan Vitasi wieder eingeweiht. Die westserbische Region hat damit eine touristische Belebung erfahren. Mittlerweile wurde die Strecke bis nach Višegrad in Bosnien und Herzegowina mit Station in Dobrun, wo sich ein sehenswertes Kloster befindet, weitergeführt. Lediglich der Bahnhof in Višegrad ist noch nicht fertiggestellt. Damit ist die Schmalspurbahn eine der wenigen wiederbelebten Staatsbahnen mit grenzüberschreitender Strecke. Der landschaftlich spektakuläre Streckenabschnitt ist aufgrund seiner Tunnel und Viadukte jedoch der von Mokra Gora bis Šargan Vitasi.

Eine Fahrt dauert weniger als eine Stunde und kostet für Erwachsene derzeit 400 Dinar, für Kinder 200 Dinar, Abfahrtszeiten und Informationen unter www.serbianrailways.com/Presentations. Für Speisen und Getränke wird an allen Bahnhöfen gesorgt.

Auf dem **Berg Moćavnik** (670 Meter), nicht weit von Mokra Gora und der bosnischen Grenze, hat der Regisseur Kusturica sein Ethno-Dorf, von ihm selbst **Küstendorf** genannt, anlegen lassen. Hierin zieht er sich zwischen seinen Dreharbeiten zurück und möchte zukünftig junge Filmemacher fördern, www.kustendorf.com.

Entlang der Drina

Die Drina gilt als schönster Fluss des Balkans. In der Antike bildete sie die natürliche Grenze zwischen dem Ost- und Weströmischen Reich, woraus später die Grenze zwischen dem katholischen und orthodoxen Glauben hervorging. Der Flusslauf entstand aus den Quellflüssen Piva und Tara, die Montenegro durchfließen und sich an der Grenze zu Bosnien und Herzegowina bei Hum zur Drina vereinen. 346 Kilometer windet

Viehmarkt in Ljubovija

sich die Drina nun durch das Dinarische Gebirge und bildet in einem großen Teil ihres Verlaufs die Grenze zwischen Bosnien und Herzegowina und Serbien.

Mehrere Stauseen sind an ihrem Verlauf angelegt, um die Stromversorgung Westserbiens zu sichern.

Etwa 13 Kilometer südwestlich von Bajina Bašta entfernt liegt **Perućac** (Перућац) am rechten Ufer der Drina, unmittelbar an der Staumauer des Kraftwerkes. Hier beginnt der 54 Kilometer lange Stausee des **Perućačko jezero**. Bade- und Angelgelegenheiten gibt es reichlich, unter anderem lassen sich Lachse und Welse fangen. Zur Siedlung gehört eine große Fischzuchtanlage kalifornischer Forellen. Leider bedroht der durch die Aufstauung gestiegene Wasserstand die Bausubstanz, unter anderem der Brücke von Višegrad. Dieser Stadt und diesem Fluss hat Ivo Andrić mit seiner ›Brücke über die Drina‹ ein unvergessliches Denkmal gesetzt.

Bei Zvornik folgt mit dem **Zvorničko jezero** der nächste Stausee und ein weiteres Kraftwerk. Bis Loznica kann man dem Lauf der Drina in all ihrer Gemäch-

▲ Karte S. 319

lichkeit auf der Straße folgen. Einsam und unberührt schlängelt sie sich dahin. Rechts der Straße sind vereinzelt alte Festungsreste auszumachen. Mehrere Brücken und Grenzübergänge führen von hier nach Bosnien und Herzegowina. Unvorstellbar, dass vor wenigen Tagen hier erbitterte Auseinandersetzungen tobten. Wenige Ortschaften, darunter **Ljubovija** mit seinem Tiermarkt, werden passiert. Bis Loznica hat die Drina das Mittelgebirge überwunden und tritt in die von der Save gebildete Ebene ein.

Die Grenzstadt **Loznica** (Лозница) hat etwa 20000 Einwohner. Darunter sind viele Flüchtlinge aus der Krajina, Slawonien und Bosnien. Ein Grenzübergang führt nach Bosnien und Herzegowina. Während des Ersten Weltkriegs wurde die Stadt Schauplatz heftiger Kämpfe zwischen Österreichern und Serben, während des Zweiten Weltkriegs verübte die deutsche Wehrmacht Racheakte an tausenden von Bürgern. Loznica ist die Geburtsstadt des Geologen Jovan Cvijić, während in Tršić der große Philologe Vuk Stefanović Karadžić geboren wurde.

Perućac

Hotel Jezero, Perućac, Tel. 859081. Mit Haupthaus und Bungalows.
Vila Drina, Perućac, Tel. 859333, mobil 064/8430901.

Kadinjača

Außerhalb von Bajina Bašta sind beachtliche Reste der mittelalterlichen Festungen **Višeslava** (Вишеслава, nördlich) und **Solotuša** (Солотуша) zu sehen. In Richtung Užice passiert man das Dorf **Dub** (Дуб). Oberhalb ist noch eine der wenigen serbischen Holzkirchen zu finden. Interessant sind ihre vierseitige Apsis und der fünfseitige Narthex. Die Ikonostase ist reich geschnitzt.

Die Gedenkstätte bei Kadinjača

Die Kirche geht wohl auf das Ende des 18. Jahrhunderts, die Ikonostase auf das 19. Jahrhundert zurück.

Bei Kadinjača (Кадињача) sieht man schon von Ferne die **Gedenkstätte**, gestaltet von Bogdan Bogdanović. Der Künstler hat im ehemaligen Serbien viele Gedenkstätten gestaltet. Das ›Memorijalni Centar Kadinjača‹ (Меморијални Центар Кадињача) wurde zur Erinnerung an die Niederschlagung der sogenannten Republik Užice errichtet, gedenkt aber auch der Opfer beider Weltkriege.

Užice

Die Stadt Užice (Ужице) in Westserbien besaß vor kurzem noch den Beinamen Titovo, weil Marschall Tito hier während des Zweiten Weltkrieges das Hauptquartier der jugoslawischen Befreiungsarmee aufgeschlagen hatte, das er aber 1941 aufgeben musste.

Die Stadt liegt am alten Handelsweg, der die Drina mit der westlichen Morava verband und gehörte im Altertum zum oströmischen Einflussbereich. Im 7. Jahrhundert siedelten sich hier Slawen an.

In innerserbischen Kämpfen wurden kurz hintereinander die Stadtherren Vojislav Vojnović und Nikola Altomanović zerrieben. Zeugnis dessen ist die im Westen der Stadt, über dem Fluss Đetinja auf 411 Metern thronende mittelalterliche **Festung**. Sie bestand aus zwei Bereichen: im unteren die Mauern und Türme, auf dem Gipfel der Haupttrakt. In ihr wurde der streitbare Stadtherr und Edelmann Nikola Altomanović von seinen Widersachern, König Lazar und König Tvrtko, gefangengehalten und 1374 hingerichtet. Die von den Türken modernisierte Anlage geht auf die Kelten zurück, die eine Siedlung Kapedunum an dieser Stelle gegründet hatten.

Seit dem 15. Jahrhundert war die Stadt türkischer Besitz, den sie immer wieder kurzfristig an die Habsburger verloren. Vor dem ersten serbischen Aufstand im Jahr 1805 war Užice nach Belgrad die wichtigste Stadt im Belgrader Paschalik und wurde in Volksliedern häufig Klein-Konstantinopel genannt. Anfang 1813 eroberten sie die Türken zurück, und bald darauf wurde sie wieder serbisch und entwickelte sich zur wichtigen Handels- und Gewerbestadt, die mit einer Schmalspur an das Eisenbahnnetz angeschlossen wurde. Während des Ersten Weltkriegs war die Stadt von Österreich-Ungarn besetzt. Und während des Zweiten Weltkriegs bestand hier für einen kurzen Herbst die sogenannte Republik Užice der Partisanen. Diese Republik reichte im Norden bis Valjevo und im Süden bis in den Sandžak. Mit Unterstützung der Tschetniks wurde die Republik grausam niedergeschlagen. Auf dem Spomen Trg (Gedenkplatz) stand ehemals ein Denkmal Titos, heute werden alle Erinnerungen an ihn getilgt.

Užice hat 80 000 Einwohner, ist Partnerstadt von Tuttlingen und Hauptort des Bezirks Zlatibor, der nach dem Gebirge südlich der Stadt benannt ist.

▶ Karte S. 319

■ Sehenswertes in der Umgebung

Einige Kirchen in der Umgebung sind sehenswert: Die Holzkirche in **Sevojno** (Севојно) von 1773 mit einer holzgeschnitzten Ikonenwand des Zographen Simeon Lazavić, die Georg geweihte Holzkirche in **Seča Reka** (Сеча Река) von 1812 mit einer Ikonensammlung und liturgischem Gerät sechs Kilometer vom Dorf Kosjerić, und sechzehn Kilometer nördlich von Užice beim Dorf Karan (Каран) die **Weiße Kirche von Karan** (Bela Crkva Karanska/Бела Црква Каранска) oder Crkva Blagovesti, weil sie der Verkündigung geweiht ist. Sie ist eine der ältesten Kirchen Serbiens, die im Auftrag des Gaugrafen Brajan 1332 als dessen Grabstätte entstand. Aus dieser Zeit sind die Stifterbilder erhalten: König Milutin, Zar Dušan, die Gaugrafenfamilie und der junge König Uroš.

Das Dorf **Zlakusa** (Злакуса) zwischen Užice und Požega lohnt einen Besuch für zweierlei: Erstens ist hier der **Ethno-Park Tezića avlija** etabliert, und zweitens konnte im Dorf die traditionelle Keramikherstellung, die lange brachlag, wiederbelebt werden. So treffen sich hier auch Künstler aus anderen Ländern zu gemeinsamen Workshops, die Arbeiten werden ausgestellt (www.zlakusa.com).

i Užice

Vorwahl: 031.

Hotel Zlatibor (★★★), ul. Dimitrija Tucovića 48, Tel. 29183; 145 Zimmer, DZ 2500. 1961 eröffnet.
Palace (★★), Trg Svetog Save 2, Tel. 21752; 39 Zimmer.

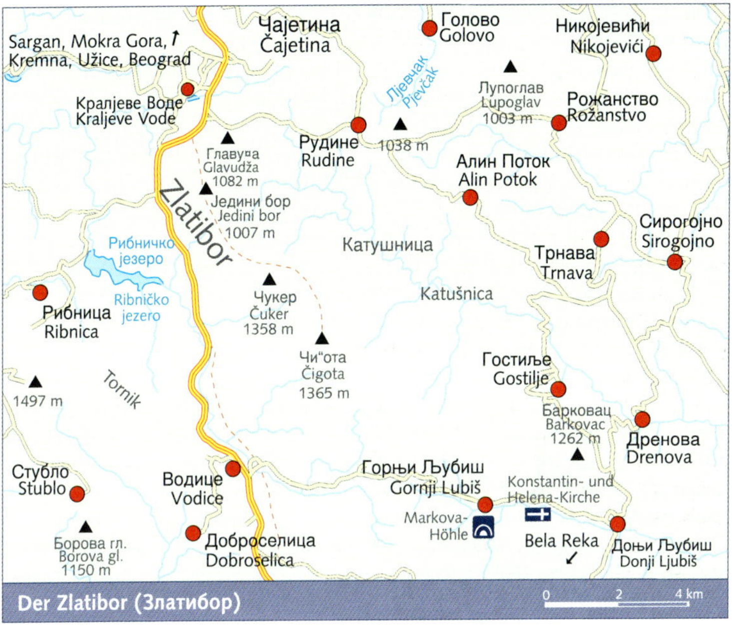

Der Zlatibor

Der Zlatibor (Златибор) wird auch der ›Berg der goldenen Föhren‹ genannt. Sein Hochland liegt auf 1000 Meter über dem Meeresspiegel und wird von den Flüssen Uvac im Süden und Đetinja im Norden begrenzt. Der Ferienort **Kraljeve Vode** war einst ein beliebtes Reiseziel der serbischen Aristokratie. Auch heute erfreut sich das Feriengebiet, das nur 230 Kilometer von Belgrad entfernt ist, eines großen Zulaufs. Das gesamte Erholungs- und Sportgebiet hieß bis vor kurzem noch Partizanske selo (Partisanendorf). Heute ist alles in Zlatibor umbenannt. Es gibt ein großes Angebot an Hotels. Man kann reiten, wandern, ski- und eislaufen, fast alles ist möglich. Der Sozialdemokrat Dimitrije Tucuvić ist auf dem Zlatibor geboren.

In **Sirogojno** (Сирогојно) ist ein **Ethnologisches Dorf** angelegt, in dem 40 Holzhäuser im Stil der Zlatibor-Region zu sehen sind, und in **Gostilje** (Гостиље) ein **Dorfmuseum**.

Zlatibor

Vorwahl: 031.
Website: www.zlatibor.org.

Hotel Palisad, Naselje Jezero, 31315 Zlatibor, Tel. 84 11 51, www.palisad.rs; DZ 4000 Dinar. Großes Sport- und Kongresshotel, 1965 gebaut.

Olimp, Zlatibor, Naselje Sloboda bb, Tel. 84 25 55, Fax 84 19 53, hotelolimp@ptt.yu; DZ ab 4900 Dinar.

Restaurant Zlatan Bor, Tel. 84 10 77. Sehr gute landestypische Küche, hervorragende Musiker untermalen das Essen.

Klöster im Ovčar- und Kablargebirge

Nicht weit von Čačak, an der Straße von Užice, kann der Besucher eine der schönsten Schluchten Serbiens sehen. Die Zapadna Morava gräbt sich hier ihr Bett zwischen den Gebirgen Ovčar und Kablar. Das Gebiet steht unter Naturschutz. Links und rechts des Flusses liegen viele Klöster inmitten großartiger Natur. Nach ihnen wird die ganze Gegend im Volksmund in Anlehnung an die Mönchsrepublik des Athos der ›heilige Berg Serbiens‹ genannt. Die Klöster entstanden vom 13. bis zum 17. Jahrhundert. Derzeit werden zwölf davon bewirtschaftet.

Die Schlucht beginnt am Hauptort **Ovčar Banja** (Овчар Бања), vor dem man einen großen Steinbruch sieht. Eines der Klöster liegt wenige Kilometer vor der Schlucht: **Kloster Kadenice** (Каденице). Alle anderen sind dicht aneinandergereiht, nur wenige Kilometer voneinander und nicht weit vom Kurort Ovčar Banja entfernt. Hinter diesem beginnt der schönste Teil der Schlucht, zu der parallel die Hauptstraßenverbindung von Ost nach West verläuft. Im Ort stehen nur private Zimmer und nicht weit vom Ort ein Campingplatz zur Verfügung. Entlang der Morava gibt es kleine Badehütten, viele Angler stehen am Fluss – ein idyllisches Bild. Wer nicht alle Klöster besichtigen möchte, dem seien vier empfohlen, die aufgrund ihrer Architektur, Malereien und anderer Werte besonders sehenswert sind: **Maria Verkündigung**, **Sankt Nikolaus** auf der linken Seite und im Hinterland die Klöster **Sretenje** und **Trojice**.

Auf der **linken Seite der Morava** sind die Klöster Blagoveštenje (Maria Verkündigung), Sv. Ilije (Sankt Elias), Sv. Jovanje (Sankt Johannes), Sv. Nikolje (Sankt Nikolaus), Uspenje (Maria Entschlafen) und Sv. Sava zu besichtigen.

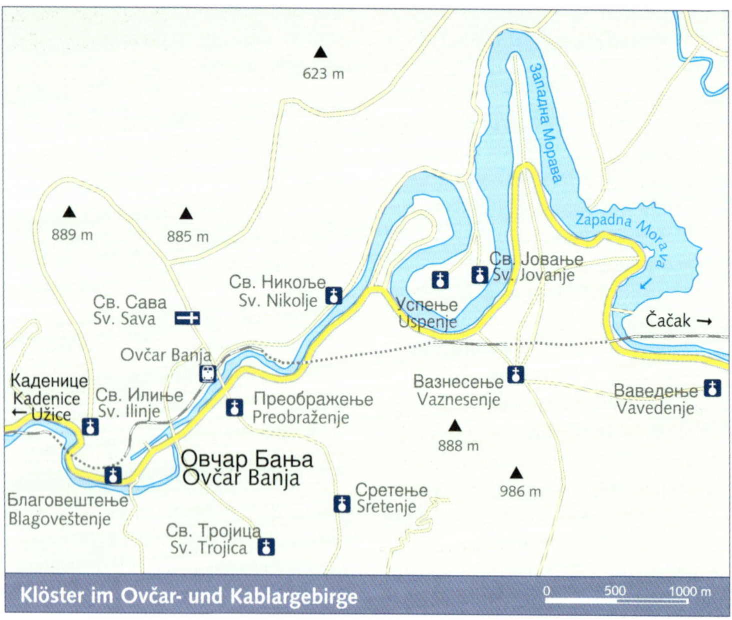

Klöster im Ovčar- und Kablargebirge

In der Moravaschlucht

Auf der **rechten Seite der Morava** sind folgende Klöster zu erreichen: Vavedenje (Maria Darstellung im Tempel), Vaznesenje (Himmelfahrtskloster), Preobraženje (Verklärungskloster), Sretenje (Kirche zur Begegnung des Herrn) und die Kirche Sv. Trojica (Kirche zur heiligen Dreifaltigkeit).

Schriftliche Quellen belegen ein weiteres Kloster, Sveti Georgije (Св. Георгије), das an der Südostseite des Ovčar-Gebirges vermutet wird. Sein Siegel wird im Nationalmuseum Belgrad aufbewahrt.

Seit wann hier in der Schlucht Mönchsleben stattgefunden hat, ist ungewiss, man vermutet jedoch seit der Zeit des heiligen Sava. Im 16. und 17. Jahrhundert waren die Klöster bedeutende Stätten für Kultur und Bildung. Leider ist von der Vielzahl der Handschriften, die noch Vuk Karadžić 1820 aufzählte, nicht mehr viel vorhanden. Verschwunden ist auch das berühmte Nikolaus-Tetra-Evangelium des 15. Jahrhunderts. Eines der Klöster besaß vermutlich eine Malerwerkstatt, aus der auch der Meister des Maria Verkündigungsklosters und des Klosters Ježevica bei Čačak (1637) hervorging. Seine Arbeiten gehören zu den herausragenden Werken des 17. Jahrhunderts in Serbien.

Kloster Blagoveštenje

Oberhalb von Ovčar Banja liegen das Verkündigungs- und das Eliaskloster nur 400 Meter voneinander entfernt. Man muss durch das Areal des ersten fahren, um das Männerkloster zu erreichen. Das **Verkündigungskloster** (Blagoveštenje/Благовештење, auch Eliaskloster) ist ein wahres Schatzkästchen. Es versteckt sich in nur 300 Metern Entfernung von Ovčar Banja auf der Höhe. Eine kleine zauberhafte Kuppelkirche mit einem schindelgedeckten Vorbau ist zu sehen. Seine Eingangswand schmückt das Jüngste Gericht. Die Dreikonchenanlage ist vollständig ausgemalt.

Im Naos sieht man an der Nordseite die Anbetung der Könige und den Marientod, auf der Südseite den Judaskuss. Im Narthex trifft man auf der Südseite die Nemanjiden, außerdem eine Medaillon-

Kloster Blagoveštenje

reihe. Darüber ist die Verkündigungsszene besonders schön dargestellt: In zwei Szenen verkündet Gabriel der jungen Maria die Geburt. Außerdem ist die Heimsuchung abgebildet. Auf der Westseite sieht man Johannes und Maria in dem Moment, da Johannes mitgeteilt wird, dass er sterben wird. Besonders schön ist auch die Szene, in der die Magier, die heiligen drei Könige, vom Engel die Botschaft von der Geburt erhalten. Es folgen die Geburt selbst und die Muttergottes mit Christus.

Auf der Nordseite sieht man den Einzug in Jerusalem, die Darbringung Christi im Tempel beim Simeon und der Hannah sowie die Predigt Christi. Die Kirche besitzt einen schönen alten Steinfußboden. Das heutige Kirchlein geht auf die Jahre 1602 bis 1632 zurück, aus dieser Zeit sind auch die Malereien. Die besonders schöne und zierliche Ikonostase zeigt in der Festtagsreihe alle zwölf orthodoxen Kirchenfeste von der Geburt Jesu Christi bis zum Marientod. Eine reizende junge Nonne spricht gut und gerne in Englisch über die Kirche. Die Wohn- und Wirtschaftsgebäude gruppieren sich um das Kirchlein.

Die schmale Straße führt durch das Kloster zum oberhalb liegenden **Eliaskloster** (Sv. Ilije, Св. Илије).

■ Nikolje-Kloster

Zurück in Ovčar Banja, folgt man einfach dem Fluss. Vorsicht ist geboten, falls Gegenverkehr kommt. Das Sträßlein führt durch mehrere Tunnel, immer entlang der Morava, wo man die Fischer beobachten kann. Schon nach einem Kilometer liegt direkt am Ufer das Nikolje-Nonnenkloster (Sv. Nikolje/Св. Никољe). Die Klöster hier sind gut ausgeschildert. Eine Dreikonchenanlage mit Apsis, Naos, Narthex, die vollständig ausgemalt ist, erwartet den Kunstbeflissenen. Die Malereien gehen auf das 17. Jahrhundert zurück. Zu erwähnen ist die Dreifaltigkeit im Tonnengewölbe in Form der dreifachen Erscheinungsform von Jesus Christus wie in Ravanica. Der Eingang zur Kirche befindet sich auf der Südseite, die nur wenige guterhaltene Malereireste aufweist. Außen an der Apsis ist die Wand durch kielbogenförmige Blendarkaden gegliedert. An der Südkonche erkennt man eine Inschrift. Zehn Nonnen bewirtschaften das große Kloster mit schönen Wohngebäuden.

▲ Karte S. 338

■ Kloster Uspenje

Die gleiche Straße weiter führt in die Flussschleife zum Maria-Entschlafenskloster (Uspenje/Успење), das derzeit renoviert wird. Eine einzige Nonne bewohnt es mutig und überwacht die Aufbauarbeiten. Von hier hat man einen wunderbaren Blick auf die Morava-Flussschleife. Die Kirche wurde 1939 auf einem Vorgängerbau errichtet. Ihr kostbarstes Gut sind Teile der alten Ikonostase aus dem 14. Jahrhundert mit russischen Ikonen. Sie werden im Vor-

Blick auf die Morava-Schleife

raum aufbewahrt. Hinter dem Konak sieht man die Ruinen des ehemaligen Glockenturms.

Kloster Jovanje

Man fährt die Flussschleife 500 Meter zurück und dem Hinweis zum Kloster Sv. Jovanje (Св. Јовање) nach. Hier geht es schon wieder lebhafter zu. Die Nonnen haben häufig Besuch, die Handwerker werden üppig bewirtet, und so ist immer Leben da.

Das Kirchlein besitzt Malereien, die übermalt und durch das Kerzenlicht völlig dunkel geworden sind. In der Bogenlaibung des Naos sind noch Heilige zu erkennen: links Sava, rechts Simeon. Fünf Medaillons zeigen Milutin, Stefan den Erstgekrönten, Zar Lazar, Uroš und Dragutin. In der rechten Konche sieht man die Geburt und darüber einen schönen Seraph. Im Naos wurde auf der rechten Seite der Patriarch German dargestellt, er war der Vorgänger Pavles. Zwei Stützen im Naos tragen schöne alte Würfelkapitelle. Der Narthex wurde im Jahr 2001 ausgemalt. Den Farben fehlt noch die Patina.

Auf dieser Seite des Flusses gibt es noch das wieder aufgebaute **Kloster des heiligen Sava** (Св. Сава). Es ist nur zu Fuß nach einstündiger Wanderung zu erreichen. Aber am Abend erkennt man es von Ferne an seiner Beleuchtung.

Verklärungskloster

Gleich hinter dem Tunnel in Richtung Čačak weist das Schild nach rechts. Eine steile Straße führt zum Verklärungskloster (Preobraženje/Преображење). Moderne und nicht sehr anmutige Wohngebäude säumen den Eingang. Hinten steht das kleine Kirchlein mit einem neuen Narthex. Die Mönche nehmen es hier sehr genau. Frauen sollten

Das Jovanje-Kloster

mit einem Rock bekleidet erscheinen. Frühmorgens kann man sehr schön dem Gottesdienst beiwohnen. Das Kirchlein besitzt Innenmalereien.

Himmelfahrtskloster

Etwa 500 Meter weiter entlang der Hauptstraße führt der nächste Abzweig wieder steil nach oben. Ohne Blick auf den Fluss erreicht man das Himmelfahrtskloster (Vaznesenje/Вазнесење). Es besteht aus mehreren Gebäuden und einer Kirche, die auf der Hochebene verteilt sind. Noch werden Sprengungen am Felsen vorgenommen, um das Areal zu vergrößern. Die Kreuzkuppelkirche ist neueren Datums mit Resten einer älteren Kirche.

Kloster Vavedenje

Zurück auf der Hauptstraße, sieht man direkt am Ufer der Morava das Kloster Vavedenje (Ваведење, Maria Darstellung im Tempel). Beim Überqueren der Hauptstraße ist Vorsicht geboten. Von abgelegen und verwunschen kann hier

Kloster Vavedenje

keine Rede sein. Aber die älteren Nonnen sind sehr freundlich. Die einschiffige Kirche ist von einer Tonne überwölbt.

Klöster Sretenje und Trojica

Nur wenig vom Fluss entfernt, aber von viel Wald umgeben liegen die beiden Klöster Sretenje (Сретење, Kirche zur Begegnung des Herrn) und Trojica (Св. Тројица, Dreifaltigkeitskloster). Zwei Wege führen dorthin: einer über das Verklärungskloster, ein anderer über gut 15 Kilometer durch immer abgeschiedenere Dörfchen.

Im sehr idyllisch gelegenen **Sretenje** leben 18 Nonnen. Ihre Kirche wurde im 19. Jahrhundert vollständig ausgemalt.

Das **Dreifaltigkeitskloster** Sv. Trojica/Св. Тројица) liegt wenige Kilometer von Čiča entfernt. Ein kleiner Zentralbau mit einer Kuppel dient den Mönchen als Gotteshaus. Beide Klöster besitzen kleine Schatzkammern mit Ikonen und Handschriften.

Čačak

Die Stadt Čačak (Čačак) liegt am Rande der Šumadija und ist Verwaltungshauptstadt des Bezirks Moravica. Im Mittel-

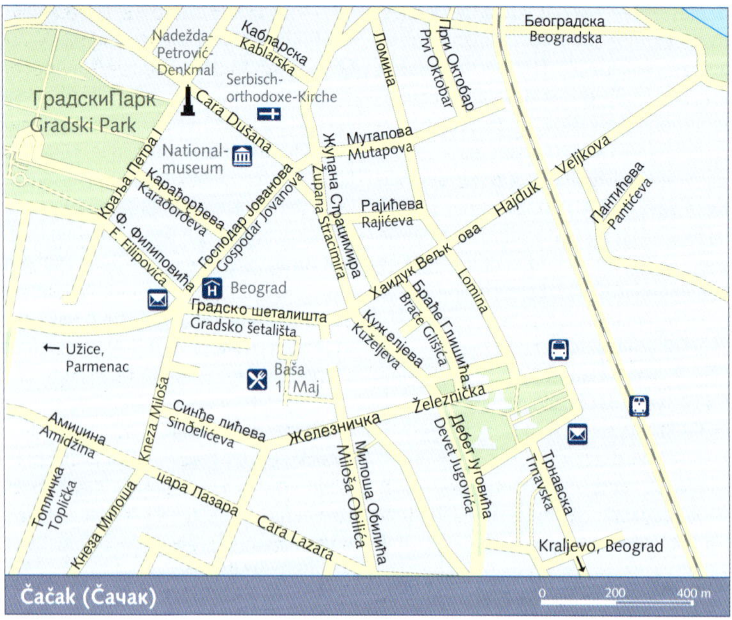

Čačak (Čačак)

alter gehörte sie zum Einflussbereich der Nemanjiden, die hier das Kloster Gradac errichteten. Der weitere Verlauf ist wechselhaft und erinnert stark an die Geschichte von Užice. Nach dem zweiten serbischen Aufstand begann der Aufstieg des Ortes. Die Einwohnerzahl stieg, das Kloster wurde erneuert, ein Gymnasium erbaut. Im Jahr 1911 wurde die erste schmalspurige Eisenbahnstrekke eröffnet, und Čačak entwickelte sich zum Eisenbahnknotenpunkt.

In den 1930er Jahren folgte die Industrialisierung: Papier-, Waffen- und Rüstungsfabriken entstanden. Im 1941 wurde die Stadt zum Mittelpunkt der Kämpfe zwischen Partisanen und Tschetniks. Und im Jahr 1999 fielen auch auf Čačak die Bomben der NATO, wovon die Stadt sich immer noch nicht erholt hat.

Stadtrundgang

Das Zentrum ist klein und eigentlich anmutig. In der Fußgängerzone gibt es einige historistische Bauten zu sehen. Ein **Denkmal für die Malerin Nadežda Petrović** (Надежда Петровић, 1873–1915) erinnert an die hier geborene serbische Künstlerin. Nadežda Petrović studierte zunächst in Belgrad die Zeichenkunst und ging anschließend an die Kunstakademie nach München. Zwischen 1901 und 1912 wurden ihre Werke mehrfach in Ljubljana, Paris, Zagreb und Rom ausgestellt. Bald darauf eröffnete sie ihr eigenes Atelier, das nur kurze Zeit Bestand hatte. Zu Beginn des Ersten Weltkrieges meldete sie sich freiwillig als Krankenschwester an die Front und starb, wie so viele, 1915 an Typhus.

Petrovićs Werke werden dem Expressionismus und dem Fauvismus zugeordnet, enthalten aber auch Ansätze der abstrakten Kunst. Ihr Portrait schmückt den 200-Dinar-Schein.

Die **serbisch-orthodoxe Kirche** aus dem 19. Jahrhundert ist an ihrer Kuppel und den zwei Türmen zu erkennen.

Auf dem Areal des Hotel ›Beograd‹ fand man antike **römische Reste**, eine alte Badeanlage. Gerne zeigen die Kellner des Hotels die Ausgrabung.

Im Umland gibt es viele Gärtnereien, die ganz Serbien mit Jungpflanzen versorgen, und außerdem große Erdbeerfelder.

Der Basketballclub der Stadt ist einer der führenden des Landes, der Fußballclub FC Borac Čačak bei seinen Gegnern sehr geachtet.

Čačak

Vorwahl: 032.
Website: www.cacak.co.rs (serb.).

Hotel Beograd, ul. M. Tita bb, Tel. 24592, www.hotel-beograd.rs; DZ 4000 Dinar.

Motel Petrović, in Parmenac, einer westlich Ortschaft vor Čačak, Stanimir-Cane, Tel. 890425. Neues Motel, an der Morava gelegen, sauber und komfortabel, gutes Restaurant.

Restaurant Baša 1. Maj. Mitten in den Wohnsiedlungen, nicht weit vom Zentrum. Hier wird hervorragende, authentisch serbische Musik gespielt.

Kunstgalerie Nadežda Petrović (Галерија Уменичка Надежда Петровић), ul. Cara Dušana 6, www.nadezdapetrovic.yu1.net; Di–Fr 10–17, Sa 10–14 Uhr.

Stari Vlah

Die Gebirgsregion des Stari Vlah ist ein Teil des Kernlandes des mittelalterlichen Serbien. Es liegt südlich der Zapadna Morava und wird durch mehrere Täler gegliedert, in denen die schönsten mittelalterlichen serbischen Klöster liegen.

Požega

Zwischen Užice und Čačak liegt Požega (Пожега), ehemals Užička Požega. Es hat römische Ursprünge und wurde als Municipium Malvesa im 2. Jahrhundert erwähnt. In der Umgebung, im Dorf **Visibaba** (Висибаба) wurden antike Funde gemacht. Unter den Nemanjiden wurde Požega Sitz eines Gebietshauptmanns, den Fürst Miloš zum Hauptort der Region machte. Mit dem Bau der Eisenbahnstrecke Belgrad–Bar wurde es ein wichtiges Wirtschaftszentrum.
Die Stadt ist mit der Familie Obrenović eng verbunden: Miloš Obrenović wurde hier geboren. Er ließ hier zur Erinnerung an seinen Vater Teodor eine Kirche errichten. Das Grab seines 1802 verstorbenen Vaters ist vor der Kirche.
Ein lohnenswerter Abstecher führt in Richtung Ivanjica entlang dem Fluss Moravica nach Süden. An dieser Strekke sind wunderbare Sakralbauten zu finden. Landwirtschaftlich wird das Tal für Himbeer- und Brombeerplantagen genutzt, aus denen aromatische Säfte hergestellt werden.

Arilje

Ein erster Stop lohnt sich in Arilje (Ариље) mit einer dem **heiligen Achilleus** geweihten Kirche im Zentrum. Wer die Umgehungsstraße benutzt, fährt vorbei. Obwohl die Kirche nicht so bekannt ist, offenbart sich in ihr ein wahres Schatzkästchen an Wandmalereien. Sie wurde im 13. Jahrhundert von König Dragutin gestiftet. Die Inschrift in der Kuppel weist auf das Jahr 1296 hin, in dem die Malereien ausgeführt wurden. Der Kirchenbau der Raškaschule erhielt erst viel später

Die Kirche des heiligen Achilleus in Arilje

▲ Karte S. 319

einen Exonarthex. Die verputzte Außenmauer wird durch Lisenen und einen Arkadenfries unter dem Dachgesims gegliedert. Dafür, dass die Kirche 150 Jahre ohne Dach ausharren musste, sind die Malereien in gutem Zustand. In ihrer Anordnung und Ikonographie folgen sie dem Vorbild von Kloster Sopoćani.

Einige Abbildungen seien herausgegriffen: Im Naos sieht man in der unteren Zone viele Heiligengestalten, auf der Südseite über dem Rundbogen den Judaskuss, an der Westwand den Tod und auf der Nordseite den Tempelgang Marias. An der Ostseite, links oberhalb der Ikonostase, ist das bedeutendste Motiv dieser Kirche, der berühmte blaue Engel, zu erkennen, das Pendant zum weißen Engel in Mileševa. Im Naos sind die Nemanjiden-Heiligen Uroš, Stefan und Jelena von Anjou auf Christus zugehend dargestellt, jedoch nicht als Stifter, sondern stellvertretend für die serbisch-orthodoxen Konzilien.

Im Narthex stehen zwei Sarkophage: rechts der mit den Gebeinen des mit 21 Jahren verstorbenen Stiftersohns Urošić, links jener des Bischofs Mercarije.

Die Malereien im Narthex sind jüngeren Datums. Auf seiner Südseite zeigen prächtige Stifterbildnisse Dragutin, Milutin und Katalina. Rechts vom Eingang in den Naos sieht man als Kirchenpatron den heiligen Arilje von Larissa. Er stammte aus Kappadokien, unternahm eine Missionsreise nach Thessalien und wurde Bischof von Larissa (heute Griechenland). Bedeutend war seine Teilnahme am Konzil von Nicäa im Jahr 325, auf dem er gegen die Arianer Partei nahm. Arilje ist als greiser Bischof mit einem binsenförmigen Bart dargestellt. Auf der Westseite sieht man die Söhne des Stifters, von denen der eine in der Kirche bestattet ist, und die in der orthodoxen Kirche sehr verehrten Konstantin und Helena. Darüber befindet sich eine interessante Darstellung Christi in jugendlicher Ausdrucksform.

Kloster Klisura

Nicht weit von Arilje versteckt sich die den Erzengeln Michael und Gabriel geweihte Kirche, die auch unter dem Namen Kloster Klisura (Клисура) bekannt ist. Sie liegt sehr romantisch. An den mittelalterlichen Bau, bestehend aus Apsis, Naos und Narthex, wurde im Westen eine offene hölzerne Vorhalle in Art einer Veranda angefügt. Durch eine schöne Holztür gelangt man ins Innere. Die Kirche ist nur im Naos und der Apsis ausgemalt. Im Naos erkennt man die Heiligen Nikolaus, Sava und Georg und darüber die Kreuzigung. Die Südseite schmücken weibliche Heilige: Petka, Angelina und Ephinia, und darüber die Auferstehung. Die Wandpfeiler zieren die Patrone Michael und Gabriel. Sehr schön ist eine ländliche Szene auf der linken Seite.

Kloster Klisura

Kloster Kovilje

Das Kloster Kovilje (Ковиље), nicht zu verwechseln mit dem gleichnamigen Bau in der Vojvodina, ist ausgesprochen abgelegen. Man fährt durch das lebhafte Ivanjica (Ивањица, siehe Seite 360) an einer Zellulose- und Fruchtsaftfabrik vorbei bis Sjenica (Сјеница) und biegt in Matjerac (Матјерац, auch Međurečje/Мeђуречје) nach **Bradliovo** (Брašлиово), einem hochgelegenen, sehr armen Dorf, ab. Von hier geht es noch fünf Kilometer auf einer Asphaltstraße und dann mehrere Kilometer auf einem Schotterweg bis zum ersten und einzigen Hinweisschild, wo man nach rechts abbiegt und auf Schotter abwärts fährt. Man sollte die Unternehmung nur bei trockenem Wetter wagen, am besten ist hier ein Allradantrieb. Die Ausblicke entschädigen für alle Mühen. Das Kloster Kovilje besteht aus zwei Kirchen, die als Kloster des Stari Vlah bekannt sind.
Eine der Kirchen ist den Erzengeln geweiht, eine Felsenkirche, die vermutlich im 12. Jahrhundert entstand. Die jüngere, die Nikolauskirche, entstand im 16. Jahrhundert. Die Malereien sind kaum erhalten. Im Jahr 1664 wurde das Kloster nochmals renoviert.
Versteckt und verborgen, teilweise als Ruinen, gibt es hier noch mehr Kirchen zu sehen. Eine davon steht bei **Devići** (Девићи), zwischen Ivanjica und Kloster Studenica gelegen, und geht auf das Jahr 1195 zurück.

Wandmalerei im Kloster Kovilje

Guča

Im Südwesten von Čačak in der Region Dragačevo liegt die Ortschaft Guča (Гуча), die weltberühmt für das alljährlich stattfindende **Trompeterfestival** ist. Mehrere hunderttausend Besucher, nicht nur aus Serbien, zieht das Festival inzwischen an. Die Soundtracks der Filme von Regisseur Kusturica haben die Roma-Musik in den letzten Jahren weit über die Grenzen Serbiens hinaus bekannt gemacht.
Einmal im Jahr, Ende August, wetteifern auf diesem Festival etwa 50 Bands um verschiedene Titel. Unter den Teilnehmern sind Alte und Junge, die auch gemeinsam die Festivalhymne ›Za Ovčara i Kablara‹ in die Landschaft schmettern. Die Aufführung einer traditionellen Hochzeitszeremonie und ein Umzug durchs 3000-Seelen-Städtchen krönen das Fest. Für drei Tage und Nächte belagern die Fans der Blechbläsermusik die Ortschaft und feiern, angeheizt von den Bands, die größte Party des Balkans, bei der auch alte Armeehörner noch zum Einsatz kommen.
Zur Legende dieses Festivals wurde Boban Marković mit seinem Orchester. Fünfmal gewann er den Preis als bester Trompeter. Sein zwölfköpfiges Orchester tourt durch die ganze Welt. Aus

▲ Karte S. 319

Respekt vor seinen Mitstreitern nimmt er am Wettbewerb nicht mehr teil, hat aber einen mehr als ebenbürtigen Nachfolger in seinem Sohn, von dem viele schon heute sagen, er übertreffe sogar den Vater.

Die Kenner sprechen gerne von zwei Gruppen Teilnehmern, den ›Schwarzen‹, worunter man die dunkleren Roma versteht, und den ›Weißen‹, womit die helleren Serben gemeint sind. Neidlos erkennen die ›Weißen‹ und ihre Fans die Führung der ›Schwarzen‹ an und haben ihren Rhythmen dafür mehr Jazzelemente beigegeben. Das Festival ist gratis, die Musiker werden in den Bierzelten von den Gästen bezahlt, wobei der Phantasie zur Übergabe der Scheine keine Grenzen gesetzt sind.

Nach dem Festival versinkt das Städtchen wieder im Gleichmaß des Broterwerbs und widmet sich der Ernte der vielen Himbeeren und Brombeeren, die in großen Plantagen in der Region wachsen.

Guča

Vorwahl: 032.

Website: www.saborguca.com, Festival www.guca.rs.

Information, Trg Republike 72, Tel. 85 47 39, ekuguca@eunet.yu.

Hotel Zlatna Truba (Die Goldene Trompete, ★★★), Trg Slobode, Tel. 854-459. Fax -680.

Das **Guča-Festival** findet jährlich im Juli oder August statt.

Die **Magelan Corporation** in Novi Sad bietet Fahrten zum Festival, ul. Zmaj Jovina 23, Tel. 21/472 40 88, office@magelan.rs.

Die Region Raška

Der Begriff ›Raška‹ (Рашка) bezeichnet einen Fluss, eine Stadt und einen Verwaltungsbezirk im heutigen Serbien. Historisch betrachtet ist es die Bezeichnung des ersten serbischen Fürstentums, das zum Kern des Nemanjidenreiches wurde. Das historische Gebiet Raška erstreckte sich von Osten her über die Flusstäler von Ibar und Lim sowie Kosovo und Metochien und reichte bis an die Grenze zu Montenegro und zur Herzegowina. Im Norden umfasste es die heutigen Bezirke um Zlatibor, Raška und Moravica. Ihr südlicher Teil befindet sich in Montenegro und Nordalbanien.

Der Verwaltungsbezirk Raška umfasst heute das **Ibar- und Limtal** mit den schönsten Klöstern Serbiens sowie den **Sandžak**.

Kraljevo

Kraljevo (Краљево) ist Verwaltungshauptstadt des Bezirks Raška und

Fußgängerzone in Kraljevo

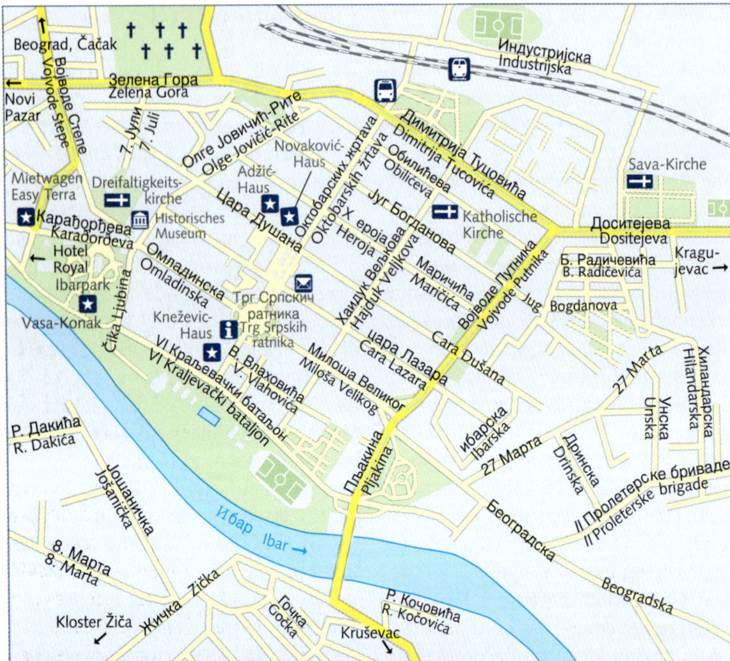

Kraljevo (Краљево)

Bischofssitz des Bischofs von Žiča. Die Stadt eignet sich gut als Ausgangspunkt für eine Klosterfahrt nach Südserbien. Der Weg zu den Klöstern führt immer über das landschaftlich reizvolle Ibartal.

Allein drei Objekte des UNESCO-Weltkulturerbes Serbiens sind in diesem Teil anzutreffen: Kloster Studenica, Sopoćani und Stari Ras mit der Petrova Crkva.

Kraljevo liegt am Ufer des Ibar unweit des Zusammenflusses von Ibar und Zapadna Morava. Die Stadt zählt 82 000 Einwohner, die lange vom Maschinenbau (Lokomotiven und Flugzeuge) lebten. Die Bombardements der NATO haben die Fabriken zerstört, die Zukunft der Unternehmen ist noch immer ungewiss. Kraljevo hat einen Militärflughafen und einen Amateurflughafen. Man macht sich Hoffnungen auf einen Ausbau für den zivilen Luftverkehr.

Aus der Geschichte ist wenig bekannt: Vielleicht lag hier die slawische Siedlung Janok. Unter den Türken hieß die Stadt unter anderem Karanovac. Ihr Aufschwung begann unter den Obrenovićs im 19. Jahrhundert. Den heutigen Namen Kraljevo (Königsstadt), erhielt sie 1882, als Serbien Königreich wurde und Fürst Milan Obrenović über Kraljevo zur Krönung nach Žiča reiste. Während des Zweiten Weltkriegs wurde viel zerstört, und wie in Kragujevac fanden auch hier grausame Massaker als Vergeltungsmaßnahme gegen den Widerstand durch die deutschen Nationalsozialisten statt.

Stadtrundgang

Zentrum der Stadt ist die lange Fußgängerzone, die parallel zum Fluss verläuft. Sie wird durch ein Rondell unterteilt, das mit einem **Freiheitsdenkmal** geschmückt ist. In den letzten Jahren wurde einiges zur Verschönerung des Stadtbildes beigetragen. Die Hotels sind privatisiert, die Grünanlagen wurden aufgefrischt.

Das **Historische Museum** (Narodni Muzej) im alten Schulgebäude wurde renoviert und steht den Besuchern mit einer neu konzipierten Ausstellung wieder offen. Gezeigt werden prähistorische Fundstücke der näheren Umgebung, archäologische Funde, darunter schöner Silberschmuck aus dem 4. Jahrhundert vor Christus. Unter den mittelalterlichen Exponaten ragen Funde von zwei Erdgruben in Žiča hervor. Des weiteren gibt es eine Waffensammlung, eine Dokumentation zum Ersten und Zweiten Weltkrieg sowie zur NATO-Bombadierung und eine Abteilung, die dem bürgerlichen Leben Serbiens im 19. Jahrhundert gewidmet ist.

Hinter dem Museum ragt die älteste erhaltengebliebene Kirche der Stadt, die **Dreifaltigkeitskirche** hervor.

Gegenüber im Ibarpark steht das schönste Gebäude der Stadt, der **Vasa Konak** (Господин Васин Конак). Er geht auf das Jahr 1824 zurück. Heute ist in ihm eine **Schnitzereiwerkstatt** eingerichtet, die man gerne besuchen kann.

Weitere Gebäude sind sehenswert: Das **Haus der Familie Kneževic** (ul. Milana Toplice 6), das **Haus von Petar Bogavac** (ul. Cara Lazara 71), das **Adžić-Haus** (ul. Cara Dušana 39), ein malerischer Konak, das **Haus der Familie Novaković** daneben und das **Haus von Veselin Matović** in der ul. Cara Lazara 39.

Schnitzereiwerkstatt in Kraljevo

Kraljevo besitzt ein abwechslungsreiches Umland. Neben den kulturellen Schätzen gibt es zahlreiche Angebote für Sportfreunde. Die Flüsse Ibar, Ribnica, Westliche Morava und Lopatnica eignen sich für den Wassersport wie Kajak und Rafting. Der kleine Kopaonik, wie der **Berg Goč** (1127 Meter) genannt wird, ist ein kleines Skigebiet. Stolovi (1375 Meter), Troglav (1177 Meter) und Cemerno (1579 Meter) sowie im Norden Kotlenik und Gledic bieten viele Wandermöglichkeiten. In den dazwischenliegenden Tälern finden sich ideale Bedingungen zum Paragliding.

Kraljevo

Vorwahl: 036.
Website: www.kraljevo.com (serb.).
Turistička Organizacija, Trg srpskih ratnika 25, Tel. 31 60 00, www.jutok.org.rs.

Busbahnhof, Information Tel. 31 34 44, Fahrkartenschalter Tel. 33 11 32.

Bahnhof, Tel. 31 35 55.

Mietwagen Easy Terra, ul. Karađorđeva 12/1, Tel. 319944.

Tehnograd, ul. Kovanlučka 1, Tel/Fax 373300, www.hoteltehnograd.com; DZ 7150 Dinar, EZ 4150 Dinar. Das Hotel ist erst zwei Jahre alt.

Royal, ul. Karađorđeva 107, Tel. 354004, www.hotelroyalkv.com.

Termal, Zička bb, Mataruška Banja, 3 km von Kraljevo, Tel. 811366 www.mbbanje.com.

Petar Đekić vermietet zwei neue **Appartements** in zentraler Lage und mit sehr guter Ausstattung: voll eingerichtete Küche, TV und Internet, Tel. 063/6172 11, 064/2002220, Divakings@sbb.co.yu; pro Nacht kostet ein Appartement 25 Euro.

Man kann sich auch an die Touristeninformation wenden.

Gurman, Brace Piric 103, Tel. 355769. Serbische und italienische Küche, gehobene Preise.

Narodni Muzej, Trg. Sv. Save 2; Di–Fr 9–20 Uhr, Sa/So 10–14 Uhr.

Durch das Ibartal

Das Ibartal gehört zum Stari Vlah, zum uralten serbischen Terrain. Bei Novi Pazar lag das Zentrum des mittelalterlichen serbischen Staates Raška (Рашка) oder Raszien.

Bis heute stellt das Ibartal eine wichtige Verbindung nach Süden her, weswegen die Straße stark befahren ist. Der Fluss Ibar zwängt sich von Süden aus Montenegro und dem Kosovo her entlang dem Kopaonik-Gebirge bis ins zentrale Serbien. Auf seinem fast 300 Kilometer langen Weg durch Raška entstanden immer wieder enge Schluchten, an denen die Straße entlangführt.

Die Festung Maglić an der Ibarschlucht

▲ Karte S. 319

Kloster Žiča

Das Kloster Žiča (Жича) ist nur sechs Kilometer von Kraljevo entfernt. Es liegt direkt an der Straße, die durchs Ibartal führt, und ist an seiner roten Farbe gut zu erkennen. Vor dem Eingang befindet sich ein großer Parkplatz.

Das Kloster hebt sich in besonderer Weise von den anderen serbischen Klöstern ab. Begründet wurde es von Stefan Nemanja, dem Erstgekrönten, vermutlich nach der erstmaligen Rückkehr des heiligen Sava vom Athos im Jahr 1207.

Als Sava nach seiner zweiten Rückkehr im Jahr 1219 die Unabhängigkeit der serbisch-orthodoxen Kirche erwirkt hatte, wurde die Muttergottes-Entschlafenskirche vollendet. Um die Kirche entstand ein Komplex an Gebäuden, von deren Anordnung und Aussehen heute leider nichts mehr bekannt ist.

Kloster Žiča

Vor dem Jahr 1233 wurden im Westen der Kirche der Turm und ein Exonarthex angefügt.

Außerdem verfügten Stefan und sein Sohn große Stiftungen und Privilegien für das Kloster. Den Inhalt dieser Verfügung ließ man der mittelalterlichen Tradition gemäß in einer Inschrift an der Seitenwand des Turmes anbringen. Die Version der heutigen Inschrift datiert vom Anfang des 14. Jahrhunderts.

In der Kirche von Žiča weihte Sava seinen Bischof und krönte Stefan zum König. Ein Edikt, das sich an der Nordwand befindet, legt dar, dass alle Inthronisationen feierlich in dieser Kirche, der Mutter vieler Kirchen, vollzogen werden sollten. In der Inschrift wird die Anlage auch als große Kirche bezeichnet, weil sie für viele Jahrzehnte der Erzbischofssitz war. Hier wurden Stefans Thronfolger und der Nachfolger Savas, Arsenije, geweiht.

Noch während des 13. Jahrhunderts wurde der Erzbischofssitz aufgrund der Bedrohung durch die Ungarn weiter nach Süden verlegt, in die Metohija, wo das Patriarchat von Peć begründet wurde.

Hinter der großen Kirche im Osten der Klosteranlage befindet sich ein **kleiner Sakralbau**. Er besteht aus einem von einer Tonne überwölbten Schiff und ist abwechselnd aus Natursteinen, Ziegel und Mörtel gefügt.

Im Mittelalter war die Kirche Theodor Tiron und Theodor Stratilates geweiht; beide sind in der Lünette aus dem 14. Jahrhundert über dem Eingang dargestellt. Das Patronat der Kirche wurde den Heiligen Petrus und Paulus übertragen.

Besichtigung der großen Kirche

Die große Kirche wurde im Raškastil errichtet, innerhalb dessen Entwicklung sie einen neuen Höhepunkt darstellt. Im Grundriss ist sie ein gewaltiges Schiff, das in verschiedene Bauglieder unterteilt ist: eine weite Apsis im Osten, ein Narthex im Westen, sogenannte Seitenchöre, die an die Nord- und Südseite angefügt wurden und sozusagen ein niedriges Querhaus bilden, so dass eine Kreuzform entsteht. Über dem Kreuz ist der Bau mit einer Kuppel überwölbt.

Dieser Typus hat sich aus den Vorgängerbauten der Nikolauskirche von Kuršumlija, Đurđevi Stupovi in Novi Pazar und der Muttergotteskirche in Studenica entwickelt. Den Höhepunkt stellt Žiča dar, wo der Bau erweitert wurde um ein türloses Vestibül, integriert in die Chöre, und kleine, schmale, getrennte Kapellen, die sich an den Narthex anschließen.

Die Basisform erhielt im Laufe der Zeit ihre Modifizierung. Links und rechts des Schiffes fügte man sogenannte Pastophorien an, die den Bau in der Breite streckten. Die Wand, die den Narthex vom Schiff trennte, wurde zerstört.

Das Äußere der Kirche ist sehr schlicht: Sie besitzt keine Wandgliederung, ist aber in Anlehnung an die Athoskirche von Hilandar farbig.

Die **Kapellen** im Norden und Süden entstanden einst am Narthex und schließen heute an das Schiff an. Sie stellen selbständige Räume mit Kuppeln, einem verkleinerten Schiff und einer Apsis dar und waren einst den Begründern des Klosters, Stefan und Sava, geweiht. Heute sind sie jedoch deren Namenspatronen geweiht: die nördliche dem heiligen Sava von Jerusalem aus Kappadokien, einem Schüler des heiligen Euthymios von Jerusalem und des Theoktistos; die südliche ist dem Erzdiakon und Erzmärtyrer Stefan geweiht. Sava gilt als Begründer von sieben Klöstern, darunter das berühmte Savakloster und Mar Saba in der Kidronschlucht bei Jerusalem. Beide Kapellen waren ursprünglich als Mausoleen

In der großen Kirche

▲ Karte S. 319

für ihre Stifter gedacht. Doch dazu ist es nie gekommen: Stefan wurde zunächst in Studenica bestattet und später hierher überführt, Sava starb in Tarnovo, und König Vladislav ließ seine Gebeine nach Mileševa überführen. Die Funktion des Narthex kann nicht mehr rekonstruiert werden.

Das Innere des **Exonarthex** ist durch Säulen in neun Teile untergliedert. Er ist durch ein Kreuzgratgewölbe überdacht, dessen Spuren im westlichen Teil noch vor der Restaurierung zwischen den Weltkriegen bestanden. Im ersten Stock befindet sich ein weiterer Raum, dessen Funktion nicht hinreichend geklärt werden konnte. Erzbischof Danilo II. beschrieb ihn als Raum für die Ungetauften, die auf die Taufe vorbereitet wurden. Hier hat man es mit einem ganz seltenen Beispiel eines solchen Raumes zu tun. Vermutlich führte vom Exonarthex eine hölzerne Treppe hinauf und eine Steintreppe zur westlichen Seite des Turmes hinab.

Der Turm entstand zeitgleich mit dem Exonarthex, ist aber nicht mehr vollständig erhalten. Die Restaurierungen des 19. Jahrhunderts haben das Kloster verändert. Erhalten blieb ein alter Teil des Turmes, in dem eine Kapelle mit Kreuzgratgewölbe untergebracht war.

Malereien in der großen Kirche

Die Malereien der Kirche stammen aus verschiedenen Epochen. Sie sind leider, auch durch fahrlässige Übermalungen, sehr mitgenommen. Begonnen wurde mit ihnen nach der Unabhängigkeit der serbischen Kirche 1219.

Zu den ältesten Partien gehörten im Südchor die Kreuzigung und sechs Figuren aus der ersten Hälfte des 13. Jahrhunderts, unter denen Petrus, Lukas, Simon und Thomas noch zu erkennen sind. Mit

Maria Tempelgang

den Malereien von Studenica gehören sie zu den ältesten monumentalen Malereien Serbiens.

Alle anderen Bildnisse sind jünger; im Tambour der Kuppel sieht man die Apostel und Christus im Zentrum, in den Pendentifs die vier Evangelisten.

Die schlecht erhaltenen Malereien im Naos zeigen auf der Ostseite die Verkündigung, im Westen das letzte Abendmahl, im Süden die Herabkunft des heiligen Geistes, auf der Nordseite ›Der Erzengel sagt die Geburt Johannes des Täufers voraus‹. Die Westseite des Schiffes ist mit der Koimesis geschmückt. Christus steht in der oberen Zone, von Engeln und Aposteln umgeben, die Seele seiner Mutter in Form eines Kleinkindes empfangend.

Die beiden Seitenkapellen waren erst im 15. Jahrhundert ausgemalt worden. Die Malereien der Nordkapelle gingen im letzten Weltkrieg verloren, während in der Südkapelle noch Szenen zu erkennen sind: an der Nordwand die Verurteilung des Stephanus und die Steinigung, in der Apsis die Hierarchen, die das Lamm anbeten. An der Südwand sieht man im unteren Rang vier Hierarchen, darunter der Patron Stefan; darüber die Translatio (Überführung) der Gebeine des Stefan und die Kreuzigung.

Die Malereien im Turm gehören der Frühphase an. Ein Brand hat die Farben nachhaltig verändert. Die Erdfarben, vor allem das Ocker, wurden durch die Hitze rot. An der Ostwand erkennt man die Figuren des Diakons Stefan, Konstantins und Helenas und in einer Nische Christus als Halbfigur, darüber Reste einer Kreuzigung.

Die Heiligengestalten auf der Südwand sind gerahmt, als sollten sie Ikonen sein. Darunter sind Sava von Jerusalem und Theodor Studites abgebildet. Dieser Heilige lebte in den Jahren 759 bis 826 und setzte sich stark für die Bilderverehrung ein. Er war Abt des Klosters Studion, das ihm seinen Beinamen gab. Seine Verehrung setzte nach dem

Ende des Ikonoklasmus im Jahr 843 ein. Er ist als Mönch mit kahler Stirn und langem zweigeteilten Bart dargestellt. Die West- und Nordwand tragen die Figuren der orthodoxen Kirchenväter Johannes Chrysostomos und Gregors des Theologen. Sie erinnern in ihrem Stil an die byzantinische Malerei der Komnenenzeit.

Der Eingang unter dem Turm ist mit der Darstellung der 40 Märtyrer von Sebaste geschmückt. Die Malereien gehen auf die Jahre 1303 bis 1316 zurück, als Milutin (1283–1321) das Kloster erneut begünstigte. Das Thema ist in der orthodoxen serbischen Kunst sehr beliebt. Die 40 Märtyrer waren Soldaten der Legion fulminata, die unter Licinius wegen ihres christlichen Bekenntnisses in Sebaste (Armenien) das Martyrium durch Erfrieren auf dem Eis eines Teiches erlitten. Die erfrorenen Leiber wurden anschließend vor der Stadt verbrannt und die Asche in den Fluss gestreut. Im Westen wurde ihnen eine erste Kirche in Rom geweiht. In der byzantinischen Kunst wurde folgender Kanon herausgebildet: Die 40 Märtyrer stehen als Gruppe nur mit einem Lendenschurz bekleideter Männer eng aneinander gedrängt auf dem Eis; rechts ist meist der Eingang eines Badehauses, in dem der Abtrünnige verschwindet, während ein Neubekehrter zur Gruppe hinzutritt. Im Westen stehen sie hingegen bis zu den Knien im Wasser.

Das Thema wird in ikonographisch im Zusammenhang mit dem Weltgericht und der Verdammnis gesehen. In Serbien gibt es neben diesem Kloster schöne Beispiele in Sopoćani, Dečani und Studenica. Außerdem erkennt man Heiligenfiguren, unter anderem den heiligen Petrus mit dem Kirchenmodell auf den Schultern.

▲ Karte S. 319

Kloster Studenica

»Als unser Herr und Alleinherrscher Stefan Nemanja, der über das ganze serbische Land herrscht, zur Jagd kam und dem Wilde nachstellte, gefiel es ihm, in dieser Wildnis als Niederlassung und Pflanzstätte des Mönchtums dieses unser Kloster zu errichten: Studenica. Denn uns allen und anderen soll offenbar werden, dass Gott, der die Menschen zu Besserem lenkt und nicht das Verderben der Menschen will, diesen wahrhaft dreimal seligen Vater ... eingesetzt hat, über das ganze serbische Land zu regieren.«

Aus den mittelalterlichen Herrscherbiographien Serbiens

Von Kraljevo kommend, passiert man zwei kleine Kurorte: **Mataruška Banja** (Матарушка Бања) mit den angeblich schönsten Thermen Serbiens und **Bogutovačka Banja** (Богутовачка Бања).

Den Eingang in die Ibarschlucht bewacht die **Festung Maglić** (Тврђава Маглић), die zum Schutz der hier verlaufenden wichtigen Nord-Süd-Verbindung des Mittelalters im 13. Jahrhundert auf einem hohen Felsvorsprung erbaut wurde. Man kann die Ruine in einer etwa einstündigen Wanderung erreichen.

Nach 50 Kilometern erreicht man den Abzweig zum Kloster Studenica (Студеница), das im Jahr 1986 zum UNESCO-Weltkulturerbe erklärt wurde. Das bewehrte Klosterliegt wunderschön in einem Seitental. Es ist eines der bedeutendsten mittelalterlichen Klöster Serbiens und als Stiftung Stefan Nemanjas eine sogenannte Carska Lavra, ein Zarenkloster. Begonnen wurde es gegen Ende des 12. Jahrhunderts. Kirchenrechtlich ist Studenica ein Stauropegion, denn

Die Raškaschule

Unter der Raškaschule versteht man die Kunst im Zentralgebiet des frühen mittelalterlichen serbischen Königreiches, eine Epoche, die den kurzen zeitlichen Rahmen vom letzten Drittel des 12. bis zum Ende des 13. Jahrhunderts umfasste. Der Einfluss dieser Kunst wirkte aber über mehrere Jahrhunderte weit über den Balkan hinaus. Besonders prägnant ist dieser Stil in der Baukunst entwickelt worden.

Am Beginn der Entwicklung steht die erste Nemanjidenstiftung Sankt Nikolaus von Kuršumlija. Es folgte der Bau der Georgskirche in Ras bei Novi Pazar. Die Epoche gipfelte in den beiden Bauten von Studenica und Žiča, in denen der Raškatypus voll ausgebildet wurde. Ein saalförmiges tonnengewölbtes Langhaus verschmilzt mit einem großen zentralisierten Kuppelraum über einem unregelmäßigen Kreuz, das in der Längsachse von einem schmalen Ostjoch mit dreigeteilter Apsis und einem längeren Westjoch gebildet wird. Die Querarme des Kreuzes bestehen aus dem wesentlich niedrigeren Schiff, dessen Süd- und Nordteil kapellen- oder vorhallenartige Räume bilden, die in der serbischen Kunst als Sängerchöre bezeichnet werden. Sie werden oft halbkreisförmig abgeschlossen. Im Westen schließt ein sogenannter Esonarthex oder Narthex ungefähr von der Größe der Vierung an, er ist durch eine Wand mit niedrigem Portal vom Naos getrennt. An diesen Narthex kann eine weitere Vorhalle, ein äußerer Narthex, der Exonarthex, angefügt werden. Seit Kloster Žiča wurden diesen Bauten ein oder zwei sogenannte Parekklesien (Seitenkapellen für bestimmte kultische Funktionen) an den Narthex angefügt, man war bestrebt, alle Bauglieder von außen wie Seitenschiffe aussehen zu lassen.

Wenn man eine serbische Kirche der Raškaschule betritt, stellt man sich gerne die Frage, ob es sich um ein Langhaus oder einen Zentralbau handelt. Diese Tendenz sieht man vollendet ausgeführt in den Kirchen von Arilje und Banjska.

Kloster Žiča: Vollendeter Raškastil

Kloster Studenica

es besaß das vom Patriarchen verliehene Recht der Immunität, das mit der Übersendung eines hölzernen Kreuzes verbunden war. Hierher wurden 1208 die Gebeine Simeons von Hilandar auf dem Athos feierlich übertragen und in der von Nemanja schon zu Lebzeiten vorbereiteten Grabstätte beigesetzt. Der heilige Sava wirkte hier von 1208 bis 1215 als Archimandrit (Vorsteher). Er verfasste auch für dieses Kloster, wie seinerzeit auf dem Athos, ein Typikon, ein Buch mit Vorschriften für die orthodoxen Feste und Regeln für das Kloster.

Zum Kloster gehören drei Kirchen: Die **Muttergotteskirche**, die größte, die man sofort im Zentrum sieht, die **Nikolauskirche**, als kleinste, und die **Kirche der Heiligen Joachim und Anna**. Daneben stehen auf dem Klostergelände **Wirtschafts- und Mönchsgebäude** und ein **Friedhof**. Außerhalb des Klosters liegen zwei **Einsiedeleien**, die Gründung der älteren wird noch dem heiligen Sava zugeschrieben (Wanderungen dorthin auf Anfrage in Kraljevo). Kirche und Kloster wurden im 20. Jahrhundert konserviert. Man betritt die Anlage durch das **Westtor**, das von einem Turm bekrönt wird und mehrere Funktionen hatte: Wachturm mit Glokken und darunterliegende Kapelle, die ausgemalt war. Auf seiner nördlichen Seite ist aus den Anfängen des Klosters das **Refektorium** erhalten geblieben. Die Wohngebäude südlich der Kirche entstanden in der Obrenović-Zeit.

Das Kloster Studenica liegt in einem wunderbaren Wandergebiet, das teilweise unter Naturschutz steht. Ein wirklich nettes Hotel lädt ein, mehrere Tage hier zu verbringen und die einsamen Wälder bei Spaziergängen zu genießen. Eine schöne Wanderung führt zur Einsiedelei der Mönche von Studenica, ein Höhlenkloster in atemberaubender Landschaft. Die Besichtigung ist nur mit Genehmigung möglich (Auskunft beim Touristenamt in Kraljevo).

▲ Karte S. 319

■ Muttergotteskirche

Im Zentrum steht die älteste, der Muttergottes geweihte Kirche. Sie entstand in den Jahren 1183 bis 1196 im Stil der Raškaschule. Ihr Stifter, Stefan I.

Nemanja, trat als Simeon ins Kloster ein. Es ist seine Grabkirche. In der Kirche wurden außerdem König Stefan II., der Erstgekrönte, sein Sohn Radoslav und seine Mutter Anastasija beigesetzt.

Die Kirche stellt den voll entwickelten Raškatypus dar. Im Naos zeichnen sich deutlich drei liturgische Räume ab: der Altar, der Kuppelraum, das westliche Joch, in dem die Teilnehmer des Gottesdienstes stehen.

Die Mauern sind mit poliertem Marmor verkleidet, in die ein-, zwei- und dreiteilige Fenster eingefügt sind. Konsolen, Fenster und Portale sind mit Marmor prächtig geschmückt.

Besonders gut ist der plastische Schmuck an den Fenstern erhalten: an den Archivolten und Pilastern ein Ranken- und Rebengeflecht aus realistischen und phantastischen Tierfiguren. Am Abschluss der Stirnseitenarchivolte stützt sich je ein Greif auf eine Säule, deren Basis einen Löwen darstellt. Von großer Steinmetzkunst zeugt auch das Drillingsfenster in der Apsis: In seiner Lünette sieht man Ranken und Blattgeflecht mit einem geflügelten Drachen, der in den Klauen eine kleine menschliche Figur hält, und einen Basilisken mit Schlangenschwanz. Auf dem reichverzierten Rahmen sehen wir ein verschlungenes Rankenmuster, das an den unteren Seiten aus dem Rachen der Schlange und des Drachens aufsteigt. Unter dem Dachgesims verläuft ein Blendarkadentries auf Konsolen. Die Marmorreliefs der Portale erinnern an die westeuropäische Romanik.

Im Tympanon des Westportals thront eine würdevolle Muttergottes, Christus auf dem Schoß, flankiert von Michael und Gabriel. Am aufwendigsten ist das Portal im Exonarthex gestaltet. Im Tympanon sitzt Christus zwischen zwei Engeln auf dem Thron, an den Seiten des Türsturzes die Apostel.

Man glaubt, dass Benediktinermönche, die über Kotor nach Raszien gelangten, den Bau errichteten. Die Plastik, die hier wunderbar erhalten ist, findet Parallelen in Serbien nur noch in Dečani.

Der **Exonarthex**, eine zweijochige Halle mit Kreuzrippengewölbe, stammt von 1230. Er war eine Stiftung Stefans **III**. Radoslav, dem Enkel des heiligen Simeon. In seiner an die Gotik anklingenden Form ist er eines der wenigen Beispiele dieser Art in Serbien. In ihm wird das Fragment eines alten Taufbeckens aufbewahrt.

An den Exonarthex schließen sich zwei halbkreisförmige **Kapellen** (Parekklesien) aus grobem Kalksteinmauerwerk an.

Das **Innenportal** schmückt eine gemalte Muttergottes mit geöffneten Armen auf ihrer Brust, Christus im Medaillon links und Mond und Sonne rechts.

Die Malereien entstanden in mehreren Phasen. Die älteste Schicht ist laut Inschrift am Tambour zu finden und stammt aus der Zeit der zweiten Generation der Nemanja: Sava, Stefan und Vukan. Sava ließ byzantinische Meister um 1209 die Malereien ausführen. Sie wurden in der Mitte des 16. Jahrhunderts übermalt.

Der Westteil des **Naos** wird von der großen Kreuzigungsdarstellung von 1209 dominiert. In übermenschlicher Größe beherrscht der Gekreuzigte das Bild, das sich auf wenige Hauptfiguren beschränkt. Das Bildwerk ist besonders monumental und nimmt bereits alle Stilelemente des 13. Jahrhunderts vorweg. Darüber sind die Auferstehung des Lazarus und der Einzug Christi in Jerusalem zu sehen. In diesem Teil stehen die Gläubigen während des Gottesdienstes. Er wird auch als Grabraum genutzt, an

Wandmalerei in Studenica

dessen Südseite die Gebeine des Stifters Stefan I., des heiligen Simeon Nemanja, ruhen.

Auch die Malereien der **Apsis** entstanden während der ersten Malphase: eine Muttergottes des ›Zeichens‹, darunter die Apostelkommunion und in der untersten Zone die Anbetung des Lammes. Die Muttergottes wurde wie die Eucharistie, Maria Verkündigung und Maria Heimsuchung in Imitation eines Mosaiks auf Gold gemalt, während der andere Teil Diakone und Bischöfe, Reste von Festszenen und stehende Heilige darstellt und in der unteren Zone einen blauen Grund sowie weiße und goldene Inschriften hat. Die Inschriften sind teilweise in griechischer und seit dem 13. Jahrhundert in serbischer Sprache angebracht, was im Zusammenhang mit der Errichtung des eigenen serbischen Erzbistums und der Loslösung vom griechischen Ohrid zu verstehen ist.

In einer zweiten Phase, um 1235, entstanden Malereien im **Exonarthex** und in den **Seitenparekklesien**, in der südlichen Kapelle historisch bedeutsame Szenen aus dem Leben des Stefan Nemanja. Darunter sind Porträts der Nemanjiden zu sehen: Stefan I., Stefan II. und Radoslav, also Vater, Sohn und Enkel.

Die jüngste Schicht stammt aus dem Jahr 1568 und schmückt teilweise Altarraum und Naos sowie Narthex und Exonarthex. In dieser Zeit wurde das Patriarchat von Peć wiederhergestellt (1557) und viele Kirchen renoviert. Im Naos ist der Tod der Muttergottes an der Nordseite, nicht wie üblich im Westen, zu sehen. Die Darstellung ist sehr ausdrucksstark und monumental. Das Jüngste Gericht der Ostseite und das letzte Abendmahl der Westseite im Exonarthex gehören ebenfalls der späteren Zeit an.

Vor der hölzernen **Ikonostase** stehen zwei **Sarkophage**, der von Stefan II. Nemanja, unter dem die Gläubigen zum Zeichen ihrer Demut und Anbetung hindurchkriechen, und der seiner Mutter, Anastasija, während das Grab Stefans I., des heiligen Simeon, im Narthex untergebracht ist.

▲ Karte S. 319

Nikolauskirche

Die einschiffige Nikolauskirche ist die kleinste Kirche im hinteren Teil der Anlage. Ihre Entstehungszeit und ihre Stifter sind unbekannt. Der einschiffige Bau mit halbkreisförmiger Apsis und Tonnengewölbe wird ins 12. Jahrhundert datiert. Er ist aus gebrochenen und grob behauenen Steinen erbaut.

Von den Wandmalereien in Freskotechnik sind nur zwei Kompositionen erhalten geblieben: Der Einzug in Jerusalem und die myronbringenden Frauen am Grabe. Außerdem erkennt man noch einzelne Figuren, darunter besonders schön Johannes den Täufer, den Archidiakon Stefan, zwei heilige Krieger und Bischöfe. In der Apsis ist die Muttergottes mit dem Medaillon Christi abgebildet.

Kirche Joachim und Anna

Die Kirche Joachim und Anna (Königskirche) steht auf dem Friedhof des Klosters neben der Muttergotteskirche. Eine Inschrift an der Außenseite der Apsis weist sie als Stiftung König Milutins auf Betreiben des Oberabtes Jovan von 1314 aus. Es handelt sich um eine Kreuzkuppelkirche mit gestaffelter rechteckiger Apsis. Die Fassaden sind durch ein- und zweiteilige Fenster gegliedert.

Die vollständig ausgemalte Kirche mit heute noch gut erhaltenen Fresken ist eines der schönsten Beispiele der Malerei im Stil der Palaiologenrenaissance. Neben Szenen, die sich wie ein Kanon durch viele Kirchen Serbiens ziehen, fallen hier zwei Zyklen besonders auf: die Festtagsszenen der orthodoxen Kirche und das Leben der Muttergottes. Letzteres ist besonders durch die Geburt der Muttergottes im Naos an der Südwand und Maria Tempelgang beeindruckend. Die Figurengruppen sind stufenweise in die Raumtiefe gestaffelt, Bäume erweitern einerseits den Raum, grenzen ihn aber auch ab. Jede Personengruppe ist in einen besonderen architektonischen Raum gestellt. Licht aus verschiedenen Richtungen modelliert sowohl die Architektur als auch die Figuren. Die Szenen sind geradezu heiter zu nennen, vom Ernst und Schmerz der Muttergottes ist noch nichts zu spüren.

»In keiner zweiten orthodoxen Kirche bietet sich dem Blick ein solcher Reigen, ein solcher Festzug junger graziöser Geschöpfe, nirgends sonst gibt es so viele pausbäckige, staunende, neugierige und stirnrunzelnde Kinder, so viele Küsse und Liebkosungen«, so beschrieb einst der Gelehrte Rajković die Malereien.

Beginnend vom gemalten Raum, den Physiognomien, der Kleidung und Haltung der Figuren bis zu der Art der Modellierung und dem hellen Kolorit verweist alles auf den sogenannten Palaiologen – den höfischen Stil, der unter dem Kaiserhaus der Palaiologen in Byzanz eine Renaissance erlebte.

Man sieht das Thema der Koimesis wie in fast jeder mittelalterlichen serbischen Kirche auf der Westwand, Maria Tempelgang und die Anastasis, den Abstieg Christi in die Hölle, an der Nordwand und auf der Südseite die Muttergot-

Kloster Studenica

Vorwahl: 036

Hotel Studenica, direkt beim Kloster, Tel. 836-222, -110; DZ 2020, EZ 1030 Dinar. Auf 428 Metern Höhe, 12 km von Ušće entfernt, direkt am Fluss Studenica in herrlicher bewaldeter Umgebung. Busverbindungen nach Kraljevo (60 km).

tes und den Stifter Milutin, eines der herausragenden historischen Porträts. Außerdem sind die Heimsuchung, Geburt Mariens und darüber Geburt und Taufe Christi zu erkennen.

Im Kloster werden Handschriften und Preziosen aufbewahrt.

Von Studenica nach Ivanjica

Von Studenica führt eine kleine kurvenreiche, doch relativ gute Straße durchs Gebirge bis nach Ivanjica (Ивањица), einem kleinen Städtchen zwischen waldbedeckten Bergen des Golija und Javor. Es ist ein Kurort mit einem Badezentrum. In der Vergangenheit hatte es sich in vielen Befreiungskämpfen Ruhm erworben. Ein **Mosaik-Denkmal** von Đorđe Andrejević-Kun soll die Erinnerung an den Aufstand von 1941 wachhalten.

Auf dem Weg von Studenica nach Ivanjica sind zwei Sehenswürdigkeiten zu besichtigen: im Dorf **Pridvorica** (Придворица), 21 Kilometer in Richtung Devići, steht eine Kirche, von der die Legende erzählt, ein Diener Stefan Nemanjas habe sie 1195, im gleichen Jahr wie Studenica, erbaut. Nach seiner Zerstörung wurde der Dreikonchenbau mit Kuppel im 16. Jahrhundert wiederaufgebaut. Die Malereien gingen verloren.

In **Brezovica** (Брезовица) steht eine Nikolauskirche, deren Vorgängerbau von Stefan Lazarević gestiftet wurde.

Kloster Gradac

▲ Karte S. 319

Wenn man im Ibartal weiter in Richtung Süden fährt, erreicht man nach wenigen Kilometern bei Ušće die Abzeigung zum Kloster Gradac (Градац). Zwölf Kilometer von der Hauptstraße in einem Seitental liegt diese verwunschene Anlage. Stifterin war Königin Jelena von Anjou, Gattin Uroš I. Der Bau wurde um 1275 auf den Fundamenten eines Vorgängerbaus errichtet, dessen Grundmauern im Boden eingezeichnet sind. Die ganze Anlage war befestigt und von Mauern umgeben, von denen nur Reste erhalten sind.

Die **Verkündigungskirche** war als Grabeskirche geplant, in der Jelena auch bestattet wurde. Die Kirche nimmt im Grundriss den Raškastil auf: dreigeteilter Altarraum im Osten, Naos mit zwei niedrigen Sängerchören, die das Querhaus bilden, und einem Narthex im Westen, an den zwei Seitenkapellen anschließen.

Der Bau wurde mit gotischen Stilelementen ausgestaltet. Auf dem Naos ruht eine achteckige Kuppel. Die Kirche wurde aus behauenen Quadern gefügt, deren Außenmauern durch größere und kleinere Zwillingsfenster gegliedert sind. Unter dem Dachgesims verläuft ein spitzbogiger Blendarkadenfries. Portal und Fenster sind plastisch geschmückt, die Malereien sind sehr rudimentär. Im Narthex erkennt man von den Szenen aus dem Marienleben den Tod und die Heimsuchung der Maria. Sie stammen aus dem 13. Jahrhundert, wurden aber während der Erneuerung der Kirche im 16. Jahrhundert übermalt. Das Kloster verfiel erneut und wurde nach dem Zweiten Weltkrieg grundlegend renoviert.

Hinter der Kirche stehen die **Nonnengebäude** und oberhalb der Kirche eine kleine **Nikolauskirche** mit wenigen Malereiresten.

Auf der Weiterfahrt nach Novi Pazar sieht man immer wieder Ruinen auf der Höhe und das **Kloster Pavle** (Павле) auf einem Felsen. Es wurde durch ein neues bei Raška ersetzt. Die Straße säumen kleine Motels und Gasthäuser.

Leider gibt es keine Parkbuchten, um einmal die wunderbare Landschaft zu genießen.
Beim jungen Städtchen **Raška** (Рашка), benannt nach dem historischen Staat, gabelt sich die Straße. Entlang dem Ibar führt der Weg ins Kosovo. Zur Einreise benötigt man eine Genehmigung, außerdem empfiehlt es sich, die aktuellen Informationen des Auswärtigen Amtes abzurufen. Die Berge des Kopaonik bilden die Grenze zwischen Zentralserbien und dem Kosovo. Außerhalb von Raška gibt es Kirchen, die bereits auf dieser Grenze stehen. Große Schilder warnen vor Minen- und Munitionsgefahren – man sollte immer den asphaltierten Straßen folgen und nicht durch Wildnis gehen.

Das historische Weingebiet Župa

Die Weinberge des Weingebiets Župa befinden sich in der Region um Kruševac und Aleksandrovac, im Einzugsgebiet der westlichen Morava und ihrer Nebenflüsse.
Einst besaßen alle großen Klöster Zentralserbiens im Mittelalter hier ihre Weingüter. Die Rebenlandschaft umfasst etwa 2500 Hektar. Um Aleksandrovac reifen die Sorten Tamjanika und Prokupac, die zu den ältesten authentischen Weinen Serbiens gehören. Der Prokupac wird auch Rskavac genannt, und die Tamjanika ist eine Muskatrebe, die vor 500 Jahren aus Frankreich eingeführt wurde.
Daneben werden in der Region Župski Bojadiser, Smederevka, Sauvignon, Semillon, Župljanka, Neoplanta, Chardonnay und Italienischer Riesling produziert. Während der Weinlese findet in Aleksandrovac das älteste Weinfest Serbiens statt.

Der Sandžak Novi Pazar

Nirgendwo in Zentralserbien ist die Berührung von Islam und Christentum so eng und intensiv wie im Sandžak Novi Pazar, wo Juwelen der serbisch-orthodoxen Kultur inmitten einer Vielzahl von Moscheen die mittelalterliche Hochblüte Serbiens widerspiegeln.
Das Wort Sandžak (Санџак) ist türkisch und bedeutet Fahne oder Gebiet. Damit sind die Fahnen gemeint, mit denen die Osmanen ihre Gebiete abgesteckt haben. Einer dieser Sandžaks ist heute zwischen Serbien und Montenegro aufgeteilt. Es handelt sich dabei um ein Gebiet von 7100 Quadratkilometern, das sich östlich der Herzegowina wie ein Keil zwischen Serbien und Montenegro schob. Nach seiner Hauptstadt Novi Pazar sprach man vom Sandžak Novi Pazar. Viele Klosterbauten, darunter die bedeutenden von **Mileševa**, **Sopoćani** und **Đurđevo Stupovi**, geben

Moschee in Stari Ras

von christlichen Siedlungen Zeugnis und kennzeichnen die Region als ein Stück des serbischen Kernlands.

Mit dem Vorrücken der Türken wichen die Serben, die nicht zum Islam konvertierten, nach Norden aus. Danach verlagerte sich das wirtschaftliche Zentrum von der altserbischen Stadt Ras auf den neuen Markt, türkisch Yeni Pazar.

Österreich-Ungarn erhielt 1878 beim Berliner Kongress das Mandat über Bosnien und Herzegowina. Artikel 85 erlaubte die Einrichtung einer Pufferzone zwischen Österreich und der Türkei auf türkischem Gebiet an drei Orten: Priboj, Pjevlja und Prijepolje. Damit war Serbien vom Meer abgeschnitten. Zu dieser Zeit lebten in der Region knapp eine halbe Million Menschen: 300 000 orthodoxe Serben, 105 000 Muslime und 25 000 Katholiken, vermutlich albanischer Herkunft. Aus anderen Regionen wie der Herzegowina wanderten Muslime slawischer Abstammung ein.

Im ersten Balkankrieg von 1912/13 besetzten montenegrinische Truppen Bijelo Polje, während die Serben Novi Pazar und Sjenica eroberten. Daraufhin wurde das Gebiet im Londoner Frieden zwischen Montenegro und Serbien aufgeteilt. Viele türkische Muslime verließen das Land, die Serben blieben zurück.

Während des Zweiten Weltkrieges war der Sandžak deutsches und italienisches Besatzungsgebiet: Novi Pazar, Nova Varoš und Sjenica kamen unter deutsche, Pjevlja und Bijelo Polje unter italienische Herrschaft. Der Besatzungsmacht gehörten Mitglieder der kroatischen Ustaša an, und muslimische Milizen sollten alte Strukturen wieder errichten. Im Verlauf des Krieges fanden hier verlustreiche Kämpfe zwischen Tito-Partisanen und ihren Gegnern statt. Die Besatzungsmächte sollen über 8000 Menschen erschossen haben.

Nach dem Zweiten Weltkrieg wurde der Grenzverlauf im Sandžak gemäß Londoner Vertrag erneut bestätigt. Priboj, Prijepolje, Nova Varoš, Sjenica, Novi Pazar und Tutin fielen an Serbien, der Rest an Montenegro. Die muslimische Minderheit serbischer Herkunft genoss weder zwischen den Weltkriegen noch nach dem Zweiten Weltkrieg rechtlichen Schutz. In rein religiöser Hinsicht untersteht sie den muslimischen Versammlungen (Sabori) mit Sitz in Priština. Ihr derzeitiger Mufti ist Muamer Zurkolić. Im ehemaligen Jugoslawien gehörte die Region zu den unterentwickelten des Landes.

Am 10. Oktober 1991 fand im Sandžak eine Abstimmung über politische und territoriale Autonomie statt. Sechs serbische und drei montenegrinische Gemeinden schlossen sich zur ›Muslimischen Autonomen Region Sandžak‹ zusam-

Kirche in Tutin

▲ Karte S. 319

men, die von Belgrad unter Milošević nie anerkannt wurde. Von einer knappen halben Million Einwohner bekennen sich zwischen 60 und 70 Prozent zum Islam. Druck veranlasste viele Muslime im Jahr 1992, ihr altes Siedlungsgebiet zu verlassen. Man spricht von etwa 70 000 Flüchtlingen.

Die Spannungen zwischen den ethnischen und religiösen Gruppen sind für den Besucher spürbar, auch wenn man als Gast sehr freundlich empfangen wird. Großes Engagement für den Tourismus ist um Novi Pazar erkennbar, wo man viele kleinere und mittlere Häuser antrifft, in denen man äußerst komfortabel und sauber übernachten kann. Die Region hat lange von einer florierenden Schattenwirtschaft profitiert. Im Zuge der Normalisierung Serbiens meldete sich der Staat zurück, neue Gesetze wiesen die Unternehmer in ihre Schranken, wodurch viele junge Unternehmer in den Bankrott getrieben wurden.

Novi Pazar

Die Hauptstadt des Sandžak, Novi Pazar (Нови Пазар), ist ein orientalisch anmutendes Städtchen, ein Zentrum der Muslime, die hier den größeren Bevölkerungsanteil stellen. Schon von weitem erkennt man die vielen schlanken Minarette, die wie Nadelspitzen nach oben zeigen.

Novi Pazar liegt eingebettet von den Gebirgszügen des Golija, Kopaonik und Rogozna am Ufer der Raška. Die Stadt ist ein guter Ausgangspunkt für die Besichtigung der umliegenden Klöster und Burgen. Es stehen sehr gute Privathotels sowie kleine stimmungsvolle und saubere Pensionen zur Verfügung.

Novi Pazar wurde Mitte des 15. Jahrhunderts vom berühmten Heerführer Isa Beg Isaković für seine Eroberungszüge nach Bosnien und Herzegowina gegründet und entwickelte sich zu einer wichtigen Karawanenstation. Unter den Türken wuchs es schnell und hatte seine Blüte im 17. Jahrhundert. In dieser Zeit erhielt die Stadt ihr orientalisches Aussehen mit 23 Moscheen und zwei Derwischklöstern bei immerhin noch sieben Kirchen, darunter einer römisch-katholischen. Im Jahr 1912 kam die Stadt zum Königreich Serbien.

Einige Kilometer von Novi Pazar entfernt lag im 9. Jahrhundert an der Grenze zwischen dem kleinen serbischen Staat Raška und dem byzantinischen Reich die inzwischen spurlos verschwundene Stadt Ras. Es folgten Perioden bulgarischer und byzantinischer Herrschaft, bis im Jahr 1159 der Großžupan Stefan Nemanja sein kleines Reich unabhängig und Ras zur Hauptstadt machte. Sie wurde erst unter Uroš, der Makedonien eroberte, von Skopje abgelöst. Ras, zwischenzeitlich auch Trgovište und Pazarište genannt, wurde 1455 türkisch und als Handelsplatz von Novi Pazar abgelöst.

Sehenswertes

Einen Spaziergang durch die Stadt beginnt man am besten vom **Stadtpark** aus, in dem sich die Reste der vermutlich im 17. Jahrhundert errichteten **Türkenfestung** befinden. Ein nettes Café gibt Gelegenheit, den orientalischen Charme zu genießen.

Unterhalb der Festung beginnt die ul. Karadžića mit vielen kleinen Häusern, in denen Händler ihre Waren anbieten. Fast in der Mitte befindet sich die **Altum-Alem-Moschee** (Dzamija Altum Alem), eines der seltenen Denkmäler aus osmanischer Zeit (1461). Der Oberimam ließ sie für Mehmed den Eroberer errichten. Der harmonische Bau aus Naturstein

Muslimischer Friedhof in Novi Pazar

hat einen quadratischen Grundriss, in den der Hauptraum und eine Vorhalle eingeschlossen sind. Der Hauptraum ist von einer, die Vorhalle von zwei kleinen Kuppeln bedeckt. Zur Moschee gehört ein schlankes Minarett. Die Wände sind innen ornamental verziert. Den Fußboden schmücken Teppiche des Sandžak. Zur Moschee gehörte ein Mekteb, eine Glaubensschule. Auf dem Areal befinden sich auch Gräber.

Am Hauptplatz steht die alte **Karawanserei** oder Han, eine Herberge des Amir-Agin Han mit einem überdachten Innenhof.

In der ul. Miledraga befindet sich die serbisch-orthodoxe **Nikolauskirche**. Sie wird nur zu den Gottesdiensten geöffnet.

Das alte Hamam im Kurort **Novopazarska Banja** (Новоразарска Бања), zwei Kilometer außerhalb von Novi Pazar, geht vermutlich auf Isa Beg Isaković zurück. In der Badeanlage, gespeist aus den vielen Warmwasserquellen, befinden sich noch heute ein Frauen- und ein Männerbad. Man kann hier Temperaturen bis 52 Grad genießen, allerdings ist das Bad sehr renovierungsbedürftig. Der Besitzer der Pension ›Erma‹ plant ein neues Badehaus hinter seinem Restaurant.

Novi Pazar

Vorwahl: 020.

In Novi Pazar gibt es zahlreiche Quartiere, dazu ein nagelneues Hotel im Zentrum und außerhalb kleine gemütliche Motels mit guter nationaler Küche.

Hotel Cannes (★★★), ul. Rifata Burdževića 10, Tel. 315000, Fax 315003; DZ 30 Euro, EZ 18.

Vrbak (★★★), Tel. 314844, Fax 25548. Hochhaus im Zentrum.

Tadž (★★★★), ul. Rifata Burdžovića 79, Tel./Fax 311904, 316838; DZ 48, EZ 27 Euro. Das Hotel wurde vor drei Jahren eröffnet und ist sehr gepflegt.

Novi Pazarska Banja:

Motel Termal, Tel. 24223, mobil 064/1543452; DZ 2400, EZ 1200 Dinar. Die kleine, atmosphärische Pension mit nur sechs Zimmern verfügt über ein kleines gemütliches Restaurant mit Terrasse.

Jerka:

Motel Ilidža, Tel. 064/1622411, 2497400; DZ 2160, EZ 1440 Dinar. Motel auf dem Weg nach Sopoćani mit sechs sauberen Zimmern und einem wunderbaren großen Garten mit Restaurant.

Hotel Sopoćani (★★), Tel. 313663. Außerhalb von Novi Pazar, mitten im Wald an der Quelle der Raška. Das Hotel ist nicht weit vom Kloster Sopoćani entfernt.

▲ Karte S. 319

Die Umgebung von Novi Pazar

Das mittelalterliche Raška wird heute geographisch vom Sandžak Novi Pazar eingenommen. In ihm liegt die Wurzel des ersten serbischen Staates mit der Hauptstadt Ras, über deren Position man lange gerätselt hat. Vielleicht bezog sich die Bezeichnung ›Raška Zemlja‹ immer schon auf die gesamte Region und war mehr als Gau denn als einzelne Stadt zu verstehen. Die Hauptstadt ist verschwunden, aber eine Reihe von Denkmälern ist erhalten geblieben und gibt Zeugnis von der hohen Kultur. Vor der Einfahrt in die Stadt Novi Pazar stehen große Hinweisschilder zu den bedeutenden religiösen Denkmälern, bis jetzt nur in kyrillischer Schrift.

Die Peterskirche

Die Kirche der Apostel Petrus und Paulus (Петрова црква), auch nur als Apostel- oder Peterskirche bekannt, steht oberhalb der Straße nach Raška und gilt als einer der ältesten Sakralbauten nicht nur Serbiens, sondern des gesamten Balkan. Der Überlieferung nach wurde die Kirche von Titus, einem Begleiter des Paulus, errichtet. Vermutlich berief sich der heilige Sava auf diese Kirche, um die serbische Autokephalie zu erwirken. Denn das Kirchengesetz sah vor, dass der Erzbischof von Konstantinopel einem Erzbistum nur dann Unabhängigkeit gewähren konnte, wenn es eine von einem der Apostel erbaute Kirche vorweisen könne.

Die Peterskirche hat eine lange und komplizierte Baugeschichte. Vermutlich stammt der Kern der heutigen Kirche aus dem 9. Jahrhundert. Im Raškastaat, der später sogar zum Erzbistum erhoben wurde, war sie Bistumskirche. In ihr empfing Stefan I. Nemanja seine zweite Taufe nach griechischem Ritus. Im 12. Jahrhundert fanden hier zwei berühmte Synoden statt; auf einer wurde die Vertreibung der Bogumilen beschlossen, auf der zweiten verzichtete Stefan Nemanja zugunsten seines Sohnes auf den Thron.

Die Kirche hat die Form einer Rotunde mit einer Trompenkuppel auf einem hohen Tambour. Um diesen Kern wurde eine zweistöckige Galerie errichtet, die einen Teil des Gebäudes umgibt. Die Innendekoration aus verschiedenen Epochen ist zum Teil erhalten. Aus der ältesten Schicht stammen eine Ornamentik in Ritzputztechnik und im Tambour Fragmente der zwölf großen Feste der orthodoxen Kirche.

Aus der zweiten Schicht des 12. Jahrhunderts stammen in der Halbkalotte die Muttergottes, darunter stehende Apostelfiguren und im unteren Bereich die Anbetung des Bischofs. Auch aus dem 13. Jahrhundert sind Reste erhalten. Im Jahr 1718 wurde die Kirche zum letztenmal erneuert, nachdem sie zuvor als türkisches Militärdepot gedient hatte. Nach dem Zweiten Weltkrieg wurde sie renoviert und konserviert. Bei den Konservierungsarbeiten machte man einen sensationellen Fund, man entdeckte eine alte illyrisch-griechische Kammer, in der sich ein Goldschatz befand: Gold- und Bernsteinschmuck, ornamental verzierte Gegenstände. Die Fundstücke wurden nach Belgrad ins Nationalmuseum gebracht.

Ein malerischer Friedhof umgibt die Kirche. Sie wird heute von einer muslimischen Familie gehütet, die gegen ein Entgelt gerne öffnet.

Das Georgskloster

Das dem heiligen Georg geweihte Kloster, als Georgstürme (Đurđevi Stupovi, Ђурђеви Ступови) bezeichnet, liegt in

Die Ruine des Georgsklosters

Richtung Deževo drei Kilometer im Norden von Novi Pazar. Am Abend kann man seine Lichter vom Kurort Novopazarska Banja sehen. Das Kloster hat in der Vergangenheit immer wieder gelitten: 1689 wurde es zum erstenmal zerstört, im 19. Jahrhundert war es verödet, und im Zweiten Weltkrieg machten es die Deutschen zur Ruine. Seit den 1970er Jahren wurde mit Konservierungsarbeiten begonnen. Der Westteil der Kirche ist offen geblieben, das Dach wurde geschlossen, die Befestigungsmauern ergänzt und ein neuer Konak für die Mönche gebaut. Waren es im Jahr 2003 noch zwei, so sind es im Jahr 2004 bereits sechs Mönche, denen die Erhaltung des Verbliebenen zu verdanken ist. Auch als Ruine ist das Kloster noch beeindruckend.

▲ Karte S. 319

Die Anlage ist eine Stiftung Stefan Nemanjas von 1170. Sie war durch zwei Mauerringe befestigt. Dragutin veranlasste die Erweiterung. Sie gehörte zum frühen Typus der Raškaschule. Ihre Hauptkirche bestand aus Naos, dreigliedrigem Ostteil und einem Narthex, an den je eine Kapelle angefügt worden war. Die Fassaden zierte unter dem Dachgesims ein Blendarkadenfries, den man am Tambour noch sehen kann. Fragmente von Dekorationsteilen wurden in der Umgebung gefunden und legen die Vermutung nahe, dass sie plastisch geschmückt war. Von der Kirche ist nur noch der Naos mit der Kuppel auf dem Tambour erhalten. Die Kirche war in mehreren Etappen ausgemalt worden: 1175 und 1282. Die Malereien wurden fast alle zerstört, wenige Reste konnten gerettet, abgenommen und in Belgrad konserviert werden, darunter Fragmente aus dem Leben des heiligen Georg mit weißem Pferd.

In einem ehemaligen Befestigungsturm wurde im 16. Jahrhundert eine **Kapelle** eingebaut. Ihre Malereien sind noch an Ort und Stelle. An ihrer Nordwand sieht man eine Prozession der Nemanjiden-Dynastie von 1282 und eine Darstellung der Engel bei Abraham, ein Typus der Dreifaltigkeit in der orthodoxen Kirche. In dieser Kapelle ist ein Souvenirladen eingerichtet.

■ Burg Jeleč

Eine weitere Burg, Burg Jeleč (Јелеч), befindet sich in der Umgebung Novi Pazars auf einem Gipfel im Rogoznagebirge: Die kleine Befestigungsanlage mit polygonalen Türmen wurde 1282 erwähnt, als König Dragutin auf dem Landtag von Deževo seinem Bruder Milutin den Thron überließ.

■ Kloster Crna Reka

Beim Dorf **Ribarići** liegt Kloster Crna Reka (Црна Река) mit einer dem Erzengel Michael geweihten, in eine Felshöhle gebauten Kirche. Vermutlich ist sie viel älter als ihre Wandmalereien vom Ausgang des 16. Jahrhunderts des Malers Longin aus Peć. Die Konake schmiegen sich wie Vogelnester an den schroffen Felsen. Im Kloster wird eine Sammlung von Ikonen und Kirchenmobiliar aus dem 16. und 17. Jahrhundert aufbewahrt.

Stari Ras

Stari Ras (Стари Рас) war vermutlich im Mittelalter die Bezeichnung für eine ganze Region. Man vermutete aber auch eine Residenzstadt der Nemanjiden mit diesem Namen. Ihre Reste werden in der **Ruine Gradina** bei Pazarište gesehen. Sie gehörten zu einer der ältesten mittelalterlichen Festungen und liegen sieben Kilometer von Novi Pazar entfernt. Man fährt zunächst in Richtung Tutin. An der Straßengabelung Tutin/Sopoćani sieht man rechter Hand Ausgrabungsreste, die letzten Spuren des mittelalterlichen Zentrums der Serben.

An dieser Stelle hat sich vermutlich eine byzantinische Verteidigungsanlage befunden, die seit dem 9. Jahrhundert immer wieder im Besitz serbischer Županе war. Nur zweimal noch konnten die Byzantiner sie zurückerobern, bevor sie im Jahr 1172 für 300 Jahre fest in serbische Hand geriet. Stefan Nemanja machte Ras zu einer seiner Residenzstädte, wonach das mittelalterliche Serbien Raška genannt wurde.

Das alte Ras umfasste eine große Stadt, ein Marktzentrum und eine Zitadelle auf dem Berg, die die Form eines Dreiecks von jeweils 70 Metern Seitenlänge hatte. Die massiven Mauern waren durch mehrere Türme verstärkt, von denen drei in Fragmenten erhalten sind. Die Reste von Stari Ras sind nur zu Fuß zu erreichen.

Im Mittelalter war Ras politisches und kulturelles Zentrum und nach 1219 Sitz des selbständigen Bistums Raška. Seit 1455 waren die Türken die Herren der Stadt und nannten es Eski Pazar, Alter Markt. An anderer Stelle gründeten sie den Neuen, Novi Pazar. Die Anlage wurde in den Kriegen schwer beschädigt. Stari Ras wurde mit dem Kloster Sopoćani in die Liste des Weltkulturerbes der UNESCO aufgenommen. Mit Konservierungsarbeiten wurde begonnen.

Landschaft bei Stari Ras

Kloster Sopoćani

Das Kloster Sopoćani (Сопоћани) liegt abseits in einer bergigen Waldlandschaft nahe der Raškaquelle, sechzehn Kilometer westlich von Novi Pazar, nicht weit von der Ausgrabungsstätte Stari Ras.

Sopoćani ist UNESCO-Weltkulturerbe. Schon im Jahr 1961, als Teile der Malereien in Paris gezeigt wurden, erkannte man die herausragende Qualität seiner Fresken. Die Kirche ist in einer Zeit erbaut und ausgemalt worden, in der der Reichtum des serbischen mittelalterlichen Staates auf dem Bergbau basierte.

König Uroš I. (1243–1276) stiftete das Kloster als Mausoleum für sich und seine Familie im Jahr 1260. Im Nemanjiden-Mausoleum fanden er selbst, seine Mutter Anna Dandolo, Giovanni Dandolo, ein getreuer Freund des Königs, der Erzbischof Joanikije I. und andere große Persönlichkeiten ihre letzte Ruhe.

Zar Dušan stiftete zwischen 1342 und 1345 den Exonarthex mit den Malereien mit Wundern und Gleichnissen Christi sowie den Glockenturm. Malereien und Turm wurden später zerstört. Der zerstörte Glockenturm wurde rekonstruiert, ebenso in jüngster Zeit der Exonarthex.

Schon 1389 wurde das Kloster beschädigt. Im Jahr 1689, der Zeit der Kriege zwischen Österreich und den Osmanen, zerfiel die Dachkonstruktion, und das Kloster verödete. Für 250 Jahre war die Kirche nun Wind und Wetter ausgesetzt. Zwei große Restaurierungen in

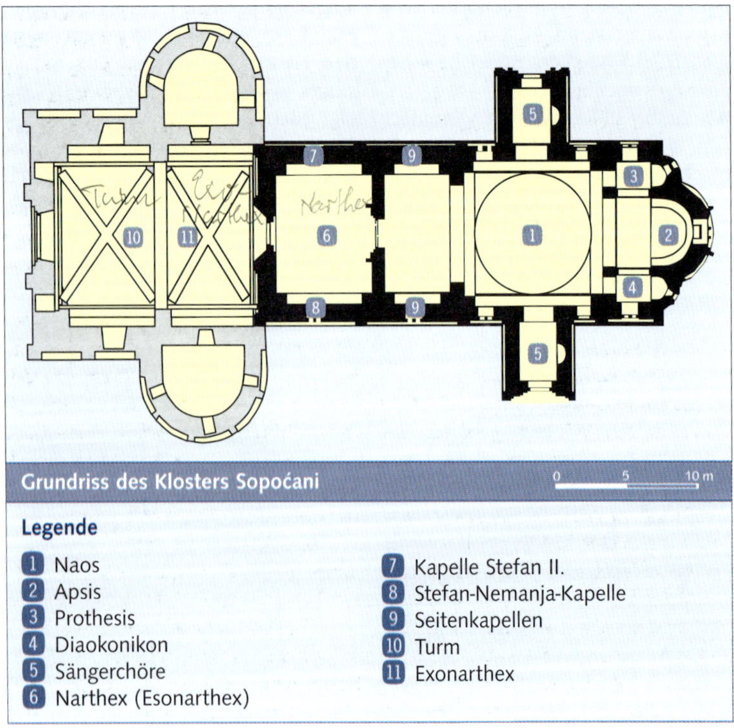

Grundriss des Klosters Sopoćani 0 5 10 m

Legende

1 Naos
2 Apsis
3 Prothesis
4 Diaokonikon
5 Sängerchöre
6 Narthex (Esonarthex)
7 Kapelle Stefan II.
8 Stefan-Nemanja-Kapelle
9 Seitenkapellen
10 Turm
11 Exonarthex

Kloster Sopoçani

den Jahren 1925 bis 1929 und 1949 bis 1958 bewahrten sie vor dem völligen Verfall. Die Malereien überdauerten mit Ausnahme des Goldgrundes die Zeiten ungeschützt bis heute. 70 Prozent sind im Original erhalten. Dies war der Ausführung und der Qualität der Farben, natürliche Pigmente und teures Blau aus Opal, zu verdanken.

22 zum Teil sehr junge, langhaarige, bärtige Mönche leben heute im Kloster. Einige sprechen Englisch und führen mit Begeisterung durch die Kirche.

Besichtigung

Man betritt das Kloster durch die in Ruinen liegende Ummauerung. Die Kirche wird von den Mönchen geöffnet, das Fotografieren ist verboten. Die Malereien von Sopoćani gehören in Ausführung und Programm zum Großartigsten, was Serbien zu bieten hat. Die Kirche wurde von verschiedenen Meistern in den Jahren 1263 bis 1268 vollständig ausgemalt. Nur die Malereien des Exonarthex und in der Georgs- und Nikolauskapelle wurden in einer zweiten Periode zwischen 1342 und 1345 geschaffen. Im Naos wurden sie als Mosaikimitation auf Goldgrund gemalt, der leider den Witterungseinflüssen zum Opfer fiel.

Die besondere Stellung der Kirche innerhalb der europäischen Kunst macht eine ausführliche Betrachtung der Bildwerke unerlässlich. In der **Chorzone** sind auf der Südseite der ungläubige Thomas und ›Christus erscheint den Frauen‹ zu sehen. In den Laibungen erkennt man zwei Propheten, die sich durch ihre Kopfbedeckung als jüdische Priester auszeichnen.

Die **Apsis** 2 zeigt die Muttergottes mit Christus und zwei Engeln, die Apostelkommunion und die Anbetung des Lammes, in deren Prozession neben heiligen Vätern die serbischen Erzbischöfe Sava I., Arsenije I. und Sava II. dargestellt sind. Eine niedrige steinerne Ikonostase trennt den Naos vom Altarraum.

Die östlichen Pfeiler sind mit Darstellungen der Ältesten geschmückt: Rechts sieht man David, links Salomon. Die Schriftrollen der Gelehrten zeigen Texte in kirchenslawischer Schrift.

Hauptthema im **Naos** 1 sind die zwölf orthodoxen Kirchenfeste, die mit der

Die ›serbische Mona Lisa‹

Geburt Christi an der Nordwand beginnen und mit dem Tod Muttergottes auf der Westseite enden. Dieses in Serbien häufige Thema wurde in keiner Kirche so monumental umgesetzt wie in Sopoćani; auf einer Fläche von 6,35 auf 4,25 Metern liegt Maria mit verinnerlichten Gesichtszügen auf dem Totenbett. Um sie herum stehen, genauso wie es in der Legenda Aurea beschrieben wurde, die Apostel. Christus, wiederum von Engeln umgeben, empfängt die Seele seiner Mutter in Form eines Kindes und reicht sie den Engeln, die sie in den Himmel emportragen. Die Komposition ist voller Grazie und Anmut, erhaben durch vollendete Modellierung, ergreifend in ihrer Ausstrahlung. Im Rang darunter erkennt man heilige Ärzte an ihren medizinischen Instrumenten, die eine Vorstellung vom damaligen Stand der Medizin vermitteln.

Im Nordteil des Naos bedecken die drei Engel bei Abraham (›Abrahams Gastfreundschaft‹), der ›Abstieg in die Hölle‹ und die ›Verklärung am Berge Tabor‹; außerdem das berühmteste Gesicht von Sopoćani, ein Heiliger, der die ›serbische Mona Lisa‹ genannt wird. Lange galt er als anonymer Heiliger, manchmal wird er als Philippus und an anderen Stellen als Johannes betrachtet.

An der Ostseite stehen sechs Apostel, unter denen an Schönheit die Apostel Petrus, Paulus und Johannnes besonders herausragen. Auf den linken Pfeiler malte der Künstler einen heiligen Demetrius, dessen Augen stets mitwandern und den Besucher immer anzuschauen scheinen.

Am **Sängerchor** 5 im Südteil des Naos lassen sich weitere Themen verfolgen: die ›40 Märtyrer von Sebaste‹, eine beschädigte Kreuzigung, ›Christus unter den Schriftgelehrten‹ und ›Christus wird in den Tempel gebracht‹ mit Simeon und Hannah darüber. Auch die Stifterfamilie ist hier dargestellt: Uroš I. als Stifter, links davon sein Vater Stefan II. und sein Großvater Stefan I., ihre Ahnenreihe setzt sich an der Westseite mit seinem Sohn Uroš II. fort. Die Figuren halten sich an den Händen und gehen auf die Muttergottes zu, die in Serbien als eines der schönsten Mariengesichter

Apostel

▲ Karte S. 319

gilt. Die Sängerchöre sind niedriger als der eigentliche Naos und wirken wie ein kleines Querhaus (Transept).

Im Naos befindet sich rechts der **Sarkophag von Uroš I.**, die Gebeine sind verschollen, es gibt nur Reliquien. Auf der linken Seite ist Joanike, ein Bischof Serbiens, beigesetzt. An den Naos schließen rechts die **Nikolauskapelle** und links die **Georgskapelle** an. Die beiden Kapellen wurden erst später zwischen Sängerchören und Narthex-Kapellen ergänzt und verleihen der Kirche von außen ihr basilikales Aussehen.

Die Malereien im **Narthex** 6 wurden vermutlich fünf Jahre später von einem anderen Künstler als im Naos geschaffen. Die Formen sind kleinteiliger, die Szenen dichter gedrängt, es wird mehr erzählt. Im Narthex sieht man folgende Szenen: Auf der Westwand in der ersten Zone die Heiligen Helena und Konstantin, heilige Mönche, Antonius, Theodor Studites, Onophrius, Johannes den Täufer. Die Zone darüber zeigt den schlafenden oder schon gestorbenen Joseph.

An die Nordseite malten die Künstler den Tod der Königin Anna, Mutter von Uroš, umgeben von der Königsfamilie, in Anlehnung an die Ikonographie vom Marientod und darüber das Jüngste Gericht. Gegenüber auf der Südseite stehen die 40 Märtyrer von Sebaste und die Wurzel Jesse. Den Türbogen am Eingang zum Naos, die Ostseite, schmücken die sieben ökumenischen Konzile. Neben der Tür rechts wachen Uroš II. und links seine Mutter Jelena. An den Narthex schließen sich zwei **Parekklesien** 9 (Seitenkapellen) an.

Auf der Südseite befindet sich die **Stefan-Nemanja-Kapelle**. In ihrer Apsis ist Christus dargestellt, alle anderen Wände zeigen Episoden aus dem Leben des Stefan I. Nemanja, der als Simeon heiliggesprochen wurde. Die Darstellung seines Todes füllt die linke Seite der Kapelle. Die nördliche Kapelle berichtet aus dem Leben Stefans II., des Erstgekrönten.

Tutin

Nicht weit von der Grenze zu Montenegro liegt der kleine Ort Tutin (Тутин), in dem viele Muslime leben. Die Fahrt dorthin wird begleitet von vielen eleganten Minaretten.

In dem orientalischen Städtchen steht oberhalb der Stadt auf einem Plateau die **Peter-und-Paulkirche**. Die 1646 errichtete Kirche ist einschiffig und war einst schindelgedeckt, heute ist das erneuerte Dach aus Metall. Unter den verbliebenen Malereiresten sind die Gottesmutter Široaja in der Apsis sowie Szenen aus dem Leben Jesu Christi an der Süd- und Nordwand zu erwähnen. Die Kirche wurde von außen frisch renoviert und ist leider fast immer verschlossen.

Prijepolje

Auf der Strecke von Novi Pazar nach Prijepolje durch das Gebiet des Sandžak liegen viele Sehenswürdigkeiten. Von Sopoćani fährt man zur Hauptstraße in Richtung **Sjenica** (Сјеница). Schon von weitem erkennt man die große Moschee. Hier ist am Donnerstag immer großer Markt. Zwischen Sjenica und Nova Varoš wurden die Flüsse Uvac und Varo zu zwei großen Stauseen **Zlatarsko** und **Sjeničko jezero** aufgestaut, die das Gebiet mit Trinkwasser versorgen.

Prijepolje (Пријепоље), malerisch am Fluss Lim gelegen, war einmal eine wichtige Karawanenstation, in der die Waren aus Dubrovnik zwischengelagert wurden. Dies endete im Jahr 1690. Seit 1912 gehört der Ort zu Serbien. Im Städtchen fallen die Wohnbauten der

Das Limtal bei Prijepolje

Region auf quadratischem Grundriss, bedeckt mit einem Pyramidendach, sofort ins Auge.
An der Straße nach Bijelo Polje fand man bei Kolovrat **römische Gräber** auf dem Gelände einer Textilfabrik. Die Vielzahl der Fundstücke wird auf der Ausgrabungsstätte imer noch untersucht. Im Ort gibt es eine **orthodoxe Kirche** mit Glockenturm und eine **Moschee**. Orthodoxe Serben (etwa zwei Drittel der Einwohner) und Muslime, die sich Bosniaken nennen (ein Drittel), teilen sich die Stadt. An alten Bauten ist der **Uhrturm** aus dem 18. Jahrhundert besonders sehenswert.
Südlich von Prijepolje, bei Brodarevo (Бродарево) am Lim, liegt das **Kloster Davidovica** (Давидовица) aus dem Jahr 1281. Der Stifter, Fürst von Raszien David, war ein Sohn des Fürsten Vukan II. Nemanjić. Wie sein Großvater Stefan Nemanja zog er sich in ein Kloster zurück und nahm den Namen Dmitri an. Es ist eines der wenigen Klöster, dessen Bauvertrag erhalten blieb und in dem die Bauleiter benannt sind: Desina de Riso und sein Sohn Blaž aus Dubrovnik.

▸ Karte S. 319

In der Nähe liegt eine Ruine der Raškaschule, das **Kloster Mili** (Мили). Unweit des Stadtzentrum befinden sich das **Kloster Mileševa** und die Ruinen der **Festung Hisardžik**.
In der Umgebung von Prijepolje sind noch viele Kirchen zu finden: die Hinweisschilder, in Kyrillisch versteht sich, zeigen den Weg: Die Kirchen **Puševine** (Пушевине) und **Denova** (Денова) erreicht man über einen drei Kilometer langen, nicht asphaltierten Weg. Man sollte einfach immer viel Zeit einplanen, um die eine oder andere Kirche auch einmal zu erwandern.

i Prijepolje

Vorwahl: 033.
Websites: www.prijepolje.org (nichtoffizielle Webseite, serb.).
Turistička organizacija Prijepolje, Trg Bratstva i jedinstva 1, Tel. 710-140, Fax -540, www.turizamprijepolje.org.yu.

Hotel Mileševa (★★★), ul. Novavaroška, Tel. 711078; 104 Zimmer, DZ 2800 Dinar. Mit Restaurant und Pool.

Kloster Mileševa

Das Kloster Mileševa (Милешева) gehört mit jenen von Sopoćani, Studenica und Gradac zu den absoluten Höhepunkten einer jeden Serbienreise. Sie wurden alle im frühen Mittelalter unter den Nemanjiden gebaut. Das Kloster liegt sechs Kilometer nordöstlich von Prijepolje am rechten Ufer der Mileševka, am Rand des Nationalparks Zlatar.
Sein Hinterland sind Wälder und ein Felsen, auf dem die **Burg Hisardžik** (Хисарџик) thront, die 1465 von den Türken eingenommen wurde. Das weiß-

Kloster Mileševa

gekalkte Mauerwerk des Klosterkomplexes sieht man erst in letzter Minute.

Die Stiftung geht auf Vladislav, einen Fürsten der dritten Nemanjidengeneration, zurück. Die Nemanjiden statteten Mileševa mit Rechten aus, die es im Ansehen gleich hinter Studenica einreihten. Der heilige Sava, erster serbischer Erzbischof, wurde hier bestattet. Sein Leichnam war feierlich von Tarnovo überführt worden. Ihm ist auch der Aufstieg des Klosters zu verdanken. Am Grab des heiligen Sava ließ sich der bosnische Ban Tvrtko zum König von Serbien und Bosnien krönen. Von 1466 an nannte sich Stjepan Vukčić Kosača Herzog des heiligen Sava, und seither hieß sein Herrschaftsgebiet das ›Zahumlje‹, für uns die Herzegowina.

Der türkische Großwesir serbischer Abstammung Mehmed Sokolović (1505–1579) war vor seiner Konvertierung Schüler in Mileševa, ihm war die Wiedererrichtung des Patriarchats von Peć zu verdanken. Sein Bruder Makarije, auch ein Schüler des Klosters, wurde nach der Wiedererrichtung erster Patriarch in Peć und ließ seinen Patriarchensitz renovieren. Gleichermaßen wurde auch dem Kloster Mileševa neue Aufmerksamkeit zuteil, die in der Erneuerung der Wandmalereien durch den berühmten Zograph Longin aus der bedeutenden Schule von Peć 1560 gipfelte. Von seiner Arbeit ist das Abendmahl im Südtambour am besten erhalten geblieben. Im 16. Jahrhundert bestand im Kloster auch eine Druckerei.

Als Verehrungsstätte des heiligen Sava genoss die Kirche den Status eines Vorbildes, an ihr hatten sich andere Kirchen zu orientieren. Die Türken sahen im Sava-Kult eine Bedrohung für ihre Herrschaft in Serbien. Frevelhaft überführten sie die Gebeine Savas 1595 nach Belgrad und verbrannten sie dort anschließend auf dem Vračar-Hügel.

In der ersten Hälfte des 17. Jahrhunderts wurden die Malereien im Diakonikon erneuert. Das Kloster wurde mehrfach von den Türken gebrandschatzt, geplündert, durch Überschwemmung schwer geschädigt und im 19. Jahrhundert verwüstet.

Die Architektur der Christi-Himmelfahrtskirche von Mileševa gilt als Prototyp der Raškaschule. Im Jahr 1236 wurde sie einschiffig mit dreigliedriger Apsis, rechteckigen Chören auf der Nord- und Südseite des Naos, einer Kuppel und einem Narthex im Westen erbaut. Im Jahr 1263 ergänzte man die Kirche um einen überkuppelten Exonarthex mit zwei überkuppelten Seitenkapellen. Auch während der Türkenzeit bestand hier ein wichtiges Kulturzentrum. Im 19. Jahrhundert wurde der Glockenturm angefügt.

■ Die Malereien von Mileševa

Am wertvollsten sind die Malereien, die in verschiedenen Epochen ausgeführt wurden. Die ältesten entstanden beim Bau von Mileševa und gehören zu den kostbarsten Zeugnissen Europas aus der Mitte des 13. Jahrhunderts. Im Naos waren sie auf Goldgrund gearbeitet und imitierten byzantinische Mosaiken, während die Szenen im Altarraum, Narthex und Exonarthex auf blauem Hintergrund gemalt sind. Blau hatte den gleichen Stellenwert wie Gold, aus Opal war es sogar viel wertvoller. Die ausführenden Maler haben sich durch Inschriften – eine Seltenheit – verewigt. Es waren die Meister Dimitrije, Theodor und Georgije, vielleicht Griechen. Gern werden die serbischen Malereien in einen höfischen und einen mönchischen Stil unterschieden. Die Malereien im Naos von Mileševa ordnet man dem höfischen Stil zu.

Die Kirche war auch mit plastischem Bildwerk ausgestaltet. Das Fragment des steinernen mittelalterlichen Portals, der Löwe, ist im Exonarthex ausgestellt.

▲ Karte S. 319

Weltberühmt wurde die Szene der Frauen am Grabe auf der Südseite im Naos. Der auf ihr dargestellte Engel ist in seiner Modellierung und vollendeten Farbgebung einzigartig und ist als der **Weiße Engel** ein stehender Begriff. Vielfach wurde er kopiert, vergrößert und plakatiert. Darunter zeigt ein Stifterbild Vladislav mit dem Kirchenmodell, den Maria zu Christus führt.

Weitere Szenen sind der Einzug in Jerusalem auf der Nordseite, die Verkündigung auf der Ostwand und die Kreuzabnahme im Tambour. Die Koimesis auf der Westseite wurde zum Teil durch das Öffnen der Westwand zerstört. In den Laibungen unter der Kuppel sind Medaillons mit Brustbildern von Heiligen und Heiligenfiguren, darunter Nikolaus und Stefan in den unteren Bereichen, zu sehen.

Im Narthex sind der Verrat des Judas und Christus im Garten von Gethsemane noch zu erkennen; auf der Nordwand die Porträtgalerie von drei Generationen der Nemanjiden-Dynastie: Stefan I. als Mönch Simeon (beschädigt), der heilige Sava als Erzbischof, Stefan der Erstgekrönte und seine beiden Söhne Radoslav und Vladislav.

Die Stifterbilder sind als echte Porträts sehr bedeutsam und geben in ihrem Realismus eine Vorstellung von den Nemanjiden. Der Stifter Vladislav mit dem Kirchenmodell in den Händen erscheint in dieser Kirche sogar zweimal.

An der Ostseite rechts der Tür sieht man Konstantin, der das Christentum anerkennt, und seine Mutter Helena, die das Kreuz aufgefunden hatte. Beide werden in der orthodoxen Kirche als Heilige verehrt.

Die Malereien im Exonarthex wurden vermutlich im 16. Jahrhundert von einheimischen Künstlern nach dem Vor-

Der ›weiße Engel‹ von Mileševa

bild der älteren übermalt. Die Ostseite schmückt das Jüngste Gericht, die Westseite das Abendmahl und die Südseite das für Serbien wichtige Thema der 40 Märtyrer von Sebaste. Hier steht der Sarkophag des heiligen Sava, der von Vladislav ist im Naos.

Rund um das Kloster wurde großräumig renoviert. Sehr auffällig sind die wunderschön angelegten **Picknickplätze** gleich hinter der Kirche im Klosterareal: Sitzbänke und Holztische laden die Besucher ein.

Banja

Von Prijepolje geht es das malerische Limtal entlang. Das **Kloster Voljavac** (Вољавац) besteht aus der Kirche der Gottesmutter an der Bistrica, einem Bau der Raškaschule. Beim Abzweig nach Banja wurde der Lim zu einem großen See aufgestaut, ein Kraftwerk versorgt die Region mit Energie. Zwischen den Gebirgszügen entlang gelangt man über Priboj zur Grenze nach Montenegro. Auf dem Weg dorthin sieht man die Reste von **Burg Jerinin** (Јеринин Град),

Kloster Banja

▲ Karte S. 319

nicht weit davon entfernt das **Kloster Mažici** (Мажици).

Kurz vor Priboj führt eine Straße steil bergauf nach **Banja** (Бања), einem kleinen Badeort, in dem die warmen Mineralwasser nur so sprudeln. Hier steht das gleichnamige **Kloster Banja**, auf einer die Stadt Priboj und den Lim überragenden Anhöhe. Schon der arabische Geograph El Idrissi beschrieb im 12. Jahrhundert an dieser Stelle eine kleine befestigte Stadt. Das Kloster, auch Sveti Nikola Dabarski nach dem Gau Dabar genannt, gelangte in dieser Zeit bereits zu hohem Ansehen. Als die serbische Kirche 1219 autokephal wurde, stieg Sankt Nikolaus zum Sitz des Bistums Dabar auf. Anfang des 14. Jahrhunderts zerstörten die Bogumilen die Kirche. Im Jahr 1330 errichtete König Stefan Dečanski eine neue Kirche, in der der tatkräftige Bischof Nikola von Dabar beigesetzt wurde. Der Besucher wird überrascht sein von den vielen Grabsteinen; viele kirchliche Würdenträger fanden hier ihre letzte Ruhe.

Eine zweite Blüte erlebte Kloster Banja zur Zeit des Wiederaufbaus des Patriarchats von Peć (1557–1614). Gefördert und reich beschenkt von Patriarch Makarije und dem Metropolit von Novo Brdo, Dionisije, entstand die neue Kirche mit ihren Malereien. Nach neuerlichen Zerstörungen erfolgte ein Wiederaufbau im 19. Jahrhundert.

Während der 1975 begonnenen Konservierungsarbeiten fand man eine beachtliche **Schatzkammer** mit reichverzierten Gegenständen. Die Kirche wurde dem heiligen Nikolaus, der in der orthodoxen Kirche sehr verehrt wird, geweiht.

Der Kuppelbau mit Narthex gehört zur Raškaschule. Wenige Malereireste des 14. Jahrhunderts sieht man im Altarraum. Die Malereien im Naos

Die Quellen von Banja laden zum Bad

und Narthex gehen auf das Jahr 1575 zurück, sie sind sehr mitgenommen. Man sieht die üblichen Themen wie die Stifterporträts, aber als Besonderheit die Übergabe des Patriarchenthrones des Makarije Sokolović an seinen Nachfolger Antonije, die Schlacht Kaiser Konstantins des Großen für den Sieg des Christentums. Teilweise wurden die Malereien abgenommen. Auf der Südwand des Narthex sind noch relativ gut Szenen aus dem Leben des heiligen Nikolaus zu erkennen.

Neben der Kirche hat man mittelalterliche **Ruinen** einer älteren Kirche freigelegt. Gegenüber der Kirche wurden die Heilwasserquellen gefasst und zu einer hübschen offenen **Badeanlage** gestaltet, ein Vergnügen für Jung und Alt.

Nova Varoš

Die Ortschaft Nova Varoš (Нова Варош) befindet sich im Quellgebiet der Bistrica. Im 19. Jahrhundert bestand hier ein bedeutender Viehmarkt. Mit dem Sandžak kam sie an Serbien. Im Zentrum sind wenige historistische Bauten zu sehen. In der Umgebung von Nova Varoš stehen einige Holzkirchen: Im Dorf **Radijevići** (Радијевићи) eine von 1808, eine in **Kućani** (Кућани) aus dem 18. Jahrhundert. Nova Varoš liegt im Talkessel der Berge und ist ein guter Ausgangspunkt fürs Wandern und Skilaufen.

Der Weg nach Užice führt direkt am **Zlatarsko jezero**, dem großen Stausee, vorbei. Hinweisschilder weisen die Wege zu den **Klöstern Dubnica** (Дубница) und **Uvaz** (Увaз), die in den Wäldern liegen. Die gut ausgebaute, aber sehr befahrene Strecke führt über den Boem-Pass nach Zlatibor.

Nova Varoš

Vorwahl: 033.

Hotel Panorama Zlatar, Tel. 61-772, 784, Fax -203; DZ 2820 Dinar. Außerhalb der Stadt beim Dorf Zlatar (Златар) auf 1230 Metern, inmitten eines dichten Waldes. Winter- und Sommersportmöglichkeiten, ganzjährig geöffnet.

Entlang der Zapadna Morava

Entlang der Zapadna Morava, der westlichen Morava, führt der Weg von Kraljevo nach Kruševac. Kurz hinter Trstenik liegt **Kloster Veluća** (Велуħа). Das Denkmal der Moravaschule wurde Maria Tempelgang geweiht. Den Dreikonchentypus aus Haustein und Ziegel stiftete der Despot Jovan. Im Inneren gibt es Wandmalereien mit Stifterbildnissen im Naos und im Narthex.

Wer noch nicht genug Kirchen gesehen hat, kann den Hinweisen zum **Kloster Sveti Luka** (Св. Лука) oder zur Dreifaltigkeitskirche bei Bošnjane (Бошњане) folgen.

Kloster Rudenica

In den nördlichen Ausläufern des Kopaonik-Gebirges liegt **Aleksandrovac** (Александровац), so benannt nach Aleksandar Obrenović seit 1882. Im Mittelalter hieß der Ort Kožetin. Zehn Kilometer entfernt auf einem unwegsamen Felsen links der Rasina thront die **Burg Koznik** (Козник). Der Name stammt vom serbischen Wort Koza (Ziege), weil das Baumaterial nur mit Ziegen auf den Berg transportiert werden konnte. Errichtet wurde sie im Auftrag von Veliki Čelnik Radić Postupović, dem höchsten Würdenträger am Hof der Despoten Stefan und später Georg Branković. Er herrschte über das Gebiet Rasina von 1413 bis 1435. Von der Burg sind die Mauern und polygonalen Türme erhalten.

Nicht weit von Aleksandrovac stehen zwei weitere Zeugnisse der Moravaschule: An der Straße nach Stopanja (Стопања) in der Nähe des Dorfes Rataje (Ратаје) steht das **Kloster Rudenica** (Руденица), die Stiftung eines Vuk und seiner Gemahlin Vukosava von 1405. Die verbliebenen Malereireste stammen laut Inschrift im Altarraum von Meister Teodor Anfang des 15. Jahrhunderts.

Drei Kilometer nördlich von Aleksandrovac haben die Mönche Dorotej und sein Sohn Danilo das **Kloster Drenća** (Манастир Дренћа), auch Dušmanica genannt, gegründet. Sie führten die Besitzungen des Klosters in einer Urkunde von 1389 auf.

Kruševac

Kruševac (Крушевац) ist ein mittelgroßes Städtchen (65 000 Einwohner) mit charmanter, von traditionellen Bauten flankierter Fußgängerzone, darunter einem sehr schön renovierten Konak. Hier findet man auch die gut organisierte Touristeninformation und nette Cafés, in denen man getrost auch mal einen ›Pelinkovac‹, den serbischen Kräuterlikör, probieren kann.

Im Jahr 1429 übernahmen die Türken die Stadt Kruševac und nannten sie

▲ Karte S. 254

Aladža Hisar. Während der Besetzung Serbiens durch Österreich-Ungarn im Ersten Weltkrieg war Kruševac Grenzstadt. Während des Zweiten Weltkriegs wurde sie von den Deutschen bombardiert und bald darauf eingenommen.

Die metallverarbeitende und chemische Industrie ist hier angesiedelt. Hauptarbeitgeber ist die Firma ›Trayal‹, die im Jahr 1892 mit der Herstellung von Schwarzpulver begonnen hat und seit den 1970er Jahren Reifen und Gummi produziert. Im Jahr 2006 wurde die Firma privatisiert und an einen bulgarischen Unternehmer verkauft. Sie exportiert in die ganze Welt, auch nach Deutschland. Die einst größte Chemiefirma Seribens, ›Merima‹, wurde im Jahr 2003 an die deutsche Firma ›Henkel‹ verkauft. Außerdem ist der Getränke- und Weinhersteller ›Rubin‹ in Kruševac ansässig.

Heute macht die Stadt vielfach durch ihren Erstliga-Fußballclub ›FK Napredak‹ von sich reden. Berühmter Sohn

Das Museum von Kruševac

der Stadt ist Miodrag Petrović (1924–2003), der legendäre serbische Komiker mit dem Spitznamen ›Čaklja‹. Er begann mit Auftritten in einer Theatergruppe in seiner Heimatstadt, gehörte während des Krieges der Kulturgruppe der 47. Division an und kam nach seinem Debüt in Belgrad auch zum Film. Seine Filme waren Kassenschlager.

Im Zentrum fällt das den **Kosovo-Helden gewidmete Denkmal** ins Auge. Es ist das Wahrzeichen von Kruševac. Das Werk des Bildhauers Đorđe Jovanović wurde anlässlich der 100-Jahr-Feier des ersten serbischen Aufstandes am Vidovdan des Jahres 1904 im Beisein König Petars I. enthüllt. Die Skulpturen für das Monument wurden auf der Weltausstellung in Paris im Jahr 1900 gezeigt und mit einer Medaille ausgezeichnet. Kruševac besitzt außerdem ein sehenswertes monumentales **Rathaus** von 1898.

Lazarica

Sehenswert ist das Städtchen in erster Linie wegen der sogenannten **Lazarica**. Fürst Lazar Hrebeljanović hatte sich hier eine befestigte Residenz errichten lassen und den Ort zur Hauptstadt seines Fürstentums gemacht. Lazar hatte die strategisch günstig gelegene Stadt durch seine Bauten sehr gefördert. Da sie aber auch den Angriffen von Türken und Ungarn ausgesetzt war, musste sie befestigt werden. Nach Lazars Tod endete die Bautätigkeit, und 1455 wurde Kruševac zu einer orientalischen Stadt.

Von der Festung sind Ruinen vor allem eines Donjons übriggeblieben. Das gesamte Areal wurde zu einem großen Park umgestaltet. Schon bei der Einfahrt in die Stadt wird man der Palastruinen und des Parks gewahr.

In der Burganlage stiftete Fürst Lazar eine **Stephanskirche**. Über das Entste-

Die Kirche Lazarica

hungsjahr gehen die Meinungen auseinander. Die einen setzen das Jahr 1370 an, also zeitlich vor Kloster Ravanica, andere das Jahr 1376/77 anlässlich der Geburt des Sohnes Stefan. Nach seinem Namen Lazar wurde sie ›Lazarica‹ genannt und hatte die Funktion einer Hofkirche. Sie gilt als eines der ersten Bauwerke der Moravaschule (siehe Seite 315); es handelt sich um einen verkürzten Dreikonchentypus mit ausgesprochener Höhenbetonung. Seine Kuppel sitzt auf einem schlanken durchfensterten Tambour über einem Würfel. An der Westseite schließt sich der Narthex an, über dem sich ein zweigeschossiger viereckiger Turm erhebt.

Der aus Stein und Ziegel gefügte Bau ist außen außergewöhnlich architektonisch gestaffelt. Seine Fassaden sind durch kleine Säulen, Lisenen, Archivolten, profilierte Simse, Rosetten, Nischen und Zierbauteile aus gebranntem Ton sehr reich gegliedert, was ihm ein malerisches Aussehen verleiht. Dazu kommt der Reliefschmuck der Fenster- und Türeinfassungen.

▶ Karte S. 254

Der lebhafte Gesamteindruck wird durch die wechselnden Reihen von Stein und Ziegel noch gesteigert. Zwei Kranzgesimse gliedern den Bau in drei horizontale Zonen, während die Halbsäulen und Blendnischen vertikale Felder bilden. Besonders reich ist die dekorative Steinplastik an den Bögen, Rosetten, Fenstern und Portalen. Die Ornamente lassen sich in zwei Gruppen unterteilen: Zum einen sieht man Phantasievögel und Tiere und zum anderen florale und geometrische Ornamente. Ein schönes Beispiel dafür ist das Fenster an der Südseite.

In der Türkenzeit verödete die Kirche. 1904 wurde sie restauriert, und heute finden hier wieder regelmäßig Gottesdienste statt. Von der Malerei ist nichts mehr erhalten.

Neben der Kirche steht ein Gebäude für die Geistlichen und im Park eine Skulptur, die den Fürsten Lazar darstellt.

Die Umgebung von Kruševac

Der Süden von Kruševac bietet schöne Naturerlebnisse. Mehrere Stauseen, darunter der **Jezero Ćelje** laden zum Baden und Fischen ein.

Die Berggruppe des **Veliki Jastrebac** mit seiner höchsten Erhebung, dem Pogled mit 1482 Metern bietet reichlich Gelegenheit zum Wandern und Jagen. Langsam erwacht das Gebiet wieder zu neuem Leben. Das Hotelangebot wurde ausgeweitet, alte Häuser wurden saniert. Auf 540 Meter Höhe im Jastrebac liegt der Kurort **Ribarska Banja**. Ein Rehabilitationszentrum und eine Spezialklinik für Orthopädie sind angesiedelt. Außerdem wird eine ganze Palette balneologischer Anwendungen geboten.

Einige Klöster liegen in der näheren Umgebung von Kruševac: das **Roman-**

kloster aus dem 15. Jahrhundert, wieder aufgebaut im 19. Jahrhundert, an der Straße nach Niš die erneuerte **Muttergotteskirche** in Đunis (Ђунис) aus dem 19. Jahrhundert und 15 Kilometer in Richtung Brus das **Kloster Naupara** (Наупара) aus dem 14. Jahrhundert mit der Maria-Geburtskirche im Moravastil. Das Kloster wurde nach mehrfachen Zerstörungen 1835 ebenfalls wieder aufgebaut.

Zum **Kloster Veluce** (Велуце), einer Stiftung des Gutsherren Nikola Zoijć im 15. Jahrhundert, fährt man zunächst in Richtung Trstenik. Die Wandmalereien des Klosters zeigen drei Familienmitglieder: Oliver, Konstantin und Dejan.

Ruinen der Festung in Kruševac

Kruševac und Umgebung

Vorwahl: 037.
Website: www.krusevac.org.rs.
Turistička Organisazija Opštine, ul. Majke Jugobića br. 3, Tel. 445180, www.turizam-krusevac.org.rs; Mo–Fr 8–20, Sa 9–15 Uhr.

Hotel Rubin, ul. Nemanjina 2, Tel. 425535, www.hotelrubin.co.rs; DZ 3600, EZ 2400 Dinar. Das Hochhaus am Hauptplatz wurde endlich privatisiert.
Dabi, ul. Dostojevskog bb, Tel. 491620, www.hoteldabi.com; DZ 3900 Dinar. Neues Privathotel in einer Nebenstraße.
Jastrebac:
Henkel Merima, Tel. 873608. Neues kleines Hotel mit 17 Zimmern und guter Küche.
Trayal, Tel. 873586, www.hoteltrayal.rs (serb.); 14 Zimmer, 3 Apartments, DZ 2500, EZ 1800 Dinar.
Ribarska Banja, Tel. 865270, www.ribarskabanja.co.rs. Kurzentrum.

Restoran Koliba, ul. Majke Jugovića 22, Tel. 425669. Klein, gemütlich, schmackhaft.
Konak, ul. Radomira Jakovljevića 5, Tel. 443410, www.konak.co.rs (dt.). Liebevoll eingerichtetes Restaurant mit nationaler Küche, mit offenem Kaminfeuer.

Das **Nationalmuseum** ist im Gebäude der ehemaligen Grammatikschule von 1863 eingerichtet. Es befindet sich direkt beim Archäologischen Park und der Lazarica. Im Museum werden archäologische Funde, historische und ethnographische Dokumente sowie Kunst- und Design-Exponate präsentiert.

Fahrradverleih Iznajmljivnaje, ul. Mirka Tomića 15, Tel. 061/1122330.

Südserbien wird östlich vom Balkangebirge, dem Stara Planina, der natürlichen geographischen Grenze zu Bulgarien, und dem Fluss Timok, westlich vom Autoput und südlich von der Grenze zu Makedonien eingerahmt.

Südserbien

Niš

In Niš (Ниш) beginne der Orient, schrieben einst viele Balkanreisende. Heute ist das orientalische Flair allenfalls noch in der Festung zu spüren. Die Stadt mit ihren 170 000 Einwohnern ist eine der größten Städte Serbiens nach Belgrad und Novi Sad. Sie liegt 193 Meter hoch und ist der wirtschaftliche und kulturelle Mittelpunkt Südserbiens.

Entsprechend leidet sie heute unter der wirtschaftlichen Depression. Die gesamte Elektronikindustrie, die hier ansässig war, wurde stillgelegt, wodurch allein 50 000 Menschen arbeitslos wurden. Daran hat sich bis heute nichts geändert. Lediglich die Tabakfabrik, der Stolz

der Stadt, wurde bereits privatisiert und bietet weiterhin Arbeitsplätze. Der große Industriekomplex fällt bei der Einfahrt in die Stadt sofort ins Auge.

Nach wie vor ist Niš Verkehrsknotenpunkt. Der Flughafen, bereits 1912 als Militärflughafen angelegt, wurde durch die NATO-Bombardements zerstört, aber im Jahr 2003 wieder eröffnet. Niš liegt an der Bahntrasse Belgrad–Skopje–Sofia und verfügt über einen großen Busbahnhof, der alle europäischen Länder und Städte sowie die serbischen Städte mit Niš verbindet.

Die Universität von Niš, 1965 gegründet, ist mit ihren mehr als 25 Fakultäten eine der größten des Landes. Nicht zuletzt wegen seiner Studenten ist Niš trotz aller Probleme besonders am Abend eine sehr lebhafte Stadt mit viel Musik und einem intensiven Nachtleben. Im September findet alljährlich hier das Rockfestival ›Nišomnia‹ statt, Kulisse ist die Festung.

Große Söhne der Stadt sind der Filmregisseur Predag Antonijević und der Schriftsteller Dušan Radović. Radović (1922–1984) wurde vor allem durch seine Kinderbücher populär, für die er den Hans-Christian-Andersen-Preis der internationalen Organisation IBBY (International Board on Books for Young People) erhielt. In Belgrad ist ein Theater nach ihm benannt.

Geschichte

Niš ist eine der ältesten Städte des Balkans, deren früheste Besiedelung im Jahr 6000 vor Christus nachgewiesen ist. Die Kelten vertrieben die Illyrer und gründeten im 3. Jahrhundert vor Christus eine Siedlung namens ›Navissos‹. Die wurde im Jahr 75 vor Christus von den Römern erobert und in ›Naissus‹ umbenannt.

Altes und Neues in Niš

Durch Naissus führte die wichtige römische ›Via Militaris‹, die bis heute wichtigste Verkehrsader der Balkanhalbinsel. Sie führte von Konstantinopel aus über Adrianopel, Philippopolis, Serdica und Naissus nach Singidinum. Das Becken von Niš verbindet die Wege zur unteren Donau, zum Maricatal (Bulgarien), zur Ägäis und zur Adria nach Kotor und Dubrovnik durch das Tal der westlichen Morava. Ihre strategische Position förderte ihren Ausbau zum ›Castrum‹ mit militärischer Nutzung. Die Festung ›Naissus‹ war ein wichtiger Stützpunkt der illyrischen Provinz Moesia superior. Im Jahr 280 nach Christus schenkte hier die Gastwirtin Helena dem römischen Mitkaiser Constantius I. (293–306) einen Sohn, den Constantinus (280–337, Kaiser seit 306), der als Konstantin der Große in die Geschichte eingehen sollte. Konstantin hatte das Christentum anerkannt und alle Repressalien gegen die Christen aufheben lassen. Er schmückte auch seine Geburtsstadt Naissus mit imposanten Bauten, die durch schriftliche Quellen bekannt wurden, in denen sie als vermögend und menschenreich erwähnt wird. Auch der Mitkaiser Constantius III. wurde in Naissus geboren. Aufgrund seiner militärischen Erfolge wurde er zur Belohnung mit Galla Placidia, der Schwester Kaiser Honorius, verheiratet. Constantius III. starb 421 in Ravenna.

Der Niedergang von Niš begann mit der Zerstörung durch die Hunnen im Jahr 441 nach Christus. Justinian (527–565), der Erneuerer des Ostreiches, ließ die Stadt als Naissopolis wieder aufbauen und stark befestigen. Erneut wurde die Stadt durch die Awaren im 6. Jahrhundert zerstört. Ihnen folgten die Slawen, die sich nach und nach in den Trümmern der Stadt niederließen, die sie Niš nannten. Alle weiteren Versuche der byzantinischen Kaiser, das alte Imperium wieder zu errichten, blieben erfolglos.

Ein Wechselspiel folgte: im 9. Jahrhundert kamen die Bulgaren, im 11. Jahrhundert die Ungarn. Dem byzantinischen Kaiser Manuel Komnenos gelang eine kurzfristige Rückeroberung der Stadt. Niš wurde daraufhin erneut befestigt (1152–1153). Anschließend eroberten es die Serben unter Stefan Nemanja. Die Kreuzritter zogen hindurch.

Reste der Altstadt

Karte S. 387

Sagenumwoben ist das Treffen zwischen Kaiser Friedrich I. Barbarossa, der auf dem Dritten Kreuzzug Richtung Kleinasien unterwegs war, und Stefan I. Nemanja im Jahr 1189. Die Nemanjiden stifteten mehrere Kirchen, von denen nur noch die Ruinen der Panteleimonkirche und die sehenswerte Dreifaltigkeitskirche in Gornji Matejevac (Горњи Матејевац) Zeugnis ablegen. Immer wieder wechselten die Herren der Stadt zwischen Serben, Byzantinern und Bulgaren.

Nach der Schlacht der Serben gegen die Türken an der Marica im Jahr 1386 drangen die Türken erstmals in das Tal ein, 15 Jahre später eroberten sie Niš nach 25tägiger Belagerung. Sie zerstörten die Festung und nutzten sie als Steinbruch für ihre Häuser. Viele Bewohner flüchteten in die umliegenden Dörfer. Noch einmal konnten die Serben die Stadt kurzfristig für sich gewinnen. Doch von 1474 bis 1877 sollte sie türkisch bleiben und zu einer der wichtigsten Städte der ›europäischen Türkei‹ werden. Die Festung lag noch lange in Trümmern, statt von Mauern von hölzernen Pfählen umgeben. Die Bewohner siedelten auf das andere Nišava-Ufer über.

Nach der endgültigen Befreiung von den Türken im Jahr 1878 orientierte sich die Stadt an Westeuropa. Der österreichische Architekt Fran Winter schuf einen Generalplan zur neuen Bebauung. Die großen Boulevards mit ihren historistischen Bauten entstanden, während die kleinen Straßen ihr orientalisches Flair behielten. In beiden Weltkriegen wurde Niš von fremden Truppen besetzt und schwer beschädigt. Während des Zweiten Weltkrieges unterhielten die deutschen Besatzer hier ein Konzentrationslager, das viele Opfer forderte. Ein Gedenkpark wurde auf dem Hügel Bubanj angelegt, wo die Exekutionen stattfanden. Der Denkmalkomplex geht auf den Zagreber Bildhauer Ivan Sabolić zurück.

Stadtbesichtigung

Die Stadt an der Mündung der Nišava in die südliche Morava breitet sich zu beiden Seiten des Flusses aus. An der Flusspromenade sind, neben Restaurants, die Verwaltung der Universität und der große Markt plaziert.

Herz der Stadt ist der **Trg Kralja Milan** (Трг Краља Милан), der vom Hotel ›Ambasador‹ überragt wird. In seinem Zentrum steht ein Reiterdenkmal zur Erinnerung an die Opfer der Befreiungskämpfe gegen die Türken, die Gefalle-

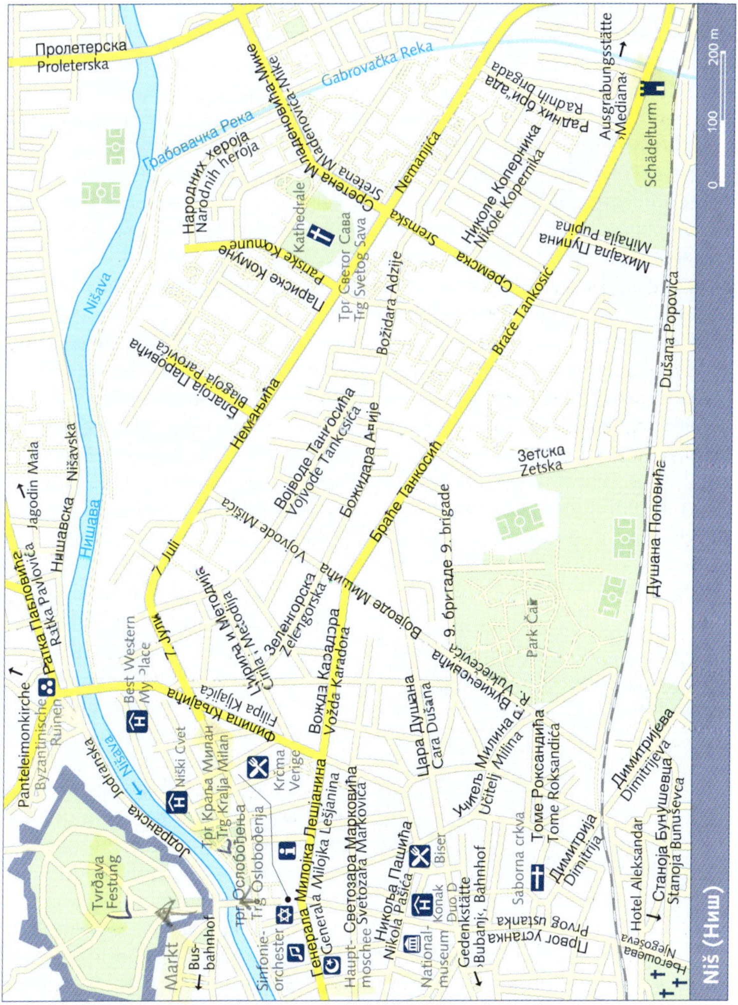

nen im Ersten Weltkrieg und während der Balkankriege. Im Hintergrund liegen die Festung und die Flusspromenade.

Der Boulevard General Milojka Lešjanina (Бул. Генерала Милојка Лешјанина) teilt die große Fußgängerzone. Der Boulevard wird von einigen historistischen Bauten gesäumt, dem **Gebäude des Sinfonieorchesters** von Niš und dem Verwaltungsgebäude des Nationalmuseums. Außerdem steht hier auch die **Hauptmoschee** der Stadt, die nach den Unruhen im Februar 2004 im Kosovo in Brand gesteckt wurde, sich aber glücklicherweise wieder im Aufbau befindet.

In einer Seitenstraße kann man die **Synagoge** entdecken, deren Renovierung so gut wie abgeschlossen ist. Das **Nationalmuseum** (Narodni muzej/Народни музej) befindet sich in der ul. Pašica (ул. Пашица). Dem Gebäude gegenüber steht ein schöner alter **Konak**, in dem ein Restaurant untergebracht ist.

Niš ist orthodoxer Bischofssitz. Die **Saborna crkva** (Саборна црква, Trg 14. Oktobar) aus dem 19. Jahrhundert mitsamt ihrer schönen Ikonostase von Đorđe Krstić wurde ein Raub der Flammen. Die rekonstruierte Kirche konnte im Jahr 2006 wieder geweiht werden.

Eine große neue **Kathedrale**, Konstantin und Helena geweiht, wurde am Trg Svetog Sava geweiht. In der Fortsetzung der Fußgängerzone wurde einige Bauten bereits saniert. Bemerkenswert ist das Handels- und **Geschäftszentrum Gorča**, das alte Bausubstanz und moderne Architektur verbindet.

Ganz wenige Ecken lassen das alte orientalische Niš erkennen. Dazu gehört kurze ul. Kopitareva. Sie wurde auch zur Fußgängerzone erklärt. Einige **Konaks**, in jüngster Zeit renoviert, haben die Wirren der Zeit überstanden. Die Straße ist ein kleines Kneipenviertel geworden. In ihr befindet sich auch das Hotel ›Konak Duo D‹.

Die **Flusspromenade** lädt zum Flanieren ein. Hier findet man zwei neue Hotels, ein Flussrestaurant und einige Cafés. Mit einem Denkmal wird der beliebten serbischen Malerin Nadežda Petrović gedacht. Das Universitätsgebäude ist hier plaziert und seit neuestem eine Gedenkstätte für die Opfer der jüngsten Kriege und der NATO-Bombardierung.

Angler an der Promenade

▶ Karte S. 387

Die Festung von Niš

Auf dem rechten Ufer der Nišava liegt die Festung von Niš (Tvrđava) mit einem polygonalen Grundriss, fünf Bastionen und fünf Toren. Innerhalb der Festung sind einige Bauten aus der Türkenzeit erhalten. Durch das wehrhafte, mit orientalischen Ornamenten verzierte Haupttor an der Nišavabrücke gelangt man in die Festung.

So wie die Festung heute zu sehen ist, entstand sie im 17. Jahrhundert an der Stelle eines römischen Castrums und einer mittelalterlichen Burg. Die den Türken zum mächtigen Gegner erwachsenen Habsburger gelangten sogar 1737

Tor der Festung

kurzfristig in den Besitz von Niš. Nach dem Abzug der Habsburger modernisierten die Türken die Festung. Man nutzte den bestehenden uralten Teil, verstärkte und verkleidete die Mauern mit allen Materialien, derer man habhaft werden konnte: Steinen aus den Gruben von Hum, Grabdenkmälern, Sarkophagen und Säulen. Als Bindemittel diente mit Sand gemischter, gelöschter Kalk, der zwischen die Steinblöcke gegossen wurde. Nur so konnte in kürzester Zeit eine Festung von immerhin 22 Hektar mit vier Toren entstehen: dem **Istanbuler Tor** nach Süden, dem **Belgrader Tor** nach Südwesten, dem **Vidiner Tor**, das auf den Berg Vidin ausgerichtet ist, und dem **Jagodinaer Tor**, das auf die Nišava und das Stadtviertel Jagodina hinausführte. Die Gedenktafel am Istanbuler Tor zeigt die arabische Inschrift: ›Der Kaiser, der wie Alexander majestätisch ist; der wie Darius berühmt ist, ist Ahmet-Han, der Sultan aller Weltsultane. Der Kaiser, welcher der Nachkommenschaft Städte bauen lässt, der Kaiser sondergleichen früher und in der Zukunft, was alle Weltweisen behaupten. Er übertrifft alle seine Vorfahren an Weisheit und Verwaltung.‹ Auf dem Haupttor von 1725 steht in arabisch geschrieben, dass Achmed Khan III. das Tor errichtet habe.

Im Inneren der Festung entwickelte sich die türkische Siedlung. Sie bestand aus zwei Teilen: dem reichen Hundscharviertel mit Luxusquartieren, den Frauengemächern und Hamams und dem Edirne-Bali-Viertel für die Beamten, Militärs und Handwerker mit kleinen Läden. Im Zentrum der Festung standen mehrere Moscheen, eine Turmuhr und schön verzierte Brunnen.

Heute ist das Areal in einen Park umgestaltet, in dem sich neben römischen Resten, darunter Fragmente einer Straße, eine Moschee aus dem 18. Jahrhundert, das **Historische Archiv**, das **Arsenal**, das für Ausstellungen genutzt wird und Ruinen der türkischen **Garnisonsbauten** befinden. Im Norden stehen noch die erhaltene Kurtine und der Wall sowie das Hamam, in dem schöne Restaurants und Cafés untergebracht sind. Außerdem schmücken ein Befreiungsdenkmal und Büsten berühmter Leute den Park.

Außerhalb entlang der Festung ist der große **Markt**, der in den letzten Jahren wieder seine alte Ausstrahlung erlangt hat, und noch ein Stück weiter gelangt man zum Busbahnhof und zu einem bewachten Parkplatz.

Etwa 500 Meter vom Busbahnhof entfernt steht das erhalten gebliebene **Konzentrationslager Crveni Krst** von 1941 mitten in der Stadt. Eine gute Führung in englischer Sprache wird geboten. Prominentester Insasse war der Arzt und Bruder von Moše Pijade.

In Richtung Bahnhof erreicht man den **Bubanj-Hügel** mit seiner großen Parkanlage. Oben auf dem Plateau wurden die Hinrichtungen durch die Nationalsozialisten vorgenommen. An seiner Stelle stehen heute riesige Skulpturen von Ivan Sabolić, die den Widerstand versinnbildlichen.

Der Schädelturm

Drei Kilometer von der Stadtmitte entfernt, an der Straße nach Dimitrovgrad, der einstigen Militärstraße nach Istanbul, steht der Schädelturm (Ćele Kula/ Ћеле Кула) auf dem Gelände des Militärhospitals. Das Denkmal ist ein Zeugnis aus dem ersten serbischen Aufstand und eine Zweigstelle des Nationalmuseums.

Zu Beginn des 19. Jahrhunderts wurden die Kämpfe zwischen Serben und Türken immer heftiger und häufiger und mündeten schließlich in eine allgemeine Rebellion und einen Aufstand zur Erlangung der serbischen Unabhängigkeit. Nach ersten Siegen über die Türken, 1805 in Ivankovac und 1806 in Mišar und Deligrad, bereiteten die Aufständischen einen Angriff vor, um die noch von den Türken besetzten Gebiete zu befreien. Dabei wurde die südliche Front zur wichtigen Bastion, und der größte Teil der Truppen wurde in Richtung Niš verlegt.

In den folgenden Kämpfen wurde das Gebiet nördlich von Niš 1809 zu einem Schlachtfeld. Die Aufständischen besetzten zunächst Stellungen in der Nähe des Dorfes Kamenica, sechs Kilometer nordöstlich von Niš. Uneinigkeit der Führung verzögerte den Angriff auf Niš. Den Türken, zunächst in Kämpfen gegen die Russen gebunden, kam die Überflutung der Donau zu Hilfe, so dass sie ihre Truppen nach Süden verlegen konnten. Sie erreichten Donja Vrazina und weiter Čegar. Unter der Führung

▲ Karte S. 387

Der Schädelturm

des Serben Stefan Sinđelić wurde die türkische Garnison von Niš angegriffen, die Serben unterlagen jedoch auf dem nahen Hügel Čegar. Um den Feinden nicht in die Hände zu fallen, hatten sich die Serben auf diesem Hügel verschanzt und das Waffenarsenal in die Luft gesprengt.

Der siegreiche Pascha ließ zur Abschreckung vor weiteren Rebellionen den Leichen die Köpfe abschlagen, die gehäutet und mit Baumwolle gefüllt als Trophäe nach Istanbul gesandt wurden. Dem türkischen Sultan war dies nicht genug. Er erteilte den Befehl, die Schädel nach Niš zurückzubringen und in einen Turm einzufügen, der sich an einer belebten Straße befinden sollte, damit jedermann ihn sehen konnte.

Der drei Meter hohe eckige Turm entstand im Jahr 1827 an der Militärstraße von Niš nach Istanbul. In seine vier Seiten wurden 952 Schädel mit der Gesichtsfläche nach außen angeordnet. Einige Schädel fielen später heraus, andere gingen verloren. So mancher Schädel wurde von den Bewohnern heimlich entfernt und würdevoll begraben. Heute stecken noch etwa 60 Schädel in diesem Turm. Nach der Befreiung von Niš im Jahr 1878 wurde der Turm verhüllt und eingezäunt. 1892 fügte man eine Kapelle hinzu und konservierte das Areal als Nationaldenkmal.

Jagodin Mala

Jagodin Mala ist ein Vorort von Niš. Das Wort ›Mala‹ ist eine verkürzte Variante von ›Mahala‹, das aus dem Türkischen stammt und ›Vorstadt‹ bedeutet. In diesem Vorort hat man bei Grabungen byzantinische Reste gefunden, die gleich bei der Brücke am Ortseingang zu sehen sind.

Im Jahr 1953 machte man in diesem Vorort den sensationellen Fund einer **Gruft** in einem Hof. Diese Gruft stammt aus dem 4. Jahrhundert und war mit Wandmalereien ausgestattet. Durch den Eingang an der Ostseite gelangte man in einen rechteckigen Raum von 2,63 mal 2,23 Metern mit einem Tonnengewölbe. Der Raum war durch niedrige

Die Gruft in Jagodin Mala stammt aus dem 4. Jahrhundert

Trennwände in drei Grabkammern geteilt. An den Wänden befanden sich Malereien mit christlicher Symbolik: Ost- und Westwand schmückten ein umkränztes Monogramm Christi oder vielleicht des Kaisers Konstantin, während an der Ostwand die Heiligenfiguren Peter und Paul standen. Im Stil war hier die spätrömische Tradition fortgesetzt worden, während sich die Ikonographie an die frühchristliche Katakombenmalerei anlehnte. Man renovierte die Gruft und machte sie der Öffentlichkeit zugänglich. Heute ist sie wieder eine Ruine. In der weiteren Umgebung konnten zwar weitere Grüfte freigelegt werden, deren Malereien jedoch zerstört waren.

Heute kennt aber so gut wie niemand mehr diese Gruft. Sie befindet sich auf einem Areal mit mehreren Gebäuden: einem Verwaltungsgebäude und bescheidenen Wohnbauten. Dazwischen befindet sich ein kleiner rechteckiger Ziegel-Überbau, der nicht kenntlich gemacht ist. In Unkenntnis seiner Bedeutung wird er weder gehütet noch geschont und ist mehr oder weniger zu einer Müllhalde geworden. Aber immer wieder macht man während der Bauarbeiten sensationelle Funde. So entdeckte man kürzlich eine weitere Grabkammer mit einem großen gemalten Christusmonogramm. Leider fehlt wohl das Interesse, solche Funde für die Nachwelt zu erhalten.

Niš Mediana

Der ehemalige römische Villenvorort der Stadt Naissus Mediana diente als Kaiserresidenz. Seine Bauten entstanden vom Ende des 3. bis zum Ende des 4. Jahrhunderts. Er liegt etwa sechs Kilometer östlich in Richtung Pirot, gleich hinter dem Motel ›Mediana‹. Die römische Ausgrabungsstätte ist sehr schlecht be-

Ausgrabungen in Niš Mediana

schildert, frei zugänglich und besitzt ein kleines **Museum**, das oft geschlossen ist. Im Sommer werden Ausgrabungscamps angeboten.

In der turbulenten Phase des römischen Reiches vom 3. bis 5. Jahrhundert nach Christus gelang es Nichtrömern aus der Provinz Illyrien, an die Spitze des Reiches zu gelangen. Einer war Constantius I. (293–306), römischer Kaiser, ein anderer sein Sohn C. Flavius Valerius Constantinus Augustus, Konstantin der Große.

Kaiser Konstantin, ein großer Kunstmäzen, ließ sich in Mediana eine luxuriöse Residenz erbauen, in der er sich oft aufgehalten haben soll, um seinen Regierungsgeschäften nachzugehen. Eines seiner Gesetze wurde sogar 337, in seinem Todesjahr, in Naissus unterzeichnet.

Nach Konstantins Tod wurde Mediana noch mehrfach in der römischen Geschichtsschreibung erwähnt. In der Stadt sollen sich die Söhne Konstantins, Constans und Constantinus, versöhnt haben. Noch unter Julian Apostata, der in Naissus seinen Sieg als Kaiser feierte, erlebte Mediana eine große Blüte. In der Chronik eines gewissen Amien Marcellin war für das Jahr 441 folgende Nachricht zu lesen: »Die Hunnenkönige unterwarfen die Provinzen von Illyrien. Sie haben Naissus, Singidunum und weitere große und kleine Städte in Illyrien zerstört.«

Man geht davon aus, dass Mediana dasselbe Schicksal ereilte. Wiederaufgebaut von Justinian, konnte der alte Glanz jedoch nicht mehr erreicht werden. Im Laufe der Zeit bedeckte eine dicke Erdschicht die alte Villenstadt.

Um 1930 begann eine Gruppe von Amateurarchäologen von Niš mit bescheidenen Mitteln eine Ausgrabung an einem Ort mit Namen ›Bresje‹ zwischen Niš und Niška Banja.

Bald darauf entdeckte man ein erstes großes Gebäude mit einem mehrfarbigen Mosaik, Reste der Kanalisation, Rohrleitungen, Säulenfragmente und an bestimmten Mauerresten sogar Malereifragmente. Außerdem fand man mehrere Statuen aus Marmor und Bronze, darunter einen Gladiator und einen Kopf Konstantins des Großen sowie Silbermünzen aus der Epoche Konstantins.

Neben Villen, Palästen und Thermen fand man auch ein Bauwerk mit einem spätantiken, ornamental gestalteten Bodenmosaik.

Heute weiß man, dass sich in Mediana mehr als 50 Villen befunden haben, die von Gärten umgeben waren, die teilweise landwirtschaftlich genutzt wurden.

Im Jahr 1963 wurden die Thermen und die dazugehörigen Hypocausten freigelegt. Sie befinden sich in der Nähe des **Museums**. Die Grabungen stehen jedoch erst am Anfang. Die kostbarsten Fundstücke von Niš und Niš Mediana (Ниш Медиана) wurden nach Belgrad gebracht.

▲ Karte S. 387

Niš

Vorwahl: 018.
Website: www.ni.rs.
Touristen-Information Niš, ul. Voždova 7, Tel. 52 31 18; tägl. 9–18 Uhr.

Bewachter Parkplatz hinter dem Busbahnhof an der Festung.

Der **Busbahnhof** befindet sich unweit der Festung und des Marktes. Es gibt hier verschiedene Anbieter, die das ganze Land anfahren. Für Studenten gibt es ermäßigte Tarife.

Der **Bahnhof** liegt westlich vom Zentrum. Es gibt Direktverbindungen nach Sofia, Skopje, Belgrad.

In Niš hat sich das Hotelangebot enorm verbessert. Es gibt größere und individuelle kleinere Unterkünfte, die jeglichen Komfort bieten.

Best Western My Place, ul. Kej 29 decembar bb, Tel. 52 55 55, Fax 29 52 95, www.hotelmyplace.com; DZ 100 Euro. Zwei Jahre alt, 30 Zimmer, bestes Haus am Platz.

Niški Cvet (★★★), Kej 29 decembar 2, Tel. 29 77 00, Fax 52 59 00, www.niskicvet.com (serb.); 21 Zimmer, 3 Appartements. Zwei Jahre alt, schöne Aussicht, ruhig, komfortabel, sehr nett.

Aleksandar (★★★), ul. Njegoševa, Tel. 56 20-76, Fax -56. Von hier hat man den schönsten Blick über die Stadt.

Konak Duo D, ul. Kopitareva 7, Tel./Fax 51 77 04, www.hotel-duod.com; DZ 6500 Dinar. Klein, aber fein (nur 12 Zimmer), in einem alten Konak, in einem der letzten Reste der Altstadt.

Jugendherberge Marvel, ul. 12. Srpske brigade 2, Tel. 26 32 42, http://hostelmarvel.wsc.rs.

Pension Konstantin, ul. Knjaževačka 15, Tel. 27 26 25, www.hotelkonstantin.com (serb.); DZ 3700 Dinar. Neu und sehr freundlich, im Stadtteil Jagodin Mala. Man spricht deutsch.

Restaurant Hamam, in der Festung Tvrđava, Tel. 51 34 44, mobil 064/266 22 28. Ausgezeichnetes Essen bei ebensolcher Bedienung, das alles zu zivilen Preisen. Eine Reservierung lohnt sich.

Krčma Verige (Крчма Вериге, Schenke ›Kette‹), ul. Lole Ribara 7a, Tel. 51 33 23. Gemütliches, aber gehobenes Restaurant mit angenehmer, nicht zu lauter Live-Musik.

Biser (Бисер, ›Perle‹) ul. Koste Stamenkovića br 1, Tel. 24 82 05, http://firme.trzistesrbije.com/urbiser. Authentisches serbisches Gasthaus mit rustikaler Küche, in dem jeden Abend bis zum frühen Morgen echte ursprüngliche serbische Volksmusik geboten wird. Hier kann man unter Einheimischen den Klängen lauschen oder mitsingen.

Nationalmuseum, ul. Pašića; Di–Sa 9–20, So 10–14 Uhr.
Nationalmuseum in der Festung; Mo–Fr 9–19, Sa 9–14 Uhr.
Schädelturm; Di–So 9–19 Uhr.

Internationales Ethno-Musikfestival, Theaterfestival, Sommerfestival Nišomnia (September, www.nisomnia.org.rs), Nišville-Jazzfestival (August, www.nisville.com).

Einkaufsmöglichkeiten befinden sich im Zentrum in der ul. Obrenovićeva, in der **City-Passage** und im **Einkaufszentrum Gorča** sowie im modernen **Einkaufszentrum Kalča** (Trg Pavla Stojkovića).

Freies Klettern in der Jelašnička-Schlucht, **Paragliding** zwischen den Bergen des Nišavatales, weil hier die Winde von allen Seiten eintreffen. Das Gebiet ist 20 Kilometer von Niš-Zentrum entfernt. Zentren sind Višegrad hinter dem Dorf Sićevo und Koritnik oberhalb von Niška Banja.

Die 17 Kilometer lange **Sićevačka-Schlucht** der Nišava wurde unter Naturschutz gestellt und lässt sich wunderbar erwandern.

Gejagt wird im Gebiet von Suva Planina, Jastrebac, Ćurlinski, **gefischt** in der südlichen Morava und in der Nišava sowie in den Seen Oblačinsko und Zavojsko.

14 Kilometer vom Zentrum bietet der Kamenički-Hügel Gelegenheit zum **Skilaufen**.

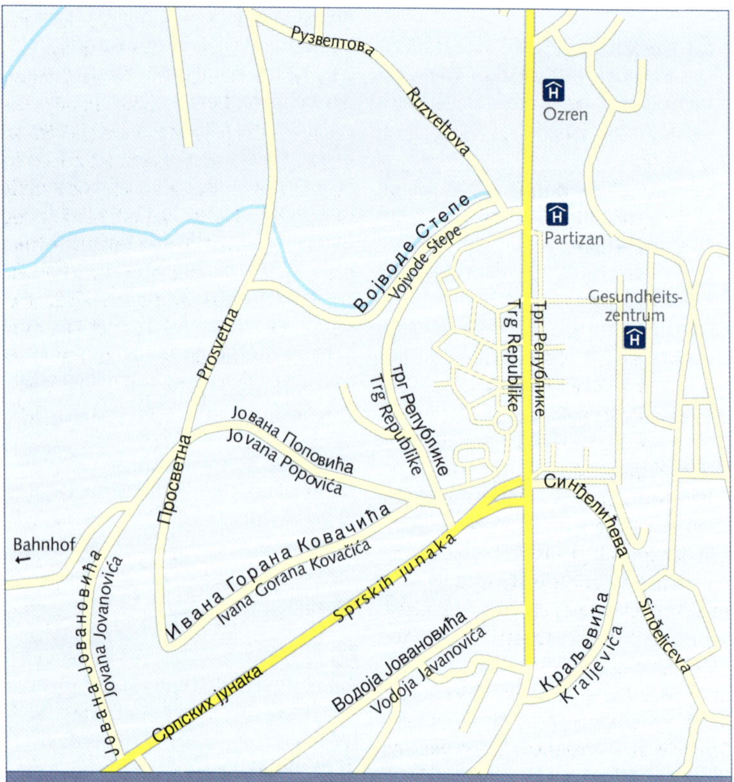

Niška Banja (Нишка Бања)

Niška Banja

Niška Banja (Нишка Бања) ist der nur zehn Kilometer im Südosten von Niš entfernt liegende Kurort, der sich in den Hügeln auf 250 Metern Höhe befindet. Er ist touristisch ausgebaut.

Mehrere staatliche Hotels laden zum Kuren mit radioaktivem Wasser ein, das die Schmerzen bei Rheuma lindern soll.

Niška Banja

Vorwahl: 018.

Touristen Information Niška Banja, ul. Sinđelićeva 3b, Tel. 542588, www.nistourism.org.rs.

Hotel Ozren, Trg Republike bb, Tel. 542-008 Fax -805; 3 Sterne.

Partizan (★★), Trg Republike bb, Tel. 542809.

Gesundheitszentrum, ul. Srp-skih junak 2, Tel. 541414, Fax 542084, radonnb@eunet.yu, www.radonnb.co.yu.

Die Umgebung von Niš

In unmittelbarer Nähe von Niš gibt es ganz Reihe sehenswerter Objekte. Über Jagodin Mala in Richtung Norden erreicht man die Höhen um **Gornji Matejevac** (Горњи Матејевац). Die Fahrt lohnt sich einerseits wegen der lieblichen Landschaft und andererseits wegen der **Dreifaltigkeitskirche**, die auf die Nemanjiden zurückgehen soll. Die schlichte Kreuzkuppelkirche aus Ziegel steht inmitten eines Obstanbaugebietes oberhalb des Ortes.

Etwa 100 Meter unterhalb der Kirche führt ein schöner Weg ab durch eine Schlucht zum malerisch gelegenen orthodoxen **Johanneskloster**. Zwei Mönche bewohnen es.

Unterwegs passiert man einen ausgedienten Bunker, in dem sich heute eine **Pilzzüchterei** etabliert hat. Solche Pilzkulturenanlagen kann man in Serbien mehrfach antreffen.

Auf dem **Čegar-Hügel** (Ћегар) wurde ein Monument zum Andenken an Stefan Sinđelić und anlässlich des 50. Jahrestags der Befreiung von Niš ein Denkmal errichtet.

In der Sićevoschlucht östlich von Niš steht das im 17. Jahrhundert erbaute und ausgemalte **Kloster Sićevo** (Сиһево).

Aleksinac und Umgebung

30 Kilometer in Richtung Norden, entlang dem Autoput, befindet sich an der Mündung der Moravica in die Morava die Stadt Aleksinac (Алексинац). Die Ortschaft ist jung, sie wurde 1566 als an der Straße nach Konstantinopel liegend erwähnt. 40 Jahre vor Niš konnte sie von den Türken befreit werden und wurde zunächst Verwaltungszentrum Südserbiens. Wenige historistische Bauten sind zu sehen, darunter eine Schule, ein Projekt von Dušan und Dragutin Živković im Stil der Renaissance. In ei-

Pilzproduktion bei Niš

Landschaft in Südserbien

nem kleinen **Museum** werden archäologische und ethnographische Fundstücke aufbewahrt.

Beim Dorf **Bovan** (Бован), neun Kilometer nördlich von Aleksinac, liegt die **Moravicaschlucht**, in der man Reste des alten Bovan, eines um 1395 lebhaften Handelsplatzes, ausgegraben hat. Mehrere Festungsreste befinden sich in der Umgebung: **Korman**, 8 Kilometer westlich, Kulina, 15 Kilometer südwestlich, und **Sveti Nestor**, 15 Kilometer nordwestlich. Alle drei gehen auf das Mittelalter zurück.

Bei Lipovac (Липовац) befindet sich das **Kloster des heiligen Stevan** (Св. Стеван), das 1399 der Mönch German errichten ließ. Die Wandmalereien stammen aus dem 16. Jahrhundert. Über dem Kloster ragt die alte Festung **Lipovac**.

Nordwestlich von Aleksinac, rechts der Morava, liegt das **Kloster des heiligen Roman** (Св. Роман) aus dem 14. Jahrhundert. Im 18. Jahrhundert wurde es erneuert. Seine Kirche wird der Moravaschule zugerechnet. Glockenturm und Konak stammen aus dem 19. Jahrhundert. Beachtenswert sind reiche Holzschnitzereien am Hauptportal der Kirche.

▲ Karte S. 384

Vier Kilometer westlich von Aleksinac steht eine **Gedächtniskirche für den Grafen Nikolaj Nikolaevič Raevskij**. Der Russe nahm freiwillig am serbischen Befreiungskampf teil und fiel hier. Er war das Vorbild für den Grafen Vronskij, den Haupthelden in Tolstojs Roman ›Anna Karenina‹. Kirche und Gedenkschule gehen auf seine Schwiegertochter, Gräfin Marija Raevskaja, zurück.

Bela Palanka

Bela Palanka (Бела Паланка), das in Richtung Pirot nur 40 Kilometer von Niš entfernt liegt, war im 2. Jahrhundert nach Christus eine der großen Siedlungen an der Straße von Naissus (Niš) nach Serdica (Sofia). Reste dieses antiken Remesiana wurden während der archäologischen Forschungen, die nach dem Zweiten Weltkrieg begannen, entdeckt. Die Fundstücke wurden in die Museen vor allem nach Belgrad gebracht. Im Mittelalter fand die Ortschaft als Mokra Erwähnung, während die Kreuzritter die Stadt im 12. Jahrhundert verlassen vorfanden. Zur Zeit Stefan Dečanskis und nach der Schlacht bei Velbužd im Jahr 1330 war sie als Izvor bekannt. Türkische Quellen erwähnten den Ort im 16. Jahrhundert als Bunar-Baši, was ›Hauptquelle‹ bedeutet. Das Heer Süleymans des Prächtigen soll hier einmal stationiert gewesen sein.

Im 17. Jahrhundert wurde die Stadt wechselweise nach ihren Statthaltern Musa-Pascha-Palanka und Mustafa-Pascha Palanka genannt. Daraus entstand das türkische Ak-Palanka, übersetzt ins Serbische Bela Palanka.

Eine bedeutende Persönlichkeit der Stadt war Niketas von Remesiana, der von 366 bis 414 Bischof in Remesiana war. Er gehört zu den wichtigen Kirchenlehrern des frühen Christentums. Von ihm stammen nicht nur viele kirchenphilosophische Schriften, sondern auch der berühmte Lobgesang ›Te deum laudamus‹. Außerhalb der Stadt in Richtung Mokra ist eine **Dimitrijekirche** zu besichtigen.

Südlich von Bela Palanka liegt die Kirche **Sv. Dimitrije** (Св. Димитрије) und westlich das Kloster Veta (Вета).

Von Niš ins Stari Ras

Auf dem Weg von Niš ins Stari Ras sind einige Klöster sehenswert. Man passiert zunächst das Städtchen **Prokuplje** (Прокупље), in dem viele Albaner leben. Das Städtchen am Fluss Toplica geht auf die Römer und frühen Byzantiner zurück, die die Festung Hammeum anlegten. Später nannte man es Komplos, und im Mittelalter tauchte der Name Prokuplje auf. 200 Jahre lang, im 16. und 17. Jahrhundert, bestand hier eine große Kaufmannschaft aus Dubrovnik.

Kuršumlija

Nicht weit von der Grenze zum Kosovo liegt das kleine Kuršumlija (Куршумлија) in der Region des südostserbischen Toplica, an der Mündung der Banjska in die Toplica. Die Ortschaft zwischen Prokuplje und Priština entstand als römisches Ad Fines zur Sicherung der Heer- und Handelsstraße zwischen Naissus (Niš) und Ulpiana (bei Priština). Als Toplica war es im 12. Jahrhundert eine der Residenzstädte Stefan Nemanjas. Ein Silberbergwerk brachte der Residenz die notwendige wirtschaftliche Grundlage. Die Regierungszeit Stefan Nemanjas darf als die Einleitung der großen Zeit der serbischen Monumentalbaukunst angesehen werden. Auch in seiner Residenz Kuršumlija stiftete der Großžupan zwei Kirchen, zu seinen ersten Gründungen gehörten die Marienkirche oberhalb der Mündung der Kosanica, die leider zerstört ist, vom Dreikonchentypus wurden nur noch Reste geborgen.

Die **Nikolauskirche** über der Mündung der Banjska ist aufgrund ihrer Originalität besonders hervorzuheben. Sie beherrscht mit ihren weißen Mauern über dem Fluss Toplica die Umgebung. Nach

Obstplantage in Südserbien

ihr wurde der Ort für kurze Zeit Bela Crkva (Weißkirchen) genannt. Erst die Türken benannten die Ortschaft nach den Bleidächern ihrer Kirchen (Kuršun) in Kuršumlija um. Bis zur Mitte des 8. Jahrhunderts waren beide Namen gebräuchlich. Die Nikolauskirche hat man nach Zerstörungen wieder aufgebaut. Sie ist eines der ersten Beispiele der Raškaschule, in der der Grundtypus vorgegeben war: ein einziger Raum mit einer relativ großen Kuppel, mit einem dreiteiligen Altarraum im Osten und einem Narthex im Westen. Im 13. Jahrhundert wurde die Vorhalle mit zwei Türmen und im 14. Jahrhundert auf der Südseite eine Kapelle angebaut. Die Kirche besteht aus Backsteinen und Mörtel.

In der Umgebung von Kuršumlija sind mehrere Festungsreste, darunter die kleine **Marina Kula** genannte Burg, zu entdecken. Unterhalb von ihr liegen Fragmente einer ehemaligen **Markuskirche**, die Reste einer frühchristlichen Basilika des 4. Jahrhunderts.

In **Kuršumlijska Banja** (Куршумлијска Бања) und in **Prolom Banja** (Пролом Бања) wird gekurt. Aus vielen Quellen sprudelt warmes Mineralwasser aus dem Boden, das unter anderem bei rheumatischen Erkrankungen Hilfe verspricht.

Kuršumlija

Vorwahl: 027.

Kuršumlija: Motel Rado (★★★), Kastrati Magistralni put, Tel. 381-119 Fax -155.

Kuršumlijska Banja: Gesundheitszentrum Žubor, Tel. 381-117, Fax -420.

Prolom Banja: Hotel Radan (★★), Tel. 88-111, Fax -092, prolom_banja@planinka.co.yu.

Karte S. 384

Die Erdpyramiden von Đavolja Varoš

Teufelsstadt Đavolja Varoš

Südöstlich von Kuršumlija, im Gebirgszug Radan (Радан) liegt die sogenannte Teufelsstadt Đavolja Varoš (Ђавоља варош). Eine Gruppe von sogenannten Erdpyramiden ist hier unter Naturschutz gestellt. Ihre verwitterten Formen sind durch Erosionen entstanden. Die beeindruckende Szenerie sollte man sich nicht entgehen lassen, für die Serben ist ein Ausflug hierher ein Muss. Unweit dieser Gesteinsformationen treten mineralhaltige Quellen aus. Informationen unter www.djavoljavaros.com.

Der Nationalpark Suve Rudište

Der Weg in den Nationalpark Suve Rudište (Kopaonik) führt über Blace (Блаце) und den Luftkurort **Brus** (Брус), in dessen Umgebung sich mehrere sehenswerte Denkmäler befinden. Nur zwei Kilometer vor Brus befindet sich das **Kloster Lepenac** (Св. Стефан, Лепенац). Es liegt erhöht über dem Fluss Rasina, umgeben von vielen Himbeerplantagen. Ein Mönch lebt zur Zeit im Kloster. Die Kreuzkuppelkirche mit

Narthex im Westen ist dem heiligen Stefan geweiht und geht in ihrem Kern auf das 15. Jahrhundert zurück. Ihr hoher Tambour mit Kuppel ist von weitem durch die Bäume zu sehen. Die Kirche lag einst in Ruinen und wurde wieder aufgebaut. Wenige Spuren von Malereien sind zu erkennen.

Nicht weit von Brus sind Reste einer weiteren **Stefanskirche** in **Milentija** (Милентија) zu sehen. Die ehemalige Dreikonchenanlage aus dem 15. Jahrhundert wurde vom Würdenträger der Branković, Radić Postupović, gestiftet. Bei archäologischen Untersuchungen entdeckte man Fragmente der Steinplastik. An der Straße stehen Verkäufer, die einheimische Produkte wie Honig, hausgemachte Marmelade und natürlich Šlivovic anbieten.

Brzeće (Брзеће) liegt bereits auf 1100 Metern und ist ein Wander- und Skigebiet, nur 14 Kilometer vom großen Skizentrum entfernt.

Der Nationalpark erstreckt sich über 12 000 Hektar in Serbien und dem Kosovo. Der serbische Teil verläuft an der Grenze der Berge zum Kosovo. Auf dem **Hochplateau des Kopaonik** ist ein Paradies für Freizeitsportler angelegt: Bergklettern, Mountainbiking, Paragliding und Floßfahrten werden im Sommer

Hirte bei Brus

geboten, während im Winter ein modernes Skizentrum zur Verfügung steht.

Ein Zentrum des Skigebiets ist **Blaževo** (Блажево), das auf viele Gäste eingestellt ist. 44 Kilometer lassen sich auf leichten bis mittelschweren Pisten auf Skiern zubringen. 20 Lifte, neue Appartementhäuser und Hotels stehen zur Verfügung.

Das Plateau von Kopaonik liegt auf 1700 Metern Höhe und ist von weitem Grasland und malerischen Wäldern umgeben, in die viele Flusstäler eingeschnitten sind.

Nationalpark Suve Rudište

Hotel Kopaonik (★★★), Tel. 037/82 30 49, 036/710 25; DZ ab 2500 Dinar. 11 km von Brzeće entfernt, auf der Paßhöhe im Wintersportgebiet an der Grenze zum Kosovo.

Kopaonik:

Grand Hotel Sportcenter (★★★★), Tel. 036/710 27. Im Zentrum des großen und modernen Skigebietes.

Hotel Putnik Klub A (★★★★), Tel. 036/716 00, Fax 71-606; DZ ab 3000 Dinar.

Srebrnac (★★), Tel. 037/827-744, Fax -711.

Mehrere Appartementhäuser mit Ferienwohnungen.

Apartement Settlement Konaci Sunčani Vrhnovi (★★★★), Tel. 036/719 77.

Apartement Settlement JAT (★★), Tel. 036/710 43, jatkop@beotel.net, www.jatkopaonik.com (serb.).

Pirot

In einem Talkessel auf 366 Metern, umgeben von Bergen und am Fuße des Balkans, liegt Pirot (Пирот) mit seinen 70 000 Einwohnern beidseitig des Flusses Nišava, nicht weit vom Grenzübergang nach Bulgarien. Von seiner prächtigen Vergangenheit ist leider heute nicht mehr viel zu spüren.

Über der römischen Siedlung Turres aus dem 3. Jahrhundert entstand ein Jahrhundert später das befestigte byzantinische Städtchen Quimedava. Erst seit dem 14. Jahrhundert ist es als Pirot bekannt. Wie so häufig gab es auch hier ein türkisch-serbisches Wechselspiel: 1386 eroberten die Türken das Städtchen, denen es der Vojvode Dimitrije, in den Diensten Fürst Lazars stehend, wieder entriss Zeitweilig geriet es auch unter den Einfluss der Despoten Stefan und Georg. 1415 nahmen es sich die Türken und behielten es bis 1877/78. Im Zuge des bulgarisch-serbischen Krieges fand bei Pirot vom 26. bis 27. November 1885 eine Schlacht statt, die König Aleksandar von Bulgarien klar für sich entschied. Das Gebiet wurde von den Bulgaren besetzt. Erst die Intervention der Österreicher und der daraufhin abgeschlossene Friedensvertrag von Bukarest stellten die Herrschaftsverhältnisse von vor 1885 wieder her.

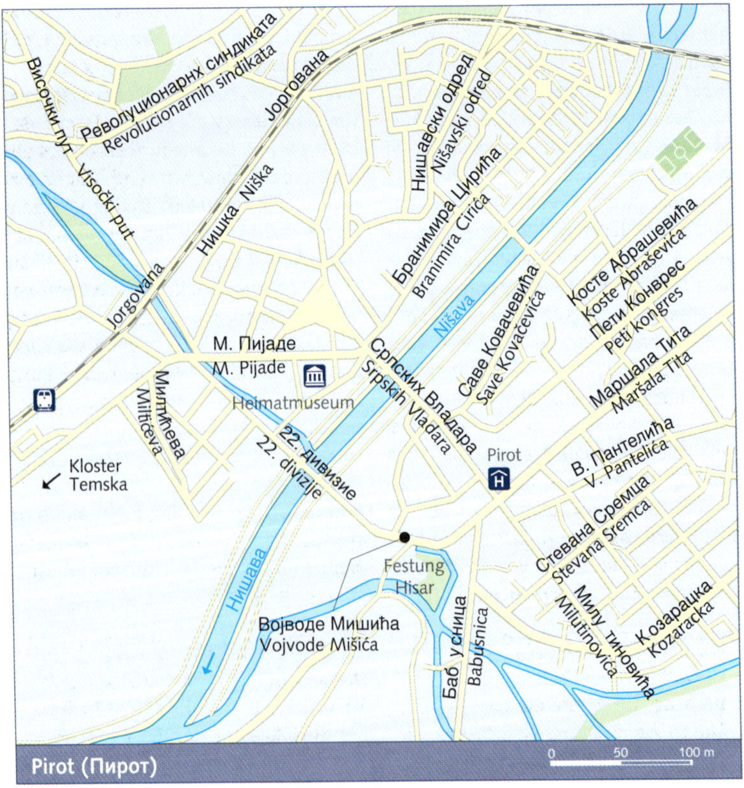

Pirot (Пирот)

Die ehemalige Festung Pirot

Seit 1998 gehört Pirot zu einer sogenannten Freien Zone, einer wirtschaftlich begünstigten Zone, in der nur umweltfreundlich produziert werden darf. In dieser Wirtschaftszone dominiert die Firma ›Tigar‹ (Тигар), ein wichtiger Arbeitgeber der Stadt und des Umlands. Die Produktpalette von Tigar reicht von Gummiprofilen und Lacken über Klebstoffe bis hin zu Autoreifen, die seit dem Jahr 2002 im neugegründeten Tochterunternehmen ›Tigar-Michelin‹ hergestellt werden. Im Umland wird sehr viel Tabak angebaut, der im nahegelegenen Niš und in Vranje verarbeitet wird.
Pirot wird an das serbische Autobahnnetz angeschlossen. Der Ausbau eines Autobahnabschnittes, der von der Ausfahrt Niš über Pirot bis nach Sofia führen soll, wurde begonnen. Der nächstgelegene Flughafen ist der von Sofia in 70 Kilometer Entfernung. In Pirot wurde der Komponist Vojislav Vučković (1910–1942) geboren, der als Widerstandskämpfer von den Soldaten der nationalsozialistischen Besatzungsmacht erschossen wurde. Vor dem Heimatmuseum steht sein Denkmal. Die Belgrader Musikakademie ist nach ihm benannt.

Sehenswertes

Am Rande des Zentrums befindet sich eine niedrige Anhöhe, Hisar (Хисар). Auf ihrem höchsten Punkt befindet sich ein Satellitenmast, und unterhalb liegen die Reste der ehemaligen **Festung,** umgeben von viel Grün. Die Festung wird in einem Volkslied als Burg des Vojvoden Momčilo besungen, ihr Kern geht auf das 14. Jahrhundert zurück. Davon sind noch die Verteidigungsmauern mit Turmresten und der Wall zu sehen.
Die ältesten Häuser Pirots sind das **Haus Bela Mačka** (Weiße Katze) und das **Hristić-Haus**. Letzteres gilt als eines der schönsten Wohnhäuser und stammt aus dem 19. Jahrhundert. In ihm ist heute das **Heimatmuseum** (muzej Ponišavlja/музej Понишавља) untergebracht. Einer der Räume des Museumskomplexes beherbergt eine kleine Verkaufsausstellung der traditionellen kunsthandwerklichen Produkte von Pirot. Die Stadt war einst berühmt für ihre gewobenen Teppiche, die Kelims. Man kann sie überall in den Heimatmuseen bewundern.
Pirot hat ein schönes Umland, in dem das Balkangebirge im Sommer zum Wandern und im Winter zum Skilaufen einlädt. Außerdem sind mehrere Klöster zu besichtigen.

Pirot

Vorwahl: 010.
Website: www.topirot.com.
Turistička organizacija Pirota, Tel. 320838; Mo–Fr 7.30–15 Uhr.

Hotel Pirot (★★), Srpskih vladara, Tel. 333455, Fax 332493; DZ 2200 Dinar. Hochhaus im Zentrum von Pirot.

Tigar (★★★), ul. Nikola Pašića 213, Tel. 311-212, Fax -213. 12 km außerhalb, auf etwa 1000 Metern Höhe.
Auf den wenigen Kilometern bis zur bulgarischen Grenze in Richtung Dimitrovgrad befinden sich mehrere Motels in gutem Zustand, beispielsweise 3 km vom Stadtzentrum das Motel Lovac, put za Dimitrovgrad, Tel. 318418, -213, 31383-0, -1, predpet@ptt.yu; 14 Betten. Mit Restaurant und Pool.

Heimatmuseum, im Hristić-Haus; Di–So 8–14 Uhr.

Das Johanneskloster

Beim Dorf **Poganovo** (Поганово) liegt das Kloster Sankt Johannes des Theologen (Sv. Jovan/Св. Јован), das auch oft als Kloster Poganovo bezeichnet wird. Kein Wegweiser oder Hinweis lockt den Besucher zu diesem einzigartigen Ensemble. Neben den großen und berühmten Klöstern ist es eine der am schönsten erhaltenen Anlagen Serbiens.
Man fährt in Richtung Bulgarien, Grenzübergang Dimitrovgrad (Димитровград). Bei Sukovo biegt man nach rechts ab und fährt immer entlang dem Flüsschen Jerma. An seinen Ufern passiert man zunächst ein weniger prächtiges Ensemble, das **Kloster Sv. Nikolje** (Св. Нилоље). Am besten stellt man das Auto an der Straße ab und geht zu Fuß über die Brücke. Die Nikolauskirche und der unterhalb liegende Konak werden derzeit renoviert, und das Gelände wird seit jüngster Zeit wieder von Mönchen bewirtschaftet. Die Kirche besitzt einen alten Kern mit einem Grundriss der Raškaschule. Ihre Kuppel ruht auf einem auffällig schlanken und hohen Tambour. Das Innere ist neu und farbenfroh bemalt und mit einer Ikonostase ausgestattet. Dem Bau wurde ein Narthex angefügt. Von außen wirkt die Kirche wie ein rechteckiger schwerer Block.

Fahrt durch die Jermaschlucht

▲ Karte S. 384

Weiter geht es in Richtung Poganova noch etwa acht Kilometer. Auf dem Weg dorthin passiert man die spektakuläre **Jermaschlucht**. Die Straße ist an einer Engstelle durch einen in den überhängenden Felsen gehauenen Tunnel fortgesetzt. Überwältigende Ausblicke belohnen die weite Fahrt in den Süden Serbiens. Plötzlich und unerwartet sieht man durch die Bäume das Johanneskloster. Erst nach der nächsten Kurve bietet sich eine Parkmöglichkeit. Ein einladendes Restaurant, die ›Kafana Poganovo‹, liegt direkt an der Straße. Zwei Brücken führen über den Fluss ins Kloster, das derzeit von fünf Mönchen bewirtschaftet wird.
Die Gründung des Klosters geht auf den Stifter, einen Herrn Konstantin, und dessen Frau Jelena zurück. In Konstantin wird ein Verwandter des byzantinischen Kaisers vermutet, der Würdenträger Konstantin Dragaš.

Besichtigung des Klosters

Man sollte sich Zeit nehmen für die Besichtigung. Eine zierliche Kreuzkuppelkirche aus dem 15. Jahrhundert erwartet den Besucher. Ihr wurde im Westen ein Narthex angefügt, über dessen Galerie man in den Glockenturm gelangt. Der Dreikonchentypus wurde in wechselnden Reihen aus Naturstein und Ziegeln gefügt.

Die Kirche ist Johannes dem Theologen geweiht, der im Westen auch als Johannes Chrysostomus (Guldenmund) bekannt ist. Johannes war zunächst Eremit, dann Mönch, erhielt 386 die Priesterweihe und folgte Nektarius 397 als Patriarch in Konstantinopel. Mehrfach wurde er ins Exil geschickt, wo er auch verstarb. Aufgrund der Vielzahl seiner Schriften wird er als einer der großen Kirchenväter der Ostkirche verehrt. Über eine offene Vorhalle aus Holz, eine Art Veranda, gelangt man ins Innere der vollständig ausgemalten Kirche.

Die Malereien entstanden laut der Inschrift über der Eingangstür in den Jahren 1494 bis 1499 und zeigen zwei Zyklen: Festszenen und die Passion. Alle Wände sind in vier Rängen bemalt. In der linken Konche des Naos sieht man im unteren Rang Heilige und Propheten, darunter die Nemanjiden Sava I. (zweiter von rechts) und Simeon und die in der Ostkirche verehrten Onofrius, Maxim, Marcarius und Pachomius. Die Reihe darüber schmücken Medaillons und den dritten Rang die eigentlichen Szenen der Passion: Unter ihnen die Kreuzabnahme und Grablege. Sehr ausdrucksvoll ist die Szene gestaltet, in der die Soldaten um das Gewand von Jesus streiten. In der Kalotte ist Johannes der Theologe als Bischof von Konstantinopel dargestellt. In der rechten Konche werden die Heiligen und die Medaillons fortgesetzt. Im dritten Rang sind die Fußwaschung und darüber in der Kalotte Szenen aus dem Leben der Muttergottes dargestellt. Im Altarraum kann man rechts das Abendmahl und links die Auferweckung des Lazarus erkennen. Manchmal öffnen die Mönche bereitwillig die Königspforte der Ikonostase, um dem Besucher die Apsismalerei zu zeigen. In ihr ist, wie der Kanon es verlangt, die Apostelkommunion dargestellt. Darunter steht die Muttergottes mit ausgebreiteten Armen.

Die Westwand zieren Kaiser Konstantin und seine Mutter Helena und die Koimesis. Interessant ist die Beschriftung der Malerei: In ihr erkennt man griechische, altserbische und bulgarische Schriftzeichen.

Das Kloster hatte in vielen Kriegen sehr gelitten, während der serbisch-bulgarischen Auseinandersetzungen im 19. Jahrhundert hielten sich bulgarische Mönche im Kloster auf. Dank einer umfassenden Renovierung in den 1970er Jahren ist der gesamte Klosterkomplex heute in einem ausgezeichneten Zustand.

Das Johanneskloster

Der Stolz des Klosters war eine wertvolle Doppelikone, die auf ihrer Vorder- und Rückseite bemalt worden war. Sie war ein Geschenk der Kaiserin Helena, Gemahlin des letzten byzantinischen Kaisers Konstantin XI. Palaiologos. Während der bulgarischen Besetzung wurde sie entwendet und nach Sofia verbracht. Heute ist in der Kirche die Kopie dieser Ikone ausgestellt. Eine weitere Ikone entstand nach dem Original vom Kloster Hilandar vom Athos. Auch die Ikonenwand hatten die Bulgaren nach Sofia gebracht. An ihrer Stelle wurde nach dem Ersten Weltkrieg die heutige installiert.

Im Kloster findet seit zwölf Jahren die Veranstaltung ›Malerkolonie Kloster Poganovo‹ statt. Künstler werden während dieser Tage im Kloster aufgenommen und finden hier in der Abgeschiedenheit und Ruhe Anregungen und Sujets für ihre Malerei.

Kirche der heiligen Paraskeva

In Richtung Niš, nur wenige Kilometer von Pirot entfernt, liegen mehrere Kirchen. Darunter ist die Kirche der heiligen Paraskeva (crkva Sv. Paraskeva, црква Св. Параскева) im Dorf **Staničenje** (Станичење) aufgrund ihrer Malereien besonders hervorzuheben. Liebevoll wird sie von einem Kustoden betreut, der gleich hinter der Kirche wohnt und sie gerne dem Besucher öffnet. Das Kleinod stammt aus der ersten Hälfte des 14. Jahrhunderts und ist nicht ganz leicht zu finden. Wer von Pirot kommt, muss die Schnellstraße nach rechts verlassen, in einer Schleife die Straßenbrücke passieren und erreicht nach einem Kilometer das Dorf **Staničenje**. Das Kirchlein steht am Ortseingang von Bäumen versteckt und wirkt zunächst eher unscheinbar. Der Sakralbau besteht aus einem Raum und einer offenen hölzernen Vorhalle. An der Eingangswand sind Szenen aus dem Leben des heiligen Nikolaus, des ersten Patrons der Kirche, gemalt. Erst später wurde die Kirche der heiligen Paraskeva (auch Parašiva oder Petka) geweiht. Die in Serbien und Bulgarien sehr verehrte Heilige lebte im 10. Jahrhundert bei Konstantinopel, ihre Gebeine wurden in die Apostelkirche von Konstantinopel gebracht, wo sie Wunder wirkten. Nach mehrfacher Rettung der Gebeine vor den Türken fanden sie ihre letzte Ruhestätte in Iaşi, Rumänien.

▲ Karte S. 384

Das Innere der Kirche war einst vollständig bemalt. Die Malereien am Tonnengewölbe sind zerstört. In der Apsis sieht man die Verkündigung, die Apostelkommunion und die Muttergottes, flankiert von Heiligen. Passions- und Muttergottesszenen schmücken den Hauptraum. Die Nordseite zeigt drei Frauen mit Soldaten, die Beweinung Christi und die Kreuzigung. Die Westseite ist teilweise zerstört, der Muttergottestod lässt sich jedoch noch erkennen. Auf der Südseite ist deutlich die Kreuztragung zu sehen.

Die Kirche der heiligen Paraskeva

Die untere Reihe des gesamten Raumes schmücken Heilige und die Stifter, der Geistliche Muškarac, seine Frau und ein Kind. Unter den Heiligen stehen links vom Eingang Konstantin und der heilige Nikolaus.
Auf der Strecke Pirot–Niš befinden sich noch einige Klöster und Kirchen: **Sv. Dimitrije** (Св. Димитрије) bei Bela Palanka und **Kloster Veta** (Вета).
Fährt man von Pirot in Richtung Osten, ins Balkangebirge, so trifft man auf das Kloster **Sv. Bogorodica** (Св. Богородица).

Der Timok bei Knjaževac

Entlang des Stara Planina

Serbien hat in seinem Osten Anteil am Balkangebirge, kurz der Balkan genannt. Der Hauptkamm des Gebirges liegt in Bulgarien, wo das Gebirge wie in Serbien Stara Planina (Стара Планина) heißt. Das Balkangebirge ist 600 Kilometer lang und verläuft am Nordrand der Balkanhalbinsel zur Donauebene abfallend. Im Westen bildet der Westbalkan auf 90 Kilometer die natürliche Grenze zwischen Serbien und Bulgarien. In diesem Abschnitt liegt der 2169 Meter hohe Midžor auf serbischer Seite, während sich der höchste Gipfel, der Botev mit 2376 Metern, auf bulgarischer Seite befindet.
Auf dem Weg von Pirot nach Norden Richtung Knjaževac passiert man kleinere Ortschaften. Eine wunderbare Strekke führt den Trgoviški Timok entlang, flankiert von dichten Wäldern und weiten Feldern.

■ Kloster Temska

Wenige Kilometer hinter Pirot liegt die langgezogene Ortschaft Temska (Темска). Von ihr führt ein Abzweig hinter der Flussbrücke zum **Frauenkloster Temska**. Etwa zwei Kilometer vom Dorfzentrum entfernt, vorbei an einem Marmorsteinbruch, sieht man schon aus der Ferne das schmucke Kloster. In seiner Umgebung stehen viele Obstbäume, darunter viele Pflaumen, aus denen Schnaps gebrannt wird.
Das Kloster besteht aus einem wunderschön erhaltenen Konak des 18. Jahrhunderts mit den typischen Holzveranden und Balkonen, Wirtschaftsgebäuden und der schönen Georgskirche (Sv. Đorđe, Св. Ђорђе). Die Kirche liegt versteckt in einem blumenreichen, farbigen Garten und wird dem Besucher gerne geöffnet. Sie ist ein Dreikonchenbau mit Kuppel und Narthex aus dem 16. Jahrhundert. Im Jahr 1654 wurde ihr eine offene Vorhalle im Westen angefügt. Die Außenmalerei im Westen zeigt den heiligen Georg, wie er die Königstochter und die Stadt Silena vom Drachen erlöst.
Durch eine niedrige Tür gelangt man ins Innere, das im 17. Jahrhundert ausgemalt wurde. In der linken Konche sieht man die Deesis, darüber Medaillons und im obersten Rang Kreuztragung, Kreuzigung und Grablege. Im Osten, der Ka-

Der Timok bei Temska

lotte der Apsis, ist das Abendmahl und auf der Westwand der Marientod zu erkennen. Den Narthex überwölbt eine Tonne, auf der die Muttergottes als Orantin zu sehen ist, während seine Wände mehrere Malschichten aufweisen. Unter ihnen sieht man auf der Ostseite, der Eingangswand zum Naos, das Jüngste Gericht und einige Inschriften. Das Kloster verwahrt viele Muttergottes-Ikonen.

Babin Zub

Der Babin Zub (Бабин Зуб, ›Großmutters Zahn‹) erreicht eine Höhe von 1758 Metern. Seinen Namen verdankt er seiner bizarren Form, die an einen senkrecht ansteigenden Zahn erinnert. Das Areal um den Babin Zub ist ein Naturreservat. Auf 1570 Meter Höhe befinden sich ein kleines **Skizentrum**, hier gibt es auch Unterkünfte. Das Gebiet wird mit Unterstützung der Europäischen Union zum internationalen Skiresort ausgebaut. Der Babin Zub gehört zum Verwaltungsbezirk Knjaževac. Auskünfte erteilt die dortige Touristeninformation (siehe Seite 307).

▲ Karte S. 384

Donja Kamenica

Im Dorf Donja Kamenica (Доња Каменица) erblickt man eine mittelalterliche **Dorfkirche**. Über eine Brücke gelangt man in den Ort, der vorwiegend von der Landwirtschaft lebt. Die Kirche mit ihren beiden kantigen Türmen, die mit Ziegelreihen geschmückt sind, wirkt wie eine Wehrburg ohne Ummauerung.

Zur Gemeinde Gornja Kamenica (Горња Каменица) gehört das **Dreifaltigkeitskloster** (Sv. Trojica/Св. Тројица). Die Beschilderung führt zu einem Parkplatz. Die 1456 erbaute Kirche liegt umgeben von einem kleinen Friedhof am Waldrand, abseits der modernen Wohngebäude der Nonnen. Der weiße Kalkputz verbirgt den alten Außenschmuck. Hinter der Kirche liegt eine Quelle, die sehr verehrt wird. Die Kirche wurde 1876 durch die Familie Obrenović renoviert. Die alte Steininschrift, die Auskunft über die Baugeschichte gibt, wird im Inneren aufbewahrt. Malereireste sieht man vor allem im Tambour.

Die Dorfkirche von Donja Kamenica

Vranje

Der Autoput, die Transitstrecke nach Makedonien, Griechenland und in die Türkei, wird im Süden Serbiens derzeit großräumig saniert. Wenn man Nebenstraßen nutzt, sollte man vorher ihren Zustand erfragen.

Die orientalisch anmutende, lebendige Stadt Vranje (Врање) liegt nur 40 Kilometer von der makedonischen Grenze entfernt. Sie hat sich zu einem kleinen Industriestädtchen mit Textil- und Möbelfabriken entwickelt. Außerdem ist hier die älteste Tabakfabrik Serbiens, die 1895 gegründete ›Duvanska Industrija Vranje‹, DIV, zu Hause. Seit 2003 ist ›British-American Tobacco‹ mit 70 Prozent an ihr beteiligt.

Vranje wurde bereits im Jahr 1093 erwähnt, als Vukan I., der Großžupan von Raška, gegen Byzanz zog. Dabei eroberte er die Städte Vranje, Skopje und Polog am Šargebirge. Vom 12. Jahrhun-

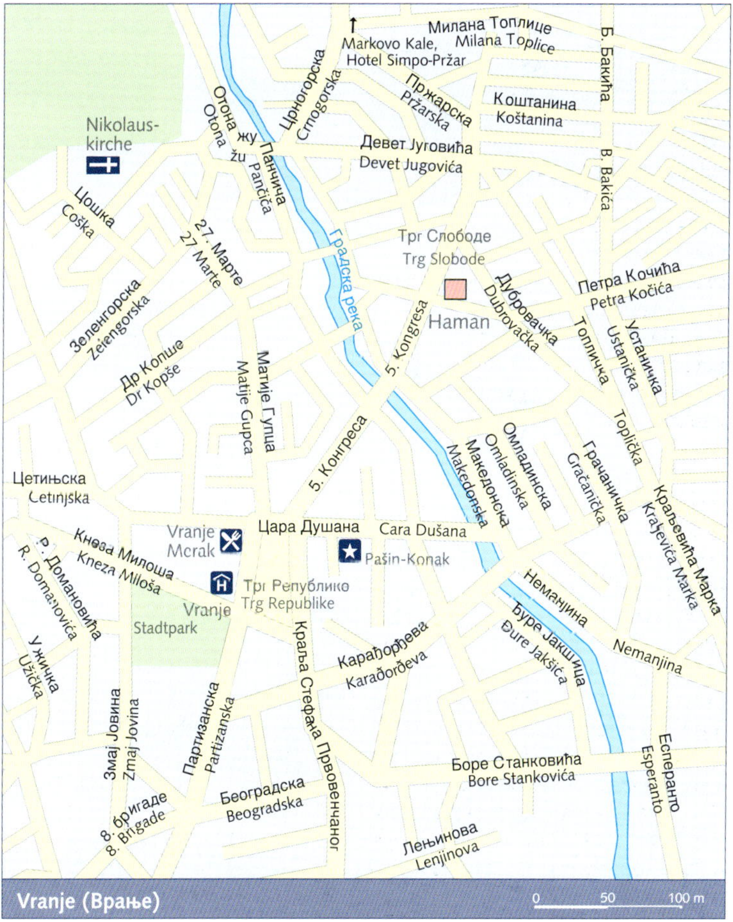

Vranje (Врање)

dert bis zur türkischen Eroberung gehörte die Stadt zu Serbien. Es gab jedoch Zwischenspiele: Nach der Schlacht am Amselfeld herrschte der Despot Uglješa, 1454 schlug der Vojvode Nikola Skobaljić bei Vranjska Banja die Türken. Aber von 1455 bis 1878 blieb der Ort in türkischer Hand. Zeuge der Befreiungskriege war die Brücke Beli Most (Бели Мост) von 1844. Wie in ganz Serbien üblich, schmückt die Stadt ein Befreiungsdenkmal, ›Onkel Mita‹, benannt nach einem serbischen Soldaten. Nach zweimaliger Zerstörung durch die Bulgaren wurde es wiederaufgebaut. Während des Ersten und Zweiten Weltkriegs war Vranje kurzfristig von den Bulgaren besetzt.

Stadtrundgang

In der langen Fußgängerzone reihen sich erstaunlich viele Geschäfte und Boutiquen aneinander. Im Zentrum, in der ul. Kralja Stefana Prvovenčanog (ул. Краља Стефана Првовенчаног), steht der **Pašin-Konak** (Пашин Конак) von 1765. Der Konak besteht aus zwei Teilen: dem Bau für die Männer zur Straße hin (selamluk), und dem für die Frauen zur Hofseite (haremluk). Im Obergeschoss waren beide Teile durch eine Holzbrücke verbunden. Beide Stockwerke sind vollständig mit Dielen ausgelegt, und reichverzierte Holzdecken schmükken die Zimmer.

Das renovierte Gebäude beherbergt heute das **Nationalmuseum** von Vranje mit einem sehenswerten Bestand an Trachten und Gerätschaften für Haus und Hof.

In Vranje wurde der serbische Dichter Borislav Stanković (1876–1927) geboren. Sein Geburtshaus wurde zur **Gedenkstätte** umgestaltet, wird aber derzeit renoviert. Es liegt im Zentrum in einer kleinen Nebengasse, deren Kopfsteinpflaster an das alte Vranje erinnert.

Der alte Hamam

Im **Stadtpark**, der nach der Befreiung von den Türken angelegt wurde, steht das Denkmal des Dichters. Borislav Stanković hat den Südosten Serbiens in die Erzählliteratur eingebracht. Sein Roman ›Hadschi Gajka verheiratet sein Mädchen‹ liegt in deutscher Übersetzung vor. Das Werk spielt in Vranje am Übergang von der türkischen Herrschaft zu den serbischen Befreiungskriegen und zeigt den sozialen, wirtschaftlichen und moralischen Verfall der serbischen Feudalherrenschicht auf. Stankovićs Drama ›Koštana‹ schildert das Leben in Vranje in Liedern.

Ältestes Gotteshaus der Stadt ist die **Nikolauskirche** (Sv. Nikole/Св. Николе) in der ul. Josifa Pančića (ул. Јосифа Панчића), die 1345 von Zar Dušan gestiftet wurde. Alle anderen Sakralbau-

Landschaft bei Vranje

ten gehen auf das 19. und 20. Jahrhundert zurück. Die türkische Epoche ist mit dem alten **Hamam** aus Stein und Ziegeln in der ul. 5. Kongresa (ул. 5. Конгреса) vertreten.

Wenige Kilometer nordöstlich von Vranje liegt der **Kurort Vranjska Banja** (Врањска Бања), in dem viele Roma zu Hause sind. Berühmte Trompeter wie Ekrem Sajdić und Nenad Mladenović, der im Jahr 2003 in Guča zum besten Trompeter gekürt wurde, sind hier aufgewachsen, während der große Trompeter und vielfache Sieger von Guča, Boban Marković, aus dem nahegelegenen Vladičin Han stammt.

Vranje

Vorwahl: 017.
Website: www.gradvranje.com.

Hotel Vranje, im Zentrum, Tel. 22366. Einer der schöneren Großbauten.

Simpo-Pržar (★★★), Tel. 23900, Fax 21391; EZ 3300, DZ 5400 Dinar. Außerhalb des Zentrums von Vranje auf einem 712 Meter hohen Berg, mit schönem Blick auf die Stadt. Das Hotel gehört zur ›Simpo‹-Kette und ist sehr gepflegt, gehobene Preise auch im Restaurant.

Motel Vranje, Tel. 23863. Einladendes Haus an der Strecke Belgrad–Niš–Athen, 40 km von der makedonischen Grenze. 33 Zimmer, gutes Restaurant, ganzjährig geöffnet.

Vranjska Banja: Hotel Železničar (★★), ul. Kralja Petra 1, Tel. 546-432, Fax -795.

Restaurant Vranje Merak, Tel. 32759. Im Zentrum, örtliche Spezialitäten.

Nationalmuseum, im Konak; Mo–Fr 8–15, Sa/So 10–14 Uhr.

Stanković-Gedenkstätte, ul. Babina Zlatina 9; Di–Sa 9–12, So 9–15 Uhr.

Kloster Prohor Pčinjski

An der Grenze zu Makedonien, am Fluss Pčinja, dem südlichsten Punkt Zentralserbiens, liegt das Kloster Prohor Pčinjski (Прохор Пчињски), benannt nach seinem Patron, dem Slawenheiligen Prohor von Pčinja. Die Straße dorthin ist in einem ausgezeichneten Zustand, da hier auch Militär ansässig ist. Von der Hauptstraße kommend, erblickt man tief unten wie in einer Schlucht liegend das Kloster mit seinem hochaufragenden Glockenturm.

Die Legende berichtet, dass Prohor von Pčinja dem byzantinischen Feldherrn Romanos IV. Diogenes prophezeit hatte, er werde Kaiser. Als sich die Weissagung erfüllte, stiftete der Kaiser Romanos

Kloster Prohor Pčinjski

▲ Karte S. 384

Diogenes (1068–1071) dem Prohor post mortem eine große Kirche, hier an dieser Stelle, wo er ihm zum erstenmal begegnet und seine Prophezeiung gehört hatte. Der heilige Prohor wirkte im 11. Jahrhundert gemeinsam mit Johannes von Rila (Bulgarien), Gavrilo von Lesnovo und Joakim von Osogovo als Missionar. Seine Verdienste führten bald nach seinem Tode zu seiner Heiligsprechung.

Die Kirche aus dem frühen Mittelalter wurde unter Stefan Uroš II. Milutin (1282–1321) renoviert und von den Türken 1371 erstmals zerstört. Auf ihren Grundmauern entstand 1489 ein neues Gotteshaus, das vollständig ausgemalt wurde. Das Kloster entwickelte sich trotz türkischer Besetzung zu einem bedeutenden serbischen Kulturzentrum mit eigener Malerwerkstatt. Immer wieder mussten aber Verwüstungen und Zerstörungen in Kauf genommen werden, so dass der heutige Bau auf das Jahr 1899 zurückgeht. In ihm sind glücklicherweise Reste des 15. Jahrhunderts erhalten geblieben, die sich zu verbergen suchen.

Im Kloster fand am 2. August 1944 eine Tagung der Volksbefreiungsversammlung Makedoniens (ASNOM) statt, auf der der Anschluss Makedoniens an Jugoslawien verkündet wurde. Heute scheint die Politik weit weg, alles wirkt idyllisch wie ein großer Bauernhof mit einer schönen Kirche.

Im Kloster Prohor Pčinjski

Besichtigung des Klosters

Man betritt zunächst eine dreischiffige Kirche mit einer Westempore und zwei Kuppeln. Sie wurde im 19. Jahrhundert vollständig ausgemalt. Im rechten Seitenschiff sieht man den Patron der Kirche, den heiligen Prohor Pčinjski. An der Westseite ist der Architekt mit dem Bauplan dargestellt. Außerdem sind die Wände mit schönen ländlichen Szenen geschmückt.

Eine von der Mitte des Kirchenschiffes nach links verschobene Ikonostase macht deutlich, dass die Kirche auf einen Vorgängerbau aufgesetzt wurde. Von außen erkennt man diesen Vorgängerbau in der Apsis, und auf der Südseite der Kirche befindet sich eine kleine Kapelle aus dem 15. Jahrhundert. Da die Mönche eine Tür in der Ikonostase offen lassen, kann man die Kapelle von innen, aber auch durch eine Tür in der Außenmauer betreten. In ihr sind Fragmente der Malerei erhalten, die einen Eindruck von der ehemaligen Ausstattung geben. Der Konak entstand im 18. Jahrhundert.

Das Preševotal

Neben dem Kosovo ist das Preševotal in Südostserbien eine Problemzone, auch wenn man im Westen davon wenig hört. Noch im Jahr 2004 warnte der Schweizer Auslandsdienst vor Reisen in den Südosten Serbiens.

Zum Preševotal gehören die Gemeindebezirke **Preševo** (albanisch Presheva), das zu 90 Prozent von Albanern bewohnt wird, **Medveđa** (albanisch Medvegja), in dem die Serben dominieren, und der Hauptort des Tales, **Bujanovac** (albanisch Bujanoc), mit 55 Prozent Albanern. Mit dem Zerfall Jugoslawiens war es auch hier wiederholt zu Unruhen und ernsthaften Spannungen gekommen. Die Albaner betrachten das Gebiet als Teil des Kosovo und nennen es Ostkosovo. Es war nach 1945 nicht dem Kosovo, sondern dem serbischen Kernland angegliedert worden.

Insgesamt leben hier 100 000 Menschen, unter denen die Roma und die Serben die größten Minderheiten darstellen. Die Albaner strebten zunächst eine Autonomie und, im Falle einer Grenzveränderung, den Anschluss an das Kosovo an. In einer Volksabstimmung 1992 stimmten einem diesbezüglichen Vorschlag 99 Prozent der Albaner zu. Dies wurde jedoch von Belgrad nicht anerkannt. In den drei Gemeindebezirken hatte sich deshalb seit dem Jahr 2000 eine albanische Befreiungsarmee etabliert (UÇPM, Ushtria Çlirimtare e Preshevës, Medvegjës, dhe Bujanovcit), die leider immer wieder durch gewaltsame Übergriffe von sich reden machte. Sie war nach eigenen Angaben im Jahr 2001 aufgelöst worden. Bald darauf kam es jedoch zu einem Überfall auf das Preševotal durch die albanische nationale Armee (AKSH). Diese war, einem öffentlichen Bekenntnis zufolge, von der großalbanisch ausgerichteten albanisch-revolutionären Partei (PRSH) unterstützt worden. Heute hat sich die Lage beruhigt, politische Lösungen wurden vorerst gefunden: So wurde nach vorgezogenen Kommunalwahlen in Bujanovac und Preševo vom 28. Juli 2002 die PVD (Partei des demokratischen Handelns, serbisch PDD) unter der Führung von Riza Halimi stärkste Kraft. In Bujanovac ist mit Nagip Arifi erstmals ein Albaner zum Bürgermeister gewählt worden. Sie kooperieren mit der Regierung in Belgrad.

▲ Karte S. 384

Rund um den Kukavica

Etwas außerhalb, vier Kilometer nördlich von Vranje, befinden sich die Ruinen der mittelalterlichen **Festung Markovo Kale** (Марково Кале), die auf den Kraljević Marko zurückgeht. Sie entstand vom 12. bis 17. Jahrhundert mit einem unregelmäßigen Grundriss auf einer oberen und unteren Terrasse, die mit einer kleinen Residenz und einer Kirche bebaut wurde. Die Straße, die zur Festung verläuft, führt weiter nach Leskovac und ist in weiten Teilen erneuert. Leider ist ein Teilstück von etwa sechs Kilometern nicht asphaltiert, gebirgig und besser mit einem Allradfahrzeug zu befahren. Man umfährt auf dieser Strek-

Die kleine Kirche von Vučje

ke den Gebirgsstock des Kukavica, dessen höchste Erhebung der **Vlaina** mit 1441 Metern ist. Man wandert in Einsamkeit und hat viel Gelegenheit, Heilkräuter zu sammeln.

Bei **Vučje** (Вучје) befinden sich die Reste einer alten Burg (Zeleni Grad/Зелени Град), von der Nikola Skobaljić tapfer gegen die Türken gekämpft haben soll. Die Ruine, 1454 von den Türken erobert, ist in das Areal eines Kraftwerks integriert. Unterhalb steht ein malerisches Kirchlein neueren Datums. Mitten im Wald, etwa sieben Kilometer außerhalb von Vučje, steht das Panoramahotel ›Vlaina‹, das derzeit grundlegend saniert und bald zur Erholung einladen wird.

Fünf Kilometer vor Leskovac, nicht weit vom Dorf **Strojkovce** (Стројковце), stehen die Reste des **Klosters Rudare** (Рударе) mit einer der heiligen Paraskeva geweihten Kirche, dem Konak und einem Friedhof des 18. Jahrhunderts. Die Malereien der Kirche sind durch eine Kalkschicht übertüncht. Einst war man stolz auf ein Kapitell aus der Zeit Justinians vom 6. Jahrhundert, doch das Kloster zerfällt völlig.

In Strojkovce befindet sich in der alten Fabrik ein **Textilmuseum**. In diesem Ort war 1884 die erste Textilfabrik für die Herstellung von Cord eröffnet worden. Berühmtester Sohn des Ortes ist Gojko Mitić, bekannt als DEFA-Schauspieler, vor allem in Karl-May-Verfilmungen.

Leskovac

Die Stadt Leskovac (Лесковац) war einst ein Synonym für die Industrialisierung Südserbiens, die nach dem zweiten serbisch-türkischen Krieg 1877/78 begann. Bis zu den Balkankriegen gehörte es zu den wichtigsten Industriezonen Serbiens, was ihm den Namen ›serbisches Manchester‹ einbrachte. Vor allem die international agierende Textilindustrie mit allein 13 Fabriken, darunter die Seidenspinnerei K. Ilić und die Weberei G. Petrović & Co standen für den Erfolg. Noch in den 1980er Jahren ließen so bekannte Firmen wie ›Trumpf‹ und ›Hugo Boss‹ in Leskovac fertigen. Mit den Konflikten um und in Serbien belegte die Europäische Union die Textilindustrie mit einem Embargo, das seit der Wahl von Präsident Tadić aufgehoben wurde.

Die Morava bei Leskovac

Daneben war auch die chemische Industrie heimisch, die pharmazeutische und kosmetische Produkte herstellte. Die Fabriken stehen jedoch größtenteils still, warten auf Käufer und bedürfen dringend der Modernisierung.

Die Stadt liegt in einer ausgedehnten Tiefebene am Fluss Veternica (Ветерница). Sie war bereits in vorgeschichtlicher Zeit von Illyrern (Dardanern) und Kelten besiedelt. Später schufen die Römer auf einer Anhöhe eine Befestigung. Im Mittelalter hieß das Gebiet Dubočica und kam schon im 12. Jahrhundert unter Stefan Nemanja

Südserbien

zum serbischen Staat. Nach der Einnahme durch die Türken 1454 entwickelte es sich zu einem wichtigen Handelszentrum. Seit 1878 ist es serbisch.

Stadtrundgang

Die bulgarische Besetzung im zweiten Balkankrieg und die beiden Weltkriege haben der Stadt schwer zugesetzt und Platz gemacht für kommunistische Neubauten, wie sie in fast jeder serbischen Stadt anzutreffen sind. Eine verkehrsreiche Hauptstraße führt mitten durch das Zentrum.

Nur wenige alte Gebäude haben Kriege und Zeitgeist überlebt: das **Bora Dimitrijević-Piksla-Haus** (Кућа Боре Димитријевића Пиксле) und das **Šop-Đokić-Haus** (Шоп-Ђокићева Кућа), beide im Konakstil. Das eine beherbergt ein Restaurant mit nationaler Küche, das andere wird als Verwaltungsgebäude genutzt.

Die älteste Kirche der Stadt, die **Crkva Odžaklija**, stammt aus der Zeit vor dem ersten serbischen Aufstand. Bei der Errichtung des Längsbaus ohne Kuppel mit Anbauten an der West- und Südseite nahm man Rücksicht auf die Türken: Von außen ist die Kirche als solche gar nicht erkennbar.

Auf dem Hügel Hisar ›Хисар‹, steht das von Bogdan Bogdanović gestaltete **Monument für den Unbekannten Soldaten.**

Leskovac besitzt auch ein **Heimatmuseum** mit einer serbischen und einer türkischen Abteilung, es ist aber leider in bedauernswertem Zustand. Vom Feiern lässt man sich dennoch nicht abhalten. Alljährlich begeht man die ›Roštiljijada‹, ein Grillfest, auf dem ganz serbisch, viel Fleisch zum Einsatz kommt.

Leskovac

Vorwahl: 016.

Website: www.cityofleskovac.org, offizielle Webseite der Stadt.

Turistička organizacija Leskovac, Masarikov Trg bb, Tel. 233361, www.tol.co.yu.

Hotel Beograd (★★), Bul. Oslobođenja (Бул. Ослобођења), Tel. 252042, Fax 250640. Im Zentrum, mit Parkplatz.

Dubočica (★), Bul. Oslobođenja, Tel. 52659.

Restaurant Kozara, Tel. 212044.

Kondir, Tel. 252506.

▲ Karte S. 384

Die Jašunja-Klöster

Zwischen Leskovac und Niš befinden sich einige Klöster. Während die UNESCO-Kulturdenkmäler, aber auch die Klöster im Norden und in den Grenzbereichen sehr gepflegt und mit viel Aufwand teilweise sogar wieder völlig neu aufgebaut werden, trifft man bedauerlicherweise hier im Süden immer wieder auf Denkmäler, die dem Zerfall preisgegeben sind.

Die Jašunja-Klöster (Јашуња Манастири) liegen am gleichnamigen Flüsschen. Eines erreicht man über das Dorf **Bogojevce** (Богојевце), indem man am Ende des Dorfes sieben Kilometer auf einem Schotterweg bis zu einem Waldstück fährt. Die Einheimischen nutzen die Umgebung für Feste und zum Picknick. Die Johannes dem Täufer geweihte Kirche (Sv. Jovan Preteča/Св. Јован Претеча) spendete 1517 der Edelmann Andronik Kantakuzen. Das einschiffige Kirchlein ohne Kuppel wurde auf einem Vorgängerbau errichtet. Erstaunliche Malereireste stammen von 1524 und 1693,

Eines der Jašunja-Klöster

glücklicherweise hat man mit der Sicherung begonnen.

Das zweite Kloster am Fluss besitzt eine **Muttergotteskirche** von 1499, die ein Werk der Nonnen Ksenija, Teofana, Marta und Marija war. Sie ist ebenfalls einschiffig, ohne Kuppel, und erhielt später eine offene Vorhalle. Von der ursprünglichen Malerei sind Porträts der Nonnen, Maria Tempelgang und eine Marienikone erhalten.

Beim Dorf Pečenjevce (Печењевце) überquert man den Fluss Leskovac und fährt durch das Dorf Razgojna (Разгојна) hinauf in die Berge. Unterhalb des Dorfes Babičko (Бабичко) liegt im Wald die Ruine vom **Kloster Babičko**. Die dem Erzengel Michael geweihte Kirche entstand, einschließlich ihrer Malereien, im 16. Jahrhundert.

Die Umgebung von Leskovac

Von Leskovac aus kann man eine ganze Reihe von Seen erreichen. Der schönste, größte und attraktivste ist der **Vlasinsko-See** (Власинско језеро) bei Surdulica (Сурдулица). Er liegt über 1000 Meter hoch und ist neun Kilometer lang.

Im Westen, etwa 30 Kilometer von Leskovac entfernt, liegt die gut ausgeschilderte archäologische Ausgrabungsstätte der byzantinischen Epoche **Caričin grad** (Царићин град), die Stadt des Kaisers genannt, die mit der byzantinischen Stadt Iustiana Prima in Verbindung gebracht wird. Die Gründung dieser Stadt soll auf Kaiser Justinian I. zurückgehen, der sie als neue Metropole der Region in der Nähe seine Geburtsortes Tauresium geplant haben soll. Die Lokalisierung ist jedoch nicht gesichert, andere Vermutungen gehen von einem Ort im Raum Skopje im heutigen Mazedonien aus. Die Stadtanlage wurde im Jahr 530 auf einem unbesiedelten Platz angelegt und nach nur kurzer Lebensdauer bis zum Jahr 615 verlassen, einer Zeit der Landnahme durch die Slawen und der Bestürmung durch die Awaren, währenddessen die byzantinische Kontrolle über die Region zusammenbrach. Die Stast war kurzzeitig das administrative und religiöse Zentrum der Illyrischen Provinz.

Neben den Grundrissen der Profanbauten wurden allein zehn Basiliken auf diesem Areal ausgemacht. Unter ihnen sind verschiedenste Architekturtypen wie die Basilika oder Zentralbauten und Rundbauten gefunden worden. Auf dem höchsten Punkt lag die Akropolis.

Die Grabungen gehen bis heute weiter. Lange blieb die archäologische Stätte unbeachtet und so konnte bis in die jüngste Vergangenheit das Terrain als Steinbruch genutzt werden. Dies wurde zwischenzeitlich glücklicherweise gestoppt. Es kann gut sein, dass man in den Dörfern an den Häusern Spolien der oströmischen Stadt entdeckt. Caričin grad wurde nach dem Tod Justinians verlassen und nie wieder bebaut oder überbaut.

Ein Abstecher in das Kosovo

Die ehemalige autonome Provinz Kosovo (albanisch Kosova), die in den letzten Jahren vielfach in die Schlagzeilen geraten war, grenzt im Norden an Zentralserbien und gehörte völkerrechtlich bis zum 17. Februar 2008 zu Serbien. Seit 1999 stand das Gebiet unter UN-Verwaltung, die Kosovo-Force-Truppen, kurz KFOR, waren hier stationiert.

Das kosovarische Parlament hat am 17. Februar 2008 einseitig die Unabhängigkeit der ehemaligen autonomen Provinz Kosovo von Serbien ausgerufen. In Belgrad und anderen Städten kam es daraufhin zu Demonstrationen mit Übergriffen auf Botschaften. Ungezählte Verhandlungen um einen für möglichst alle Seiten verträglichen Status des Kosovo waren der Proklamation vorausgegangen.

Obgleich viele ungelöste Probleme im Raum stehen, wurde im Jahr 2009 die einjährige Unabhängigkeit gefeiert. Präsident ist seit Februar 2006 Tamir Sejdin und Premierminister seit dem 9. Januar 2008 Hashim Thaçi.

Ungeachtet der großen Resonanz – 54 der 192 UN-Mitgliedsstaaten, darunter 20 EU-Länder, haben das Kosovo als ei-

Das Kosovo

Landschaft im Kosovo

genen Staat bisher anerkannt – betrachtet die serbische Republik das Kosovo weiterhin als autonome Provinz innerhalb Serbiens. Präsident Tadić hat den Fall vor den Internationalen Gerichtshof getragen und die UN-Versammlung hat dem Antrag zur völkerrechtlichen Überprüfung stattgegeben. Im Norden, der mehrheitlich von Serben bewohnt ist, haben serbische Politiker am 28. Juni 2008 in Priština ein unabhängiges Parlament der Gemeinschaft der Gemeinden Kosovo und Metochien eingerichtet. Auch parallele Verwaltungsstrukturen werden hier aufgebaut, so dass sich das Nordkosovo faktisch der Kontrolle der Zentralverwaltung entzieht. Die politischen Aufgaben werden geteilt zwischen der UN und der von ihr geförderten Organisationen zur Selbstverwaltung. Die Sicherheit wird weiterhin von der KFOR (Kosovo Force) unter Führung der NATO garantiert. Die rechtsstaatliche Entwicklung wird durch die sogenannte Rechtsstaatlichkeitsmission der europäischen Union im Kosovo ›EULEX‹ überwacht. Sie nahm am 13. Dezember 2008 ihre Arbeit auf und hat einen Teil der Aufgaben der UNMIK (United Nations Interim Administration Mission in Kosovo) übernommen. Vier Monate nach der Unabhängigkeitserklärung trat im Juni eine Verfassung in Kraft, die das Kosovo als demokratisch regierten, laizistischen Staat aller seiner Bürger definiert.

Der hier gemachte Abstecher kann und will einen Reiseführer in das Land nicht ersetzen, sondern an den Zusammenhang mit Serbien erinnern. Reisen in das Land bedürfen ohnehin derzeit noch immer einer speziellen Genehmigung, so dass ein spontaner Aufbruch hierher nicht möglich ist.

Das Kosovo mit seiner wechselvollen Geschichte hat eine Wende herbeigeführt, die besonders für die Serben sehr schmerzlich ist. Es bleibt zu hoffen, dass für die im Kosovo lebenden Serben bald eine akzeptable Lösung gefunden wird. Es bleibt aber auch zu hoffen, dass der reiche Schatz an Klöstern zukünftigen Generationen erhalten bleibt.

Im Kosovo mit einer Fläche von 10 887 Quadratkilometern leben etwa 2,1 Millionen Menschen, genauso so viele wie in der doppelt so großen Provinz Vojvodina. Davon sind über 80 Prozent Kosovo-Albaner muslimischen Glaubens. Weiterhin sind hier Serben, Roma und andere Minderheiten ansässig. Viele Serben sind seit Beginn der offenen Auseinandersetzungen von 1999 abgewandert. Heute werden hier noch etwa 200 000 Serben gezählt. Davon leben viele im nördlichen Teil.

Auf dem Gebiet des Kosovo befindet sich neben römischen, osmanischen und albanischen Denkmälern ein reicher Schatz mittelalterlicher serbisch-orthodoxer Klöster und Kirchen.

Geographisch besteht die Provinz aus zwei Talbecken: dem **Amselfeld** (serbisch Kosovo Polje, albanisch Fusha e Kosovës) um die Hauptstadt Priština und der Ebene von Dukagjin, die von den Serben wegen ihres Reichtums an Klöstern Metohija (Klostergut) genannt wird. Diese Becken werden durch ein Mittelgebirge voneinander getrennt und sind zum Teil von Hochgebirgen von 2000 bis 2500 Metern Höhe umgeben, die mehr als die Hälfte der Provinz ausmachen. Die Boden- und Klimabedingungen begünstigten schon immer die Landwirtschaft, die vom Anbau von Mais, Wein, Obst und Getreide lebt. In den Bergregionen trifft man auf die Schafzucht. Im Süden grenzt das Kosovo an Makedonien, im Südwesten an Albanien, im Westen an Montenegro und im Norden und Nordosten an Serbien.

Geschichte

Die Geschichte des Kosovo ist zu einem wichtigen Teil die Geschichte Serbiens. Mit der Begründung des serbischen Staates durch Stefan Nemanja um 1170 wurde das Kosovo dessen Bestandteil und wegen der dort vorhandenen Erzvorkommen zur wirtschaftlichen Grundlage der serbischen Machtentfaltung. In Novo Brdo, Trepča und anderen Bergorten wurde schon damals, auch mit Hilfe sächsischer Bergleute, Edelmetall gefördert. Der Reichtum des Kosovo besteht auch heute in Blei und Silber, in Zinkerzen und Braunkohle. Die Bodenschätze werden derzeit aber nicht hinreichend gefördert. Trotz Unabhängigkeit fehlt es an Privatisierung und ausländischen In-

Das Amselfeld heute

Karte S. 416

vestitionen. Für 200 Jahre blieb das Kosovo Zentrum des mittelalterlichen serbischen Großreiches, weswegen die Serben die Provinz als ›Wiege ihrer Nation‹ betrachten.
Vom großen Wohlstand dieser Zeit zeugen die vielen Klöster und Kirchen, in denen das kulturelle und religiöse Erbe der Serben bis heute bewahrt wurde. Leider ging ein kostbarer Teil des mittelalterlichen Kulturgutes während der jüngsten Ausschreitungen im Februar 2004 in Flammen auf.
In Peć befand sich der kirchliche Mittelpunkt Serbiens, der Sitz des serbischen Patriarchats. Die historisch bedeutsame Schlacht auf dem Amselfeld von 1389 gegen die Türken, die mit der Niederlage der Serben endete, führte zu Veränderungen in der Region. So verließen viele Serben das Kosovo und zogen nach Norden. Dies war aber nur eine von vier folgenreichen Schlachten auf dem Amselfeld. Schon 1169 hatte hier Stefan Nemanja die Vorherrschaft Serbiens erfochten, und im Jahr 1448 versuchten die Ungarn, die Türken zurückzudrängen und verloren gegen Murad II. Im Jahr 1915 fand eine vierte Schlacht zwischen den Truppen der Mittelmächte und dem letzten Aufgebot der Serben statt.

Die Osmanenzelt

Ende des 17. Jahrhunderts kam es zum zweiten Exodus aus dem Kosovo. Die Serben hatten sich zunächst mit Unterstützung der Habsburger gegen die Osmanen aufgelehnt. Die Habsburger wurden jedoch bald darauf in anderen Kriegen gebunden und zogen sich hinter die Donau zurück. Der serbische Aufstand brach zusammen, und aus Furcht vor osmanischen Repressalien zogen viele Serben unter Führung des Patriarchen Arsenije Crnojević von Peć die Flucht auf habsburgisches Territorium vor. Dabei gelangten sie in das Gebiet der heutigen Vojvodina.
In kleinerem Umfang verließen die Serben in den 60er Jahren des 20. Jahrhunderts das Kosovo aus wirtschaftlichen Gründen.
Die Albaner sehen im Kosovo ebenfalls ihre Heimat und führen ihre Ansprüche auf die Antike zurück. Das Kosovo war im Altertum Siedlungsgebiet der Dardaner, die zu den illyrischen Stämmen gerechnet werden. Die Albaner, die ihre Herkunft von den Illyrern ableiten, waren also bereits zur Römerzeit im Kosovo, lange vor den Slawen, die erst im 6. Jahrhundert einwanderten. Den Albanern war es trotz Römern und Slawen gelungen, ihre Identität zu retten. Da die Quellen vom 6. bis zum 11. Jahrhundert die Albaner nur äußerst spärlich erwähnen, geht man davon aus, dass sie sich in einigen Rückzugsgebieten, vor allem in den Gebirgszonen, Sprache und Volkstum bewahrten.
Seit dem 13. Jahrhundert begannen die Albaner aus den umliegenden Gebirgslandschaften ins Kosovo einzuwandern. Zum Zeitpunkt der endgültigen Eroberung durch die Türken machten sie bereits vier bis fünf Prozent der Gesamtbevölkerung des Kosovo aus. Noch unter den Serben hatte bereits eine Assimilierung begonnen, der die türkische Herrschaft ein Ende setzte. An den Namen ist dies jedoch manchmal erkennbar. Die Albaner nahmen sehr bald den Islam an, was ihnen Vorteile gegenüber den Serben verschaffte und eine positive Auswirkung auf ihre Siedlungsausbreitung hatte. Die erhaltenen türkischen Steuerregister machen die Veränderungen in der Bevölkerungsstruktur im Kosovo deutlich. So gab es noch 1485 keine

Ortschaft mit ausschließlich albanischer Bevölkerung. Schon 1582 überwogen in einigen Gemeinden die Albaner. Die Ortschaft Đakovica (albanisch Gjakova) an der albanischen Grenze ist ein gutes Beispiel: Im Jahr 1485 wurde der Ort als Marktflecken erwähnt, 1582 überwog die albanische Einwohnerschaft, und 1782 sprach dort niemand mehr Serbisch.

Von 1459 bis 1912 war das Kosovo ein albanischer Regierungsbezirk unter osmanischer Oberherrschaft. Doch während des 19. Jahrhunderts hatte es mehrfach Bestrebungen nach Selbständigkeit gegeben. Im Jahr 1878 entstand die Liga von Prizren, die innerhalb des osmanischen Reiches einen gesamtalbanischen Nationalstaat in Form eines autonomen Albanien anstrebte und sich damit den Plänen des Kongresses von Berlin entgegenstellte. Sie wurde nach kurzer Zeit von den Türken zerschlagen. Ein weiterer, ebenfalls vergeblicher Versuch erfolgte 1899/1900 innerhalb der Liga von Peć.

Das Kosovo im 20. Jahrhundert

▲ Karte S. 416

Nach den Balkankriegen von 1912/13 erhielten die Serben das Kosovo aus der Konkursmasse des Osmanischen Reiches. Zu diesem Zeitpunkt besaß die Provinz bereits eine mehrheitlich muslimische und albanische Bevölkerung. Die Regierung strebte eine Veränderung der Bevölkerungsstruktur an: Die Albaner sollten nach Albanien und die Muslime in die Türkei auswandern. Ein Umsiedelungsabkommen mit der Türkei von 1938 wurde wegen des Ausbruchs des Zweiten Weltkrieges nicht mehr umgesetzt. Gleichzeitig wurde der Zuzug von Serben gefördert. Enteignetes albanisches Land wurde an sie vergeben. Dieser Maßnahme war jedoch wegen der starken Geburtenrate der Albaner kein Erfolg beschieden.

Die Albaner waren Repressalien ausgesetzt, sie genossen keinerlei Minderheitenschutz. Die Schulen, die in ihrer Sprache unterrichteten, wurden geschlossen. Die Amts- und Schulsprache wurde ausschließlich serbokroatisch. Da die Albaner dies verweigerten, stieg in der Folge die Analphabetenrate. Der Versuch der Bildung einer politischen Organisation, ›Džemijet‹ (Gesellschaft), scheiterte nach der Verhaftung ihrer Führer. Kacak (von Schmuggler, Flüchtiger) war die Bezeichnung für eine gewalttätige Bewegung, die ebenfalls scheiterte.

Während des Zweiten Weltkrieges wurde das Kosovo unter Italien, Deutschland und Bulgarien aufgeteilt. Die Italiener verbanden den ihnen zugeschlagenen größten Teil des Kosovo mit Albanien und schufen so ein Groß-Albanien unter italienischer Herrschaft. Nach der Kapitulation Italiens 1943 folgten die Deutschen.

Nach dem Krieg wurde das Kosovo zunächst unter jugoslawische Militärverwaltung gestellt und zahllose Albaner wegen angeblicher Zusammenarbeit mit den Besatzungsmächten hingerichtet. Die Konferenz von Prizren im Juli 1945 entschied sich für den Anschluss des Kosovo an Serbien als autonome Region, eine sogenannte Oblast. Im Rahmen einer Balkanföderation war der Anschluss an Albanien geplant. Der Bruch zwischen Tito und Stalin machte diesen Plan zunichte. Das stalintreue Albanien unter Führung Hodschas wurde zum Gegner Jugoslawiens. Im Kosovo wirkte die Geheimpolizei mit allen repressiven Methoden, und viele Albaner verließen das Land. Die Situation besserte sich erst 1966 mit der Entmachtung des damaligen Innenministers Aleksandar

Ranković. Als autonome Provinz verfügte das Kosovo seitdem über eine albanische Presse und albanische Schulen. Ihre Rechte als autonome Provinz, ›autonomna pokrajina‹, wurden in der Verfassung von 1974 ausgebaut.

Erste Unruhen gingen 1981 von den Studenten aus, die, vom Westen nur wenig beachtet, gegen schlechte Studienbedingungen protestierten. Wirtschaftliche Probleme, eine hohe Arbeitslosigkeit und Bildungsmängel konnten nicht bewältigt werden. Das Kosovo galt als Armenhaus Europas. Seit dem Ende des Zweiten Weltkrieges hatte sich der Anteil der Bevölkerung mehr als verdoppelt, was auf das überdurchschnittlich starke Anwachsen der albanischen Bevölkerung zurückzuführen ist und auch zukünftig eines der großen Probleme des Kosovo darstellt.

Das Kosovo nach dem Zerfall Jugoslawiens

Nach Titos Tod kam es zur Radikalisierung des Kosovo. Gleichzeitig wanderten immer mehr Serben aufgrund albanischer Schikanen ab. Ende Juni 1986 wurde die Autonomie des Kosovo, wie die der Vojvodina, massiv eingeschränkt. Milošević nutzte die Krisensituation in opportunistischer Weise und sprach von der Wiederherstellung Altserbiens. Massenkundgebungen in Belgrad folgten. Die kosovarische Regierung musste auf Druck Belgrads zurücktreten. Demonstrationen und Hungerstreiks im Kosovo waren die Folge. Ende Februar 1989 wurde der Ausnahmezustand über den Kosovo verhängt. Eine serbische Verfassungsänderung sicherte Serbien die Kontrolle über Polizei, Gerichte, Zivilverteidigung und Besetzung der öffentlichen Ämter. Die von Milošević mit aktiver Unterstützung der serbisch-orthodoxen Kirche mit großem Pomp zelebrierte Gedenkfeier zum 600. Jahrestag der Schlacht auf dem Amselfeld wurde als Provokation empfunden. Im Jahr darauf verließen die albanischen Mitglieder die Kosovo-Regierung, am 2. Juli 1990 riefen albanische Abgeordnete des Kosovo-Parlamentes die Republik Kosovo aus, die kurz darauf durch den Beschluss Belgrads aufgelöst wurde.

Mit dem Mord an vier serbischen Zivilisten und zwei Polizisten machte die UÇK (Uhstria Çlirimtare Kosoves) erstmals von sich reden. Der Konflikt eskalierte 1998 mit einem Angriff auf die kleine Stadt Orahovac (Rahovec) im Süden, dessen Hintergründe bis jetzt nicht eindeutig aufgeklärt wurden. Die Rückeroberung von Orahovac durch die Serben gilt als Beginn des Bürgerkriegs. In seinem Verlauf wurden viele hundert Dörfer der Kosovo-Albaner in Schutt und Asche gelegt, hunderttausende Kosovo-Albaner in die Flucht getrieben. Andererseits wurden die Serben und viele ihrer Kirchen und Klöster Opfer der Kosovo-Albaner.

Im Januar 1999 kam es zum Blutbad von Rača, kurz darauf begannen Kosovo-Gespräche in Rambouillet. Die Konferenz scheiterte. Als die Serben nach dem Abzug der OSZE-Beobachter am 20. März den Ort Srbica (Skënderaj) angriffen, machte die NATO ernst. Am 24. März 1999 begann das NATO-Bombardement auf Serbien. In 78 Tagen und Nächten wurde nicht nur die militärische, sondern auch die zivile Infrastruktur Serbiens mit 23 000 Bomben und Granaten zerstört. Nach dem Einrücken der UNO-Friedenstruppen Kosovo Force (KFOR) verließen viele der 200 000 Serben das Kosovo in Richtung Serbien. Die Friedenstruppen hatten sie nicht vor

Racheakten und Gewalttaten schützen können. Mit ihnen gingen viele Roma, die Opfer pogromartiger Übergriffe seitens der Kosovo-Albaner wurden. Nur wenige Serben und Roma sind zurückgekehrt.

Milošević ist ohne Verurteilung in Den Haag gestorben, und Zoran Đinđić, die Hoffnung der liberalen Serben, lebt nicht mehr. Die darauffolgende serbische Regierung konnte sich nicht durchringen, vom Kosovo zu lassen, und die internationale Gemeinschaft wusste keine Lösung außer der Aufstockung der Truppen auf 20 000 Mann. Die Albaner waren der KFOR-Verwaltung müde und fühlten sich mehr denn je gegängelt, während die Sicherheit der im Kosovo lebenden Serben bis heute nicht garantiert ist. Dies hatten auch die Ausschreitungen im März 2004 bestätigt. Serbien hatte einen Plan zur Dezentralisierung des Kosovo vorgelegt, der eine weitgehend territoriale Autonomie für die serbischen Enklaven vorsah. Immer wieder wurden Vorschläge zur Teilung des Kosovo laut. Im Oktober 2004 stand das Kosovo vor den Wahlen. Belgrad rief offiziell, leider mit Erfolg, die Serben zum Boykott auf. Die Wahlbeteiligung war daher sehr niedrig. Der frühe Tod des charismatischen Präsidenten Ibrahim Rugova im Januar 2006 stellte die albanische Führung vor neue Herausforderungen.

Serbisches Kulturgut im Kosovo

Das Kosovo war nicht nur weltliches Zentrum Serbiens im Mittelalter, sondern bis zum großen Exodus Ende des 17. Jahrhunderts auch geistliches Zentrum. Der Patriarch hatte hier seinen Sitz. Wer die Provinz noch während der jugoslawischen Ära besucht hat, weiß, welche Schätze sich hier verbergen.

▲ Karte S. 416

Im Norden der Provinz und am Rand des Amselfeldes liegt die Stadt **Kosovska Mitrovica** (Mitrovice), einst Titova Mitrovica genannt, mit etwa 60 000 Einwohnern. Hier mündet der Fluss Sitnica in den Ibar. Nicht weit von hier befindet sich der Bergbauort **Trepča**, in dem Blei, Zink- und Silbererze verhüttet werden.

Die Stadt gilt als Zentrum serbisch-albanischer Auseinandersetzungen und ist in eine serbische Nordhälfte und eine albanische Südhälfte geteilt.

Nur wenige Kilometer südlich von Kosovska Mitrovica lag bis vor kurzem die mittelalterliche Kirche Dević, die leider während der jüngsten Ausschreitungen dem Erdboden gleichgemacht wurde.

Nordwestlich von Kosovska Mitrovica, in **Banjska**, steht eine **Stephanskirche**. Sie entstand nach dem Vorbild des Klosters Studenica auf den Fundamenten eines älteren Bauwerks von 1313 bis 1315 als Mausoleum für König Milutin.

Im Frühjahr wird das serbische Fest Velika Hoča gefeiert

Den Bau der einschiffigen Kirche mit Querhaus, halbrunder Apsis und reicher Bauplastik überwachte Erzbischof Danilo II. Bereits im 16. Jahrhundert wurde die Kirche zur Moschee umgewandelt und erst 1940 teilweise wiederhergestellt.

Priština

Priština (Prishtinë) ist mit 210 000 Einwohnern die Hauptstadt des Kosovo. Sie befindet sich fast in der Mitte der Provinz. Die Stadt besitzt einen Flughafen. In Priština sind internationale Vertretungen ansässig. Seit 7000 Jahren ist der Ort nicht zuletzt dank seiner reichen Erzvorkommen besiedelt, er war im Mittelalter ein wichtiger Handelsplatz. Im Jahr 1314 gab der Nemanjidenherrscher Dušan seinen Hauptsitz Ras zugunsten von Priština auf und nutzte es bis zu seiner Krönung im Jahr 1346 in Skopje als Hauptstadt. Bis 1912 blieb die Stadt türkisch, bis heute geben ihr malerische türkische Häuser und viele Moscheen ein orientalisches Antlitz.

In der Umgebung gibt es viel zu sehen: die **Reste der römischen Stadt Ulpiana**, das **Mausoleum von Sultan Murad**, und nur zwölf Kilometer von Priština entfernt das bedeutende **Kloster Gračanica** (Грачаница), von weitem schon erkennbar an seinen prächtigen Kuppeln. Mit dem Kloster Dečani gehört es vielleicht zu den prächtigsten der serbischen Klöster im Kosovo.

Kloster Gračanica

Das Kloster entstand 1313 als Stiftung König Milutins, als verspielte Variante einer byzantinischen Fünfkuppelkirche mit Kreuzgrundriss. In ihrer abgestuften, rhythmischen Höhenbewegung lehnt sie sich jedoch an die Tradition der Raškaschule an, ein Element, das der byzantinischen Tradition fremd war. Die farbigen Mauerflächen sind aus Ziegeln und Stein gefügt und präsentieren eine Verschmelzung von byzantinischer mit gotischer Architektur.

Kloster Gračanica

Berühmt sind die Malereien der Kirche, die aus verschiedenen Epochen stammen: Die ältesten von 1321/22 befinden sich im Naos, darunter der Abstieg Christi in die Hölle an der Ostwand und der Tod Mariens an der Westwand. Die detaillierten und erzählfreudigen Szenen im Narthex werden der Palaiologenrenaissance zugeordnet, einem Stil, dessen Beginn mit dem Datum 1261 anzusetzen ist, dem Zeitpunkt, als Michael VII. Palaiologus die Lateiner aus Konstantinopel vertrieb und das byzantinische Reich und ihre Kunst erneuert wurden. In diesem Raumteil ist auch der Nemanjiden-Stammbaum angebracht. König Milutin erkennt man am Kirchenmodell. Ihm gegenüber steht seine junge Frau Simonida.

Peć

Im Westen der Provinz Kosovo, am Rand der Beckenlandschaft Metohija, trifft man auf die Stadt Peć (Peja). Die überall sichtbaren Wohn- und Verteidigungstürme sind ehrwürdige Denkmäler reicher albanischer Bürger.

Zwei Kilometer vor Peć liegt unterhalb der Straße das alte **Patriarchat von Peć** (Pećka Patriaršija). Obschon es nicht ganz so prächtig sein mag wie Dečani, ist es älter und von großer historischer Bedeutung für die Serben.

Das glücklicherweise intakte Frauenkloster spielt bis heute eine wichtige Rolle, obwohl das Patriarchat seit 1920 seinen Sitz in Belgrad hat. Der heilige Sava hatte einst seinen Nachfolger Arsenije (1233–1263) mit der Errichtung eines neuen Patriarchensitzes beauftragt. Es sollte das durch die Nähe zu Ungarn gefährdete Žiča ablösen. Auf diese Weise entstand am Ausgang der Rugovo-Schlucht innerhalb von 40 Jahren ein riesiger Klosterkomplex, der sich aus vier Kirchen und einer Kapelle zusammensetzt.

Zunächst entstand im 13. Jahrhundert die Apostelkirche. In den Jahren 1316 bis 1324 ließ Erzbischof Nikodim an der Nordseite der Apostelkirche die Demetriuskirche anbauen. Unter seinem Nachfolger Danilo II. wurde südlich der Apostelkirche um 1330 die Kirche der Muttergottes Hodegetria mit einer Nikolauskapelle angebaut. Allen drei Kirchen wurde dann eine gemeinsame offene Vorhalle angefügt. Diese offene Säulenhalle wurde im 16. Jahrhundert zu einem fünften geschlossenen Gebäude umgebaut. Der gesamte Komplex wurde vor dem Zweiten Weltkrieg umfassend restauriert.

Die Apostelkirche ist eine einschiffige Kirche mit Querschiff, Kuppel und halbkreisförmiger Apsis im Stil der Raškaschule. An die Apsis schließen sich Prothesis und Diakonikon als gesonder-

Malereien im Kloster Peć

▲ Karte S. 416

te bauliche Einheit an. Der Westteil der Apostelkirche ist stark verlängert und trägt ein halbkreisförmiges Tonnengewölbe. Die Apostelkirche ist ohne architektonisches Zierwerk und Bildhauerarbeiten. Sowohl Demetrius- als auch Muttergotteskirche entstanden nach byzantinischem Vorbild auf dem Grundriss eines griechischen Kreuzes, deren Fenster und Portale plastisch geschmückt wurden.

Die Malereien im Inneren zeigen die Entwicklung dieser Gattung vom 13. bis zum 16. Jahrhundert. Ältester Teil ist die Kuppel mit der Himmelfahrt Christi, darunter sind in den Gewölbebögen die Ausgießung des heiligen Geistes und der ungläubige Thomas zu erkennen. Ein weiterer Bereich zeigt das Abendmahl und die Auferweckung des Lazarus. Die Malereien im Narthex gehen auf das 14. Jahrhundert zurück. Unter den Darstellungen sind besonders das Jüngste Gericht, das Menologion und der Stammbaum der Nemanjiden hervorzuheben.

Kloster Visoki Dečani

Südlich von Peć befindet sich das Kloster Visoki Dečani im gleichnamigen Dorf im Tal der Daćanska Bistrica mit einer sehr gut erhaltenen **Pantokratorkirche**, eine der größten mittelalterlichen Kirchen Serbiens mit einer Länge von 36,5 Metern und einer Höhe von 30,5 Metern.

In den Jahren 1327 bis 1335 ließ König Stefan Uroš III., mit Beinamen Dečanski, die Kirche als Mausoleum erbauen. Sein Sohn Dušan sorgte für die Vollendung und stiftete die Malereien. Die fünfschiffige Basilika besitzt einen weiten Altarraum und eine hohe dreischiffige Vorhalle. In ihrem Höhenstreben, ihrem Kreuzgewölbe, den gotischen Fenstern

Kloster Visoki Dečani

und dem reichen Skulpturenschmuck zeigen sich westliche Einflüsse der Gotik.

Die Malereien sind sehr reichhaltig. Kein Flecken Mauerwerk wurde freigelassen. Die sorgfältige Anordnung und systematische Gliederung der Themen zeigen ein wohldurchdachtes komplexes theologisches Programm. 22 Szenen widmen sich kleinteilig und fein ausgeführt dem Leben der Muttergottes, der Apostelgeschichte, der Genesis, König Salomon, dem Buch der Propheten, dem Leben der heiligen Nikolaus und Demetrius, den ökumenischen Konzilen, dem orthodoxen Kalender, dem unabdingbaren Nemanjiden-Stammbaum und hunderten von Einzelfiguren.

Daneben besitzt das Kloster den Holzsarkophag für König Stefan Dečanski, ein einmaliges Beispiel der alten Schnitzkunst, den steinernen Thron Kaiser Dušans und einen Bronzekronleuchter mit Reliefdarstellungen, zweiköpfigen Adlern und Greifen, ein Geschenk der Fürstin Milica.

Das Kloster wurde von den Türken verschont und erfuhr auch keine Umwandlung in eine Moschee. Es verdankt diesem Umstand einen nicht unwesentlichen Teil seiner guten Erhaltung.

Prizren

Ein großer Teil der serbisch-mittelalterlichen Architektur liegt im Süden des Kosovo, an der Grenze zu Makedonien und Albanien in der malerischen Stadt Prizren und ihrer Umgebung. Die orientalisch anmutende Stadt liegt auf 420 Metern Höhe am Nordfuß des Šar Planina (Mali i Sharrit) in der Metohija. Die Stadt kann auf eine 2500 Jahre alte Besiedelung zurückblicken. Die Illyrer bewohnten es vom 7. bis 2. Jahrhundert vor Christus. Danach entstand das römische Theranda.

Türkisches Bad in Prizren

Die Byzantiner hinterließen neben einer frühchristlichen Basilika eine Festung. Erst im Jahr 1455 wurde Prizren türkisch, in der Folge entstanden Bäder, Brücken, Moscheen und eine kostbare Bibliothek.

Unter den drei schönsten islamischen Gebetshäusern ist die **Sinan-Pascha-Moschee** besonders hervorzuheben. Sie wurde 1615 vollendet und gilt als eine der größten auf dem Balkan. Die Stadt besitzt außerdem ein prächtiges **türkisches Bad**, das mit denjenigen in Skopje und Sarajevo vergleichbar ist. Etwa 50 000 Menschen leben in Prizren. Die **Festung Kaljaja** am Rande der Stadt verfällt langsam.

Auch die Serben haben Spuren hinterlassen. Die Ruine der **Burg Rubnik** war einst Residenz Zar Dušans. Unterhalb steht die **Erlöserkirche**, ein einschiffiger Kuppelbau, der auf das 14. Jahrhundert zurückgeht.

▲ Karte S. 416

Kostbares christliches Denkmal war die **Metropolitenkirche**, Bogorodica Ljeviška, der Muttergottes als Beschützerin der Schlafenden geweiht. König Milutin stiftete den Bau in den Jahren 1307 bis 1309 in dieser ehemaligen Zarenhauptstadt. Das Mittelschiff einer ehemaligen frühchristlichen Basilika wurde hier zum Kernbau einer Fünfkuppelkirche mit einem offenen Exonarthex, dessen Mitte von einem hohen offenen Turm überragt wird. Inspiriert von Byzanz, wurden ihre Mauern abwechselnd in Stein und Ziegel gefügt. Der Sakralbau wurde unter den Türken in eine Moschee verwandelt und ihre Wände mit Putz überzogen.

Nach dem Zweiten Weltkrieg wurden die Malereien freigelegt und bestachen, trotz der Schäden, bis zum Jahr 2004 durch ihre Farbigkeit. Durch die Übergriffe im Februar 2004 wurde wieder vieles zerstört (Informationen unter www.spc.org.rs oder www.kosovo.net). Ob eine Wiederherstellung des alten Glanzes nochmals möglich sein wird, bleibt offen.

Sprachführer

Für die serbische Sprache gibt es eigene Wörter- und Grammatikbücher im deutschen Buchhandel und in Serbien überarbeitete Werke. Es gibt jedoch immer noch Divergenzen. Die Quelle für diesen Sprachführer ist vorrangig das Wörterbuch Nemačko-srpski/srpsko-nemački rečnik, von Slobodan Zečević, ›Jacen‹-Verlag, Belgrad 2007. Als Reisender mit kroatischen oder bosnischen Sprachkenntnissen wird man auch verstanden, außer bei starken begrifflichen Abweichungen.

Das serbische Alphabet

lateinisch	kyrillisch	Aussprache
A, a	А, а	a
B, b	Б, б	b
V, v	В, в	v wie deutsches w in Wasser
G, g	Г, г	g
D, d	Д, д	d
Đ, đ	Ђ, ђ	stimmhaftes dschj wie Karađorđe
E, e	Е, е	e
Ž, ž	Ж, ж	stimmhaftes sch, wie Journal
Z, z	З, з	stimmhaftes s, wie Rose
I, i	И, и	i
J, j	Ј, ј	j
K, k	К, к	k
L, l	Л, л	hartes l, wie in ›Wall-Street‹
Lj, lj	Љ, љ	weiches l, wie in leise
M, m	М, м	m
N, n	Н, н	n
Nj, nj	Њ, њ	weiches n, wie in Cognac
O, o	О, о	o
P, p	П, п	p
R, r	Р, р	r, immer Zungen -›r‹
S, s	С, с	stimmloses s, wie Kasse
T, t	Т, т	t
Ć, ć	Ћ, ћ	tschj weich wie in Andrić
U, u	У, у	u
F, f	Ф, ф	f
H, h	Х, х	ch wie ach
C, c	Ц, ц	z wie deutsch Zimmer
Č, č	Ч, ч	tsch wie in Kutsche
Dž, dž	Џ, џ	stimmhaftes dsch wie in englisch John
Š, š	Ш, ш	stimmloses sch wie Flasche

Allgemeines

Guten Morgen!	Dobro jutro!
Guten Tag!	Dobar dan!
Guten Abend!	Dobro veče!
Gute Nacht!	Laku noć!
Hallo!	Zdravo!
Auf Wiedersehen!	Do viđenja!
Tschüß!	Ćao/Prijatno
ja	da
nein	ne
vielleicht	možda
bitte	izvolite
danke	hvala
bitte schön!	izvolite!
bitte (um etwas bitten)	molim te/vas
Entschuldigen Sie bitte!	izvinite
und	i
oder	ili
in	u
mit/ohne	sa/bez
bis, zu	do
dieser, diese, dieses	taj, ta, to
haben, ich habe	imati, imam
Ich möchte, wir möchten ...	Želim, želimo ...
kaufen, ich kaufe	kupiti, kupujem
suchen, ich suche	tražiti, tražim
sprechen, ich spreche	govoriti, govorim
zahlen, ich zahle	platiti, plaćam
Ich bin	Ja sam ...
Hilfe! Hilfeschrei	Pomoć! upomoć

Fragen

Was?	Šta?
Was ist das?	Šta je to?
Was für ein Dokument ist das?	Kakav je to papir?
Wie?	Kako?
Wie heißt ... auf serbisch?	Kako se kaže ... na srpskom?
Wer?	Ko?
Wer ist Herr/Frau ...?	Ko je gospodin/gospođa?
Welche?	Koji? Koja?
Welche Straße führt nach ...?	Koj put vodi do/prema ...?
Wann?	Kad (a)?
Wann fährt der Autobus/Zug?	Kada polazi autobus/voz?
Wo?	Gde?
Wo ist die Toilette?	Gde je toalet?
Woher?	Odakle?
Woher kommst Du/kommen Sie?	Odakle si/ste?
Wieviel?	Koliko?
Wieviel kostet das?	Koliko košta? Pošto je?

Unterhaltung

Herr/Frau	gospodin/gospođa
ich	ja
er/sie (die Frau, die Gruppe)	on/ona, oni
Ich komme aus Deutschland/ Österreich/der Schweiz.	Ja dolazim iz Nemačke/Austrije/ Švajcarska
Wie geht es Dir/Ihnen?	Kako si/ste?
Danke, gut!	Dobro, hvala!
Mir (uns) geht es gut.	Dobro sam (smo).
Na, geht so.	Pa, tako.
Es tut mir (uns) leid.	Žao mi (nam) je.
Gestatten Sie?	Dozvolite?

Wie heißt Du?	Kako se zoveš?
Wie heißen Sie?	Kako se zovete?
Mein Name ist ...	Zovem se ...
Zahlen	**brojevi**
1	jedan (weibl. jedna, sächl. jedno)
2	dva (weibl. dve)
3	tri
4	četiri
5	pet
6	šest
7	sedam
8	osam
9	devet
10	deset
11	jedanaest
12	dvanaest
13	trinaest
14	četrnaest
15	petnaest
16	šestnaest
17	sedamnaest
18	osamnaest
19	devetnaest
20	dvadeset
21	dvadeset jedan (jedna, jedno)
22	dvadeset dva (dve)
30	trideset
40	četrdeset
50	pedeset
60	šezdeset

70	sedamdeset
80	osamdeset
90	devedeset
100	sto
200	dvestotine
300	tristotine
400	četiristotine
500	petstotine
600	šeststotine
1000	hiljadu
Zeit	**vreme**
Montag	ponedeljak
Dienstag	utorak
Mittwoch	sreda
Donnerstag	četvrtak
Freitag	petak
Samstag	subota
Sonntag	nedelja
heute	danas
morgen	sutra
gestern	juče
morgens	ujutru
mittags	u podne
abends	uveče
Monat/e	mesec/meseci
Januar	januar
Februar	februar
März	mart
April	april
Mai	maj

Juni	juni, jun
Juli	juli, jul
August	avgust
September	septembar
Oktober	oktobar
November	novembar
Dezember	decembar
Wie spät ist es?	Koliko je sati? Koliko ima sati?
Es ist ein (zwei) Uhr	Sada je jedan (dva) sat
Um wieviel Uhr?	U koliko sati?
halb	pola
Farben	**boje**
dunkel	tamno
hell	svetlo
blau	plavo
rot	crveno
schwarz	crno
weiß	belo
grün	zeleno
bunt	šareno
grau	sivo
Orientierung	**orientacija**
hier/dort	tu/tamo, onde (eher ländl. Sprache)
rechts/links	desno/levo
geradeaus	pravo
zurück	nazad, natrag (eher ländlich)
immer weiter	sve dalje
gegenüber	prekoputa
weit	daleko
nah	blizu

(gleich) hier	(odmah) ovde
(genau) da	(baš) tu
Kreuzung	raskrsnica
Ampel	semafor
im Zentrum	u centru
außerhalb der Stadt	izvan grada
um die Ecke	iza ugla
Wo ist ...?	Gde je ...?
Ich suche ...	Tražim ...
Bitte, wo ist das Hotel ›Slavija‹?	Izvinite, gde je hotel ›Slavija‹?
Wie komme ich ins Zentrum der Stadt?	Kako da dodjem do u centar grada?
Brücke	most, mostovi
Festung	tvrđava
Friedhof	groblje
Hof, Schloss	dvor
Kirche	crkva
Kloster	manastir
Markt	pijaca
Moschee	džamija
Museum	muzej
Platz	trg
Rathaus	opština
Stadt	grad
Straße	ulica
Theater	pozorište
Abgrund	provalija
Bach	potok
Berg/Gipfel	brdo/vrh, vrhunac
Bergkessel	gorska kotlina

Feldweg	poljiski put
Fluss	reka
Gebirge	gora/planina
Gebirgspass	klisura
Höhle	pećina
Meer	more
Natur	priroda
Quelle	izvor
See	jezero
Schlucht	klisura
Tal	dolina
Wald	šuma
Wasserfall	vodopad
Weg	put, putevi
Wiese	livada
Unterwegs	**na putu**
Fahrrad	bicikla
Fahrradfahrer	biciklista
Flughafen	aerodrom
Bahnhof	železnička stanica
Zug	voz
Beovoz	eine Art S-Bahn in Belgrad
reservieren	rezervisati
pünktlich	tačan (autobus)/tačno na vreme
Bus	autobus
Linienbus	autobus na redovnoj liniji
Busbahnhof	autobucka stanica
Haltestelle	stanica
Ankunft	dolazak
Abfahrt	polazak/odlazak

abfahren, ich fahre ab	krenuti, krećem
Abfahrtszeit	polazno vreme
Abflug	let, poletanje
Schiff	lađa/brod
Ablegestelle	pristanište
Fahrkarte	putnička karta
Fahrt	vožnja
Fahrkartenschalter	šalter za putničke karte
Fahrplan	red vožnje
Fahrpreis	cena karte za vožnju
Ich möchte einen Fahrschein nach	Hoću jednu kartu za/do ...
Tankstelle	benzinska stanica/benzinska pumpa
Unterkunft	**prenoćište**
Zimmer/Doppelzimmer	soba, sobe/dvokrevetna soba
Schlüssel	ključ, ključevi
Fahrstuhl, Lift, Aufzug	lift
Treppe	stepenice
Dusche/Bad	tuš/kupatilo
Toilette	wc, toalet
Ich suche ein Zimmer.	Tražim sobu na prenoćište.
Haben Sie ein Doppelzimmer?	Imate li slobodnu dvokrevetnu sobu?
für eine Nacht?	za jednu noć?
Was kostet das Zimmer für eine Nacht?	Koliko košta/pošto je soba za jednu noć?
Wecken Sie mich bitte um sechs Uhr.	Molim vas probudite me u šest sati.
Wann gibt es Frühstück?	Kada je doručak?
Machen Sie mir bitte die Rechnung.	Spremite račun molim vas.
Bank und Post	
Bank	banka
Geld	pare/novac

Post	pošta
Briefumschlag	kuvert
Postkarte	dopisnica
Briefmarke	poštanska marka/markica
Deutschland	Nemačka
Schweiz	Švajcarska
Österreich	Austrija

Notfälle

Arzt	lekar
Apotheke	apoteka
krank	bolestan (männl.)/bolestna (weibl.)
Krankenhaus	bolnica
Zeuge	svedok
Panne, Schaden	kvar, kvarovi
Ich möchte einen Unfall (Überfall) anzeigen.	Želim prijaviti nestanak nesreću (napad/kradju).
Wo ist die nächste Tankstelle/ Telefonzelle?	Gde je benzinska pumpa/telefonska govornica?

Einkaufen	**kupovati**
Einkauf	kupovina
Ich hätte gerne einen ...	Želim jedan ...
Kasse	blagajna
wunderschön	prelepa, prelep, -o
teuer	skup, a, o
Eingang/Ausgang	ulaz/izlaz
Notausgang	hitan izlaz
Können Sie mir bitte wechseln?	Možete li mi usitniti novac?
Öffnungszeiten	radno vreme

Essen und Trinken	**jela i pica**
Restaurant/Gaststätte	restoran/gostionica
Restaurant mit Grill	sa rostilja

Café	kafana, kafić
Speisekarte	jelovnik
Kneipe	kafana, krčma
Frühstück	doručak
Mittagessen	ručak
Abendessen	večera
Pfeffer/Salz/Salzstreuer	biber/so/slanik
Zucker	šećer
Aschenbecher	pepljara
Wir möchten nur eine Kleinigkeit essen.	Želimo samo nešto malo pojesti.
Guten Appetit!	Prijatno!
ausgezeichnet/schmackhaft	odlično/ukusno
Die Rechnung, bitte.	Račun molim.
Es stimmt so.	U redu je.
Essen, Speise	hrana
Getränk	piće
gebacken	pečen (i), a, o
gebraten	pržen
gekocht	kuvan
vom Rost	na žaru
paniert	pohovano
blau, gesotten	prženo, pčeno
süß, salzig	slatko, slano
kalt	hladno

Frühstück **doručak**

frühstücken	doručkovati, ja doručkujem
Brot/Weißbrot/Brötchen	hleb/beli hleb/kifla
Butter	maslac/puter/margarin
Konfitüre/Honig	džem/med

Käse	sir
serbischer Rahmkäse	kajmak
Schafskäse, Hartkäse	kačkavalj
Schafskäse	ovčji sir
Ziegenkäse	kozji sir
Quark, Topfen	beli sir
Wurst	kobasica
Schinken	šunka
Ei, Eier	jaje, jaja
gekochtes Ei	kuvano jaje
Spiegelei/Rührei	jaje na oko/jaje kajgana
Vorspeisen	**predjela/zakuska**
Eintopf	čorba
Fischsuppe	riblja čorba
gemischter Salat	mešana salata
Rote Beete-Salat	salata od cvekle
Gurkensalat	krastavac salata
Krautsalat	kupus salata
serbischer Salat (gem. mit Paprika)	srpska salata
grüner Salat	zelena salata
serbische Bohnen	srpski pasulj
Fleisch und Fisch	**meso i riba**
Schweinefleisch/Rindfleisch/ Kalbfleisch	svinjetina/govedina/teletina
Hähnchen/Gans/Ente	pile/guska/patka
Hase/Reh	zec/srna
Kutteln	tripice
Leber	jetra
Kalbsbraten/Schweinebraten	pečeno tele/ svinjsko pečenje
gegrillte Fleischklößchen verschiedener Fleischsorten	ćevapčići

Reisgericht mit Gemüse und verschiedenem Fleisch	đuveč/đuveči i mešano meso
Würstchen	kobasice
Fleischspieße vom Rind/Schwein	ražnjići
Blätterteig mit Käse/Hackfleisch	burek sa sirom/mesom
geschnetzeltes Fleisch und Gemüse	mućkalica
Hackfleischsteak	pljeskavica
Hackfleischsteak mit Rahm	pljeskavca na kajmaku
geschnetzeltes oder gehacktes, mit Reis vermischtes Fleisch in Kohl-, Wein- oder (selten) Bohnenblättern	sarma
Gefüllte Paprikaschoten	punjene paprike
Makrele	skuša
Forelle	pastrmka
Karpfen/Zander	šaran/smuđ
Lachs/Goldbrasse	losos/orada
Beilagen und Gemüse	**prilozi**
Kartoffel/Röst- oder Bratkartoffel	krompir/pečen krompir
Salzkartoffel	krompir kuvani
Reis	riža
Knödel	okruglice/knedle
Polenta	proja
Gemüse	povrće
Tomaten	paradajza
grüne Bohnen	boranija
Sellerie	celer
Blumenkohl	karfiol
Zwiebeln	crni luk
Knoblauch	beli luk
Pilze	pečurke
Linsen	grašak

Kürbis	tikva
gedünstete Tomaten und Paprika	sataraš
gefüllte Zucchini	punjene tikvice
Paprika- oder Auberginenpaste, kalte Beilage	ajvar
Oliven	masline
Pfeffer	biber
Salz	so
Nachtisch	**desert**
Obst	voće
Obstsalat	voćna salata
Äpfel	jabuke
Apfelsinen	narandže
Aprikosen	kajsije
Birnen	kruške
Erdbeeren	jagode
Heidelbeeren	borovnica
Himbeeren	maline
Kirschen	trešnje
Pfirsiche	breskve
Pflaumen	šljive
Preiselbeeren	brusnice
Wassermelone/Zuckermelone	lubenica/dinja
Weintrauben	grožđe
Eis	sladoled
Kuchen	kolač
Sahne	šlag
Pfannkuchen mit süßen Beilagen	slatke palačinke
Pfannkuchen mit Quark	slane palačinke, palačinke sa sirom
Apfelstrudel	pita s jabukama

Getränke	pića
Getränkekarte	karta pića
Tee	čaj, čajevi
Tee mit Zitrone	čaj sa limunom
Kaffee	kafa
Milch	mleko
Zucker	šećer
Kaffee (Espresso) mit Milch	kafa (espresso) sa mlekom
Türkischer Kaffee	turska kafa
Mineralwasser	mineralna/kisela voda
mit/ohne Kohlensäure	gazirana/negazirana
Glas/Glas Wasser	čaša/čašu vode
halber Liter	pola litara
Flasche	boca/flaša
Fruchtsaft	sok
Orangensaft	sok od narandže
Traubensaft	sok od grožđa
Limonade	limunada
Wein	vino
trocken/mild	suvo/blago
leicht	lako
süß	slatko
herb	trpko
Weißwein/Rotwein	belo vino/crno vino
Roséwein	ružica
Sekt	penušac
Flaschenwein	vino u boci
Bier/einheimisches Bier	pivo/domaće pivo
helles Bier/dunkles Bier	svetlo pivo/tamno pivo (crno)
vom Fass	iz bureta

Likör	liker
Schnaps	rakija
Anisschnaps	mastika
Birnenschnaps	kruškovac
Pflaumenschnaps	šljvovica
Schilder	**zna kovi**
Achtung/Vorsicht!	Pažnja!
verboten	zabranjeno
Achtung!	Pozor!
Grenze	Granica
Zoll	Carina
pasoš	Reisepass
Umleitung	Obilazak
Umgehungsstraße	Obilaznica
Vorfahrtberechtigte Straße	Put s prednošću prolaza
Ausfahrt	Izlaz
Bitte einordnen!	Prestrojavanje!
Straßenarbeiten	Radovi na putu
Halten verboten!	Zabranjeno stajanje!
Parken verboten!	Zabranjeno parkiranje!
Parkhaus	Javna garaža
Steinschlag	Kamenje pada
Rollsplit	Kamenje pršti
schlechte Fahrbahn	Oštećen put
Gefahrenstelle	Opasnost na putu
Höchstgeschwindigkeit	Najveća dopuštena brzina
Autobahn	Auto put
Baustelle (Straßenarbeiten)	Radovi na putu
Verkehrsstau	Prometni čep/guzva na putu
Fußgängerzone	Pešačka zona

Reisetipps von A bis Z

Angeln

Flüsse, Seen, Kanäle und Stauseen sind reich an Forelle, Zander, Hecht, Karpfen, Wels und sogar Lachs. Die Fischfanggebiete sind die kalten Berggewässer im Zlatibor-Gebirge, Tieflandgewässer wie die Donau sowie die Gewässer der Timokregion. Für einen Angelschein wende man sich an die jeweiligen Hafenbehörden an den Flüssen oder an die örtlichen Fremdenverkehrsämter.

Anreise mit dem Auto

Wer sich für die Anreise mit dem eigenen PKW entschließt, hat mehrere Möglichkeiten:

Soll die Serbienreise in der Vojvodina beginnen, fährt man am besten über Ungarn. Ab dem Grenzübergang Nikkelsdorf hinter Wien beginnt die sehr gute ungarische Autobahn, die bis Budapest führt. Danach folgt man dem bereits vorhandenen, aber noch nicht ausgebauten Umgehungsring in Richtung Szeged sowie einem Autobahnteilstück bis 50 Kilometer vor Szeged. Am Grenzübergang Horgoš auf der E75 erfolgt eine zügige Einreise.

Angler an der Lim

Wer seine Serbienreise in Zentralserbien starten möchte, kann die E70 über Slowenien und Kroatien sowie Bosnien und Herzegowina nach Serbien einreisen. Von Ljubljana in Slowenien bis Belgrad beträgt die Entfernung 520 Kilometer. Der Ausbau der Autobahn ist noch nicht vollständig abgeschlossen. Innerhalb Kroatiens ist die Autobahn in bestem Zustand.

Die **Autobahngebühren** in Serbien sind seit 2004 für Ausländer zweimal so hoch wie für Einheimische und erreichen ein weit höheres Niveau als in Ungarn und in Österreich, obwohl die Strecken noch nicht vollständig ausgebaut sind. Für die etwa 100 Kilometer von Šid bis Belgrad zahlt man 430 Dinar, was sechs Euro entspricht.

Grenzübergänge:

Ungarn/Serbien: Horgoš, Kelebija Bački Breg (Béreg) im Norden der Vojvodina.

Kroatien/Serbien: Batina (Kisköszeg), Erdut (Erdöd) und Bačka Palanka/Ilok, Tovarnik/Šid und Lipovac.

Bosnien und Herzegowina/Serbien: Kotroman bei Višegrad, Bajina Basta, Zvornik, Bratunac, Loznica.

Rumänien/Serbien: Jimbolia (Zsombolya) Jaša Tomić (Módos), Moravița (Temesmora) Kaluderovo (Sölöhegy).

Bulgarien/Serbien: Bregovo bei Negotin, Vrška Čuka bei Zaječar und im Süden Dimitrovgrad/Caribrod.

Makedonien/Serbien: Über Prohor Pčinjski und Strezovce nach Kumanovo in Makedonien. Von Süden über Montenegro.

Anreise mit der Bahn

Von Deutschland gibt es derzeit täglich eine Direktverbindung von München nach Belgrad ohne Umsteigen über Salzburg und Jesenice. Die Fahrt dauert knapp sechzehn Stunden und kostet ohne Liegewagen einfach ca. 140 Euro, www.bahn.de.

Von der Schweiz gibt es derzeit täglich eine Direktverbindung nach Belgrad ab Zürich ohne Umsteigen über Landeck, Innsbruck, Spittal, Ljubljana, Zagreb, Sremska Mitrovica. Die Fahrt dauert fast 20 Stunden, www.sbb.ch. Sowohl von der Schweiz als auch von Deutschland fahren auch Züge mit Umsteigen in Wien nach Belgrad. Sie führen über Ungarn und halten auch in Budapest.

Die serbische Bahngesellschaft bietet Zugverbindungen in die Nachbarländer wie Montenegro, die Türkei, die EU-Staaten und die Schweiz, www.serbian-railways.com.

Anreise mit dem Bus

Viele Gastarbeiter nutzen die preiswerten Busverbindungen. Nach Serbien starten Busse von vielen großen Städten Deutschlands (Touring ›Eurolines‹ oder ›Lasta‹ Eurolines). Eine Fahrt von München-Fröttmaning nach Serbien mit der Firma ›Eurolines‹ kostet je nach Ziel einfach zwischen 62 und 90 Euro, hin und zurück zwischen 87 und 145 Euro. Tickets können online gebucht werden und werden im Postversand zugestellt, www.touring.de, www.eurolines.de, Tel. Deutschland 069/790 35 01.

Anreise mit dem Flugzeug

In Belgrad steht der internationale **Flughafen Surčin** zur Verfügung, für Inlandsflüge der Flughafen von Niš.

Von Deutschland starten täglich Direktflüge der Lufthansa und der serbischen Fluggesellschaft JAT nach Belgrad. Auch Germanwings fliegt mehrmals wöchentlich nach Belgrad. Daneben werden Zubringerflüge von allen Städten Deutschlands nach Wien angeboten. Die Austrian Airlines fliegt von Wien direkt nach Belgrad. Die Flugzeit von München nach Belgrad beträgt eine Stunde und zehn Minuten.

JAT Belgrad
Bul. Umetnosti 16
11000 Belgrad
Tel. 011/311 42 22
www.jat.com

JAT Frankfurt
Hochstr. 48/1
60313 Frankfurt a. M.
Tel. 069/209 56
Fax 28 42 63
frankfurt@jatair.de

Flughafen Frankfurt
Internationales Terminal 1, Halle C
Tel. 069/69 06 00 42
Fax 69 05 97 30
D.Breneselovic@jatair.de.

Anreise mit dem Schiff

Seit dem Jahr 2006 werden wieder regelmäßig Donaukreuzfahrten angeboten. Die Schiffe legen in Passau, Linz und Wien ab. Die Peter Deilmann Reederei, Am Holm 25, 23730 Neustadt in Holstein, Tel. 045 61/39 60, Fax 82 07, www.deilmann.de, bietet abwechslungsreiche Flusskreuzfahrten mit Serbien an. Weitere Anbieter von Donaukreuzfahrten finden sich unter www.travelshop.de, www.kreuzfahrtenpool.de oder www.kreuzfahrten-spezialist.de.

Ärztliche Versorgung

Die medizinische Versorgung ist zwar flächendeckend, die technische Ausstattung der Krankenhäuser einerseits durch die NATO-Bombardements jedoch sehr

in Mitleidenschaft gezogen worden, andererseits generell in sanierungsbedürftigen Zustand. Die Mitnahme einer Grundausstattung an Medikamenten ist angebracht.
Trotz Sozialversicherungsabkommen zwischen Deutschland und Serbien empfiehlt es sich, eine **Auslandskrankenversicherung** mit Rückholversicherung abzuschließen und die gängigen Schutzimpfungen aufzufrischen. Wer sich zu einem Jagd-, Land- oder Sportaufenthalt in den Wäldern aufhält, sollte sich einer Tollwut-Impfung unterziehen und sich gegen Zecken schützen.

Autofahren

Das **Länderkennzeichen** für Serbien war nach dem Ende Jugoslawiens SCG für Serbien und Crna Gora. Es wurde ersetzt durch SRB für Serbien.
Serbien verfügt über ein gut ausgebautes **Tankstellennetz**. Nur vor längeren Waldstrecken sollte man sich vorsehen; Strecken, auf denen mehr als 40 Kilometer keine Ortschaft und auch keine Tankstelle anzutreffen ist, sind in Serbien nicht selten. Alle Treibstoffarten werden angeboten: Diesel (Dizel), Super bleifrei (Super 98), Normal bleifrei (Bezolovni).
In Serbien gelten für Autofahrer 0,5 Promille als Höchstgrenze, wie in Deutschland. Die **Geschwindigkeitsbegrenzungen** sind für Pkw innerorts 60 km/h, außerorts 80 km/h, auf Landstraßen 100 km/h, auf Autobahnen 120 km/h, auf Landstraßen 80 km/h.
In der Regel gelten in Serbien die gleichen **Verkehrszeichen** wie in der Europäischen Union. Mancherorts wurden aber die alten Verkehrszeichen noch nicht durch die neuen ersetzt, beispielsweise das rote Dreieck mit schwarzem Punkt. Es steht vor allem noch in der Vojvodina. Es ist gleichbedeutend mit dem Verkehrszeichen rotes Dreieck mit Ausrufezeichen (Gefahrenstelle, keine Randbefestigung etc.).
In Serbien ist es wie in ganz Südosteuropa üblich, mit der Lichthupe vor Radarfallen und Polizeiposten zu warnen.
Die Pannenhilfe des AMSS (Auto-moto Association Serbija) bietet eine 24-Stunden-Bereitschaft und hat die Notrufnummer 987.

ADAC Belgrad
Tel. 011/2422-801, -707

AMSS-Zentrale Belgrad
ul. Ruzveltova 27
Tel. 011/3441515

Diplomatische Vertretungen

In Deutschland:

Botschaft der Republik Serbien
Taubertstr. 18
14193 Berlin
Tel. 030/8957700
Fax 8252206
info@botschaft-smg.de
www.konzulati-rs.de

Generalkonsulat der Republik Serbien
Klosterstr. 9
40211 Düsseldorf
Tel. 0211/2395500, Fax 6798636
yukonzdis@freenet.de
www.gksrbijedis.de

Konsulat der Republik Serbien
Böhmerwaldplatz 2
81679 München
Tel. 089/9824750, Fax 981319
gk-minhen@t-online.de
www.konzulati-rs.de

In Österreich:

Botschaft der Republik Serbien
Rennweg 3
1030 Wien
Tel. 01/7132 59-5, -6, Fax -7
Weitere Konsulate gibt es in Graz und Salzburg.

In der Schweiz:
Botschaft der Republik Serbien
Seminarstr. 5
3016 Bern
Tel. 031/35 26 35-3, -4, -5
Fax 351 44 74
www.ambasadasrbije.ch
Ein weiteres Konsulat gibt es in Zürich.
Mission Permanente de Serbie
5, Chemin Thury
1206 Geneve
Tel. 022/83 93 34-4, -1, Fax -59
mission.yugoslavia@ties.itu.int.

Vertretungen in Serbien:
Botschaft der Bundesrepublik Deutschland
ul. Kneza Miloša 74–76
11000 Belgrad
Tel. 011/30 64 30-0, Fax -3
germemba@eunet.yu.
Außerdem gibt es zwei Außenstellen in Podgorica (Montenegro) und Priština (Kosovo).
Delegiertenbüro
Dr. Ilse Richter
ul. Kralja Petra 61
11000 Belgrad
Tel. 011/63 04 51, 064/155 34 48.
Botschaft der Republik Österreich
ul. Kneza Sime Markovica 2
11000 Belgrad
Tel. 011/303 19 56, Fax 63 56 06
beograd-ob@bmaa.gov.at
www.aussenministerium.at/belgrad
Botschaft der Schweiz
ul. Bircaninova 27
11000 Belgrad
Tel. 011/306 58 20, Fax 265 72 53
bel.vertretung@eda.admin.ch
www.eda.admin.ch

Ein- und Ausreisebestimmungen

Zur Einreise nach Serbien ist ein noch mindestens drei Monate gültiger **Reisepass** erforderlich. Bei Aufenthalten bis zu drei Monaten benötigen EU-Bürger und Schweizer kein Visum.
Ausländer müssen sich innerhalb von 24 Stunden **polizeilich anmelden**. Bei Unterkunft in einem Hotel wird die Anmeldung von diesem übernommen.
Für die Einreise mit dem Pkw werden der internationale Führerschein, Kfz-Papiere sowie die grüne Versicherungskarte verlangt.

Feiertage

1./2. Januar: Neujahr
7. Januar: Weihnachten
15. Februar: Nationalfeiertag
1./2. Mai: Tage der Arbeit
Karfreitag, Ostermontag, je nach Religionszugehörigkeit an verschiedenen Tagen
Nicht arbeitsfrei, aber Feiertage sind:
9. Mai, Tag des Sieges
28. Juni Schlacht auf dem Amselfeld nach gregorianischem Kalender.

Fotografieren und Filmen

Klöster und Kirchen unterstehen dem Patriarchat in Belgrad; sie dürfen generell von außen, aber nur in Ausnahmefällen von innen fotografiert werden. Vorsicht ist an militärischen Anlagen und besonderen, mit Verbotsschildern ausgewiesenen Zonen geboten.

Informationen

Serbien hat mittlerweile ein exzellentes Informationsnetz aufgebaut. In allen großen und mittelgroßen Städten gibt es eine oder mehrere Touristeninformationen, die auch an Wochenenden besetzt sind. Außerdem sind alle größeren und kleineren Ortschaften mit einer Internetseite präsent, so dass man sich vor Reisebeginn gut informieren kann. In allen größeren Städten in Serbien werden sogenannte ›Vodič‹ (Fremdenführer) kostenlos herausgegeben. In ihnen sind die Veranstaltungen und wichtige Informationen in der Landessprache und in Englisch aufgeführt. Weitere Informationen im Internet: www.srbija.gov.rs.

Nationale Tourismus-Organisation Serbiens
Omladinska Brigada
11000 Belgrad
Tel. 00381/11/3139785
Fax 321068
www.serbia-tourism.org

In Deutschland:
JAT-Berlin
Kurfürstenstr. 126/II, Zimmer 414
10785 Berlin
Tel. 030/2132003, 2177362
Fax 2185514
jat-berlin@t-online.de
www.jat.com

In Österreich:
Krügerstr. 2/7
1010 Wien
Tel. 01/512365-7, -8
Fax -715
jat@vienna.at

In der Schweiz:
Limmatkai 62/II
8001 Zürich
Tel. 01/258878-7, Fax -8

In Serbien:
Touristenorganisation Belgrad
ul. Dečanska 1
11000 Belgrad
Tel. 011/3248-404, Fax -770
www.belgradetourism.org.yu
Goethe-Institut
ul. Kneza Mihajlova 50
11000 Belgrad

Souvenirs aus Sokobanja

Tel. 011/631935, 625677
Fax 636746
www.goethe.de/belgrad
Mo–Mi 12.30–16.30,
Di, Do 12.30–18, Fr 10–13 Uhr
Deutsch-Serbische Gesellschaft Demokratija e.V.
Tel. 0621/5429846
www.demokratska.org
Mo–Fr 12–19 Uhr
Deutsche Vertretung der Demokratischen Partei Serbiens.
Gesellschaft für technische Zusammenarbeit (GTZ)
ul. Župana Vlastimira 6
11000 Belgrad
Tel. 011/2666544
Europäische Agentur für Wiederaufbau
Trg Republike 5/IV
11000 Belgrad
Tel. 011/30234-33, Fax -00

Internet

In allen großen und kleinen Städten gibt es Internetcafés. Die neuen Hotels verfügen häufig über W-Lan. Auf dem Land ist Versorgung mit Internet eher dürftig.

Internetcafé in Belgrad

Mietwagen

Das Mietwagenangebot in Serbien ist gut. Am Flughafen von Belgrad stehen internationale und nationale Anbieter zur Verfügung. Vom Kleinwagen (ab ca. 50 Euro/Tag) bis zur Luxuskarosse sind bei rechtzeitiger Reservierung viele Typen zu bekommen. Ein Großteil der Wagen ist neu. Außerdem sind Mietwagen in allen größeren Städten wie Novi Sad, Niš, Subotica und Kragujevac zu bekommen. Eine zuverlässige nationale Agentur ist **Primero Rent a Car**:

Büro Flughafen Belgrad
Tel. 011/228 63 62

Büro Zentrum Belgrad
Bul. Avnoja 59
Tel./Fax 011/301 50-04, -36, Fax -37
www.primero.co.yu

Notrufe

Polizei: Tel. 92.
Feuerwehr: Tel. 93.
Notarzt: Tel. 94.

Öffentlicher Verkehr

Die ›Železnice Srbije‹ (ŽS) ist die im Jahr 2006 gegründete nationale **Eisenbahngesellschaft** Serbiens. Die Gesamtlänge des Schienennetzes beträgt über 4000 Kilometer, wovon etwas mehr als ein Viertel elektrifiziert ist. Fahrzeugmangel, schlechte Schienen und die NATO-Bombardements hatten die Stillegung vieler Strecken zur Folge. Die Modernisierung und Erneuerung des serbischen Eisenbahnnetzes ist eine der großen infrastrukturellen Maßnahme, mit der bereits im Jahr 2009 begonnen wird. Die Bundesrepublik Deutschland hat ihre Unterstützung bereits vertraglich zugesichert. Wichtigstes Anliegen ist der Ausbau und die Modernisierung des sogenannten Paneuropäischen Korridors, der durch Serbien führt. Belgrad ist der wichtigste Verkehrsknotenpunkt. Die wichtigsten internationalen Strecken sind: Zagreb-Šid-Belgrad-Niš, Budapest-Subotica-Novi Sad-Belgrad-Niš-Skopje-Athen, Belgrad-Užice-Podgroica-Bar sowie im Inland Belgrad-Lapovo-Kraljevo-Kosovo Polje. Die Züge fahren mit Durchschnittsgeschwindigkeiten von 60 km/h. Die Modernisierung soll diese auf 160 bis 250 km/h steigern. Daneben werden auch Schmalspurstrecken unterhalten beziehungsweise auch manche wiederbelebt. Informationen finden sich unter www.serbianrailways.com.

Durch ganz Serbien kommt man ausgezeichnet mit den **öffentlichen Bussen**. Die Firma ›Lasta‹ ist am stärksten ver-

Busbahnhof in Valjevo

treten. Sie unterhält teilweise ganz eigene Busbahnhöfe (www.lasta.co.yu). Die Bushaltestellen über Land sind blau mit einem weißen Bus.

Öffnungszeiten

Es gibt in Serbien keine einheitlichen Öffnungszeiten. Die **Supermärkte** haben sehr großzügige Verkehrszeiten. In Belgrad sind sie täglich 6–21, Sa 8–15 und sogar So 10–15 Uhr, die **Banken** täglich 8–19, Sa 8–15 Uhr geöffnet. Die **Museen** sind in der Regel Di–So 10–18 Uhr geöffnet.

Post und Telekommunikation

In den meisten Regionen sind die **Postämter** während der Woche täglich, einschließlich Samstag vormittag, geöffnet. Der **Ländercode** aus Serbien lautet auf Briefen und Postkarten ›Germania‹ für Deutschland, ›Austria‹ für Österreich und ›Elveția‹ für die Schweiz.

Serbien verfügt über ein gutes **Telefonnetz**. Völlig problemlos sind Direktwahlgespräche von Telefonzellen und Hotels. An allen Postämtern, Tankstellen und Kiosken gibt es Telefonkarten in verschiedenen Einheiten.

Das Telefonieren mit **Mobiltelefonen** ist im D1- und D2-Netz sowie mit dem E-Plus Handy Traveller auch im E-Netz möglich.

Das Telefonieren nach Europa ist sehr einfach, statt der doppelten Null wählt man 99, also für Deutschland 9949 plus Ortsvorwahl ohne Null plus Teilnehmernummer. Die Vorwahl von Deutschland nach Serbien ist 00381 plus Ortsvorwahl ohne Null plus Teilnehmernummer.

Ortsvorwahlen: Belgrad 011, Subotica 0245, Novi Sad 021 und Niš 018.

Der **Ländercode** für Serbien im Internet ist derzeit ›yu‹ oder ›rs‹. YU steht für Jugoslawien, dieser Code läuft am 30. September 2009 aus.

Reiseveranstalter

In Deutschland und Österreich:

Balkan Tours/Mediterrana Tours
Alaunstr. 14
01099 Dresden
Tel. 0351/8108 75-8, Fax -9
www.mediterranatours.de
Wandertour in Südostserbien, Studienreise Serbien.

Culterramar
Gaisbergstr. 99
69115 Heidelberg
Tel. 06221/43 3974-0, Fax-1
www.culterramar.de
Wandertour in Südostserbien.

Ex Oriente Lux
Neue Grünstr. 38
10179 Berlin
Tel. 030/62908205
www.eol-reisen.de
Reise nach Belgrad und Novi Sad, mit Exkursionen zu den Klöstern der Fruška Gora.

Far Rail Tours
Erich-Weinert-Str. 46
10439 Berlin
Tel. 030/44 73 38 92
www.farrail.com
Für Dampflokfans gibt es eine Reise durch Serbien und Bosnien und Herzegowina.

Ikarus Tours
Am Kaltenborn 49–51
61462 Königstein
Tel. 06174/29020
Fax 22952
www.ikarus-tours.de
Drei-Länder-Donau-Reise: Kroatien–Serbien–Rumänien.

Lernidee Erlebnisreisen
Eisenacher Str. 11
10777 Berlin

Tel. 030/7860000, Fax 7865596
www.lernidee.de
Bahnreise Serbien, Montenegro, Kroatien.

Paradeast
Adlerweg 6a
92637 Weiden
Tel. 0961/63441-68, Fax -42
www.paradeast.de
Studienreise Belgrad und Novi Sad, Donau-Reisen.

Schneewittchen Reisen
Martin-Luther-Str. 45
10779 Berlin
Tel. 030/21969272
Fax 23626450
www.schneewittchenreisen.de
Mo–Fr 10–18, Sa 11–14 Uhr.
Spezialist für Südosteuropa, viele Serbienreisen, z.B. zum Festival nach Guča.

StattReisen Berlin
Malplaquetstraße 5
13347 Berlin
Tel. 030/45803947
Fax 45800003
www.stattreisenberlin.de
Von Belgrad nach Sarajevo, Auf den Spuren des Orientexpress von Wien nach Istanbul.

Studiosus Reisen
Postfach 50 06 09
80976 München
Tel. 089/50060-0, Fax -100
www.studiosus.com
Große Balkanreise durch Kroatien, Bosnien und Herzegowina, Serbien, Makedonien und Montenegro.

In Österreich:

Reisedienst Feldkircher Pilgerfahrten
Bahnhofstr. 27
6800 Feldkirch
Tel. 05522/7210-5, Fax -54
www.frohbotinnen.at/reisedienst
Kulturreisen Südungarn und Serbien.

In Serbien:

Geotours
Trg Dositeja Obradovica 3
21000 Novi Sad
Tel. 0381/64/1809559
www.ns-geotours.com
Siebentägige Rundreisen ab Belgrad, Vermittlung von Hotelzimmern und Ferienwohnungen.

Donaukreuzfahrten: siehe ›Anreise mit dem Schiff‹, S. 444.

Sportmöglichkeiten

Serbien muss als Aktivurlaubsland von Westeuropa erst noch entdeckt werden. Die Angebote reichen von Reiten über Jagen, Fischen, Goldsuchen über das Wandern, Bergsteigen und Klettern (siehe auch ›Wandern und Bergsteigen‹). Skifahren und Segeln bis zu Mountainbiking. Fast alles wird in einer weitgehend unberührten Natur geboten.

Im **Wassersport** dominieren vor allem Floßfahrten, Rafting, Rudern und Kanufahren. Rafting wird vor allem auf der Drina, dem Lim, dem Uvac oder dem Ibar angeboten.

Die Segelsportler finden Angebote zum Fallschirmspringen, Paragliding und Ultraleichtfliegen in Kraljevo, Niš, Subotica und Leskovac. Ballonfahrten, Segel- und Motorfliegen ergänzen das Angebot.

Reiterhöfe:

Gestüt Zobnatica
Tel. 024/715842

Gestüt Karađorđeva
Tel. 021/765018 oder 021/745806

Gestüt Kelebija
Tel. 024/789063
www.intersped-dd.com

Gestüt Ljubičevo
Tel. 012/285105 oder 285110

Honigprodukte sind beliebte Mitbringsel

Souvenirs

Wer sich eine kleine Erinnerung aus Serbien mitbringen möchte, sollte sich an den Verkaufsständen an den Straßen und vor Klöstern sowie in den neu eingerichteten Souvenirläden ein wenig Zeit nehmen. In der Vojvodina findet man farbige **Stickereien** der verschiedenen Volksgruppen. Im ganzen Land werden **Korbwaren** und **hölzerne Gebrauchsartikel** angeboten sowie rustikale **Keramik**.

Die Touristeninformation in Belgrad und größeren Städten bietet wunderschöne Detailaufnahmen aus den Klöstern an, während schon gedruckte Postkarten und Beschreibungen der Denkmäler in englischer oder deutscher Sprache noch wenig zu finden sind.

Wer kulinarische Souvenirs schätzt, dem seien **Wein**, **Schnaps** und **Honig**, eingelegtes **Kraut** und der hervorragende weiße Schafskäse, **Feta**, empfohlen. Überall werden auch **CDs** der traditionellen Musik vor allem der Roma und der Serben angeboten.

Sprache

Im ganzen Land wird Serbisch gesprochen. Die Verständigung ist teilweise in Englisch möglich. Einige Serben waren als Gastarbeiter in deutschsprachigen Ländern und können auch Deutsch, daneben spricht man je nach Region Ungarisch, Kroatisch, Slowakisch, Rumänisch und Albanisch. Manchmal kommt man auch mit Russisch zurecht.

Strom

Die Stromversorgung im Land wird von dem staatlichen Unternehmen ›Elektro Privreda Srbije‹ geregelt. Die Stromspannung beträgt überall im Land 220 Volt, 50 Hz. Mitgebrachte Geräte können ohne Adapter angeschlossen werden.

Trinkwasser

Serbien hatte in Folge des Bombardements Engpässe in der Trinkwasserversorgung. Es empfiehlt sich, kein Leitungswasser, sondern das herausragende Mineralwasser, das aus den vielen Quellen abgefüllt wird, zu trinken.

Unterkunft

Das Hotel und Jugendherbergsangebot wurde enorm ausgeweitet. Auch neue Campingplätze wurden angelegt. Die Hotels in den Städten sind größtenteils privatisiert, einige wurden davon wurden sehr aufwendig renoviert.

In Belgrad findet man alle Kategorien vom Luxushotel bis zum kleinen Zwei-Sterne-Hotel. Die Preise überschreiten in Belgrad und Novi Sad allerdings teilweise westliches Niveau. Insgesamt konnte das Angebot an Hotels vor allem in den Städten, aber auch an der Donau stark verbessert werden. Viele Neubauten auch kleinerer Pensionen sind entstanden.

Im Landesinneren gibt es besser entwickelte Zonen und weniger gut entwickelte, wie beispielsweise die Region um Krupanj. Ein offenes Wort sei an dieser

Stelle erlaubt: Noch gibt es mancherorts zu wenig Unterkünfte, von denen aber immer weniger mangelhaft sind. Das private Engagement hat zugenommen und ist gepaart mit liebevoller Bewirtung, so dass man vielerorts positiv überrascht sein wird, auch wenn insgesamt noch Abstriche am Komfort gemacht werden müssen. a die Übernachtungsmöglichkeiten noch nicht flächendeckend gewährleistet sind, vor allem aber zu den Ferienzeiten von serbischen Urlaubern und den Besuchern der benachbarten Länder in Anspruch genommen werden, ist es ratsam, sich rechtzeitig nach einer Bleibe umzuschauen, um nicht nachts bei schlechter Beleuchtung suchen zu müssen.

An der Donau gibt es besonders gute Möglichkeiten zum **Campen**, im Landesinneren vor allem an den Stauseen, im Taragebirge, dem Zlatibor und im Erzgebirge. Ein Verzeichnis steht derzeit noch aus. Die Campingsplätze sind aber auf den vor Ort erhältlichen Regionalkarten, vor allem der Donaukarte, gut markiert. Auch das Angebot an Jugendherbergen hat zugenommen, besonders in Novi Sad und in Niš. Eine Auswahl an Unterkünften mit kurzer Beschreibung und Preisangaben findet man in diesem Buch in den Infokästen am Ende der Kapitel zu den einzelnen Städten. Die durchschnittlichen Preise für Übernachtungen mit Frühstück liegen in ländlichen Gebieten und kleinen Städten wie Knjaževac zwischen 1200 und 1800 Dinar pro Person.

Frühstück im Hotel ›Niški Cvet‹ in Niš

Wandern und Bergsteigen

Die vielen Mittelgebirge Serbiens bieten ein reichhaltiges Angebot zum **Wandern** von leicht über mittel bis schwer. Man kann in den Fruška Gora oder in Zentralserbien am Ausgangspunkt des Kurortes Divčibare wandern. Informationen hierzu erhält man von der Bergsteigergesellschaft ›Pobeda‹, www.pdpobeda.org.yu.

Weiterhin bieten sich das Gebirgsmassiv von Goč, Stolovi und Željin südlich von Kraljevo sowie das Naturschutzgebiet ›Golijapark‹ nördlich von Novi Pazar an. Hier ist die höchste Erhebung der Jankov Kamen mit 1833 Metern.

Im Homoljske-Gebirge, einem Teil des Serbischen Erzgebirges, und im Nationalpark Kopaonik stehen markierte Wanderwege zur Verfügung. Infos beim Nationalpark Kopaonik, Tel. 036/712 29.

Weitere Wandermöglichkeiten bieten das Rudnikgebirge in der Šumadija und das Taragebirge in Westserbie (Info-Tel. 031/86 36 44, www.tara.org.yu). Und in Ostserbien lässt es sich im Balkangebirge ›Stara Planina‹ (Balkan) wandern.

Das Angebot zum **Klettern** reicht von Naturfelsen in Vršac, dem Sićevo, der Jelašnica, in Valjevo bis hin zu modernen Kletteranlagen mit künstlichen Felsen in Belgrad, Kladovo, Kikinda, Novi Sad, Niš, Subotica und auf dem Kopaonik. Informationen beim Berg-

Berge bei Babin Zub

steigerverband von Belgrad, Tel. 011/62 66 58 oder unter www.climbingspirit.com, www.freeclimbing.rs.

Mountainbiking wird vor allem im Taragebirge, im Zlatibor und um Užice angeboten. Serbien baut derzeit seine Skigebiete aus. Seit Jahren beliebte Skizentren für Alpinisten und Langläufer sind der Kopaonik auf Höhen zwischen 1650 und 2017 Metern und der Zlatibor auf Höhen von 700 bis 1500 Metern.

Zahlungsmittel

Die Landeswährung ist der Dinar. Das internationale Kürzel ist RSD. Ein Dinar besteht aus 100 Para.

Es gibt Scheine der Landeswährung zu 10, 20, 50, 100, 200, 500, 1000 und 5000 Dinar und Münzen zu 1, 2, 5, 10 und 20 Dinar. Die Münzen mit der Prägung Jugoslawien sind seit dem 1.1.2009 ungültig. Das Wechseln in die Landeswährung empfiehlt sich an Grenzübergängen, Banken und in größeren Hotels. Vorsicht vor Wechselangeboten auf der Straße ist geboten.

Von **Reiseschecks** in Euro oder US-Dollar sei abgeraten. Es ist zu schwierig, eine der wenigen Banken oder offiziellen Wechselstuben (Menjačnica) zu finden, in der sie eingelöst werden.

Kreditkarten, bevorzugt Visa, akzeptieren größere Hotels, einige private Restaurants und Geschäfte sowie internationale Autovermietungen.

Beim **Wechseln** sollte man darauf achten, kleine Scheine zu erhalten. Die Bevölkerung verfügt über so wenig Einkommen, dass auf einen 1000-Dinar-Schein häufig das Wechselgeld nicht herausgegeben werden kann.

An **Bankomaten**, die es vorwiegend in den größeren Städten und vor allem innerhalb der besseren Hotels gibt, sind Abhebungen täglich bis zu 30 000 Dinar möglich.

Der **Wechselkurs** beträgt 88 Dinar/1 Euro (Juli 2009). Der Euro wird dem Dollar gegenüber bevorzugt. Die Lebenshaltungskosten sind für Touristen noch günstig, nicht aber für Einheimische.

Zeit

In Serbien gilt die mitteleuropäische Zeit. Das Land stellt wie Westeuropa auf Winter- und Sommerzeit um, so dass keine Zeitverschiebungen entstehen.

Zollbestimmungen

Ein- und Ausfuhr von Waffen, Drogen und Munition und Jagdtrophäen ist verboten. Jagdwaffen dürfen nur im Rahmen organisierter Gruppenreisen ein- und ausgeführt werden.

Devisen dürfen ohne Einschränkung eingeführt werden, allerdings sind Beträge über 2000 Euro bei der Einreise anzumelden und der Beleg bis zur Ausreise aufzuheben.

Ausgeführt werden dürfen 1 Liter Wein oder 0,7 l Spirituosen, 200 Zigaretten oder 50 Zigarren oder 250 g Tabak.

Glossar

Alt-Serbien (Innerserbien, Uža Srbija)
1. Staatsgebiet Serbiens im 19. Jahrhundert mit historischen Kernländern Raška und Šumadija.
2. Jugoslawische Volksrepublik Serbien ohne die autonomen Provinzen Vojvodina und Kosovo.
3. Im nationalistischen Sinn Bezeichnung für das Kosovo als Kernland des mittelalterlichen Serbiens.

Anastasis Griechische Bezeichnung für Christus in der Vorhölle. Die in der Bibel angedeutete Vorstellung, dass Christus nach seinem Kreuzestod in die Vorhölle hinabgefahren sei, um die Seelen der Gerechten zu befreien, wurde seit dem frühen Mittelalter zum Thema der bildenden Kunst.

Archivolte Profiliertes Band an der Stirnseite eines Bogens (Fenster, Portal), kann mit Skulpturen geschmückt sein.

Alter der Tage Typus der Christusdarstellung in der Ostkirche. Christus wird als Greis mit grauem oder weißem Haar und Bart charakterisiert.

Apsis/Konche/Exedra Meist halbrunder, mit Halbkuppel überwölbter Raum, der einem Hauptraum ein- oder angebaut ist. In der serbisch-orthodoxen Kirche blieb dieser Teil der Geistlichkeit vorbehalten.

Archimandrit Abt einer Klosteranlage, Vorsteher mehrerer Klöster.

Arianismus Frühe christliche Lehre aus dem 4. Jahrhundert, die auf dem Konzil von Nicäa 325 von den Bischöfen des Römischen Reiches verdammt und 379 durch Theodosius I. im ganzen Reich verboten wurde.

Basilisk Mischwesen zwischen Schlange, Drache und Hahn mit tödlichem Blick. Das Fabelwesen steht in der christlichen Kunst für den Tod und den Teufel.

Ban 1. serbokroatisch für ›Herr‹. Ursprünglich höchster Würdenträger nach dem Fürsten. 2. Bezeichnung für die Befehlshaber in den ungarischen Grenzmarken sowie der mittelalterlichen bosnischen Herrscher.
3. Von 1849 bis 1868 ein direkt der Krone unterstellter Statthalter.

Bedesten, Bezistan Markthalle, Bazar.

Beg, Bey Türkischer Ehrentitel (Herr); seit dem 15. Jahrhundert ein aus der Offizierskaste hervorgegangener Beamter, dem die Verwaltung eines Sandžaks anvertraut wurde. Daraus gingen viele Namen wie Begović (Sohn eines Beg) hervor.

Bema In der byzantinischen Kirche die erhöhte Bühne für die Presbyter in der Apsis. In den Ostkirchen der erhöhte, von der Ikonostase abgeschlossene Altarraum.

Despot Byzantinischer Titel, vom griechischen Wort Despotes (Hausherr). Bis zum 12. Jahrhundert häufig Titel des regierenden Kaisers. 1163 von Kaiser Manuel I. als persönlicher Titel an seinen Schwiegersohn verliehen. Seitdem die nach dem Kaisertitel (Basileus) ranghöchste Würde. Seit dem 13. Jahrhundert Bezeichnung für Herrscher griechischer Teilreiche, sogenannte Despotate, ein Titel, der später auch an ausländische Potentaten vergeben wurde und den die Türken für ihre Vasallen wie Stefan Lazarević übernahmen.

Diakonikon Sakristei der orthodoxen Kirchen.

Diwan Persisches Wort mit mehreren Bedeutungen. Bei den Türken war der Diwan der Staatsrat beim Sultan. Übertragen ist damit ein Versammlungsraum gemeint, an dessen Wänden entlang niedrige Polsterbänke als Sitzgelegenheit angeordnet sind. Deswegen wird das Wort Diwan auch im Sinne von

Sofa benutzt. Beim Diwan im Haus der Fürstin Ljubice handelt es sich um einen Saal mit umlaufenden Sitzgelegenheiten, so wie er in türkischen Häusern zu finden war.

Donjon Haupt- oder Wohnturm einer Burg.

Dreikonchentypus Grundriss einer kreuzförmigen Kirche, deren an der Vierung gelegene Kreuzarme gleich lang sind und in gleich großen Apsiden enden. Im Inneren entsteht die Wirkung eines Zentralraumes. Im Westen wird häufig ein Vorschiff (Pronaos oder Narthex) und eine Vorhalle (Exonarthex oder Atrium) angefügt.

Exonarthex Äußere Vorhalle einer orthodoxen Kirche, die geschlossen, aber auch offen sein kann.

Ferman Ein im Namen des Sultans ausgefertigter Erlass.

Fes (Fez) Orientalische und balkanische Kopfbedeckung, eine krempenlose Mütze aus roter Wolle mit flachem Deckel und hängender Quaste.

Gepiden Ostgermanisches Volk. Nach dem Tod des Hunnenkönigs Attila drangen sie nach Südosteuropa vor, ließen sich an der Theiß und in Sirmien nieder und nahmen das arianische Glaubensbekenntnis an.

Gespan Vom ungarischen Wort ispán, entspricht dem slawischen Župan.

Gusla Südslawisches Streichinstrument mit einer Saite.

Guslar Der Spieler einer Gusla, der dabei epische Gesänge vorträgt.

Hajduken Die ursprüngliche Bezeichnung für ungarische Hirten, die im 15. und 16. Jahrhundert zur Grenzverteidigung gegen das Osmanische Reich eingesetzt wurden und sogar in die ungarischen Parteienkämpfe eingriffen. In Südosteuropa wurde die Bezeichnung zum Sammelbegriff für alle, die für die Armen und gegen Besetzer kämpften. Vor allem in bulgarischen und serbischen Volksliedern wurden ihre Taten verherrlicht.

Hieromonachos Ein zum Priester geweihter Mönch.

Ikonostase In der orthodoxen Kirche eine mit Ikonen geschmückte hölzerne Bilderwand mit drei Türen, die den Altarraum vom Gemeinderaum trennt. Ihre Mitteltür führt zum Altar.

Igumenos (Hegumenos) Vorsteher eines Gemeinschaftsklosters, der auf Lebzeiten gewählt wird und in geistlichen Fragen eine unbeschränkte Verfügungsgewalt besitzt.

Karawanserei Persisches Wort für einen Warenumschlagplatz und eine Übernachtungsstation, die auch als Han, im Serbischen Bezistan bezeichnet wird. Häufig waren sie Stiftungen von Wesiren.

Kralj Serbisches Wort für König, abgeleitet von Karl (dem Großen).

Knez Fürst, serbischer Titel.

Köprülü Osmanisches Geschlecht albanischer Herkunft, benannt nach seinem

›Alter der Tage‹ im Kloster Ravanica

späteren Sitz im anatolischen Köprü. Es stellte im 17. und 18. Jahrhundert bedeutende Großwesire.

Koimesis In der orthodoxen Kirche das Fest Maria Tod und Himmelaufnahme, übersetzt aus dem griechischen Muttergottes Entschlafen. Ein beliebtes Thema in der bildenden Kunst und häufig in der byzantinischen und orthodoxen Kirche der Westseite des Naos vorbehalten.

Konak Türkisches Wort für ein palastartiges Amtsgebäude, im Serbischen auch für die Residenzen der Fürsten und die Wohngebäude der Klöster übernommen.

Kosmet Zusammenfassende Namensform der Regionen Kosovo und Metohija unter Tito.

Kuruzen Ursprüngliche Bezeichnung für die Kreuzzugsteilnehmer; im 16. Jahrhundert wurde der Begriff auf aufständische ungarische Bauern und im 18. Jahrhundert auf Verfechter der ungarischen Unabhängigkeit gegen das Haus Habsburg übertragen.

Lisene Ziermotiv der Architektur; ein wenig hervortretender Mauerstreifen ohne Kapitell und Basis.

Lünette Halbkreisförmige, oft dekorierte Fläche, häufig über dem Portal einer Kirche.

Mausoleum Griechisch-lateinisches Wort für einen monumentalen Grabbau.

Mekteb Muslimische Glaubensschule.

Menäum Das liturgische Monatsbuch der orthodoxen Kirche mit den Texten für jeden Tag des unveränderlichen Festzyklus.

Menologion Das liturgische Monatsbuch der orthodoxen Kirche mit Lebensbeschreibungen der Heiligen jedes Monats.

Myron Das griechische Wort ist in der byzantinischen Kirche die Bezeichnung für Chrisam, geweihtes Salböl.

Naos In einer byzantinischen und orthodoxen Kirche der Hauptraum (Hauptschiff) des Gotteshauses, an den die Apsis anschließt. In ihm wird die Liturgie abgehalten.

Narthex Die auch Pronaos genannte Vorhalle einer frühchristlichen, byzantinischen und allgemein der orthodoxen Kirche. Sie ist durch Säulen, Gitter oder eine Wand vom Kirchenschiff (Naos) abgetrennt beziehungsweise mit diesem verbunden. In der klassischen byzantinischen Kirche lautete die hierarchische Ordnung im Kirchenbau: Narthex, Naos, Bema. Schließt sich ein weiterer, meist durch Bogenstellungen geöffneter Vorraum an den Narthex an, so unterscheidet man einen äußeren, den Exonarthex, und einen inneren, den Esonarthex. Beide können überkuppelt und mit Kapellen im Norden und Süden versehen sein.

Pantokrator Der Allherrscher; Darstellung des thronenden Christus in der christlichen, vor allem der byzantinischen und serbisch-orthodoxen Kirche.

Pascha Im osmanischen Reich Titel ›Exzellenz‹ der höchsten zivilen und vor allem militärischen Würdenträger; in der Spätzeit war der Rang einem General vergleichbar.

Paschalik Das Wort leitet sich vom Pascha ab und meint einen Verwaltungsunterbezirk, eine Art Generalgouvernement. Es kann auf dem Balkan auch ›Wilayet‹ genannt werden.

Pastophorien Die häufig rechteckigen, zu beiden Seiten des Altarraumes angefügten Räume, die zur Aufbewahrung kultischer Geräte und Gewänder, aber auch von Reliquien, dienen können.

Pforte Bezeichnung für das Osmanische Reich, benannt nach der ›Hohen Pforte‹, dem Eingang zum Ministerium des Großwesirs in Istanbul.

Prothesis Griechische Bezeichnung für den an der Nordseite der Hauptapsis gelegenen Nebenraum, der mit dem Altarraum und dem Naos verbunden ist. Er diente der Vorbereitung der Eucharistie.

Presbyterium Der den Priestern vorbehaltene Raum einer Kirche, in dem sich der Altar befindet, im Gegensatz zum Gemeinderaum. Später wurde diese Bezeichnung auf den Chor übertragen.

Raška Kerngebiet des mittelalterlichen serbischen Staates, das sich vom Župan zum serbischen Königreich entwickelte.

Sandžak Einst ein türkischer Verwaltungsbezirk, der nach den Fahnen, den Einsteckmalen im Boden, benannt wurde. Heute Begriff für eine Region in Südserbien im Kerngebiet des mittelalterlichen Raszien, der Sandžak Novi Pazar, der größtenteils von Muslimen bewohnt wird.

Sarmaten Iranisches Nomadenvolk, den Skythen verwandt; sie drangen von Südrussland an die Donau vor. An der Donaumündung siedelte einer ihrer Hauptstämme, die Roxolanen. Sie wurden später von den Gepiden und den Hunnen überrannt.

Serbokroatische Sprache Von Vuk Karadžić geschaffene und in der Folgezeit weiter vereinheitlichte Schriftsprache der südslawischen Völker in Kroatien, Bosnien, Serbien und Montenegro; Staatssprache des ehemaligen Jugoslawien; in Kroatien und zum Teil in Bosnien in lateinischen Lettern, in Serbien und Montenegro in kyrillischen Lettern.

Skupština Serbisches Wort für Parlament.

Spolien In einem Gebäude verbaute Reste älterer Gebäude

Srbljak Lebensbeschreibung eines serbischen Heiligen.

Stari Vlah (auch Vlach) Einerseits Bezeichnung für die Region und ihre Bevölkerung nördlich der Donau, die römische Elemente bewahren konnten. Andererseits Bezeichnung für eine Region innerhalb des mittelalterlichen serbischen Königreichs der Nemanjiden. Dieses reichte von Sarajevo an die Kopaonikberge heran und hatte seine Zentren in den Tälern von Lim und Drina.

Stećci Totenkultsteine oder Grabsteine des Mittelalters.

Stele Aufrechtstehende, meist reliefierte Gedenk- oder Grabplatte.

Seraph Aus dem Hebräischen (Schlange): mythisches Wesen, Engel mit sechs Flügeln, Händen und menschlicher Stimme.

Tambour Bauelement; zylindrischer oder polygonaler Unterbau einer Kuppel.

Trompen Architekturelement, das zur Überleitung von einem quadratischen in einen polygonalen Raum, häufig einer Kuppel, dient; nischenartige Wölbung in Trichter- oder Halbkugelform.

Typikon Stiftungsurkunde und Satzungsbuch eines griechisch-orthodoxen Klosters.

Türbe Serbisch: Turbe; türkisches Wort für einen monumentalen Grabbau mit Krypta und überkuppeltem Betraum.

Vidovdan Der Vidovdan (deutsch Sankt-Veits-Tag) wird unterschiedlich interpretiert. Eine Variante sieht in diesem Tag den Feiertag des altslavischen Gottes Svantovit, dem obersten Kriegsgott der heidnischen Slaven. Für die Serben ist dieser Tag jedoch ein besonderer Feier- und Gedenktag. Am Sankt-Veits-Tag, dem 15. Juni 1389 (dem 28. Juni nach gregorianischem Kalender), fand die Schlacht auf dem Amselfeld statt, die auch als Verteidigung des Christentums gegen die Ungläubigen aufgefasst wird. Am 28. Juni 1914 fand das Attentat auf den österreich-ungarischen Thronfolger in Sarajevo statt und löste den Ersten Weltkrieg aus. Die Verabschiedung der Verfassung des Königreichs Jugoslawien wurde auf dem 28. Juni 1921 gelegt und ging als ›Vidovdan-Verfassung‹ in die Geschichte ein.

Vladika Bischof der orthodoxen Kirche (serbisch).

Vojvode Titel (serbisch Vojevoda), entspricht einem Herzog.

Vožd Anführer (serbisch).

Wesir, Großwesir Türkischer Begriff, der bei den Osmanen seit dem 14. Jahrhundert für den obersten Würdenträger benutzt wurde. Später war es in den meisten islamischen Staaten ein Minister.

Zograph Ikonenmaler.

Zadruga Südslawische Großfamilie.

Zeta Mittelalterlicher Name für das frühere Dioclea und das heutige Montenegro.

Župan Im Mittelalter bei West- und Südslawen das Oberhaupt einer Bluts- und Wohngemeinschaft; später Vorsteher mit richterlichen Befugnissen einer Verwaltungseinheit.

Nonne im Kloster Žiča

Serbien im Internet

Das Informationsangebot im Internet über Serbien ist sehr vielfältig. Viele Webseiten sind in englischer und serbischer Sprache. Daneben gibt es vor allem über die Vojvodina und ihre Städte, über Serbien im allgemeinen und die Hauptstadt Belgrad viele deutschsprachige Angebote.

www.serbia.sr.gov.yu Offizielle Seite der Republik Serbien (engl.).

www.beograd.org.yu Informationen zur Stadtgeschichte, Museen, Veranstaltungen und Wissenschaft und Bildung (dt., engl.).

www.jat.com Seite der Jugoslavija Airlines. Flugpläne, Flotte, Pilotenschule, Flugzeugmuseum und Informationen zur Zukunft der Fluglinie, die privatisiert werden soll (engl.).

www.osteuropa-infoseite.de Das Informationsangebot erstreckt sich über Wirtschaft, Politik, Geschichte und Kultur.

www.open-encyclopedia.com/List_of_Serbs Auf dieser Seite werden wichtige Persönlichkeiten Serbiens und ihre Lebensdaten lexikalisch aufgeführt (engl.).

www.auswaertiges-amt.de Basisinformationen zum Land, Links informieren über die Sicherheit, bilaterale Abkommen, wirtschaftliche Perspektiven und vieles andere.

www.beo-books.de Seite über Bücher aus Serbien, mit aktuellem Kulturkalender (dt., engl.).

www.reintegration.net Aktuelle Daten zu Wirtschaft und Gesellschaft (engl.).

www.tob.co.yu Seite der Belgrader Touristenorganisation (engl.).

www.economy.co.yu Hier werden vor allem Informationen zur Wirtschaft geboten (engl.).

www.swissinfo.org Swissinfo bietet außergewöhnlich aktuelle politische Informationen zu Südosteuropa (dt.).

www.Crkva-bezanijska.org.yu Offizielle Webseite des serbisch-orthodoxen Patriarchats (engl.).

www.derreisefuehrer.com Die Seite bietet einen kurzen Einstieg in Land, Leute, Sehenswürdigkeiten und Naturschönheiten.

www.guca.co.yu Ausführliche Seite zum Festival in Guča, mit vielen Bildern, Musik und Links (engl./dt.).

www.b92.net Aktuelle politische Informationen (serb./engl.).

www.blic.co.yu Aktuelles Tagesgeschehen (serb./engl.).

Literaturhinweise

Geschichte

Becker, Jens und Engelberg, Achim: Serbien nach den Kriegen, Suhrkamp Verlag 2008.

Libal, Wolfgang: Das Ende Jugoslawiens. Chronik einer Selbstzerstörung. Wien 1991.

Razumovsky, Gräfin Dorothea: Der Balkan. Geschichte und Politik seit Alexander dem Großen. München 1999.

Stökl, Prof. Günther: Serbisches Mittelalter. Altserbische Herrscherbiographien Band I/II, 1962.

Weithmann, Michael: Balkan-Chronik. 2000 Jahre zwischen Orient und Okzident. Pustet, 2000.

ders.: Krisenherd Balkan. Ursprünge und Hintergründe des aktuellen Konfliktes. Heyne-Sachbuch, 1995.

Belletristik

Albahari, David: Tagelanger Schneefall. Zsonlnay Verlag 1997.

Ders.: Die Ohrfeige. Eichborn Verlag 2007.

Andrić, Ivo: Die Brücke über die Drina. Suhrkamp Verlag 2003.

Ders.: Omer-Pascha-Latas. Suhrkamp Verlag 2002.

Ders.: Wesire und Konsuln. Suhrkamp Verlag 2001.

Bogdanović, Bogdan: Der verdammte Baumeister. Zsolnay Verlag, Wien 1997.

Ders.: Die grüne Schachtel. Zsolnay Verlag, Wien 2007.

Ćosić, Bora: Die Zollerklärung. Suhrkamp Verlag 2001.

Ders.: Das Land Null. Suhrkamp Verlag 2004.

Ders.: Die Reise nach Alaska. Suhrkamp Verlag 2007.

Dragan, Velikic: Der Fall Bremen. Ullstein Verlag 2002.

Handke, Peter: Eine winterliche Reise zu den Flüssen Donau, Save, Morawa und Drina. 3. Auflage, Frankfurt am Main 1996.

Horwath-Tenz, Maria: Marias Mädchenjahre, Oswald-Hartmann-Verlag 2005, Autobiographischer Roman, der das Leben im Lager von Rudolfsgnad festhält.

Jähnichen, Manfred: Das Lied öffnet die Berge, Gollenstein Verlag 2004.

Jergović, Miljenko: Das Walnusshaus. Verlag Schöffling und Co.

Kiš, Danilo: Die Dachkammer. München 1990.

Ders.: Schuhe. Friedenauer Presse 1997.

Lenz, Siegfried: Das serbische Mädchen. dtv-Verlag 1997.

Muharem, Serbezovski: Zigeuner erster Klasse.Gollenstein Verlag 2003.

Pavić, Milorad: Das Chasarische Wörterbuch, Lexikoroman in 100000 Wörtern. München 1988, 368 Seiten.

Ders.: Landschaft in Tee gemalt. Carl Hanser Verlag 1991.

Rütten, Ursula (Hrsg.): Belgrad, mein Belgrad. Sechs Autoren porträtieren ihre Stadt. Hamburg: Rotbuch Verlag 1998.

Schulte, Jörg: Europa erlesen. Belgrad. Wieser Verlag 2001.

Tišma, Aleksandar: Treue und Verrat, Carl Hanser Verlag, 1999.

Ders.: Reise in mein vergessenes Ich, Tagebuch 1942–1951, Deutscher Taschenbuch Verlag 2008.

Velikić, Dragan: Der Fall Bremen, Ullstein Verlag Berlin 2002.

Velmar-Janković, Svetlana: Das schwarze Licht. Serbische Erzähler der Gegenwart, Wien 1989.

Sprache

Okuka, Miloš: Eine Sprache, viele Erben, Sprachpolitik als Nationalisierungselement in Ex-Yoguslawien. Wieser Verlag 1998.

Engelbrecht, Jelena: ReiseWortSchatz Serbisch, Reise Know-How-Verlag, Bielefeld 2003.

Serbisch, Langenscheidt Sprachführer, 2005.

Landkarten

Die Landkarten haben alle noch Mängel. Beispielsweise fehlen einige kleinere neue Straßen in der Vojvodina. In Serbien sind gute Regionalkarten zum Beispiel über die Vojvodina, die Donau sowie Serbien und seine Klöster direkt am Flughafen, den Tankstellen oder in großen Buchhandlungen zu bekommen.

Slowenien, Kroatien, Bosnien-Herzegowina, Jugoslawien und Makedonien. RV-Verlag. Mit lateinischer und kyrillischer Beschriftung.

Eine gute Serbien-Montenegro-Karte wird von **Gizi-Map** in Ungarn herausgegeben.

Von **Budapest bis zum Schwarzen Meer.** Neue Karte zum neuen Donauradweg Huber Verlag 1:100.000.

Straßenkarte Serbien. Huber Verlag.

Die Autorin

Birgitta Gabriela Hannover Moser hat Kunstgeschichte, Theaterwissenschaft und Archäologie in München und Wien studiert. Reisen nach Ost- und Südosteuropa folgte ein einjähriger Aufenthalt in Moskau, der mit einer Tätigkeit am Theater verbunden war. Ihre zahlreichen Einsätze als Studienreiseleiterin führten zu einer kontinuierlichen und intensiven Verbindung zu den im Umbruch befindlichen Ländern im Osten. Vielfach hat sie Serbien in eigener Regie durchstreift, und dieser Reiseführer ist als Bilanz der dabei gewonnenen Eindrücke zu betrachten.

Birgitta Gabriela Hannover Moser

Ortsregister

Personen- und Sachregister

Bildnachweis

Alle Fotos Birgitta Gabriela Hannover Moser, außer:

Miodrag Bogdanovic (www.worldthroughlens.com, mit Unterstützung der GTZ, www.gtz.de): S. 259
Hinnerk Dreppenstedt: S. 33, 35, 67, 77, 87, 94, 100, 114, 122, 124o., 132, 171, 175u., 177, 180, 183, 227, 229, 232, 265, 267, 272, 276o., 392
Peter Giefer: S. 417, 418, 423, 426
Bojan Hohnjec/Nationale Tourismus-Organisation Serbiens: S. 175o.
Ivan Ivanovic/Nationale Tourismus-Organisation Serbiens: S. 95, 172, 179, 181
Branko Jovanovic/Tourist Organization of Belgrad: S. 106, 110, 111, 113, 134, 139
Diana Kosaric: S. 96
Aleksandar Pantelic, TV Navigator: S. 350
Nationale Tourismus-Organisation Serbiens: S. 39, 70, 75, 172, 173, 188, 189, 193, 195, 205, 213, 222, 225, 230, 287, 333, 458
Norbert Rütsche: 422

Titelbild: Kloster Ravanica, Detail
S. 18/19: Die Donau bei Donji Milanovac
S. 96/97: Belgrad, Festung Kalemegdan
S. 158/159: Sonnenblumenfeld in der Vojvodina
S. 252/253: Landschaft im Serbischen Erzgebirge
S. 382/383: Kloster Rudare

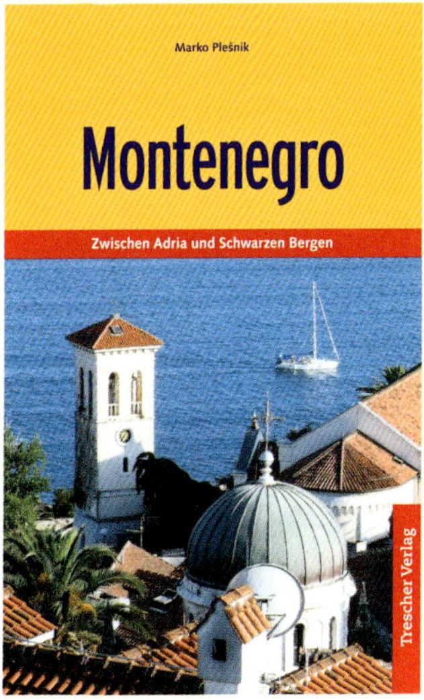

Donaukreuzfahrt
Von Passau bis zum Schwarzen Meer
15.95 Euro, 29.00 SFr

Flußkreuzfahrten Dnepr
Unterwegs zwischen Kiev und der Krim
14.95 Euro, 26.00 SFr

Kiev entdecken
Rundgänge durch die Metropole am Dnepr
16.95 Euro, 31.00 SFr

Die Krim entdecken
Unterwegs auf der Sonneninsel im Schwarzen Meer
15.95 Euro, 29.00 SFr

Lemberg
Das kulturelle Zentrum der Westukraine
16.95 Euro, 31.00 SFr

Makedonien
Unterwegs auf dem südlichen Balkan
16.95 Euro, 31.00 SFr

Montenegro
Zwischen Adria und Schwarzen Bergen
14.95 Euro, 27.90 SFr

Rumänien entdecken
Kunstschätze und Naturschönheiten
19.95 Euro, 35.90 SFr

Ukraine
Zwischen den Karpaten und dem Schwarzen Meer
19.95 Euro, 33.90 SFr

Ukraine-Lesebuch
14.95 Euro, 27.90 SFr

Ungarn entdecken
Unterwegs zwischen Plattensee, Donau und Karpaten
16.95 Euro, 31.00 SFr

Zagreb entdecken
Die kroatische Hauptstadt und ihre Umgebung
15.95 Euro, 29.00 SFr

Trescher Verlag im Internet unter www.trescherverlag.de mit ausführlichen Infos über alle unsere Bücher und Onlineshop

Kartenlegende

- Bahnhof
- Bar
- Brunnen
- Burg/Festung
- Busbahnhof
- Denkmal
- Dorfkirche
- Fähre
- Flughafen
- Hafen
- Höhle
- Hotel
- Kirche
- Kloster
- Markt
- Moschee
- Museum
- Post
- Restaurant
- Ruine/Ausgrabungsstätte
- Strand
- Synagoge
- Sehenswürdigkeit
- Theater
- Tor
- Touristeninformation
- Turm
- Zoo

- Autobahn
- Autobahn im Bau
- sonstige Straßen
- 243 Straßennummern
- Eisenbahn
- Grenzübergang
- Staatsgrenze
- Hauptstadt
- Stadt/Ortschaft

Kartenregister

Regional- und Übersichtskarten

Stadtpläne und Grundrisse